児童虐待の司法判断

林　弘正

成文堂

For Silent Victims and Survivors

My story, told honestly and matter-of-factly, is the best weapon I have against terrorism, and I plan on using it until those terrorists are put on trial.
－Nadia Murad, The Last Girl : my story of captivity and my fight against the Islamic State, Tim Duggan Books, 2017. p. 306.－

Child Abuse in Japan : *Some recent Child Abuse Cases in Japanese Courts*

Hiromasa HAYASHI
Seibundo, 2019

重松あゆみ　Listen-only Line　39×24×(h)56cm　2014

大坪美穂　pneuma　291×218mm　2019

FRANCESCO CLEMENTE　YES or NO　60×91cm　1988

西村陽平　1938年の鉄瓶　25×21×(h)25cm　2018

題　言

児童虐待は，社会現象として今日ほど関心の興発していることはない。2018年３月東京都目黒区で船戸結愛（ゆあ）さん（５歳），2019年１月船橋市で栗原心愛（みあ）さん（10歳），同年６月札幌市で池田詩梨（ことり）さん（２歳）が親等の身体的虐待やネグレクトにより死亡している。各事案では，児童相談所や学校等の不適切な対応が指摘されている。

現実社会で生起する想像を絶する児童虐待事例は，被害児の悲惨な状況を継続的に報道するマスメディアにより注視せざるを得ず，原因究明の調査委員会設置や防止に向け対策や提言等を誘発している。

関係諸機関の緊密な連携の必要性は，エポックメーキングな事例が発生するつど繰り返される常套的文言である。

改正児童虐待防止法等は，児童相談所の職員増強や介入担当と保護者支援担当の分離，「48時間ルール」の徹底等を規定する。しかし，社会は，被害児の生命剥奪や存在基盤の否定に対して如何なる防衛手段や援助を差し伸べ得たであろうか，自問し，適切な対応を直ちにとることが責務である。

数々の対策や提言は，単に提言するにとどまることなく実効性のある迅速な対応を求められている。

本書は，刑事判例187事案及び民事判例10事案を素材に児童虐待の防止を志向し，従前の研究同様に「児童虐待は，犯罪であり，刑事制裁の対象である。」，「被害者のサポートは，最優先課題である。」，「加害者に対する治療プログラムの提供は，児童虐待防止のため不可欠である。」との基本的視座から考察するものである。

考察した187刑事判例は，2012年から2018年までの７年間に言渡された身体的虐待判例81事例，ネグレクト判例26事例，児童期性的虐待判例80事例である。児童虐待判例の研究においては，被害児と加害者の関係性は重要な要因である。判決文においては，関係者の年齢等が個人情報保護の視点から省略されている事案が多々見られる。年齢等は，ジェノグラム作成上不可欠であり記載の必要な情報である。

児童虐待事案の判決は，一般予防的視点から時として量刑理由において児童虐待防止等について連綿と判示する事案が散見される。各判決は，基本的に個別具体的当該事案に対する判断であることを忘失することなく深沈でなくてはならない。

判例研究は，島根大学大学院法務研究科の講義で事実関係を精査し問題の本質に焦点を合わせ考察することを繰り返し指摘しながら受講生と論議した。

本書は，優れた先行研究の成果を基に若干の考察を付加したに過ぎないが，考察した事案が児童虐待問題を検討する参考となれば，筆者として慮外の幸せである。

過去，現在，時空を超えて児童虐待を受けながらも被害を顕在化することが叶わなかった方々，被害を超克して生存されている方々が，虐待の世代間連鎖（intergenerational chain）を断絶し，被虐待児をサポートできることを希求し本書を捧げたい。

児童虐待の第３モノグラフィー上梓は，成文堂阿部成一社長と編集部篠崎雄彦氏の御尽力による。衷心より感謝申し上げたい。

2019年５月16日

林　　弘　正

目　次

初出論文一覧

序　論　書下ろし

第１章　児童虐待事案の行為態様別考察

「裁判実務における児童虐待事案の刑事法的一考察」法学新報121巻11＝12号(2015年)599-644頁

「近時の裁判実務における児童虐待事案の刑事法的一考察(1)」武蔵野法学３号(2015年)1-58頁

「近時の裁判実務における児童虐待事案の刑事法的一考察(2)」武蔵野法学４号(2016年)1-76頁

「近時の裁判実務における児童虐待事案の刑事法的一考察(3)」武蔵野法学７号(2017年)1-55頁

「近時の裁判実務における児童虐待事案の刑事法的一考察(4)」武蔵野法学８号(2018年)1-40頁

「近時の裁判実務における児童虐待事案の刑事法的一考察(5)」武蔵野法学９号(2018年)39-81頁

「近時の裁判実務における児童虐待事案の刑事法的一考察(６完)」武蔵野法学10号(2019年)35-84頁

第２章　児童虐待事案の民事法的問題の所在

第１節　児童相談所の児童虐待事案への介入の在り方

第１款　東京地裁平成27年３月11日民事第28部判決

「児童相談所の児童虐待事案への介入の在り方－東京地裁平成27年３月11日民事第28部判決を契機に－」武蔵野大学政治経済研究所年報13号(2016年)1-28頁

第２節　面接交流権　書下ろし

第３節　子の監護権・親権の帰属及び児童養護施設入所　書下ろし

第４節　児童期性的虐待被害の損害賠償請求事案　書下ろし

第３章　児童期性的虐待に関する最高裁平成29年11月29日大法廷判決

「児童期性的虐待に関する一考察－最高裁判所平成29年11月29日大法廷判決を契機として－」武蔵野大学政治経済研究所年報16号(2018年)1-41頁

結　語　書下ろし

序　論

1　児童虐待研究を開始して四半世紀余になる。児童虐待という用語は，当初アメリカの小児科医ケンプ（C. H. Kempe）の提唱した“the Battered Child Syndrome”に触発され，わが国の小児科学会での「被殴打児症候群」という翻訳に端緒を有する[1)]。

児童虐待研究は，その後，小児医学領域からの研究に触発され，精神医学領域，法医学領域，司法精神医学領域からの研究成果が蓄積された[2)]。法律学領域からの研究は，親権の視点から民事法，特に家族法領域に端を発し，刑事法領域からの研究成果も蓄積されるに至った[3)]。

児童虐待は，学際的研究領域であり多角的視点からの研究が要請される。各研究領域は，それぞれ固有のアプローチを有し，小児医学・精神医学領域は治療的アプローチ，児童福祉学・社会学は福祉的アプローチ，刑事法学・民事法学は法的アプローチからの研究を志向する。

児童虐待に関するわが国の主要なナショナルデータは，２つある。第１は，厚生労働省所管の「児童相談所における児童虐待相談処理件数」であり，統計初年度1990年は1,101件であったのが，2017年度には133,778件となった（図表１参照[4)]）。第２は，警察庁生活安全局少年課所管の「少年非行等の概要」による検挙件数であり，初年度1999年は120件であったのが，2018年度には1,380件となった。同データによると，通告児童数は，初年度2004年962人であったのが，2018年度には80,252人（面前 DV 35,944人）となった（図表２参照）。通告児童数の激増は，2012年度から心理的虐待に面前 DV が含まれ初年度5,431人が2018年度には35,944人と増加したことによる[5)]。各データの児童虐待態様別割合は，身体的虐待（24.2%，18.5%），性的虐待（1.2%，0.3%），ネグレクト（20.0%，9.6%），心理的虐待（54.0%，71.6%）

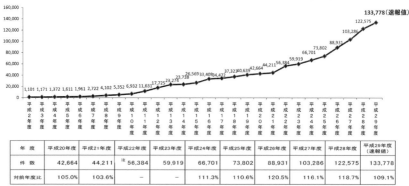

図表１　平成29年度の児童相談所での児童虐待相談対応件数

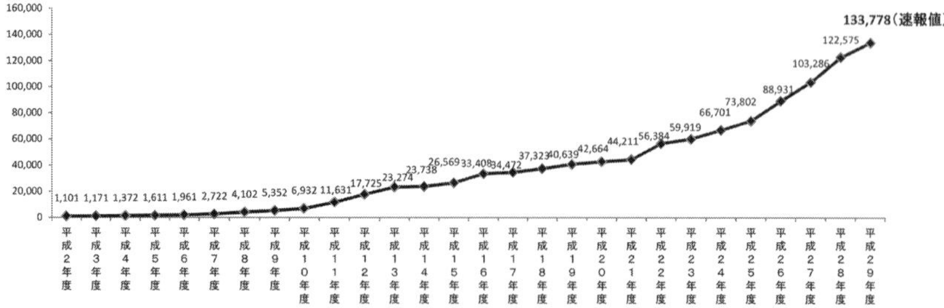

年　度	平成20年度	平成21年度	平成22年度	平成23年度	平成24年度	平成25年度	平成26年度	平成27年度	平成28年度	平成29年度（速報値）
件　数	42,664	44,211	注 56,384	59,919	66,701	73,802	88,931	103,286	122,575	133,778
対前年度比	105.0%	103.6%	－	－	111.3%	110.6%	120.5%	116.1%	118.7%	109.1%

注）平成22年度の件数は、東日本大震災の影響により、福島県を除いて集計した数値。

態様別相談件数：身体的虐待33,223（24.8%）（＋1,298）、ネグレクト26,818（20.0%）（＋976）、性的虐待1,540（1.2%）（－82）、心理的虐待72,197（54.0%）（＋9,011）、総数133,778（100.0%）（＋11,203）

－https://www.mhlw.go.jp/content/11901000/000348313.pdf 参照－

である[6]。第１データ及び第２データの著しい件数及び人員の激増は，児童虐待被害の深刻化を示すが，他方，児童虐待事実の顕在化をも示すとも解される[7]。

児童期性的虐待は，データ上1.2%ないし0.3%と非常に些少であるが今なお潜在化している現実があり多くの暗数があると思慮する。

わが国では，児童期性的虐待の被害者は「生き辛さ」との症状を抱えメンタルクリニックを受診し背景に隠されていた児童期性的虐待の事実に直面し，カウンセリングや自助グループでの自己開示を通し回復へのプロセスを辿る。早い時期での顕在化が遅延している。アメリカの小児科医は，日本と異なりカウンセリング等の治療テクニックを習得しており小児科診療の中で誕生から21歳まで広範な年齢を対象としており児童期性的虐待にアクセス可能である[8]。

西澤 哲教授は，児童期性的虐待の被害児の年齢別度数分布がアメリカやイギリスの統計では６歳頃と12歳頃の二峰性分布であるのに対し，わが国では14歳をピークとする単峰性分布であり，幼い子どもの被害が看過されていると推測する。このことは，児童期性的虐待顕在化の端緒とも関連する。

西澤教授は，ナショナルデータである「児童相談所における児童虐待相談処理件数」及び社会保障審議会児童部会児童虐待等要保護事例の検証に関する専門委員会「子ども虐待による死亡事例等の検証結果等について（13次報告)」での虐待や虐待死の実態の過小評価の可能性を指摘する[9]。西澤教授は，更に，心理的虐待に面前 DV を導入したことについて DV 事案があると警察は無条件に児童相談所に通告する状況から統計上極めて多くなっているとする。

アメリカの2017年虐待統計では，全米の CPS に通告された虐待もしくはネグレクト674,000件であり，内訳はネグレクト74.9%，身体的虐待18.3%，性的虐待8.6%である[10]。

2　児童虐待は，世界的規模での問題でもあり継続的に検証されねばならない。国連は，2000年９月ミレニアム開発目標（Millennium Development Goals：MDGs）を採択し，その成果を踏まえ2015年９月持続可能な開発目標（Sustainable Development Goals：SDGs）を採択した。目標５は，「ジェンダーの平等を達成し，すべての女性と女児のエンパワーメントを図る」ことを宣明した。その基本的視座は，「ジェンダーの平等は基本的人権であるだけでなく，平和かつ豊かで持続可能な世界に必要な基盤でもあります。残念ながら現時点で，15歳から49歳の女性と女児の５人に１人は，最近の12カ月以内に親密なパートナーから身体的または性的な暴力を受けたと報告していますが，今でも49カ国には女性を家庭内暴力から守る法律がありません。」との事実認識に基づくものである[11]。

社会が児童虐待に関心を示すのは，それぞれの時々に生起した想像を絶する社会を震撼させた虐待事案の報道による。

昭和63年に発生した巣鴨子供置き去り事件は，母親が長男（当時14歳），長女（当時６歳），二女（当時３歳）及び三女（当時２歳）を自宅に残し，交際していた男性（当時55歳）と同棲するために遺棄し，三女が死亡した事案である[12]。当時は，まだ社会的に母親の実子遺棄行為を児童虐待事案とする認

図表 2

Ⅰ．児童虐待事件の態様別検挙状況の推移（平成13年～平成30年）

区分＼年	13年	14年	15年	16年	17年	18年	19年	20年	21年
検挙件数（件）	189	172	212	284	275	348	348	357	385
			(46)	(47)	(37)	(43)	(38)	(36)	(39)
			[9]	[9]	[16]	[8]	[10]	[17]	[12]
	【189】	【172】	【157】	【228】	【222】	【297】	【300】	【304】	【334】
身体的虐待	136	119	164	230	209	250	259	255	282
			(46)	(47)	(37)	(43)	(38)	(36)	(39)
			[9]	[8]	[16]	[8]	[10]	[14]	[9]
	【136】	【119】	【109】	【175】	【156】	【199】	【211】	【205】	【234】
性的虐待	【32】	【33】	【29】	【39】	【55】	【75】	【69】	82	91
怠慢又は拒否			19	15	11	23	20	20	12
			(0)	(0)	(0)	(0)	(0)	(0)	(0)
			[0]	[1]	[0]	[0]	[0]	[3]	[3]
	【21】	【20】	【19】	【14】	【11】	【23】	【20】	【17】	【9】
心理的虐待	【0】	【0】	【0】	【0】	【0】	【0】	【0】	0	0

区分＼年	13年	14年	15年	16年	17年	18年	19年	20年	21年
検挙人員（人）			242	311	295	382	373	371	407
			(49)	(50)	(37)	(45)	(40)	(36)	(39)
			[10]	[9]	[16]	[8]	[10]	[19]	[13]
	【216】	【184】	【183】	【252】	【242】	【329】	【323】	【316】	【355】
身体的虐待			198	250	225	274	277	265	299
			(49)	(50)	(37)	(45)	(40)	(36)	(39)
			[10]	[8]	[16]	[8]	[10]	[16]	[9]
	【186】	【127】	【139】	【192】	【172】	【221】	【227】	【213】	【251】
性的虐待	【33】	【32】	【29】	【42】	【56】	【77】	【70】	82	92
怠慢又は拒否			24	19	14	31	26	24	16
			(0)	(0)	(0)	(0)	(0)	(0)	(0)
			[0]	[1]	[0]	[0]	[0]	[3]	[4]
	【27】	【25】	【24】	【18】	【14】	【31】	【26】	【21】	【12】
心理的虐待	【0】	【0】	【0】	【0】	【0】	【0】	【0】	0	0

区分＼年	13年	14年	15年	16年	17年	18年	19年	20年	21年
被害児童数（人）			241	310	290	381	385	382	411
			(66)	(63)	(45)	(57)	(60)	(49)	(53)
			[9]	[9]	[16]	[8]	[10]	[17]	[12]
	【194】	【179】	【166】	【238】	【229】	【316】	【315】	【316】	【346】
身体的虐待			190	256	223	280	314	280	306
			(66)	(63)	(45)	(57)	(60)	(49)	(53)
			[9]	[8]	[16]	[8]	[10]	[14]	[9]
	【139】	【121】	【115】	【185】	【162】	【215】	【224】	【217】	【244】
性的虐待	【23】	【22】	【32】	【39】	【56】	【77】	【69】	82	91
怠慢又は拒否			19	11	24	22	20	20	14
			(0)	(0)	(0)	(0)	(0)	(0)	(0)
			[0]	[0]	[0]	[0]	[3]	[3]	[3]
	【23】	【22】	【19】	【11】	【24】	【22】	【17】	【17】	【11】
心理的虐待	【0】	【0】	【0】	【0】	【0】	【0】	【0】	0	0

（注）（　）内は、保護者が、児童と共に死ぬことを企図し、児童を殺害（未遂を含む）して自殺（未遂を含む）を図った場合（いわゆる無理心中）を内数で計上。
[　]内は、出産直後の殺人（未遂を含む）及び遺棄の場合（いわゆる出産直後）を内数で計上。
【　】内は、無理心中、出産直後を除いた数を内数で計上。
以下の表についても同じ。

22年	23年	24年	25年	26年	27年	28年	29年	30年	構成比(%)	増減数	増減率
387	421	521	514	740	822	1,081	1,138	1,380	100.0	42	3.7
(29)	(28)	(36)	(34)	(31)	(23)	(26)	(15)				
[6]	[9]	[13]	[13]	[11]	[14]	[14]	[7]				
【352】	【384】	【472】	【467】	【698】	【785】	【1,041】	【1,116】	【1,380】	【100.0】	【264】	【23.7】
302	305	387	376	564	679	866	904	1,095	79.3	191	21.1
(29)	(28)	(36)	(34)	(31)	(23)	(26)	(15)				
[3]	[7]	[7]	[8]	[7]	[13]	[8]	[4]				
【270】	【270】	【344】	【334】	【526】	【643】	【832】	【885】	【1,095】	【79.3】	【210】	【23.7】
67	96	112	103	150	117	162	169	【226】	16.3	57	14.3
18	19	16	19	15	8	22	21	24	1.7	3	14.3
(0)	(0)	(0)	(0)	(0)	(0)	(0)	(0)				
[3]	[2]	[6]	[5]	[4]	[1]	[6]	[3]				
【15】	【17】	【10】	【14】	【11】	【7】	【16】	【18】	【24】	【1.7】	【6】	【33.3】
0	1	6	16	11	18	31	44	【35】	2.5	▲9	▲20.5

22年	23年	24年	25年	26年	27年	28年	29年	30年	構成比(%)	増減数	増減率
421	446	539	530	763	849	1,113	1,176	1,419	100.0	243	20.7
(30)	(28)	(38)	(35)	(32)	(24)	(26)	(15)				
[6]	[9]	[15]	[13]	[12]	[14]	[16]	[8]				
【385】	【409】	【486】	【482】	【719】	【811】	【1,071】	【1,153】	【1,419】	【100.0】	【266】	【23.1】
329	319	398	384	581	703	884	932	1,122	79.1	190	20.4
(30)	(28)	(38)	(35)	(32)	(24)	(26)	(15)				
[3]	[7]	[7]	[8]	[8]	[13]	[10]	[4]				
【296】	【284】	【353】	【341】	【541】	【666】	【848】	【913】	【1,122】	【79.0】	【209】	【22.9】
70	98	112	105	152	117	163	173	【229】	16.1	56	32.4
22	28	23	25	18	8	30	26	31	2.2	5	19.2
(0)	(0)	(0)	(0)	(0)	(0)	(0)	(0)				
[3]	[2]	[8]	[5]	[4]	[1]	[6]	[4]				
【19】	【26】	【15】	【20】	【14】	【7】	【24】	【22】	【31】	【2.2】	【9】	【40.9】
0	1	6	16	12	21	36	45	【37】	2.6	▲8	▲17.8

22年	23年	24年	25年	26年	27年	28年	29年	30年	構成比(%)	増減数	増減率
404	442	539	526	757	853	1,108	1,168	1,394	100.0	226	19.3
(37)	(35)	(50)	(38)	(38)	(32)	(35)	(19)				
[7]	[9]	[13]	[13]	[11]	[14]	[14]	[7]	【1,394】			
【360】	【398】	【476】	【475】	【708】	【807】	【1,059】	【1,142】	1,100	【100.0】	252	22.1
317	324	404	382	580	700	884	920		81.5	180	9.0
(37)	(35)	(50)	(38)	(38)	(32)	(35)	(19)				
[3]	[7]	[7]	[8]	[7]	[13]	[8]	[4]				
【277】	【282】	【347】	【336】	【535】	【655】	【841】	【897】	【1,100】	【81.5】	203	22.6
67	97	113	104	151	118	163	173	【227】	16.2	54	31.2
20	20	16	21	15	10	24	26	31	2.2	5	19.2
(0)	(0)	(0)	(0)	(0)	(0)	(0)	(0)				
[4]	[2]	[6]	[5]	[4]	[1]	[6]	[3]				
【16】	【18】	【10】	【16】	【11】	【9】	【18】	【23】	【31】	【2.2】	8	34.8
0	1	6	19	11	25	37	49	【36】	2.5	▲7	▲14.3

―本表については，警察庁生活安全局少年課「平成26年中における少年の補導及び保護の概況」，同「平成29年中における少年の補導及び保護の概況」，同「平成30年における少年非行，児童虐待及び子供の性被害の状況」（平成31年３月）を参考に拙著『児童虐待Ⅱ問題解決への刑事法的アプローチ[増補版]』，359頁をベースに作成―

Ⅱ. 通告児童数

	15年	16年	17年	18年	19年	20年	21年	22年	23年	24年	25年	26年	27年	28年	29年	30年	構成比	前年対比	
通告人員(人)	−	962	1,189	1,703	3,516	6,066	6,277	9,038	11,536	16,387	21,603	28,923	37,020	54,227	65,431	80,252	100.0%	14,821	22.7%
身体的虐待	−	−	−	968	1,734	2,508	2,558	3,754	4,484	5,222	6,150	7,690	8,259	11,165	12,343	14,836	18.5%	2,493	20.2%
性的虐待	−	−	−	91	86	117	149	129	150	163	149	177	171	251	251	260	0.3%	9	3.6%
怠慢・拒否	−	−	−	476	880	1,196	1,137	1,701	2,012	2,736	2,960	3,898	4,431	5,628	6,398	7,722	9.6%	1,324	20.7%
心理的虐待	−	−	−	168	816	2,245	2,433	3,454	4,890	8,266	12,344	17.158	24,159	37,183	46,439	57,434	71.6%	10,995	23.7%
面前DV	−	−	−	−	−	−	−	−	−	5,431	8,059	11,669	16,807	24,998	30,085	35,944	44.8%	5,859	19.5%

—警察庁生活安全局少年課「平成30年における少年非行、児童虐待及び子供の性被害の状況」(平成31年３月)、15頁より引用—

識はなかった。

平成11年11月22日，東京都文京区内の幼稚園で母親とともに兄を迎えに来た妹（当時２歳）が行方不明になり，３日後に長男と一緒の園児の母親（35歳）が所轄署に出頭し，被害児を殺害し焼津市内の実家に隣接する山林に埋めたと自供した[13]。

平成16年１月25日，岸和田市で実父と継母による中学３年生の長男に対する１年半にわたる身体的虐待及びネグレクト事案は，社会的な関心を呼ぶとともに児童虐待対応現場でのエポックメーキングなケースとなった。

立法府は，児童虐待防止法改正を論議し平成16年児童虐待の早期発見と防止のため制度見直しを論議し改正法の契機となった[14]。

平成30年３月２日東京都目黒区内でネグレクト及び身体的虐待を受けて死亡した船戸結愛（５歳）さんは，「ママ　もうパパとママにいわれなくてもしっかりじぶんから　きょうよりか　あしたはもっともっと　できるようにするから　もうおねがい　ゆるして　ゆるしてください　おねがいします　ほんとうにもう　おなじことはしません　ゆるして　きのうまでぜんぜんできてなかったこと　これまでまいにちやってきたことを　なおします　これまでどんだけあほみたいにあそんだか　あそぶってあほみたいだからやめる　もうぜったいぜったい　やらないからね　ぜったい　やくそくします」との手書きのメモを残し，広範な社会的関心を喚起した[15]。

本事案は，小学校，教育委員会及び児童相談所等関係諸機関の後手後手の対応が被害児の死の結果を齎し，各機関への批判と同時に検証と防止に向けた対策を行政府及び立法府を巻き込んで加速度的に推進させるに至った[16]。

改正児童虐待防止法は，親権者に対ししつけ名目の体罰の禁止，児童相談所での介入対応と保護者支援を行う部署の分離，中核市，特別区での児童相談所設置促進のため政府が人材確保などで支援，DV 対策と連携するため児童相談所と配偶者暴力相談支援センターとの協力促進等をポイントに改正する。衆議院は，24項目の「児童虐待防止対策の強化を図るための児童福祉法等の一部を改正する法律案に対する附帯決議」をつけて全会一致で改正児童虐待防止法を可決した[17]。

3　本論文集では，身体的虐待判例81事例，ネグレクト判例26事例，児童期性的虐待判例80事例計187事例の刑事判判例及び民事判例10事例を考察の対象とする。

児童虐待研究の当初1990年代は，司法判断が乏しく精神科領域を中心に考察をせざるを得ず刑事判例は11事例に過ぎず，精神科医の症例19事例及び児童相談所の相談事例1事例を検討の対象とした[18]。

判例へのアクセスは，法科大学院での講義開始に伴い容易となり，児童虐待に関する第２論文集（2007年）では身体的虐待判例20事例，ネグレクト判例12事例，児童期性的虐待判例31事例計63事例の刑事判例を考察の対象とした[19]。更に，同論文集増補版（2011年）では身体的虐待判例９事例，ネグレクト判例６事例，児童期性的虐待判例12事例計27事例の刑事判例を追加し，身体的虐待判例29事例，ネグレクト判例18事例，児童期性的虐待判例43事例計90事例の刑事判例を考察の対象とした[20]。

この20年間の径庭は，公刊物に登載された事案に加えインターネットでの判例検索ツールの利用により，より広範な素材を研究対象とすることを可能とした。

2009年に開始された裁判員裁判制度は，市民の視点を刑事司法に導入し職業裁判官による固定化した判断の変革を企図したものである。裁判員の参加する刑事裁判に関する法律（所謂裁判員法）は，一定類型の死刑又は無期の懲役若しくは禁錮に当たる重罪を地方裁判所での審理の対象とし，裁判員補充裁判員の刑事訴訟手続への参加を規定する（裁判員法第２条第１項)[21]。

裁判員裁判は，令和元年５月末時点で裁判員68,702人補充裁判員23,354人により審理され，終局人員14,143人で死刑37人無期懲役233人控訴率36.4%の状況にある[22]。審理期日の長期化は，裁判員等の審理への参加の困難さを招来し裁判員辞退率の増加を齎すが，公判前整理手続や評議の充実及び否認事件を念頭に考慮すれば致し方無いともいえる。

本論文集で考察した裁判員裁判事案は，身体的虐待判例72事例（72/81，88.9%），ネグレクト判例22事例（22/26，84.6%），児童期性的虐待判例24事例（24/81，29.6%）計118事例（118/188，62.8%）である。児童期性的虐待の割合は，他の類型に比し半数以下であるのは致死傷ケースが少数の故であるが，生命への侵襲はなくとも精神的ダメージは多大でありPTSDの発症率の高さにも配慮する必要性がある[23]。

裁判員裁判制度は，10年を経過し量刑への国民の視点及び感覚を反映し，量刑傾向は軽重の双方向で量刑判断の幅が広くなっている[24]。厳罰化傾向は，児童虐待事案や性犯罪事案にみられ，他方，寛刑化傾向は，被告人の社会復帰を視野に保護観察付執行猶予判決に見られ量刑は両極化している。

大阪地裁平成24年３月21日第５刑事部判決は，三女（１歳８か月）に対し傷害を負わせ死亡させた身体的虐待の事案であり，実父（26歳）及び実母（27歳）を懲役15年（求刑両名懲役10年）に処した[25]。控訴審大阪高裁平成25年４月11日第１刑事部判決は，控訴を棄却した[26]。最高裁平成26年７月24日第一小法廷判決は，原判決を破棄し実父を懲役10年，実母を懲役８年に処した[27]。

大阪地裁平成24年３月16日第６刑事部判決は，実母（24歳）による長女（３歳）及び長男（１歳９か月）に対するネグレクト事案であり殺人罪で実母を懲役30年（求刑無期懲役）に処した[28]。

大阪地裁平成24年３月16日第６刑事部判決及び大阪地裁平成24年３月21日第５刑事部判決は，社会的注目が寄せられた事案であり，隣接法廷で開廷期日も略同時に審理され双方の裁判員裁判合議体がメディアの報道などで相互に競合し，量刑の重罰化への相乗効果があったケースと思慮される。

有罪率99.953%の刑事司法において考察した児童虐待判例187事案の類型別無罪率は，身体的虐待判例６事案（7.41%，但しShaken Baby Syndrome（SBS）4/7 57.14%），ネグレクト判例１事案（3.85%）及び児童期性的虐待判例13事案（16.25%）計20事案（10.70%）であり高率である。特に，SBSの57.14%は，極めて特異な数字であり起訴そのものに無理があるものと思慮する。

4 各国は，性犯罪に対し近親姦規定や信頼される立場を利用しての支配・被支配関係の下での行為について独自の構成要件を規定している。主要な性犯罪規定を比較法的視点から考察する[29]。

イギリスのSexual Offences Act 2003は，25条で一定の親族関係にある18歳未満の児童と性的活動を行う罪として近親姦規定を，27条で親族関係を詳細に規定する。同法16条は，信頼される立場を悪用して18歳未満の児童と性的活動を行う罪を規定し，21条で信頼される立場の意義を，22条で信頼される立場の解釈を規定する。

第25条（一定の親族関係にある18歳未満の児童と性的活動を行う罪）

1 人（A）が

(a) 故意に他人（B）に接触し，

(b) その接触が性的であり，

(c) ＡとＢが第27条で定める関係にあり，

(d) ＡにおいてＢとの関係が第27条で定める関係にあることを知っていたか又は知っていたと合理的に期待し得，かつ

(e) i Ｂが18歳未満であり，Ａにおいて，Ｂが18歳以上であると合理的に信じていなかったか，又は

ii Ｂが13歳未満である場合は，Ａに本条の罪が成立する。

2 本条の罪に関する訴訟手続において，被害者が18歳未満であったと証明された場合，被告人は，被害者が18歳以上だと合理的に信じていたかどう

かに関し問題提起するに十分な証拠を提出しない限り，被害者が18歳以上であると合理的に信じていなかったものとみなす。

3　本条の罪に関する訴訟手続において，被告人が被害者と第27条で定める関係にあったと証明された場合は，被告人は，被害者と第27条で定める関係にあったことを知っていたか又は知っていたと合理的に期待し得たかどうかに関し問題提起するに十分な証拠を提出しない限り，被害者と第27条で定める関係にあったことを知っていたか又は知っていたと合理的に期待し得たものとみなす。

4　本条の罪で有罪宣告を受けた者で犯行時18歳以上であった者は，

(a)　第6項が適用される場合は，正式起訴により14年以下の拘禁刑

(b)　それ以外の場合は

ⅰ　略式起訴の場合は，6月以下の拘禁刑若しくは法定上限額以下の罰金又は併科

ⅱ　正式起訴の場合は，14年以下の拘禁刑に処せられる。

5　第4項が適用されない場合は，本条の罪で有罪宣告を受けた者は

(a)　略式起訴の場合は，6月以下の拘禁刑若しくは法定上限額以下の罰金又は併科

(b)　正式起訴の場合は，5年以下の拘禁刑に処せられる。

6　本項は，接触が

(a)　Ｂの膣又は肛門へのＡの身体の一部又は物の挿入

(b)　Ｂの口へのＡの陰茎の挿入

(c)　Ａの膣又は肛門へのＢの身体の一部の挿入，又は

(d)　Ａの口へのＢの陰茎の挿入を伴う場合に適用する。

第16条（信頼される立場を悪用して18歳未満の児童と性的活動を行う罪）

1　18歳以上の者（Ａ）が

(a)　故意に他人（Ｂ）に接触し，

(b)　その接触が性的であり，

(c)　ＡがＢとの関係で信頼される立場にあり，

(d)　本条第２項が適用される場合，ＡがＢとの関係で信頼される立場にいる根拠となる事情を知っていたか又は知っていたと合理的に期待でき，かつ

(e) i　Ｂが18歳未満であり，ＡにおいてＢが18歳以上であると合理的に信じていなかった，又は

ii　Ｂが13歳未満である場合には，Ａに本条の罪が成立する。

2　本項は

(a)　Ａが第21条第２項ないし第５項のいずれかに規定する事情を理由としてＢから信頼される立場にあり，かつ

(b)　Ａがそれら以外の事情を理由として信頼される立場にいるのではない場合に適用する。

3　本条の罪に関する訴訟手続において，Ｂが18歳未満であったと証明された場合，被告人は，Ｂが18歳以上だと合理的に信じていたかどうかに関し問題提起するに十分な証拠を提出しない限り，Ｂが18歳以上であると合理的に信じていなかったものとみなす。

4　本条の罪に関する訴訟手続において

(a)　被告人が第21条第２項ないし第５項のいずれかに規定する事情を理由としてＢとの関係で信頼される立場にあったと証明され，かつ

(b)　それら以外の事情を理由として信頼される立場にあったと証明されない場合は，被告人は，Ｂとの関係で信頼される立場にあった理由となった事情を知っていたか又は知っていたと合理的に期待し得たかどうかに関し問題提起するに十分な証拠を提出しない限り，前記事情を知っていたか又は知っていたと合理的に期待し得たものとみなす。

5　本条の罪で有罪宣告を受けた者は

(a)　略式起訴の場合は，６月以下の拘禁刑若しくは法定上限額以下の罰金又は併科

(b)　正式起訴の場合は，５年以下の拘禁刑

に処せられる。

第21条（信頼される立場の意義）

1　第16条ないし第19条に関し，Aは

(a)　以下のいずれかの項に該当するか，又は

(b)　国務大臣が定める命令で規定するいずれかの条件を満たす場合は，Bとの関係で信頼される立場にある。

2　本項は，Aが裁判所の命令その他法律により施設に拘置された18歳未満の者を世話しており，Bがその施設に拘置されている場合に適用する。

3　本項は，Aが，

(a)　Children Act 1989 第22C条第6項又は Social Services and Well-being (Wales) Act 2014 第81条第6項のいずれかの機関により宿泊及び管理が提供されているか，又は

(b)　Children Act 1989 第59条第1項によりボランティア団体から宿泊が提供されている住居その他の場所に住む18歳未満の者を世話しておりBが当該住居等の住人であり宿泊及び管理，又は宿泊の提供を受けている場合に適用する。

4　本項は，Aが

(a)　病院

(b)　ウェールズにおいては，民間診療所

(c)　ケアホーム

(d)　コミュニティ・ホーム，ボランタリ・ホーム又はチルドレンズ・ホーム

(e)　Children Act 1989 第82条第5項に基づいて提供された住居

(f)　削除

のいずれかの施設に入所し保護を受けている18歳未満の者を世話しており，Bが当該施設で入所し保護を受けている場合に適用する。

5　本項は，Aが，教育機関で教育を受けている18歳未満の者を世話しており，Aは当該教育機関で教育を受けていないが，Bは当該教育機関で教育を受けている場合に適用する。

6～13（略）

フランス刑法は，第222-31-1条で近親姦を規定し，第222-31-2条でサンクションとして近親姦の場合の親権の剥奪等を規定する。

第222-31-1条（近親相姦）

強姦及び性的攻撃は，次に掲げる者によって実行された場合，近親相姦とする

一　尊属

二　兄弟姉妹，叔父，叔母，甥，姪

三　前２号に掲げる者の配偶者若しくは内縁関係にある者又は前２号に掲げる者と民事連帯協約により相方となった者であって，被害者に対し法律上又は事実上の権限を有する者

第222-31-2条（近親相姦の場合の親権の剥奪等）

1　近親相姦の性質を有する強姦又は性的攻撃が，未成年者に対し，その親権を有する者によって実行された場合，判決裁判所は，民法第378条及び第379-1条の適用により，同親権の全部又は一部の剥奪について宣告しなければならない。

2　前項の場合，判決裁判所は，被害者の未成年兄弟姉妹に対する親権の剥奪に関してもまた，裁定することができる。

3　前第１項において，重罪院に訴追が係属した場合，重罪院は，陪審員の同席なしに，前記裁定をする。

ドイツ刑法は，第173条で親族との性交を，第174条で保護を委ねられている者に対する性的虐待を，第174条ｃで支配・被支配関係にある相談，治療又は世話を行う関係を利用した性的虐待を，第176条で子どもに対する性的虐待を規定する。

第173条（親族との性交）

1　血族である卑属と性交した者は，３年以下の自由刑又は罰金に処する。

2　血族である直系尊属と性交した者は，２年以下の自由刑又は罰金に処する。このことは，親族関係が消滅したときも妥当する。性交した，血族である兄弟姉妹も，同一の刑に処する。

3　卑属及び兄弟姉妹が行為時に18歳に達していなかったときは，この規定によっては罰せられない。

第174条（保護を委ねられている者に対する性的虐待）

1 一　教育，職業教育若しくは生活上の世話が行為者に委ねられている16歳未満の者に対して

二　教育，職業教育若しくは生活上の世話が行為者に委ねられ，若しくは，職務上若しくは労働上の関係の枠内で部下に当たる18歳未満の者に対して，教育上，職業教育上，世話上，職務上若しくは労働上の関係と結びついた従属性を濫用して，又は

三　行為者の血縁上若しくは法律上の直系卑属，若しくは，行為者の法律上の配偶者，行為者と内縁関係にある者，若しくは行為者が共に婚姻関係若しくは内縁関係類似の生活を営んでいる者の直系卑属で，18歳未満の者に対して性的行為を行い，又は，この者に自己に対する性的行為を行わせた者は，3月以上5年以下の自由刑に処する。

2　そのための特定の施設において，18歳未満の者の教育，職業教育又は生活上の世話を委ねられている者で，以下の者は，3月以上5年以下の自由刑に処する。

一　その施設において，教育，職業教育若しくは生活上の世話に従事するという法律関係にある16歳未満の者に対して性的行為を行い，若しくは，この者に自己に対する性的行為を行わせた者，又は

二　その地位を利用して，その施設において，教育，職業教育若しくは生活上の世話に従事するという法律関係にある18歳未満の者に対して性的行為を行い，若しくは，この者に自己に対する性的行為を行わせた者

3　第1項又は第2項の要件の下で，これにより自己又は被保護者を性的に興奮させるために

一　被保護者の前で性的行為を行った者，又は

二　被保護者が自己の前で性的行為を行うように，この者を決意させた者は，3年以下の自由刑又は罰金に処する。

4　本罪の未遂は，罰する。
5　第1項第1号，第2項第1号又は第1項第1号若しくは第2項第1号と結びついて適用される第3項に該当する場合，裁判所は，行為の不法が軽微なときは，この規定に定める刑を免除することができる。

第174条c（相談，治療又は世話を行う関係を利用した性的虐待）
1　相談，治療又は世話を行う関係を濫用して，中毒症を含む精神若しくは心の疾患若しくは障害を理由に，又は，身体的な疾患若しくは障害を理由に，相談，治療又は世話が行為者に委ねられている者に対して性的行為を行い，又は，この者に自己に対する性的行為を行わせた者は，3月以上5年以下の自由刑に処する。
2　治療を行う関係を濫用して，精神療法が行為者に委ねられている者に対して性的行為を行い，又は，この者に自己に対する性的行為を行わせた者も，前項と同一の刑に処する。
3　本罪の未遂は，罰する。

第176条（子どもに対する性的虐待）
1　14歳未満の者（子ども）に対して性的行為を行い，又は，子どもに自己に対する性的行為を行わせた者は，6月以上10年以下の自由刑に処する。
2　子どもが第三者に対して性的行為を行うように，又は，子どもが第三者にこの子ども自身に対する性的行為を行わせるように，この子どもを決意させた者も，前項と同一の刑に処する。
3　犯情が特に重い事案では，1年以上の自由刑を言い渡すものとする。
4　次の各号に該当する者は，3月以上5年以下の自由刑に処する。
　一　子どもの前で性的行為を行った者
　二　第1項又は第2項に該当する場合以外で，子どもが性的行為を行うように，この子どもを決意させた者
　三 a）子どもが，行為者若しくは第三者に対して，若しくはその前で，性的行為を行うように，若しくは，子どもが行為者若しくは第三者にこの子ども自身に対する性的行為を行わせるようにするために，若しくは

b）第184条 b 第 1 項第 3 号若しくは第184条 b 第 3 項に基づく行為を犯すために，文書（第11条第 3 項），若しくは，情報若しくはコミュニケーション技術を用いて子どもに影響を及ぼした者，又は

四　ポルノの描写若しくは記述を提示することにより，ポルノを内容とする録音物を再生することにより，情報若しくはコミュニケーション技術を用いたポルノの内容に近付きやすくすることにより，若しくは，ポルノを内容とする話をすることにより，子どもに影響を及ぼした者

5　第 1 項から第 4 項に規定する行為のために，子どもを提供し，若しくは斡旋することを約束し，又は，これらの行為をするよう他の者と約束した者は，3 月以上 5 年以下の自由刑に処する。

6　本罪の未遂は罰する。ただし，第 4 項第 3 号及び第 4 号並びに第 5 項による行為はこの限りではない。

わが国の性犯罪規定は，刑法制定110年を経て平成29年刑法一部改正により顕著な変革がなされた。刑法177条強制性交等罪は，行為主体及び客体が両性となり性差が解消され，行為態様も性交，肛門性交又は口腔性交となった。新設された刑法179条は，監護者による強制性交等を刑事制裁の対象とする。[30]

性的自己決定権（die sexuelle Selbstbestimmung）ないし性的自立性（sexual autonomy）は，性犯罪の保護法益を考察する重要な視点である。

合衆国連邦最高裁は，性的自立性について Griswold v. Connecticut[31] で基礎を築き，Coker V. Georgia[32] で個人的選択権としてより広範な理解を示し，Lawrence v. Texas[33] でテキサス州のホモセクシュアル禁止条項について決定的な判断を示した。[34]

セクシュアルハラスメントの被害者は，世界各地で Me Too とのスローガンのもと性犯罪被害をカミングアウトし始めている。伊藤詩織氏は，ジャーナリストとしてニューヨークでの研修で知り合った著名な男性ジャーナリストによる準強姦行為を告発している。[35]

5　本書の基本的視座は，「児童虐待は，犯罪であり，刑事制裁の対象である。」，「被害者のサポートは，最優先課題である。」，「加害者に対する治療

プログラムの提供は，児童虐待防止のため不可欠である。」との３点である。

本書は，３章から構成される。第１章は，児童虐待事案を身体的虐待，ネグレクト及び児童期性的虐待の行為態様別に刑事判例187ケースを考察する。第２章は，民事判例における児童虐待事案を児童相談所への介入，面接交流権，子の監護権・親権の帰属及び児童養護施設入所及び児童期性的虐待被害の損害賠償事案について10事案を中心に考察する。第３章は，最高裁大法廷平成29年11月29日大法廷判決と「刑法の一部を改正する法律」第179条監護者わいせつ罪及び監護者性交等罪の立法過程を考察する。

考察した判例の中には，大阪地裁平成24年３月21日第５刑事部判決のように量刑理由において児童虐待の一般予防を強調し厳罰化を正当化するものも見受けられる[36)]。

司法判断は，基本的に当該事情の下での個別判断であることを考察するに際し留意しなければならないことは勿論である。

1） See, Kempe, C. H., Silverman, F. N., Steele, B. F., Droegemuller, W., Silver, H. K., The Battered-Child Syndrome, *Journal of American Association*, Vol. 181, No. 1, pp. 17-24, 1962., John M. Leventhal, "The Battered-Child Syndroem" 40 Years Later, Psychology and Psychiatry Vol. 8(4), pp. 543-545, 2003.

2） 各研究領域からの研究について，拙著『児童虐待 その現況と刑事法的介入』，成文堂，2000年，77頁註１）参照。

3） 法律学領域の研究について，拙著・前掲78頁註２）及び拙著『児童虐待Ⅱ 問題解決への刑事法的アプローチ』，成文堂，2007年，71頁註５）及び註７）参照。刑事法領域の研究は，中谷瑾子教授を嚆矢とする。

4） データは，平成29年度福祉行政報告例に基づいて作成する。「平成29年度の児童相談所での児童虐待相談対応件数」参照（https://www.mhlw.go.jp/content/11901000/000348313.pdf）。

5） 警察庁生活安全局少年課「平成30年における少年非行，児童虐待及び子供の性被害の状況」（平成31年３月）15頁参照（https://www.npa.go.jp/safetylife/syonen/hikou_gyakutai_sakusyu/H30.pdf）。警察庁の本データは，調査開始の平成13年以来の検挙件数，検挙人員，被害児童数を態様別に一覧表としていた項目を個々に独立に立て，従前のように通覧しての比較が困難となった。継続的調査であることに鑑み不要の変更である。

6） 括弧内の類型別数値は，「平成29年度の児童相談所での児童虐待相談対応件数」及び「平成30年における少年非行，児童虐待及び子供の性被害の状況」のデータに基づく。

7）竹沢純子国立社会保障・人口問題研究所研究員は，２つのナショナルデータの示す児童虐待実態はかなり異なるとしたうえで「公的統計は我が国の児童虐待の現状を的確にとらえ，また政策判断の基礎資料として十分なものか，という視点からの再検討」の必要性を指摘する。更に，わが国の児童虐待統計の課題として「第一に，児童虐待の「発生」の公的統計を整備し，「発生」と「発見」の両面から虐待の全容を把握することである。それにより，「発生」件数のうち「発見されていないものがどの程度あるのかが明らかになる。第二に，「発見」統計については，アメリカのように，「①参考」，「②通告」，「③犠牲者」の各段階に分けて統計を取ること」の必要性を指摘する。竹沢純子「児童虐待の現状と子どものいる世帯を取り巻く社会経済的状況－公的統計及び先行研究に基づく考察－」，季刊・社会保障研究第45巻第４号（2010年）346-360頁，特に346頁及び355頁参照。なお，季刊・社会保障研究第45巻第４号は，「児童虐待の背景と新たな取り組み」を特集し，興味深い論稿を掲載する。

8）See, American Academy of Pediatrics, Bright Futures- Guidelines for Health Supervision of Infants, Children, and Adolescents, Fourth. Edition, pp. 217-227. アメリカ小児学会は，「The mission of the American Academy of Pediatrics (AAP) is to attain optimal physical, mental, and social health and well-being for all infants, children, adolescents, and young adults.」をミッションとする。

9）西澤哲「子ども虐待に関する公式統計からみたわが国の子ども虐待の現状と課題」，臨床精神医学47巻９号（2018年）957頁以下参照。

10）See, U. S. Department of Health and Human Services. Child Maltreatment 2017 (https://www.acf.hhs.gov/sites/default/files/cb/cm2017.pdf), Connie M. Tang (2019), Children and Crime, Rowan & Littlefield, pp. 41-65.

11）SDGsについて，国連の宣言参照（https://www.unic.or.jp/files/Goal_05.pdf）。

12）東京地裁昭和63年10月26日刑事第28部判決は，母親を懲役３年に処した（判タ690号245頁以下参照）。

13）東京高裁平成14年11月27日判決は，被告を懲役14年（求刑懲役18年）に処した原審東京地裁平成13年12月５日判決（判タ1087号289頁以下）を破棄し懲役15年に処した（高等裁判所刑事裁判速報集（平14）101頁以下参照）。

14）立法府での論議について，拙著・前掲註２）『児童虐待Ⅱ　問題解決への刑事法的アプローチ［増補版］』，２頁参照。主要な改正点は，1．定義について⑴保護者以外の同居人による児童虐待と同様の行為を保護者によるネグレクトの一類型として児童虐待に含まれるものとすること，⑵児童の面前でのドメスティック・バイオレンスが児童虐待に含まれるものとすること，2．国及び地方公共団体の責務について，関係者のスキルアップ，3．警察署長に対する援助要請，4．施設入所に際しての面会・通信制限，5．被虐待児への支援等である。

15）産経新聞2018年６月６日朝刊参照。

16）政府は，平成30年６月15日児童虐待防止対策に関する関係閣僚会議開催した（児童虐待防止対策に関する関係閣僚会議」議事録（https://www.mhlw.go.jp/file/06-Seisakujouhou-11900000-Koyoukintoujidoukateikyoku/0000213072.pdf））参照。同会議は，「緊急に実施する重点対策」を策定し（https://www.mhlw.go.jp/content/11900000/000335930.pdf），更に，「児童虐待防止対策の強化に向けた緊急総合対策」（https://www.mhlw.go.jp/content/11900000/000335930.pdf）を公表した。社会保障審議会児童部会児童虐待等要保護事例の検証に関する専門委員会は，本事案の検証を行い『子ども虐待による死亡事例等の検証結果等について』を公表した（https://www.mhlw.go.jp/content/11900000/000348286.pdf）。東京都児童福祉審議会は，『児童虐待死亡ゼロを目指した支援のあり方について－平成30年度東京都児童福祉審議会児童虐待死亡事例等検証部会報告書－（平成30年３月発生事例）』（http://www.fukushihoken.metro.tokyo.jp/hodo/saishin/press181114.files/30kensyozenbun.pdf），香川県児童虐待死亡事例等検証委員会は，『香川県児童虐待死亡事例等検証委員会検証報告書（平成29年度発生事案）』を公表した（http://www.pref.kagawa.lg.jp/content/etc/web/upfiles/wx1dpp181115183354_f01.pdf）。

17）　詳細は，第198回国会閣法第55号附帯決議「児童虐待防止対策の強化を図るための児童福祉法等の一部を改正する法律案に対する附帯決議」参照（http://www.shugiin.go.jp/internet/itdb_rchome.nsf/html/rchome/Futai/kourouAA374A90540C32634925840400355A30.htm）。

18）　拙著・前掲註２）『児童虐待　その現況と刑事法的介入』参照。

19）　拙著・前掲註３）『児童虐待Ⅱ　問題解決への刑事法的アプローチ』参照。

20）　拙著『児童虐待Ⅱ　問題解決への刑事法的アプローチ［増補版］』，成文堂，2011年参照。

21）　裁判員裁判の具体的事案等について，拙著『裁判員裁判の臨床的研究』，成文堂，2015年参照。

22）　主要なデータは，下記の表の通りである。

	累　計	平成21年	平成30年	令和元年（５月末）
選任手続期日に出席した裁判員候補者出席率(%)	72.2	83.9	67.5	68.2
平均審理期間(月)	9.2	5.0	10.1	9.9
自白	7.4	4.8	7.7	7.6
否認	11.3	5.6	12.3	12.2
公判前整理手続期間の平均(月)	7.0	2.8	8.2	8.1
自白	5.4	2.8	6.1	6.2
否認	8.9	3.1	10.0	10.1
平均評議時間(分)	651.3	397.0	778.3	740.3
自白	506.4	377.3	583.9	536.4
否認	823.2	477.3	959.8	938.2

「裁判員裁判の実施状況について（制度施行～令和元年５月末・速報）」参照（http://www.saibanin.courts.go.jp/vcms_lf/r1_5_saibaninsokuhou.pdf）。

23）See, Allison N Sinanan (2015), Trauma and Treatment of Child Sexual Abuse, Journal of Trauma & Treatmnet, pp. 1-5.

24）最高裁判所事務総局『裁判員制度10年の総括報告書』，令和元年５月，17頁参照。

25）刑集68巻６号948頁以下参照。

26）刑集68巻６号954頁以下参照。

27）刑集68巻６号925頁以下参照。

28）LEX/DB【文献番号】25444567。

29）法務省は，検討会，審議会及びWG等で海外の性犯罪規定を資料として配布する。法務省のフランス刑法第222-31-1条及び第222-31-2条の訳は，近親相姦とし少なくとも近親姦に対する今日の共通理解を欠如する訳であり不適切である。平成26年12月24日開催「性犯罪の罰則に関する検討会第４回会議」（http://www.moj.go.jp/keiji1/keiji12_00097.html），平成27年11月２日開催「法制審議会刑事法（性犯罪関係）部会第１回会議」（http://www.moj.go.jp/keiji1/keiji12_00122.html）及び平成31年３月11日開催「第６回性犯罪に関する施策検討に向けた実態調査ワーキンググループ」（http://www.moj.go.jp/hisho/saihanboushi/hisho04_00015.html）参照。本翻訳は，「第６回性犯罪に関する施策検討に向けた実態調査ワーキンググループ」で配布された資料による。

30）平成29年７月13日から平成31年１月31日までの間の施行状況は下記の通りであり，強制性交等罪の男性被害者数のデータもある。法務省刑事局「改正法刑法改正後の規定の施行状況についての調査結果」参照（http://www.moj.go.jp/content/001290624.pdf）。

１　強制性交等罪（準強制性交等罪を含む。各罪の致傷を含む。）で，公訴事実において，肛門性交のみ，口腔性交のみ，あるいは肛門性交及び口腔性交のみを実行行為とする事件の起訴人員・件数

実行行為	人員	件数
肛門性交のみ、口腔性交のみ、 肛門性交のみ及び口腔性交のみ	60名	68件

２　１のうち，被害者が男性である事件の起訴人員・件数

実行行為	人員	件数
肛門性交のみ、口腔性交のみ、 肛門性交のみ及び口腔性交のみ	15名	16件

３　監護者わいせつ・監護者性交等罪（各罪の致傷を含む。）の起訴人員・件数

罪名	人員	件数
監護者わいせつ	32名	40件
監護者性交等	57名	67件

－法務省刑事局「改正法刑法改正後の規定の施行状況についての調査結果」より引用－

31）381U. S. 479, 486（1965）.
32）433U. S. 584, 597（1977）.
33）539U. S. 558, 562（2003）.
34）See, Anne C. Dailey（2017）, Law and the Unconscious : A Psychoanalytic Perspective, Yale University Press. pp. 177-179.
35）伊藤詩織『Black Box』，文藝春秋，2017年参照。
36）刑集68巻 6 号948頁参照。

第1章

児童虐待事案の行為態様別考察

序　言

1　児童虐待研究は，様々な視点からの考察が可能な学際的研究領域であり，医学的アプローチ，心理学的アプローチ，社会福祉学的アプローチ，法律学的アプローチ等多様な視点が可能である[1)]。また，児童虐待研究の到達目標は，現状分析に基づいた児童虐待防止策の立案にあるものと思慮する。

筆者は，「児童虐待は，犯罪であり，刑事制裁の対象である。」，「被害者のサポートは，最優先課題である。」，「加害者に対する治療プログラムの提供は，児童虐待防止のため不可欠である。」との基本的視座に立ち，臨床心理学的視点にも配意した刑事法的アプローチ，特に判例分析を踏まえ研究を重ねてきた[2)]。

1991年，研究開始当初は，児童虐待の裁判事例は乏しく尊属殺違憲判決として周知の最高裁昭和48年４月４日大法廷判決が代表的な事例である[3)]。本大法廷判決は，事実関係を詳細に検討すると児童期性的虐待（Childhood Sexual Abuse）をバックグラウンドにする尊属殺事例であり，児童期性的虐待との視点は一部の研究者が的確に指摘するのみで等閑視されてきた[4)]。家事審判事例としては，東京家裁八王子支部昭和54年５月16日審判が実父による長女に対する中学２年生から次女に対する中学１年生からの継続的な児童期性的虐待を理由に実父の親権喪失を宣告した[5)]。

児童虐待事案は，被害者のプライバシー保護や法的争点が限定されていること等から公刊物に登載される事例は2003年頃までは僅少であった[6)]判例のネット検索の普及は，従来の事例収集の困難さを解消するに至っている。更に，裁判員裁判制度の導入は，市民が裁判員や補充裁判員として刑事裁判に参加することで社会の児童虐待への関心を高めている。本稿で考察の対象とする児童虐待事案187例中118事例は，裁判員裁判の合議体による判断である。

2　児童虐待は，今日ではメディアによる報道が繰り返され社会的に事実が認知されている。

ナショナル統計データとしては，厚生労働省の平成２年度以降の児童相談所での児童虐待相談対応件数データと警察庁の平成11年以降の児童虐待事件の検挙件数・検挙人員・被害児童数等のデータがある[7)]。

児童相談所での児童虐待相談対応件数は，統計の開始された平成２年度1,101件から平成29年度133,778件と66.99倍に増加している[8)]。また，警察から児童虐待に係る児童相談所への通告児童数は，平成16年962人から平成30年80,252人と22.45倍に推移している。態様別通告児童数は，心理的虐待57,434人（前年比23.7％増，全体の71.6％），身体的虐待14,836人（前年比20.2％増，全体の20.2％），ネグレクト7,722人（前年比20.7％増，全体の9.6％），性的虐待260人（前年比3.6％増，全体の0.3％）である。なお，心理的虐待のうち子どもの面前で配偶者やパートナーに暴力を加えたり大声で怒鳴る「面前 DV」は，35,944人（前年比19.5％増）である。性的虐待は，潜在化しがちであることは通告児童数の割合が全通告児童数の0.3％に過ぎない事実からも明らかである。

児童虐待事件の態様別検挙件数は，身体的虐待1,095件（前年比21.1％増，全体の79.3％），性的虐待226件（前年比33.7％増，全体の16.4％），ネグレクト24件（前年比14.3％，全体の1.7％），心理的虐待35件（前年比20.5％減，全体の2.5％）であり，総数は平成11年120件から平成30年1,380件へと推移している。検挙人員は，平成11年130人から平成30年1,419人に，被害児童数は，平成11年124人から平成30年1,100人へと推移している[9)]。

何れのデータからも児童虐待の増加傾向が顕著である。

3　児童虐待（Child Abuse）は，社会で現実に生起している児童虐待事案の全てが顕在化する訳ではなく身体的虐待（Physical Abuse）やネグレクト（Neglect）等では重篤な結果が惹起された場合に刑事訴追され顕在化するに過ぎない。児童期性的虐待（Childhood Sexual Abuse）や心理的虐待

(Psychological Abuse) は，今尚潜在化している児童虐待類型である。

児童虐待に対するわが国の法的対応は，「児童虐待の防止等に関する法律」(平成12年11月20日施行，その後数次の改正)，「児童福祉法」，「児童買春，児童ポルノに係る行為等の処罰及び児童の保護等に関する法律」，「インターネット異性紹介事業を利用して児童を誘引する行為の規制等に関する法律（出会い系サイト禁止法)」及び「刑法」等に委ねられている。

本稿は，平成24年１月１日以降平成30年12月末日現在公開された児童虐待事案の中から刑事訴追の対象となり裁判所の判断がなされた身体的虐待81事例，ネグレクト26事例及び児童期性的虐待80事例総計187事例を考察の対象とする。[10)]考察対象187事例中，身体的虐待６事例，ネグレクト１事例及び児童期性的虐待13事例計20事例では無罪判決が言渡されており，10.70％は平成30年度の無罪率0.047％の中で極めて高率である。特に，児童期性的虐待事例は，被害者の供述の信用性が否定される等考察対象の16.25％の高率で無罪判決が言渡されている。無罪判決の要因の一つは，児童期性的虐待固有の論点である「過誤記憶」(False Memory) に起因すると思慮する。[11)]

本稿は，司法府で検討された児童虐待事例の経年観察（平成24年１月１日以降平成30年12月末日迄）であり，一定の視点からの定点観察でもある。[12)]当該年度で重要な児童虐待事案は，身体的虐待に関する大阪地裁平成24年３月21日第５刑事部判決及び東京地裁平成25年５月21日第１刑事部判決で共に裁判員裁判の合議体で審理され重要な争点を含むケースである。[13)]

4　児童虐待は，被害児に様々な影響を齎しその後の成長や成人になった後にも生き辛らさや精神的疾患を発症させる。特に，児童期性的虐待は，被害児に PTSD（Post Traumatic Stress Disorder）等の重篤な精神的疾患の誘因となる。

児童期性的虐待固有の問題の一つは，加害行為とそれに起因する PTSD 発症との因果関係及び民法724条の損害賠償請求権の消滅時効・除斥期間の問題がある。近時の一事例として札幌高裁平成26年９月25日第３民事部判決の事案を紹介する。被害児は，祖父母宅に預けられていた３歳10か月から８

歳10か月の間，帰省中の叔父により複数回の強制わいせつ及び姦淫行為等の児童期性的虐待を受けた。被害児は，高校生の時にPTSDと診断され，平成18年9月頃うつ病を発症し，25年後，釧路地裁に児童期性的虐待による損害賠償請求訴訟を提訴した。釧路地裁平成23年4月28日判決は，不法行為に基づく損害賠償請求権が民法724条後段所定の除斥期間の経過により消滅したと判示し，原告の請求を棄却した[14]。控訴審札幌高裁平成26年9月25日第3民事部判決は，「本件性的虐待行為を受け，PTSD，離人症性障害及び摂食障害を発症したことを理由とする不法行為に基づく損害賠償請求権は，民法724条後段所定の除斥期間の経過により消滅しているが，うつ病を発症したことを理由とする不法行為に基づく損害賠償請求権については，除斥期間が経過していないということができる。したがって，被控訴人は，控訴人に対し，本件性的虐待行為をしたことによりうつ病を発症させたことを理由として，不法行為に基づいて，その損害を賠償する義務がある。」と判示し，加害者であり被控訴人の叔父に3,039万6,126円及びこれに対する本判決確定の日の翌日から支払済みまで年5分の割合による金員の支払いを命じた[15]。

5　児童虐待事案考察の究極的目的は，児童虐待の生起しない社会の構築と児童の健全な成長を社会全体でバックアップする方策の提案にある。

児童虐待の防止には，早期発見と時宜を得た介入が肝要である。生起した事案の分析・検討は，事後の児童虐待防止への有効な試金石を提供する。

関係諸機関の緊密な連携の必要性は，繰り返し指摘されて居りながら十全に機能しないまま被虐待児の死亡結果の惹起を回避できない現実がある。イギリスでは，関係諸機関の連携の詳細なガイドラインとしてHM Governmentにより『Working together to safeguard children: A guide to inter-agency working to safeguard and promote the welfare of children (26 March 2015)』が作成・公表されている[16]。

1）　児童虐待研究の変遷について，拙稿「児童虐待，特に『親による性的虐待』に対する刑事規制について」，常葉学園富士短期大学研究紀要第2号（1992年）73頁以下参照（拙著『児童虐待 その現況と刑事法的介入』，成文堂，2000年，60頁以下所収，特に，77頁註 1 ）参照），拙稿「児童虐待への刑事法的介入」（吉田恒雄編『児童虐待への介入―その制度と法〔増補版〕』，尚学社，1999年（後に前掲拙著『児童虐待 その現況と刑事法的介入』，111頁以下所収），拙稿「児童虐待」，被害者学研究第12号（2003年）41頁参照（拙著『児童虐待Ⅱ 問題解決への刑事法的アプローチ』，成文堂，2007年，51頁以下所収）。家族福祉政策の視点からアメリカの児童虐待防止と取組について，原田綾子『「虐待大国」アメリカの苦悶』，ミネルヴァ書房，2008年参照。精神療法41巻 1 号（2015年）は，［特集］「暴力を振るう人々（加害者）に対する精神療法―さまざまな領域における取り組み」を掲載する。加害者に対する具体的治療プログラムとして，林 直樹「概説：暴力の精神病理と精神療法」，森田展彰「子ども虐待を行う親に対する精神療法」参照。

2 ）　従前の研究として，拙著『児童虐待 その現況と刑事法的介入』，成文堂，2000年，同［改訂版］2006年，拙著『児童虐待Ⅱ 問題解決への刑事法的アプローチ』，成文堂，2007年，同［増補版］，2011年，拙稿「裁判実務における児童虐待事案の刑事法的一考察」，法学新報121巻11＝12号（2015年）599頁以下参照。

3 ）　刑集27巻 3 号265頁以下参照。

4 ）　中谷瑾子教授は，父娘相姦として本大法廷判決を紹介する。中谷瑾子「児童虐待と刑事規制の限界」（『団藤重光博士古稀祝賀論文集 第 3 巻』，有斐閣，1984年所収）209頁以下，特に246頁参照。

5 ）　家月32巻 1 号166頁以下参照。前掲註 1 ）拙著『児童虐待 その現況と刑事法的介入』，38頁以下参照。

6 ）　前掲註 1 ）拙著『児童虐待 その現況と刑事法的介入』，16頁参照。

7 ）　警察庁の児童虐待事案の詳細なデータは，平成12年以降である。但し，警察庁『平成13年版 警察白書』には，平成 6 年以降の児童虐待に関する少年相談の受理状況が紹介され，平成 6 年121件から平成12年1,342件と推移している（同白書33頁参照（https://www.npa.go.jp/hakusyo/h13/h130102.pdf）。前掲註 1 ）拙著『児童虐待Ⅱ 問題解決への刑事法的アプローチ［増補版］』，58頁以下及び359頁以下参照）。

8 ）　厚生労働省は，各年度毎に全国児童福祉主管課長・児童相談所長会議において児童虐待相談対応件数等のデータを公表する。平成30年度全国児童福祉主管課長・児童相談所長会議は，本稿脱稿時点（平成31年 4 月30日）では未開催であり，平成30年度の最新データは未公表である。

9 ）　警察庁生活安全局少年課『平成30年中における少年非行，児童虐待及び子供の性被害の状況』，15頁以下参照（https://www.npa.go.jp/safetylife/syonen/hikou-gyakutai_sakusyu/H30.pdf）及び前掲註 2 ）拙稿「裁判実務における児童虐待事案の刑事法的一考察」，法学新報121巻11＝12号603頁参照。平成11年度児童虐待の罪種別・態様別検挙状況について，前掲註 7 ）警察庁『平成13年版 警察白書』，33頁参照。

10）　検討する諸事例における被告人の年齢は，判決文に誕生年のみが記載されている場合は数え年で表記する。関係者の年齢は，家族構成やジェノグラム作成上必須事項ゆえ判決文に誕生年月日までの記載がなされることが望まれる。

11) See, Judith L. Herman,, Father-Daughter Incest, Harvard University Press (1981), 2000, p.234（斎藤 学訳『父―娘 近親姦―「家族」の闇を照らす―』，誠信書房，2000年）, Loftus, E. F., and Ketcham, K., The Myth of Repressed Memory: False Memories and Allegations of Sexual Abuse. St. Martin's Press, 1994（仲 真紀子訳『抑圧された記憶の神話―偽りの性的虐待の記憶をめぐって―』，誠信書房，2000年）。

12) 児童虐待防止法の制定・改正時期を区切りとして児童虐待の重要な事件の詳細な研究として，川崎二三彦・増沢高編著『日本の児童虐待重大事件 2000-2010』，福村出版，2014年参照。川端 博教授は，判例の定点観測の狙いについて「年度毎に全判例の「共時的」多様性を追求するとともに，それを継続することによって「通時的」傾向を明らかにする」と指摘される（川端 博『定点観測 刑法の判例［1996年度～1998年度］刑事法研究 第6巻』，成文堂，2000年，はしがき参照）。なお，川端教授は，裁判員裁判施行に合わせ従前の詳細な判例検討方法を指向する（同『定点観測 刑法の判例［2001年度］刑事法研究 第12巻』，成文堂，2011年，はしがき参照）。

13) 大阪地裁平成24年3月21日第5刑事部判決、刑集68巻6号948頁，最高裁平成26年7月24日第一小法廷判決（前掲大阪地裁判決の上告審）、刑集68巻6号925頁，東京地裁平成25年5月21日第1刑事部判決については，既に詳細な検討を加えている（拙稿「裁判員裁判制度に内在する諸問題(1)―東京地裁平成25年5月21日第1刑事部判決を素材に」，武蔵野法学1号（2014年）1-101頁，拙稿「裁判員裁判制度に内在する諸問題(2)東京地裁平成25年5月21日第1刑事部判決を素材に―」，武蔵野法学2号（2014年）1-116頁参照（拙著『裁判員裁判の臨床的研究』，成文堂，2015年，237頁以下所収，特に275頁以下参照））。

14) 判時2197号110頁参照。松本克美「児童期の性的虐待に起因するPTSD等の発症についての損害賠償請求権の消滅時効・除斥期間」，立命館法学第346号（2013年）1069頁以下，特に1078頁参照。

15) 判タ1409号226頁参照（詳細は，本書第2章第4節485頁以下参照）。

16) See, HM Government (2015), Working together to safeguard children: A guide to inter-agency working to safeguard and promote the welfare of children (https://www.gov.uk/government/uploads/system/uploads/attachment_data/file/419595/Working_Together_to_Safeguard_Children.pdf). HM Government は，2013年に最初のガイドライン『Working together to safeguard children: A guide to inter-agency working to safeguard and promote the welfare of children (21 March 2013)』を公表し，既に達成されている（https://www.gov.uk/government/uploads/system/uploads/attachment_data/file/417669/Archived-Working_together_to_safeguard_children.pdf）。

第１節　身体的虐待事例

判例１　東京地裁立川支部平成24年２月29日刑事第２部判決[1)]

【事実の概要】

Ｘ（31歳）は，平成16年８月11日午後２時頃，二男Ｂの歯医者予約時刻に間に合うように長女Ｃ（５歳）をいつものように一人で留守番させＢと二女Ｄを連れて外出しようとした。Ｘは，この日に限ってＣが留守番をひどく嫌がり聞き分けのない態度を取ったため，カッとなりＣを力づくで言い聞かせようとし，片膝をついてＣと向かい合い両手でＣの左右の上腕を掴んで上半身を前後に多数回強く揺さぶる暴行を加えた。Ｃは，急性硬膜下血腫の傷害を負い，同月14日午前４時８分頃，搬送先の病院において太い架橋静脈もしくは複数本の架橋静脈破断に起因する急性硬膜下血腫による脳ヘルニアにより死亡した。

【判　旨】

裁判所は，供述の変更に伴い曖昧な点が存するＸの供述の信用性について「被害者は急性硬膜下血腫による脳ヘルニアにより死亡しているところ，その急性硬膜下血腫は，非常に重いものであって，太い架橋静脈もしくは複数本の架橋静脈が破断したことによるものであり，その原因となった被害者の頭部への外力は相当強い回転性の外力でなくてはならないこと，その外力として考えられる具体的態様としては，被害者の頭部にそれに見合うだけの外傷が見られないことや被害者の年齢等にかんがみると，前後への激しい揺さぶりが最も妥当すること，そして，このような揺さぶりは，被害者自身が行うことは困難であり，他者から意図的に加えられないと起こり得ないところ，被害者にかかる揺さぶりをする者としては，被告人以外考えられないことなどが認められ，被告人の前記供述は，これらの事実と矛盾するものではなく，激しく揺さぶったという核心部分については，少なくとも信用することができる。」と判示し，Ｘの暴行を認定し，懲役６年（求刑懲役８年）に処した。

【研　究】

1　本事案は，否認事件として審理が開始された。Xは，犯行後，公判前整理手続，第1回公判期日における罪状認否において被害者Cの死亡に自分は関係ない旨陳述し，第5回公判期日まで否認を維持した。第6回公判期日における被告人質問において，「平成16年8月11日午後2時頃，自宅のリビングで，片膝をついて立っているCと向かい合い，Cの左右の上腕をつかみ，6，7秒間にわたり16，7回くらい前後に揺さぶり，特に後半は，Cの首がガくがく揺れるほど強く揺さぶった，それが原因でCが死んだと思う。」と供述し，自己の犯行行為を認めるに至った。

Xは，第7回公判期日において従前の認否を変更することを明らかにした。弁護人も，Xの供述を受け，同期日にそれまで争点とされてきた被害者の死因である急性硬膜下血腫を生じさせた頭部への外力がXの暴行であるか否かという点については一切争わない旨，従前の意見を変更した。

裁判所は，公判の経緯から裁判員の理解を確認するためXの第6回公判期日における被告人質問の供述も含め，変更後の供述の曖昧な点及び供述変更の理由についても合理的に説明できていないとしてXの供述の信用性について詳細な検討をする。

裁判員裁判では，公判前整理手続及び集中審理等の方策により比較的短時日で判決公判に至っている。本事案は，否認事件であるとはいえ犯行日から判決公判まで7年6ヶ月が経過しており，未決勾留日数730日が刑に算入されている。公訴提起等公判手続に至るまでの経緯は詳らかではないが，少なくとも公訴提起以降公判前整理手続に至るまでに2年余の時日を要しており，逆算すると犯行日から公訴提起までに5年余の時日を要しているものと思慮される。

2　X（31歳）の家族構成は，夫婦共互いに離婚歴があり夫は長男A及び長女Cを，Xは二男Bを引取り婚姻し，夫婦間に二女Dを得て4人の子供の6人家族である。Xは，夫の転勤に伴い平成16年4月函館市から東京都青梅市に転居し４人の子供の世話に追われていた。

被害児長女Ｃ（５歳）は，夫の連れ子であり自閉症で養育に手がかかり４人の子供の中でスケープゴートとしてＸの日常的虐待の対象とされた。裁判所は，量刑理由において「虐待は，頭などを平手あるいは竹の定規で叩くなどの身体的なものにとどまらず，被害者を子供部屋のテーブルの前に正座させてほとんど一日中塗り絵をさせるとか，食事の時間をタイマーで計って制限するとかいうものである（なお，被告人は，被害者に対して虐待したことを否定するが，被害者の遺体に認められる多数の傷跡や身長，体重の変化等からして，被告人による虐待があったことは明らかである。長男もその一端を述べている。）。」と判示し，虐待の状況を認定する。

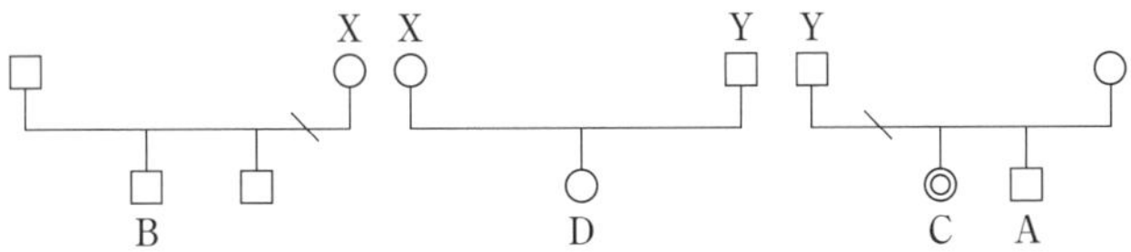

判例２　福岡地裁平成24年３月８日第４刑事部判決[2)]

【事実の概要】

義父Ｘ（19歳）は，平成23年５月28日午後７時頃から同日午後８時30分頃までの間，団地北西側路上に駐車中の普通乗用自動車内で妻Ｙ（21歳）の連れ子である長女Ａ（２歳４か月）が土足のままシートに上がったのをとがめたことを契機にささいな点に難癖をつけ，同児の顔面を平手で多数回たたき，髪の毛を手でつかんで頭部を前後に揺さぶるなどの暴行を加えた。Ｘは，さらに，同団地東側公園内でＡの顔面を平手で多数回たたき，髪の毛を手でつかんでその頭部を前後に揺さぶる等の暴行を加えた。翌29日午後６時30分頃から同日午後９時19分頃までの間，Ｘは，前日と同様に路上に駐車中の車両内でＡの顔面を平手で数回たたくなどの暴行を加え，さらに，同公園内でＡの顔面を平手で多数回たたき，髪の毛を手でつかんで頭部を前後に揺さぶるなどの暴行を加え，Ａに頭部皮下，帽状腱膜下，骨膜下出血等の傷害を負わせた。Ａは，翌30日市内の病院に搬送され，同日午前３時半頃，搬送先の病院から「あざがある，虐待ではないか」との通報がなされた。Ａは，同年７月22日午前２時38分，入院先の病院で各出血に基づく出血性ショックによる高度脳障害等に基づく多臓器不全により死亡した。

【判　旨】

裁判所は，事実関係を認めＸを懲役６年６月（求刑懲役８年）に処した。

【研　究】

1　ＸのＡに対する身体的虐待の行為態様は，１時間半にわたる駐車中の普通乗用自動車内という密室空間での「顔面を平手で多数回たたき，髪の毛を手でつかんで頭部を前後に揺さぶるなどの暴行」に続き公園内での「顔面を平手で多数回たたき，髪の毛を手でつかんでその頭部を前後に揺さぶる等の暴行」である。翌日にも同様な暴行が同じ場所で２時間50分にわたりなされている。殴打行為に続く頭部を前後に揺さぶる行為は，乳幼児殴打症候群（Shaken Baby Syndrome）同様に危険な行為であり，２日連続でなされている。被虐待児Ａは，暴行の翌30日市内の病院に搬送され，暴行を受けてから２ヶ月後に入院先の病院で出血性ショックによる高度脳障害等に基因する多臓器不全により死亡している。身体的虐待の嫌疑は，搬送当日30日午前３時半頃，搬送先の病院の担当医から「あざがある，虐待ではないか」との児童相談所への児童虐待防止法６条１項に基づく通告による。

2　本事案は，簡潔な判決文からはＸの家族構成等の詳細は不明である。加害者である義父Ｘ（19歳）は，とび職に従事し平成22年10月Ａの母親Ｙ（21歳）と婚姻し，Ｙの連れ子である長女Ａの他に２人の間に２児をもうけ，犯行時５人家族の家庭を構成している。Ｙは，19歳でＡを出産し，21歳でＸと婚姻し新たに２児を出産し３児の母親である[3)]。

加害者Ｘは，とび職という危険な業務と先輩との人間関係の中で生ずるストレスと19歳で３児の父親という家族構成に起因する育児を含めた生活環境のストレス発散の対象をＹの連れ子であるＡに向けた。裁判所は，量刑理由において自己のAに対する行為を「しつけ」と主張するXに対し「ささいな点に難癖をつけ，度を過ぎた暴行を加え続けたことからすれば，被害者に対するしつけの延長で本件を犯したとはいえない。自己のストレスを被害者にぶつけたのが本件であったと評価すべきである。」と判示する。

若年のX及びYの構成する家族は，ハイリスク家庭であり，夫婦2人だけで維持するには困難性を内在する家族である。

判例3　名古屋地裁平成24年3月8日刑事第2部判決[4)]

【事案の概要】

平成24年10月22日，X（37歳）は，毎朝早起きして勉強すると約束していた長男A（14歳）に対し，Aが居眠りをしていたと思い込みAに質した。Xは，Aが居眠りを認めなかったことに立腹し，同日午前6時35分頃，Aの胸部を数回蹴る等の暴行を加えた。Aは，同日午前9時42分頃，搬送先の大学病院において前胸部等打撲に基づく急性循環不全により死亡した。

【判　旨】

裁判所は，事実関係を認めXを懲役8年6月（求刑懲役10年）に処した。

【研　究】

Aの家族構成は，シングルマザーの母親Y（38歳），長男A及び二男B（小学6年生）の3人であり，Bは祖母宅で生活している。平成20年9月，児童相談所は，近隣住民からに「A君の養育が十分にされていない」との連絡を受け，家庭への指導を開始した。Yは，無職で平成23年3月頃からXと同居を始めた。Xは，Aの目つきが悪い等という理由から，「しつけ」と称してAに殴る蹴る等の暴行を加えた。同年6月頃，中学校は，XのAに対する暴行を探知し，名古屋市中央児童相談所に「家で暴力を受けている」との通報をした。同児童相談所は，通報を受け，家庭訪問を実施したり，Aを2週間から1ヶ月ほど相談所で保護した。同児童相談所は，Xによる虐待も含め，これまで20回ほど家庭訪問や学校での面談を実施してきた。

同児童相談所は，Aの死亡結果を受け「Xが反省の言葉を口にし，保護の必要性はないと判断した。援助の至らなさ，不十分さを認めないといけない」とコメントし，介入の不十分さを認めた。[5)]

本事案は，児童虐待通報を受けた児童相談所の介入の有効な有り方が問われるケースである。児童相談所は，関係諸機関との連携の実態を検証すべきである。

判例４　福岡地裁平成24年３月９日第３刑事部判決[6)]

【事実の概要】

平成23年７月６日，Ｘ（20歳）は，長男Ａ（１歳８か月）の子育てに関し祖母らからの助言等に強いストレスを感じ，ストレス解消の方策として祖母や母親から疎まれているＹとの交際に逃避していた。Ｘは，Ｙともっと自由に会えるようになるには，Ａを殺すしかないと考え，Ｙとのメールを交信中，自室でＡの頸部を両手で絞め付け窒息死させた。

Ｘは，犯行直後，Ａをカーテンで包みエコバッグに入れ肩から提げ，自宅から母親宅までの経路から離れた河川敷に行き，道路から約４ｍ下の河川敷沿いの草むらにカーテンで包まれたＡをエコバッグから出して遺棄した。

【判　旨】

裁判所は，事実関係を認めＸを懲役11年（求刑懲役12年）に処した。

【研　究】

１　本事案は，20歳のシングルマザーが男性との交際を優先して１歳８か月の長男を殺害した身体的虐待のケースである。

Ｘは，平成22年離婚し，生活保護を受けながらＡと２人で暮らしていた。母親や祖母は，18歳で出産しシングルマザーのＸに対しＡの養育を心配しアドバイスを繰返している。Ｘは，Ａ殺害後自宅から約1.5キロ離れた河川敷にＡの遺体を遺棄し，その後，実家へ行き，「申し訳ないことをした」等と話したため，家族がＡを捜し発見した。事件の端緒は，６日午後11時50分頃，祖母が，Ａの自宅アパートから「孫がひ孫を殺した」との110番通報による。Ｘは，動機について「憂鬱な気分を晴らすためにやった」，「家族や育児について悩んでいた」と供述する。[7)]

祖母は，Ｘと同じアパートの隣室に居住し，実母と同居できない事情の孫Ｘを曾孫Ａと共に自分の傍に引取りサポートしていたのがＸの生活の実情と思慮する。20歳のＸには，祖母や実母のサポートやアドバイスは単なる過干渉として捉えられ，息苦しさを感じそのはけ口を男性に求め依存する中で長男Ａを排除・抹殺したのであろう。

本事案は，人間関係や社会関係に疎く狭隘で未成熟なＸの思考に起因する身体的虐待である。

虐待防止の視点からは，自己完結的な人間関係にのみ執着することなくより開かれたサポートの場を提供すると共に具体的なサポートの提供が必要である。

判例５　大阪地裁平成24年３月21日第５刑事部判決[8)]

【事実の概要】

実父Ｘ（当時26歳）及び実母Ｙ（当時27歳）両名は，三女Ａ（当時１歳８か月，身長72cm，体重6.2kg）にそれぞれ継続的に暴行を加え相互に認識しながら制止せず容認し共謀を遂げ，平成22年１月27日午前零時頃，Ｘが大阪府寝屋川市内の自宅においてＡの顔面を含む頭部を平手で強打して頭部を床に打ち付け急性硬膜下血腫等の傷害を負わせた。同年３月７日午後８時59分頃，Ａは，救急搬送先の高槻市内の救命救急センターにおいて急性硬膜下血腫に基づく脳腫脹により死亡した。

【判　旨】

本事案は，被害児Ａの死因，暴行の実行行為及びＸ・Ｙ両名の共謀の有無が争点となった。

裁判所は，死因についてＡの手術を担当した脳外科医，小児脳神経外科医及び小児画像診断経験豊富な放射線科医の供述を採用し，急性硬膜下血腫に基づく脳腫脹と認定する。

裁判所は，Ａへの実行行為についてＸの検察官調書の信用性を肯定したうえ「被告人Xによる本件暴行によって，三女に本件骨折が生じただけでなく，急性硬膜下血腫を発生させるような相当な加減速を生じさせる程度の相応の外力がその頭部に加わった結果，三女に急性硬膜下血腫が生じて，何らかの意識障害に陥ったと考えるのが，合理的であり，かつ，相当である。」と判示する。

裁判所は，「被告人両名は，遅くとも平成21年春ころから，些細な理由で三女に暴行を加え始め，次第に暴行を加えることへの抵抗感が薄まる中，互いの暴行が強くなっても何ら注意し合うことなくそれを容認するようになっていき，その結果，暴行の内容を互いにエスカレートさせた挙げ句に，被告人Xによる本件暴行に至ったことが認められる。（中略）本件暴行は，被告人両名がまさに一緒に暴行を加えたといえるもの，すなわち，被告人両名が自分たちの犯罪として三女に暴行を加える意思を暗黙のうちに相通じ合っている中で，被告人Xにより現実化されたものと評価することができる。」と判示し，X及びY両名の共謀を認定する。

裁判所は，量刑判断において親による幼児虐待の行為責任について「親権者たる親は，児童の生命・身体等を保護すべき重い責務を負っている。特に幼児の生存は親に全面的に依存しており，幼児が親に抵抗したり逆らったり逃げて助けを求めたりすることはほぼ不可能と考えられ，親が幼児を支配することは容易である。それにもかかわらず，親が，幼児に対し，理不尽な暴行などの虐待を繰り返した場合，幼児は虐待から逃れられないまま肉体的にも精神的にも苦痛を甘受し続けなければならず，その場合，幼児の心身の成長や人格形成に重大な影響を及ぼすことが懸念される上，虐待の程度によっては，その生命の安全までも脅かされることとなる。もとより児童・幼児であってもその生命の尊さが成人に比して劣るものでないことは明らかである。児童・幼児には生きて幸福を追求する権利があり，親であっても虐待によりその権利を侵害することは絶対に許されない。このような観点から考えると，児童虐待を犯す親は，厳しい非難を免れないし，特に幼児虐待については，極めて厳しい非難を免れないものと考えられる。虐待を犯す親の中には，虐待に当たると考えず軽い気持ちで行っている場合もあり得ると思われ，被告人両名もこれに当たる可能性がうかがえる。しかし，それは倫理観の欠如と評価すべきものにすぎず，自らに置き換えて考えれば虐待された児童・幼児の苦しみを容易に推知することができるはずである。したがって，たとえ虐待を犯した親が，自らの行いについて虐待であると評価していなかったとしても，これをもって厳しい非難を免れることは許されない。さらに，近時，児童虐待が社会的にも大きな問題と認識されており，児童虐待を防止してその生命等を守るために，いわゆる児童虐待防止法等の改正が重ねられるとともに，親権停止制度を新設するなどの民法等の改正が図られており，このような社会情勢も行為責任を検討するに当たっては考慮すべきである。（中略）長期にわたり，自ら暴行を加えるとともに他方の暴行を容認して感覚が麻痺する中で暴行を激化させ，その延長として本件犯行に至ったものである。背後には，被告人両名の被害女児に対する不保護が存在し，その程度は，無料の健診や予防接種を受けさせないといったことに止まらず，栄養を十分に与えず，体重が証拠上の最大値より1.3キログラム減少し，標準体重より3.1キログラム少ない発育不良状態（コレステロール値も異常に高い）に陥らせるほどのものであった。」と判示し，本件虐待を不保護を伴う常習的な幼児虐待としてＸ及びＹ両名を共犯として検察官の求刑懲役10年を凌駕する懲役15年に処した。

【研　究】

1　本事案は，両親による三女（当時１歳８か月）に対する身体的虐待のケースである。

本判決は，裁判員裁判の合議体が両親による身体的虐待事案の量刑として従前の量刑傾向を遥かに凌駕する懲役15年を言渡した注目すべき事案である。

被告人両名は，三女に必要な予防接種や乳児健診も受診させず，ネグレクトしていたことが三女の体重の変化からうかがえる。Ａの体重は，平成21年４月30日時点で約7.4kg（同月齢女児の標準体重との差マイナス約0.3kg），同年７月３日時点で7.5kg（同月齢女児の標準体重との差マイナス0.7kg），平成22年１月27日時点で6.2kg（同月齢女児の標準体重との差マイナス3.1kgで標準体重の半分）で体重が顕著に激減しており，１月27日時点の血中コレステロール値は標準を大きく超える値を示していた。

平成20年８月以降，寝屋川市の保健師は，Ａの支援を担当している。また，四女の支援のため寝屋川市の子ども室子育て支援担当の保育士は，四女のための「こんにちは赤ちゃん訪問」で被告人両名方を訪問した際にＡの様子も見ている。被告人方の隣人は，「平成21年春頃から，被告人両名方から，頬や背中などの肌を直接平手で叩くような音や，子どもの泣き声，両親が子どもを叱りつける声などが，深夜毎日のように聞こえてきたため，一時は虐待を疑って管理会社に伝えたこともある」と法廷で証言している。

以上の事実から，児童相談所との緊密な連携はもとより積極的な介入により被害児の死亡結果は，回避可能であったと思慮する。

2　被告人両名の家族関係を考察する。被告人両名の犯行時の年齢は，実父Ｘ（26歳），実母Ｙ（27歳）で共に無職であった。

家族構成は，長女（５歳）二女（３歳）三女（１歳８か月）四女（８カ月）の６人家族で，比較的若い年齢での長女の出産と近い間隔で出産した四人の女児家庭であり，生活保護受給中であった。

被告人両名の虐待の対象は，三女のみに集中し長女・二女・四女にはネグレクトを含め虐待を受けた痕跡はない。本事案は，複数の子供で構成される家族において何等かの理由から一人のみがscapegoatとしてターゲットにされる虐待事案の典型である。被害児である三女Ａは，生後１ヵ月と４ヵ月の乳児検診を受診していなかった事実からすると望まれぬ妊娠による出産と推察され，その意味で家族間のストレス発散の対象として徹底的な虐待の対象となりネグレクトによる身体的未成長や継続的な身体的虐待がなされた。Ａの病院搬送時の所見には，「額，右こめかみ，鼻，右頬及び唇には，突起部分を持った物体を強く圧迫あるいは打撲させたか，熱いものでやけどを負わせたとみられる痕があり，左側頭部には鈍体による擦過などによるとみられる擦過傷があったほか，右頭頂部に打撲によって生じたとみられるごく軽微な打撲痕があったが，これらはその傷等の状況からいずれも２，３日から１週間程度経過したものと認められた。」という急性硬膜下血腫に基づく脳腫脹による死亡に至る直接的な瘢痕の他に「右太ももには１週間程度経過した赤褐色の打撲痕があり，左足背の中心部にはやや時間が経過したような白色の線状部分を伴った瘢痕があり，背中には鋭器による損傷痕ないしほぼ直線のようなものを皮膚の表面に接触させたような火傷痕が比較的多数あった。」と記されている。

3　裁判所は，検察官の懲役10年の求刑を凌駕する懲役15年を被告人両名に裁判員裁判の合議体の判断として「証拠から認められる事実に照らして，量刑の考慮要素を一つ一つ冷静かつ慎重に検討」した上で「行為責任は真に重大で，罪質，動機，態様，結果の重大性等はいずれも深刻かつ顕著と考え(る)」と判示した。

本裁判員裁判の合議体の量刑判断は，市民の量刑感覚を導入することにより硬直化した従前の職業裁判官の量刑判断を是正しようとする意味では了解できる。裁判所は，その経緯について「公益の代表者である検察官の求刑や，同種事犯のほか死亡結果について故意が認められる事案等の量刑傾向を参照しつつ，この種事犯におけるあるべき量刑等について議論するなどして評議を尽くした」とする。

裁判所は，検察官の求刑の1.5倍の懲役15年とする量刑の根拠を「(1)検察官の求刑は，〔1〕本件犯行の背後事情として長期間にわたる被害女児に対する不保護が存することなどの本件幼児虐待の悪質性と，〔2〕責任を次女になすりつけるような被告人両名の態度の問題性を十分に評価したものとは考えられず，また，(2)同種事犯等の量刑傾向といっても，裁判所のデータベースに登録された数は限られている上，量刑を決めるに当たって考慮した要素をすべて把握することも困難であるから，その判断の妥当性を検証できないばかりでなく，本件事案との比較を正確に行うことも難しいと考え，そうであるなら，児童虐待を防止するための近時の法改正からもうかがえる児童の生命等尊重の要求の高まりを含む社会情勢にかんがみ，本件のような行為責任が重大と考えられる児童虐待事犯に対しては，今まで以上に厳しい罰を科すことがそうした法改正や社会情勢に適合すると考えられることから，被告人両名に対しては，傷害致死罪に定められた法定刑の上限に近い主文の刑が相当であるとの結論に至った。」と判示する。

判決は，当該個別具体的事実に対する判断であるとともに一定の一般予防効果も期待されている。しかしながら，本判決の様に児童虐待防止のあらゆる要請を充足させ児童虐待防止法の改正や社会事情までをも包含しての「あるべき」量刑は，市民の量刑感覚の導入という制度理念を勘案しても従前のより重篤な児童虐待事案の量刑と比較し裁判の公平性という憲法理念に抵触するものと思慮し妥当性に疑念を禁じえない量刑判断である。

判例６　広島高裁岡山支部平成24年３月21日第１部判決[9)]

【事実の概要】

平成23年２月28日午後８時頃，Ｘ（37歳）は，知的障害及び発達障害で高等支援学校に通学する長女Ａ（16歳）が他人の家に入って食べ物の盗み食いをしたのではないかと疑い，立たせて反省させようと考え，岡山市内の自宅居室において全裸のＡ（身長137cm，体重28kg）の両手首及び両足首をビニール紐で縛り，翌３月１日午前１時頃まで浴室内（推定室内温度13度ないし14度）に立たせた。同日午前１時20分頃，Ｘは，「娘が風呂で死んでいる」と110番通報し，Ａは病院に搬送されたが同日午前３時８分頃，搬送先の病院で低体温症により死亡した。原審岡山地裁平成23年11月25日第１刑事部判決は，ＸのＡに対する身体的虐待が中学生の頃から始まり高等支援学校在籍中にも継続している事実を担任教師や特別支援教育支援員らの供述や執務記録及びメモ等から認定する。

裁判所は，ＸがＡを浴室内に立たせていた行為について「被告人の言うことを聞かないと更に叱責され，ひどい暴力を振るわれるといった恐怖心があったのであるから，その恐怖心等と物理的困難さを併せれば，被害者が同所から脱出することは著しく困難であった」として逮捕監禁行為に該当すると判示し，「逮捕監禁行為から被害者が低体温症になって死亡することは通常起こりうることであり，逮捕監禁行為と被害者の死亡との間に因果関係が認められる。」として逮捕監禁致死罪の成立を認め，Ｘを懲役３年６月（求刑懲役５年）に処した。[10)]

【判　旨】

裁判所は，事実誤認及び量刑不当とする弁護人の主張を排斥し控訴棄却を言渡した。

裁判所は，身体的虐待の背景について「被告人は，娘である被害者の教育と自立を目標としていたものではあるが，被害者の知的障害や発達障害からすれば，不可能又は困難を強いる面も多いにもかかわらず，自らの希望に拘泥し，これに応えられない被害者を責めたて，平成20年ころからは，体罰としては度を過ぎた暴力を加えるようになり，ついには本件犯行に至ったものである。そして，学校等が，被害者の身体のあざや傷等から，被告人の暴力を疑い，その調査を試みると，被害者には口止めをし，学校側に対しては威嚇するような言動を交えて騒ぎ立て，調査を妨げようとするなどしていたもので，被告人の学校や専門機関等との相談，連携を図ろうとしない独善的な養育態度が本件犯行の背景となったといわざるを得ず，本件犯行に至る経緯や動機に酌むべき点は乏しい。」と判示する。

【研　究】

１　本事案は，実母Ｘ（37歳）による知的障害及び発達障害で高等支援学校に通学する長女Ａ（16歳）に対する身体的虐待のケースである。Ｘの家族構成は，Ｘと長女Ａの２人世帯で夫とは別居中であった。ＸのＡへの身体的虐待の端緒は，平成18年９月頃，近隣住民から「大きな声がする」とのこども総合相談所（児童相談所）への通報である。平成20年10月，中学校でＡの身体にあざが見つかり，平成23年２月上旬までに４回にわたり腕やほおにあざが確認され，こども総合相談所に通報された。Ｘは，こども総合相談所の面談を拒否していたが，Ａの発育については平成21年10月まで年１回，相談を継続していた[11]。Ｘは，長女の知的障害や発達障害を心配しこども総合相談所とは障害相談というラインでは繋がっていたものの養護相談，特に虐待相談というラインでは虐待の事実を全面否認し断絶していた。

２　Ｘは，夫との別居により知的障害及び発達障害を有する長女を一人で養育する中で孤立感を深めながら長女の自立を目指し孤軍奮闘し，児童相談所や専門家等他者との連携を図れない視野狭窄に陥っている。Ｘは，自身のメンタルケアも不十分なままＡの自立という目標に一層のめり込み精神的バランスを失し，ブレーキの利かない身体的虐待に突進している。裁判所は，事件後のＸのメンタル面について「自らの行為により被害者の死亡を招いたという事実に直面して，心身のバランスを崩し，解離性障害等に罹患して，現在も治療を続ける」と判示する。

児童虐待防止の視点からは，Ｘが児童相談所や専門家等との接点のある段階で，身体的虐待の解決との視点と併せてＸのメンタルケアをも含めた対応の実践によりＡの死亡結果防止が可能であった。加害者のメンタルケアの視点は，多職域間連携に際し不可欠である。

判例７　長崎地裁平成24年３月22日刑事部判決[12]

【事実の概要】

保育士Ｘ（38歳）は，平成22年３月12日，対馬市内の病院において女児Ａを分娩した。Ｘは，同月20日午前11時頃，空き地に駐車中の軽乗用自動車内においてＡの鼻口を右手で塞ぎ，頸部を左手で圧迫し窒息死させた。

Ｘは，同日午後零時頃，自己の勤務する保育所においてＡの服を脱がせ死体をビニール袋に入れ，更に段ボール箱の中に入れてから保育所内の押入れの中にＡを隠した。

Ｘは，同年４月２日頃，保育所においてＡの死体をビニール袋ごと金バケツに入れてその上からセメントを流し込み，翌３日頃，金バケツを同保育所内の押入れ天袋内に隠した。

【判　旨】

裁判所は，公訴事実を認定しXを懲役6年（求刑懲役8年）に処した。

【研　究】

1　本事案は，出産8日目に嬰児を殺害した身体的虐待のケースである。

争点は，殺意の発生時期である。検察官は，出産の入院時には殺意があったとし，弁護人は，退院後空き地に駐車中の車内で殺意が発生したと主張する。

裁判所は，退院2日前の一時外出時時にAを入れた段ボール箱を準備した時点で殺意があったと認定する。

2　裁判所は，量刑理由において犯行に至る経緯，動機としてXが本件以前交際相手と避妊をしない性行為を重ね，4回妊娠し密かに流産・死産を繰り返し，死産した3人の乳児の遺体を畑で焼却したり自宅納戸に隠していた事実及び本件の約1年後にも避妊せず妊娠し交際相手等に告げずに出産した嬰児を病院に置き去りにし，引取りを拒否して乳児院に託した事実に論及する。

Xは，Aの妊娠・出産に際し，Aの父親である交際相手には「妊娠したが，子宮筋腫のせいで胎児が育っておらず，入院して中絶する」と説明し，同居していた両親には，「代理出産するが，赤ちゃんは出産後すぐに引き渡す」などと虚を言い，入院中に熊本にある赤ちゃんポストの施設名と所在地を携帯電話で調べただけである。

裁判所は，「本件犯行の原因として，厳しい両親や年少時代のいじめ，離婚して帰郷した負い目などから，他人の顔色を伺って自分をよく見せようと，場当たり的に嘘をついてでも嫌われたり怒られたりすることを避ける被告人の弱さ」を一因として挙げる。

3　保育士であるXは，職業上乳幼児の世話をするにあたり乳幼児の生命と健康を保護する立場にある。自らの嬰児の生命と健康に配意することは，職業上のみならず母親として必須かつ最優先事項である。

裁判所の量刑判断は，些か疑問である。

判例８　大阪地裁平成24年４月25日第９刑事部判決[13)]

【事実の概要】

Ｘ（29歳）は，Ｙ（44歳）と婚姻し，児童養護施設で育てられていた前夫との長男Ｃ（７歳）を平成23年３月，引取り，ＸとＹの間の子を含めた家族４人で生活していた。Ｘは，Ｃのささいな言動に腹を立てては激しく叱るようになり，同年５月頃になると，叱られたＣがＸの期待通りに謝らない等としてＣに暴行を加えるようになった。ＹもＸに求められるままにＣを叱り，暴行を加えるようになり，ＸとＹの暴行は，８月になると回数を増し更に激しくなった。

平成23年８月25日午後０時過ぎ頃から午後７時過ぎ頃までの間，Ｘは，Ｙと共謀し大阪市内の自宅においてＣが前日夜更かししたこ等を謝るように求めたのに対しＣが謝りの言葉を述べないことに立腹し，Ｃに以下の暴行を加えた。

Ｘ及びＹは，代わる代わり握り拳などでその身体を多数回殴り付けた。さらに，Ｘが，両手でＣの両肩をつかみ，その身体を激しく揺さぶった上，突き飛ばして後方に転倒させＣの後頭部付近を布団又は畳に打ち付けた。また，Ｙは，３回にわたり両手でＣの衣服をつかみ身体を自分の胸の高さまで挙てから布団の上に放り投げてＣの頭部等を布団に打ち付けた。

以上の暴行によりＸ及びＹは，Ｃに頭部打撲の傷害を負わせ翌26日午前４時１分頃，搬送先の大阪市内の病院においてＣを上記傷害による脳幹部出血等により死亡させた。

【判　旨】

公判では，Ｘが行った暴行行為の内容及び共犯者Ｙの放り投げ行為がＸとの共謀に基づくかが争点となった。

裁判所は，Ｘの「Ｃの両肩をつかみ身体を揺さぶったことはあるが，突き飛ばして後方に転倒させ，その後頭部付近を布団や畳に打ち付けたことはない」との供述とＹの「被告人がＣの両肩を揺さぶって突き飛ばし，Ｃが後ろに倒れてその後頭部を畳にぶつけるのを見た」との両供述を検討し，Ｙの供述を「Ｃのために正直に話すと述べて被告人に不利益な供述をしている」として信用性を認定する。

裁判所は，「Ｙの放り投げ行為は，被告人らによる一連の暴行の中で，同じ動機に基づいて行われたものである。また，放り投げ行為に気付いた被告人はＹに対して何ら注意せず，さらに暴行を加えている。これらの事情からすれば，Ｙの放り投げが被告人にとって予想外のものであったということはできず，被告人とＹの間で通じ合った意思内容と全く異なる暴行であったということもできない。」と判示し，Ｙの放り投げ行為をＸとの共謀に基づくものであると認定し，Ｘは傷害致死の責任を負うとする。

裁判所は，Ｘを懲役８年（求刑懲役10年）に処した。

【研　究】

１　Ｘは，Ｃに対する行為として，「両肩をつかみ身体を揺さぶったことは」は認めるが，「突き飛ばして後方に転倒させ，その後頭部付近を布団や畳に打ち付けた」点は否定する。裁判所は，Ｘ自身の事件直後の搬送先の病院職員や警察官に対する供述と共犯者である夫Ｙの被害児のために正直に話すとの供述を採用し，Ｘの供述の信用性を否定し，Ｘの公訴事実を肯定する。

自宅という閉鎖空間での加害者Ｘ及びＹによる被害児Ｃに対する行為は，加害当事者の供述に基づき証明するしかない。加害事実の証明は，Ｘの法廷での供述と被害事実発生時に近接した第三者である搬送先の病院職員や警察官に対する供述に齟齬のある場合に共犯者Ｙの供述をも比較検討することが重要である。ＸとＹとの共謀を認定した裁判所の判断は，正当である。

なお，Ｘは，「プロレス遊びをして，ふざけていたら子供の様子がおかしくなり，意識がなくなった」と119番通報し，Ｙは，「プロレス遊びでふざけて放り投げたりしたら，ぐったりした」と供述し，Ｘは，「突き飛ばしていない」と供述する。また，近所の住民は，事件当日の25日の日中，「ドーン」という大きな音がして泣き声が止み，「Ｃ，目を開けて。パパを困らせる気か」と叫ぶ母親Ｘの声を聞いていたと供述する。

Cの身体には，腕や足に打撲痕が数ヶ所，たばこを押しつけられたとみられるやけどの痕が約10ヶ所あり，Cの死因は，司法解剖の結果，頭頂部の強打による脳幹部出血である。

2　Xの家族関係について検討する。Xは，前夫との間に長男C（7歳）及び二男D（4歳）がおり2人を引き取っている。Cは，軽度の知的障害があり，生まれた直後から児童養護施設に預けられ，Dは今なお児童養護施設に預けられている。Cは，児童養護施設退所後，XとYの間の三男（2歳）のいる家庭に引取られ，5ヶ月間にわたり実母Xから身体的虐待を受け続け，Yも加担している。Cの通学していた小学校は，5月と6月に計4回，Cの額にあざがあるのを見つけ，Cの「お父さんにたたかれた」との説明を受け児童相談所に通告した。児童相談所は，Yらと形式的な面接をしただけで，積極的な対応に乗り出していなかった。7月14日，Xは，児童相談所に「Cがごめんなさいと言えないので，イライラする。私自身の体調も悪いし，いっぱいいっぱいだ」との育児相談の電話をしている。

近所の住民も児童虐待を認知しながらトラブルに巻き込まれるのを回避し，児童相談所等への通告をすることはなかった[14)]。

本事案では，加害者である母親X自身の子育てを巡るSOSが発信され，近隣住民も虐待の事実を知りつつも通告せず，児童相談所の不十分な対応がCの死亡結果を招来した。児童虐待防止の視点からは，問題の内在する事案であり，児童相談所の不作為を問われる事案である。

なお，大阪地裁平成24年3月29日第9刑事部判決は，共犯者である義父Y（44歳）を懲役7年（求刑10年）に処した[15)]。

判例9　山口地裁平成24年5月11日第3部判決[16)]

【事実の概要】

X（24歳）は，平成23年6月8日にA（19歳）と入籍した。Aは，同月20日，以前の交際相手との子である長女Bを出産した。Xは，Bを実子として養育し，Bの世話を行っていた。運転代行会社従業員であるXは，同年7月中旬頃からＡにＢの世話を任せた。Ｘは，ＡがＢの育児を積極的に行わないネグレクトやＢの泣き声による睡眠不足等から，次第に苛立ちをＢにぶつけるようになった。

平成23年９月３日午前６時頃から同日午前８時35分頃までの間，Ｘは，下松市内の自宅２階寝室においてＢ（生後76日）の頭部を右手の拳骨で頭部を殴り，頭蓋骨陥没骨折，急性脳腫脹等の傷害を負わせた。Ｂは，搬送先の病院で急性脳腫脹により死亡した。

【判　旨】

裁判所は，事実関係を認めＸを懲役６年（求刑懲役８年）に処した。

【研　究】

１　本事案は，Ｘの長女Ｂ（生後76日）への身体的虐待事例であるが，背景にはＢが妻Ａ（19歳）と以前の交際相手との子であり，理由は不明であるがＡのネグレクトが随伴している。Ｂの出産翌日６月21日，Ａの親族は，「養育に不安がある」として児童相談所へ相談の連絡をした。下松市の保健師は，Ａの自宅を７回訪問したり，Ｘらを呼んで４回面接し「虐待の懸念はない」と判断した。

事件発見の端緒は，９月３日午前８時35分頃，Ａからの「子どもが息をしていない」との119番通報による。搬送先の病院でＢの死亡が確認された。

犯行時，寝室にはＡも居たが，Ａは，「子供を誤って落とした。ベッドの縁で頭をぶつけて死んだ」と説明したが，司法解剖の結果，Ｂの身体に内出血のような痕等が数ヶ所残っていた。

Ｘの家族構成は，Ｘ，Ａ，Ｂ，Ｃ及びＸの母ら５人である[17)]。

２　Ｘの従事していた運転代行会社業務は，主に飲酒運転回避からの運転代行業務等が中心で勤務時間も深夜に及ぶなど不定期でありストレスフルな業務である。Ａの親族は，Ｂの出産当初からＡの養育不安相談を児童相談所にしていた。本事案は，Ａのネグレクト等，Ｘ家族がハイリスク家庭である認識を基に保健師の対応を含め児童相談所の対応，情報共有及び判断に慎重さが求められる。

判例10　大阪地裁平成24年６月４日第15刑事部判決[18)]

【事実の概要】

平成17年９月６日，Ｘ（31歳）は，内妻Ａが朝から出かけたため，豊中市内の自宅において，実子Ｂ（生後約３か月）ほか２名の幼子の子守を一人でしていた。同日午後１時頃，Ｂがぐずり出し，泣き止まなくなった。

Ｘは，泣き止まぬＢに苛立ち，Ｂの両脇を持って多数回激しく揺さぶり，床に敷いた布団の上に放り投げるなどの暴行を加えた。Ｂは，四肢麻痺，精神発達遅延等の後遺障害を伴う右前頭部急性硬膜下血腫等の傷害を負った。

【判　旨】

裁判所は，事実関係を認めＸを懲役３年２月（求刑懲役４年）に処した。

【研　究】

1　本事案は，父親であるＸが内妻の不在中に被害児Ｂ（生後約３か月）を含め３名の幼子の子守を一人でしていた際に，泣き止まぬＢに苛立ち暴行を加え，Ｂの異常に気付きながら，犯行の発覚をおそれ救急車を呼ぶ等の対応をせずに長時間放置し，Ｂに四肢麻痺，精神発達遅延等の後遺障害を伴う右前頭部急性硬膜下血腫等の傷害を負わせたケースである。被害児Ｂは，６年半が経過した現在においても，目が見えず，言葉もしゃべれない状態で知的障害及び運動障害の程度は最重度に属し，今後も改善の見込みのないケースである。

2　司法改革の眼目の１つは，迅速な裁判の実施である。本事案は，傷害罪の成否が問われたケースであるが左程困難な事実関係もなく否認事件でないにも関わらず，判決公判まで７年弱の時間を要している。長期裁判の理由が奈辺にあるのか検証の必要な事案である。

判例11　福島地裁郡山支部平成24年６月６日判決[19)]

【事実の概要】

Ｘ（48歳）は，交際していたＡの双生児の長男Ｂ及び二男Ｃの容貌がＡの元夫に似ていると聞き，Ａに甘えるＢ及びＣにＡの元夫の面影を重ねＢ及び

Ｃへの嫉妬や憎しみを募らせていた。

Ｘは，平成23年４月下旬頃から同年10月下旬頃までの間，福島県東白川郡内のＡ方において長男Ｂ（５歳）に対し数回にわたり就寝中のＢの眼瞼部等に硫酸を含有するバッテリー液を塗布した。Ｘは，Ａが医師の処方に従ってＢに目薬を点眼して治療していることを利用し数回にわたり同目薬に硫酸を含有するバッテリー液を混入してＡ方に置いた。Ａは，目薬に異物の混入しているのを知らず医師に処方された目薬をＢの眼部に点眼し，Ｂに全治不明の右高度角膜混濁並びに全治まで約１か月間を要する右角膜上皮欠損，両重症角結膜炎及び瞼球癒着の傷害を負わせた。

Ｘは，同年５月上旬頃から同年10月下旬頃までの間，Ａ方において二男Ｃ（５歳）に対し数回にわたり就寝中のＣの眼瞼部等に硫酸を含有するバッテリー液を塗布した。被告人は，Ａが医師の処方に従ってＣに目薬を点眼して治療していることを利用し数回にわたり同目薬に硫酸を含有するバッテリー液を混入してＡ方に置いた。Ａは，目薬に異物の混入しているのを知らず医師に処方された目薬をＣの眼部に点眼し，Ｃに全治不明の右角膜混濁及び瞼球癒着並びに加療約１か月間を要する両重症角結膜炎の傷害を負わせた。

【判　旨】

裁判所は，Ｘの動機を理不尽なものであり，被害児らの傷害はいずれも重篤で長男Ｂは右眼の視力をほぼ失う程であるとしてＸを懲役６年（求刑懲役10年）に処した。

【研　究】

１　本事案は，眼科で治療中の児童の点眼薬に硫酸を含有するバッテリー液を混入して事情を知らぬ母親が点眼薬を長男及び二男の眼部に点眼し傷害を負ったケースである。母親は，点眼を嫌がり泣き叫ぶ長男に点眼し，Ｘは直接目薬を差したり，嫌がって泣き叫ぶ長男を押さえつける役割をしていた。複数の近隣住民は，子どもの泣き叫ぶ声が聞こえるようになり，母親に「何をしているんだ」等と注意していた。近所の女性は，平成23年７月，虐待を疑い警察署に通報し，署員数名が夜に男児宅に行ったが，母親に「子どもはもう寝ている。震災の後に目の病気になり，目薬を差す時に泣く」と言われ，男児に直接会って状況を確認できなかった。町は，同時期に住民からの通報を受け保健師を２回訪問させたが，男児には会えなかった。母親は，目薬を差しても長男の病状が悪化し続けることから町内をはじめ５カ所以上の病院を受診して回り，県内の総合病院に入院した際に診察した医師が症状などから不審に思い県警本部に通報した。[20]

本事案では，児童虐待を懸念した住民等の警察への通報で警察署及び自治体は迅速な対応をしたが，直接被害児童には接触出来なかった。関係機関の連携が比較的緊密になされたが，一番重要なのは被害児童との直接の接触であり，最終的な詰めがなされず，虐待の事実を見逃してしまった。

２　加害者Xの心理は，長男及び二男の眼科受診の機会を利用し，交際相手の女性の気を引くために治療に協力するように装い，医師から処方された点眼薬に硫酸を含有するバッテリー液を混入し継続的な関係を維持しようとするものである。また，加害者の行為動機は，被害児である双生児の長男及び二男が実の父親似であることを母親である女性から聞き，女性の離婚した夫への嫉妬に起因する身体的虐待である。

本事案は，妻子を有する加害者が離婚して３人の子供を引取り母子４人で生活している20歳ほど年下の女性の生活空間へ侵入し，女性の依存心を利用し相手を自分の思うままにコントロールしようとして惹起した身体的虐待事例である。

判例12　東京地裁立川支部平成24年６月13日刑事第２部判決[21]

【事案の概要】

保育士であるX（28歳）は，平成22年７月頃から東京都日野市内のアパートでA及びその連れ子であるB（２歳）と同棲し，Bの育児を分担するようになった。Xは，Bが自分の帰宅時に限って泣き出すこと等に悩んでいた。

平成23年３月20日午後０時頃，Xは，アパート居室でBと二人でいた際，Bが自分の注意に対し嫌がるような表情をしたため苛立った。Xは，床に立て膝をつく形で座りその前に立っていたB（身長約91cm）の左腕を右手でつかんで少し自分の方に引き寄せ，左腕を体の横から大きく左から右に振って左の平手の手首に近い硬い部分でBの腹部を叩き，同様に強さは1回目よりは弱い力でBの腹部をもう1回叩き，Bに外傷性十二指腸穿孔の傷害を負わせた。Bは，翌21日午後5時14分頃，搬送先の立川市内の病院において化膿性腹膜炎により死亡した。

【判　旨】

本事案では，公判前整理手続において争点整理が行われ，争点は以下の3点に絞られた。

⑴被告人が被害者に加えた暴行はどのようなものか，⑵その暴行と被害者の死因である化膿性腹膜炎の原因となった外傷性十二指腸穿孔（断裂）との間には因果関係があるか，⑶仮に被告人の暴行と被害者の外傷性十二指腸穿孔（断裂）との間に因果関係が認められたとして，被告人の暴行が躾の範囲内で違法でないのか，また，躾の範囲を越えていたとしても被告人が躾の範囲内と思っていたため故意責任がないのか（⑵の因果関係が認められない場合にも被告人の暴行について同様の問題がある。）。

裁判所は，争点⑴についてXの検察官に対する供述と公判供述（被告人質問の結果）を検討し，Xの公判供述を「因果関係を否定する自己の言い分に合わせた，言わば後付けの説明」と判示し，信用性を否定し検察官の主張する事実関係を認定する。

裁判所は，争点⑵について法医学の専門医の証言を採用し，「被告人の暴行の態様からして，これによって被害者の外傷性十二指腸穿孔が生じる可能性があるだけでなく，被害者の外傷性十二指腸穿孔が生じたと推定される時間内に被告人の暴行が行われていること，被告人の暴行の前には元気であった被害者が，被告人の暴行後間もなく，おう吐するなどの症状を呈していること，被告人の暴行以外に被害者の外傷性十二指腸穿孔を生じさせた原因は見当たらないことを考えると，被告人の暴行と被害者の外傷性十二指腸穿孔との間に因果関係があることは，優に認定できる。」と判示し，Xの暴行と

Ｂの外傷性十二指腸穿孔との間に因果関係を肯定する。

裁判所は，争点(3)についてＸの供述について「被告人の暴行は，前記認定の態様からすれば，しつけの範囲内であるなどとは到底いえず，被告人がそれをしつけの範囲内と誤解していたなどと推認することもできない。」と判示し，信用性を否定した。

裁判所は，Ｘを懲役５年（求刑懲役６年）に処した。

【研　究】

1　本事案は，加害者と被害児（２歳）だけの密室空間で生起した身体的虐待に基づく死亡事案であり，Ｘの供述の信用性が問われたケースである。Ｘは，自己の暴行内容，因果関係及び故意を争点とし，自己の見解を主張したが，いずれも排斥された。

弁護人は，暴行の部位と程度についてＸの公判供述を基に「１回目は全力（渾身の力）の10分の１より弱い力で，２回目はその半分くらいの力で被害者のへそより下の部分を叩いた」と主張する。Ｘは，裁判員の暴行の強さについての質問を受け具体的な数字を挙げるが，検面調書では「強く」叩いたと供述する。Ｘは，検面調書と公判供述の整合性を問われ，「２歳児である被害者が受けた感じを表す趣旨で，「強く」と表現した」と供述するが，裁判所は，「これまたこじつけと思われる説明」と判示する。

裁判員が，法廷に在廷する被告人の一挙手一投足を見守りながら暴行の程度について被告人の検面調書と公判供述の齟齬を疑問とする様子が判決文から窺える。

2　裁判所は，保育士であるＸに対し被害児の病院搬送時刻は，明確ではないが暴行１時間後に嘔吐を２回繰り返している事実等から被害児の異常に気付いてしかるべき措置を執ることが可能であったと認定する。

裁判員により構成される合議体は，「自らの暴行により被害者を死に至らしめたことについて否認を貫き，反省の態度が全く見られず，被害者死亡の原因は内妻にあるかのような発言までしている。」と判示し，Ｘの法廷での口頭主義に基づく証言態度に対し量刑理由で厳格な認定をする。本判決は，裁判員の市民的視点による裁判員裁判の一典型と評することができる。

判例13　広島高裁平成24年７月３日第１部判決[22)]

【事実の概要】

Ｘ（35歳）は，平成22年12月25日，広島市内の自宅において布団の上にあおむけで寝ていた内妻Ａの連れ子長女Ｂ（２歳１か月）の腹部を足で踏み付け背中を足で蹴り，肝挫滅を負わせ，同日，同所において肝挫滅に基づく失血により死亡させた。

公判前整理手続において争点整理が行われ，争点は⑴暴行の認識について，⑵背中を足で蹴る暴行と背中の傷害との因果関係の２点に絞られた。

原審広島地裁平成23年11月30日刑事部判決は，暴行の認識を示す検面調書の「カーッとなって，被害者の体の真ん中辺りを踏み付けた。」，「目の前にある被害者の背中を蹴った。」との供述と公判廷でのＸの「誤って踏んだ」との供述を比較検討する。

裁判所は，「捜査段階において，裁判官，Ｃ検察官及び弁護人に対し，誤って踏んだとの弁解を一切することなく，他方で，本件犯行再現等に及んだのである。被告人が，弁護人に対し，誤って踏んだとの弁解を初めて述べたのは，起訴から１か月程度も経過した後であった。」との点と「体重約98kgの被告人が体重約10.5kgの２歳児である被害者の腹部を踏んだ力はかなり強いものであり，その際，被害者が痛みで一段と激しく泣くなどしたことは，容易に推認できる。しかしながら，被告人は，そのような被害者の様子を確認したり，内妻を起こして事情を説明したり，必要に応じて119番通報をしたりするなどの行動をとっていない。」との客観的事実を根拠にＸの公判供述の信用性を否定し，暴行の認識を認定する。

裁判所は，背中を足で蹴る暴行と背中の傷害との因果関係及びその暴行により被害者に傷害を負わせたことを認定するには合理的な疑いが残るとして背中を足で蹴る暴行と背中の傷害との因果関係及び暴行と傷害結果との因果関係を否定する。

裁判所は，ＸのＢ腹部の踏みつけ行為と肝挫滅に基づく失血死について傷害致死行為と認定し，Ｘを懲役９年（求刑懲役10年）に処した[23)]。

【判　旨】

裁判所は，弁護人による刑訴法324条１項，322条１項及び319条１項違反による訴訟手続の法令違反の主張，事実誤認及び量刑不当とする主張を精査し，公訴を棄却した。

裁判所は，特に，量刑不当とする主張に対し「事件発覚直後，被告人が，救急隊員に対し，自分が誤って踏んだ旨を申告しているところ，被告人がそうした申告をしなければ本件が刑事事件であることも判明せず，被告人が処罰を受けることもなかったから，自首に準じるものとして刑を減軽すべき事情に当たると解される主張をする。しかし，肝挫滅というＢの傷害の状況・程度等からして，相当強い外力が被告人方で加えられたことは捜査機関に対しても早晩判明していたと考えられること，被告人は故意に踏み付けるなどしたという本件の核心的部分について虚偽というべき説明をしていることからすれば，所論の指摘する上記の申告をもって，自首に準じるものとみることはできない。また，所論は，被告人が起床後，Ｂに心臓マッサージをしたり，自分で119番通報をしていることも指摘しているが，これらはいずれも被告人がＢを踏み付けてから数時間後のことであって，特に酌むべき事情になるとはいえない。」と判示する。

【研　究】

1　本事案は，体重約98kgのＸが体重約10.5kgの２歳１か月児の腹部を踏んだ身体的虐待事案である。

Ｘは，捜査段階初期には殺人罪を視野に取調べを受け殺意及び虐待の事実を否認し，起訴後１ヵ月を経過してから誤って踏んだとして傷害致死の故意を否定した。

Ｘは，コンビニエンスストア店長で犯行当日25日午前３時頃，帰宅し，子供部屋にいたＣを踏んだり蹴ったりし，同日午前７時５分頃，自から「子どもが息をしていない」と119番通報した。市消防局員が，Ｃを病院に搬送し，死亡が確認された。犯行当時，母親Ａは，別室で就寝中だった。

Ｘの家族構成は，Ｘ（35歳），内縁の妻Ａ（27），Ａの長女Ｂ（２歳１か月）の３人家族である。[24)]

2　裁判所は，量刑判断において原審で勘案したＸが実父の協力を得てＡに200万円以上の生活費の援助等をしている事実及び原審後，Ｘが自己名義の自家用車等をＡに贈与し，原判決後にも，ＡやＢの実父に謝罪文を送付し，追加の被害弁償（合計42万円）の申出をした点をも考慮しても原判決の法定刑は相当であると判示する。

判例14　大分地裁平成24年７月10日刑事部判決[25)]

【事実の概要】

Ｘ（35歳）は，平成23年11月14日頃，別府市内の自宅において長男Ａ（４歳８ヶ月）が弟を叩こうとしたことに腹を立て，Ａを台所に連れて行き「弟のことが嫌いか」と尋ね，Ａが「嫌い」と答えたためより一層腹を立て，熱湯の入ったやかんを手に取り，逃げようとするＡを台所横の洗面所に押し込んで床に座らせ，その頭部に熱湯をかけ，頭部，背部等に熱傷を負わせた。更に，Ｘは，同月18日頃から同月24日頃までの間，自宅において熱傷により全身状態が悪化し，体力が低下していたＡを床に押し倒してその頭部を壁や床に打ち付けたり，ビニール傘等でその頭部等を多数回殴打するなどの暴行を加えた。Ａは，右側頭部，右頭頂部及び左頭頂部急性硬膜下血腫を生じ，同月25日午前２時頃から同日午前４時頃までの間に，自宅で急性硬膜下血腫により死亡した。

【判　旨】

裁判所は，事実関係を認めＸを懲役９年（求刑懲役12年）に処した。

【研　究】

裁判所は，量刑理由において身体的虐待の背景について，「本件犯行は，被害者の育児等によるストレスが高じ，内縁の夫のサポートも十分に受けられず，孤立した精神状態の中で生じた」と判示する。

Ａへの虐待については，別府市内の別の場所に住んでいた際，５月に近所の人が「Ａが外に出され泣いている」と市児童家庭課に通報し，職員２人が駆け付けたが，Ａが明るく振る舞ったため虐待とは判断せず，何かあったら連絡するよう母に伝えたという。その後，現住所に転居したが，近所の人は，「子どもが泣き叫ぶ声がしばしば聞こえた」と話している[26)]。

本事案は，近隣住民からの虐待通報がなされていながら，別府市役所内において，各部署間で連携してＸの育児の様子を継続して見守るという対応がなされず，死亡結果が発生したケースであり，行政機関の有効な介入が問題となる。

判例15　千葉地裁平成24年７月10日刑事第４部判決[27)]

【事実の概要】

実母Ｘ（20歳）は，平成23年１月頃，家族や交際相手に隠れていわゆるデリバリーヘルスのアルバイトをしていた際に客から性交を強いられ，８月に胎動を感じて産婦人科を受診した。Ｘは，医師から10月末出産予定の子を妊娠しておりもはや中絶はできないと告げられ，客の子を妊娠したと確信した。Ｘは，アルバイト中に誰とも知れない父親の子を妊娠したことを家族等に知られることをおそれ，出産が間近に迫っても妊娠の事実を誰にも告げずに隠し続けた。

Ｘは，同年10月20日午後９時42分頃から午後10時36分頃までの間に千葉市若葉区内のコンビニエンスストア女子便所内において女児Ａ（2800g）を便器内に産み落とした。Ｘは，女児を出産した際とっさに出産の事実を隠すほかないと考え，羊水，血液や便器の水で濡れたＡを裸のまま生理用品等が捨てられたゴミ箱のビニール袋内に入れ袋の口を固結びにし放置した。Ｘは，出産の跡を隠そうとして血に汚れた床を拭き，入店から１時間足らずで身支度を整え一人で歩いて姉が待つ車に戻った。コンビニの常連客が，女子便所の床の赤い汚れに気付いたことを端緒に午後11時頃，Ａが発見され，病院に救急搬送された。Ａは，重度の低体温状態に陥っていたが一命を取り止めた。[28]

【判　旨】

公判前整理手続において争点は，Xの殺人の実行行為性と殺意の2点に絞られた。

裁判所は，Aの遺棄態様，遺棄の場所及び当日の気象条件等からAが窒息死又は低体温症が原因となって死亡に至る危険性及びビニール袋に入れられたままゴミとして処分される過程で押し潰される等して死亡する危険性を前提に，XがAをビニール袋に入れ袋の口を固結びにし放置してAの保護のための措置を一切取らなかったのは，不作為による殺人の実行行為に該当すると判示する。

裁判所は，「被告人は，自らの行為によって女児が死ぬ危険性があることを認識しながらも，出産の事実を隠すためにはやむを得ないと考えて犯行に及んだ」として殺意を認定し，Xを懲役2年6月（求刑懲役4年）に処した。

【研　究】

1　本事案は，デリバリーヘルスのアルバイトをしていた女性（20歳）が妊娠8ヶ月に至るまで妊娠に気づかぬまま何等の対応もすることなくコンビニエンスストアの女子トイレで女児を出産し，ゴミ箱のビニール袋内に入れ袋の口を固結びにし放置した望まぬ妊娠に起因する殺人未遂の身体的虐待事例である。

2　裁判所は，実行行為性について「本件犯行の危険性を行為時に立って検討すると，女児は，本件犯行によって，窒息死し又は低体温症が原因となって死亡に至る危険があった上，ビニール袋に入れられたままゴミとして処分される過程で押しつぶされるなどして死亡するおそれもあったものと認められる。なお，判示行為には，女児の生存に必要な保護をしないという不作為も含まれているが，親は子を保護する義務を負っている上，被告人自身が女児をゴミ箱のビニール袋内に隠して，その生命に対する危険を生じさせるとともに，他者による女児の早期発見が困難な状況を作出したこと等に照らすと，被告人には，女児の生存に必要な保護をすべき法律上の義務があり，かつ，その被告人が女児をビニール袋内に放置してその保護のための措置を何らとらないことは，作為によって人を殺す行為と同視できる」と判示し，行為当時の具体的周囲の環境等客観的状況を詳細に検討した上で不作為による殺人の実行行為性を認定する。

裁判所は，殺意について「被告人は，便器に産み落とした女児を持ち上げた際に，女児が手指を動かし，小さな声を出しているのを確認したにもかかわらず，自らの手で，濡れて裸のままの女児をゴミ箱のビニール袋内に入れて袋の口を固結びにした上で，その場を立ち去って放置しているのであるから，少なくとも，被告人には女児が死亡するかもしれないとの認識があったものと推認される。」と判示し，Ａ出産時のＸの具体的行為を基に殺意を認定する。

更に，裁判所は，「被告人は，本件の約２か月前に妊娠していることを知ったにもかかわらず，周りの誰にもこれを知らせず，出産，育児の具体的な準備も一切しないまま出産予定時期を迎えている上，犯行後女児が発見されたことを報道で知るまでの間も，妊娠を疑っていた姉に対して嘘のメールを送信するなどして妊娠及び出産の事実を隠し続けており，犯行の前後を通じて，妊娠及び出産を隠すことを子の生命よりも優先させていたことが見て取れる。」と判示し，Ｘの妊娠事実の告知を受けた以降から犯行前後までの具体的対応を詳らかにし殺意を認定する。

裁判所の殺人の実行行為性と殺意の認定は，一つ一つの具体的事実の詳細な検討を通し裁判員である市民の視点からの問題提起及び評議の帰結と思慮される。

判例16　東京地裁平成24年７月13日刑事第４部判決[29)]

【事実の概要】

里親Ｘ（42歳）は，平成22年８月23日午後５時30分頃から午後10時45分頃までの間，東京都杉並区内の自宅において里親として養育していたＡ子（当時３歳７か月）に複数回にわたり頭部や顔面に打撃を加えたり耳や髪の毛を引っ張るなどの暴行を加えて左耳介付着部挫裂創，急性脳腫脹等の傷害を負わせ翌24日午前2時頃，A子を急性脳腫脹で救急搬送先の病院で死亡させた。

【判　旨】

裁判所は，公訴事実を認定しXを懲役9年（求刑懲役10年）に処した。

【研　究】

1　本事案は，里親による里子への身体的虐待による死亡ケースである。

本件の争点は，被害児A子の死亡は何者かの暴行によるものかという事件性及びA子に暴行を加えた犯人が被告人であるかという犯人性の2点である。

裁判所は，被害児A子が階段から転落して死亡した可能性を指摘する弁護人の主張に対し，被害児A子の顔面及び頭頂部付近の約20か所もの挫裂創等の外傷の受傷状況及び地下階段下からは血痕が発見されていない事実から否定し事件性を肯定する。

裁判所は，犯行時刻を8月23日午後5時30分頃から午後10時45分頃までの間とし，翌24日午前1時30分頃から午前6時頃までの間に「被害者が階段から転落したように偽装するため，死亡又は瀕死の状態にあった被害者を，寝室から地下階段下に移動させたといえる。」と判示し，家族の帰宅時間を考慮し被害児A子と二人きりになれるのはXのみであるとして犯人性を肯定する。

2　Xは，逮捕後から公判中を通して犯行を否認し続け，動機の解明はなされていない。

Xの家族構成は，夫（42歳）と長女（16歳）と二女（12歳）の実子がおり，2人の娘の手がかからなくなったので平成19年11月に「里親制度に興味がある」として養育家庭の登録を申請し，週1回のペースで約半年間A子と面会を重ね，平成21年9月からA子の養育を開始した。

東京地裁平成25年9月27日民事部判決は，Xに対する損害賠償請求裁判において原告A子の実母への4343万3690円の支払いを命じた[30]。

判例17　福岡地裁久留米支部平成24年8月27日判決[31)]

【事実の概要】

X（21歳）は，平成24年5月2日午前5時頃，自己が出産した男性嬰児の死体をビニール袋等に入れて久留米市内の自宅から運び出し，B公園内の池に棄てた。

【判　旨】

裁判所は，事実関係を認めXを懲役1年6月執行猶予3年（求刑懲役1年6月）に処した。

【研　究】

裁判所は，量刑理由において実母（21歳）による死体遺棄の動機を「安易な性交渉による妊娠・出産の事実を家族に知られたくなかった」と判示する。若年での思いがけない妊娠は，一人で抱え込むことにより追い詰められ時間の経過を余儀なくされ，思い余っての出産に至る。望まぬ出産は，嬰児の抹殺との結果を招来する。

妊娠を知った段階での相談機関は，必ずしも十全ではない。熊本市所在の医療法人聖粒会慈恵病院は，「こうのとりのゆりかご」（所謂，「赤ちゃんポスト」）を設置して市内のみならず全国の女性からの対応に当たっている[32)]。

判例18　広島高裁平成24年9月4日第1部判決[33)]

【事実の概要】

X（33歳）は，抑うつ気分，被害妄想等の症状から一日中ほとんど寝て過ごし，家事も満足にできない状態の中で夫とけんかとなり，離婚すると言われ悩んでいた。

Xは，被害妄想や孤立感をつのらせ，離婚後の生活や育児について悲観し，一人では子供を育てられない等と思うに至り，自宅において長男A（1歳）の頸部に手ぬぐいを巻き付けて絞め付け窒息死させ，同様に長女B（4歳）の頸部に手ぬぐいを巻き付けて絞め付け窒息死させた。

原審広島地裁は，Xを精神耗弱と認定し懲役5年（求刑懲役8年）に処した。[34]

【判　旨】

裁判所は，弁護人による刑訴法377条1号，2号違反による訴訟手続の法令違反の主張，責任能力に関する事実誤認・法令適用の誤り及び量刑不当とする主張を精査し，控訴を棄却した。

【研　究】

1　弁護人は，裁判員法6条1項2号及び3号は，「裁判員を加えた合議体でこれらの判断（＝筆者註＝法令の適用，刑の量定）を行っているが，高度の専門性を要する責任能力の問題に関し，予備的な知識も乏しい一般市民に学習する機会も与えないまま裁判員に加えて短期間で判断をさせている合議体の判断には正当性がないし，また，一般に量刑判断は一般市民の判断に委ねるには困難であるところ，精神障害があることを前提とする限定責任能力の事案に関する量刑判断をすることなどは更に困難であって，被告人の立場からすると，裁判員を加えた合議体による裁判では，あたかも偶然の事情で量刑を決められているに等しく，公平な裁判ともいえない」とし，「憲法32条，37条1項に違反するものであり，したがって，本件では，法律に従って判決裁判所を構成しなかった刑訴法377条1号の違反があり，かつ，同条2号の違反もある」と主張する。

裁判所は，最高裁平成23年11月16日大法廷判決（刑集65巻8号1285頁）を引用し「憲法は，刑事裁判における国民の司法参加を許容しており，憲法の定める適正な刑事裁判を実現するための諸原則が確保されている限り，その内容を立法政策に委ねていると解されるところ，一般的に，裁判員制度の下では，公平な裁判所における法と証拠に基づく適正な裁判が制度的に保障されているなど，上記の諸原則は確保されているということができる」と判示する。[35]更に，裁判所は，「裁判員裁判において，裁判員が関与すべき事項をどのように定めるかについても，上記観点に照らし，基本的に立法政策に委ねられた問題であると解することができる。責任能力の有無及び程度については，問題とされる精神障害の内容等にもより，例えば，犯行の動機や犯行が妄想等の精神症状に直接支配されていたか否か，動機や犯行態様の異常性などが被告人の平素の人格とかい離しているのか否かなどといった観点からの判断がされるところ，こうした判断自体は必ずしも法律的な知識・経験を有することを必要とするものではないし，また，必要に応じ，精神障害の有無及び程度並びにそれが被告人の心理学的要素に与えた影響の有無及び程度について，専門家たる精神医学者の知見を得ることもできる。もとより，これらの判断を前提として，責任能力に関する法令を適切に適用するに当たっては，責任能力に関する関係法令の意義等に関する適切な理解が必要であることはいうまでもないところ，これらの点については，裁判長が，必要な説明を丁寧に行うとともに，評議を裁判員に分かりやすいものとなるよう整理し（裁判員法66条5項），裁判官，検察官及び弁護人もまた，これらの点についても裁判員の理解を適切に得るべく，分かりやすい審理を実現するため努力すべきものである（裁判員法51条等）。」と判示し，弁護人の主張を排斥する。

弁護人は，「原審での正味の評議時間はわずか2日間に過ぎずあまりに拙速であり，このような過程で評決に至った原審の訴訟手続は，適正な手続の下にされたものとはいえず，審理不尽のまま評決に至ったというべきであるから，憲法31条，刑訴法1条に違反するとともに，被告人の公平な裁判を受ける権利を侵害して，憲法32条，37条1項に違反するものであり，その訴訟手続には判決に影響を及ぼすことが明らかな法令違反がある。」として訴訟手続の法令違反を主張する。

裁判所は，「本件では，裁判員に対し，第1回公判期日で，検察官・弁護人の各冒頭陳述により，責任能力の意義や，その判断に当たって問題となる事項等について的確に示されており，その後，裁判員は，冒頭陳述で示されたところを踏まえて証拠調べに臨むことができたとみることができる。そして，裁判員が，専門家の証人尋問によって精神医学的な知見をも得るなどした上，論告・弁論も踏まえつつ，責任能力についての証拠判断や量刑判断のポイントを把握して評議に臨んだとうかがうについて，特段疑いを生じさせるような事情はうかがえない。」と判示し，弁護人の主張を排斥する。

2　原審は，Ｘの犯行動機及び責任能力について以下のような詳細な検討をする。

「被告人は，抑うつ気分が続き，家事が思うようにできない状態になっていたところ，平成22年９月19日から20日にかけて，被告人の当時の夫の実家に宿泊したが，そこで一緒に宿泊していた夫の兄夫婦の行動や夫の態度などから，夫の兄夫婦や夫もみんなつながっていると感じ，被告人の被害妄想，孤立感は強まった。また，同日，被告人は，被告人が家事をしないことなどで夫とけんかとなったが，夫から離婚すると言われ，結婚して初めて同人から頬を平手でたたかれた。さらに，被告人は，同日以降，抑うつ状態が悪化し，食事を作ることもできず，一日中寝室で横になっている生活が続いた。このように，被告人は，本件各犯行当時，周囲の人がみんなつながっているという被害妄想が強くなるとともに，家事もできない状態にあった自分について自己評価や自信を低下させ，自分にはどこにも居場所がないなどと悲観的に考えるようになっており，また，夫から離婚すると言われ，同人と離婚すれば，自分は本当に一人になってしまい，長女や長男を育てていくことはできないと思い悩み，精神的に追い詰められた状態となり，長女及び長男を殺害しようと考えるようになった。そして，被告人は，物事を悲観的に考える思考から生じる妄想的な観念により，寝室で寝ていた長女が，長男を指差し，同人の首を絞めるように言っているように感じ，それが一つの後押しとなり，実際に本件各犯行に及んだ。（中略）被告人の犯行動機の形成過程には，大うつ病性障害による被害妄想，それによって被告人が感じていた孤立感等が強く影響しているというべきであって，同障害による考え方の歪みや悲観的な考えに大きく影響されて，本件各犯行に及んだものといえる。（中略）その動機は，形成過程に前記障害が著しい影響を及ぼしているものの，了解不可能とはいえず，また，犯行態様は被害者らを殺害することについて一貫性のある合目的的なものであって，被告人が自らの行為の反道徳性，違法性を理解した上で犯行に及んだものと認められる。そうすると，被告人は，大うつ病性障害の影響により，本件各犯行当時，物事の善悪を判断し，その判断に従って自分の行動をコントロールする能力が著しく減退していたが，全く失われていたわけではないと認定することができる。」と判示し，心神耗弱と認定する。

原審裁判所は，捜査段階において精神鑑定を実施したＢ医師の公判廷での「被告人は，本件各犯行当時，気分に一致しない精神病性の特徴を伴う重症の大うつ病性障害に罹患しており，同障害による症状として，抑うつ気分が続くなどの大うつ病エピソードや，周囲の人がつながっており，自分が見られていると感じるなどの被害妄想があったと認められる。」との供述を「Ｂ医師の当公判廷における証言は，精神科医としての知見と経験に基づくものである上，被告人との面接，心理テスト等の各種検査，行動観察，捜査記録や従前の受診歴等の資料を踏まえ，総合的に検討を加えた結果としてなされたものと認められ，その合理性に疑いを差し挟む余地はない。」として採用する。

弁護人は，控訴理由において責任能力についてのＢ医師の証言を「ICD-10における統合失調感情障害の診断基準について，明らかに虚偽の証言を行って被告人が統合失調感情障害であることを否定しようとしているという。」として事実誤認，法令の適用の誤りがあると主張する。

広島高裁は，「Ｂ医師は，原審証言の中で，被告人を大うつ病性障害と診断し，統合失調症や統合失調様障害等のり患を否定した根拠などについて，検察官，弁護人双方の質問に答えて，相応の理由を示しつつ説明し，所論指摘の供述部分もその一部であることが明らかであるところ，このようなＢ医師の証言の全体の趣旨に照らすと，所論指摘の同医師の証言部分を取上げて，Ｂ医師が明らかに虚偽の証言を行ったと断ずることは相当ではないと思われるし，DSM-〈4〉-TRの診断基準に基づいて，被告人が本件各犯行当時，大うつ病性障害にり患していたと診断したＢ医師の鑑定手法自体に問題があるということはできないと考えられる。なお，Ｂ医師は，原審公判で，統合失調感情障害と躁うつ病，精神病性の特徴を伴ううつ病の判断は難しく，精神科医によっては，被告人について統合失調感情障害と診断する者もいるかもしれず，本件では，被告人がどのような精神状態で犯行に至ったのかを第一に考えた旨，要するに本件各犯行当時の被告人の具体的な精神症状を重視して鑑定したという趣旨の供述をしているのであるから，所論が示唆するようにＢ医師が被告人の精神障害の診断名自体にこだわっているとみることも，相当ではないというべきである。」と判示し，弁護人の主張を排斥する[36)]。

３　弁護人は，「精神障害のある被告人に対しては可能な限り治療が受けられる方向で量刑判断がされるべきであるが，原判決は量刑判断に当たって被告人の精神障害に対する治療の必要性を考慮していない」として量刑不当を主張する。

広島高裁は，「量刑の基本は，被告人の犯罪行為にふさわしい刑事責任を明らかにすることにあると解されるから，所論は，これと異なる趣旨をいうとすれば，その前提自体に無理があるといわざるを得ない。」と判示し，弁護人の主張を排斥する。

４　本事案は，実母（33歳）による長男（１歳）及び長女（４歳）の頸部に手ぬぐいを巻き付けて絞殺し，被告人の責任能力が争点となった事例である。

原審裁判所は，「大うつ病性障害の影響により，本件各犯行当時，物事の善悪を判断し，その判断に従って自分の行動をコントロールする能力が著しく減退していたが，全く失われていたわけではないと認定することができる。」と判示し心神耗弱と認定する。

責任能力は，裁判員裁判では困難な問題であることを踏まえ，控訴審は弁護人の主張を詳細に検討し，原審の判断を支持する。

控訴審の丁寧な分析及び判断は，正当であり，裁判員裁判における責任能力判断に内在する問題の解決に示唆するものである。

判例19　大阪地裁平成24年９月５日第５刑事部判決[37)]

【事実の概要】

X（25歳）は，平成23年５月13日，大阪府門真市内の自宅６畳間和室において二女C（生後３か月）が泣き止まなかったことに激高し，Cの両脇を両手で正面から抱えてその身体を数回前後に強く揺さぶり，自己の腰付近の高さから布団の上に放り投げる暴行を加えた。Cは，硬膜下血腫に基づく脳腫脹又はけいれん重積により死亡した。

【判　旨】

裁判所は，事実関係を認めXを懲役６年（求刑懲役８年）に処した。

【研　究】

1　判決文は，事実関係を簡単に記し詳細は不明である。被害児の病院への搬送状況は，平成23年５月13日夕方，父母が心肺停止状態の被害児を門真市内の病院に自転車で搬送後，間もなく死亡が確認された。父母は，虐待を否定していたが，病院側が府警に通報した。被害児の遺体の司法解剖結果は，頭部に衝撃を受けたことによる外傷性脳腫脹が死因で，被害児の身体には数十カ所のあざがあった。父母は，「死亡したのは椅子から落ちたからではないか。殴ったりはしていない」とし，X（25歳）は「夜泣きした時に，頬をつねったことは何回かあるが，他の暴行はしていない」，母親（22歳）は「顔の傷は長女がボールペンで付けたもの。頭部を殴打するなどはしていない」と主張し虐待を否認する。

被害児は，平成23年１月生まれの未熟児で３月に病院を退院して父母と同居を始めた。父母は，被害児の入院中訪院が少なく，病院との面談にもしばしば応じず，保健所職員が自宅等で父母と面会していた。その結果，長女（１歳）の養育状況に問題がなく，「虐待の危険性は低い」と判断された。二女の退院以降，保健所職員は，Xの自宅を４回訪問したが，父母は「来てほしくない」等と面談に応じず，病院の定期健康診断にも連れて行かなかった。父母は，生活保護を受給しており，家族構成は父親（25歳），母親（22歳），長女（１歳）及び次女（生後３か月）の４人暮らしで父親は無職であった。[38)]

本事案は，被害児の出産した病院で未熟児として入院中父母の来院が少なく病院との面談に応じなかったことから保健所の介入が開始されている。保健所は，被害児の退院後，X宅を４回訪問し面会を拒否されている。保健所は，長女の養育状況を基に虐待の危険性が低いと判断するが，面会拒否，定期健康診断未受診，生活保護受給家庭及び父親無職のリスク要因を総合し，ハイリスク家庭としての認識が必要であり，他の機関との連携が必要であった。

2　弁護人は，本件虐待を「被告人が義父から恒常的に虐待を受けたことなどを背景として情緒不安定性パーソナリティ障害（衝動型）を抱え，その障害に起因する衝動的行為による」と主張する。

裁判所は，量刑理由で「被告人が幼少時以降に義父による虐待等の影響により被告人の同障害を抱えるに至った可能性は否定し難い。しかしながら，同障害は本件における責任能力に影響を及ぼすものではない上，同障害が本件犯行に与えた影響はそれほど強くないというべきである。加えて，公的な育児支援を利用したり，薬の副作用等が育児の妨げになることなどについて主治医に相談したり，適切に気分転換をするなどしていれば，いらだちを相当程度軽減することができ，本件を回避することは十分可能であったといえる上，被告人が，本件以前にも激高して被害乳児を負傷させて後に冷静になって後悔することを繰り返した末に，その負傷の存在を認識しながら本件犯行に及んだという一連の経過をも踏まえると，本件が突発的偶発的犯行であるとは評価できない。」と判示し，弁護人の主張を排斥する。

裁判所は，量刑理由でXによる乳児である被害児への身体的虐待を認定し，本件虐待が突発的偶発的犯行ではないと認定する。母親は，夫と長女（１歳）及び二女（生後３か月）の４人暮らしという家族構成を考えると少なくとも夫の身体的虐待を知り得る状況にあったのみならず，未熟児である二女の入院中，病院への来院が少ないとういう事実はネグレクトに該当し，二女傷害致死の不作為の幇助とも評される。

判例20　奈良地裁平成24年10月３日刑事部判決[39)]

【事実の概要】

Ｘは，妻Ｙ，妻の連れ子である養子２人及び妻との間の２人の娘ら６人で暮らしていた。Ｘは，養子２人が家出したと思い探しに出たことをきっかけに家に帰らなくなり，妻Ｙ及び２人の娘の４人でホテルを転々とし仕事も失い，なげやりとなってストレスを募らせていた。平成24年２月８日午後７時40分頃，Ｘは，愛知県内のラブホテルにおいてベッドに仰向けに寝かされていた二女Ａ（９か月）が泣き止まないことに立腹してＡの左顔面等を右平手で数回殴打する暴行を加えた。Ｘは，翌９日午後７時30分頃，大阪府内のラブホテルにおいて前日同様にベッドに仰向けに寝かされていたＡが泣き止まないことに立腹してＡの左顔面等を右平手で数回殴打する暴行を加え，同月11日午後11時頃，奈良県内のホテルにおいてＡを顔面打撲に基づく硬膜下血腫により死亡させた。

【判　旨】

裁判所は，弁護人の本件犯行はＸの単独犯行ではなく，当時行動をともにしていた妻Ｙとの共謀共同正犯であるとの主張に対し，「Ｙが，被告人が被害児に判示の暴力を加えた際，それを目撃しながら全く止めようとしていないことは明らかである。（中略）Ｙが被告人の被害児に対する暴力を認識し，それを認容していたとしても，被告人とＹとの間に被害児に対し暴行を加えることについての共謀がなかったことは疑いようがない。」と判示し，弁護人の主張を排斥し，Ｘを懲役８年（求刑懲役10年）に処した。

【研　究】

Ｘは，暴行や傷害の前科が３犯あり，暴力的傾向を有し前妻に対する傷害罪で執行猶予付きの有罪判決を受けている。Ｘは，その後も養子らに対して日常的に暴力を振るい，Domestic Violence のバタラーとしての生活を送っている中で二女への身体的虐待が繰り返され，死亡させるに至った。

裁判所は，妻ＹのＡへの暴行とＸのＡへの暴行を認識認容していたと認定する。ＹのＸへの追従的態度は，Ｘの日常的 DV の影響下での依存関係に起因するものである。裁判所は，量刑理由において「被告人と行動を共にしていた妻にも問題がなかったとは言えない」と判示する。

判例21　静岡地裁浜松支部平成24年10月11日刑事部判決[40]

【事実の概要】

X（49歳）は，仕事の行き詰まりや体調不良によって精神的に追い詰められ，一人息子B（16歳）を道連れに心中しようと考え，平成24年５月３日午前４時15分頃，静岡県掛川市内の自宅において文化包丁（刃体の長さ16.6cm）でAの左胸部，背部を１回ずつ突き刺し，全治９日間の胸背部刺創負わせた。

【判　旨】

裁判所は，事実関係を認めXを懲役３年執行猶予４年（求刑懲役４年）に処した。

【研　究】

本件は，37歳の時に離婚し４歳の一人息子を引取り父子家庭で12年間にわたって育ててきた父親X（49歳）が仕事の行き詰まりに伴う自己の経済的基盤や健康不安を抱え一人息子の今後の生活も含め相談相手も無く精神的に追い詰められる中で一心同体である一人息子を道連れに自殺を決意し，突き刺し負傷をさせ殺人未遂に問われた事案である。

裁判所は，量刑判断に際しXの精神状態やこれまでの父子関係を踏まえ，犯行の動機，経緯及び犯行後約４時間30分にわたり出血している被害者の救助措置をとっていない状況にも精神的に相当追い詰められた末での犯行の延長線上にあると一定の理解を示している。

裁判員裁判では，被害者の法廷での供述は量刑判断に少なからず影響を及ぼす。本件では，被害者である一人息子が「被告人を許し，今後も被告人との生活を望んでいる。」と供述する。

裁判所は，量刑理由において「社会復帰後の仕事が用意されている。さらに，被告人の減刑嘆願書には1500人近い署名が集まっており，出廷した父や姉に加えて，地域社会からの支援も期待できる。」と判示し，更生への前提条件は整っているとして執行猶予を付した。

判例22　大阪地裁平成25年３月22日第７刑事部判決[41)]

【事実の概要】

Ｘは，出会い系サイトで知り合った初対面の男性との意に沿わない性交渉により妊娠し，平成19年２月頃，大阪府泉南郡のＡ方において女児を出産した。Ｘは，女児の泣き声が周囲に聞こえないよう女児の処置に困り，Ａ方浴室において抱いていた女児の身体から両手を離して女児を浴槽の湯水に沈め窒息死させた。

【判　旨】

Ｘは，殺人罪，死体遺棄罪，覚せい剤使用及び所持の罪に問われた。

裁判所は，殺人罪，覚せい剤使用及び所持の罪の成立を認め各罪について自首による減軽のうえＸを懲役３年（求刑懲役６年）に処した。

【研　究】

１　本事案の争点は，死体遺棄行為の性質（作為犯か不作為犯か）や公訴時効の起算点の２点である。Ｘは，出産直後の女児を殺害し，死体をタオルに包みスポーツバッグに入れ殺害現場のＡ方押し入れに隠匿した。本件死体遺棄罪の公訴事実は，「被告人は，前記のとおり，平成19年２月上旬頃，同児が死亡したのを認めたのであるから，同児を葬祭しなければならない義務があったのに，前記犯行が発覚するのをおそれ，その頃から平成24年７月16日までの間，別表（省略）記載のとおり前記Ａ方ほか３か所において，同児の死体をタオルで包み，ポリ袋に入れるなどして放置し，もって死体を遺棄した」というものである。

裁判所は，起訴直後に行った打ち合わせにおいて，検察官に対し起訴状の別表に記載された４か所における遺棄行為の罪数関係を明確にするよう求めた。検察官は，第１回公判前整理手続期日において「各行為の罪数関係は不作為による継続犯であり一罪と考えている」旨釈明した。

検察官作成の平成24年10月９日付け証明予定事実記載書第３項は，「死体遺棄の犯行状況等」として「被告人は，女児の遺体をバスタオルに包んだ上，自己のスポーツバッグ内に入れて，アパートａの押し入れ内に入れた。被告人は，その２，３日後，同児の遺体をバスタオルで包んだ状態でビニール袋に入れた上，そのビニール袋をパーカーで包み，スポーツバッグ内に入れ，当時の自宅であるアパートｃに運んだ。そして，被告人は，同日，同児の遺体をスポーツバッグから取り出し，前記パーカーに包んだままの状態で，同室クローゼット内に入れて放置した。被告人は，マンションｄに，平成19年６月頃，引っ越した際，前記遺体をキャリーバッグ内に入れて運び，同キャリーバッグに入れたまま，同室クローゼット内に入れ，そのまま放置した。被告人は，平成21年２月頃，マンションｂに引っ越した際，遺体を前記キャリーバッグに入れたまま運び，そのまま同室クローゼット内に入れ，平成24年７月16日に警察官に発見されるまで，放置していた。」と記載する。

本件の作為による死体遺棄行為は，平成19年２月頃Ｘが殺害直後の女児の死体をタオルに包みスポーツバッグに入れ殺害現場Ａ方押し入れに隠匿した行為及びその２，３日後スポーツバッグに入れた死体を自宅のクローゼットに隠匿した行為である。本件の不作為による死体遺棄行為は，Ｘの葬祭義務を前提としたＸの転居に伴う死体の移動後の室内放置及びクローゼット内に隠匿放置した行為である。

裁判所は，証明予定事実記載書には「被告人に葬祭義務があることや，その義務を果たしていないことについては，明示的な記載が一切なされていなかった。」と判示する。

裁判所は，本件死体遺棄罪は作為による死体遺棄行為であり，死体遺棄罪の公訴時効の起算点を遺棄行為の終了した平成19年２月頃とし，公訴提起した平成24年９月19日時点では３年が経過し死体遺棄罪の公訴時効が完成しているとし免訴を言渡した。

2　裁判所は，量刑判断に際し，犯行の背景事情としてＸの「中学生時代に妊娠中絶した苦く辛い経験があり，誰にも相談することもできずにいた点，妊娠に気付いた後，現実から逃避して適切な処置を講じないまま出産に至った後先のことをきちんと考えない場当たり的な考え方や行動」を指摘する。

更に，裁判所は，Xが平成24年7月16日，大阪府浪速警察署において警察官に対し殺人，覚せい剤使用及び所持の事実について申告し自首したことを「被告人の反省と更生に向けた決意の表れであると評価することができる。」と判示する。

本事案は，嬰児殺という身体的虐待事例である。判決文からは，加害者である母親の年齢は不詳であるが，中学生時代の人工妊娠中絶，出会い系サイトを介する性交渉，嬰児殺後の覚せい剤使用等のXの行動様式は，自己の置かれた環境を自律できず，他者に相談する場も機会もない女性の存在を照射する。

本事案は，上記で考察した【判例13】と同様，妊娠し対応に困難を招来する女性が相談できる公的・私的を問わない機関の設立と相談機関の周知の必要性を示唆する。

判例23　東京地裁平成25年5月21日第1刑事部判決

本判決については，裁判員裁判の全てを傍聴し，その問題点について検討しているので別稿を参照されたい[42]。

判例24　鹿児島地裁平成25年7月5日刑事部判決[43]

【事実の概要】

Xは，うつ病に罹患している夫の自分本位な言動と長男Aの子育ての不安によるストレスから平成24年11月頃，適応障害を発症した。さらに，同月8日，A（生後3か月）がけいれん発作を起こして入院した。Xは，それまで心配をかけないよう自己の両親に夫の病気を隠していたにもかかわらず，同日，夫が自らのうつ病をXの両親に打ち明けたことにより，Xの適応障害は，悪化し意識野が狭窄した状態となった。

Xは，同月13日深夜から14日未明にかけ今後の子育てや生活に対する不安などについて思い悩み，考えが堂々巡りする状態となり，このような悩みから逃れようとAを連れて自動車で家を出た。Xは，考えが堂々巡りするなかで自動車をあてどなく走らせていたが，Aがいなくなれば悩みが消えて本来の明るい自分を取り戻せると考えるに至った。平成24年11月14日午前6時50分頃，Xは，鹿児島市内の道路脇に停車した普通乗用自動車内においてAの首を両手で少なくとも1分間絞め続け，死亡したものと思い絞め付けるのをやめた。Aは，全治約5日間の顔面うっ血等の傷害を負った。Xは，同日午前6時58分頃，携帯電話で110番通報し自首した。

【判　旨】

裁判所は，事実関係を認めXを懲役3年執行猶予4年（求刑懲役4年）に処した。

【研　究】

裁判所は，量刑理由において「被告人が，本件犯行を決意したのは，場当たり的に問題をやり過ごそうとする人格特性だけでなく，必ずしも被告人のせいとはいえないストレスによって適応障害が悪化し，意識野が狭窄していたからであった。そして，被告人は，本件犯行後，速やかに罪悪感に目覚めて自首し，被害者は早期に救助された。」と判示し，更生可能性の高さを勘案して執行猶予に処した。

裁判所は，生後間もない乳児への身体的虐待事案である本ケースでXの罪責を検討する際に，自首による未遂事案であること及び責任能力はあるもののXの精神状態に配意しており，妥当な量刑である。

判例25　さいたま地裁平成25年8月29日第3刑事部判決[44)]

【事実の概要】

X（23歳）は，朝霞市内のX方において長男A（5歳）及び交際相手であるY（23歳）と同居していた。Xは，Yと共謀の上，平成24年6月8日頃から同年７月９日頃までの間，自宅においてＡに対ししつけと称して頭部，顔面，両腕，両大腿部等を手や金属製の棒等で多数回殴るなどの暴行を加えＡに顔面打撲，両大腿部打撲等の傷害を負わせ，搬送先の病院で口腔粘膜損傷に起因する敗血症により死亡させた。

【判　旨】

裁判所は，ＸのＡへの暴行及びＹとの共謀の事実を否定し無罪を主張する弁護人の主張を排斥し，傷害致死罪を適用しＸを検察官の求刑懲役10年を凌駕する懲役11年に処した。

裁判所は，共謀の成否の判断において平成24年６月７日精神科医師がＡを診察した時点でＡの外表に格別のけがを認めなかった点及びＡの死体を司法解剖した医師の死体の頭部及び顔面に約20か所，上肢に10か所以上，下肢に20か所以上の損傷が認められ，これらの損傷はいずれも鈍体による打撲，圧迫等によって生じたと考えられ，一度で生じたものではなくこのように全身に分布した多数の損傷状態は身体的虐待を受けている児童に典型的に見られるとの所見を採用した。裁判所は，暴行の事実を示す客観的な証拠としてＸらが使用する携帯電話機に録画された６月９日から27日までの間に自宅浴槽内でＹがＡを浮かせている状況をＸが撮影し，Ａが溺れるや二人で笑っている動画等から認定する。

裁判所は，ＹのＡへの暴行を阻止しえなかったのは第２子を妊娠中にＹから暴力を受けていたとの公判廷でのＸの供述を信用性がないと判示する。

裁判所は，量刑判断においてＸが児童相談所から本件以前に重ねて指導を受けていた事実，Ａが死亡する数日前にＡの口腔内２か所で細胞が壊死して腐敗が進行し，通常の食事摂取ができない状態に至ってもＡを病院に搬送するなどの緊急措置を講じなかった事実，公判前にＹに対し自己に有利な虚偽の証言をするよう依頼する旨の手紙を送り付け罪証隠滅工作をした事実，公判廷において全く不合理な弁解に終始し，亡き息子に対する痛惜の念があるのか疑われる態度も認められると判示する。

【研　究】

1　本件犯行に至るまでのＸの長男Ａの成育背景を検討する。

Ｘは，犯行時23歳で長男Ａの出産時は18歳であり，Ａは０歳から保育園に預けられていた。Ａには発達障害があり子育ての困難さがあったものと推測される。平成19年12月，朝霞市福祉事務所は，児童相談所に「母親が育児に拒否的」と通告し，その後，養育支援がなされ改善が認められた。平成20年７月，市福祉事務所は，児童相談所に「あざをつくって保育所に登園した」と連絡した。児童相談所は，平成23年２月から３月と，平成24年３月から５月の２回，Ａを一時保護した。平成24年６月上旬，児童相談所職員は，Ａにあざがないことを２度確認している。

平成24年６月15日，通院先の病院の医師は，Ｘが院内でＡの頭を音が響くほどの強さでたたいたのを目撃し市役所に通報した。

Ｘは，Ａの出産時点から幾つかの問題を抱えるハイリスク家庭として福祉事務所及び児童相談所とコンタクトを取り一定の支援を受けていた。ＸのＡへの身体的虐待発見の端緒は，１歳時点での児童相談所への「あざをつくって保育所に登園した」と連絡に見られる。Ｘは，発達障害のあるＡの子育てに継続的な支援を受けていたのか，特に，初期段階での有効な支援が重要であり十全になされていたのであろうか。

平成24年６月８日，Ｘは，実父との携帯電話でのメールでＹと共にＡの耳部分をたたく暴行を加えて顔が腫れたと送信している。Ｘと実父との関係性は，不明であるが少なくとも23歳の娘が実父にとり孫である長男Ａの状況をメールで交信できる関係にあったことから，実父は，Ａに少なからぬ関心を抱いていたものと推測される。

Ａの保育園通園状況は，平成24年６月９日から死亡するまで１ヶ月間欠席しており，Ｘは欠席理由をＡの祖父宅に行っていると連絡している。Ｘは，ハイリスク家庭であり，直近の平成24年３月から５月までＡが児童相談所に一時保護されていた事実と符合する時，祖父への確認等の対応は不可欠であった。

2　本ケースは，検察官の求刑懲役10年を超過する懲役11年を言渡した事案である[45]。

本件は，否認事件でありＸは暴行行為及び共謀の事実について全面的に争った事案である。

裁判所が合議体において検察官の求刑を超過する判断をした理由を検討する。裁判所は，Ｘの携帯電話メール記録，携帯電話内に保存された動画及び院内での医師による暴行の目撃通報等の客観的な証拠に基づいて共謀の事実を認定する。裁判所は，Ｘの公判供述を不合理な弁解として信用性を否定し，Ｙの公判供述を信用しＸのＡに対する暴行の事実を認定する。

Ａの死因は，公訴事実によればＸの暴行により顔面打撲，両大腿部打撲等の傷害により口腔粘膜損傷に起因する敗血症である。裁判所は，事実認定において「被害者が死亡する数日前には，その口腔内２か所で細胞が壊死して腐敗が進行し，通常の食事摂取ができない状態に至っても，被害者を病院に搬送するなどの緊急措置を講じなかった」と判示する。

裁判所の事実認定は，ＸのＡの受診回避は保護責任者遺棄に該当しネグレクトにあたることを示唆するものであり，この点も量刑上考慮されたものと解される。

判例26　大阪地裁平成25年10月４日第３刑事部判決[46]

【事実の概要】

Ｘは，平成18年５月始め頃，夫Ｙの子ではない子の妊娠を夫に気付かれ，既に中絶できない時期に至っていたのでＹとその母親に対して中絶すると約束した。Ｘは，病院でＡを出産しＡと共に退院したが，Ａを自宅に連れて帰ることができず大阪市内の便所内において，Ａ（当時生後約８日）を鞄に入れてその外側からＡの頸部付近を手で締め付け窒息死させた。

Ｘは，平成18年５月19日，大阪市内の区役所保健福祉センター地域保健福祉課係員に対し，児童手当特例給付小学校修了前特例給付額改定請求書を提出した。Ｙは，自宅の異臭に気付いて中絶したはずのＡの遺体を発見し，Ｘ

にＡ殺害を確認し，自宅に送付された児童手当特例給付小学校修了前特例給付現況届の対処を尋ねた。ＸとＹは，共謀して同年６月５日から平成24年７月17日までの間，７回にわたり担当係員らに内容虚偽の児童手当特例給付小学校修了前特例給付現況届等を提出して，Ａの児童手当等の増額及び継続支給を請求し，平成18年10月５日から平成25年２月５日までの間，20回にわたりＹ名義の普通預金口座にＡの児童手当等として現金合計93万4000円を振込入金させた。

【判　旨】

裁判所は，公訴事実を認定し殺人罪及び詐欺罪を適用しＸを懲役５年（求刑懲役10年）に処した。

【研　究】

1　本事案は，生後８日の嬰児を退院時に殺害した身体的虐待のケースである。Ｘは，夫以外の男性との間で妊娠したＡが既に中絶できない時期に至りＹに中絶すると言ったが，Ａを出産したのち殺害し，自宅に隠匿した。

Ｘは，若くして家を飛出し，一回り以上も年上の夫と婚姻し，長男と二男がいる。一家の生計は，性風俗の稼働で得たＸの収入に依存する。

2　裁判所は，児童手当特例給付小学校修了前特例給付の詐欺罪についてＸとＹには黙示的意思の疎通はあったとし共謀を認めている。なお，夫Ｙは，児童手当特例給付小学校修了前特例給付の詐欺罪について有罪判決が確定している。

裁判所は，給付額改定請求書の作成提出時点で詐欺罪の故意を認定した上で量刑判断において「我が子の殺害を隠すために犯したものであり，積極的に金銭を得る意欲まではなかった」と判示する。

裁判所の判断は，妥当である。

判例27　横浜地裁平成25年10月16日第３刑事部判決[47)]

【事実の概要】

Ｘ（42歳）は，かつて同居していた自分の母親が二男Ａ（３歳）に対して乱暴な言葉を言うのを聞く度に自らが幼少期に母親から受けた暴力的仕打ちを思い出し悩み母親と別居した。Xは，母親が近所に居住していたのでAを母親に預けたりして交流を続けていた。平成24年２月ないし３月頃から，母親宅に行きたがるAに対し母親が拒絶するような態度をとるようになったことから，Xは，自らの幼少期の体験と重ね合わせて思い悩むようになった。同年５月初旬頃，Xは，Aが母親の機嫌を損ねているのはAを産んだ自分の責任であり，母親の機嫌を直すためには自分がいなくなればよいと考え自殺することを思い付き，Aを道連れに心中をしようと考えるようになった。Xは，同月中旬頃，同居していた長男B（15歳）がAに対して邪険な態度をとったと思い込みもはやAと一緒に死ぬしかないと考え，Aを殺して自殺することを決意した。Xは，同月31日午後９時頃，横浜市港北区内の自室において，Aに睡眠薬を飲ませて眠らせ，就寝中のAの顔面に枕を押し当てて鼻口部を塞ぎ窒息死させた。

【判　旨】

弁護人は，犯行当時，Xは情緒不安定性パーソナリティ障害（境界型）による病的な妄想的理解の程度が重度でかつ重度の抑うつ状態にあったとして心神耗弱を主張した。

裁判所は，弁護人の主張を排斥し，Xの完全責任能力を認め懲役３年６月（求刑懲役７年）に処した。

【研　究】

1　起訴後にXの精神鑑定を実施した医師は，Xの責任能力について「被告人は，本件犯行の当時，情緒不安定性パーソナリティ障害（境界型）（「ICD-10」による。）により，多くの精神的苦悩と生活上の困難を招いていた結果，慢性的うつ状態に陥っていたことが認められる。（中略）被告人のうつ状態は，本来の「うつ病」とはかなり異質の，漠然とした抑うつ感・空虚感が慢性的に持続したものであり，その程度も比較的軽度であったといえる上，これが本件犯行に直接的に関与したとは認められない。（中略）本件犯行には，〔1〕母親に対しては，その言動を実際よりもかなり過剰に否定的に捉え，〔2〕子であるＡに対しては，自己の分身であると考えて，別個の人格として捉えられず，極めて強い一体感をもち，〔3〕母親の態度に不満をもちながら，その矛先を母親ではなく自分に向けて，自己否定的になる，という情緒不安定性パーソナリティ障害（境界型）に基づく被告人特有の心性が大きく影響したと考えられる。」と結論する。

裁判所は，鑑定医の見解を基に「被告人は，Ａに対する母親の言動等をきっかけに自殺を決意するとともに，Ａを一緒に連れて行くという感覚で本件犯行に及んでおり，これは，情緒不安定性パーソナリティ障害（境界型）の影響により，被告人がＡを自己の分身であると考え，別個の人格として捉えられなかったことによるものであると認められる。しかしながら，被告人は，Ａに対する母親や長男の言動を受け，突発的に本件犯行に及んだとは認められず，平成24年５月中旬頃に，Ａとの無理心中を決意してからは，睡眠薬を購入し，Ａの実父を訪ねてＡの棺に入れる写真を撮影したほか，遺書を書き，その中で長男に対し家賃の支払いや携帯電話の解約方法等，今後の生活に必要な指示を詳細に残すなど，心中に向けて入念な準備を重ねた上，当初の予定どおり，Ａを睡眠薬で眠らせて，計画的に犯行に及んでいる。しかも，被告人は，確実に２人で死ねる方法として，上記のような殺害方法を選択している。このような事実関係をみると，被告人には，当時きちんとした判断能力があったと考えられる上，被告人が長男や親族等に宛てて書いた遺書等の文面をみても，その当時，自分の行おうとしていることが社会的に許されない犯罪であること自体は理解していたと認められる。また，被告人は，Ａの殺害状況を含め，犯行当時の具体的状況を詳細に記憶している。」と判示し，Ｘの完全責任能力を認定する。

裁判所の責任能力についての詳細な認定過程は，裁判員にとり責任能力判断の困難さという裁判員裁判固有の問題への対応であり妥当である。

2　本事案の家族構成は，長男Ｂ（15歳），二男（３歳）及び無職の母親（42歳）の３人暮らしのシングルマザー家庭である。身体的虐待事実の発見の端緒は，Ｘの外出中の長男Ｂ（高校１年生）への犯行当日午後11時半過ぎの「(次男と) 死ぬことに決めました。ごめんね」という内容のメール着信である。長男は，帰宅して母親らが倒れていたため近所に住む実父（63歳）に知らせ，実父が119番通報した。[48)]

加害者Xは，情緒不安定性パーソナリティ障害（境界型）に罹患し，21歳年長の夫との離婚，3歳という年少の被害児及び実母との関係性を考慮するとリスク家庭であり，支援を必要としていた。

判例28　札幌地裁平成26年1月24日刑事第2部判決[49)]

【事実の概要】

平成25年1月26日午後9時少し前頃，X（38歳）は，札幌市豊平区内の自宅寝室において右手に持った筋引包丁（刃体の長さ約24.2cm）で布団の上で寝ていた二女A（11歳）の右上腹部を突き刺し，同じく布団の上で寝ていた三女B（8歳）の左右上腹部をそれぞれ突き刺した。Aは，同日午後10時45分頃，搬送先の病院救命救急センターにおいて右上腹部刺切創による出血により死亡し，Bは，全治12日間を要する左右上腹部刺創，胃・胆のう損傷の傷害を負った。

【判　旨】

裁判所は，事実関係を認めXを懲役14年（求刑懲役15年）に処した。

【研　究】

1　本件は，母子家庭で母親が二女及び三女を巻き込んだ無理心中による身体的虐待事案である。

裁判所は，「被告人は，同居していた交際相手の男性が自分の長女と関係を持って出ていってしまったことに怒りと嫉妬を覚え，さらに，長女の元交際相手の別の男性と同居したが，その男性も長女に未練がある様子であったことから，これらの人に裏切られたとか，自分が死んで恨んで出てやろう」と判示し，無理心中の動機に論及する。本件は，背景に同居男性の長女への児童期性的虐待が窺える。Xは，無理心中を決意してから遺書や手紙を準備し，被害者らが死にたがらないことを十分に分かった上で殺害に際し子どもたちが苦しまないように風邪薬と偽って睡眠薬を飲ませてから２人を刺している。

事件の端緒は，平成25年１月26日午後８時過ぎ知人男性がＸから「ごめん」との電話を受け，Ｘの部屋に駆け付け，ＸとＡ及びＢが血を流して倒れているのを発見し110番通報による。

２　Ｘは，軽度の精神遅滞で精神的に不安定で通院歴がある。Ｘは，平成24年７月に「自分を傷つけてしまうかもしれない」と警察に通報し，警察官の付添で病院に行っている。平成25年１月７日，二女が，「お母さんがご飯を作ってくれない。一緒にいるのが嫌だ」と友人宅に駆け込み，届け出を受けた同署が札幌市児童相談所に連絡した。同児童相談所は，翌８日，児童福祉司がＸと二女に面談し，Ｘは二女の訴えをほぼ認めて謝罪し，指導にも素直に従ったので二女を一時保護しなかった。警察署は，同月10日付で「不適切養育の疑いがある」として正式に児童相談所に通告し，同児童相談所の見守り活動が開始された[50)]。

Ｘは，軽度の精神遅滞に起因して共依存性が顕著で，自己の交際相手が出て行った後には長女の元交際相手と同居している。Ｘの母子３人家庭は，ハイリスク家庭として警察と児童相談所の連携が開始されたにも関わらず，母子３人の無理心中という事態に至ってしまった。身体的虐待防止には，児童相談所等行政のより積極的な介入が必要であった。

判例29　東京地所平成26年２月12日刑事第13部判決[51)]

【事実の概要】

Ｘ（45歳）は，平成24年８月離婚後，生活保護を受けながら同居する長女（９歳），二女（８歳），長男Ａ（５歳），三女（３歳）の４人の子どもをほとんど一人で養育していた。Ｘは，平成25年９月６日午前９時30分頃から同日午後１時頃までの間，東京都江東区内の自宅において，長男Ａが指示どおりに服の着替えをしなかったので，Ａの頬や頭を平手や拳骨で叩いて注意をした。Ｘは，しばらく様子を見てもＡが指示どおりに着替えができなかったので苛立ちを強めつつ途中間隔を置きながら，Aの全身を多数回拳骨等で殴り，多数回足で蹴るなどの暴行を加えた。Xは，午後2時半頃，タクシーでAを東京都墨田区内の病院に搬送した。Aは，一連の暴行により左右腰部・臀部・大腿外側打撲傷（背腰部皮下・脂肪織・筋肉内出血）等の傷を負い，同日午後5時28分頃，搬送先の病院において出血性ショック，筋挫滅症候群等により死亡した。[52)]

【判　旨】

裁判所は，事実関係を認めXを懲役6年6月（求刑懲役8年）に処した。

【研　究】

本件は，詳細な家庭状況・経済状況は不明であるが，犯行時無職で生活保護受給の父子家庭で発生した実父による身体的虐待事例である。家族構成は，長女（9歳），二女（8歳），長男A（5歳）及び三女（3歳）の4人の父子家庭である。離婚以来1年間ほとんど一人での幼児を含む養育は，過重な負担を強いるものであり，しかも無職の状況はストレスフルであり，何等かの周囲のサポートなくしてはストレス発散がスケープゴートの一人に集中される危険性が大である。Xは，事件当日の状況を「下着のまま幼稚園に行こうとしたので頭に来た」，「服をうまく着れずもたもたしているので腹が立って殴ったり蹴ったりした。普段から，いたずらをしたり，言うことを聞かなかったりした時に殴っていたが，今回は，いつもの比じゃないくらい長時間殴ってしまった」と供述する。

Xは，一人奮闘することなく最悪の結果回避のためにもサポートを求め，社会も対応する方策を考慮すべきである。

判例30　福岡高裁平成26年2月18日第3刑事部判決[53)]

【事実の概要】

X（当時19歳）は，平成24年3月6日午後11時46分頃から翌7日午前2時40分頃までの間，北九州市内のマンションの共用部分の通路及びエレベーター又は女性A（25歳）方においてAの長男B（2歳）の右側脇腹に作用面の小さな鈍体による打撲的圧迫作用を加えるなどの暴行を加えＢに十二指腸破裂等の傷害を負わせ十二指腸破裂による循環不全により死亡させた。

Ｂの死亡に至る経緯の概要は，以下の通りである。Ｘは，同年３月６日午後11時46分頃，Ａの祖父宅からＢとＢの姉Ｃ（６歳）を連れてマンションのＡ方に帰宅した。Ａは，７日午前２時40分頃，帰宅した。Ｂは，同日午前２時40分前後までの間に，子ども部屋において少なくとも１回嘔吐した。Ａは，帰宅後，Ｂの顔や髪，衣服が吐瀉物で汚れていたのでシャワーを浴びさせ衣服を着替えさせた。寝室で就寝していたＸは，Ｂが着替えた後の同日午前３時過ぎ頃から同日午前３時30分頃までの間に，Ａに起こされ，Ｂが嘔吐したことを告げられた。Ｘは，Ｂの熱を測り，Ａに指示されて予備の布団を寝室に運んだ。Ｂは，寝室に移動した後同日午前３時30分頃から同日午前４時過ぎ頃までの間に，Ａからジュースを与えられ相当量を飲んだ。Ｘは，同日午前７時27分頃，Ａ宅を出て仕事に向かった。Ａは，同日午後３時26分頃，Ｂが息をしていないので119番通報し，Ｂは病院に搬送され，同日午後３時52分，死亡が確認された。

死体解剖の結果は，Ｂの十二指腸には穿孔が認められ，Ｂの死因は十二指腸破裂による循環不全であった。Ｂの死亡推定時刻は，７日午前５時頃から同日午前11時頃までの間であった。

原審福岡地裁小倉支部は，７日午前２時40分前後までにＢが嘔吐した際の吐瀉物が腸管内容物であるとは断定できないこと，そのころまでのＢの嘔吐は，十二指腸破裂以外の喘息や体調不良，自家中毒等の原因によるものである可能性を否定できないこと，本件十二指腸破裂が生じていたとすれば，破裂時の激痛に加え，腸管内容物の漏出による強い痛みが持続しているはずであるから，ＡがＢの両脇に手を差入れる方法で抱き上げて運んだこと，Ｂは立ったままの状態で服を脱ぎ，シャワーも10分ないし15分ほど立ったままの状態で浴びたこと，Ｂは寝室に移動する際，いつも走るときと同じような小走りをしていたこと等の動作を行うこと自体は医学的に不可能ではないにしても，被害者が何らかの方法で痛みを訴えることが自然であって，痛みを訴えることもなく，痛がる素振りさえ見せずに，各動作の全てを行うということは常識的には考えがたいとし，７日午前２時40分頃以降に十二指腸破裂が生じた可能性を排斥することはできず，６日午後11時46分頃から７日午前２時40分頃までの間に十二指腸破裂が生じたことについては合理的な疑いが残るとして無罪を言渡した。[54)]

【判　旨】

福岡高裁は，「原判決が，〔1〕吐しゃ物についての検討結果からは本件時間帯に十二指腸破裂が生じていたとは断定できないとの理由，及び〔2〕本件時間帯の後の被害者の行動内容等に照らすと本件時間帯に被害者に十二指腸破裂が生じていたと説明することは困難であるとの理由の２つの理由から，本件時間帯に被害者に十二指腸破裂が生じたことについて合理的な疑いが残るとしたのは，証拠の評価を誤り，証拠に基づかない推論を重ねた結果，事実を誤認したものであって，この事実誤認が判決に影響を及ぼすものであることは明らかである。」と判示し，原審の判断は論理則・経験則等に照らして不合理であるとして原判決を破棄し原審に差戻した。

【研　究】

１　控訴審が，裁判員裁判の判断を事実誤認として破棄する要件について最高裁平成24年２月13日第一小法廷判決は「第１審判決について，論理則，経験則等に照らして不合理な点があることを十分に示した」上で事実誤認の判断をすることを挙げる。[55)]

福岡高裁は，原審の無罪判断の根拠とした「現場から採取され鑑定された各吐しゃ物について，本件時間帯に被害者に十二指腸破裂が生じていたとすれば説明が困難な事情について」詳細な検討を加える。

裁判所は，現場写真に写っている吐瀉物と鑑定書に写っている吐瀉物の性状が異なるとする原審の判断について「撮影条件の違いや情報量の制約や時間の経過に伴う性状変化を全く考慮することなく，『一見して性状が異なる』という理由で上記同一性に疑問を呈する原判決の証拠評価の在り方は，著しく不合理であるとの批判を免れず，上記同一性に疑問があるとした原判決の判断は是認できない。」と判示する。更に，裁判所は，小児救急専門医の「認知力が低い場合は痛がらないことがあり，小さい子供ほど痛みに鈍感である」との供述及びＢの死体解剖を行った鑑定医の「小刻みに移動する方がおなかに対する刺激が少ない」との供述をもとに原審の十二指腸破裂の時期についての判断を誤りと判示する。

2　Ｘ（19歳）とＡ（25歳）の関係性は，控訴審によると「同棲に近い生活」関係にあり，シングルマザーのＡと会社員Ｘとの補完関係にある。母親Ａは，19歳で長女Ｃを23歳で長男Ｂを出産している。平成24年３月６日当時，Ｘは早朝に仕事に出掛け，Ａは出勤する前にＢ及びＣを祖父宅に預け，Ｘが深夜２人を迎えに行き，Ａの帰宅まで世話をしている状況にあった。[56]

Ａの原家族との関係性は，シングルマザーとして仕事をするとき長男及び長女の世話を両親ではなく祖父に援助を受けている点でＡの長女Ｃ出産時に何等かの問題性を有したハイリスク要因が内在されていたものと推測される。

追記　厚生労働省は，平成26年度中児童相談所の児童虐待相談対応した速報値88,931件（20.55％増）を公表した（http://www.mhlw.go.jp/stf/houdou/0000099975.html）。

主要な増加理由は，兄弟に対する虐待を心理的虐待に包含する厚生労働省の指針改正と警察による「面前 DV」通報である。

判例31　宮崎地裁平成26年４月22日刑事部判決[57]

【事実の概要】

実母Ｘ（36歳）は，夫の浮気を疑うなどして夫から精神病扱いされたことなどに悩み平成25年８月に離婚し，長男Ｂ及び二男Ｃを引き取って生活していた。Ｘは，離婚後も元夫及びその親族らの精神病扱いの言動が続き苦しんでいたところ慕っていた祖父の死亡もあいまって，同年12月頃には不眠症状とともに死にたいと思い詰め，子どもたち２人を自身の死後，元夫の家族には渡したくないと考えるようになった。

Ｘは，年末年始を実家で過ごして帰宅した平成26年１月５日，子どもたちを含めた遺骨の処理などその後のことを両親らに宛てて書き連らねたメモを残した。Ｘは，長男Ｂ（当時12歳）及び二男Ｃ（当時６歳）と無理心中することを決意し，同日午後４時46分頃，宮崎県串間市の港岸壁からＢ及びＣを同乗させた普通乗用自動車を発進，加速させながら，同車両を同岸壁から海中に転落させ，Ｂ及びＣを溺死させようとした。Ｂは，同車両内から逃げ出した。Ｘは，Ｂに一喝されＣを同車両内から脱出させ，Ｂ及びＣにそれぞれ３日間の入院を要する打撲傷を負わせた。

【判　旨】

裁判所は，事実関係を認めた上でＸは犯行当時うつ病の影響により心身耗弱の状態にあったとして懲役３年執行猶予４年（求刑懲役４年）に処した。

【研　究】

1　本事案は，夫の浮気疑惑を端緒に夫及び夫親族との関係悪化から離婚し，２人の子供を引き取った母親による無理心中の身体的虐待事例である。うつ病発症の経緯は，詳らかではないが離婚に伴うストレスに祖父の死亡も相まって不眠症を併発している。うつ病が認定され刑法39条２項心神耗弱が適用される事案は，それ程多くはない。本事案が，犯罪事実の発生から判決言渡しまで４ヶ月弱で非常にスピーディであり，公判前整理手続では弁護人は情状論のみを主張したものと思慮される。

判決文は，量刑理由も簡略で責任能力についての公判廷での審理の状況も窺い知れない。

裁判員裁判では，裁判員にとり責任能力の判断は困難であるとされているが，どのような資料・証拠に基づいて心神耗弱と判断したのか，その認定過程が判決文に反映されることが不可避である。

2　裁判所は，被告人を懲役３年執行猶予４年に処した。量刑判断においては，長男及び二男の３日間の入院を要する打撲傷という結果の軽微性と二男の救出行為による未遂事案であったことが勘案されている。

判例32　大阪高裁平成26年４月30日第２刑事部判決[58)]

【事実の概要】

実父Ｘ（30歳）は，高校卒業後４年余り海上自衛隊に勤務し，平成15年４月以降は大阪府和泉市内の病院において医療事務等に従事していた。Ｘは，平成19年２月，同病院に助産師として勤務していたＢと婚姻の届出をした。Ｂは，同年８月15日付けで同病院を退職し，同年９月９日，長男Ａを出産した。

Ｘ，Ｂ及びＡは，同年10月中旬以降，妻の実家で生活していたが，同年12月22日からは大阪府泉南郡岬町において３人で生活していた。

Ｘは，平成20年２月16日午後６時45分頃から午後７時38分頃までの間，自宅において長男Ａ（当時５か月）に対し死亡するに至る危険性が非常に高いことを認識しながら，Ａの前頭部に比較的軟らかく表面も比較的平滑な鈍体による強い鈍力を複数回加え，Ａを外傷性脳浮腫により死亡させた。

死亡前のＡへの身体的虐待は，以下の通りである。Ａは，平成19年12月７日，自宅近くの開業医の紹介により和歌山市内の日本赤十字社和歌山医療センターの小児科Ｌ医師の診察を受けた。Ｌ医師は，Ａの身体を確認したところ呼吸音は正常で身体に特に目立った受傷はなかったが右下肢に赤みはないが腫脹を認め，触診すると熱感があり可動制限もあったので骨の疾患等を考えてＡを検査入院させた。その後，Ｌ医師がＡのレントゲン検査を行ったところ右脛骨に骨折があることが判明したため，Ｌ医師は，整形外科に診察を依頼するとともに骨折の原因が不明であったことから同日中に児童相談所に通報した。Ａは，平成20年１月28日，自宅近くの開業医の紹介により日赤の小児科Ｏ医師の診察を受けた。Ｏ医師は，Ａに意識障害はないが，後頭部に皮下浮腫があって圧迫すると痛がり，右頬部に血腫があった上，左側頭部にも皮下出血を認め頭部に多数の骨折線が存在するように思えたので，Ｌ医師に報告した。Ｌ医師は，骨の疾患，事故，虐待を視野に入れてＡを入院させるとともに同日中に再び児童相談所に通報した。

大阪地裁は，Ｘを懲役15年に処した[59)]。

弁護人は，原審が検察官の平成24年１月６日付け訴因変更請求許可決定後に弁護人の行ったＣ医師の証人尋問及びその意見書の証拠調べ請求を却下した点を訴訟手続の法令違反にあたるとする。更に，本件当日Ａに異常が発生した後のＸの行動はその犯人性を基礎付けるような事実ではないのにこれを根拠として，Ｘを有罪と認定した点を事実誤認として控訴した。

【判　旨】

裁判所は，「本件被告事件の主位的訴因及び予備的訴因に係る殺人の事実はいずれも認定できず，犯罪の証明がない」と判示し，刑訴法336条により被告人を無罪に処した。

【研　究】

1　裁判所は，弁護人の訴訟手続の法令違反との主張に対し「本件訴因変更許可決定後の弁護人の証拠調べ請求を却下したことについて証拠調べの必要性の判断は，裁判所の合理的な裁量によって行われるべきものであるところ，一審裁判所が先の本件審理経過のもと本件追加証拠調べ請求を却下したのは，その裁量を逸脱した不合理なものとして違法といわざるを得ない。（中略）本件追加証拠調べ請求を必要性なしとして却下した一審判決の判断は，弁護人がいうように憲法が定める公平な裁判所の裁判を受ける権利を侵害するものとまではいえないにせよ，証拠採否の裁量判断の在り方として合理的な範囲を逸脱した違法なもの」と判示する。

裁判所は，原審の依拠するＢ鑑定等についての一審判決の評価は経験則等に照らして不合理であると判示する。更に，裁判所は，本件出血の時期や，外力が加えられてから意識障害を起こすまでの時間に関するＢ供述について「一審判決が評価するところが是認できないことも前記のとおりであって，一審判決がＢ鑑定はその推認を補強していると説示するところや，本件当日の経過は，社会一般の原則に照らし，被告人が長男と二人きりになった時点以降にその前頭部に強い外力を加え，長男を死亡するに至らせたのでないとしたならば合理的に説明することができない（説明が極めて困難である）事実関係であり，Ｂ鑑定がこれを裏付けている，などと説示するところも，当たらないといわざるを得ない。」と判示し，犯人性について疑問を呈する。

裁判所は，「本件の予備的訴因に係る時間帯（平成20年２月16日午後６時45分頃から同日午後７時38分頃までの間）以前に長男に対して死亡原因となる外力が加えられたという合理的疑いが払しょくできず，弁護人のその余の主張につき検討するまでもなく，一審判決が予備的訴因の殺人の事実につき被告人を有罪と認めた過程には，これまで検討したとおり，経験則等に照らし不合理というべき点が少なからず存し，判決に影響を及ぼすことが明らかな事実の誤認がある。また，一審裁判所が弁護人の本件追加証拠調べ請求を却下したという訴訟手続の法令違反についても，その請求に係る証拠調べを実施していれば，有罪認定には至らなかった蓋然性が認められるから，その違法は判決に影響を及ぼすことが明らかなものというべきである。」と判示し，被告人に無罪を言渡した。

2　裁判所は，弁護人の訴訟手続の法令違反及び事実誤認との控訴理由について原審の判断過程を詳細に検討する。

裁判所は，「控訴審が第一審判決に事実誤認があるというためには，第一審判決の事実認定が論理則，経験則等に照らして不合理であることを具体的に示すことが必要であるというべきである。」とする最高裁平成24年２月13日第一小法廷判決[60]及び最高裁平成25年４月16日第三小法廷決定[61]を踏襲し，経験則に照らして原審の事実認定を検証し無罪を言渡した判断は妥当である。

判例33　横浜地裁平成26年６月20日第６刑事部判決[62]

【事実の概要】

Ｘ（28歳）は，平成24年６月上旬頃から横浜市内の自宅でＹ（30歳）とＹの長女Ａ（当時６歳）らと同棲を始めた。Ｘは，６月下旬頃から，Ｙと共にＡの顔面を叩いたり顔にシャワーの水をかけたり浴槽に顔を沈めるなどの虐待行為を繰り返した。

同年７月22日午前０時頃，ＡがＹの足を踏んだことをきっかけにＹがＡを浴室に連れて行き，Ａの顔にシャワーの水をかけ，顔面を叩くなどの暴行を始めた。約１時間経過後，ＸはＹの求めに応じて交代した。Ｘは，同日午前１時頃から午前４時35分頃までの間，Ａの頭部を浴槽に沈めたり右肩甲骨付近を足で蹴ってＡの頭部を浴槽の壁面に打ち付けるなどの暴行を加えＡに頭蓋内損傷を負わせ，同日午前11時15分頃，自宅で死亡させた。

Ｘは，Ｙと共謀し，同日からその翌日にかけて駐車場に駐車中の自己の自動車内にＡの死体を運び込み横浜市内の雑木林内まで運搬し，同所に掘った穴にＡの死体を置いてから土をかけて埋めた。

平成25年４月，Ａの遺体は，遺棄現場で頭蓋骨が地面に露出し完全に白骨化した状態で発見された。

【判　旨】

裁判所は，弁護人のＡの冠状縫合離開を生じさせるようなＸの暴行はないとの主張を排斥し，ＸのＡへの足蹴りによりＡの頭部が浴槽壁面に打ち付けられ，頭部の冠状縫合に離開が生じるとともに頭蓋内損傷により死亡するに至ったと認定し，Ｘを懲役８年（求刑懲役10年）に処した。

【研　究】

１　本事案は，加害者Ｘと共犯者Ｙ及び被害者Ａだけの密室空間で惹起した身体的虐待であり，加害行為から８ヶ月後に被害者の遺体が白骨化して遺棄現場から発見された事例である[63)]。犯罪事実の証明は，加害者と共犯者の供述及び白骨化した遺体の司法解剖に基づく鑑定医の供述に委ねられる。

裁判所は，密室空間に存在し事実の経緯を認識していた加害者と共犯者の供述の信用性を照査する。

裁判所は，共犯者Ｙの供述の信用性について捜査段階当初の供述，警察官の犯行再現後の捜査段階の供述及び公判廷での目撃証言の変遷を傷害致死事件の共犯者として加害者Ｘに罪をなすり付ける動機を有していたとし，「捜査の過程で警察官による明示的あるいは暗示的な誘導に迎合し，その供述を合わせていったと考えざるを得ない。」と判示し，Ｙの供述の信用性を否定した。

裁判所は，加害者Ｘの供述の信用性について「逮捕時から，概ね一貫して公判で述べたとおりの内容を供述している。Ｙに責任を押し付けるような供述態度も窺われない。とりわけ，Ａを逆さ吊りにして浴槽に沈めるなどの暴行をした事実については，Ｙも証言していない事実であり，自分にとって不利となる密室での苛烈な暴行を当初から供述し続けている」とし，共犯者Ｙの供述と対比して優っていると判示する。

2　裁判所は，争いのない事実及び主としてＸの供述に基づいて以下の事実を認定する。

「被告人は，Ｙに浴室へ呼ばれ，平成24年７月22日午前１時頃からＹに代わって約１時間にわたり，断続的に，Ａの顔にシャワーの水をかけ，顔を叩いたり，顔を浴槽に沈めたりした上，反省させるためにＡを浴室内に留まらせた。

約１時間ほどしてから，被告人は，Ａを浴室から居間へ連れて行ったが，Ａの反抗的な発言に腹を立て，携帯電話の充電器のコードでその両手首を後ろ手に縛り，Ａを再び浴室へ連れて行った。そして，Ａの体を抱え上げてうつ伏せの状態でＡを浴槽内に２度沈めたが，Ａが簡単に立ち上がってしまったため，今度はＡのくるぶし付近を持ち逆さ吊りにした状態で頭部を浴槽に沈めては上げるという暴行を数回行った。

その後，被告人はこれを止め，Ａを縛っていたコードをほどいた。Ａは浴槽の壁をまたいで出ようとしたが，左足を滑らせて転び，その左側頭部と後頭部の間辺りを浴室出入口の段差にぶつけるとともに，その段差部分に立っていた被告人の右足にＡの頭が接触した。被告人は，それまでのＡの態度に対して不快な感情を募らせていたところ，Ａの体が接触した瞬間に再び怒りを覚え，右足の甲でＡの右肩甲骨付近を押し上げる様にして蹴り，Ａの額を浴槽の壁面に打ち付けさせた。その後Ａが立ち上がったので，被告人は，Ａに浴室を掃除しておくように指示して，同日午前４時35分頃，Ａを浴室に残して自分の寝室へ移動した。

その２，30分後，浴室から音が聞こえたので，被告人が浴室に向かうと，Ａが浴槽内で倒れていた。次いで来たＹがＡを抱きかかえて居間に連れて行った。Ａの体は冷たく，痙攣も起こしていた。被告人とＹは，Ａのお腹を押して水を吐かせたり，電気毛布で体を暖めたりしたものの，日頃の虐待が発覚するのを恐れて，救急車を呼ぶことはしなかった。Ａは同日午前11時15分頃に死亡した。」

裁判所は，信用性を肯定したＸの供述に基づき密室での事実の経緯を詳細に認定する。

裁判所は，争点の一つであるＸの暴行行為とＡ死亡との因果関係についてＡの頭蓋骨の冠状縫合離開の機序について遺骨の解剖及び鑑定をした医師と臨床医の２名の証言から検討する。

裁判所は，Ａの前頭部ないし前額部へ相当強度の外力が加わったことが冠状縫合離開の原因であると認定する。裁判所は，死因として考えられる遷延性窒息及び低体温症の可能性を検討のうえ否定する。

裁判所は，Ｘの暴行によりＡの冠状縫合が離開し脳挫傷や硬膜外血腫等の頭蓋内損傷を惹起し死亡したとしてＸの暴行行為とＡ死亡との因果関係を肯定した。

3　裁判所は，加害者Ｘ及び共犯者Ｙの供述の信用性を検討し，事実認定の後，争点となっているＸの暴行行為とＡ死亡との因果関係を詳細に検討したうえでＸを懲役８年に処した。

裁判所の事実認定及び証拠の評価は，妥当である。

判例34　広島地裁平成26年７月１日刑事第１部判決[64)]

【事案の概要】

実母Ｘ（26歳）は，二男Ａ出産１か月後に気分が落ち込むようになり，長男出産後と同様に産後うつと言われた。Ｘは，ぼーっとしたり，家事ができないことについて夫からしっかりしろなどと怒鳴られ，離婚されるかもしれないと思うようになった。Ｘは，孤独感を感じる一方，夫や夫の実家であるＢ家の人々は，Ａを自分たちの家の一員としてかわいがって幸せに暮らすと勝手に想像して妬ましく思った。Ｘは，８月末頃，Ｂ家の人々を不幸にしたいと考えＢ家の人々がかわいがっているＡを殺す決意をした。

平成24年９月７日午前10時40分頃，Ｘは，広島県廿日市市内の自宅浴室において二男Ａ（当時４か月）の身体を浴槽内の水中に沈め溺死させた。

【判　旨】

裁判所は，産後うつ病が犯行に限定的に影響していることは認めつつ完全責任能力を認定し，Ｘを求刑通り懲役７年に処した。

【研　究】

1　本事案は，Ｘの責任能力が争点となった事例である。弁護人は，産後うつ病の影響により被告人が心神喪失又は心神耗弱であると主張した。

裁判所は，被告人の善悪の判断能力及び判断に従って自己の行為をコントロールする能力の有無を以下の５つの事実から検討する。

①Ｘは，Ａを浴槽内の水に沈めて殺害する直前に，同じ方法でＡの殺害を試み，かわいそうと考え殺害をためらい浴槽から引き上げ着替えさせている。②本件犯行の際，ＸはＡに対し「ごめんね。」と述べている。③Ｘは，本件犯行直後に110番通報し，応対した警察官に被害者を殺したことを伝え，刑務所に行くかどうかを尋ねている。④Ｘは，Ａの死亡を冷静に確認し，少し時間をおいて警察に通報しており，警察官からＡを水中から引上げるよう言われても救助を拒んでいる。⑤Ｘは，犯行の１週間ほど前にＡ殺害を決め，Ａと二人きりになれる日や時間帯を選んで本件犯行を行っている。

起訴前にＸの犯行当時の精神状態を鑑定した医師は，捜査段階の資料やＸとの面接結果などを基にＸのうつの症状の重さや犯行に与えた影響を分析し，産後うつ病の犯行への影響は限定的で，Ｘの善悪の判断能力や判断に従って行動をコントロールする能力は障害されていたが著しい程度ではなかったと供述する。

裁判所は，認定した事実と鑑定医の供述を基に産後うつ病の影響は限定的としＸは犯行当時完全責任能力の状態にあったと判示する。

2　Ｘの動機は，家事の出来ないことを夫から怒鳴られ，離婚されるかもしれないとの思いや夫や夫の実家への疎外感に起因する。裁判所は，Ｘの動機の了解可能性を肯定する。

しかしながら，公判廷で弁護人がXの産後うつ病について十全な立証をなしえたか疑問である。少なくとも，Xは長男出産後も産後うつ病（Postnatal Depression）を発症している点，被告人の母親や義理の母親が家事を手伝っておりその状況等の点をも踏まえての責任能力の有無についての主張が必要である[65]。

本事案は，求刑通りの量刑を科している。本事案の量刑は，本稿でこれまで検討した身体的虐待の殺人既遂の【判例4】,【判例18】及び【判例27】と比較するとき各事案の事実関係や量刑事情の差異を前提としても聊か重きに失するの感がある[66]。【判例18】は，責任能力について詳細な検討を加え被告人の大うつ病性障害により心神耗弱とした原審の判断を支持する。【判例27】は，弁護人の情緒不安定性パーソナリティ障害（境界型）との主張を詳細に検討した後，排斥して被告人の完全責任能力を肯定する。

裁判員裁判の合議体では，責任能力が争点となった際には弁護人の十全な訴訟準備と裁判員の理解し易い弁護活動が前提となる。

判例35　最高裁平成26年7月24日第一小法廷判決[67]

【事実の概要】

本件は，両親X及びYが，三女Aに継続的に暴行を加え，相互に認識しつつも制止することなく容認し共謀を遂げて，Xが平成22年1月27日午前零時頃，自宅において，A（当時1歳8か月）の顔面を含む頭部分を平手で強打し，頭部を床に打ち付けさせるなどの暴行を加えた結果，急性硬膜下血腫などの傷害を負わせ，同年3月7日午後8時59分頃，急性硬膜下血腫に基づく脳腫脹により死亡させた事案である。原原審大阪地裁平成24年3月21日第5刑事部判決（刑集68巻6号948頁）は，検察官の求刑懲役10年を凌駕する懲役15年を言渡した裁判員裁判である。原審大阪高裁平成25年4月11日判決は，量刑不当とする被告人の控訴を棄却した（刑集68巻6号954頁）。

【判　旨】

最高裁判所は，原審が第一審判決の犯情及び一般情状に関する評価を支持する点は正当であるとした上で，被告人両名を各懲役15年とした第一審判決の量刑及びこれを維持した点は是認できないと判示した。

法廷意見は，その理由として「我が国の刑法は，一つの構成要件の中に種々の犯罪類型が含まれることを前提に幅広い法定刑を定めている。その上で，裁判においては，行為責任の原則を基礎としつつ，当該犯罪行為にふさわしいと考えられる刑が言い渡されることとなるが，裁判例が集積されることによって，犯罪類型ごとに一定の量刑傾向が示されることとなる。そうした先例の集積それ自体は直ちに法規範性を帯びるものではないが，量刑を決定するに当たって，その目安とされるという意義をもっている。量刑が裁判の判断として是認されるためには，量刑要素が客観的に適切に評価され，結果が公平性を損なわないものであることが求められるが，これまでの量刑傾向を視野に入れて判断がされることは，当該量刑判断のプロセスが適切なものであったことを担保する重要な要素になると考えられるからである。（中略）裁判員裁判において，それが導入される前の量刑傾向を厳密に調査・分析することは求められていないし，ましてや，これに従うことまで求められているわけではない。しかし，裁判員裁判といえども，他の裁判の結果との公平性が保持された適正なものでなければならないことはいうまでもなく，評議に当たっては，これまでのおおまかな量刑の傾向を裁判体の共通認識とした上で，これを出発点として当該事案にふさわしい評議を深めていくことが求められているというべきである。（中略）第一審判決は，これまでの傾向に必ずしも同調せず，そこから踏み出した重い量刑が相当であると考えていることは明らかである。もとより，前記のとおり，これまでの傾向を変容させる意図を持って量刑を行うことも，裁判員裁判の役割として直ちに否定されるものではない。しかし，そうした量刑判断が公平性の観点からも是認できるものであるためには，従来の量刑の傾向を前提とすべきではない事情の存在について，裁判体の判断が具体的，説得的に判示されるべきである。」と判示し，原審及び第一審判決を破棄し，被告人両名の各行為を傷害致死罪の共同正犯とした上で実行行為をした父親Xを懲役10年，実行行為には及んでいない母親Ｙを懲役８年に処した。

【研　究】

1　本事案は，前掲【判例５】の上告審であり，裁判員裁判での量刑判断に当たり従前の「量刑相場」から「量刑傾向」への変化がどのような範囲まで許容されるかを問うものである。[68)]

裁判員裁判開始後の量刑判断には，厳罰化傾向との批判が寄せられている。より正確に言うと裁判員裁判の量刑は二極化し，性犯罪及び児童虐待等の一定の犯罪類型に対しては従前の職業裁判官による量刑判断より厳罰化傾向にあり，家庭内事案では寛刑化傾向にあり保護観察付執行猶予の増加となっている。[69)] 最新のデータである平成26年10月末現在7,190件の終局件数の中で懲役３年以下1,562件中執行猶予判決は1,121件で，保護観察付執行猶予判決は，その内606件であり54.05％に達している。[70)]

原原審大阪地裁平成24年３月21日第５刑事部判決は，量刑判断において「あるべき量刑等について議論する」，「行為責任が重大と考えられる児童虐待事犯に対しては，今まで以上に厳しい罰を科することがそうした法改正や社会情勢に適合する」等と本件傷害致死事案を児童虐待への警鐘を鳴らすとの視点から検察官の求刑を大幅に超過する量刑を科した。

原原審は，平成25年度の大阪府の児童相談所への児童虐待相談対応件数6,509件及び大阪市3,193件合わせて9,702件で全国の総数73,765件の13.15％に該当し全国トップであるという事実[71)]及びエポックメイキングな岸和田中学生ネグレクト事案，西淀川区小４女児虐待死事案，西区２幼児放置死事案等[72)]の発生にも配意しての量刑とも思われるが，単なる事案解決を超えての一般予防効果を狙った判断であり公平な事案解決の域を逸脱する。[73)]

2　白木勇裁判官は，補足意見において「裁判員裁判を担当する裁判官としては，量刑に関する判例や文献等を参考にしながら，量刑評議の在り方について日頃から研究し，考えを深めておく必要があろう。評議に臨んでは，個別の事案に即して判断に必要な事項を裁判員にていねいに説明し，その理解を得て量刑評議を進めていく必要がある。（中略）処罰の公平性は裁判員裁判を含む刑事裁判全般における基本的な要請であり，同種事犯の量刑の傾向を考慮に入れて量刑を判断することの重要性は，裁判員裁判においても何ら異なるものではない。そうでなければ，量刑評議は合理的な指針もないまま直感による意見の交換となってしまうであろう。こうして，量刑判断の客観的な合理性を確保するため，裁判官としては，評議において，当該事案の法定刑をベースにした上，参考となるおおまかな量刑の傾向を紹介し，裁判体全員の共通の認識とした上で評議を進めるべきであり，併せて，裁判員に対し，同種事案においてどのような要素を考慮して量刑判断が行われてきたか，あるいは，そうした量刑の傾向がなぜ，どのような意味で出発点となるべきなのかといった事情を適切に説明する必要がある。このようにして，量刑の傾向の意義や内容を十分理解してもらって初めて裁判員と裁判官との実質的な意見交換を実現することが可能になると考えられる。そうした過程を経て，裁判体が量刑の傾向と異なった判断をし，そうした裁判例が蓄積されて量刑の傾向が変わっていくのであれば，それこそ国民の感覚を反映した量刑判断であり，裁判員裁判の健全な運用というべきであろう。」と判示し，量刑判断における職業裁判官の役割にも論及する。

本判決は，裁判員裁判合議体の判断を尊重するとの最高裁平成24年２月13日第一小法廷判決（刑集66巻４号482頁）を維持しながらも量刑判断の公平性の重要性を考慮し，原審及び第一審判決を破棄自判したもので妥当な判断である。

判例36　横浜地裁平成26年９月５日第６刑事部判決[74)]

【事実の概要】

実母Ｙ（30歳）は，平成24年７月21日午後11時頃，横浜市内のＸ（28歳）宅の居間及び浴室において，長女Ａ（当時６歳）の顔面を平手で数回叩き，シャワーの水をかける暴行を加えた。Ａは，その後午前１時頃から午前４時35分頃までの間，Ｙに依頼されたＸにより頭部を浴槽に沈めたり右肩甲骨付近を足で蹴られたりして頭部を浴槽の壁面に打ち付け頭蓋内損傷を負い，同日午前11時15分頃，Ｘ宅で死亡した。

Ｙは，Ｘと共謀し22日午後11時頃から翌23日にかけて，Ｘ宅前駐車場に駐車中のＸの自動車にＡの死体を運び込み市内の雑木林内まで運搬し，同所に掘った穴にＡを置いてから土をかけて埋めた。

【判　旨】

裁判所は，弁護人の居間ではＡを叩いていないし，死体遺棄の正犯意思も幇助意思もないとする主張を排斥し，Ｙを懲役２年（求刑懲役３年）の実刑に処した。

【研　究】

１　本事案は，前掲【判例33】で検討した事例の共犯者である実母の刑事責任が問われた事例である。密室空間での身体的虐待は，加害者と共犯者の供述の信用性が争点となる（居住空間には，犯行時二女（４歳）及び長男（４か月）が同居するが，午後11時という犯行時間帯と目撃していたとしても証言能力の点でも除外して検討する）。

裁判所は，Ｙの捜査段階の供述と公判廷での供述の変遷に合理的理由はみとめられないとしてＹの供述の信用性を否定する。他方，裁判所は，共犯者Ｘの公判廷での「平成24年７月21日午後11時頃，被告人及び被害者と居間でDVDを見ていたところ，被告人が被害者に対して怒り出し，しばらくして頭や顔を叩き始めた，被告人は間をあけて平手で５，６回叩いていた，その後，被告人が被害者を風呂場へ連れて行ったので，水責めをするのだと思った」との証言の信用性を認める。

裁判所は，共犯者の証言を基にＹのＡに対する居間での暴行の事実を認定する。

裁判所は，死体遺棄の事実経緯について共犯者Ｘの「⑴同月22日に被害者が死亡しているのを確認した後，被告人に対し，「埋めようと思うんだけど，いいか。」と言うと，被告人は黙ってうなずいたので，自分と同じ考えなんだなと思った。⑵同日午後４時半か５時頃，被害者の死体を自宅の寝室に置いたまま，自分が運転する車に被告人と被告人の次女が同乗して，埋める場所の下見に行った。まず小山台に行ったが，被告人がその場を見て，「その場所は竹やぶで，竹やぶのところに掘っても竹が遺体を掘り起こすから，この場所には埋められない。」と言っていたので，小山台を後にし，円海山を下見した。⑶被害者の死体を電気毛布でくるみ，自宅の掃き出し窓から出して車のトランクに入れ，その車を自分が運転し，被告人と次女が同乗して，同日午後11時頃に自宅を出発した。円海山に行く途中で実家近くに止めたトラックからスコップを２本持ち出したが，被告人から「私は掘らないよ。」と言われたので，１本だけ車に載せた。⑷円海山に翌日午前３時頃到着し，軍手とスコップを持って穴を掘る場所まで歩いていくと，被告人は車を降り，次女を連れて，自分の後に続いて歩いてきた。周囲は暗かったので，穴を掘るときに，被告人に対し，被告人の携帯電話の写真撮影用のライトを当ててくれと言ったところ，被告人は掘っている場所をライトで照らした。被告人には見張りも頼んだ。穴を掘ったあと，車のトランクから被害者の死体を持ち出し，穴に死体を入れ，土をかけた。その際も被告人は携帯電話のライトで穴を掘った辺りを照らしていた。被告人がうまく照らせないときは，自分が携帯電話を借りてライトを必要なところに当て，用が済んだ後は，被告人がまたライトを照らしてくれた。」との証言を採用する。

裁判所は，死体遺棄の事実経過からＹが自己の犯罪として共犯者Ｘと意思を通じて死体遺棄の犯罪を遂行したとして共同正犯の成立を認める。

2　Ｙは，長女Ａを出産後直ぐに実家の両親に預け５歳になるまで養育を委ね，その後二女を出産し，３人でＸ方に同居するに至り，Ａに身体的虐待を加えている時点で長男を妊娠中であった。Ｙは，インターネットのコミュニティーサイトで知り合った男性たちの家を，長女及び二女を連れ数か月ごとに転々としていた。３人は，千葉県松戸市，神奈川県秦野市，横浜市と転居を繰り返し，長女は幼稚園，保育園，小学校にも通っていなかった。

平成24年７月３日，二女（４歳）を家の外に裸足で締め出していたのを近所の人に警察に通報され，５日，神奈川県南署は，横浜市中央児童相談所へ，虐待の恐れがあると通告し，同児童相談所は，二女と長女への虐待の有無の調査を開始し，13日，職員がＸ方を訪問したがＡには会えなかった。

本事例は，児童相談所の介入がなされながら十分な対応がされず被害児の確認が出来ないまま死亡結果を招来した事案であり，小学校入学手続のとられていない子供の存在が顕在化し，厚生労働省の全国調査が実施される契機となった事案でもある[75]。

判例37　山形地裁平成26年10月24日刑事部判決[76]

【事実の概要】

実母Ｘ（25歳）は，長男Ａ（生後41日）の泣き声に苛立ちやストレスを感じ，平成25年11月中旬頃からは，Ａが泣きやまないときにＡに苛立ち等をぶつけることもあった。同月18日午前８時頃から同日午前８時59分頃までの間，Ｘは，山形県東根市内の自宅リビングにおいて，泣きやまないＡの身体を持ち上げベビーラックのマットの上にうつ伏せに落とし，Ａの頭部及び顔面にバスタオルを覆い被せマットにその顔面を数回押し付ける暴行を加え，Ａの鼻口付近を同バスタオル等で覆ったまま放置した。Ａは，酸素欠乏状態に陥りその場で窒息死した。

【判　旨】

裁判所は，事実関係を認め動機を育児ストレスと解し，被告人の適応障害と軽度精神遅滞を勘案しＸを懲役３年（求刑懲役５年）の実刑に処した。

【研　究】

1　本事案は，育児ストレスによる適応障害と軽度精神遅滞の実母（25歳）による長男Ａを暴行後死亡させた身体的虐待事例である。

本判決は，僅か1200字弱の非常に簡単な判決文言であり情状論に終始した裁判員裁判であったことが推察される。

裁判所は，量刑理由において「適応障害等が動機の形成に影響していたことに加え，捜査の比較的初期段階から一貫して事実を認めるなど反省していること，前科前歴がないこと等の事情も考慮する」と判示し，懲役３年の実刑を言い渡した。

本事案の公判前整理手続及び公判回数は，不明であるが少なくとも裁判員の合議体でどのような審理がなされたのか事後的検証可能性が担保された判決文が不可欠と思慮する。

Xは，公判廷で夫の宥恕するとの上申書を得ているが起訴後から判決言渡し時点までの間に離婚している。

弁護人の執行猶予を求める求刑意見が不採用になった背景には，Xを支援する主要な人的要員である夫の存在が離婚で消失したことも一因と考えられる。

判例38　札幌地裁平成26年10月31日刑事第3部判決[77)]

【事実の概要】

平成26年1月27日午後3時30分頃，X（26歳）は，警察官を装い札幌市白石区内の路上で通行中のA（当時9歳）を見かけ誘拐しようと考え，「話があるから自分に同行するよう」虚言を弄して自己を警察官であるとAに誤信させた。

Xは，同日午後3時40分頃，Aを自宅に連れ込み，玄関ドアを室内側から施錠し，Aの脱いだ靴等を隠し警察官と誤信しているAに「万引き犯であるから拘束する」と告げ，Aの両手を後ろ手にして手錠をかけるとともに全身にガムテープを巻き付け，「上司の指示があるまでは帰宅させることはできない」等と虚言を弄し，2月2日午後10時33分頃までの間Aを自宅に監禁した。

Aは，全治不明の心的外傷後ストレス障害（PTSD）を負った。

【判　旨】

裁判所は，未成年者誘拐及び監禁致傷の事実を認定しXを懲役7年（求刑懲役12年）に処した。

【研　究】

1　弁護人は，Xの未成年者誘拐及び監禁の事実を認めたうえでAの負った心的外傷後ストレス障害の発生機序を「解放後の被害者が当時の状況の危険性を事後的に知るとともに，周囲の者から事件について触れられ，あるいは，この者らと話をし，また，捜査機関の事情聴取を受けたことにより，被害の具体的内容を追体験させられたストレスによって生じた」と主張し，監禁行為とPTSDとの因果関係を否定する。

裁判所は，児童精神医学等を専門とするAの主治医B医師の意見書抄本ないし公判での供述に依拠し監禁行為とAの心的外傷後ストレス障害との間に因果関係が認められるとの判断を採用し，監禁致傷罪の成立を認める。

B医師は，DSM-Ⅳ-TR及びICD-10に基づき「被害者の年齢，生活環境を考えると，身に覚えのない言いがかりを付けられて身体を拘束されることは，自身の保全に迫る危険であり，その後，家族と連絡を取ることもできずに生活させられる経験は，大きな無力感を与える出来事であるところ，被害者は本件以前にそのように危険な出来事を経験していない。被害者の症状は保護された後2週目に始まっており，外傷後数週から数か月にわたる潜伏期間を経て発症するという外傷後ストレス障害の概念（ICD-10）に完全に合致する。事件を想起させる活動や状況の回避，侵入的回想（フラッシュバック），あるいは，夢の中で反復して外傷を再体験するエピソード，事件を思い起こさせるきっかけとなるものへの恐れや回避といった，事件に関連した症状が揃っており，事件に対する精神反応と考えられる。」と供述する。

B医師は，被害者が遭遇した今回のような事態について「大人であってもこのような事態には非常に動揺し，混乱があると思われるところ，小学生である被害者にとっては，それまでの生活上通用していた善悪の判断が全て停止するようなものであったと思われる。加えて，連れて行かれた場所で身体の自由を拘束されたことは強い恐怖と無力感を感じる出来事だったと思われ，このようないわば最初の段階で，被害者は非常に恐怖を感じ，この犯人の言うことを聞かないと，次いつまた自由が奪われるか分からない，全て言うとおりにするしかないと考え，行動したと思われるが，目の前に電話があったとしても，自分が電話を使ったことがばれれば，その後，どんな罰が待っているか分からないとの恐怖から，被害者の方から連絡を取るという行動はできなかったものと思われる。」と供述する。

2　心的外傷後ストレス障害（Post Traumatic Stress Disorder Syndrome）は，精神医学上の概念として定着している。最高裁平成17年３月29日第二小法廷決定は，連日連夜，ラジオの音声及び目覚まし時計のアラーム音を大音量で鳴らし続け被害者に精神的ストレスを与え慢性頭痛症等を生じさせた行為を傷害罪に該当するとした[78]。また，最高裁平成平成24年７月24日第二小法廷決定は，被害者を不法に監禁し，監禁行為やその手段等として加えられた暴行，脅迫により一時的な精神的苦痛やストレスを感じたという程度にとどまらず，いわゆる再体験症状，回避・精神麻痺症状及び過覚醒症状といった医学的な診断基準において求められている特徴的な精神症状が継続して発現していることなどから精神疾患の一種である外傷後ストレス障害（PTSD）の発症が認められた事案において「精神的機能の障害を惹起した場合も刑法にいう傷害に当たると解するのが相当」であると判示し，監禁致傷罪の成立を認めた[79]。

裁判所は，監禁行為に起因する心的外傷後ストレス障害の発症の経緯を詳細に検討し監禁致死傷罪の成立を肯定する。

裁判所の判断は，妥当である。

判例39　新潟地裁平成26年11月14日刑事部判決[80]

【事実の概要】

実母Ｘ（42歳）は，母子家庭で長男Ａ及び二男Ｂと共に生活保護を受けて生活していたが，パーソナリティ障害（特定不能のもの）の影響で感情が不安定になる等の症状が続いていた。Ｘは，平成26年１月頃からは発達障害を持つＢの養育のストレスや生活保護を受給することへの罪悪感等から将来を悲観し，子どもらを道連れに自殺しようと考えるに至った。

Ｘは，平成26年３月24日夕方頃，新潟県上越市内の実母方に長男と二男しかいないことを確認し，この機会に子どもらと心中しようと考え，同日午後５時40分頃，二男Ｂ（当時11歳）の頸部をトラロープで絞め付けたが，長男

Ａ（当時13歳）に制止された。Ｂは，その隙に逃げ約１週間の安静を要する頸部擦過傷を負った。

【判　旨】

裁判所は，事実関係を認めＸを懲役３年保護観察付き執行猶予５年（求刑懲役４年）に処した。

【研　究】

本事案は，パーソナリティ障害（特定不能のもの）に罹患しているＸが発達障害の被害児Ｂの養育のストレスや生活保護受給の罪悪感等から将来を悲観して子どもらを道連れにした心中未遂の身体的虐待事例である。

争点は，Ｘの情状の判断である。裁判所は，未遂事案であったが死に至る危険性の高い行為態様であったことと突然母親に殺されそうになった被害児の精神的苦痛の甚大さを量刑の重い理由に挙げる。他方，裁判所は，Ｘが自らの精神障害の影響に加え被害児が発達障害で子育てに相当のストレスがかかっていたとの事情，犯行直後に自ら警察に通報し自首が成立すること及び現在子どもらの面倒を見ているＸの実母の監督や児童相談所等の周囲の支援も一定程度期待できる点を評価する。

裁判所は，「被告人の監督体制が万全とはいえず，専門家による指導が必要である」と判示し，懲役３年保護観察付き執行猶予５年を言渡した。

判例40　静岡地裁沼津支部平成26年11月14日刑事部判決[81)]

【事実の概要】

実母Ｘ（20歳）は，出産した後死亡した女児の死体の処置に窮し，女児の死体をタオルに包んでゴミ袋に入れ家の中の生活ゴミの一部に紛れさせ沼津市内のＸの居住していたマンションから事情を知らない同居男性と一緒に南方約170メートルの海岸まで運び生活ゴミと共に火を点けて遺棄した。

【判　旨】

裁判所は，公訴事実を認めＸを懲役２年執行猶予４年（求刑懲役２年）に処した。

【研　究】

１　本事案は，産み落とした嬰児を死亡させた後，海岸で事情を知らない同居男性と共に生活ゴミに遺体を混入し焼却した身体的虐待事例である。

判決文は，前掲【判例37】山形地裁平成26年10月24日刑事部判決よりもさらに少ない860余字に過ぎず，どこで女児を出産しどのように死亡したのかその経緯も明示されていない。前掲【判例17】福岡地裁久留米支部平成24年８月27日判決は，750余字の判決文で自己の出産した男児を死後長期に亘って自宅に隠匿後遺棄した事案である[82)]。

２　裁判所は，Ｘの死体遺棄の動機について「思いを寄せる同居男性に嫌われたくない等の理由から，密かに出産し，その後，嬰児が死亡したことを誰にも知られずに，これまでどおりの生活をしたい」と判示するのみである。

本事案は，前述【判例17】福岡地裁久留米支部平成24年８月27日判決と同様死体遺棄事案ゆえ職業裁判官によって審理される事案で簡単に処理されていると解される。

裁判所は，検察官の公訴提起が死体遺棄罪に留まるので訴因変更することなくその範囲で審理したのであろうが，犯罪事実の解明と被告人の更生を確固たるものとするには出産から死亡に至る経緯の解明は不可欠と思慮する。検察官は，女児の出産から死亡に至る経緯の証明が不可能と判断し死体遺棄罪のみで立件したのであろうか。

判例41　広島地裁平成26年11月21日刑事第１部判決[83)]

【事実の概要】

実母Ｘ（39歳）は，長女Ａ出産後Ａがミルクをなかなか飲まないことや二交代制で働く夫に迷惑を掛けないためＡを泣かせないようにする等Ａの育児について悩んでいた。Ｘは，平成25年８月23日，広島市内の自宅にＡと二人でいた際，６畳和室でＡ（当時生後３か月）の鼻口部にタオル等を重ねてかぶせ，これらタオル等の上から手で強く押さえ付けた。Ｘは，犯行後自ら

119番通報し，事故を装ってＡを病院に搬送させた。Ａは，脳死状態に陥り，同年９月18日午前７時19分頃，搬送先の病院で鼻口閉鎖により窒息死した。

【判　旨】

裁判所は，弁護人の犯行時Ｘは心神耗弱の状態にあったとの主張及び自首に当たるとの主張を排斥し，Ｘの殺意を認定しＸを懲役４年６月（求刑懲役５年）に処した。

【研　究】

1　裁判所は，Ｘの責任能力について①犯行行為を逡巡している，②犯行中帰宅した二男にＡの体調が悪いと装い，119番通報に際しても事故を装っているとの事実を基に善悪の判断及びそれに基づいた行動制御も出来たと認定し責任能力を肯定する。

Ｘの精神鑑定には，捜査段階でのＣ医師の「被告人に，犯行当時，責任能力に影響するような重い精神障害はなかった」との鑑定と簡易鑑定を実施したＤ医師の「被害者を虐待していなかった被告人が被害者を殺害したことから，平素の人格と異質な犯行である」との鑑定がある。裁判所は，両精神鑑定を照査し，Ｃ医師の鑑定を妥当とし，Ｄ医師の人格異質性と神経衰弱とする鑑定を排斥する。なお，Ｄ医師は，Ｘを神経衰弱と診断する。

2　裁判所は，弁護人の自首が成立するとの主張に対し，Ｘと主治医Ｅとの面談等に基づき事実の経緯を検討する。

Ｘは，９月５日Ｄ医師との面談の際，自己の関与を仄めかし，翌６日，具体的な行為態様をＤ医師に話した。Ｄ医師は，児童相談所への通告義務についてＸに伝え，その後，Ｘの夫にＸの告白を伝えた。Ｘの夫は，Ｘとの話し合いの後，Ｄ医師に対して「鼻と口を塞ごうと思ったのは事実だけれども実行はしていない。」と説明した。

９月９日，広島市児童相談所は，主治医の通報を受け広島県警に通報した。９月12日昼頃，Ｘは，広島中央署に「娘を殺そうとした」と出頭した。

裁判所は，以上の事実に基づいて「本件が警察に発覚したのは病院側が法律上の義務に基づいて児童相談所に連絡したことなどによるものといえる。

そうすると，Ｄ医師を経由して警察に犯行が発覚したのは，被告人の依頼によるものとはいえないから，自首は成立しない。」と判示し，弁護人の自首の主張を排斥した。[84)]

裁判所の責任能力に関する判断及び自首不成立の判断は，妥当である。

判例42　東京地裁平成26年11月28日刑事第８部判決[85)]

【事案の概要】

実父Ｘ（33歳）は，平成26年１月30日午前０時頃外出し，コンビニエンスストアで生活保護費を引き出しサンドウィッチ等を購入して午前０時30分頃帰宅した。Ｘは，午前０時30分過ぎ頃，東京都葛飾区内の自宅で長女Ｂ（当時２歳）が自分の外出中に起き出していたことなどに腹を立て，座っているＢの上半身を蹴り付けて後頭部を床に打ちつけさせ，さらにその腹部や背部を足で複数回踏み付けるなどの暴行を加え，Ｂに肝損傷及び肋骨骨折等を負わせ，同日午前３時58分頃，搬送先の病院で肝損傷により失血死させた。Ｘは，普段から「しつけ」と称してＢに対し暴力を振っていた。

【判　旨】

裁判所は，犯行現場の自宅に在室していたＸと妻Ａ（26歳）の証言を詳細に吟味しＸの証言の信用性を否定し，Ｘを懲役10年（求刑懲役12年）に処した。

【研　究】

１　本事案は，Ｘと妻Ａ，被害児Ｂ及び長男（当時９か月）のみの密室での身体的虐待事例である。

Ｘは，公判廷で捜査段階の警察官調書及び検察官調書の供述を否定し，起訴事実を否認し犯人性を争い，妻Ａの犯行であると主張した。裁判所は，Ｘ及びＡの証言の信用性を検討する際に，Ａが過去に養護学校に通っており，知的能力の面でハンディキャップを有している点をも考慮に入れながら両証言の信用性を照査する。

Ａは，公判廷で「被告人が帰宅すると，外出時には寝ていたＢが起きて居間で遊んでいたため，被告人は，Ｂに寝るように注意した。被告人は，居間のテーブルで引出した生活保護費の仕分けをしていたが，突然，Ｂに対し，何でパパがいないと起きるんだ，などと怒り出し，座って遊んでいるＢを正面から蹴飛ばし，Ｂは，ドーンという大きな音を立てて，床に仰向けにひっくり返った。さらに，被告人は，Ｂの胸の真ん中辺りを上から４，５回，ドンドンと音が響くぐらいの強さで踏み付けた。被告人は，さらに，うつぶせの状態になったＢの背中を足で同じぐらいの回数踏みつけた。その間に，Ａは，被告人を止めようとしたが，蹴られたり手で振り払われ，被告人は，Ｂへの踏み付けを続けた。Ｂは，身体がふにゃふにゃの状態になり，苦しそうな様子を見せたので，寝室に連れて行って寝かせた。被告人が，Ｂが息をしていないことに気付き，Ａにその旨伝えた。Ａは，119番通報や実家への電話をしようとしたが，被告人から俺を捕まらせたいのかと言って止められた。Ａは，被告人から，今回の原因について，滑り台から落ちたことにしろ，と言われたため，警察官にはそのように話した。」と証言する。

裁判所は，Ａの証言の信用性についてＡの知的能力，供述態度，供述の変遷理由から検討し，Ｂの傷害との整合性及びＸの捜査段階の自白との整合性を検討した上で「Ａの証言の内容に他の証拠と矛盾するような点は見られず，Ａの知的能力に鑑みると，被告人を犯人に仕立て上げる供述を他の証拠に整合する形で作出することは考えがたい上，その証言内容や供述経過をみても，不自然な点は認められない。加えて，被告人の捜査段階の自白にも概ね整合していることにも鑑みると，Ａの証言は，十分信用することができる。」と判示し，Ａの証言の信用性を肯定する。

Ｘは，捜査段階の警察官調書及び検察官調書で「被告人が，コンビニエンスストアから帰宅した際，外出時には寝ていたＢが起きて遊んでいた。被告人は，Ｂに，なんで起きてんだ，などといい，平手で数回叩くと，Ｂが横に倒れた。その後，被告人が，居間のテーブルで生活保護費を仕分けしていた際も，Ｂは寝なかったため，Ｂの頭を叩き，Ｂは仰向けに頭から倒れた。防御の姿勢をとるＢに対し，被告人は，Ｂの腹部を右足で踏みつけ，かかと部分がみぞおち辺りに深く入った。Ｂを寝室の布団へ連れて行ったが，その後，呼んでも反応がないため，居間に連れていくと，Ｂが前かがみに倒れてきて，血がスウェットのズボンに付いた。「殴って子どもぐったり」という言葉を入力して携帯電話で検索をかけたが，児童虐待に関する検索結果が出てきたので，頭に来てやめた。Ａに対し，Ｂの心臓が動いていない，と言った。119番通報をすると虐待を疑われるため，Ａに対し，公園の滑り台から落ちたことにして，後は何も知らないと言うよう伝えた。」と供述し，自らが本件の犯人である旨自白している。

Ｘは，公判廷で「被告人の帰宅時，Ｂは自分からは背を向けて居間に座っており，その後，後ろにひっくり返るなど，様子がおかしかった。Ｂが受身を取らずに倒れるので，寝室に連れて行った。その後，Ｂを呼んでも反応がないため，居間に抱きかかえて連れて行ったが，Ｂは座ったり苦しがったりした。Ｂは，マグマグを自ら手にとって麦茶を少し飲むなどしたが，倒れてもがきはじめたため，寝室で寝かそうとした。「殴って子どもぐったり」と携帯電話で検索したのは，Ｂに応急措置を施すためである。Ａは，被告人に対し，被告人が外出した後にＢが起きてきたので，頭に来てＢを踏み付けたり叩いたりしたと打ち明け，虐待と疑われるから，公園の滑り台から落ちたことにしてほしいと頼んできたので，警察にはそのとおり話した。捜査段階で自白したのは，Ａがやったと言っても警察に信用してもらえず，なげやりになっていたことや，Ａのためを思って自ら罪を被るためにうそを話したものである。」と供述する。

裁判所は，Ｘの公判供述の不自然さや「自らに都合の良い質問には答える反面，法廷での供述内容と捜査段階の自白との食い違いなど，自らに都合の悪い質問には投げやりに答える場面が目立つ」として公判供述の信用性を否定した。

2　裁判所は，Ａ証言と被害児Ｂの傷害との整合性判断に際し，Ｂの司法解剖をしたＣ医師の証言を援用する。

Ｃ医師は，「Ｂが負った肝臓の裂傷，肋骨骨折及び胃や腸間膜の出血は，腹部に相当強い力が加わらなければ生じない傷害である。とりわけ，弾力性のある幼児の肋骨骨折は，強い力が素早く加えられたことを物語る。これら傷害は，Ｂの腹部を複数回踏み付ける，というＡの証言する被告人の暴行態様と矛盾しない。」とＡの供述内容と整合性を有する供述をする。

裁判員裁判の合議体は，法廷での供述を具に直接検討し尋問する機会が与えられ（裁判員法56条，59条），職業裁判官とは異なった視点から供述者の供述態度をも加味し供述の信用性について判断する。

本事案は，相反する供述の信用性について十二分な検討がなされ，判決文にもその判断過程が示され事後的検証可能性も担保されている妥当な判断である。

3　Ａは，前夫との間に長女（６歳），長男（５歳），二男（３歳）を設けて居り，本件事件発生時点ではＸとの間に被害児長女Ｂ（２歳），長男（９か月）を含め４人家族である。裁判所は，量刑理由でＡが知的面でハンディキャップを有し，子を置いて度々家出をしており，育児に拙いものがあった疑いがあると判示する。

Ａと前夫との間に生まれた長女（６歳），長男（５歳），二男（３歳）とＸとの間に生まれたＢは，平成24年３月頃から経済的困窮を理由に親類宅に預けられていた。被害児Ｂは，１月７日から一時的に自宅に戻っていた際に身体的虐待により死亡した。[86)]

本身体的虐待の発生のバックグラウンドを考慮する時，Ａの養育能力及び出産等の自己コントロール能力への疑念がある。母親自身十分に養育できないにも拘らず，出産した新生児を親類が預かるという形での支援にも限界がある。

判例43　宇都宮地裁平成26年12月11日刑事部判決[87)]

【事案の概要】

実父Ｘ（24歳）は，平成24年６月24日午後６時30分過ぎ頃，妻が長男と入浴したため，自宅南西側８畳和室で二男Ａ（当時約４か月）と二人きりになった。Xは，Aが泣き止まずいら立ちを募らせ，Aの身体を激しく揺さぶるなどの暴行を加えた。庭で草むしりをしていたXの母親は，Aが大きな声で泣き出し，XがAをあやしている姿を庭から見た。しばらくしてAが泣き止んだ後，Xが，慌てた様子でAがぐったりして動かなくなっていることを知らせに来たのでXの母親は，午後6時53分頃，119番通報した。X方に到着した救急隊員は，同日午後7時頃にAの心肺停止を確認し，午後7時22分，Aは病院に搬送され，更に午後8時52分医療センターに転院した。転院先でAのCT画像が撮影され，Aの頭部に急性硬膜下血腫が確認された。翌25日，AのMRI画像及び両目の眼底画像がそれぞれ撮影され，集中治療室で治療が施された。Aは，意識が戻ることなく，同年7月19日午前8時51分頃，同医療センターにおいて死亡した。

【判　旨】

Xは，誤ってAの頭部を冷蔵庫にぶつけ，更に頭から床に落としてしまったと供述し，Aの身体を激しく揺さぶるなどの暴行は加えていない等と供述する。弁護人は，Aの傷害がXの行為によって生じた可能性はあるが，Xの暴行によって生じたものとはいえず，Xは無罪であると主張する。

争点は，Aに生じた急性硬膜下血腫の発生機序である。

裁判所は，「被害者に架橋静脈の破断，眼底出血，脳幹部の軸索損傷が生じていたことが認められることから，被害者に対し，揺さぶり行為等により頭部に回転加減速が加えられた蓋然性が極めて高いといえ，被害者が受傷した原因についての被告人の供述が信用できないことや，被告人方の居室内で被害者の頭部に上記のような回転加減速を加える可能性のある行為は揺さぶり行為等以外には想定できない」と判示し，Aに揺さぶり行為等の暴行が加えられたと認定し，Xを懲役6年（求刑懲役8年）に処した。

【研　究】

1　本事案は，実父Xによる二男Aの身体の激しい揺さぶりにより発症したShaken Baby Syndromeによる身体的虐待事例である。

Xは，Aの身体を激しく揺さぶるなどの暴行は加えていないとして加害事実を否認する。

裁判所は，AのCT画像やMRI画像及び両目の眼底画像等の解析及び診断を行った画像解析専門医B医師，小児脳神経外科専門医C医師，及び解剖医D医師の供述に基づいてAの架橋静脈破断，両眼眼底出血及び脳幹部軸索損傷を認定する。

裁判所は，Aの急性硬膜下血腫の発生機序について「大人が抱いている乳児を落とした場合のような低位からの転落（以下「低位転落」という。）や，壁や家具にぶつけるなどの家庭内の事故では，死亡に至り，あるいは後遺症が残るような重篤な急性硬膜下血腫が生じた事例は報告されていないこと，頭部に直線的な打撃力が加わって重篤な急性硬膜下血腫が生じる場合には頭部骨折や脳挫傷が生じること，また，脳挫傷を伴うことなく架橋静脈が破断して重篤な急性硬膜下血腫が生じる機序としては，乳幼児の頭部に対して回転加減速，すなわち頭部が首を支点として前後に激しく揺さぶられるなどして加減速を伴う回転運動をすることで，硬さの違う頭蓋骨と脳との動きのずれが徐々に大きくなり，頭蓋骨と脳表をつなぐ架橋静脈が引き延ばされて破断し出血すると考えられており，そのような作用を生じさせる行為としては，乳幼児の体幹等を持って激しく揺さぶったり，頭部を畳や布団等に激しく打ち付ける等の暴行（以下「揺さぶり行為等」という。）が想定されることが認められる。このようなことからすれば，回転加減速を伴わない直線的な打撃により，脳挫傷を伴うことなく架橋静脈が破断し重篤な急性硬膜下血腫に至るという，本件のような結果が生じることはないものと考えられる。」と判示し，ゆさぶり行為によるAの受傷を認定する。

2　裁判所は，Xの「被害者を抱いてあやしている際に目が回ってふらつき，被害者の頭部を冷蔵庫にぶつけてしまい，更に被害者を妻のもとに連れて行こうとした際に，誤って被害者を頭から床に落としてしまった」との公判供述と公判廷でのダミー人形を用いた供述内容を再現録画映像で確認したB医師，C医師及びD医師の「その態様では被害者の頭部に架橋静脈が破断するような回転加減速はかからない」との供述に基づいてXの供述の信用性を否定する。

加害者と被害者の密室空間での加害行為の立証は，否認事件では客観的証拠に基づいて判断されねばならないことは自明である。本件では，被害児のCT画像，MRI画像及び両目の眼底画像等が証拠として審理され，裁判員にとり困難とされる医学的争点に的確な判断を示すことが可能となった。

裁判所は，被害児のCT画像，MRI画像及び両目の眼底画像等の解析及び診断を行った医師たちの供述を詳細に検討し，合議体としてShaken Baby Syndromeの認定に至った。

裁判所の判断は，妥当である。

判例44　和歌山地裁平成26年12月15日刑事部判決[88)]

【事案の概要】

平成25年7月23日午後8時過ぎ頃，実父X（26歳）は，妻，長女（3歳），長男A（2歳）及び二男（1歳）と写真撮影や食事などを終え帰宅した。Aの顔や体にけがはなく，体調にも異常は見られなかった。同日午後8時30分頃，妻は，長女と外出した。

Xは，同日午後8時30分頃から同日午後11時7分頃までの間，和歌山市内の自宅で長男Aに対し不詳の態様でその左側頭部を強打するなどの暴行を加え外傷性くも膜下出血及び外傷性脳腫脹等を負わせた。Xは，同日午後11時7分，妻の携帯電話にAが息をしていないと連絡した。Xは，妻の指示で同日午後11時10分，119番通報した。救急隊員らがX方に到着した午後11時18分頃までの間，X方に居たのは，X，長男A及び二男の3人だけであった。Aは，翌24日午前0時48分，搬送先の病院で外傷性くも膜下出血及び外傷性脳腫脹により死亡した。

X方の浴室と脱衣所の構造は，浴室と脱衣場との間は中折れドアであり，そのドア枠及びドア下のレール部分はいずれもプラスチック製，ドア中央部はアクリル板である。また，浴室の洗い場部分の床はプラスチック製であり，脱衣場の床はフローリングである。

【判　旨】

本事案の争点は，Aの死因が外傷性くも膜下出血及び外傷性脳腫脹であるのか，死因となった傷はXの暴行に起因するのかの2点である。

裁判所は，「被害者の死因は，頭部打撲に基づく外傷性くも膜下出血及び外傷性脳腫脹であると認定できる。（中略）被害者の死因となった外傷性くも膜下出血及び外傷性脳腫脹は，被告人の暴行によるものであると優に認定できる。」と判示し，Xを懲役9年（求刑懲役12年）に処した。

【研　究】

1　争点の解明は，検察官申請のAを解剖した法医学教授と弁護人申請の医師の相反する証言の信用性に依拠した。被害者の死因については，法医学教授は「〔1〕被害者の頭部に多数の傷があること，〔2〕くも膜下出血が脳の全体にわたっており広範であること，〔3〕被害者の脳は，目視しても腫れぼったい上に，持った際にも重い感じがしたほか，重さを量っても，他の同年齢の男児の脳と比較して重量が重く，腫脹が認められること，〔4〕頭部・顔面の損傷の他に死因となり得る損傷及び病変がないこと」を根拠に死因を頭部打撲に基づく外傷性くも膜下出血及び外傷性脳腫脹と供述する。弁護人申請の医師は，「〔1〕脳腫脹が生じれば，頭蓋骨の中で，脳が腫れたことにより，脳回が平たくなるとともに，脳溝が浅くなるが，被害者の脳の写真を検討しても，そのような脳腫脹の特徴が見いだせないこと，〔2〕救急搬送された医療センターでの脳のCT画像上では，脳室が明瞭に認められること，〔3〕被害者の脳の重量は，同年齢の男児の平均値の標準偏差の範囲内である」として法医学教授の見解を否定する。

裁判所は，「実際に脳を目視し，手に持つなどして腫れを確認した」法医学教授の供述の信用性を認め，弁護人申請の医師は「具体的に想定される別の死因を提示していない」として死因を頭部打撲に基づく外傷性くも膜下出血及び外傷性脳腫脹と認定する。

Xの暴行と被害者の死亡結果については，法医学教授は「〔1〕被害者の頭部や腹部等に多数の傷があること，〔2〕これらの傷は，死亡時から遡って1

日以内に負ったものであること，〔3〕左側頭部の傷は，鈍体によって相当な力で強打されたものであること，〔4〕肩や肘に打撲痕が一切ないこと」を根拠に頭部の傷と暴行の関係を供述する。弁護人申請の医師は，「〔1〕左側頭部の傷については，風呂場での転倒により，〔2〕腹部の傷については，風呂場での転倒又は被告人の心臓マッサージにより，〔3〕左前額部，右側頭部及びあご部の傷については，救急隊員によるマスクの装着等の救命処置により，〔4〕その他の傷については，救命処置又は被告人が被害者から目を離している間の転倒や自傷行為等により，それぞれ生じた可能性」を供述する。

裁判所は，個々の傷を部分的に捉えるのではなく全体的に考察し，被害児の受傷はＸの暴行によると認定する。

2　裁判所は，量刑理由において「自己が負傷させたことは一切述べず，捜査段階はもとより，公判に至っても虚偽の弁解を行うなど，犯行直後から現在まで一貫して自己の責任を回避しようという姿勢をとり続けている。」と判示し，児童虐待に対する一般予防効果をも加味してＸを懲役９年に処した。

裁判所の判断は，妥当である。

判例45　大津地裁平成26年12月17日刑事部判決[89)]

【事案の概要】

平成26年10月８日午前11時30分頃，Ｘ（27歳）は，夫Ｙ（32歳）と共謀し，長浜市内の自宅の居間の柱に予てからその一端を巻き付けて南京錠を掛けてつないであった金属製の鎖の他端を長男Ａ（当時８歳）の腰部に巻き付け南京錠を掛けて柱につないで外出した。Ａは，その後，臨場した警察官が鎖を解く同日午後３時55分頃まで約４時間25分間にわたり身体の自由を拘束されていた。Ｘ及びＹは，Ａを居間から脱出することを著しく困難にした。

【判　旨】

裁判所は，事実関係を認めＸを懲役２年保護観察付き執行猶予４年（求刑懲役２年）に処した。

【研　究】

1　本事案は，長男の身体的拘束により行動の自由を剥奪した身体的虐待に対して逮捕監禁罪の成立を認めた事例である。

弁護人は，本件の背景事情として「被害者の問題行動のほか，被告人自らが叩かれて育った経験もあって，「括ってしまえ」などという姑や義理の祖母の発言に流されてしまった」と指摘する。裁判所は，「鎖で子どもの身体を拘束することが監護として社会通念上許されない」と判示し，弁護人の主張を排斥する。

裁判所は，量刑理由において拘束に使用した金属製鎖が1年以上前に購入され予てから鎖の一端が柱に巻き付けられていた事実と被告人の供述から常習性を認定する。

2　本事案は，量刑事情の認定のみが争点である。裁判所が，被害者の人格を無視する身体的拘束の常習性を認定した判断は妥当である。

判例46　神戸地裁平成26年12月18日第4刑事部判決[90)]

【事実の概要】

実母X（34歳）は，平成24年12月14日午後3時33分頃から同日午後4時36分頃までの間，神戸市内の自宅において子供の散らかしたリビングを夫の帰宅前に掃除しようとした。Xは，長男A（当時1歳11か月）がリビング内を動き回ったりして掃除が思うように進まなかったことから，Aを動き回らせないようにしようと考え，容量45ℓのビニール袋（縦約80cm，横約65cm）に入れ，その袋の口を二重に結んでAを閉じ込め，袋ごと玄関付近に運んだ。Xは，20分くらい掃除をしてからAを置いた所に行き，Aを本件ビニール袋から出した。

Xは，Aの身体が冷たくなっており首がかくんとなるなどしたので119番通報をした。Xは，119番通報の際，子供を「袋の中に閉じ込めてたら，息してなくて」と述べた。通報の数分後に救急隊が被告人方に到着した時点で，Aは既に心肺停止の状態になっており，病院に搬送された後に死亡が確認された。

【判　旨】

Xが，Aをビニール袋に入れその袋内に閉じ込め，その後，短時間のうちにAが死亡した事実については当事者間に争いがなく，証拠上も明らかである。

弁護人は，〔1〕Xの行為は暴行には当たらない，〔2〕被害児の死因及び因果関係は不明である，〔3〕Xの行為は親の子に対する正当な懲戒権の行使といえるから違法性が否定されるとして傷害致死罪は成立しないと主張する。

裁判所は，弁護人の主張を排斥し傷害致死罪の成立を肯定し，Xを懲役４年（求刑懲役８年）に処した。

【研　究】

1　本事案は，掃除をする間動き回る長男を容量45ℓのビニール袋に入れ袋の口を二重に結んで20分くらい放置していた間に窒息死した身体的虐待事例である。

裁判所は，弁護人の主張する①暴行該当性，②死因及び因果関係，③懲戒権の行使について詳細に検討し，傷害致死罪の成立を認める。

裁判所は，暴行該当性について「容量や被害児の体積などを考えると，その空気の量は多いものではないことからすれば，比較的短時間のうちに酸素が不足するか，または，被害児が息を吸う際にビニール袋の内側が鼻と口を塞いで呼吸ができなくなるという事態が生じ，被害児が窒息する危険性が高いことは，経験則上明らかである。」と判示し，Xの行為の暴行該当性を認定する。

裁判所は，Aを入れたビニール袋は，14日発見時のビニール袋内には水滴が付着しており，15日にX方で発見された時点で長さ40cm以上の穴が開いていた事実を認定する。

裁判所は，Aの動作等によって大きな穴が開いた可能性も否定できないとしながらも死因及び因果関係について，「被害児は本件ビニール袋内に閉じ込められたことにより呼吸が困難となって死亡するに至ったこと自体は明らかというべきであり，具体的には酸素欠乏又は鼻口閉塞により窒息死したと考えられるのであって，被告人の行為と被害児の死亡結果の間の因果関係は優に認められる」と判示する。

裁判所は，懲戒権の行使についてビニール袋に入れ袋の口を二重に結ぶ行為に包含される危険性をも視野に入れ社会的にも容認されないとして弁護人の主張を排斥する。

2　Ｘの家族構成は，夫（33歳），Ｘ（34歳），長女（５歳）及び長男Ａ（当時１歳11か月）の４人家族である。Ａは，気管支炎で神戸市内の病院に入院し12月10日に退院し，犯行日14日午前10時に経過観察のため受診し帰宅後，被害に会い死亡した。[91]

裁判所は，量刑理由において本件のバックグラウンドについて「家事・育児に非協力的で，しつけを理由に被害児に手を挙げていた夫の存在」を指摘する。長男への躾と称した身体的虐待が，父親からも日常的になされていたことが窺える。

判例47　大阪地裁平成27年１月23日第13刑事部判決[92]

【事案の概要】

実母Ｘ（34歳）は，平成25年８月24日頃，大阪市内の自宅において，実子Ａ（当時４か月，身長約60cm，体重4.7kg）に対し，何らかの方法で，頭部に複数回にわたり衝撃を与える暴行を加え，外傷性くも膜下出血等を負わせ，同月25日午前０時７分頃，大阪市立大学医学部附属病院において死亡させた。

【判　旨】

弁護人は，ＸのＡに対する暴行の事実を否認する。

裁判所は，Ａに加えられた外力を発生させた原因を様々な角度から検討し，Ｘの故意行為によると認定しＸを懲役７年（求刑懲役10年）に処した。

【研　究】

1　裁判所は，Ａの受傷状況と発生日時についてＡの解剖を担当したＣ医師及びＤ医師の証言を基に認定する。

Ａの病院への搬送状況及び受傷状況は，24日午後11時，Ｘから119番通報がなされ，同日午後11時26分，Ａが救急車により大阪市立大学医学部附属病院に搬送され措置を施され，翌25日午前０時７分死亡が確認された。26日実施された解剖の結果，Ａの死因は外傷性くも膜下出血であり，Ａの頭蓋骨に骨折線の連続しない２か所の線状骨折と，これにほぼ対応する２か所の皮下出血の存在が認められた。

Ａは，右頭頂部及び左後頭部に強い外力が作用し，線状骨折及び皮下出血とともに外傷性くも膜下出血を生じ，その結果死亡に至ったと認められる。Ｄ医師は，Ａに作用した外力はほぼ同じ機会に，死亡から遡ること数時間ないし１日の時点で作用したものと供述する。Ａへの加害行為は，24日午前０時頃からＡが搬送される直前の同日午後11時までの間に発生したものと推認できる。

Ｄ医師は，Ａへの加害行為態様について「大人の頭蓋骨に線状骨折を生じさせるには，時速10キロメートルから15キロメートルの速度で壁に垂直にぶつける程度の力が必要であるが，幼児の頭蓋骨は成人のものより柔らかいので，これに線状骨折を生じさせるには，それよりも更に強い力が必要である」と供述し，考え得る例として自己の臨床経験から「風呂場のタイルにたたきつける，振り回して壁にたたきつける」という事例を挙げる。

犯行当日，犯行現場の部屋に在室したのは，Ｘ及び娘Ｂ（当時４歳10か月，身長107cm，体重15.6kg）と被害児Ａのみの密室空間である。

ＸはＡへの暴行行為を否認しており，裁判所は，人の行為以外の地震による物の落下等に由来する可能性，Ａ自身の行為に由来する可能性，Ｂ及び被告人以外の者の行為に由来する可能性，Ｂの行為に由来する可能性等様々な可能性を詳細に検討し，いずれの可能性も否定する。

裁判所は，最後にＸの行為に由来する可能性について「母と子という人間関係と矛盾しないか」，「被告人に機会があったのか」との視点から検討し，ＸのＡへの攻撃を加える可能性及びＡに対して外力を加える機会があったと認定する。更に，裁判所は，Ｘの供述の信用性を低いと認定し，Ｘの故意行為によるとの判断に至った。

2　Ｘの家族構成は，娘Ｂと被害児Ａの３人の母子家庭であり，Ｘは大韓民国国籍である。Ｘは，Ａの生物学上の父親と戸籍上の父親双方との間に関係性がある。また，Ｘ自身は，従前からうつ病で投薬治療を受けており，事件後に境界性人格障害との診断も受けており子育てのストレスや人間関係のストレスを抱えていたと推察される。

判例48　仙台地裁平成27年２月16日第１刑事部判決[93)]

【事案の概要】

建設作業員Ｘ（32歳）は，平成26年６月８日午後５時27分頃から同日午後11時45分頃までの間，仙台市宮城野区内の自宅において，交際相手Ｂから預かったＢの長女Ａ（当時２歳６か月）がＸの思いどおりにならないことに立腹し，Ａの顔面を強打するなど頭部に強い衝撃を加える何らかの暴行を加えＡに急性硬膜下血腫等を負わせ，同月12日午前３時33分頃，仙台市立病院において傷害等による低酸素脳症により死亡させた。

【判　旨】

Ｘは，Ａに対し躾のため軽く殴打しただけで死に至るような暴行の事実はないと否認する。

裁判所は，Ｘの供述を排斥し傷害致死と認定しＸを懲役９年（求刑懲役10年）に処した。

【研　究】

1　本事案は，加害者と被害者のみの密室空間で惹起された身体的虐待であり加害者は加害行為を否認している事例である。

解剖医は，Ａの加害行為態様について「被告人は，被害者の左目付近や左右の頬など被害者の顔の左右に対して，多数回にわたり，げんこつなど作用部位が狭く，固さのあるもので殴打するなどの暴行を加えている。その態様は，幼い被害者の頭部に強い衝撃を加えるもので，危険性が高く，被告人も，頭部に強い衝撃が加わることは認識した上で犯行に及んだものと認められる。」と供述し，Ａの受傷状況について「被害者の頭部全体について，骨膜が繊維化しており，被害者は，数週間から数か月間にわたり，多数回，頭部に対する外傷を負っている」と供述する。

裁判所は，Ｘの「犯行当日，被害者の頭頂部を２回げんこつで叩き，左顔面を２回平手で叩き，そして，手で両頬を左右から押しつぶすようにしただけであり，また，過去２回被害者を預かった際も，顔にあざができるような暴行は一切加えていない」との供述に対し，被害者の母親Ｂ及びＡの曾祖母の証言に基づきＸが「遅くとも平成26年２月頃から被害者の頭を叩くなどし始め，犯行以前に被害者を二度預かった際にも被害者の顔に明確な腫れやあざが生じるほどの暴行を加えるなど，被害者に対し，以前から繰り返し暴行を加えていた」と判示する。

2　Ａは，母親と２人の母子家庭で生活しており，母親Ｂの交際相手Ｘの自宅に２度預けられ顔に腫れやあざを生じており母親や曾祖母が確認している。

捜査の端緒は，Ａの死亡時に入院先の仙台市立病院より県警への児童虐待通告による[94]。

重篤な急性硬膜下血腫等で入院中のＡの看護に専心している母親及び曾祖母にはＡの死亡時点でＸの加害行為を疑い警察へ通報する等の対応は，困難である。医療機関からの児童虐待通告は，児童虐待事案の顕在化には有効な方法である。

判例49　札幌地裁平成27年３月２日刑事第１部判決[95]

【事実の概要】

実母Ｘ（31歳）は，平成25年１月19日午後７時頃から同日午後８時45分頃までの間，登別市内の自宅において，長女Ａ（当時１歳３か月）の頭部等に何らかの外力を複数回加え頭部外傷を負わせた。Ａは，同年２月９日午前８時59分頃，室蘭市内の搬送先の病院において外傷性頭蓋内損傷により死亡した。

Xは，犯行当時軽度精神遅滞のため心神耗弱の状態にあった。

【判　旨】

弁護人は，Aの頭部外傷による外傷性頭蓋内損傷に起因する死亡事実は認めるが，XのAへの暴行の事実及び責任能力について争う。

裁判所は，Xの暴行の事実を認定し，Xの責任能力については心神耗弱と認定し，Xを懲役3年保護観察付執行猶予5年（求刑懲役5年）に処した。

【研　究】

1　本事案は，密室空間での実母による長女（当時1歳3か月）への頭部殴打の身体的虐待事例であり，否認事案である。

裁判所は，Xの殴打事実を夫及び近隣住民の証言と搬送時及び翌日に撮影された被害児頭部のCT画像解析に基づく医師の供述等で検証する。

夫は，犯行当日1月19日午前11時30分頃に自宅に帰宅してX及びAと一緒に過ごした際，Aに歩く練習をさせたが，「異常な様子は見られず一見して分かるけがもなかった。」と供述する。

Xは，同日午後6時過ぎ頃にAを連れて買い物に出掛けるまでの間，自宅でAと2人きりで過ごし，午後7時頃に買い物から帰宅した後，同じ共同住宅の住人らがX宅を訪れるまでの間，Aと二人きりで自宅に居た。

Xの階下に住むCは，「同日午後8時過ぎに，被告人方から，2回，赤ちゃんが尻餅をつくようなトンという音の後に，フニャという泣き声を聞いた後，同日午後8時13分頃，居間の上辺りからドーンという家具を倒したような重たい広がりのある大きな音を聞いた。さらに，ドーン，ドーンという音が連続して聞こえてきて，取っ組み合いのけんかをしているのかと思った。その後，ドスドスドスというかなり荒々しい足音が聞こえ，バーンという壁に何かをぶつけたような音が聞こえた。そのような音は20分以上にわたって断続的に聞こえていた。最初のうちは聞こえていた子供の泣き声が聞こえなくなったので，子供に何かあったのではないかと思った。」と供述する。

同じアパートに住むＤらは，Ｘ方を訪れ，鍵の掛かっている玄関ドアの前で呼び鈴を鳴らしながらＸに呼び掛けたが，Ｘはすぐには応じず，依然として室内からバーンという壁が震えるような音が続いていた。やがて，Ｘが玄関ドアを開け，Ａを右手で横抱きにして抱えており，Ａはぐったりとして手足に力が入っていない様子だった。Ｘは，Ａが椅子から落ちたと説明した。Ｃの妻が，同日午後８時45分頃，119番通報をした。

この頃までに，Ｘ方の寝室の壁には，同日の昼頃にはなかった縦37cm横39.5cmのへこみが生じていた。

ＡのＣＴ画像には，左後頭部に直径約７cm大の皮下出血，硬膜下出血，くも膜下出血，大脳の損傷及び左眼球内の出血を示す所見が認められた。

弁護人は，Ａが居間に置かれていた踏み台によじ上りその上から転倒して頭部を強打するなどの事故によって傷害が生じた可能性を主張する。夫は，Ａの動作について「何かにつかまらなければ１，２歩しか歩くことができず，踏み台に普通に歩いて上ることはできなかった」と供述する。

裁判所は，法廷で供述した４人の医師の供述からＡの損傷原因について「頭蓋内及び左眼球内の損傷は，頭部に対する鈍体による衝突若しくは圧迫又は激しい揺さぶりによって生じたと考えられ，左後頭部の皮下出血を生じさせるような外力が１回加わることでも，その全てが生じたと考えて矛盾しないものであるが，その外力は相当強度のものと考えられる」と判示し，弁護人の主張する可能性を排斥する。

裁判所は，Ａの受傷時期についてＡの頭部のＣＴ画像から同月19日午後10時12分頃のＣＴ撮影の１，２時間ないし数時間前に生じたもの又は同撮影の１，２時間ないし約24時間前に生じたものと認定する。

2　Ｘのメンタル面の状況は，Ａを妊娠した頃から情緒不安定になり，Ａの出産後，クリニックに通院し，平成25年１月当時は入眠剤，抗不安薬，抗うつ剤の処方を受けて服用していた。

精神科医は，Ｘについて「軽度精神遅滞であり，その特徴として，問題解決能力が低く，ストレスを溜め込むとこれを抑制できずに興奮し易い傾向があり，夫への不満等からストレスを爆発させて興奮状態に陥り，身近にいた被害者に対して暴行に及んだと説明することは可能である」と供述する。

裁判所は，階下のＣの証言するＸ方から激しい持続的な物音の鳴り響きやＸ方の壁に大きなへこみを興奮状態に陥ったＸの暴挙とし，同日午後７時頃から119番通報がされた同日午後８時45分頃までの間にＡに対して暴行を加えたと認定した。

裁判所は，精神科医の「被告人は元々内向的な性格であるが，軽度精神遅滞による問題解決能力の低さが影響してストレスを爆発させ，本件犯行に及んだと考えられるところ，本件犯行はほとんど精神遅滞の影響によって生じた」との供述に依拠し，被告人を心神耗弱と認定する。

3　身体的虐待の事実の端緒は，搬送先の病院から児童相談所への通告による[96)]。

裁判所の詳細な事実認定と責任能力の判定は，妥当である。

判例50　さいたま地裁平成27年３月23日第５刑事部判決[97)]

【事案の概要】

実父Ｘ（34歳）は，自宅に放火して同居の妻子を殺害しようと企て，平成20年12月３日午前５時頃，妻Ａ（33歳），長男Ｂ（12歳），長女Ｃ（４歳）が就寝中の自宅内階段の中２階踊り場付近に何らかの方法で火を放ち，同居宅の天井等に燃え移らせ全焼させて，Ａ及びＣを一酸化炭素中毒により死亡させた。Ｂは，火災に気付いて屋外に避難し無事であった。

【判　旨】

検察官は，Ｘの中２階踊り場付近への放火を主張し，弁護人は中２階踊り場付近以外に２階南側６畳間及び１階も出火元である可能性を主張する。

裁判所は，出火元が中２階踊り場付近に限定できず，Ｘ以外の者が放火した具体的可能性が認められＸが犯人であることに合理的な疑いが残ると判断し，Ｘに無罪（求刑無期懲役）を言渡した。

【研　究】

1　本事案は，妻子を火災で死亡させた身体的虐待事例であり，父親が現住建造物等放火，殺人及び殺人未遂に問われた。

裁判所は，「出火元は公訴事実記載の中２階踊り場付近に限定できない上，防犯カメラの映像や燃焼実験の結果等の関係各証拠によれば，被告人が本件建物から外出した後に被告人以外の者が放火した具体的な可能性が認められるから，被告人が犯人であることについて合理的な疑いが残る」と判示し，Ｘを無罪とした。

2　裁判所は，出火元について中２階踊り場付近が出火元の一つであるとした上で他の可能性について検討する。

裁判所は，本件家屋の焼損状況，火災当日の午前５時26分30秒頃から午前５時30分頃にかけて２階北側６畳間に比べて２階南側６畳間から勢いよく炎が噴き出ていたとの複数の近隣住民の目撃供述及び火災の鑑定等を実施したＤ教授の鑑定について「２階南側６畳間が出火元であるかどうかについて，考慮すべき事項を十分考慮しないまま中２階踊り場付近のみを出火元であるとした疑いがある。」と判示し，２階南側６畳間も出火元であった可能性を認定し，「本件火災の出火元には，２階南側６畳間が含まれる可能性があり，中２階踊り場付近に限定することはできない。本件公訴事実のうち，放火した場所が，中２階踊り場付近であるとする部分は，証明不十分である。」と判示する。

裁判所は，放火がＸによるのかについて「本件建物の東側にあるアパートに設置された防犯カメラ２台のうち南向きのカメラの映像は，燃焼実験の結果という現実的な証拠に照らすと，本件放火犯人が被告人でなくても説明できるもので，むしろ燃焼実験の結果は，被告人以外の第三者による放火の具体的・現実的可能性を示唆するものであり，検察官の論告を前提とすればさらにその示唆の度合いは高いというべきである。」と判示し，第三者による放火の可能性に言及する。

裁判所は，第三者として妻Ａが放火した可能性について精神科医Ｅの「解離性障害に罹患し，衝動性が高く，自傷行為を繰り返す者は，実際に自殺してしまうことがある，病状の悪化も考えると，Ａが自宅に放火した可能性は高い」との公判廷での証言等に依拠し，「Ａが解離性障害の影響下での睡眠薬等の副作用によって本件放火に及んだ可能性が認められ，この可能性は，平成20年に入ってからのＡの症状に関する具体的かつ信用性ある根拠，証拠によって裏付けられている。」と判示する。

裁判所は，「被告人の外出時刻が本件火災発生時刻と近接していること，及び被告人にはＡを殺害する動機があったことからすれば，被告人が本件放火の犯人であることが相当程度疑われるが，防犯カメラの映像等によっては，被告人の外出後に被告人以外の者が放火した可能性を否定することができず，被告人以外の者が本件放火をした具体的な可能性も認められるから，被告人が犯人であることについて合理的な疑いが残る。」と判示する。

3　検察官は，放火殺人の実行行為者を父親Ｘとして控訴提起したが，裁判所は，Ｘであることに合理的疑いがあるとして母親Ａの可能性も示唆する。少なくとも両親の何れかの放火の実行行為であり，長男Ｂ及び長女Ｃにとっては身体的虐待に該当する。

火災発生前後のＸ家の家庭状況について検察官の主張及び裁判所の事実認定等に基づいて概観する。

Ｘは，解離性障害に罹患し病状の思わしくない妻Ａに代わって家事をすることが多く，Ａとの婚姻関係に嫌気がさし，Ａと離婚し交際中のＦと再婚して焼失する前の建物に住むことを望んでいた。Ｘは，平成20年８月，Ａに離婚調停を申し立てたが，Ａは離婚に応じる意思はなく義母もＸに離婚を思いとどまるよう求め，Ｘは，同年11月離婚調停を取り下げた。検察官は，Ｘの動機を立証するため火災で焼失した建物の住宅ローンの保証人がＡの両親であり，Ｘは建物の法律関係の処理にも苦慮していたと主張する。更に，検察官は，本件火災後のＸの言動として長男ＢをＡの両親に引き取らせ，Ｂらとの養子縁組を解消し，旧姓に戻し交際していたＦと再婚した事実を指摘する。Ｘの家族構成は，前婚で長男Ｂを21歳で出産しその後離婚し親権者となった母子家庭Ａ家にＸが婿養子として入籍・婚姻し，Ａの両親が自宅のローンの保証人となった。その後，ＸとＡの間には，長女Ｃが誕生し４人家族になったと推察される。

4　Ｘは，火災発生から５年後の平成25年８月９日逮捕され公訴提起された。本裁判員裁判は，公判前整理手続に２年を要し，裁判員裁判の合議体で審理が開始されたのは出火後６年３ヶ月を経過してからである。

裁判所は，訴因変更及び検察官の上申する職権による火災の鑑定等を実施したＤ教授の再尋問について「本件火災は，前述のとおり，防犯カメラの映像や燃焼実験の結果によって被告人を犯人と断定することができず，また，Ａによる放火の可能性も否定できず，被告人が犯人であることについて合理的な疑いが残る事案であるから，本件事案の重大性を踏まえても，出火元についての訴因変更を促す必要はない。また，検察官の上申にあるＤの再尋問は前記中２階踊り場が出火元であることの説明の補充を求めるものであったが，同所が出火元であることは前記判示のとおり優に認定でき，再尋問の必要性は乏しい。」として必要性を否定する。

裁判所は，その理由を「公判前整理手続を経て，争点が確定され，検察官においては，その過程で証拠の精査及び証人尋問の準備が十分可能であったのに，このような訴因変更や職権証拠調べをすることは，被告人の防御の観点からも，不相当と考えられる」として出火後６年３ヶ月の時間が経過し，検察官に担保された十分な時間と被告人の防御権を勘案する。

裁判所の訴因変更及び検察官の上申する職権による再尋問を不要とする判断は，裁判員裁判制度開始６年余を経過し，公判前審理手続の長期化が指摘される現況下で的確な判断である[98]。

本判決は，無罪の推定を大原則とする刑事裁判の基本に立脚し十全な審理が尽くされた裁判員裁判事案である。

5　東京高裁平成28年７月14日第４刑事部判決は，原審の認定について秒単位の所要時間についてまでは刑事裁判の基礎とし得るような再現性があるとは認められない燃焼実験を誤って理解し，煙が上昇しながらたなびくことを考慮せずに当時の風速と同じ速度で水平に移動して防犯カメラの視界に到達することを前提にして，着火行為の終了時刻を算定し，被告人が外出した後に着火行為が終了したと認定している点において，論理則，経験則等に照らし不合理であるとともに，妻が放火に及ぶ抽象的，一般的な可能性を指摘したにすぎない精神科医の証言の評価を誤った不合理なもので事実誤認として原判決を破棄し原裁判所に差戻した。[99]

差戻し後の原審裁判所さいたま地裁は，新たに裁判員選任手続を開始した。差戻審には，審理の進行に際し，事件後10年が経過し，然も第１次原審及び控訴審の情報等多くの先入感・予断の下で審理するのは裁判員にとって多大の負担を生じさせることからその負担を軽減する訴訟指揮が求められる。

判例51　旭川地裁平成27年４月２日判決[100]

【事案の概要】

実父X（23歳）は，長女A（７か月）が泣き止まないことなどに怒りを募らせ，平成26年８月５日頃から同年９月８日までの間，旭川市内の自宅でAの顔面を平手で叩き，腹部を拳骨で殴り，両足に噛み付くなどの暴行を加え，さらに同日午後６時36分頃から午後８時30分頃までの間に，うつ伏せに寝ていたAの右脇腹をつま先で蹴ってその頭部等を付近にあったダンベル等に激突させる暴行を加えた。Xは，同年８月23日頃から同年９月８日までの暴行により，Aに全治約10日間を要する眼底出血，全治約２週間ないし約１か月間を要する全身打撲等及び全治不明の外傷性脳損傷等を負わせた。

【判　旨】

Xは，Aの頬を平手で叩いたことはあるがその他の暴行を否認し，捜査段階における暴行態様の自白は警察官の誘導により虚偽であると主張する。弁護人は，Xの自白には任意性及び信用性がなく，Aを平手で頬を叩いた点を除き被告人は無罪であると主張する。

裁判所は，Xの捜査段階の自白の信用性を認め，Xを懲役６年（求刑懲役

７年）に処した。

【研　究】

１　本事案は，X，妻B（18歳）及び被害児Aの在室する自宅寝室で惹起された身体的虐待事例であり，否認事案である。

裁判所は，Xの捜査段階の自白及び公判供述，医師の供述及び妻Bの公判供述を照査してXの捜査段階の自白の信用性及びAに対する暴行行為を認定する。

Xは，「８月５日から９月８日までの間に，Aに対し，顔を平手で叩く，胸や腹をつねる，腹を拳で殴る，左右の太ももやふくらはぎをつねったりかじったりする，抱きかかえた状態からクッションマットに投げるなどの暴行を加えたほか，同日夜にはうつ伏せに寝ていたAの右脇腹をつま先で蹴ってAをダンベルに衝突させた」と捜査段階で自白していた。

C医師は，Aの負傷状況等について「〔1〕８月22日午後２時35分頃時点には，両頬の皮下出血以外に負傷箇所は認められなかったこと，〔2〕９月８日夜に緊急搬送された時点において，両側前頭部硬膜下血腫，軸索損傷，眼底出血，内臓損傷及び左右肋骨骨折のほか，全身の少なくとも12か所に複数の機会に生じたと思われる打撲ないし圧迫傷が認められたこと，上記各損傷のうち，〔3〕左右大腿部，左膝下及び右下腿の打撲ないし圧迫傷については咬傷である可能性が高いこと，〔4〕左右肋骨骨折は極めて局所的な範囲の衝撃により生じたものである」と公判廷で供述する。

Bは，「８月５日から９月８日までの間，被告人方寝室において，寝ているAの腹部を殴ったり，平手で叩いたりしたのを５回以上見たこと，９月８日夜，Aのいた被告人方居間から物音がしたため振り返ると，Aがぐったりしており，被告人がAの側に立っていたこと，Aを抱きかかえたが，その両目が斜め上に向いて焦点があっておらず（共同偏視），意識がなかった」と公判廷で供述する。

裁判所は，C医師の公判供述とXの捜査段階の自白の暴行態様と極めて整合的であるとし，Bの公判供述とXの捜査段階の自白の犯罪事実に関する主要部分において一致しているとしXの自白の信用性を認定する。

Xは，「9月8日夜，Aが泣き止まないことなどから自身の用事などの邪魔になると感じてAに強い怒りを覚えていた」と公判廷で供述する。裁判所は，Xの公判供述に依拠しAの脇腹を蹴り飛ばした動機を認定する。

2　Aは，虐待を疑われ児童相談所で一旦保護され自宅に戻って約1か月間実父からの日常的な身体的虐待を受け，左目の視覚障害，重度の精神運動発達遅滞及びてんかんの後遺症の生じる可能性の重篤な後遺症を包含する全治不明の外傷性脳損傷等を負った。

裁判所は，加害者である実父Xの公判廷での否認に対し精査な事実認定を行い事実の解明に努めXの犯罪事実を確定した。なお，緊急搬送先の病院での診断では，Aの全身の打撲ないし圧迫傷のうち下腹部陰裂上方打撲ないし圧迫傷が確認され，Aの陰部や肛門への加害行為による性的虐待の疑念が示唆されている。Xは，公判でAの陰部や肛門への暴行を否定する。

本事案は，虐待を疑われ児童相談所で保護されながら自宅に戻って直ぐに身体的虐待がなされており，若年の母親B（18歳）と3人の家庭環境のなかAの周囲の対応が十全であったのか検証の必要性が高いケースである。

判例52　大津地裁平成27年5月8日刑事部判決[101)]

【事案の概要】

平成26年10月8日午前11時30分頃，義父Y（32歳）は，妻X（27歳）と共謀し，長浜市内の自宅の居間の柱に予てからその一端を巻き付けて南京錠を掛けてつないであった金属製の鎖の他端を長男A（当時8歳）の腰部に巻き付けて南京錠（南京錠2個を含めた総重量は約900g，輪の幅は約4mm）を掛けて柱につないで外出した。

Y及びXは，外出し，Aがあらかじめ隠しておいたこの南京錠の合鍵を使用することが現実的に可能となった時点（外出したYやXがすぐに戻ってくるわけではないことがAに明らかになった時点）までの間の相当時間Aを居間から脱出することを著しく困難にした。

【判　旨】

裁判所は，弁護人からの南京錠の合鍵の存在及び拘束についての被害者の承諾についての検討を加え，Ｙの逮捕監禁罪の成立を認めＹを懲役２年執行猶予５年（求刑懲役２年の実刑）に処した。

【研　究】

1　本事案は，【判例45】の共犯者である夫について被害児の身体的拘束を身体的虐待に該当すると判断した事例である。弁護人は，南京錠の合鍵の存在とＡによる合鍵使用の可能性及び身体拘束についての被害者の拘束の承諾を争点として監禁罪の成立を否定しＹの無罪を主張する。

裁判所は，合鍵の使用可能性について「Ａが拘束された場合に備えてあらかじめ隠していた合鍵を用いていったん鎖から脱出し，その後，脱出の発覚を恐れたＡが，再び鍵をかけて自らを鎖で拘束し，合鍵をこたつマットの下に隠した可能性を排斥することはできない（なお，検察官は，当裁判所の求釈明も踏まえた上で，Ａの証人尋問請求をしなかった。）。」と判示する。その上で，裁判所は，監禁の終期について「Ａが合鍵を用いることが現実的に可能となった時点，具体的には，被告人らが外出し，状況等に照らして，被告人らがすぐに戻ってくるわけではないことがＡに明らかになった時点」とし，監禁罪の成立に必要な相当時間の経過を認定する。

裁判所は，被害者の承諾の検討に際し以下の各事実を認定する。

「1．Ａに，他児を川に突き落とす，冷蔵庫の中の物を勝手に食べるなど，様々な問題行動があったことから，被告人は，平成25年３月にＡを拘束するための鎖などを購入した。被告人らは，同年４月ころから，Ｙの母親方や祖母方，あるいは，ぱちんこ屋などに出かける際に，週に１，２回程度，Ａを鎖で拘束していた。また，被告人らは，しつけと称して，素手でＡを殴るなどしていた。2．被告人らは，本件前夜に加えた体罰により，Ａの顔にあざができていたことから，体罰の発覚を恐れ，本件当日は，Ａに学校を休ませることとした。3．本件当日，被告人らは，Ｙの母親方に立ち寄った上で，Ｙの祖母方に出かけることとした。Ａが前日のことを反省していないようであれば，鎖で拘束しようと考えた被告人が，「昨日叱ったことは覚えてるか」などと聞いたところ，Aは，覚えていないような返事しかしなかった。被告人が「くくるんか，くくらんのかどっちや」「くくらんで約束守れるんか」などと聞いたところ，Aは「悪いことするし，くくって」などと言って，簡易トイレを準備し，柱につないだ鎖の先端を被告人に持ってきた。4．被告人らは，判示のとおり，Aを鎖で拘束し，Yの母親方等に出かけた。鎖で居間の柱につながれたAの行動範囲は，柱を中心とした半径2メートル足らずの円の中に限られる。」

裁判所は，Aの承諾に至った経緯や目的，拘束の態様等の諸般の事情を考慮した上で「Aの承諾は，形ばかりの消極的なものであって，被告人らによる拘束を正当化するものではない。」と判示し，監禁罪の成立を認める。

2　Xは，罪状を否認するが犯行状況については共犯者と同様の供述をしている。

罪状否認の主張は，南京錠の合鍵の存在とAによる合鍵使用の可能性及び身体拘束についての被害者の拘束の承諾である。裁判所は，南京錠の合鍵の存在とAによる合鍵使用の可能性については一定程度弁護人の主張を認める。但し，裁判所は，承諾についての主張は排斥する。

本事案は，共犯者の裁判と比し弁護人の積極的主張展開で新たな背景事実を顕在化することが出来た。単に情状論に終始するのではなく，法廷での論争を通し身体的虐待の状況を確認した点で裁判所の判断は妥当である。

なお，大阪高裁平成27年10月6日第3刑事部判決は，被告人の控訴を棄却した。[102)]

判例53　新潟地裁平成27年5月18日刑事部判決[103)]

【事実の概要】

実母X（24歳）は，前夫との間の子である長女A及び交際相手と同居していた。Xは，育児の悩みを抱える一方で，Aの言動等にあからさまに不機嫌な態度をとる交際相手との関係が悪化することを恐れ，次第にAから離れたいと考えるようになった。Xは，平成26年11月19日午後8時半頃，いつものように交際相手が不機嫌な態度をとったことからAを連れて家を出たが，そのうちにAから離れるためにはAを殺害するしかないと考えるに至り，同日午後10時頃から午後10時30分頃までの間に，燕市内の西川に架かる中央橋上においてA（当時3歳）を欄干の上から水中に落下させ溺死させた。

【判　旨】

裁判所は，事実関係を認めXを懲役9年（求刑懲役12年）に処した。

【研　究】

1　本事案は，同居する交際相手の男性との関係を優先し3歳の長女を橋の欄干から川に落として溺死させた身体的虐待事例である。

Xは，9月と10月，燕市役所に相談に訪れ「育児疲れでいらいらする」，「子供が夜に泣いて自分の時間がない。うざくなって放置してしまう」等と話していた。Xは，10月15日に保育園で熱を出したAを迎えに行くのを「いっぱいいっぱいだ」と拒否した。市は，児童相談所での一時保護を検討して家庭訪問をしたが，近くに住む母方祖母（45）が育児を手伝うことを確認し，保護を見送った。[104)]

裁判所は，Xの母親の協力や市役所や保育園の支援態勢からXが育児において孤立していたとは認められないと判示する。

2　捜査の端緒は，11月20日午前10時頃，Aの受診に燕市内にある病院を訪れた際，Xが，窓口にいた職員に「連れてきた娘が，目を離した隙にいなくなった」と話し，これを受けて病院側が警察に通報した。通報を受けて新潟県警の警察官らが現場に駆けつけ，XとともにAを捜索し，20日午後3時頃，橋から約1kmほど下流の西川で浮いていたAを発見した。[105)]

判例54　前橋地裁平成27年5月27日刑事第1部判決[106)]

【事案の概要】

実母X（32歳）は，平成26年6月下旬頃，群馬県玉村町の自宅において三男A（当時3歳）が「ママ嫌い，あっち行け」と言ったことに苛立ち，衝動的にAの右上腕を両手で捻る暴行を加え治癒まで約1か月間を要する右上腕骨骨折を負わせた。Ｘは，その後，Ａに対してたびたび虐待を加えるようになり，同年８月29日午後５時過ぎ頃，自宅においてＡに苛立ちを覚え胸を右手で強く押す暴行を加えＡをその場に転倒させ後頭部を床に強打させた。Ａは，頭蓋内損傷を負い，翌30日午前零時頃，同所において外傷性ショックにより死亡した。

【判　旨】

裁判所は，事実関係を認めＸを懲役７年（求刑懲役８年）に処した。

【研　究】

１　本事案は，実母による身体的虐待事例であり常習性の見られるケースである。

裁判所は，量刑理由において本件以前に生後間もない二男に重篤な傷害を負わせ懲役２年６月執行猶予４年の有罪判決を受け，当該執行猶予期間が満了した直後に本件各犯行に及んでいる事実を摘示する。

捜査の端緒は，８月30日午前２時40分頃，Ｘが警察署の駐車場に乗用車で来て，「息子を殺しました」等と電話をかけ，署員が駆けつけると，後部座席に毛布にくるまった三男がいてすでに死亡していた。

Ｘは，平成23年７月，三男Ａ（当時，生後数ヶ月）が「ぐったりしている」と通報しＡは伊勢崎市内の病院に救急搬送され，頭部に内出血があることが分かり，埼玉県内の病院で手術を受けた。その後，病院関係者から虐待の疑いがあるとの通告があったが，Ｘは「何もしていない」と否定し，町や児童相談所は「事故や先天性の可能性もあり，虐待という確証が得られなかった」としてＡの退院後，そのまま自宅に帰している。

Ｘは，平成22年２月，当時生後約１ヶ月の二男（後に病死）を布団の上に投げつけ，頭部に大けがをさせ傷害容疑で逮捕され懲役２年６月執行猶予４年の有罪判決を受けた。児童相談所は，この事件後，月１回程度の自宅訪問や電話で，子供や母親の見守り活動を開始し，Ａへの虐待通告があった平成23年７月以降は「より注意深く訪問や電話を重ねた」とする。また，町も保育所から親子の様子を聞き取り，注意していたという。Ｘは，平成26年４

月，児童相談所からの訪問依頼の電話に対し，育児が忙しいなどの理由から面会を拒否し，児童相談所はその後，面会の再依頼をしていなかった。

２　Ｘの家族構成は，夫（30歳）と０歳から７歳の子供４人の６人暮らしである。

児童相談所は，平成22年２月二男への身体的虐待でＸとコンタクトを開始し，平成23年７月，三男Ａ（当時，生後数ヶ月）への虐待通告を受けている。児童相談所は，本件発生直前の平成26年４月Ｘへの訪問依頼の電話をかけているにも関わらず，Ｘの拒否により面会の再依頼をしないままＡ死亡に至っている。[107)]

本事案は，子供４人を抱え身体的虐待を重ねリスク要因の多い家庭への児童相談所の対応・危機意識の欠如により事前の防止の機会を失しているケースである。

判例55　静岡地裁沼津支部平成27年５月29日刑事部判決[108)]

【事案の概要】

実母Ｘ（28歳）は，平成25年７月頃，静岡県下田市内の自宅で出産し，嬰児の死体を布団カバー等で包んで発泡スチロールの箱に入れて自室の天井裏に隠して放置した。

Ｘは，想定外の妊娠をしたが，中絶費用の不足から中絶を断念すると同時に経済的理由等から養育も断念し，周囲に妊娠を秘して，出産への対策も講じないまま臨月を迎えた。Ｘ（29歳）は，平成26年９月頃，自宅において，女児を出産し，同児を敷布団パッド等で包み，ビニール製ゴミ袋に入れ，押し入れ内の衣装ケースに入れて放置した。

【判　旨】

裁判所は，公訴事実を認めＸを懲役５年６月（求刑懲役７年）に処した。

【研　究】

１　本事案は，２件の死体遺棄及び１件の殺人による身体的虐待事例である。

裁判所は，量刑理由において「被告人には，望まない妊娠を避ける手段があったし，妹らや同居の母，行政機関等に妊娠の事実を打ち明けて今後の対策について相談するなど他に取り得る方法があったにもかかわらず，現実を直視せず問題を先送りにした末に犯行に至っており，身勝手で無責任というほかない。しかも，被告人が，以前，望まない妊娠をして，周囲に妊娠の事実を秘したまま被告人宅で出産し，その嬰児の生死も確認しないでこれを天井裏に隠して放置する判示第１の死体遺棄の犯行に及んだのに，その約１年２か月後に同様の経緯で殺人の犯行に至っている点は，非難の程度をより一層高める事情である。前記の経緯に照らせば偶発的犯行とはいえず，無力な嬰児を確実な方法で殺害しており，強い殺意に基づく犯行といえる。」と判示する。

2　Xは，離婚後働きながら３人の子を養育しており，これ以上の出産，育児は経済的にも困難であると自覚しながら，十分な避妊措置を採らずに複数の男性と性的関係を持って妊娠し，中絶費用の不足から中絶を断念する。

一方，Xは，養育する意思もなく，臨月頃には妹らから再三妊娠しているのではないかと問われたのに頑なに否定し，周囲に妊娠の事実を秘し，何の対策も採らないまま自宅で出産し，その直後に新生児を殺害する。

Xの避妊措置を採らずに複数の男性と性的関係を持って妊娠した事実は，望まない妊娠とはいえ，自己の責任意識の欠如による結果である。犯行時のXの家庭環境は，母親，前夫との３人の子ども，自己の姉妹２人の計７人の生活で，Xは飲食店従業員として稼働していた[109)]。

裁判所の判断は，妥当である。

判例56　名古屋地裁平成27年６月９日刑事第６部判決[110)]

【事実の概要】

Xは，平成12年４月に結婚し，同年10月に長男を出産し，夫及び長男と同居していた。Xは，無口な夫との間において会話も乏しいなど夫婦関係は希薄で日常生活においても夫を避ける状況が続いた。Xと夫は，それぞれパチンコに興じたこと等から家計が逼迫する状況が続き，Ｘは慢性的なストレスを抱えて毎日を過ごしていた。

実母Ｘ（42歳）は，平成26年４月朝，車検に出していた自動車を店から引き取るために必要な車検代の支払の目途が立たない状況に陥っていた。夫は，仕事が休みで店まで自動車を引き取りに行く予定になっていた。Ｘは，夫とは顔を合わせたくなかったので夫が起床する前に「管理できない私が悪い，私さえいなければ，遠くへ行きたい」と自分を責める気持ちを抱きつつ一人で自宅を出てパチンコ屋に立ち寄ったりして時間を潰していた。

Ｘは，長男Ａ（当時13歳）の通う中学校に連絡を入れＡを早退させて自宅に連れ帰った。午後零時頃，Ｘは，自宅２階北側洋間において布団の上でうつ伏せになりスマートフォンのゲームに興じているＡの腰に馬乗りになり，背後から首にひもを１回交差して巻き付けＡの身体に自分の身体を密着させた状態でＡの意識がなくなるのを確認できるまで２度にわたりひもを力一杯絞め付けた。Ｘは，Ａの顔色が黒くなり，口から血を出して意識もなくなったのでこのまま放置すれば死亡するものと考えそのまま自宅を離れた。Ａは，約１時間後に帰宅した父親に発見されて病院に救急搬送され，入院加療68日間を要する低酸素性脳症等を負った。

【判　旨】

弁護人は，Ｘの責任能力を争点とし心神耗弱状態にあったと主張する。

裁判所は，鑑定医の意見を精査しＸの責任能力を認めＸを懲役３年保護観察付き執行猶予５年（求刑懲役５年）に処した。

【研　究】

1　本事案は，実母Ｘによる心中未遂の身体的虐待事例である。

Ｘは，首をひもで絞めつけ意識のない長男に対して謝罪し，自分もすぐに後を追って死ぬ旨のメモを残し，自殺するために自宅を出て駅に向かったが電車への飛込自殺を逡巡して自殺を断念し，その後に警察署に出頭した。

2　鑑定医Ｂは，裁判所から提供された捜査資料等と，Ｘに対する５回の問診，２回の心理検査，Ｘの夫及び妹に対する各１回の面接及びＸの供述内容も踏まえて精神鑑定を行った。

裁判所は，Ｂ医師の鑑定に基づいて「本件犯行当時，被告人が，精神の障害により，事物の是非善悪を判断する能力及びこの判断に従って行動をコントロールする能力のいずれもが著しく低下した状態にはなかった」と判示し，Ｘの完全責任能力を認定する。

判例57　札幌地裁平成27年６月19日刑事第２部判決[111)]

【事実の概要】

実父Ｘ（26歳）は，平成26年７月２日頃から同年８月５日までの間，札幌市内の自宅において長女Ａ（当時約４か月）に対し左前額部及び左頬部等を手拳や平手で殴る暴行を繰り返し加えるとともに下顎部等に熱いミルクを滴下させるなどの暴行を加え，硬膜下血腫に起因する全治不能の二次性脳損傷及び全治約２週間を要する下顎部，前頸部及び前胸部各熱傷等を負わせた。

【判　旨】

弁護人は，〔1〕Ｘが平成26年８月３日に自宅で被害児の左前額部を右手の拳で１回勢いよく殴り，その結果判示の全治不能の二次性脳損傷を負わせた事実については認めつつ，それ以外に繰り返し殴打するなどの暴行を加えた事実は全くなく，単に体をつねったり揺さぶるなどしたことがあったに過ぎない，〔2〕Ｘが同月５日に自宅で被害児にミルクを与えた際，熱いミルクを滴下させて熱傷等を負わせた事実については認めるものの，故意ではなく過失によりこぼしてしまったに過ぎないと主張し，Ｘも公判で弁護人の主張に沿う供述をする。

裁判所は，弁護人及びＸの主張を排斥し，Ｘを懲役７年（求刑懲役８年）に処した。

【研　究】

１　本事案は，実父Ｘの長女Ａ（当時約４か月）に対する反復的身体的虐待で一部否認の事例である。

裁判所は，担当医師の証言やＡの頭部CT 画像等の客観的証拠に基づいて

Ｘの捜査段階の自白と公判供述を照査してＸの反復的暴行行為と熱いミルクの滴下行為を認定する。

７月下旬頃，Ｘの妻Ｂは，Ａの腹部に広範囲にわたってあざがあるのに気付き，その様子を写真に撮って同月27日実母に宛てて画像をメール送信した。同年８月３日夕方頃，Ｘは，バウンサーの上に居るＡに対しいらいらした気持ちからその左前額部に向かって右手の拳を勢いよく振り降ろして殴り付ける暴行を加えた。Ａが，ぐったりしてけいれんを起こしたため，Ｘ及びＢは，深夜になってからＡを夜間急病センターに連れて行き，受診させた。同月５日，ＸがＡの体にミルクをこぼし，Ａがぐったりして反応もなかったことから，Ｘ及びＢはＡを夜間急病センターに連れて行った。Ａは，その後直ちに二次救急，次いで三次救急病院に搬送され，硬膜下血腫の除去手術を受けた。

救急搬送の日に撮影されたＡの頭部CT画像上，慢性及び急性の硬膜下血腫が認められ，このうち，慢性硬膜下血腫は，７月上中旬から始まった出血が慢性期に移行したものであり，一方，急性硬膜下血腫の方は，時期や部位に照らし，８月３日のＸの殴打行為が原因であると見て疑いがない。Ａは，慢性硬膜下血腫が生じていたところに，同日の暴行に起因する急性硬膜下血腫が生じ全治不能の二次性脳損傷を負うに至った。

担当医であるＡ医師，Ｂ医師，Ｃ医師は，救急搬送時のＡのCT画像に基づき頭部や顔面を見ただけでも，８月３日のＸの殴打行為が原因と認められる左前額部の皮下出血のほかにも，７月下旬以降に生じたと考えられる皮下出血が，左頬部，前額部及び右側頭部など複数部位にわたって認められるとしてＡの慢性硬膜下血腫の発生機序について頭蓋骨内で脳が激しく揺れるような外力が繰り返し加えられたことによると供述する。

Ｘは，逮捕される前の段階から「７月上旬頃より，ほぼ毎日のように被害児を殴ったり叩くなどして虐待した。その理由は，被害児の泣き声がうるさかったり，妻が子供中心の生活になって自分が何でも後回しにされることにストレスを感じ，被害児のことがむかつくようになったからである。叩くときは，頭や顔，左頬などを右平手で思い切り叩いた。殴るときは，頭の天辺や後頭部，顔などを拳で思い切り殴った。」と自白する。

Ｘは，熱いミルクの滴下行為について「哺乳瓶に入った熱い液体を被害児の首の辺りを狙って故意にかけた」と自白する。

2　裁判所は，公判廷でのＸの一部否認供述に対しCT画像という客観的証拠及び医師の供述とＸの捜査段階の自白及び公判供述を照査して判断する。裁判所の判断は，妥当である。

判例58　高知地裁平成27年６月22日刑事部判決[112)]

【事実の概要】

平成26年12月25日午後１時40分頃から同日午後２時頃までの間，実母Ｘ（27歳）は，長男Ａ（当時３歳）が謝らず泣いて地団駄を踏んだことなどからＡの両足をひもで縛っていた。外出していた叔母Ｙ（23歳）が帰宅し，Ｘから状況説明を受けた。Ｘ及びＹは，Ｘの内縁の夫Ｂやその母Ｃに対する苛立ちからＡに八つ当たりして，両手首を協力してガムテープで縛り上げ，ＸがＡの口にガムテープを貼り付け，Ｙが口のガムテープを剥がせないようその両手指にガムテープを貼り付け，ＹがＡの身体を毛布で巻いた。まもなくして，Ａが毛布から抜け出したので，今度は，ＹがＡの口に重ねてガムテープを貼り付け，Ｘが再びＡの身体を敷き布団で巻いて放置した。Ａは，同日午後２時30分頃，上気道閉塞により窒息死した。

【判　旨】

裁判所は，公訴事実を認めＸ及びＹを懲役５年６月（求刑Ｘ及びＹいずれも懲役６年）に処した。

【研　究】

1　本事案は，飲食店従業員の実母と内縁の夫の妹による長男への身体的虐待事例である。

裁判所は，犯行に至る経緯においてＸの家族構成及び生活状況について検討する。なお，家族構成は下記の通りである。

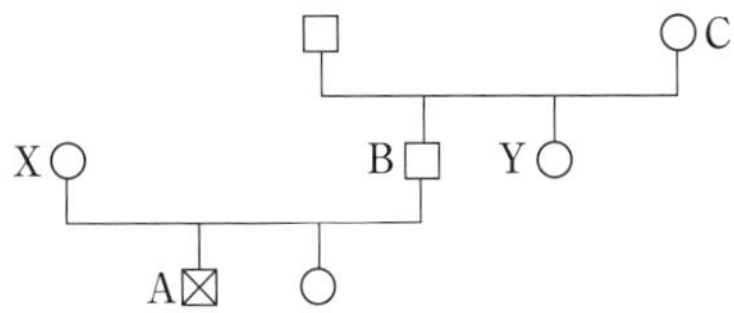

Xは，平成25年７月頃から，内縁の夫Bとその妹Yその母親C及びXとの長男Aと共にC方で生活しており，平成26年３月にはAの妹も生まれた。Yは，平成26年10月，母親C及び兄Bとの折り合いが悪くその間に入ってストレスを感じていたことから，それを避けようとして高知県香南市内に転居した。同年11月，X，B及びAらがY方に移り住んできた。Yは，共同生活に再びストレスを感じるようになった。Xは，Bがかねてから働かず生活費等をパチンコに費消するなど生計に無関心で育児もしなかったことなどから，ストレスを募らせ不安障害と診断された。

犯行当日，XはY方から出て行っていたBからやり直したいとのメールを受け取り，Yは母親Cと口論になり縁を切るなどと言われた。X及びY両名は，強い苛立ちを覚えていたところAが触らないように言っていたものに触り謝らないことにも苛立ちを感じていた。

２　裁判所は，量刑理由においてX及びYの生育過程で手足をガムテープ等で縛り上げられるという経験をしており被害児Aの養育過程においても周囲の者が同様の行為を行っており両手足をガムテープ等で縛り上げるという暴行自体への抵抗感が薄れていたことに言及する。

裁判所は，犯行の経緯及び身体的虐待の背景を詳細に検討することで裁判員の合議体での審理に配慮している。

裁判所の判断は，妥当である。

判例59　岡山地裁平成27年７月10日第１刑事部判決[113]

【事実の概要】

実母X（25歳）は，友人の主催した合コンで知り合った男性Aと避妊具を付けずに性交渉を重ねていた。平成26年４月末頃，Ｘは，生理が来なかったことから妊娠を疑い，Ａにその旨連絡したが応答はなく，妊娠したことを相手に相談することもできず，その後，Ａとの連絡も途絶えた。

Ｘは，交際相手でもなく，連絡も取れないような男性の子を妊娠したことを人に知られることを嫌い，兆候があり妊娠を確信した後も，産婦人科を受診せず，同居していた両親や友人らにも相談しなかった。周囲の者は，Ｘの妊娠に気付かなかった。

平成26年12月７日，突然陣痛が始まり，同日午後５時40分頃，Ｘは，自宅浴室内で女児を出産した。

Ｘは，女児が息をする音を聞き，このまま産声を上げられると在宅している母親に出産を気付かれてしまうと狼狽した。Ｘは，その頃から同日午後５時55分頃までの間，浴室内で女児の口及び鼻を手で塞ぎ，その顔面にシャワーで湯を浴びせ，さらに，女児をうつ伏せにして洗面器に入れ，シャワーで湯を洗面器内に注いで女児の顔面を洗面器内にたまった湯に浸からせ窒息死させた。

Ｘは，翌８日午前８時35分頃，文房具店南側出入口付近のごみ箱に，タオルで包んでビニール袋に入れた女児の死体を遺棄した。

【判　旨】

裁判所は，起訴事実を認定しＸを懲役５年（求刑懲役６年）に処した。

【研　究】

1　本事案は，望まない妊娠をした女性が出産直後に女児を殺害し遺棄した身体的虐待事例である。

Ｘは，合コンで知り合った男性と避妊具を付けずに性交渉を重ね妊娠したことを相手に伝えた後，相手との連絡が途絶え，両親や友人及び保育士をしている職場にも妊娠を知られることを恐れ，また誰かに見られるかもしれないと考え産婦人科受診をしないまま出産に至った。Ｘは，自宅浴室で出産後は，母親に気付かれることを恐れ，その場で窒息死させ翌日遺棄している。捜査の端緒は，Ｘが遺棄した日の午後，腹痛を訴えて岡山市内の病院を受診したことによる。[114)]

本事案は，25歳で性的知識もあり保育士としての社会的経験のある女性が避妊をせずに性交渉を重ね，妊娠に気付いた後も産婦人科を受診することなく自宅での出産に至り出産直後に殺害し遺棄した事例である。

2　裁判所は，量刑理由において「被告人は，自分の体面やそれまでの生活を失うことを嫌って妊娠したという現実と真摯に向き合わなかった結果，自宅の浴室において一人で被害女児を出産するという事態を招き，犯行に至ったというほかなく，犯行に至る経緯や動機は身勝手で無責任と評価せざるを得ない。（中略）被告人が事実関係を素直に供述しており，被害女児に謝罪してその供養をしていきたい旨述べるなど深く反省している上，更生の意欲も強く示しているところ，情状証人として出廷した母親や友人らがその支援を約束するなど更生環境が整っている」と判示する。

本事案は，妊娠の事実を一人抱え込み体面を重んじたＸの行動に起因するものであり，裁判所の量刑判断は妥当である。

判例60　東京地裁立川支部平成27年10月29日刑事第２部判決[115)]

【事実の概要】

義父Ｘ（41歳）は，平成26年７月29日午後１時10分頃，東京都西東京市内の自宅においてＡ（当時14歳）の胸部を足で１回蹴り，更に顔面を両手の拳骨で数回殴るなどの暴行を加え全治約２週間を要する胸部打撲痕，上下口唇粘膜下出血，上口唇挫傷と全治約３週間を要する顔面打撲痕の傷害を負わせた。

Ｘは，同日午後２時頃，Ａに対し「24時間以内に自殺しろ。」，「死ななかったら，俺と弟が死ぬ。」等と言った。Ａは，翌30日午前６時30分頃から同日午前８時50分頃までの間に，自室北側４畳半和室のロフトベッドの柵にタオルを縛りつけて首を吊り，縊頸による窒息により死亡した。

【判　旨】

裁判所は，公訴事実を認定し傷害罪及び自殺教唆罪を適用しＸを求刑通り懲役６年に処した。

【研　究】

1　本事案は，母親の再婚相手の養父から自殺教唆をも含む身体的虐待のケースである。

裁判所は，ＸのＡへの暴行とＡの身体への傷害及びＡの自殺については争いがないとし，争点として⑴ＸのＡへの自殺を促す発言の有無，⑵Ｘの発言が，Ａに自殺を決意させるに足りるものであったか，⑶Ａの傷害は，Ｘの暴行のみによって生じたのか，母親Ｙの暴行により生じたものもあるか，の３点を挙げる。

裁判所は，争点１及び争点２の自殺を促すＸの発言について，Ｘは帰宅したＹに「Ａに24時間以内に死んでくれと」と言った後，自殺前日29日午後５時以降ＸからＹへの以下のメールで検討する。

「私はあの子が死んでくれないと生きた心地がしない」，「自殺するぶんには私達は犯罪者ではありません」，「あと14時間と少々……２人の命がなくなるか，１人の命がなくなるか……」，「誰かが生きている限り，俺と弟の幸せは訪れません」

裁判所は，ＸがＡに対し「被告人と弟の死との二者択一を迫った」とし，「自殺を促す発言までの状況は，いまだ14歳だったＡにとって，耐え難い絶望感や孤独感を抱かせ死を意識させるに十分なものといえ，タイムリミットと幼い弟の命まで持ち出し自殺を迫った被告人の発言が，Ａに自殺を決意させるに足りるものだったことは明らかである」と判示し，Ｘの殺人教唆を認定する。

裁判所は，Ａの傷害結果についてＸの暴行によると判示する。

2　Ｘ及びＹの家族関係について検討する。[116)]

Ｘは，ＹとＡが小学５年生の平成23年夏頃から同居し，平成24年に弟が誕生するとともに婚姻し，ＸがＡと養子縁組をした。

Ｘは元ボクシングの練習生であったが，Ａが中学校に入学後，Ａに暴力をふるうようになり，平成25年11月下旬頃と平成26年４月末頃には，Ａが目やその周辺にあざがある状態で登校したことがあった。また，Ａは，同年５月25日から26日にかけて家出をして野宿し，声を掛けた男性に対し「いつもＸに殴られる，僕はこの世にいない方がいいんだ」等と訴えた。

Ａは，平成26年６月12日を最後に中学校に登校しなくなり，Ｙが仕事に出ている間は，自宅で無職のＸと２人で過ごすようになった。

Ａは，同月下旬頃，ＸとＹから足を蹴られるなどの暴行を受け介助なしでは歩けない状態となり，けがにつき受診は行われなかった。

Ｘは，妻ＹへのDV及びＡへの日常的暴力をふるっており，Ａに対しては６月13日Ｙのキャミソールやパンツを着用させ，撮影した。Ｘは，６月29日には，両目の周囲があざになったＡが自室のロフトベッドの柵に結びつけたビニールひもの輪の部分を首に回している写真を撮影した。Ａは，自室でバケツへの排泄を余儀なくされることがあり，失禁したこともあったほか，水分補給はＸやＹから与えられた水筒で行っていた。

ＸのＡへの身体的虐待は，無職のストレスとＹの元夫でありＡの実父への嫉妬も助長して元ボクシング練習生の腕力を駆使したものである。

母親Ｙは，Ｘへの依存関係からＡへの身体的及び精神的虐待行為を阻止できず，時には同調することもあった。

3　西東京市は，検証委員会を設置し，平成26年９月18日から平成27年４月20日まで８回の検証委員会を開催し，Ａの在籍した中学校の課題及び問題点として「当該校では父親の暴力によるアザの確認（２回）をしたが，校内での情報共有に留まり「児童虐待疑い」として判断せず，児童虐待対応に至らなかった。そのため，子ども家庭支援センターや児童相談所に連絡することはなかった。」と指摘する[117]。

裁判所の判断は，妥当である。

判例61　仙台地裁平成27年11月６日第２刑事部判決[118]

【事実の概要】

実母Ｘ（31歳）は，平成26年12月９日午前８時17分頃から10時36分頃までの間，仙台市内の自宅において長女Ａ（当時生後４か月）の鼻口部にブランケットをかぶせその上から両手で押さえつけ同日午前11時36分頃，搬送先の病院において鼻口部閉塞による窒息により死亡させた。

なお，Ｘは，犯行当時，Ａの産後に罹患した重度の産後うつ病の影響により心神耗弱の状態にあった。

【判　旨】

裁判所は，公訴事実を認定し殺人罪を適用しＸを懲役３年保護観察付執行猶予５年（求刑懲役５年）に処した。

【研　究】

1　Ｘは，Ａの出産後に里帰りしていた実家から自宅に戻った平成26年９月以降，Ａがなかなか泣き止まなかったり，母乳を思うように飲んでくれないなど育児に不安を覚える中で産後うつ病に罹患した。

Ｘは，日々の育児の中で悲観的な考えをめぐらし，他方で，人に甘えようとしない性格から，本来身近にいて支援を求められるはずの夫や実母に苦悩を打ち明けられずに主観的に孤立してゆき，ますます自己否定感を強め，ついには夫との結婚や自宅の購入などまで間違っていたと考えるようになり，ますます心理的視野狭窄の度合いを病的に強める中で犯行に至った。

2　裁判所は，量刑理由において「被告人が，犯行直後に警察に通報して自首し，その後犯行状況等を素直に語り，真摯な反省をみせていること，母親等が被告人を監督し，被告人に対する医療措置を施す旨述べている」と判示し，保護観察付執行猶予に処した。

東京地裁平成25年５月21日第１刑事部判決は，本事案と同様に産後うつ病（PND：Postnatal Depression）に起因する殺人未遂事案について被告人を懲役４年（求刑懲役６年）に処した[119)]。

判例62　札幌高裁平成27年11月26日刑事部判決[120)]

【事実の概要】

実父Ｘ（23歳）は，平成26年２月26日頃から３月５日頃までの間，旭川市内の自宅において長女Ａ（生後約１か月）が泣きやまないことなどに怒りを募らせＡの前胸部や腹部等を指でつねるなどの暴行を加えて全治16日間前後を要する前胸部及び腹部皮下出血等の傷害を負わせた（第１事実)。

Ｘは，平成26年８月５日頃から９月８日までの間，旭川市内の自宅においてＡ（生後約７か月）が泣きやまないことなどに怒りを募らせＡの顔面を平手で叩き，腹部を拳骨で殴り，両足に噛み付くなどの暴行を加えた。Ｘは，更に，同日午後６時36分頃から８時30分頃までの間，うつ伏せに寝ていたＡの右脇腹をつま先で蹴ってＡの頭部等を付近にあったダンベル等に激突させた。Ａは，８月23日頃から９月８日までのＸの暴行により全治約10日間を要する眼底出血，全治約２週間ないし約１か月間を要する全身打撲等及び全治不明の外傷性脳損傷等の傷害を負った（第２事実)。

原審旭川地裁平成27年４月２日刑事部判決は，第１事実についてはＸの捜査段階における供述に信用性は認められないとして無罪とし，第２事実について傷害罪を適用しＸを懲役６年（求刑懲役７年）に処した[121)]。

【判　旨】

裁判所は，第１事実について無罪とした原判決を事実誤認として破棄し，第１事実及び第２事実に対し傷害罪を適用しＸを懲役７年に処した。

【研　究】

1　本事案は，実父による生後１か月から７か月の長女に対する身体的虐待のケースである。

Ｘは，第１事実について控訴審において「同女（筆者註＝実母Ｂ）が，他の男性と浮気をして被告人を裏切ったので，かばい続ける必要がなくなったほか，被告人に連絡を取ろうとしないことや，ＡがＢから虐待を受けることを防ぎたいと考える」に至ったとし事件性を争点とし実母が犯人であると供述する。

裁判所は，Ａの救急搬送先病院にいるＢへのＸから「俺にとって娘は邪魔なの」「動いたぶんだけ疲れるその分からだを休めないといけない　なのに休めないなぜか　Ａが騒ぐから」「イライラするの　殺意わくの」「俺さっき本気でころそうと思ったし」とのラインでの送信（原審甲第30号）からＸの動機と犯行を認定する。

裁判所は，「被告人の当審供述は，その内容に不自然，不合理な点が少なくない上，真犯人がＢであるとする供述をするに至った経過も不自然であるほか，信用性を肯認できる同女の原審証言にも反するから，信用に値しないというべきである。」と判示し，Ｘの主張を排斥する。

2　保健師は，育児支援の目的で平成26年２月18日と21日にＸ宅を訪問した際の状況として，「更衣の際，胸の高さで片手に児をうつ伏せにして脱がしたり，寝ている児の頭上を気にせず，物のやりとりをするなど，実際の扱いは雑で不注意」等と訪問結果を記載している。

平成26年３月５日，担当医は，Ａの１か月検診の際に多数の皮下出血の存在，それらの皮下出血がそれぞれ別の機会に生じたものと考えられること，ストレスを感じてＡの体重増加が不良の状態に陥った可能性等から児童虐待を疑い，看護師に指示して児童相談所に情報を提供させ，児童相談所はＡを一時保護した。その後，Ａは，生後６か月を迎え一時保護が解除され自宅に戻った。

Ａは，第２事実の暴行により「外傷性脳損傷が，現在の医学によっては回復が不可能な極めて重篤な傷害であり，その後遺症として，少なくとも左目に視覚障害が残っている可能性が高いばかりか，歩行が困難となる運動発達遅滞のほか，物を認識して話すことが困難となる知的発達遅滞やてんかんを併発する可能性まである」等の重篤な結果を招来している。

裁判所は，第１事実の受傷状況について法医学の専門医の法廷供述に基づき「自分が暴力を振ったためＡにあざが出来た」とのＸの自白供述の信用性を認定する。裁判所の判断は，妥当である。

判例63　千葉地裁平成27年12月11日第２刑事部判決[122)]

【事案の概要】

実母Ｘ（37歳）は，平成27年２月９日午前８時頃，育児に悩み柏市内の自宅で長女Ａ（４歳）及び二女Ｂ（１歳）の首を三角巾で絞めて殺害した。

【判　旨】

裁判所は，Ｘを心神耗弱と認定し懲役５年（求刑懲役８年）に処した。

【研　究】

本事案は，重度のうつ病に罹患した実母による長女及び二女殺害の身体的虐待のケースである。

Ｘは，公訴事実を認めた上で育児不安について「他の母親に比べ，自分は劣っていると思っていた。娘たちが成長していけるか不安だった」と供述する。

裁判所は，動機について「被告は『死んで楽になりたい』と思い，娘を残して不幸にするより将来に生じる苦しみから救ってあげたいと殺害を決意した」と判示する。

裁判所は，Ｘの責任能力について重度のうつ病で心神耗弱状態と認定し，量刑理由において「心中を決意した点には精神障害が影響している。（中略）心から後悔し，家族の支援を受けながら治療に取り組む姿勢を示しており，更生が期待できる」と判示する。

判例64　奈良地裁平成28年１月８日刑事部判決[123)]

【事実の概要】

Ｘ（26歳）は，平成27年７月４日午後１時頃，奈良県香芝市内所在のリサイクルショップの駐車場に自己使用の自動車を駐車し，同車内から駐車場に面して設置された女子トイレに向かう女児等を物色中，Ａ（当時11歳）の姿を認めた。Ｘは，Ａの後を追って同日午後１時56分頃，女子トイレ内に侵入し，Ａが個室内から出てくるのを隣の個室で待ち個室内から出ようとするＡの口をいきなり塞いで個室内に押し入った。Ｘは，Ａの両手首を結束バンドで緊縛し，口元にガムテープを貼り，Ａの身体を所携の旅行鞄に押し込み，自車内に連れ込み直ちに発進した。

Ｘは，その後Ａを旅行鞄から出して自車後部座席に座らせ，翌５日午後９

時35分頃までの間，同駐車場から県内のキャンプ場跡地を経て大和高田市内まで無免許で自車を約237キロメートル走行し，約32時間にわたりAを監禁した。Aは，緊縛行為等により全治約2週間の両手首擦過創，皮膚潰瘍の傷害を負った。なお，Aの両手首擦過創，皮膚潰瘍の傷害は，手首に傷跡が残る可能性が非常に高いと医師により診断されている。

【判　旨】

裁判所は，公訴事実を認定し，建造物侵入罪，未成年者略取罪，逮捕監禁致傷罪，道路交通法及び銃砲刀剣類所持等取締法によりXを懲役4年（求刑懲役8年）に処した。

【研　究】

1　本事案は，11歳の女児を自車に連れ込み32時間行動の自由を奪い傷害を負わせた身体的虐待ケースである。Xは，少なくとも，犯行5カ月前から商業施設等で女児等を連れ去る方法等を検討し，本件犯行現場にも10回以上赴き，女子トイレに向かう女児等を物色していた。

裁判所は，土曜日午後2時前という犯行時間帯，女子トイレに侵入して女児を旅行鞄の中へ押込み事前に結束バンド，ガムテープ，旅行鞄等を準備する計画性及び行為態様の大胆かつ粗暴性に対し量刑理由で厳しく非難する。

Aは，突然トイレで襲われ結束バンドで両手首を緊縛され口元にガムテープを貼られてから旅行鞄に押込められ，Xの自動車に搭載された。Aは，途中で緊縛されたまま後部座席に座らされ人気のない山中に連れていかれた。32時間の拘束時間は，Aにとり生命の不安と緊張の連続であり，突然駐車場から忽然と姿を消した娘を心配する両親にとり不安の連続の時間であった。

Xは，Aを解放しようとして犯行現場のリサイクルショップに向かう途中，巡回中のパトロールカーに追尾され大和高田市内の信号で停車を求められ職務質問され車内でAが発見され逮捕された。

2　裁判所は，量刑判断に際し「未成年者略取・逮捕監禁致傷の事犯の量刑の傾向」を踏まえた上で，監禁時間が週や月単位の事犯ほどでなく，傷害の程度も結束バンドによる拘束のほかには直接的な身体への加害や脅迫などがうかがわれない事案であり検察官の懲役８年の求刑は重いとし，懲役４年に処した。

裁判所の量刑判断は，Ａの両手首擦過創及び皮膚潰瘍は手首に傷跡が残る可能性が非常に高いとの医師の診断，無免許運転での夜間人気のない山中の走行を含めての監禁時間及び両親の不安をも考慮すると些か軽きに失すると言わざるを得ない。

判例65　大阪地裁平成28年２月26日第６刑事部判決[124)]

【事実の概要】

実父Ｘ（34歳）は，平成25年３月25日午前８時頃から10時31分頃までの間に長男Ａ（生後２カ月）の頭部に強い衝撃を与える何らかの暴行を加え，外傷性急性くも膜下出血，脳腫脹を発症させ死亡させた。

【判　旨】

裁判所は，本件公訴事実について犯罪の証明がないとして刑事訴訟法336条によりＸに無罪（求刑懲役８年）を言渡した。

【研　究】

１　本事案は，実父Ｘが長男Ａ（生後２カ月）の頭部に強い衝撃を与える何らかの暴行により死亡させたかを争点とするshaken baby syndrome 身体的虐待のケースである。

争点は，犯行時とされる平成25年３月25日午前８時頃以前に既にＡが死に至るような受傷をしていた可能性の有無である。

裁判所は，Ａの受傷時期，死亡前日のＡの様子及びＸ以外の者の暴行によるＡ受傷の可能性について法医学を専門とする２名の医師及び脳外科医２名の公判供述等を詳細に検討する。

実母Ｂ（25歳）は，死亡前日のＡの様子について「３月24日の午後９時頃に被害児を寝室で寝かしつけた，その後，被害児が夜泣きをした際にその首元や服が濡れていたので嘔吐しているのが分かり，被告人とＦ（＝筆者註＝実母Ｂ）が被害児の服を着替えさせてミルクを飲ませたことが２回あった，嘔吐の量が普段とは違ったので，病院に連れて行かなくて大丈夫かなと心配になったが，朝まで様子をみることにした，３月25日朝になって被害児が泣いたので，被告人が被害児を連れて寝室を出た」と供述する。

裁判所は，「被害児が夜中に嘔吐していたという点に照らすと，その時点で既に本件脳損傷に至る受傷をしていた可能性が排斥できないというべきである。」と判示する。

裁判所は，４名の専門医の供述を精査した上で「被告人にのみ犯行可能性のある本件公訴事実記載の時間帯以前の時点で，既に本件脳損傷が生じ，それが進行して死に至った可能性はないと認めることはできない。」と判示する。

２　本事案は，公訴事実の犯行時間帯である平成25年３月25日午前８時頃から10時31分頃以前の時間帯でＡの外傷性急性くも膜下出血，脳腫脹が発症し死亡に至った可能性を否定できないとして犯罪の証明がなされていないとするものである。

裁判所は，ＡのCT画像をも資料とし法医学医２名及び脳外科医２名の公判供述に基づいてＡ受傷の経緯を検証する。

裁判所の判断は，妥当である。

判例66　名古屋地裁平成28年３月７日刑事第３部判決[125)]

【事実の概要】

トラック運転手である実父Ｘ（33歳）は，平成24年２月23日午後６時30分頃から９時13分頃までの間に，豊橋市内の病院小児科病棟で二女Ａ（当時生後２か月）の頭部を激しく揺さぶり，ベッド上のマットレスや自己の体などの柔らかいものに強く押し付けＡに急性硬膜下血腫，くも膜下出血，びまん性脳損傷，脳挫傷，多発性頭蓋骨骨折，硝子体出血，びまん性網膜出血の傷害を負わせた。Ａは，平成25年７月29日午前11時35分頃，入院先の浜松市内の病院において低酸素脳症により死亡した。

Ｘは，平成24年７月12日午後９時30分頃から翌13日午前３時頃までの間に，豊橋市内の自宅において，三女B（当時生後7か月）の両腕を持って頭部を激しく揺さぶり，急性硬膜下血腫，急性くも膜下出血，脳損傷，網膜出血，脈絡膜出血，左上腕骨骨幹部骨折等の傷害を負わせ，翌8月7日午後9時54分頃，同市内の病院において急性硬膜下血腫による高度の脳浮腫により死亡させた。

【判　旨】

裁判所は，公訴事実を認定し傷害致死罪を適用してXを求刑通り懲役15年に処した。

【研　究】

1　裁判所は，争点としてX及び弁護人主張のA及びB傷害致死の事件性及び犯人性について検討する。なお，二女Aと三女Bは，双子の姉妹である。

裁判所は，二女Aには内因性の疾患はなく，脳及び眼球への傷害の受傷結果について頭を激しく揺さぶられ，頭部を前後から柔らかいもので圧迫されたために頭蓋骨骨折を惹起した（所謂 shaken baby syndrome）との医師の証言から事件性を認定する。

裁判所は，犯人性について，2月23日午後6時30分頃から9時13分頃までの間，Aに付き添っていたのはXだけである事実と妻の「事件後，被告人は，妻に対して，Aにミルクを飲ませた後，Aを左胸付近に抱きゲップをさせようとした際，Aが被告人の肩付近にミルクを吐いたため「何だこいつ」とAの頭部を自分の体にたたき付けたところAの頭がぐらっとした」との供述により犯人性を肯定する。

裁判所は，三女Bには内因性の疾患はなく，Bの死因である急性硬膜下血腫による高度の脳浮腫及び急性くも膜下出血，脳損傷，網膜出血，脈絡膜出血，左上腕骨骨幹部骨折等の傷害についての「これらは両腕を持たれて頭を激しく揺さぶられるなどした結果」（所謂 shaken baby Syndrome）とする医師の証言から事件性を認定する。

裁判所は，犯人性について，暴行が加えられたと考えられる時間帯（平成

24年7月12日午後9時30分頃から翌13日午前3時頃）に部屋にいたのは，B，当時2歳になる長女，妻及びXであった。妻は，Bの呼吸が異常であることを知り，医師に相談する際に使うため携帯電話の動画機能を使ってBの様子を残した。妻は，Bを病院へ連れて行く際にXに同行を求めたが拒否され一人でBを病院に連れて行き，医療関係者に当時の状況やBの症状を詳細に説明した。

裁判所は，妻の供述の信用性を認定しXの供述の信用性を否定しXの犯人性を肯定する。

2　裁判所は，量刑理由において本事案は凶器を用いない傷害致死事件で被害者が実子である事案の過去の裁判の傾向を踏まえ，Xも本人なりに育児に協力していた点及び日常的に虐待が行われていた事案ほどには重い事案とはいえないとしながらも，Xを求刑通りの刑に処した。

裁判所の判断は，妥当である。

判例67　東京高裁平成29年1月13日第3刑事部判決[126)]

【事実の概要】

実父X（37歳）は，平成13年5月30日，妻Bとの間に長男Aが出生した後，神奈川県厚木市内の当時の自宅において，妻及び長男Aと3人で生活していた。平成16年10月頃，妻が家出をしてから，以後は長男と2人で生活するようになった。Xは，実父として幼年者であるAを保護する責任を負っていたが，Aを自宅6畳和室内から出られない状態にした。Xは，自宅には他にAの育児をする者はいないのに，面倒を見るのが嫌になり，平成18年10月頃から平成19年1月中旬頃までの間，自宅に帰宅するのは2，3日に1回くらいになり，更には1週間に1回くらいになり，Aに不十分な食事しか与えなくなった。Xは，気温が低下していく状況下で暖房していない室内にAを閉じ込め放置し，生存に必要な保護をせず，平成19年1月中旬頃，自宅室内においてA（当時5歳）を死亡させた。

原審横浜地裁平成27年10月22日刑事第6部判決は，公訴事実を認定し殺人罪及び詐欺罪を適用してXを懲役19年（求刑懲役20年）に処した。[127)]

【判　旨】

裁判所は，殺人の故意を認めて犯罪事実を認定した原判決には事実の誤認があるとして，破棄自判し，保護責任者遺棄致死罪及び詐欺罪を適用してXを懲役12年に処した。

【研　究】

1　本事案は，実父が適切な養育を放棄し死後7年経過して白骨化遺体となった長男への身体的虐待のケースである。

裁判所は，殺人罪を認定した原審の判断を「被害児の死亡時期が平成19年1月中旬頃であるとした点は，合理的なものとして支持できるが，B医師の原審証言に依拠して，被害児は，遅くとも死亡する1か月前の平成18年12月中旬頃までには，栄養不足による拘縮が始まっており，その時点の被害児の状態は，ほほがこけてげっそりするような相当やせた状態で，運動能力は非常に落ち，手指はこわばってほぼ動かせない状態であったと認定した点については，B医師及びD医師の各原審証言の信用性評価を誤るなどして，経験則等に照らして不合理な判断をしたものであり，その結果，被告人の検察官調書（原審4）における供述の信用性評価を誤るなどして，上記のような殺人の犯罪事実が認定できるとしたもので，その認定は，経験則等に照らして不合理であって，支持できない。（中略）原判決は，上記のとおり，B医師の証言の信用性を高く評価する根拠として，特に小児の法医学を専門としていて，栄養失調で飢餓に陥った児童虐待の事例を扱った経験や拘縮の事例において救命，解剖等を行った経験が十分であることを挙げているが，D医師についても，一般的な法医学の知識経験は豊富であり，司法解剖の経験も多数あることからすると，被害児の遺体の手足の関節が曲がった状態であったことについて，拘縮が生じていなければあり得ないものなのかどうかの専門的な経験則に関しては，専門家としての経験にB医師と有意差があるとはいえず，専門家としての経験の差から，B医師とD医師の各証言の信用性に差があると判断することは不合理である。」と判示し，「被告人の原審公判供述，Ｃ医師の原審証言等の原審証拠によれば，被害児が死亡するまでには，栄養不十分な食事しか与えられなかったことにより，栄養状態が悪化し，相当やせて衰弱した状態になっていたことが認められるが，医師による適切な診療を受けさせるなどしなければ，死亡する可能性が高い状態になっていたとも，そのことを被告人が認識していたとも認定できないのに，殺人の故意を認めて上記犯罪事実を認定した原判決には，判決に影響を及ぼすことが明らかな事実の誤認がある。」と判示する。

2　原審裁判所は，Ａの死亡時期について平成26年６月にＸ方内のゴミが押収された中に消費期限が平成19年１月24日午前５時と袋に記載されている未開封のコロッケパンが１個あったこと等からＸがＡの死亡を確認したのは平成19年１月16日から17日頃とし，Ａの死亡時期を平成19年１月中旬頃と認定する。

小児を専門とする法医学医Ｂは，Ａの遺体写真を見て，「被害児童の遺体には，栄養が不足して異化作用が生じ，筋肉がエネルギーに変えられて萎縮し，関節が曲がって固まってしまうという拘縮の跡が見られ，その程度が重度であることやこれまでの経験から，被害児童は死亡時からさかのぼって少なくとも１か月以上は拘縮が進行する低栄養状態に置かれていた。」と証言する。

放射線による小児の画像診断を専門とするＣ医師は，Ａのレントゲン写真を見て，「骨濃度，骨密度が低く，緻密骨の骨量が通常の５歳児の半分程度であって，少なくとも２，３週間以上は生命に危険が生じかねないほどの全体的な栄養不良の状態に置かれていた。カルシウム，ミネラル，リン等の特定の栄養素の偏りによる疾病によるものではない。」と証言する。

原審裁判所は，Ａの衰弱から死亡までの状態について小児を専門とする法医学医Ｂ医師及び放射線による小児の画像診断を専門とするＣ医師の供述を基にＸは，Ａに対し拘縮開始時の前である平成18年秋頃から，２,３日に１回くらいの食事しか与えなくなり，拘縮開始時以降，２,３日に１回くらい又は週１回くらいの栄養不十分な食事しか与えず，Ａが死亡する直前までには週１回くらいの栄養不十分な食事しか与えなくなっていたと認定する。

原審裁判所は，Ｘは拘縮開始時頃，Ａの相当衰弱した状態を認識し，その時点において医師による適切な診療を受けさせるなどしなければＡが死亡する可能性が高い状態にあったことを認識していたとして殺意を認定する。

3　被害児Ａは，平成16年10月母親の家出直前午前４時頃自宅付近の路上でＴシャツにおむつ姿で震えていたのを通行人に発見され，警察は厚木児童相談所に通告し同児童相談所に一時保護された。同児童相談所は，「迷子」と判断し，迎えに来た母親にＡを引き渡した。Ａは，翌月の３歳半健診に来なかったが，児童相談所は家庭訪問をすることもなかった。[128)]

最悪の死亡という結果は，児童相談所の時宜にかなった適切な介入で回避可能であった。[129)]

本事案は，長期間にわたり放置されていた点で就学時に児童の所在を確認する必要性を示唆し，行政も対策案を提示する。[130)]

4　本事案は，社会的関心を喚起し裁判員裁判も注目を集めた。

裁判員は，判決公判後，裁判員の男女８人（補充２人含む）が記者会見に臨み身体的虐待の防止について発言する。

女性裁判員は「被告は次第に育児への関心を失い，成り行きに流された生活をしていることに無自覚だった」と批判し，公判で被告が警察の取り調べを振り返って「殺意を否認していれば弁護士が何とかしてくれると思った」と証言したことに触れ，「Ａ君の苦しみをきちんと受け止めてほしい」と述べた。子育て経験のある40代の女性裁判員は「被告の責任も大きいが，周囲が助けられる可能性もあったのが悲しい」と，児童相談所や家族の責任にも言及した。育児相談を誰にすればいいか分からなかったという被告の証言を踏まえ「子育てが分からない親たちにきちんと情報提供できる社会にすることが再発防止につながる」と訴えた。[131)]

判例68　熊本地裁平成29年2月8日刑事部判決[132)]

【事実の概要】

X（24歳）は，平成27年8月下旬から9月4日まで，乳児A（当時生後3か月）とAの母親Bと行動を共にし，二人でAの面倒を見ながらホテル等で共に覚せい剤を使っていた。Xは，9月4日午前5時頃から8時40分頃までの間，熊本市内のホテルの部屋でAにフエニルメチルアミノプロパン又はその塩類若干量をAの口から投与して身体に摂取させ，同日午前9時頃から11時40分頃までの間に同所においてAを覚せい剤中毒による循環障害等により死亡させた。

【判　旨】

裁判所は，公訴事実を認定し殺人罪及び覚せい剤取締法を適用してXを懲役16年（求刑懲役20年）に処した。

【研　究】

1　本事案は，乳児A（当時生後3か月）に対し覚せい剤を投与して死亡させた身体的虐待のケースである。

裁判所は，争点として被害児の死因（争点1），被告人の犯人性（争点2），覚せい剤投与の危険性に関する被告人の認識（争点3）の3点を挙げ検討する。

裁判所は，被害児の死因について司法解剖を行った法医学者，窒息死を専門とする法医学者及び薬毒物中毒死を専門とする法医学者の3人の供述に基きAの死因を覚せい剤中毒による循環障害等であると認定する。

裁判所は，Xの犯人性についてXと友人Hとの11月のパチンコ店での会話，HとJとのLINEでの会話記録，XとJとの8月中旬から9月1日までの電話での会話，Aの母親Bの妹の供述及びWの供述を検討し，「被告人が犯人であることを極めて強く疑わせる事実がある一方，前記4のとおり，被告人以外で唯一犯人の可能性がある母親Bが犯人であるとすると，合理的には説明できない事実関係もある。そうすると，結局，被告人が本件の犯人であると認めることができ，そこに合理的な疑いはない。」と判示し，Xの犯人性を認定する。

裁判所は，Xの覚せい剤投与の危険性に関する認識について「覚せい剤を，ごく少量でも乳児に投与する行為は，その乳児を死亡させる危険性がかなり高い行為であり，一般的にもそのように考えられているとみられるのであるから，本件犯行の際，被告人も，覚せい剤を被害者に投与する行為は，それがごく少量であっても，被害者を死亡させる危険性の高い行為であることを認識していたと認めるのが常識に適っている。（中略）被告人は，被害者が死んでしまうことを積極的に望んではいなかったとはいえ，覚せい剤をごく少量でも投与することにより被害者が死亡する危険性が高いことを十分に認識していたにもかかわらず，これを行ったものと認めるのが相当である。」と判示し，Xの覚せい剤投与の危険性に関する認識を認定する。

2　X及びBは，覚せい剤を使用しており，本件前にもAに対し覚せい剤を投与している。Bは，妊娠中であるにも関わらず覚せい剤を使用し，Aへの母乳中に覚せい剤の含有されていることを認識している。

Aの死因である覚せい剤中毒による循環障害による死亡の機序は，生後３か月で臓器や組織が十分に発達していない乳児に覚せい剤を投与し心臓から血液を体中に送る機能を強めた結果，心臓の機能がうまく作用しなくなり死に至るものである。

裁判所は，量刑理由において「いわゆる虐待事案とみるのは難しい」と判示する。

Xは，生後３か月の乳児Aに覚せい剤を「食わせた」結果，Aは「目を見開く，多量の汗をかく，眠れずに泣いているなどの症状」等の症状を来たし死亡している。本件は，以上の死に至る経緯に配意すれば身体的虐待そのもののケースである。

本件を身体的虐待とみなし難いとする裁判所の判断は，妥当性を欠如する。

判例69　熊本地裁平成29年3月27日刑事部判決[133)]

【事実の概要】

実父X（29歳）は，平成26年6月18日頃，自宅で乳児A（生後約1か月）の身体を両脇から抱え上げて激しく揺さ振り，回復見込みのない精神運動発達遅滞，痙性四肢麻痺等の後遺症を伴う急性硬膜下血腫，クモ膜下出血，びまん性脳腫脹等の傷害を負わせた。

【判　旨】

裁判所は，公訴事実について犯罪の証明がないとして刑事訴訟法336条によりXに無罪を言渡した。

【研　究】

1　本事案は，実父の乳児A（生後約1か月）への shaken baby syndrome による身体的虐待のケースである。

本事案の争点は，事件性及び犯人性である。

Aの受傷に関しては，客観的資料としてカルテ，CT 画像及び MRI 画像等があり，鑑定医である小児科医D及びEの法廷供述がある。

D及びE両医師は，Aの頭部や顔面に非常に強い力が加わったことをうかがわせる外傷痕が認められないにもかかわらず，「〔1〕非常に強い力によって頭蓋骨と脳とがずれ動き橋静脈が引きちぎられることによって生じる大脳半球間裂の急性硬膜下血腫やびまん性脳腫脹という重篤な脳の損傷が認められたこと，〔2〕眼球が上下左右に激しく動くことによって生じたとみられる眼底出血も認められたことから，これらの損傷は，落下等の事故によるものではなく，人為的なものであると強く疑われる，（中略）Aには上記急性硬膜下血腫の原因になりそうな先天的な異常や体質（易出血性）は認められないから，Aの傷害は，何者かによって，体幹が固定された状態で頭部を前後に揺さ振られたことにより生じたとしか考えられず，その強さも，橋静脈を引きちぎる程度の強い慣性力が加わっていることからして，かなり激しく何度も揺さ振ったと考えられる」と供述する。

平成26年6月18日，X宅の在宅者は，X，妻B，長男（当時5歳），長女

（当時１歳）及びＡの５名であり，揺さ振り行為を行える可能性はＸ及びＢに限定される。検察官は，帝王切開の傷口の痛みに苦しんでいたＢが揺さ振り行為に及ぶことは体力的に困難であり，ＸがＡの世話をしていた状況下でＢが犯行に及ぶ機会は乏しかった点とＸが任意出頭し「Ａの重篤な傷害は自らの暴力が原因である旨を申告した事実や，その後の捜査段階において一貫してＡを揺さ振ったことを認める供述をしていた事実」によりＸの犯人性を主張する。

裁判所は，Ｘの自白供述について「本件実行行為である揺さ振り行為を行ったことを自認する供述（直接証拠）とみるのは困難である」としたうえで，「被告人が本件とは別の機会にＡを何度か揺さ振ったが，本件傷害のような重篤な結果が生じるには至らず，Ｂが相当幅のある本件犯行時間帯に誰にでも可能な本件実行行為をしたことによって本件傷害が発生したとの可能性を排斥することはできない（実際，Ｂも帝王切開の傷口の痛みがある中でＡの世話をするという少なからずストレスの掛かる状況下にあり，Ｂが揺さ振り行為に及んだとしても不自然とはいえない事実関係もある。）。以上によれば，被告人が本件実行行為を行った犯人であると認めるには合理的疑いが残る」と判示しＸに無罪を言渡す。

2　Ａは，回復見込みのない精神運動発達遅滞，痙性四肢麻痺等の後遺症を伴う急性硬膜下血腫，クモ膜下出血，びまん性脳腫脹等の傷害を受傷している身体的虐待の事実は存在する。

刑事裁判は，犯罪結果の発生を前提とし実行行為者を特定し，実行行為者が犯人であることを合理的疑いを超克する検察官の挙証責任の下に完結する司法制度である。

本事案は，実行行為者を特定する検察官の立証が不十分とされたケースであり，裁判所の判断は妥当である。

判例70　大阪地裁堺支部平成29年７月19日第１刑事部判決[134]

【事実の概要】

実母Ｘ（22歳）は，平成27年５月30日頃から６月１日頃までの間に，自宅において長男Ａ（当時３歳）の右頬，左肘付近に何らかの熱源を接触させ，Ａに全治約10日間の右頬部熱傷，全治３から４週間の左肘部熱傷の傷害を負わせた。

Ｘは，６月14日午後３時15分頃から７時44分頃までの間，夫Ｙと共謀してＡを浴室出入口ドアの内鍵つまみ部分が取り外された浴室内に入れ外側から施錠してテープを貼って固定した後，棒を同ドアの外側にテープで貼り付けその内側から解錠すること及び同ドアを開けることを著しく困難な状態にしてＡを浴室内に監禁した。

Ｘは，平成27年６月14日午後７時44分頃から翌15日午前１時44分頃までの間，夫Ｙと共謀し，浴室においてＹはＡの後頸部付近を足で踏み，Ａが謝っているにもかかわらず，複数回にわたってその顔を少なからぬ時間水に沈めることを繰り返す等の暴行を加えＡを心肺停止の状態に陥らせ同月18日午後４時13分頃，搬送先の大阪市内の病院において低酸素虚血性脳症により死亡させた。

【判　旨】

裁判所は，傷害罪及び監禁罪の公訴事実を認定しＸを懲役２年６月保護観察付き執行猶予５年（求刑懲役12年）に処した。なお，傷害致死罪の公訴事実については無罪を言渡した。大阪地裁堺支部平成29年２月３日第１刑事部判決は，共犯である夫Ｙに対し傷害致死罪の成立も認定しＹを懲役９年（求刑懲役13年）に処した。[135]

【研　究】

１　本事案は，実母による長男（当時３歳）への身体的虐待のケースである。

裁判所は，傷害罪の成立を認定し，監禁罪については夫との共犯関係のみを認定した。

裁判所は，被害児Ａと両親の３人のみの浴室という密室での傷害致死の公訴事実について実母Ｘ及び養父Ｙの供述の信用性について検討する。

検察官は，「被告人と実行犯であるＹとの共謀を基礎付ける重要事実として，被告人がＹから「大丈夫かな。」と聞かれた際，「大丈夫やろ。」と発言して，本件虐待を容認し更にあおった」として傷害致死罪についてＸとＹとの共犯関係を主張する。

裁判所は，「被告人にとっては突然の出来事で，Ｙがどのような理由で本件虐待に及んだのかすら分かっていない状況の下で，Ｙから「大丈夫かな。」と聞かれて「大丈夫やろ。」と犯行を積極的に容認して更にあおったというのは，これまでの被告人の虐待行為等に照らして，異質で違和感を覚えざるを得ない。そして，被告人としては，翌日にはＡを施設で保護してもらうことを考えていたことをも踏まえれば，何の疑問もなく素直に納得できるものとは言い難い。」と判示し，ＸにはＹとの傷害致死罪の共謀は認められないとして傷害致死罪については無罪を言渡した。

2　Ｘの家族関係について検討する。Ａは，出生後ほどなくして乳児院に一時保護され，その後も乳児院や児童養護施設で生活していた。ＸとＹは，結婚後平成27年３月30日，Ａを引き取り３人で生活を開始した。Ａは，養父Ｙに懐かずＹからの暴力で顔に怪我等を負い，再び一時保護され，５月12日に保護が解除されて自宅に戻った。その後，ＹのＡへの暴力はエスカレートし，本件犯行に至り，ＸとＹは外出の際には，Ａを自宅の浴室に閉じ込めて外出することを繰り返すようになった。

児童相談所は，Ａの成育歴と実母の結婚の事実を把握していたものと思慮する。本事案では，児童相談所が養父による身体的虐待で被害児の一時保護のなされているハイリスク家庭に対し一時保護，解除等の手続きで十二分に検証されていたのか疑問である。

傷害致死罪の公訴事実を否定する裁判所の判断は，妥当である。

判例71　大阪地裁平成29年10月２日第14刑事部判決[136)]

【事案の概要】

祖母Ｘ（66歳）は，平成28年４月６日午後２時20分頃から４時50分頃までの間に，大阪市内の二女の部屋で孫Ａ（当時生後２か月）の頭部に強い衝撃を与える何らかの暴行を加えて，Ａに急性硬膜下血腫，くも膜下出血，眼底出血等の傷害を負わせ，７月23日，大阪府高槻市内の病院において脳機能不全により死亡させた。

【判　旨】

裁判所は，公訴事実を認定し傷害致死罪を適用しＸを懲役５年６月（求刑懲役６年）に処した。

【研　究】

１　本事案は，生後２か月の乳児になされた shaken baby syndrome による身体的虐待のケースである。

裁判所は，争点をＸがＡの頭部に強い衝撃を与える何らかの暴行を加えたか否かの犯人性とする。

裁判所は，小児科医と法医学医のCT画像やMRI画像，Ａの症状に関する両親の供述等の関係資料の分析と，「被害児の頭部には急性硬膜下血腫，多発性のくも膜下出血，びまん性脳損傷に続発した脳浮腫が認められるとともに，両目には広範囲にわたる多発多層性網膜出血が認められる」との供述に依拠し shaken baby syndrome による傷害致死罪の成立を認める。

２　犯行当日の状況を検討する。

Ｘは，平成28年４月６日午後２時20分頃二女の部屋を訪れた。部屋には，Ａの母，Ａ及びＡの姉（当時２歳２か月）の３名が居た。Ａの母は，洋室内のソファーに座ってＡに授乳をしており，ほどなくして授乳を終え，ＸにＡを預けて，外出するために寝室で着替えをし始めたところＡが泣き始めた。

Ｘは，洋室に戻ってきたＡの母にＡが泣き止まないので寝かせてくると言ってＡを寝室にあるベビーベッドに寝かせた。Ａの母は，午後４時50分頃に帰宅し，洋室で約20分間，Ｘと会話をしてから寝室に行きＡの様子がおかしいことに気付いた。

裁判所は，犯人性について当日午後２時20分頃から４時50分頃までの間，部屋に在室したのはX，A及びAの姉（当時２歳２か月）であり，実行行為が可能なのはXのみであるとし，Xの犯人性を肯定する。

3　裁判所は，受傷原因について小児科医の「被害児には硬膜下血腫等を引き起こす内因性の病態が確認されないことから，外因によるものである。局所的な受傷ではないこと等に照らし，被害児の傷害は，頭部を揺さぶられるなどして回転性の外力が加わることにより生じたものであり，その外力の程度は，５センチメートルの振り幅で１秒間に３往復揺さぶるといった，成人が全力で揺さぶる程度のものであったと考えられる」との供述を採用し，shaken baby syndrome とする。

4　裁判所は，Xには同機がないとの弁護人の主張に対し，「被害児が泣き止まないなどの理由で激高し，突発的に被害児に暴行を加えるといった事態は考えられるのであり，被告人に動機が全くないとはいえない。」と判示する。

然しながら，Xが偶発的・突発的に及んだとする裁判所の判断は，Xのどのような供述に基づく認定であるのか不分明であり，Aの頭部を５センチメートルの振り幅で１秒間に３往復揺さぶる衝動的行為の動機としては疑問である。

判例72　大阪地裁堺支部平成29年10月６日第２刑事部判決[137)]

【事案の概要】

実父X（36歳）は，平成27年12月17日午後11時頃，大阪府松原市内の自宅において長男A（当時３歳）が深夜にも関わらず就寝しないことに腹を立て，Aを抱きかかえて６畳洋間から４畳半洋間を通って洗面所兼脱衣場に入り，扉を閉めAの頭部を右手で数回叩いて壁に打ち付けた。Aは，外傷性頭蓋内損傷により翌18日頃，死亡した。

実母Y（33歳）は，４畳半洋間において，XがAを抱きかかえて洗面所兼脱衣場に向かおうとしているのを目撃したが傍観していた。

Ｘは，Ａの死亡後，Ｙの同意を得て平成27年12月18日から平成28年５月22日頃までの間，Ａの死体を松原市の自宅で布団でくるみ布団圧縮袋に詰め４畳半洋間の押入内及び転居先の堺市内の住居の東側６畳洋室のクローゼット内に隠した。Ｘは，大阪府南河内郡内の水越川河原の地面に掘った穴にＡを埋めた。

Ｘは，平成28年１月４日，松原市内から堺市内の住居への転居に伴いＡの児童手当を申請する際，Ａが死亡しているにも関わらず，同手当の支給を決定させ，自己の名義の普通預金口座に児童手当１万円を振込入金させた。

【判　旨】

裁判所は，公訴事実を認定し傷害致死罪及び死体遺棄罪を適用してＸを懲役７年（求刑懲役10年），Ｙを傷害致死罪の幇助犯として懲役３年（求刑懲役４年）に処した。

【研　究】

１　本事案は，両親による長男への身体的虐待のケースである。

裁判所は，傷害致死罪についてＡに対する暴行の黙示の意思連絡がなされているとして共謀共同正犯が成立するとの検察官の主張を排斥する。裁判所は，ＸのＡへの暴行時点でのＹの対応として洗面所兼脱衣場の扉のすぐ近くにいたＹには，ＸがＡに暴行を加えないようにするため，Ｘにやめるように声をかけ，扉の前に立ってＸが中に入れないようにしたり，近づいて洗面所兼脱衣場に行くのを止めるなどの措置をとるとか，Ｘが中に入ってしまった後であっても，扉をノックしながら声をかけ続けたり，Ｘの体が邪魔になって扉が開きにくいとしても，扉を開けようと押し続けるなどすることは十分に可能であったと判示する。その上で，裁判所は，Ｙについて「被告人Ｙは，被告人Ｘの暴行を阻止する措置をとるべき義務があり，それをとることも可能で，それにより暴行を阻止できた可能性も高かったのに，そのような措置をとることなく，被告人Ｘの犯行を容易にしたといえ，故意の存在も認められるから，被告人Ｙには，傷害致死罪の幇助犯が成立する。」と判示し，

Ｙを傷害致死罪の幇助犯とする。

2　裁判所は，共犯者各自の役割分担を検討し，傷害致死罪について実行正犯としてのＸ及び幇助犯としてのＹと解し，死体遺棄罪についてＸ及びＹの共謀共同正犯とした。

裁判所の判断は，妥当である。

判例73　奈良地裁平成29年12月21日刑事部判決[138)]

【事実の概要】

実父Ｘ（23歳）は，平成28年12月19日午後6時頃から10時頃までの間，自宅において長女Ａ（当時生後5か月）の両脇を両手で抱え上げて壁にその頭部を複数回打ち付け，抱えたままＡの身体を前後に激しく揺さぶり急性硬膜下血腫及びびまん性脳実質損傷の傷害を負わせた。Ａは，同月21日午後1時20分頃，奈良県橿原市内の搬送先病院において脳浮腫により死亡した。

【判　旨】

裁判所は，Ｘの捜査段階における自白や，ＸがＡの身体を揺さぶる状況を目撃したとの妻Ｂの証言の信用性を否定し，公訴事実について犯罪の証明がないとして刑事訴訟法336条を適用してＸに無罪（求刑懲役8年）を言渡した。

【研　究】

1　本事案は，長女Ａ（当時生後5か月）に対する shaken baby syndrome による身体的虐待のケースである。

裁判所は，争点として「致命傷が故意による暴行によって生じたか否か」という事件性と犯人性の2点を挙げる。

裁判所は，解剖医の供述及びＡの生前に撮影された頭部CT画像や死後に撮影された頭部MRI画像から受傷原因等を検討したＣ医師及びＤ医師のびまん性軸索損傷が生じる原因として「成人であれば交通事故や高所転落等，頭部に極めて強い回転性外力を加えられなければ生じ得ず，長女の月齢を考慮すれば，必ずしも同程度の外力が必要とまではいい切れないものの，強い揺さぶりなどの外力が必要であり，日常の育児上の動作や，１メートル程度の高さから乳児を布団に落とすという程度では，同損傷が生じることは考えられない」との証言に基き「日常生活の中で生じ得る事故等によるものではなく，頭部に意図的な強い回転性外力が加えられた結果といえ，上記損傷が故意による強い外力によって生じたことは明らかである。（中略）被告人らが鼻から血の混じったミルクが出ている長女の異変に気付いて119番通報したのが同日午後10時37分頃であることも併せて考慮すると，長女の致命傷は，同日午後６時頃から上記異変が発見された頃までに生じたものと認められる。」と判示し，事件性を認定するとともに犯行時刻をも特定する。

2　裁判所は，犯人性について捜査過程でのＸの供述の変遷と「平成28年12月19日に，長女の前額部を子ども部屋の壁面に叩き付けた。」との自白（平成29年６月27日付け検察官調書（乙６））と妻Ｂの「被告人が長女の身体を揺する場面を目撃したが頭部を壁にぶつける場面は目撃しておらず，長女の前額部のあざには心当たりがなく，ミルクを与えていた被告人と交代して寝かせようとした際にも，長女の顔の様子に異変はなかった。」との証言との整合性の視点からＸの自白の信用性を検討する。

裁判所は，Ｘの自白について「核心部分が他の証拠によって直接裏付けられていないなど，その信用性を担保する事情が十分でないだけでなく，供述の核心部分が大きく変遷していて，Ｅ（＝筆者注＝妻）をかばうために虚偽自白をした旨いう被告人の公判供述も排斥できないから，信用性に欠けるというべきである。」と判示する。

3　本事案の顕在化の端緒は，搬送先の病院が奈良県中央こども家庭相談センター（児童相談所）に連絡し，こども家庭相談センターが両親から聞き取りを行った後，奈良県警天理署に「虐待の疑いがある」と通報したことにある。

Ｘ及びＢは，Ａの入院翌日平成28年12月20日，警察でＡの傷害が生じた原因について事情聴取を受けた。その後，Ｘ及びＢは，平成29年６月８日任意同行を求められ，同月27日付Ｘの検察官面前調書（乙６）が作成された。

Ｘの家庭状況は，Ｘ，Ｂ，長男（当時１歳８か月）及び長女Ａの４名である。Ａは，平成28年６月未熟児として誕生し，10月末まで入院し，退院の約１カ月後に保健師の家庭訪問を受け，「容体に問題は無かった」との成育状況であった。保健師の次回の訪問予定は，事件３日後の12月22日であった。[139)]

本事案は，裁判所が認定するように「長女が何者かの暴行により死亡し，受傷した時間帯は，平成28年12月19日の午後６時頃から長女の異変が発覚した同日午後10時37分頃までと認められ，その時間帯には，被告人方には被告人，Ｅ（＝筆者注＝妻），長男（当時１歳８か月）及び長女の４名しかおらず，長男の年齢等に照らせば，長女の致命傷を生じさせたのは被告人またはＥのいずれかに限定されるというべきである。」という状況下で発生している。

裁判所は，Ｘの捜査段階の自白及びＢの目撃証言の信用性を否定し，「その他の証拠によっても被告人が公訴事実記載の暴行を加えた犯人であると認めることはできない。」と判示し，無罪を言渡した。

裁判所の判断は，妥当である。

密室での犯行の立証は，状況証拠と並んで被告人の供述や目撃証言に依拠するところ大である。捜査機関及び検察官の緻密な立証活動は，児童虐待事案の解明において不可欠であり，十全を期さねばならないことは言うまでもない。

判例74　横浜地裁平成30年２月14日第１刑事部判決[140)]

【事実の概要】

保育士Ｘ（34歳）は，平成27年12月６日午前零時８分頃から４時29分頃までの間に，勤務中の神奈川県平塚市内所在の託児所に預けられていたＡ（当時生後４か月）の頭部に強い外力を加える何らかの暴行を加え頭部打撲，頭蓋骨骨折に伴う脳挫滅等の傷害を負わせ，同日午前９時59分頃，伊勢原市内の搬送先病院において脳挫滅によりＡを死亡させた。

【判　旨】

裁判所は，「被告人がＢ（＝筆者注＝Ａ）の頭部に強い外力を加える何らかの暴行を加えたとの推認を妨げる事情はなく，被告人がＢに対し，判示のとおりの暴行を加えて頭部打撲，頭蓋骨骨折に伴う脳挫滅等の傷害を負わせ，前記脳挫滅により死亡させた事実が認められる。」と判示し，公訴事実を認定し傷害致死罪を適用してＸを懲役10年（求刑懲役13年）に処した。

【研　究】

1　本事案は，保育士が自己の世話する乳児（当時生後４か月）を深夜業務中に死亡させた身体的虐待のケースである。

Ｘは，傷害致死の実行行為をしていないとして犯行事実を争点とする。Ｘは，夜10時から翌朝６時までの間，託児所41畳間プレイルームで20名前後の乳幼児を一人で世話をするという就労環境下にあった。

本事案の犯人性特定の客観的証拠は，Ｘの一人勤務の託児所で第三者が本件託児所内で被害児Ａと接触していない状況下では託児所エレベーター前及び託児所内に設置された防犯カメラの映像である。犯罪性特定の客観的証拠は，血液検査結果や頭部CT画像，解剖資料等である。Ａの主治医の小児科医及び脳外科医及びＡの解剖医等の法廷供述は，「このような頭蓋骨骨折は，極めて高度であり，Ｂの頭部に対して，非常に強い外力が加わったことにより生じたものである。転落や転倒などの過失や不可抗力で加わる力には限度があり，第三者が意図的に強い外力を加えない限り，Ｂ（＝筆者注＝Ａ）が本件頭部損傷を負うことはあり得ない。」とする。

2　Ｘのみしか居ない空間でＡの急変に気付いて119番通報し病院に救急搬送され脳挫滅により死亡した事実の解明には，Ｘの供述の信用性が争点となる。

Ｘは，本件託児所41畳間プレイルーム内のベッドからいずれかの場所にＡを計５回連れ出し，再び同じベッドまで連れ戻していた。Ｘは，午前４時12分頃の４回目では「前２回と同じで苦しいような感じの声がしたから連れ出し，連れ出した先でその前と同じようにおむつチェック，顔色確認，あやしたりしたところ，Ｂは声を上げるなどしており，何も異常は感じられなかったのでベッドに戻した」と供述した上で，「本件当日にＢを本件託児所で預かってから，119番通報するまでの間，過失等も全て含め暴行や踏みつける，落とすといった一切の行為をBに加えたことはなく，Bの頭部の受傷について心当たりはない」と供述する。

裁判所は，託児所内の防犯カメラ映像を分析しAの首の緊張がほぼなくなりAの様子に異変が生じていたことは明らかであり，「本件当日，Bに異常がないかどうかを明るいところで確認した際に，同人が寝ていたのかどうかや意識があったかどうかなど，詳細な状況を尋ねられると，覚えていないと繰り返すばかりで合理的な説明はなされていない。」と判示し，Xの供述の信用性を否定する。

裁判所は，Xが平成22年11月15日東京地裁で強制わいせつ罪により懲役3年に処せられ，平成25年9月25日その刑の執行を受け終わったことを再犯加重する。

裁判所の判断は，妥当である。

なお，横浜地裁平成29年12月26日第1刑事部判決は，保育士として自己の勤務していた保育園及び託児所で1歳から6歳の15名の児童に対し合計50回にわたって強制わいせつ行為を認定しXを懲役15年（求刑懲役18年）に処した。[141)]

判例75　新潟地裁平成30年2月27日刑事部判決[142)]

【事実の概要】

Xは，平成13年頃，実母と実母の再婚相手であり後にXの養父となるYと同居を開始した。Xは，同居後間もない13歳の頃，Yの誘いを拒否できず実母に隠れてYとの性交渉を強要され繰り返すようになった。Xは，平成15年3月頃，15歳でYとの間の子を妊娠しYに妊娠を伝えた。Xは，Y（当時53歳）が適切な対処をしなかったことから「望んでできた子供ではなく普通に育てることもできない，子供が生まれてきたら殺すことになる」等と漠然と考えるようになった。X（当時15歳）は，同年5月上旬頃，糸魚川市内のY方2階寝室において一人でAを出産しAの泣き声を実母に聞かれては困ると思い，Ａの首にビニールひもを巻き付けて絞め付けＡをビニール袋に入れ袋の口を結んでＡの呼吸を困難にして死亡させた。Ｘは，Ａ殺害の約１週間後にＹと一緒に裏山にＡの遺体を捨てた。

Ｘは，その後もＹの誘いを拒否できず性交渉を繰り返し，平成26年１月頃，また妊娠した。その際，Ｘは，中絶手術を受けることを考えたが自分の自由になる金員がなかったのでＹに相談したがＹは中絶費用を工面するなどの協力をしなかった。そのため，Ｘは，「子供が生まれてきても殺すしかない」等と考えるようになった。Ｘ（当時27歳）は，平成26年７月上旬頃，Ｙ方２階寝室においてＹ（当時64歳）の助けを得ながらＢを出産した後，Ｙから「泣く前にやってしまえや」と言われＹと共謀して⑴Ｘは，Ｂの首をカッターナイフで切り裂き殺害した，⑵ＸとＹは，Ｂの死体をビニール袋に入れた。Ｙは，Ｂの死体を入れたビニール袋を自宅から搬出し新潟県内又はその周辺に遺棄した。

Ｘは，平成28年２月25日，半田警察署に出頭し，Ａの殺人，Ｂの殺人及び死体遺棄について警察官に自首した。

【判　旨】

裁判所は，公訴事実を認定し，殺人罪及び死体遺棄罪を適用してＸを懲役４年（求刑懲役６年）に処した。

【研　究】

1　本事案は，出産直後の実母による嬰児２名に対する身体的虐待のケースである。身体的虐待の背景には，養父による13歳から継続し13年間に及ぶ児童期性的虐待の事実がある。

実父による児童期性的虐待事案としては，最高裁昭和48年４月４日大法廷判決がある[143]。本判決は，実父を殺害した尊属殺違憲判決として著名であるが，背景には実父による14歳から29歳まで継続する性的虐待により５人の女児を出産した事実がある。

2　裁判所は，量刑理由において嬰児Ａの殺害の刑責について「被告人は13歳の頃から養父に繰り返し性交渉を強要されるなどの性的虐待を受けており，妊娠に気付いた当時は僅か15歳であった。心身共に未熟な被告人が養父からの性交渉を拒むことは困難であり，望まない妊娠に至ったいきさつについて被告人に責任はない。また，被告人が妊娠した際，真摯に対応すべき養父は何も適切な対処をしなかった上，実母に対しては恐怖や負い目を感じていて，周囲に相談することが困難な状況であったことを考えると，一人追い詰められて嬰児を出産し，その泣き声を実母に聞かれては困ると思って殺害に至ったいきさつや動機は十分に同情できる。この点は同種事案と比較して刑を大きく軽くする事情といえる。」と判示する。

Xに対する養父Yの児童期性的虐待は，13歳から開始され15歳で出産に至っており，YはXの妊娠についての相談に対して何らの対応もすることなく実母の居住するY方2階寝室で出産するに至っている。

裁判所は，嬰児A殺害に至る児童期性的虐待の経緯を考慮して当時15歳の実母Xの刑責について軽減事情とする。

なお，Xは，平成17年（当時18歳）と平成19年（当時20歳）にそれぞれYとの間の子を妊娠し中絶している。

裁判所は，量刑理由において嬰児Bの殺害の刑責について「情緒不安定性パーソナリティ障害の影響や，両親の過度な干渉により社会的・経済的に孤立したことにより，養父から精神的に支配され続け，第1事件後も性交渉を受入れざるを得ない状況にあったと考えられることからすると，妊娠に至ったいきさつについて被告人を強く責めることはできない。他方で，妊娠後のいきさつをみると，被告人の働きかけにもかかわらず養父から中絶費用を工面するなどの協力を得られなかったことは同情できるが，被告人は当時既に成人しており，中絶手術も経験していたことからすると，手段を尽くして嬰児の殺害を避けるべきであったといえ，第1事件のいきさつほどには同情できない。したがって，第2事件のいきさつや動機については，他の同種事案と比較して刑を少し軽くする事情といえる。」と判示する。

裁判所は，Xに対する養父Yの継続する性的虐待の事実を認定し，妊娠に至った経緯に一定の理解を示すが，29歳のXにとり嬰児Bの出産直後の殺害についての刑責には若干の考慮をする。

Xは，嬰児B殺害の1年7ヶ月後に警察に自首し，自己の行った出産直後の嬰児2名殺害について供述した。

3　嬰児Bの殺害に至る経緯について検討する。[144)]

平成25年11月頃，Xは生理が遅れて妊娠を疑い，Yに購入してもらった妊娠検査薬を使用したところ陽性反応が出た。平成26年1月9日，医院で診察の結果妊娠約14週と診断された。Xは，Yに妊娠の事実を告げ，「自分で病院を探すからお金を用意してくれ」と言ったが，Yは「そんな金どうやって用意するんだ。」等と言ってこれに応じなかった。Xは，中絶を希望して紹介された病院で受診した際に「中絶には胎児の父親の同意が必要である」と言われ，中絶手術を受けなかった。

平成26年6月30日夕方頃，Xは，Y方1階で陣痛が始まったので2階寝室に上がったところ，Yも上がってきた。Xは，マットレスを枕にしてカーペットの上に敷いてある毛布に横になり，YはXが踏ん張れるように腕を貸したりタオルをかませたり腰をさするなどした。

Xは，Yに対し「息むのに合わせて嬰児の頭を引っ張ってくれ」と言ったが，Yは「俺は触りたくない」と言ったので，「タオルで頭をつかんで引っ張ってくれ」と言って引っ張ってもらいBを出産した。Bは男児で，Xの足の間で太ももを蹴ったり，手で触ったりするようなしぐさでばたばたと動いていたので生きているのが分かった。Bが泣き出すと，Xから「泣かせるな」と言われたので，Xはタオルで嬰児の顔を覆ったところ，Yから「泣く前にやってしまえ。」と言われた。Xは，近くにあったポーチからカッターナイフを取り出し，刃を全開にしてBの首に押し当てたところ，Yは「俺の目の前で殺すんじゃない。」，「俺は下に行ってるから，その間にやってしまえ。」と言って1階に降りた。Xは，左手でBの顔を覆い，カッターナイフの刃をBの首に押し当てて目いっぱいの力で左から右に一直線に引いたが首の皮が切れただけで出血もほとんどなかった。Xは，さらに，左手でBの頭を押さえた上で首にカッターナイフの刃を当ててのこぎりを使うように何回か左右に動かした。そうすると左手で押さえていたＢの口から空気の玉のようなものが手のひらに当たるような感触があり，その際にカッという音が聞こえた。カッターナイフを離すとＢの首の正面に角のないひし形のような傷口が見え，中に血がたまって時折ぶくぶくと泡を立てていたが，出血は多くなかった。Ｂはばたばたと動いていたが，５分くらいすると動かなくなり冷たくなっていた。

その後，Ｙが２階に上がってきて，「終わったか。」と聞いたので「終わった。」と答えた。Ｙが１階からビニール袋を持ってきていたので，タオルでくるんだＢの遺体を二人でビニール袋に入れて口を縛り，２階寝室にある洋だんすに入れた。その日の午前中，Ｘがまだ寝ていたところ，ビニール袋の音やファスナーや洋だんすを開ける音が聞こえ，Ｙが「臭うから捨ててくる。」と言って２階寝室から出て行き，2，3時間後に戻ってきて「埋めてきた。」と言った。

4　Ｘの家族構成は，飲食店従業員であった実母と二人暮らしであったが，平成13年頃，実母がＹと再婚しＹ宅で生活が始まった。実母は，Ｘの平成19年の妊娠中絶をきっかけにＸとＹとの関係を知り，Ｙと離婚し，Ｘと二人で生活していた。実母は，離婚から半年ほどしてＹと再び再婚し，３人の生活が始まったが，しばらくするとＹはＸとまた性交するようになった。

実母は，アルコール依存症に罹患するなか第１回公判廷でＹと離婚しない理由を問われ「別に理由はありません。お互い大人だし２人で解決してもらいたいですね。周りを巻き込まないでもらいたい」と証言した。

Ｘの家族関係は，Ｙによる児童期性的虐待を端緒に崩壊し，裁判所の認定によればＸ自身「情緒不安定性パーソナリティ障害の影響や，両親の過度な干渉により社会的・経済的に孤立したことにより，養父から精神的に支配され続け」ていた状況にあった。

Ｘは，平成28年２月頃，自らの生活環境を整えるためＹ方を出て愛知県にいる知人の家で生活するようになった。

5　共犯者Ｙは，Ｘが嬰児Ｂを出産し殺害したことを知らず，Ｘに嬰児の殺害を指示したことも嬰児の遺体を遺棄したこともないととして公訴事実を全面否認する。

裁判所は，Ｘの妊娠及び出産の事実について以下の客観的事実を挙示し認定する。

⑴　Ｘは，平成26年１月14日，中絶を希望してＰ４病院を受診し中絶手術の予定も立てたが，胎児の父親が来院しなかったため中絶手術はキャンセルとなった。

⑵　新潟県内，富山県内及び長野県内に所在する母体保護法の指定医師のいる全ての医療機関に対し，Ｘの受診歴の有無が照会されたが，廃院して確認が取れなかった長野県松本市にある産婦人科医院１件を除いて，同日以後にＸが受診したという履歴は確認されなかった。

⑶　平成26年６月頃のＸの腹部には膨らみが見られるが，８月頃には膨らみが見られない。

⑷　Ｙ方２階寝室から，乳又は乳成分を含有すると認められる乳白色ようの液体合計約2.2リットルがペットボトルや瓶に入った状態で発見され，そのうち１本のペットボトルに入っていた乳白色ようの液体のDNA型は女性であり，ＸのDNA型と一部で一致した。なお，母乳は，中絶や死産の場合にも出ることはあるが，中絶の場合にはたまるほどの量は出ず，死産の場合には生産児を出産したときと同じ量は出ないと考えられる。

裁判所は，以上の各事情を考慮してＸを懲役４年に処した。

裁判所の判断は，事件の背景にある児童期性的虐待の事実も認定し量刑事情に算入し妥当である。

判例76　さいたま地裁平成30年３月１日第１刑事部判決[145)]

【事実の概要】

実母Ｘ（当時19歳）は，夫，長男（当時１歳７か月）及び二男Ａ（当時生後約２か月）の４人で生活していた。Ｘは，平成29年８月30日午後６時40分頃，自宅においてＡが何をしても泣き止まないことに腹を立て，Ａの両脇に手を差入れて持ち上げ頭部を前後に複数回強く揺さぶる暴行を加え，急性硬膜下血腫，脳実質裂傷，びまん性脳腫脹及び網膜剥離を伴う網膜出血の傷害を負わせた。Ａは，同年９月４日午後４時38分頃，搬送先の病院でＡをびまん性脳腫脹により死亡した。

【判　旨】

裁判所は，公訴事実を認定し傷害致死罪を適用してＸを懲役３年保護観察付執行猶予５年（求刑懲役４年）に処した。

【研　究】

1　本事案は，実母の shaken baby syndrome による身体的虐待のケースである。

Ｘの犯行時の養育環境は，育児に関与しない夫から理不尽な理由で浮気を疑われたり暴言を吐かれたりする中で，実母との関係も疎遠になり，一人で育児と家事に忙殺されていた。

Ｘは，19歳で夫や実母の協力なく一人で２人の幼児の養育を任され孤立状況にあった。裁判所は，Ｘについて「犯行当時19歳で精神的に未成熟であった」と判示する。Ｘの長男出産は，17歳であり高校在学中の妊娠と思慮され，周囲のサポートは不可欠である。

2　Ｘは，Ａの頭部を前後左右に大きく揺れるほどに激しく５，６往復ほど揺さぶり，翌31日午後８時頃，「（次男が）ぐったりして動かない」と自ら119番通報するとともに，死亡回避のため心臓マッサージ等の救命措置を行った。

裁判所は，量刑理由において「被告人の生活環境上の問題は全て解消されているとはいえないこと等からすると，再犯を確実に防止するためには，被告人をその猶予の期間中保護観察に付し，再び追い込まれた状況に陥ることがないよう，制度的な監督，指導及び援助を行うことが必要である。」と判示してＸを懲役３年保護観察付執行猶予５年に処した。

裁判所の判断は，妥当である。

判例77　大阪地裁平成30年3月13日刑事第5部判決[146)]

【事案の概要】

実母X（38歳）は，平成26年12月18日午後6時頃，大阪市内の自宅マンションで長女A（生後1か月半）の身体を揺さぶるなどの方法により，頭部に衝撃を与え回復見込みのない遷延性意識障害を伴う急性硬膜下血腫等の傷害を負わせた。

【判　旨】

裁判所は，公訴事実を認定し傷害罪を適用してXを懲役3年執行猶予5年（求刑懲役6年）に処した。

【研　究】

1　本事案は，実母による長女（生後1か月半）への揺さぶられっ子症候群（shaken baby syndrome）による身体的虐待のケースである。

裁判所は，争点を事件性とし傷害に至る経緯を医師の証言を踏まえて検察官及び弁護人の主張を精査する。

検察官は，Aの傷害をXによるの身体を揺さぶるなどの暴行により急性硬膜下血腫，広範囲かつ重篤な一次性脳実質損傷を惹起し心肺停止により低酸素脳症を発症したと主張する。

弁護人は，検察官の主張する揺さぶられっ子症候群理論は科学的根拠が乏しく，本件の事実認定の前提とすることができないとしたうえで，長男（2歳6か月）がAを抱きかかえて前方に投げ出す行為や，その数分後にAをテーブルから引きずり落とす行為等によってAの傷害が生じた可能性を主張する。更に，弁護人は，Aの低酸素脳症を生じた原因として嘔吐したミルクの誤嚥による窒息や，中枢性の心停止等の様々な可能性を主張する。

裁判所は，XがAの身体を揺さぶるなどの暴行により急性硬膜下血腫，広範囲かつ重篤な一次性脳実質損傷を惹起し心肺停止により低酸素脳症を発症したと認定し，長男によるAへの暴行は不可能と認定する。

2　裁判所は，Aの低酸素脳症の機序について6名の医師の証言に基づき検討する。

Aの病状に直接関与したのは，救急搬送先の臨床救命医D3医師のみである。D3医師は，Aの搬送先病院の臨床救命医として直接Aに対し胸骨圧迫による心臓マッサージ，気管挿管による人工呼吸管理及び強心剤の投与等の救命措置を施した。Aは，午後6時37分，自己心拍が再開した。

裁判所は，真相究明のために検察官側証人としてD4医師及びD3医師，弁護人側証人としてD5医師及びD6医師，裁判所側証人としてD1医師及びD2医師の6名の証言を精査し，D1医師の見解を採用する。

裁判所は，D1医師及びD2医師の供述の信用性を認定し，「被害児の大脳半球間裂及び小脳テント付近等に急性硬膜下血腫があることから，大脳半球間裂や小脳テント等に存在する架橋静脈が同時期に複数本剪断されたといえる。これに加えて，被害児に広範囲の一次性脳実質損傷が生じていたことを併せ考えると，日常生活の範囲内では行われないような，成人による激しい揺さぶり行為による回転性外力が被害児の頭部に加わったことが推認され，かかる推認と整合しない事実関係の存在はうかがわれない。また，このような回転性外力を加える揺さぶり行為を長男が行うことができるとは考えられないし，長男の投げ出し行為等による直達外力によって同様の回転性外力が生じることはないと認められる。」と判示する。

3　Aの救急搬送先の臨床救命医D3医師は，当初カルテには「SBSではなく直接外力と誤嚥性の窒息による低酸素脳症」と記載していた[147)]。

裁判所は，供述の信用性を認めたD1医師及びD2医師の見識に対し，D1医師（前橋赤十字病院溝口史剛医師）について「小児科医として虐待事案を含む豊富な臨床経験を有し，小児虐待に関する海外の医学文献を監訳するなど，小児虐待分野に関する知見を十分に有している。」とし，D2医師（和歌山県立医科大学近藤稔和医師）について「法医学の指導医として多数の解剖経験がある上，虐待の被害児の診断にも自ら携わっており，小児虐待分野を含む医学的知見を十分に有している。」とする。更に，D3医師（丸山朋子大阪急性期・総合医療センター）については，「経験豊富な臨床救命医」とする。

他方，裁判所は，D5医師及びD6医師については供述概要を示すだけで医師としての紹介は皆無である。

裁判所は，量刑理由において「動機は明らかでないものの，被告人は，本件当時，騒音に対する近隣住民からの苦情を恐れながら，問題行動を繰り返す長男と生後すぐの被害児を日中は一人で子育てしなければならない立場にあり，自身の体調もすぐれず，育児に対する不安を抱えていたことがうかがわれる。被告人は，上記のような状況下で，被害児が泣き止まないなどの事情から心理的に追い詰められて突発的・衝動的に本件犯行に及んだ可能性は否定できない。」と判示し，懲役3年執行猶予5年とする。

裁判所は，Xの長男（2歳6か月）に多動性障害の傾向があり目の離せない状況でのAの育児状況にも一定の理解を示している。

裁判所は，虐待事実を否認するXに対して「被告人が本件犯行を否認して，反省の態度を示すことはなく，自己の刑責を見つめる姿勢に欠けている」と判示するが，否認事件の被告に対する全否定的判断は疑問である。

なお，児童相談所は，虐待通報を受け長男の一時保護を9か月継続し，弁護士による一時保護取消の提訴直前に解除している。また，Aは，児童相談所の保護下におかれ，両親の見舞いも児童相談所職員の付添が要件であった。Aは，4歳の誕生日目前に遷延性意識障害のまま死亡し，両親は，司法解剖後，死亡の事実を知らされている。

SBS検証プロジェクトは，SBA（揺さぶられっ子症候群）理論は科学的根拠が乏しいとするとともに，裁判での医師の証言に際し小児科医及び法医学医の他に脳神経外科医の関与を提言する。[148)]

判例78　大阪地裁平成30年7月2日第15刑事部判決[149)]

【事実の概要】

実母X（当時27歳）は，平成4年10月12日頃死亡した男児Aを平成27年6月10日頃までの間，寝屋川市内の自宅の押し入れ内において，同日頃から平成29年11月20日までの間は，Aの死体をタオルや衣類等で包んだ上からポリ袋等で包み，円柱形の蓋付灰色ポリバケツ内にコンクリート詰めにした状態で押し入れ内に放置した。

X（当時30歳）は，平成７年５月21日頃死亡した男児Ｂを平成27年６月10日頃までの間，寝屋川市内の自宅の押し入れ内において，同日頃から平成29年11月20日までの間は，Ｂの死体をタオルや衣類等で包んだ上からポリ袋等で包み，四角柱形の蓋付灰色ポリバケツ内にコンクリート詰めにした状態で押し入れ内に放置した。

X（当時31歳）は，平成８年５月10日頃死亡した女児Ｃを平成27年６月10日頃までの間，寝屋川市内の自宅の押し入れ内において，同日頃から平成29年11月20日までの間は，Ｃの死体をタオルや衣類等で包んだ上からポリ袋等で包み，円柱形の蓋付緑色ポリバケツ内にコンクリート詰めにした状態で押し入れ内に放置した。

X（当時32歳）は，平成９年９月９日頃死亡した女児Ｄを平成27年６月10日頃までの間，寝屋川市内の自宅の押し入れ内において，同日頃から平成29年11月20日までの間は，Ｄの死体をタオルや衣類等で包んだ上からポリ袋等で包み，円柱形の蓋付白色ポリバケツ内にコンクリート詰めにした状態で押し入れ内に放置した。

【判　旨】

裁判所は，公訴事実を認定し，死体遺棄罪を適用してXを懲役３年執行猶予４年（求刑懲役３年）に処した。

【研　究】

1　本事案は，母親による４人の嬰児死体遺棄による身体的虐待のケースである。

本事案の争点は，死体遺棄罪の時効が３年であることから死体遺棄罪の実行行為の終了時期である。検察官は，嬰児の死体をコンクリート詰めにし，放置して発見されるまでの不作為期間をXの埋葬義務により根拠付け死体発見時を実行行為の終了時期と出張する。弁護人は，平成４年ないし平成９年に本件４児の死体をコンクリート詰めにして押し入れに入れた作為をもって死体遺棄罪の実行行為は終了すると出張する。

裁判所は，４人の嬰児の出産及び死亡事実を知っているのはＸのみであることから，「放置期間中，本件四児の死体を葬祭するか否かは被告人のみに委ねられ，被告人が本件四児の死体をその支配領域下に置いていたと評価できることに鑑みると，被告人が本件四児の死体を葬祭すべき義務は消滅しておらず，その義務に違反する行為として，不作為による遺棄が継続していたというべきである。（中略）本件では，作為によって死体を隠匿等遺棄した者が，その支配領域を離れた場所に死体を放置した場合と異なり，死体の放置を開始した後も死体を自らの支配領域下に置き続けているのであるから，死体の放置行為自体にも，葬祭義務に違反する行為として，当初の隠匿等の行為では評価し尽せない違法性が認められる。」と判示し，不作為による死体遺棄罪の成立を認める。

2　本事案は，Ｘの自首により４人の嬰児に対する身体的虐待が20余年ぶりに顕在化された。捜査機関は，４人の遺体について司法解剖を行ったが，死因や死亡時期は分からなかった。

Ｘは，平成３年ないし平成４年頃から平成27年６月10日までの間，寝屋川市内の自宅に居住していた。なお，Ｘは，寝屋川市内の自宅で，内縁の夫と実子２名で同居していた期間があった。20代前半の実子は独立し，10代後半の実子はＸと同居している。

父親である内縁の夫は，４人の妊娠及び出産について知らなかった。Ｘの近所に住む女性は，近くの銭湯に通っていて直接Ｘの裸を見ていたので「妊娠していたはずなのに，おなかが突然へこんでいたということが３回くらい続いた。おなかが小さくなっても，赤ちゃんの姿は見ない。「おかしいな」と思った」と話している[150)]。

Ｘは，４人の嬰児殺害の理由について経済的困窮と周囲が妊娠に気づかなかったことをあげ，２人の養育継続は「周囲が妊娠に気づいた」からと供述する。Ｘは，死体遺棄の理由について４児の葬儀を行う金銭的余裕がなく４児の死体をそのままの形で残したいなどと考えたからという。

3　Ｘの家族関係は不明であるが，内縁の夫が４回の妊娠，出産に気づかず交際し，２人の男児と４人で生活をしていたという関係性は理解を超える。

裁判所は，支配領域下にある死体の埋葬義務を根拠に死体遺棄罪の成立を認めた上で自首をも勘案した。

裁判所の判断は，妥当である。

判例79　東京高裁平成30年８月３日第５刑事部判決[151)]

【事実の概要】

X（23歳）は，平成17年12月１日午後２時38分頃から翌２日午前４時頃までの間に，栃木県内，茨城県内又はそれらの周辺において，A（当時７歳）の胸部をナイフ様のもので多数回突き刺し心刺通（心臓損傷）により失血死させた。

原審宇都宮地裁平成28年４月８日刑事部判決は，公訴事実を認定し殺人罪を適用しXを無期懲役（求刑無期懲役及びナイフ１本の没収）に処した[152)]。原審は，犯人性を争点とし，「本件殺人に関連する客観的事実のみから，被告人が本件殺人の犯人であると認定することはできない。（中略）関係証拠から認められる客観的事実に，その一連の経過や殺害行為の態様，場所，時間等その根幹部分において信用することができる被告人の自白供述（乙55ないし58）を併せれば，被告人が被害者を殺害したことに合理的な疑いを入れる余地はなく，被告人が被害者を殺害した犯人であると認められる。」と判示する。

【判　旨】

裁判所は，「原判決が，自白供述の信用性の補助証拠として採用した取調べの録音録画記録媒体により犯罪事実を直接的に認定したことには訴訟手続の法令違反があり，原判示第１の殺人の日時，場所を自白供述に基づき公訴事実どおりに認定したことには事実誤認が認められ，いずれも判決に影響を及ぼすことが明らかであるから，原判決は破棄を免れず，ただし，当裁判所は，情況証拠によって認められる間接事実を総合すれば，被告人が殺害犯人であることは，合理的な疑いを差し挟む余地なく認められ，当審において予備的に追加された訴因（殺害の日時，場所を拡張したもの）については，直ちに判決をすることができるものと判断した。」とし，「原判決には，殺人罪につき，前記のように判決に影響を及ぼすことが明らかな訴訟手続の法令違反及び事実誤認が認められるから，同罪と併合罪関係にあるものを含め，刑訴法397条1項，379条，382条により原判決は全部破棄を免れない。既に判示したとおり，被告人が殺害犯人であることは合理的な疑いを差し挟む余地なく認められ，ただし，殺害行為が公訴事実記載の日時，場所で行われたことの証明がないところ，平成30年1月10日付け訴因追加請求書により検察官から請求され，当裁判所が許可した予備的訴因，すなわち，殺害の日時を「平成17年12月1日午後2時38分頃から同月2日午前4時頃までの間に」と，場所を「栃木県内，茨城県内又はそれらの周辺において」とそれぞれ改める訴因については証明があり，直ちに判決をすることができるので，刑訴法400条ただし書により，当裁判所において，被告事件につき更に判決をすることとする。」と判示し，原判決を破棄し，Xを無期懲役に処した。

【研　究】

1　本事案は，7歳の女児に対する身体的虐待のケースである。

本事案は，状況証拠のみの裁判構造にあってXの犯人性が争点である。原審は，Xの自白供述の信用性を検討する際に捜査段階の取調べ状況を録音録画した録音録画記録媒体を信用性の補助証拠として採用した。控訴審では，捜査段階の取調べ状況を録音録画した録音録画記録媒体の使用が争点となった。

裁判所は，刑訴法の一部改正で導入された取調べの録音録画記録媒体の趣旨は被疑者取調べの適正化にあるとし，「身柄を拘束された状態での被疑者取調べという特殊な環境下でされる自白供述について，これに過度に密着した形で，映像と音声をもって再現される取調べ中の被告人の様子を視聴することにより，真実を述べているように見えるかどうかなどという，判断者の主観により左右される，印象に基づく直観的な判断となる可能性が否定できず，上記のような熟慮を行うことをむしろ阻害する影響があるのではないかとの懸念が否定できない。後に判示するとおり，本件自白供述の信用性に関する原判決の判断には多くの問題が認められるが，本件各記録媒体を用いて実体的な判断を行ったことは，その誤りを生じた要因の一つと考えられる。（中略）再現された被告人の供述態度等から直接的に被告人の犯人性に関する事実認定を行った原判決には刑訴法317条の違反が認められ(る)」と判示し，訴訟手続の法令違反を認定する。

2　裁判所は，Xの自白供述の信用性を精査し，原審の「殺害犯人であることを自認する部分を超えて，本件殺人の一連の経過や殺害の態様，場所，時間等に関する部分にまで信用性を認めた」点に疑問を呈し，「本件自白供述のうち，殺害の日時，場所に関する供述部分の信用性を検討すると，当審においては，殺害の日時，場所が争点の一つであることを指摘した上で，事実の取調べを行ったが，上記供述部分の裏付けとなる客観的な証拠等を見いだすことはできないのみならず，むしろ，次に判示するとおり，遺体発見現場等の客観的状況は，本件自白供述と矛盾する可能性が高いものと認められる。」とし，「本件自白供述のうち，殺害に至る経過や殺害行為の態様，場所，時間等に関する供述部分に信用性を認め，公訴事実どおりに被告人を有罪とした原判決の判断は不合理で，これを是認することはできず，前記5に判示した訴訟手続の法令違反，すなわち供述の信用性の補助証拠として採用した本件各記録媒体に基づき，犯罪事実（被告人の犯人性）を認定した違法が，殺害行為の日時，場所に関する誤った判断に影響を及ぼしたことは明らかであると認められる。」とし，「信用性に疑いのある本件自白供述に基づき，被害者が殺害された日時，場所を公訴事実どおりに認定した原判決には事実の誤認があ(る)」と判示する。

3　本判決は，状況証拠のみの事案で裁判員裁判制度の下での被告人の自白供述の信用性の検討における録音録画記録媒体の使用について訴訟手続の法令違反を指摘する。

刑事裁判では，自白供述に虚偽が内包される場合，その供述を排除し検察官の証拠に基づく犯罪立証が行われなければならない。

本事案は，殺害の事実は被告人の自白供述に基づき認定できるが，死体遺棄の点については供述の信用性が否定された。

裁判所の判断は，妥当である。

判例80　東京地裁平成30年10月31日刑事第11部判決[153)]

【事案の概要】

実母X（22歳）は，平成28年12月29日，目黒区内の自宅で劇薬指定されたアムロジピン及びメトホルミンの成分を含有する薬剤を長女A（2か月）に投与し，薬物中毒により死亡させた。

【判　旨】

裁判所は，公訴事実を認定し殺人罪を適用しXを懲役8年（懲役10年）に処した。

【研　究】

1　本事案は，実母による長女（2か月）に対する劇薬投与による身体的虐待のケースである。

裁判所は，争点を⑴被害児の死因について，本件薬剤の摂取による薬物中毒であると認められるか，⑵被告人が本件薬剤を故意に被害児に投与したと認められるか，⑶被告人に殺意があったと認められるかの3点とし，詳細な検討を加える。

裁判所は，解剖結果を踏まえた新生児医療を専門とする小児科医の供述の信用性を認定し，「被害児の死因が，本件薬剤の摂取による薬物中毒であることは，P3証人の供述を中心とする関係各証拠により十分立証されていると認められ，合理的な疑いはない。」と判示する。

裁判所は，Xの「母親に処方された本件薬剤の錠剤が，自宅の台所にあった電気ポットに誤って混入し，その湯から調乳したミルクを授乳することで誤って被害児に投与された可能性」を主張する弁護人の主張を排斥し，「本件薬剤が誤って電気ポットに混入した可能性はなく，誤投与により被害児に摂取された可能性はない」と判示する。

裁判所は，Xの殺意について，「被告人は，被害児を死亡させることを意図し，本件薬剤を投与することが被害児の生命に危険を及ぼすことを認識した上で，本件薬剤を被害児に投与したものと認められる。」と判示する。

2　XのA出産に至る経緯は，平成28年9月3日，病院を受診して妊娠を知り，人工妊娠中絶のできる期間が経過しており，父親は同年夏前まで交際していたホストと考えられた。Xは，相手に認知を求めず，出産して育てることとし，母親や父親も了承した。

Xは，Aを帝王切開で出産し，病院の集中治療室で管理され，同年12月22日病院を退院して，両親の家で同居を始め，両親及び妹の協力の下Aの育児をしていた。

事件当日は，Xの両親と妹，X及びAの5名が在宅していた。

裁判所は，薬剤投与によるA殺害の動機として，「被告人が，ホストクラブ等に遊びに行くことを望み，その制約となっている被害児にいなくなってほしいという気持ちを抱いても，おかしくないと考えることができる。」と判示する。

裁判所の判断は，妥当である。

判例81　大阪地裁平成30年11月20日第6刑事部判決[154)]

【事実の概要】

実父X（30歳）は，平成28年10月3日午後1時30分頃から1時59分頃までの間，吹田市内の自宅において，二男（当時生後約1か月半）が泣きやまないことにいら立ち，Aの頭部を複数回揺さぶるなどの暴行を加え，急性硬膜下血腫，くも膜下出血及び左右多発性眼底出血等を負わせた。Aは，同月15日午後2時47分頃，同市内の搬送先病院において蘇生後脳症により死亡した。

【判　旨】

裁判所は，公訴事実については犯罪の証明がないとして刑事訴訟法336条によりXに無罪（求刑懲役6年）を言渡した。

【研　究】

1　本事案は，実父の二男（当時生後約1か月半）への shaken baby syndrome を問われた身体的虐待のケースである。

裁判所は，争点を事件性と犯人性とし，実父による shaken baby syndrome とする検察官の主張に対し，直接的証拠はないとし二男の受傷内容等の間接事実から実父の揺さぶり行為の有無について検討する。

検察官の主張は，被害児の(1)体表に明らかな打撲痕がないこと，(2)頭蓋内のあちこちに硬膜下血腫やくも膜下出血等が存在すること，(3)両眼に多層性多発性の眼底出血が生じている事実から家庭内の落下等では生じ得ず揺さぶりによって受傷したとする。

裁判所は，搬送先病院での被害児の頭部CT画像を基に脳神経外科医2名，小児科医，眼科医及び法医学医各1名計5名の供述を精査する。

裁判所は，「取り分け眼底出血の程度からすれば，これが揺さぶりによって生じた可能性は高いといえ，頭蓋内出血の状況や体表に明らかな打撲痕が見られなかったことも併せ考えれば，受傷原因が揺さぶりであったとの検察官の主張に理由があるようにもみえる。しかしながら，他方で，証人P4（＝筆者註＝脳神経外科医）が供述するところによれば，頭蓋内出血についてはこれが打撲で生じた可能性を否定できず，眼底出血についても，程度の問題はあるが，打撲によって多層性多発性の眼底出血が生じた可能性を否定できず，限定的とはいえ，心肺蘇生等の影響で悪化した可能性も完全に否定できない。」と判示し，被害児の受傷が揺さぶり行為によるとするには合理的な疑いが残るとする。

事件当日の在室状況は，X，妻，長男（当時2歳）及び二男の4名である。妻が買い物に外出した午後1時30分頃から1時59分頃までの間，X，長男（当時2歳）及び二男の3名が在室していた。

裁判所は，密室で行われた身体的虐待の犯人性について「受傷原因が揺さぶりによるものとも断定できないことも併せると，これらの者による落下を含む行為によってＡが受傷した可能性も，現実的なものとして残るとみざるを得ない。（中略）被告人が公訴事実記載の犯行に及んだことについて，常識に照らして間違いないといえるほどの立証がされているとはいえない。」と判示する。

３　本事案は，【判例65】及び【判例71】同様，被害児の死亡結果が現実に惹起している。公訴事実で特定された時間帯での自宅の在室者は，Ｘ，妻，長男（２歳）及びＡのみである。家族だけの密室での犯行の立証は，状況証拠と並んで被告人の供述や目撃証言に依拠するところ大である。捜査機関及び検察官の緻密な立証活動は，児童虐待事案の解明において不可欠であり，十全を期さねばならないことは言うまでもない。

shaken baby syndrome 事案は，被害児の頭部 CT や MRI 画像を証拠に医師の診断書や法廷供述に基き事実認定がなされる。

医師の供述は，各自の専門性により解釈の齟齬が生ずることも多々ある。裁判員裁判体は，評議において各医師の供述を精査し判断を求められている。無罪推定を原則とする刑事裁判は，疑わしきは被告人の利益を優先し，検察官の立証が不十分であると判断した場合には無罪を言渡さなければならない。

裁判所の判断は，妥当である。

小　括

１　本稿で検討した身体的虐待81事例で顕在化した問題点は，望まない妊娠による出産直後の殺害及び遺棄事例と否認事例における客観的証拠としての医療情報の確保である。

２　出産直後の殺害及び遺棄事例は，事案により殺人及び死体遺棄事案のケースと単に遺棄事案のみのケースに分かれている。事案の差異は，検察官の当該事案の立証の容易性によるものと解される。

【判例22】，【判例55】，【判例59】及び【判例75】は，殺人罪及び死体遺棄罪で立件された事案であり，【判例15】は出産直後に遺棄したが新生児が救助され殺人未遂罪で立件された事案である。【判例17】及び【判例40】は，死体遺棄罪のみで立件された事案である。

各事案の妊娠の経緯及び出産時の年齢は，以下の通りである。【判例15】はデリバリーヘルスのアルバイトをしていた際に客から性交を強いられ妊娠(20歳)，【判例17】は安易な性交渉による妊娠・出産（21歳)，【判例22】は出会系サイトで知り合った初対面の男性との意に沿わない性交渉による妊娠・出産（年齢不明)，【判例40】は同居男性の子を密かに出産（20歳)，【判例55】は十分な避妊措置を採らずに複数の男性と性的関係を持って妊娠・出産（28歳，29歳)，【判例59】は合コンで出会った男性との性交渉による妊娠・出産(25歳)，【判例75】は養父による児童期性的虐待による妊娠・出産（15歳）であり，いずれも望まぬ妊娠による出産直後の殺人及び死体遺棄事案である。

検討した各事案の被告人の年齢は，いずれも20代であり中学生・高校生の妊娠とは異なり妊娠の可能性は十二分に認識していた年齢である。思いがけぬ望まぬ妊娠は，各被告人にその後の迅速かつ適切な対応の機会を喪失させている。

望まぬ妊娠に対するアドバイスの機会は，必ずしも十全な社会的体制が整っていない結果として身体的虐待としての殺人行為に帰結している。

平成23年７月27日，厚生労働省は，厚生労働省雇用均等・児童家庭局総務課長・家庭福祉課長・母子保健課長名で各都道府県，指定都市，中核市，保健所設置市，特別区児童福祉・母子保健主管部（局）長に宛「妊娠期からの妊娠・出産・子育て等に係る相談体制等の整備について」との通知を出し，相談体制整備について各相談機関の役割等を指示する[155]。

平成25年７月25日，厚生労働省は，社会保障審議会児童部会児童虐待等要保護事例の検証に関する専門委員会「子ども虐待による死亡事例等の検証結果等について（第９次報告)[156]」を踏まえ，厚生労働省雇用均等・児童家庭局総務課長・母子保健課長名で各都道府県，指定都市，中核市，保健所設置市，特別区児童福祉・母子保健主管部（局）長に宛「「子ども虐待による死亡事例等の検証結果等について（第９次報告)」を踏まえた対応について」との通知を出す。同通知は，「養育支援を必要とする家庭への妊娠期，出産後早期からの支援の実施」として「望まない妊娠に対する相談体制の充実等」について，「日齢０日児の心中以外の虐待死事例においては，望まない妊娠であること等を理由として，実母が妊娠していることを誰にも相談できないまま出産する事例や，母子健康手帳の交付や妊婦健康診査を受けていない事例がみられた。現在，関係通知により，妊娠等について悩みを抱える者が相談しやすい体制の整備や相談窓口の設置及び周知を要請しているところであるが，引き続き，各地方公共団体担当部署（母子保健，児童福祉等），関係機関，関係団体等がさらに連携を図りながら，当該相談窓口の設置及び周知を推進するとともに，相談者の状況に応じた適切な支援を行うよう努めること。」と指摘し，相談体制の確立を指示する[157)]。

社会保障審議会児童部会児童虐待等要保護事例の検証に関する専門委員会は，妊娠期・周産期における問題として，「第３次報告から第11次報告までの推移について，心中以外の虐待死亡事例と心中による虐待死亡事例を比較すると，心中以外の虐待死亡事例の特徴として，「切迫流産・切迫早産」や「帝王切開」などの問題よりも，「望まない妊娠／計画していない妊娠」や「母子健康手帳の未発行」，「妊婦健診未受診」などの問題が多かった。」と指摘する（表１．妊娠期・周産期の問題参照[158)]）。

数次の通知が発せられ行政による相談体制確立要請にも関わらず，望まぬ妊娠等への相談体制は，なお十全ではない。

直接相談窓口で妊娠相談にあたる現場からは，相談体制の不十分さの要因として①相談者の社会福祉系のニーズに，医療・保健系の相談員が応えていかなければならないギャップ，②10～20代の女性の妊娠相談を40～60代の相談員が受けていかなければならないギャップ，③ LINE やメールでコムニュケーションし，夕方以降に行動を開始する女性たちに，平日の日中電話と面談で相談対応しているギャップ等が指摘されている[159)]。

有効な社会的体制の確立は，急務である。

3　身体的虐待事案の加害状況について概観する。

加害者と被害者の関係性割合は，実母52.38%，実父19.04%，養父6.34%，同居男性7.93%である。実母の割合が半数余を占めるのは，子どもと日常的に接しその養育の大半を担っている生活現状の反映である（【資料】Ⅲ-ⅰ．参照）。

被虐待児の年齢別死亡割合は，0歳児が33.3%と高率を占めており，特に出生6ヶ月未満の0歳児の割合は21.66%である。出産直後の母親の精神的肉体的負担による所謂マタニティブルー等が，その一因であり，メンタルケアの必要性に十分配意されなければならない（【資料】Ⅲ-ⅱ．参照）。

身体的虐待事案の加害状況は，被害児と加害者のみのケース，被害児と加害者及びパートナーのケース，被害児と加害者及び目撃者のケース等多様である。身体的虐待事案の否認事例は，被害者への加害行為を客観的に立証する資料等の存在がないケースであり，犯罪の証明は困難を極める。

表1　妊娠期・周産期の問題（心中以外の虐待死）

（複数回答）

	第3次(56人)		第4次(61人)		第5次(78人)		第6次(67人)		第7次(49人)	
	人数	構成割合	人数	構成割合	人数	構成割合	人数	構成割合	人数	構成割合
望まない妊娠／計画していない妊娠	7	12.5%	10	16.4%	11	22.4%	11	22.4%	11	22.4%
若年(10代)妊娠	4	7.1%	8	13.1%	7	14.3%	7	14.3%	7	14.3%

	第8次(51人)		第9次(58人)		第10次(51人)		第11次(36人)		総数(507人)人	
	人数	構成割合	人数	構成割合	人数	構成割合	人数	構成割合	人数	構成割合
望まない妊娠／計画していない妊娠	10	19.6%	18	31.0%	14	27.5%	8	22.2%	110	21.7%
若年(10代)妊娠	14	27.5%	14	24.1%	4	7.8%	6	16.7%	84	16.6%

―社会保障審議会児童部会児童虐待等要保護事例の検証に関する専門委員会
『子ども虐待による死亡事例等の検証結果等について（第11次報告）の概要（平成27年10月）』24頁表Ⅱ-1-22-1を基に項目を抽出して筆者作成―

【判例43】，【判例44】，【判例49】，【判例57】，【判例69】，【判例71】，【判例77】及び【判例81】は，犯行当日入院先や転院先で被害児のCT画像やMRI画像が撮影され立証の有効なデータとなった。

時宜を得た画像撮影は，身体的虐待事案では重要であり，特に死亡事案では死亡時画像診断Ai(Autopsy imaging)の有効性が指摘されている[160)]。

日本医師会は「死亡時画像病理診断（Ai＝Autopsy imaging）活用に関する検討委員会」を立上げAi活用の検討を加える。同検討委員会は，平成20年３月中間報告で「昨今，社会的な問題として幼児の虐待が取り沙汰されている。虐待における死亡の場合，外傷があれば虐待を疑い司法解剖の手続きを行うことは可能であるが，実際は外因死とわからない場合が多い。これら幼児虐待死の疑いのある遺体に対する死因究明は社会的課題であり，一層重要と考えられる。」と指摘する[161)]。同委員会は，平成21年３月第２次中間報告において幼児死亡に対するAiの施行について「本委員会では幼児死亡に対して全例Aiの施行を提言しているところであり，解剖で発見し難い骨折痕等はAiの得意とするところである。全例施行の義務化に向け，医師会を中心に，関係学会を交えた形での検討が必要である。」と指摘する[162)]。

更に，同委員会は，平成23年７月報告書で「小児の身体的虐待事例の場合，加害者の多くはその保護者であり，解剖に同意することは考えにくく，また，外傷を負った原因について医療従事者に申告することは考えにくい。このため，頭蓋内出血や特徴的な骨折像の検出が可能である死亡時画像診断を家庭内事故も含めた不慮の死亡例に対して行うことは，死因の究明だけでなく虐待事例の見逃し防止という観点からも有用性が高いと言える。」とAiの有用性を指摘する[163)]。

新潟大学医学部保健学科高橋直也教授は，Aiの現状について「死因究明に対する社会的要求が高まり，死因究明関連法の施行，小児死亡の原因究明，医療事故調査制度の開始，とAiは，医療安全，警察関係，法曹関係と広い範囲で要求されるようになってきました。法医学領域でもAiが解剖と相補的な手法として十分認知され，多数の施設に遺体専用のCT・MRIが設置され，死因究明や身元確認のためにAiが導入されています。」と紹介する[164)]。

4　児童虐待問題の要諦は，如何にして児童虐待発生を予防するかにある。関係諸機関の密接な連関の必要性は，各種報告書でも予てから再三にわたり繰り返し指摘されており，虐待死事案の発生した折には児童相談所の継続的関与の不十分さが指摘されている。【判例67】東京高裁平成29年１月13日第３刑事部判決では，被害児が３歳の折，午前４時頃自宅付近の路上でＴシャツにおむつ姿で震えていたのを通行人が発見し，警察は厚木児童相談所に通告し被害児は児童相談所に一時保護された。同児童相談所は，「迷子」と判断し，迎えに来た母親に被害児を引き渡したのみで翌月の３歳半健診に母子が来なかったにも関わらず家庭訪問等の対応をせずに看過した。児童相談所の不十分な対応が，ネグレクトによる虐待死を防止できなかった一因である（本事案では保護責任者遺棄致死罪が適用されている）。

小児科医井上登生氏は，大分県中津市で小児科医院を開設し地域子育て支援センターと発達行動相談室を併設し児童虐待に至る前に予兆をつかんで保健師など必要な支援につなぎ児童養護施設の職員，スクールカウンセラー，教師及び保育士など官民一体で取り組んでいる。中津市では，児童相談所の介入が必要な程の虐待を受けた子供の割合を１％台と欧米の予防対策が進んだ地域並みの水準に保っている。井上医師は，子供の身体と心の両面から発達行動小児科学の視点から診察し，児童虐待防止の捷径は母親を責めることなく「親に寄り添う」ことであるとして母親のケアを通して児童虐待「予防」に取り組んでいる[165)]。

関係諸機関の連携には，キーパーソンの存在が不可欠であり定期異動を伴う保健師等の公務員の担当ケース継続の連携役としての一例として示唆すること大である。

1）　LEX/DB【文献番号】25480445
2）　LEX/DB【文献番号】25481191
3）　児童虐待事案では，ジェノグラム等を考察する際，判決文の簡潔な記述では詳らかでないため，事件当時の報道を基にするインターネット上の「児童虐待の記録」から補充的に引用する。児童虐待の記録（http://tatata24.exblog.jp/16052482/）参照。
4）　LEX/DB【文献番号】25480820
5）　児童虐待の記録（http://tatata24.exblog.jp/16726102/）参照。
6）　LEX/DB【文献番号】25481181

7）児童虐待の記録（http://tatata24.exblog.jp/16240300/）参照。
8）刑集68巻６号948頁参照。
9）LEX/DB【文献番号】25480826
10）LEX/DB【文献番号】25480827
11）児童虐待の記録（http://tatata24.exblog.jp/i34/）参照。
12）LEX/DB【文献番号】25481094。毎日新聞2012年３月20日〔長崎版〕，長崎新聞2012年３月20日参照。
13）LEX/DB【文献番号】25481186
14）児童虐待の記録（http://tatata24.exblog.jp/m2011-08-01/）参照。
15）LEX/DB【文献番号】25481019
16）LEX/DB【文献番号】25481288
17）児童虐待の記録（http://tatata24.exblog.jp/16917513/）参照。
18）LEX/DB【文献番号】25482084
19）LEX/DB【文献番号】25481726。
20）児童虐待の記録（ http://tatata24.exblog.jp/17128116）参照。
21）LEX/DB【文献番号】25482495
22）LEX/DB【文献番号】25482182
23）LEX/DB【文献番号】25482183
24）児童虐待の記録（http://tatata24.exblog.jp/15231675/）参照。
25）LEX/DB【文献番号】25482497
26）児童虐待の記録（ http://tatata24.exblog.jp/i45/）参照。
27）LEX/DB【文献番号】25482432。
28）児童虐待の記録（http://tatata24.exblog.jp/i13/）参照。
29）LEX/DB【文献番号】25503227。東京高裁平成25年３月26日第２刑事部判決は，控訴を棄却した（LEX/DB【文献番号】25503226）。最高裁平成26年２月18日第一小法廷決定は，上告を棄却した（LEX/DB【文献番号】25503227）。
30）読売新聞2013年９月27日夕刊参照。
31）LEX/DB【文献番号】25482706
32）医療法人聖粒会慈恵病院は，フリーダイヤルの電話相談を設置し助産師が対応している（http://jikei-hp.or.jp/cradle-of-the-stork1/）。
33）LEX/DB【文献番号】25482700
34）広島地裁平成24年３月14日刑事第２部判決（LEX/DB【文献番号】25480911）参照。
35）拙著『裁判員裁判の臨床的研究』，成文堂，2015年，151頁以下参照。
36）責任能力の判断は，裁判員にとり難しい判断を求めるものであり評議等で理解を深めるような説明が必要であることは共通の理解である。責任能力が争点となった身体的虐待に関する東京地裁平成25年５月21日判決の公判前整理手続等具体的事案について，前掲註35）拙著『裁判員裁判の臨床的研究』，275頁以下参照。
37）LEX/DB【文献番号】25482881

38)　児童虐待の記録（http://tatata24.exblog.jp/i28/5/）参照。
39)　LEX/DB【文献番号】25483232
40)　LEX/DB【文献番号】25483212
41)　LEX/DB【文献番号】25446099
42)　拙稿「裁判員裁判制度に内在する諸問題－東京地裁平成25年５月21日第１刑事部判決を素材に－(1)」，武蔵野法学創刊号45頁以下参照（前掲註35)拙著『裁判員裁判の臨床研究』，275頁以下所収）。
43)　LEX/DB【文献番号】25501515
44)　LEX/DB【文献番号】25501708
45)　裁判員裁判で検察官の求刑を超過した量刑判断に関する検討について，拙稿「裁判員制度に内在する諸問題(1)－東京地裁平成25年５月21日判決を素材に－」，武蔵野法学１号（2014年）１頁以下，特に34頁以下参照（前掲註35)拙著『裁判員裁判の臨床的研究』，237頁以下，特に265頁以下参照）。
46)　LEX/DB【文献番号】25502139。
47)　LEX/DB【文献番号】25502566
48)　児童虐待の記録（http://tatata24.exblog.jp/17619134/）参照。
49)　LEX/DB【文献番号】25503019
50)　児童虐待の記録（http://tatata24.exblog.jp/18473921/）参照。
51)　LEX/DB【文献番号】25503128
52)　児童虐待の記録（http://tatata24.exblog.jp/20349778/）参照。
53)　高検速報（平26号）153頁。上告審最高裁平成26年12月17日第二小法廷決定は，上告を棄却した（LX/DB【文献番号】25505827）。
54)　LEX/DB【文献番号】25503203。
55)　刑集66巻４号482頁参照。最高裁平成26年３月10日第一小法廷決定は，最高裁平成24年２月13日第一小法廷判決を踏襲する（刑集68巻３号499頁参照）。拙稿「裁判員制度に内在する諸問題－広島高裁松江支部平成26年３月20日判決を素材に－」，武蔵野大学政治経済研究所年報第９号（2014年）１頁以下，特に，30頁以下参照（前掲註35)拙著『裁判員裁判の臨床的研究』，185頁以下所収，特に，208頁以下参照）。
56)　児童虐待の記録（http://tatata24.exblog.jp/17294185/）参照。
57)　LEX/DB【文献番号】25503974。
58)　LEX/DB【文献番号】25503830。
59)　LLI/DB06750552。
60)　刑集66巻４号482頁参照。前掲註35)拙著『裁判員裁判の臨床的研究』，204頁以下参照。
61)　刑集67巻４号549頁参照。前掲註35)拙著『裁判員裁判の臨床的研究』，210頁以下参照。
62)　LEX/DB【文献番号】25504329。
63)　本判決文からは明らかではないが，犯行時Ｘ宅には共犯者である実母Ｙの二女

（４歳）が同居している。後掲【判例30】横浜地裁平成26年９月５日第６刑事部判決参照（LEX/DB【文献番号】25504839)。

64) LEX/DB【文献番号】25504352。

65) 産後うつの事案として，拙稿「裁判員裁判制度に内在する諸問題(1)―東京地裁平成26年５月21日第１刑事部判決を素材に―」，武蔵野法学１号（2015年）１頁以下，特に45頁以下参照（前掲註35)拙著『裁判員裁判の臨床的研究』，237頁以下所収)。

66) 拙稿「近時の裁判実務における児童虐待事案の刑事法的一考察(1)」，武蔵野法学３号10頁以下，27頁以下及び43頁以下参照（本書15頁，41頁，59頁所収)。

67) LEX/DB【文献番号】25504839。

68) 刑集68巻６号925頁参照。

69) 原田國男「量刑をめぐる諸問題－裁判員裁判の実施を迎えて－」，判タ1242号（2008年）72頁以下参照（原田國男『裁判員裁判と量刑法』，成文堂，2011年，77頁以下所収)。

70) 拙稿「裁判員制度に内在する諸問題－島根県裁判員裁判第一号事件を素材に－」，島大法学第53巻第４号（2010年）1頁以下，特に13頁以下及び前掲註42)拙稿「裁判員制度に内在する諸問題－東京地裁平成25年５月21日判決を素材に－」，武蔵野法学創刊号１頁以下参照（前掲註35)拙著『裁判員裁判の臨床的研究』，13頁以下及び237頁以下所収)。

71) http://www.saibanin.courts.go.jp/vcms_lf/h26_10_saibaninsokuhou.pdf

72) 厚生労働省『平成26年度全国児童福祉主管課長・児童相談所長会議』，6頁参照。

73) 具体的事案については，川崎二三彦・増沢高編著『日本の児童虐待重大事件2000-2010』，福村出版，2014年参照。

74) 小池信太郎准教授は，本最高裁決定を「裁判体に，量刑傾向から踏み出す際の根拠提示義務を課したもの」と解し，「量刑傾向を変容させる意図で量刑してもよいが，斬新的なものにとどめる」という「緩やかな規制機能の承認」であり裁判員制度の内在的規制として支持される。法律時報86巻11号（2014年）１頁以下参照。

75) 拙稿「裁判実務における児童虐待事案の刑事法的一考察」，法学新報121巻11＝12号（2015年）599頁以下特に606頁及び634頁参照。

76) LEX/DB【文献番号】25505145。

77) LEX/DB【文献番号】25505170。

78) 刑集59巻２号54頁参照。

79) 刑集66巻８号709頁参照。

80) LEX/DB【文献番号】25505259。

81) LEX/DB【文献番号】25505151。

82) 前掲註66)拙稿「近時の裁判実務における児童虐待事案の刑事法的一考察(1)」，武蔵野法学３号26頁以下参照（本書41頁所収)。

83) LEX/DB【文献番号】25505752。

84) 判決は，Ｘの家族構成について夫と二男，被害児長女Ａ及びＸの４人とするが，「児童虐待の記録」では二男ではなく長男と記載されている。児童虐待の記録参照

（http://tatata24.exblog.jp/20385819/）。
85）LEX/DB【文献番号】25505494。
86）児童虐待の記録参照（http://tatata24.exblog.jp/21350313/）。
87）LEX/DB【文献番号】25505545。
88）LEX/DB【文献番号】25505735。
89）LEX/DB【文献番号】25505589。
90）LEX/DB【文献番号】25447067。
91）児童虐待の記録参照（http://tatata24.exblog.jp/18263027/）。
92）LEX/DB【文献番号】25505824。
93）LEX/DB【文献番号】25505962。
94）児童虐待の記録参照（http://tatata24.exblog.jp/22302105/）。
95）LEX/DB【文献番号】25506072。
96）児童虐待の記録参照（http://tatata24.exblog.jp/18828159/）。
97）LEX/DB【文献番号】25506165。
98）公判前整理手続の長期化について，前掲註35）拙著『裁判員裁判の臨床的研究』，165頁参照。具体的な公判前整理手続の一例について，同書324頁以下参照。
99）東京高等裁判所（刑事）判決時報67巻１－12号85頁以下参照。最高裁平成29年２月８日第二小法廷決定は，上告を棄却した（LEX/DB【文献番号】25545352）。
100）LEX/DB【文献番号】25447213。札幌高裁平成27年11月26日刑事部判決は，原判決を破棄し，懲役７年に処した（LEX/DB【文献番号】25541862），最高裁平成28年６月７日第一小法廷決定は，上告を棄却した（LEX/DB【文献番号】25543358）。
101）LEX/DB【文献番号】25541381。
102）LEX/DB【文献番号】25541382。
103）LEX/DB【文献番号】25540400。
104）児童虐待の記録参照（http://tatata24.exblog.jp/23356834/）。
105）http://breaking-news.jp/2014/11/21/014430。
106）LEX/DB【文献番号】25540673。
107）児童虐待の記録参照（http://tatata24.exblog.jp/22852853/）。
108）LEX/DB【文献番号】25540602。
109）児童虐待の記録参照（http://tatata24.exblog.jp/23087948/）。
110）LEX/DB【文献番号】25540616。
111）LEX/DB【文献番号】25540831。
112）LEX/DB【文献番号】25541264。
113）LEX/DB【文献番号】25541143。
114）事実関係について，産経新聞2015年１月８日関西版参照。
115）LEX/DB【文献番号】25541658。
116）本事案については，高橋ユキ氏による裁判傍聴記がある（https://wezz-y.com/archives/32940）。

117)　西東京市『西東京市立中学校生徒の死亡事案検証委員会報告書（平成27年4月30日）』6頁及び18頁以下参照。委員会の構成メンバーは，委員長：副市長，副委員長：教育長，委員：福祉部長，子育て支援部長，教育部長，教育部特命担当部長，福祉部生活福祉課長，子育て支援部子ども家庭支援センター長，教育部教育指導課長，教育部教育支援課長，教育部主幹，専門委員：東京都児童相談センター児童福祉相談専門課長坂本靖，東京都児童相談所非常勤弁護士池田清貴，アドバイザー：帝京大学大学院教職大学院教授坂本和良，東洋大学社会学部長社会福祉学科教授森田明美，ファミリーメンタルクリニックまつたに院長松谷克彦である。

118)　LEX/DB【文献番号】25541861。

119)　拙稿「裁判員裁判制度に内在する諸問題(1)－東京地裁平成26年5月21日第1刑事部判決を素材に－」，武蔵野法学1号（2015年）1頁以下及び拙稿「裁判員裁判制度に内在する諸問題(2)－東京地裁平成26年5月21日第1刑事部判決を素材に－」，武蔵野法学2号（2015年）1頁以下参照（前掲註35)拙著『裁判員裁判の臨床的研究』，237頁以下所収）。

120)　LEX/DB【文献番号】25541862。最高裁平成28年6月7日第一小法廷決定は，上告を棄却した（LEX/DB【文献番号】25543358）。

121)　LEX/DB【文献番号】25447213。

122)　判決文は，公刊されておらず新聞記事に基き考察した（毎日新聞2015年12月11日参照）。

123)　LEX/DB【文献番号】25542084。日経新聞2015年7月7日35面参照。

124)　LEX/DB【文献番号】25447860。

125)　LEX/DB【文献番号】25543423。

126)　LEX/DB【文献番号】25546412。

127)　横浜地裁平成27年10月22日第1刑事部判決（LEX/DB【文献番号】25447657）。

128)　朝日新聞2015年10月23日参照。

129)　神奈川県児童虐待による死亡事例等調査検証委員会『児童虐待による死亡事例調査検証報告書（平成26年8月）』参照（http://www.crc-japan.net/contents/verification/pdf/kanagawa_2014_08_02.pdf）。

130)　総務省自治行政局住民制度課長，文部科学省初等中等教育局初等中等教育企画課長，厚生労働省雇用均等・児童家庭局総務課長「居住実態が把握できない児童への対応について」参照（http://www.mhlw.go.jp/file/06-Seisakujouhou-11900000-Koyoukintoujidoukateikyoku/0000077807.pdf）。

131)　毎日新聞2015年10月22日参照。

132)　LEX/DB【文献番号】25545526。福岡高裁平成29年7月7日第3刑事部は控訴を棄却し（【文献番号】25448805），最高裁平成29年10月16日第一小法廷は上告を棄却した（【文献番号】25560191）。

133)　LEX/DB【文献番号】25545526。

134)　LEX/DB【文献番号】25546331。

135)　LEX/DB【文献番号】25545067。

136)　LEX/DB【文献番号】25548926。本事案について，柳原三佳『私は虐待していない　検証 揺さぶられっ子症候群』，講談社，2019年，197頁以下参照。

137)　LEX/DB【文献番号】25547826。読売新聞2017年10月6日参照。本判決の評釈として，成瀬幸典「不作為による幇助犯の成立が認められた事例」，法学教室452号137頁参照。控訴審大阪高裁平成30年3月22日第1刑事部判決は，控訴を棄却した（LEX/DB【文献番号】25449403）。

138)　LEX/DB【文献番号】25449198。

139)　産経新聞 WEST2017年6月9日及び http://irresponsibility.seesaa.net/article/450767817.html 参照。

140)　LEX/DB【文献番号】25549607。東京高裁平成30年11月2日第3刑事部判決は，被告人の訴訟手続の法令違反及び事実誤認の主張を排斥し控訴を棄却した（LEX/DB【文献番号】25562342）。

141)　LEX/DB【文献番号】25549411。東京高裁平成30年7月25日第3刑事部は，控訴を棄却した（LEX/DB【文献番号】25561382）。

142)　LEX/DB【文献番号】25560262。

143)　刑集27巻3号265頁以下参照。本判決は，尊属殺違憲の憲法判断が強調され実父殺害行為に至る経緯での児童期性的虐待の視点から検討する論稿は従前少数であった。

144)　事実関係については，共犯者Yの公判廷で信用性ありとして採用されたXの供述に基づいて検討する（新潟地裁平成30年6月27日刑事部判決 LEX/DB【文献番号】25560900）。

145)　LEX/DB【文献番号】25560013。

146)　判時2395号100頁以下参照。本事案について，前掲・柳原三佳『私は虐待していない　検証 揺さぶられっ子症候群』，21頁以下特に56頁以下参照。

147)　前掲・柳原三佳『私は虐待していない　検証 揺さぶられっ子症候群』，56頁参照。

148)　SBS 検証プロジェクトは，「SBS 理論の問題点を検証するとともに，SBS 理論に基づく誤った訴追と考えられる案件に対しては，えん罪の防止・救済のための支援活動を行うことを目的としています。（私たちは，決して乳児虐待を容認する立場ではありません。）」とする（https://shakenbaby-review.com/）。

149)　LEX/DB【文献番号】25449610。

150)　産経新聞 WEST 2018年1月17日参照（https://www.sankei.com/west/news/180117/wst1801170001-n1.html）。

151)　判タ1456号75頁以下参照。本判決には，以下の判例評釈がある。玉本将之「被告人の検察官に対する自白供述の信用性の補助証拠として採用した取調べの録音・録画記録により直接的に被告人の犯人性に関する事実認定を行ったとして，原審の訴訟手続に法令違反があるとされた事例」，警察学論集71巻11号176頁以下，川上拓一「録音・録画記録媒体の取調べについて：東京高裁平成30年8月3日判決を読んで」，研修845号3頁以下，門野博「今市事件控訴審判決へのいくつかの疑問〈岐路に立つ裁判官18〉」，判例時報2389号118頁以下参照。

152）判時2313号126頁以下参照。

153）LEX/DB【文献番号】25561906。東京高裁平成31年４月25日第４刑事部判決は，被告人の理由不備，理由齟齬，事実誤認及び量刑不当の主張を排斥し控訴を棄却した（LEX/DB【文献番号】25570288）。

154）LEX/DB【文献番号】25561710。

155）雇児総発0727第１号，雇児福発0727第１号，雇児母発0727第１号参照（http://www.mhlw.go.jp/bunya/kodomo/pdf/dv110805-2.pdf）。

156）社会保障審議会児童部会児童虐待等要保護事例の検証に関する専門委員会『子ども虐待による死亡事例等の検証結果等について（第９次報告）』，平成25年７月（http://www.mhlw.go.jp/bunya/kodomo/dv37/dl/9-2.pdf）。

157）雇児総発0725第１号・雇児母発0725第１号２頁参照（http://www.mhlw.go.jp/bunya/kodomo/pdf/130725_1.pdf）。

158）社会保障審議会児童部会児童虐待等要保護事例の検証に関する専門委員会『子ども虐待による死亡事例等の検証結果等について（第11次報告）の概要（平成27年10月）』，23頁参照（http://www.mhlw.go.jp/file/06-Seisakujouhou-11900000-Koyoukintoujidoukateikyoku/0000099958.pdf）。

159）赤尾さく美編著『妊娠相談の現場で役立つ！ 妊娠 SOS 相談対応ガイドブック』，日本財団，2015年参照。本冊子は，望まぬ妊娠に至った女性に有益なアドバイスと情報を提供する優れたガイドブックである。

160）拙稿「児童虐待をめぐる現況と課題」，刑事法ジャーナル No.12（2008年）２頁以下，特に12頁以下参照（拙著『児童虐待Ⅱ 問題解決への刑事法的アプローチ［増補版］』，成文堂，2011年，293頁所収）。

161）日本医師会『死亡時画像病理診断（Ai＝Autopsy imaging）活用に関する検討委員会中間報告－死亡時画像病理診断（Ai）の活用における医学的および社会的死亡時患者情報の充実の可能性及び課題について』，１頁参照（http://dl.med.or.jp/dl-med/teireikaiken/20080326_3.pdf）。

162）日本医師会死亡時画像病理診断（Ai＝Autopsy imaging）活用に関する検討委員会『死亡時画像病理診断（Ai＝Autopsy imaging）活用に関する検討委員会第二次中間報告－死亡時画像病理診断（Ai）の実態の把握及び今後の死亡時医学検索の具体的な展開の方途について』，10頁参照（http://dl.med.or.jp/dl-med/teireikaiken/20090401_4.pdf）。

163）死因究明に資する死亡時画像診断の活用に関する検討会『死因究明に資する死亡時画像診断の活用に関する検討会 報告書』，３頁参照（http://www.jart.jp/news/tclj8k0000000we0-att/Ai_file20110727.pdf）。

164）高橋直也「Ai！ 求められる新たな役割へ」参照（http://plaza.umin.ac.jp/～ai-ai/reading/proposal/proposal_114.php）。

165）福岡賢正「Ｓストーリーまず親に寄り添う－虐待予防小児科医の挑戦」，毎日新聞2016年２月７日朝刊１面及び４面参照（https://mainichi.jp/articles/20160207/ddm/001/040/148000c）。

資　料

Ⅰ．身体的虐待事例　係属裁判所，罪名，被害者・加害者の関係性，留意事項一覧表

判例	裁判所	罪名	加害者	被害者	量刑	留意事項
1	東京地裁立川支部 平成24年2月29日 刑事第2部	傷害致死罪	義母(31歳)	長女(5歳)	懲役6年 (求刑懲役8年)	
2	福岡地裁 平成24年3月8日 第4刑事部	傷害致死罪	義父(19歳)	長女 (2歳4か月)	懲役6年6月 (求刑懲役8年)	3人の子供の中の最年長
3	名古屋地裁 平成24年3月8日 刑事第2部	傷害致死罪	内縁の夫 (38歳)	男子(14歳)	懲役8年6月 (求刑懲役10年)	
4	福岡地裁 平成24年3月9日 第3刑事部	殺人罪	実母(20歳)	長男 (1歳8か月)	懲役11年 (求刑懲役12年)	
5	大阪地裁 平成24年3月21日 第5刑事部	傷害致死罪	実父(26歳) 実母(27歳)	三女 (1歳8か月)	懲役15年 (求刑被告人両名懲役10年)	大阪高裁平成25年4月11日第1刑事部判決，控訴棄却，刑集68巻6号954頁。最高裁平成26年7月24日第1小法廷判決【判例35】参照。
6	広島高裁岡山支部 平成24年3月21日 第1部	逮捕監禁致死罪	実母(38歳)	長女(16歳)	懲役3年6月 (求刑懲役5年)	被害者：知的障害や発達障害
7	長崎地裁 平成24年3月22日 刑事部	殺人罪， 死体遺棄罪	実母(38歳)	女児 (生後8日)	懲役6年 (求刑懲役8年)	本件以前，4回流産・死産。約1年後，出産後，病院に置去り引取りを拒否して乳児院に託す
8	大阪地裁 平成24年4月25日 第9刑事部	傷害致死罪	義父(44歳)	長男(7歳)	懲役8年 (求刑懲役10年)	連子・児童養護施設から引取。実母と義父の間に1児。大阪地裁平成24年3月29日第9刑事部判決は，共犯の実母(29歳)を懲役7年(求刑懲役10年)に処す。
9	山口地裁 平成24年5月11日 第3部	傷害致死罪	義父(24歳)	長女 生後76日	懲役6年 (求刑懲役8年)	妻の以前交際した男との子供を実子とする
10	大阪地裁 平成24年6月4日 第15刑事部	傷害罪	実父(31歳)	生後3か月 性別不明	懲役3年2月 (求刑懲役4年)	内妻留守中，一人で3人の幼児の世話。被害児に重篤な後遺症あり，6年半経過した現在も，目が見えず，言葉もしゃべれない状態。知的障害・運動障害の程度は最重度

11	福島地裁郡山支部 平成24年6月6日	傷害罪	母親の交際相手(48歳)	双生児 長男(5歳) 二男(5歳)	懲役6年 (求刑懲役10年)	重篤な後遺症。1名は右眼の視力をほぼ失う
12	東京地裁立川支部 平成24年6月13日 刑事第2部	傷害致死罪	内縁の夫(28歳)	長男(2歳)	懲役5年 (求刑懲役6年)	
13	広島高裁 平成24年7月3日 第1部	傷害致死罪	内縁の夫(35歳)	長女 (2歳1か月)	懲役9年 (求刑懲役10年)	内妻の連れ子，控訴棄却
14	大分地裁 平成24年7月10日 刑事部	傷害致死罪	実母(37歳)	長男 (4歳8月)	懲役9年 (求刑懲役12年)	
15	千葉地裁 平成24年7月10日 刑事第4部	殺人未遂罪	実母(20歳)	女児 (産み落とし)	懲役2年6月（求刑懲役4年）	デリバリーヘルスのアルバイトをしていた際に客から性交を強いられ望まぬ妊娠
16	東京地裁 平成24年7月13日 刑事第4部	傷害致死罪	里親(58歳)	里子女児 (3歳7か月)	懲役9年 (求刑懲役10年)	
17	福岡地裁久留米支部 平成24年8月27日 判決	死体遺棄罪	実母(21歳)	男児 (産み落とし)	懲役1年6月執行猶予3年 (求刑懲役1年6月)	安易な性交渉による妊娠・出産
18	広島高裁 平成24年9月4日 第1部	殺人罪	実母(33歳)	長男(1歳) 長女(4歳)	懲役5年 (求刑懲役8年)	大うつ病性障害，責任能力について詳細な判断。裁判員裁判での裁判員による責任能力判断の妥当性，控訴棄却
19	大阪地裁 平成24年9月5日 第5刑事部	傷害致死罪	実父(25歳)	二女 (3か月)	懲役6年 (求刑懲役8年)	
20	奈良地裁 平成24年10月3日 刑事部	傷害致死罪	義父	二女 (9か月)	懲役8年 (求刑懲役10年)	妻の連れ子，バタラー
21	静岡地裁浜松支部 平成24年10月11日 刑事部	殺人未遂罪	実父(49歳)	長男(16歳)	懲役3年執行猶予4年 (求刑懲役4年)	離婚後12年間父子家庭
22	大阪地裁 平成25年3月22日 第7刑事部	殺人罪， 死体遺棄罪	実母	女児 (出産直後)	懲役3年 (求刑懲役6年)	出会系サイトで知り合った初対面の男性との意に沿わない性交渉，中学生時代に妊娠中絶経験
23	東京地裁 平成25年5月21日 第1刑事部	殺人未遂罪	実母(38歳)	二女 (1か月)	懲役4年 (求刑懲役6年)	産後うつ病 (PND Postnatal Depression)
24	鹿児島地裁 平成25年7月5日 刑事部	殺人未遂罪	実母	長男 (3か月)	懲役3年執行猶予4年 (求刑懲役4年)	ストレスにより適応障害が悪化し，意識野狭窄
25	さいたま地裁 平成25年8月29日 第3刑事部	傷害致死罪	実母(23歳)	長男(5歳)	懲役11年 (求刑懲役10年)	求刑超過。継父(23歳)との共犯。被害児に発達障害

26	大阪地裁 平成25年10月４日 第８刑事部	殺人罪， 詐欺罪	実母	嬰児 （生後８日）	懲役５年 （求刑懲役10年）	
27	横浜地裁 平成25年10月16日 第３刑事部	殺人罪	実母（42歳）	二男（３歳）	懲役３年６月 （求刑懲役７年）	離婚し長男（15歳），二男（３歳）と３人の母子家庭。無理心中。情緒不安定性パーソナリティ障害（境界型），実母との関係性
28	札幌地裁 平成26年１月24日 刑事第２部	殺人罪， 殺人未遂罪	実母（38歳）	二女（11歳） 三女（８歳）	懲役14年 （求刑懲役15年）	無理心中しようとして刺殺，軽度の精神遅滞。同居の交際相手の男性が長女と性的関係を持つ，長女の元交際相手とも同居
29	東京地裁 平成26年２月12日 刑事第13部	傷害致死罪	実父（45歳）	長男（５歳）	懲役６年６月 （求刑懲役８年）	離婚し４人の子供と生活保護受給
30	福岡高裁 平成26年２月18日 第３刑事部	傷害致死罪	同居男性 （19歳）	同居女性 （25歳）の 長男（２歳）	原審無罪，破棄差戻し	被告と長男（２歳），長女（６歳）の３人だけの空間。最高裁平成26年12月17日第二小法廷決定，上告棄却
31	宮崎地裁 平成26年４月22日 刑事部	殺人未遂罪	実母（36歳）	長男（12歳） 二男（６歳）	懲役３年執行猶予４年 （求刑懲役４年）	無理心中。うつ病の影響により心身耗弱の状態
32	大阪高裁 平成26年４月30日 第２刑事部	殺人罪	実父（30歳）	長男 （５か月）	無罪 （原審懲役15年）	
33	横浜地裁 平成26年６月20日 第２刑事部	傷害致死罪，死体遺棄罪	同居男性 （28歳）	同居女性 の長女 （６歳）	懲役８年 （求刑懲役10年）	共犯実母【判例36】
34	広島地裁 平成26年７月１日 刑事第１部	殺人罪	実母（26歳）	二男 （４か月）	懲役７年 （求刑懲役７年）	産後うつ病（PND）
35	最高裁 平成26年７月24日 第一小法廷判決	傷害致死罪	実父（26歳） 実母（27歳）	三女 （1歳8か月）	実父（26歳）懲役10年 実母（27歳）懲役８年	原審大阪高裁平成25年４月11日第１刑事部判決，控訴棄却
36	横浜地裁 平成26年９月５日 第６刑事部	死体遺棄罪，暴行罪	実母（30歳）	長女（６歳）	懲役２年 （求刑懲役３年）	共犯同居男性【判例33】
37	山形地裁 平成26年10月24日 刑事部	傷害致死罪	実母（25歳）	男児（41日）	懲役３年 （求刑懲役５年）	育児ストレスによる適応障害，軽度精神遅滞
38	札幌地裁 平成26年10月31日 刑事第３部	監禁致傷罪，未成年者誘拐罪	第三者 （警察官を装った男性）	女児（９歳）	懲役７年 （求刑懲役12年）	全治不明のPTSD
39	新潟地裁 平成26年11月14日 刑事部	殺人未遂罪	実母（42歳）	発達障害 の二男 （11歳）	懲役３年保護観察付執行猶予５年 （求刑懲役４年）	パーソナリティ障害（特定不能のもの），無理心中
40	静岡地裁沼津支部 平成26年11月14日 刑事部	死体遺棄罪	実母（20歳）	女児 （出産直後）	懲役２年執行猶予４年 （求刑懲役２年）	同居男性の子を密かに出産し，死亡後，同居男性と海岸で生ごみと一緒に焼却

41	広島地裁 平成26年11月21日 刑事第１部	殺人罪	実母(39歳)	長女 (３か月)	懲役４年６月 (求刑懲役５年)	二男と夫との３人の生活に戻りたい
42	東京地裁 平成26年11月28日 刑事第８部	傷害致死罪	実父(33歳)	長女(２歳)	懲役10年 (求刑懲役12年)	知的ハンディキャップの妻(26歳)は子を置いて度々家出。前夫との間に長女(６歳)，長男(５歳)，二男(３歳)。家族構成：被告人との間に被害児長女(２歳)，長男(９か月)を含め４人家族。生活保護受給家庭
43	宇都宮地裁 平成26年12月11日 刑事部	傷害致死罪	実父(24歳)	二男 (４か月)	懲役６年 (求刑懲役８年)	家族構成：被告の両親，兄と同居。長男を含む４人家族
44	和歌山地裁 平成26年12月15日 刑事部	傷害致死罪	実父(26歳)	長男(２歳)	懲役９年 (求刑懲役12年)	生後６か月頃から乳児院に入所，犯行の約１か月半前に長期外泊開始。長女(３歳)，二男(１歳)
45	大津地裁 平成26年12月17日 刑事部	逮捕監禁罪	実母(27歳)	長男(８歳)	懲役２年保護観察付執行猶予４年 (求刑懲役２年)	共犯義父【判例52】
46	神戸地裁 平成26年12月18日 第４刑事部	傷害致死罪	実母(34歳)	長男 (１歳11か月)	懲役４年 (求刑懲役８年)	家族構成：夫(33歳)，妻(34歳)，長女(５歳)，長男(１歳11か月)
47	大阪地裁 平成27年１月23日 第13刑事部	傷害致死罪	実母(37歳)	性別不明 (４か月)	懲役７年 (求刑懲役10年)	母子家庭。うつ病，境界性人格障害。娘(４歳10か月)
48	仙台地裁 平成27年２月16日 第１刑事部	傷害致死罪	交際相手の男性(32歳)	長女 (２歳６か月)	懲役９年 (求刑懲役10年)	
49	札幌地裁 平成27年３月２日 刑事第１部	傷害致死罪	実母(31歳)	長女 (１歳３か月)	懲役３年保護観察付執行猶予５年 (求刑懲役５年)	軽度精神遅滞のため心神耗弱の状態
50	さいたま地裁 平成27年３月23日 第５刑事部	現住建造物等放火罪，殺人罪，殺人未遂罪	実父(34歳)	妻(33歳) 長女(４歳)	無罪 (求刑無期懲役)	被告人以外の者が本件放火をした具体的な可能性も認められ，被告人が犯人であることについて合理的な疑いが残る。東京高裁平成28年７月14日第４刑事部判決，原判決破棄・差戻。最高裁平成29年２月８日第二小法廷決定，上告棄却。
51	旭川地裁 平成27年４月２日	傷害致傷罪	実父(23歳)	女児 (７か月)	懲役６年 (求刑懲役７年)	虐待を疑われ児童相談所で一旦保護，自宅に戻って約１か月間虐待継続し，重篤な後遺症。左目の視覚障害，重度の精神運動発達遅滞，てんかんの後遺症が生じる可能性あり。母親(18歳)共犯。

52	大津地裁 平成27年５月８日 刑事部	逮捕監禁罪	義父(32歳)	妻の連れ子 (８歳) 不明	懲役２年執行猶予５年 (求刑懲役２年の実刑)	共犯実母【判例45】。大阪高裁平成27年10月６日第３刑事部判決，控訴棄却
53	新潟地裁 平成27年５月18日 刑事部	殺人罪	実母(24歳)	長女(３歳)	懲役９年 (求刑懲役12年)	交際相手と同居，前夫との長女
54	前橋地裁 平成27年５月27日 刑事第１部	傷害致死罪	実母(32歳)	三男(３歳)	懲役７年 (求刑懲役８年)	二男(生後間もなく)を身体的虐待で懲役２年６月，執行猶予４年。執行猶予期間が満了した直後。０～７歳４人の子育て
55	静岡地裁沼津支部 平成27年５月29日 刑事部	殺人罪， 死体遺棄罪	実母(28歳)	嬰児・ 性別不明 (出産直後) 女児 (出産直後)	懲役５年６月 (求刑懲役７年)	母､姉妹２人､子供３人の７人同居。前夫と離婚。十分な避妊措置を採らずに複数の男性と性的関係を持って妊娠
56	名古屋地裁 平成27年６月９日 刑事第６部	殺人未遂罪	実母(42歳)	長男(13歳)	懲役３年保護観察付執行猶予５年 (求刑懲役５年)	
57	札幌地裁 平成27年６月19日 刑事第２部	傷害罪	実父(26歳)	長女 (４か月)	懲役７年 (求刑懲役８年)	
58	高知地裁 平成27年６月22日 刑事部	傷害致死罪	実母(27歳) 叔母(23歳)	長男(３歳)	懲役５年６月 (求刑被告人両名に懲役６年)	実母：ストレスを募らせ，不安障害と診断。叔母：実母と口論になり縁を切る
59	岡山地裁 平成27年７月10日 第１刑事部	死体遺棄罪， 殺人罪	実母(25歳)	女児 (出産直後)	懲役５年 (求刑懲役６年)	保育士。合コンで出会った男性に妊娠を告げると避けられる。両親に知られるのを恐れての犯行。
60	東京地裁立川支部 平成27年10月29日 刑事第２部	傷害罪， 自殺教唆罪	義父(41歳)	長男(14歳)	懲役６年 (求刑懲役６年)	
61	仙台地裁 平成27年11月6日 第２刑事部	殺人罪	実母(31歳)	嬰児 (４か月)	懲役３年保護観察付執行猶予５年 (求刑懲役５年)	重度のうつ病，心神耗弱
62	札幌高裁 平成27年11月26日 刑事部	傷害罪	実父(23歳)	女児 (７か月)	懲役７年 (求刑懲役７年)	破棄自判。【上告審】最高裁平成28年６月７日第一小法廷決定，上告棄却。
63	千葉地裁 平成27年12月11日 第２刑事部	殺人罪	実母(37歳)	長女(４歳) 二女(１歳)	懲役５年 (求刑懲役８年)	重度うつ病，心神耗弱
64	奈良地裁 平成28年１月８日 刑事部	建造物侵入罪，未成年者略取罪，逮捕監禁致傷罪等	第三者 (26歳)	女児(11歳)	懲役４年 (求刑懲役８年)	犯行５カ月前から商業施設等で女児等を連れ去る方法等を検討し，本件の犯行現場にも10回以上赴き女子トイレに向かう女児等を物色

65	大阪地裁 平成28年２月26日 第６刑事部	傷害致死罪	実父(34歳)	長男 (２カ月)	無罪(求刑懲役８年)	shaken baby syndrome
66	名古屋地裁 平成28年３月７日 刑事第３部	傷害致死罪	実父(33歳)	二女 (２か月) 三女 (７か月)	懲役15年 (求刑懲役15年)	shaken baby syndrome 名古屋高裁平成28年７月５日刑事第１部判決，控訴棄却
67	東京高裁 平成29年１月13日 第３刑事部	保護責任者遺棄致死罪，詐欺罪	実父(29歳)	長男(５歳)	懲役12年 (求刑懲役20年)	原審横浜地裁平成27年10月22日第１刑事部判決は，殺人罪を適用し懲役19年(求刑懲役20年)
68	熊本地裁 平成29年２月８日 刑事部	殺人罪，覚せい剤取締法	知人(24歳)	乳児 (３か月)	懲役16年 (求刑懲役20年)	福岡高裁平成29年７月７日第３刑事部判決，控訴棄却。最高裁平成29年10月16日第一小法廷決定，上告棄却
69	熊本地裁 平成29年３月27日 刑事部	傷害罪	実父(29歳)	乳児 (１か月)	無罪(求刑懲役５年)	shaken baby syndrome
70	大阪地裁堺支部 平成29年７月19日 第１刑事部	傷害致死罪 監禁罪	実母(22歳)	長男(３歳)	懲役２年６月保護観察付執行猶予５年 (求刑懲役12年) 傷害致死罪は無罪	大阪地裁堺支部平成29年２月３日第１刑事部判決，共犯義父，懲役９年(求刑懲役13年)。
71	大阪地裁 平成29年10月２日 第14刑事部	傷害致死罪	祖母(66歳)	乳児 (２か月)	懲役５年６月 (求刑懲役６年)	shaken baby syndrome
72	大阪地裁堺支部 平成29年10月６日 第２刑事部	傷害致死罪 死体遺棄罪	実父(36歳) 実母(33歳)	長男(３歳)	実父：懲役７年（求刑懲役10年） 実母：懲役３年（求刑懲役４年）幇助犯	
73	奈良地裁 平成29年12月21日 刑事部	傷害致死罪	実父(23歳)	長女 (５か月)	無罪(求刑懲役８年)	shaken baby syndrome
74	横浜地裁 平成30年２月14日 第１刑事部	傷害致死罪	保育士 (34歳)	受託児 (４か月)	懲役10年 (求刑懲役13年)	他に児童期性的虐待で横浜地裁平成29年12月26日第１刑事部判決，懲役15年（求刑懲役18年)。児童期性的虐待【判例77】参照。
75	新潟地裁 平成30年２月27日 刑事部	殺人罪， 死体遺棄罪	実母 (15歳，27歳)	出産直後	懲役４年 (求刑懲役６年)	13歳から養父による児童期性的虐待。15歳で第一子殺害。第二子殺害１年７ヶ月後自首。共犯養父，懲役８年（求刑懲役12年)
76	さいたま地裁 平成30年３月１日 第１刑事部	傷害致死罪	実母(19歳)	二男 (２か月)	懲役３年保護観察付執行猶予 (求刑懲役４年)	shaken baby syndrome
77	大阪地裁 平成30年３月13日 刑事第５部	傷害罪	実母(34歳)	長女 (１か月半)	懲役３年執行猶予５年（求刑懲役６年)	shaken baby syndrome

78	大阪地裁 平成30年７月２日 第15刑事部	死体遺棄罪	実母 (21歳，30歳，31歳，32歳)	長男，二男，長女，二女	懲役３年執行猶予４年 (求刑懲役３年)	
79	東京高裁 平成30年８月３日 第５刑事部	殺人罪，商標法違反等	第三者 (23歳)	女児(７歳)	無期懲役 (求刑無期懲役)	
80	東京地裁 平成30年10月31日 刑事第11部	殺人罪	実母(22歳)	長女 (２か月)	懲役８年(懲役10年)	
81	大阪地裁 平成30年11月20日 第６刑事部判決	傷害致死罪	実父(30歳)	二男 (約１か月半)	無罪(求刑懲役６年)	shaken baby syndrome

Ⅱ．身体的虐待における加害者・被害者の関係別人員および被虐待児の年齢一覧表

Ⅱ-i. 加害者・被害者の関係別割合

区分	父親等					母親等				総数
	実父	義父	内縁・同居	その他	小計	実母	義母	その他	小計	
平成24年(21判例)	4	4	3	1	12	8	1	1	10	22
平成25年(６判例)						6			6	6
平成26年(19判例)	6(無罪１)		2	1	9	11			11	20(無罪１)
平成27年(17判例)	4(無罪１)	2		1	7	10		1	11	18(無罪１)
平成28年(３判例)	2(無罪１)			1	3					3(無罪１)
平成29年(５判例)	3(無罪２)				3	1		1	2	5(無罪２)
平成30年(６判例)	1(無罪１)			2	3	3			3	6(無罪１)
総数(77判例)	20	6	5	6	37	39	1	3	43	80(無罪６)
割合(内部)	54.1%	16.2%	13.5%	16.2%		90.7%	2.3%	7.0%		
割合(全体)	25.0%	7.5%	6.2%	7.5%		48.8%	1.3%	3.7%		

Ⅱ-ii. 被虐待児の年齢

年齢	出産直後	~2ヶ月	~3ヶ月	~6ヶ月	~12ヶ月	1	2	3	4	5	6	7	8	9	10	11	12	13	14	15	16	計
男	3	4	4	3		3	3	4	1	5	1	1	1			1	1	1	1		1	38
女	8	3	4	1	4	4	4	2	3	1	2	1	1	1		2					1	42
不明	3	1	5	1		1	1						1						1			14
計	14	8	13	5	4	8	8	6	4	6	3	2	3	1		3	1	1	2		2	94
割合	14.9%	8.5%	13.8%	5.3%	4.2%	8.5%	8.5%	6.4%	4.2%	6.4%	3.2%	2.1%	3.2%	1.0%		3.2%	1.0%	1.0%	2.1%		2.1%	

※　厚生労働省は，例年８月に全国児童福祉主管課長・児童相談所長会議資料「児童相談所での児童虐待相談対応件数」を公表する（拙稿「近時の裁判実務における児童虐待事案の刑事法的一考察(1)」，武蔵野法学第３号（2015年）２頁以下及び52頁註８）参照）。平成27年度の公表は遅れ，平成27年10月８日厚生労働省は，平成26年度中児童相談所の児童虐待相談対応した速報値88,931件（20.55%増）を公表した

(http://www.mhlw.go.jp/stf/houdou/0000099975.html)。相談対応件数の主要な増加理由は，平成25年８月厚生労働省のガイドライン「子ども虐待対応の手引き」改正に伴い兄弟に対する虐待を心理的虐待に包含した点及び警察による「面前DV」通報化である。

第２節　ネグレクト事例

判例１　佐賀地裁平成24年１月23日刑事部判決[1)]

【事実の概要】

トラック運転手Ｘ（40歳）は，平成23年８月22日午後６時頃，久留米市の自宅で同居のＹの長女Ａ（当時２歳）が部屋を散らかし，言うことを聞かなかったことなどに立腹し，Ａの頭部を手拳で数回殴打して床の上に転倒させ入院加療26日間を要する頭蓋内出血，クモ膜下出血の傷害を負わせた。Ｘは，平成23年８月27日午後11時48分頃，Ａの傷害の発覚を恐れＹと共謀して嘔吐するなどの危険な兆候を見せ始めたＡを佐賀市内の商店の脇に設置された公衆電話付近に置き去りにした。

【判　旨】

裁判所は，公訴事実を認定し，保護責任者遺棄罪及び傷害罪を適用しＸを懲役２年６月執行猶予４年に処した。

【研　究】

１　本事案は，同居する女性の長女への身体的虐待及びその発覚を恐れてのネグレクトのケースである。

家族関係は，平成22年11月頃，Ｘは夫と不仲で離婚協議中のＹ（当時29歳）と知り合って交際するようになり，平成23年５月からは将来結婚し，Ａを引取り自己の実子同様に育てる意思のもとに久留米市内で同居生活を開始した。

Ｘは，傷害を負ったＡを実母と共謀して遺棄した後，救急車の手配をしている。Ｘの遺棄行為は，短絡的でありＡの生命身体に対する危険を内包するものである。

２　裁判所は，量刑理由において「社会に注意喚起し一般予防を図る観点からも看過し難い犯行である。」と判示した上で，Ａが実父のもとに帰り，実父によって育てられている点とＡの実父との間で損害賠償金の支払等を内容とする示談が成立している点等を考慮して執行猶予付判決とした。

裁判所の判断は，些か軽きに失する感がある。

判例２　さいたま地裁平成24年２月28日第３刑事部判決[2)]

【事実の概要】

実父Ｘは，平成20年１月以降同居する実弟Ｙとともに長男Ａ（当時５歳10ないし11か月）を養育していた。平成23年６月頃，Ａは，家中ゴミの山で足の踏み場もないという極めて劣悪な環境の下でほとんど外出することもなく，ドアに紐を巻き付け中からドアを開けられないような状況で４畳半の部屋から出られなかった。Ａは，毎日朝晩の２回おにぎりやパンなどの栄養の偏った食事を与えられるだけで，十分な水分も与えられず痩せた状態が目立つようになり，低栄養状態に陥っていた。Ａは，７月中旬頃には，更にやせ衰え食欲が減退し，８月16日死亡した。Ａ（当時５歳10ないし11か月）の死亡時の体重は，１歳児の平均体重と同程度の10.6キログラムしかなく低栄養症及び脱水症の状態に陥っていた。

【判　旨】

裁判所は，ＸがＡに十分な食事を与えず，適切な医療措置を受けさせせず放置し，Ａの生存に必要な保護をしなかったとして保護責任者遺棄罪の成立を認めた。更に，裁判所は，平成23年８月14日午後１時頃から午後３時30分頃までの間，ＸがＡの頭部及び顔面を３回殴り，さらに，左顔面を数回蹴るなどしたとして暴行罪の成立を認め，Ｙとの共同正犯としてＸを懲役３年６月に処した。

【研　究】

１　Ａの養育環境は，平成19年１月頃以降，実父Ｘ，実母Ｂ，Ａ（当時１歳），叔父Ｙ，祖母の５人で暮らしていた。同年６月頃，Ｂは，Ｘの日常的な暴力に耐えられず逃げ出し，協議離婚した。Ｘが，Ａの親権者となった。平成20年１月頃，Ｘ及びＹからたびたび暴力を受け統合失調症に罹患していたＸの母親も家を出て行った。Ａの養育の中心は，Ｘが昼間仕事で家を空けている間は当時仕事をしていなかったＹとなった。

Ｘは，Ｙに対し生活費等をほとんど渡さず，Ａに与える食事としてコンビニで買ってきたパンやおにぎりなどをＹに渡し，Ａに支給された児童手当や子ども手当の大部分を自分のために使っていた。また，Ｘは，ＹがＡを外に連れ出すことや入浴させることを禁じるなどの制約を課し，自らＡを家の外に連れ出すことも滅多になく，入浴も１，２週間に１回程度しかさせず，定期検診や病院には一度も連れて行かず，保育所にも入所させなかった。Ｙは，平成22年４月頃以降アルバイトをするようになり，当初は夕方から夜にかけての勤務であったが，10月頃以降は夜勤となり，昼間起きていられなくなったためＸとも合意の上でＡに対する食事は朝晩の２回のみ用意するようになった。平成23年１月頃以降，Ｘは，Ｃと交際するようになり仕事が終わった後などにほぼ毎日会っていたため，Ａの世話はほぼすべてＹに任せきりの状態となった。

Ｘは，家庭の中で支配的な存在であり，妻ＢへのDV及び統合失調症に罹患していた母親への暴力等を繰り返していた。Ｘは，Ｃとの交際でＡの世話を全く果たさず，医師の診断を受けることもせず親権者としての責務を放棄しＡの死亡を招来した。

Ａ死亡の直接的原因は，Ｘ及びＹの保護責任者遺棄行為にある。

2　Ａ死亡の背景には，実父ＸによるＡの外部との接触断絶により社会的援助を受ける機会の喪失がある。親権を放棄した実母Ｂは，Ａの存在を確認し得る唯一の人的関係にあり，少なくとも間接的にはＡの遺棄を幇助したともいえる。

判例３　大阪地裁平成24年３月16日第６刑事部判決[3)]

【事実の概要】

実母Ｘ（24歳）は，平成22年６月１日頃から勤務する風俗店の男性客宅に外泊し，９日に帰宅してコンビニで買った蒸しパン，おにぎり，手巻き寿司とジュースを自宅リビングにいる長女Ａ（死亡当時３歳）及び長男Ｂ（死亡当時１歳９か月）の前に一人に一つずつ開封して置いた。その際，Ｘは，ゴミと糞尿が散乱した極めて不衛生な室内でＡ及びＢが相当衰弱している様子を目の当たりにしＸのほかにＡらを育児する者はなく，必要な食事を与えなければＡらが死亡する可能性が高いことを認識しながら，水道設備もなく空の冷蔵庫が置いてあるリビングと廊下との間の扉に粘着テープを貼り固定し，さらに玄関ドアに鍵をかけＡらが出てこられない状態にして自宅から早々に立ち去った。

それ以降，Ｘは，勤務する風俗店の男性客宅に外泊し同月下旬頃までの間，Ａらに食事を与える手立ても取らず帰宅することもなく放置し，同月下旬頃，Ａ及びＢをいずれも脱水を伴う低栄養により餓死させた。

Ｘは，勤務先の上司からの電話により７月29日に帰宅し，Ａ及びＢの死亡を確認した後，再び外出しサッカー観戦で知り合った男性とドライブに出掛け同宿した。翌30日，同じマンションに住む上司は，「異臭がする。」と110番通報し，駆けつけた警察官が部屋の中央で死亡している全裸のＡ及びＢを発見した。二人の遺体は，腐敗し白骨化し一部はミイラ化しており，体重はＡが5.2kg Ｂは2.5kg で皮下脂肪は全くない状態であった。

【判　旨】

裁判所は，「被告人は，本件当日に自宅を立ち去る時点で，立ち去るという行為が，リビングからＡらを出られないようにすることであり，生命に危険が生じているＡらを死亡させる可能性が高い，危険な行為であると認識し，その後も，その危険が日々高まっていくことを承知しながら，何らＡらの生命を救うための手立てを講じることなく放置したのであるから，これら一連の作為及び不作為について，被告人には，刑法上の殺意があると判断できる。」と判示し，殺人罪を適用しＸを懲役30年（求刑無期懲役）に処した。

【研　究】

１　本事案は，Ｘの行為を殺人罪とする検察官の主張に対しＸは殺意を否定し弁護人は保護責任者遺棄致死罪の適用を主張する否認事件であり，争点は殺意の存否である。

弁護人は，起訴後に臨床心理学を専門とする大学教授にXの殺意に関して心理鑑定を依頼した。同教授は，「被告人は，解離状態をもたらすトラウマ性体験があることから，目前の事柄に意識を集中することによって，自分にとっての否定的な認知，例えば，子供をこのまま放っておいたらどうなるだろう，子供が寂しいかなといった情緒を無意識のうちに，自動的にスイッチが切れるように，意識から閉め出し，一種の自己催眠状態になる解離的認知操作という心理的対処の状態にあった。」，「被告人は，過去のネグレクト体験から，見捨てられた幼少期の自分の姿を避けるのに必死で，子供達が死ぬことが，被告人の中で意識化される状態ではなかった。」等と供述した。弁護人は，同教授の供述に基づいてXには殺意は認められないと主張した。

裁判所は，精神科医の「被告人には本件犯行当時，解離性健忘，解離性障害等を含む精神疾患は認められず，何らの意識障害もなかった」との供述を採用し殺意を認定した。裁判所は，児童虐待の専門家である大学教授の供述を採用しなかったが，Xが被虐待児であった事実と共に本件犯行に至った経緯を視野に入れた児童虐待の発生の機序についての専門家の知見は傾聴に値するものである。

2　Xの家族関係について検討する。Xは，3人姉妹の長女として出生し，6歳の時に両親が別居し，妹らは母親に引き取られネグレクト状態にあった。両親は，Xが小学1年生のとき離婚し，妹らも父親に引き取られた。父親は，離婚の1年半後，Xの英語塾教師と再婚し，被告人より1歳下の継母の連れ子を含む6人の生活が始まった。継母は，自分の連れ子と姉妹の差別的な扱い等から1年半後に父親と離婚に至った。

Xは，高校教師でラグビー部の顧問であるシングルファザーの下で生活したが，中学生時代は家出，外泊，援助交際等の非行歴がある。Xは，中学2年生のとき集団での暴行・レイプの被害にあい，その夜に大量の服薬をして病院に搬送された。Xは，中学卒業後に父親の知人の教諭のいる高等専修学校に進学し教諭の母親宅に下宿し，卒業後，地元の日本料理店に就職した。Xは，同僚の当時19歳の大学生と交際し妊娠し，19歳で結婚し，20歳で長女を出産し，22歳で長男を出産し育児に専念した。Ｘは，夫に内緒で生活費を補充するため消費者ローンから借金をしたり，中学時代の同級生と浮気をする等の問題行動を惹起し，夫の両親及びＸの実父を交えた家族会議が行われ，夫婦の意に反して離婚に至った。

離婚直後，Ｘは，名古屋市内の寮と託児所を備えたキャバクラで働き２人の子供と生活していたが，マンションの住民から虐待通告があり警察は長女を保護し，児童相談所に書面で報告した。

裁判所は，Ｘが自らの意思で子供を引き取った責任を追及する一方シングルマザーとして子育てに孤立するＸに対し周囲の人や児童相談所等公共機関への支援要請の可能性を示唆する。離婚は，Ｘの責に帰する原因ではあるが，就労経験が結婚直前の僅か５ヶ月のシングルマザーに養育費も受けずに２人の乳幼児を抱えての生活は客観的に困難であることは明白である。

Ｘの実父，夫の両親及び夫自身が，家族会議の直前に子供を残して家出を

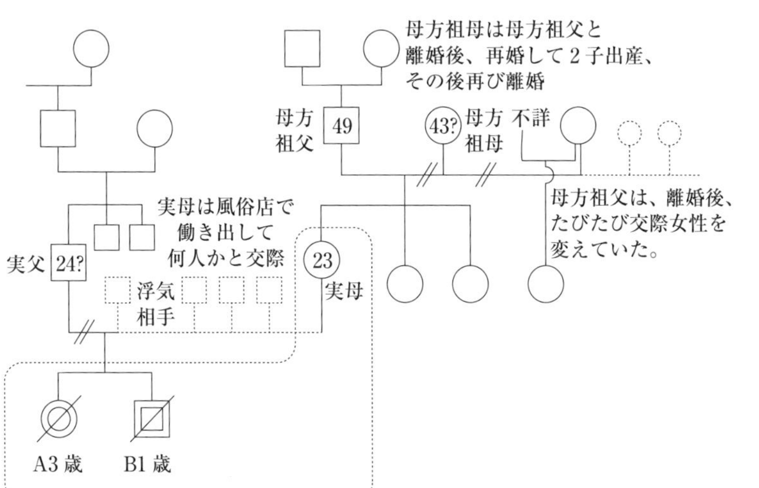

※　年齢はＡ・Ｂ死亡時のもの。
－川崎二三彦・増沢高編著『日本の児童虐待重大事件 2000-2010』，406頁より氏名を変えて引用－

したXに養育が可能と考えたのか，２人の乳幼児の養育を乳幼児中心に考える時，Xの周辺の各自が十全の責務を果たしたのか疑問である。

3　Xの居住するマンションの部屋は，勤務する風俗店が寮として借上げていた11階建て賃貸ワンルームマンション（80戸入居）の一室であり，近隣との接触のない居住空間である。同一の近隣住民から匿名の児童虐待通告が，児童相談所に３回なされ，５回の訪問がなされているにも関わらず，直接安全確認がなされずに２人の被害児の救出は出来ず，腐敗して白骨化し一部はミイラ化した遺体の発見という結末を迎えた。

時宜を得た適切な児童相談所の緊急対応は，関係機関との緊密な連携の下に実施されるべきであり，行政の不作為責任も問われる。

裁判所は，量刑判断において「本件で亡くなった子供らのような被害者が二度と出ることのないよう，行政を含む社会全般が，児童虐待の発見，防止に一層務めるとともに，子育てに苦しむ親に対して理解と関心を示し，協力していくことを願い」と判示し，一般予防にも配意する。

判例４　広島地裁平成24年５月22日刑事第１部判決[4)]

【事実の概要】

実父X（26歳）は，親権者としてパニック障害に罹患していた妻Yと共になかなかミルクを飲まない乳児Aを仕事しながら養育していた。Xは，平成23年10月上旬頃から31日までの間，自宅において，Aが吐き出したミルクで汚れた衣服や糞尿で汚れたおむつを適時に取り替えず，ビニール製ごみ袋等の上に長時間放置してAに加療約４週間を要する左側頭部等の褥瘡及び加療約２週間を要する腹部，臀部等の皮膚異常の傷害を負わせた。Xは，Aの褥瘡や皮膚異常について入浴時にその部分をスポンジや手でこするとAが身体をビクッとさせたり大声で泣いたりしたことから気付いていた。Aは，10月31日死亡した。

【判　旨】

裁判所は，XがAの身体を清潔に保持しなかったことと適切な医療措置を受けさせなかったとして妻Ｙとの共同正犯として保護責任者遺棄致傷罪に問い懲役３年執行猶予５年（求刑懲役４年）に処した。

【研　究】

１　本事案は，乳児を養育する中で妻がパニック障害に罹患して十分な育児ができない状況下で実父Ｘの対応を保護責任者遺棄致傷罪に該当するとして責任を問うたケースである。

近時は，子育ての一環として母親の負担軽減から父親の育児参加を「育メン」と称して奨励する社会的な風潮があるが，現実にはなかなか定着していない。親たちは，社会的サポートを受けることにより育児のストレスを軽減し得るにも関わらず自分たちで抱え込んでしまう傾向にあり，そのような養育環境がネグレクトを惹起する要因となっている。

本事案は，パニック障害に罹患し乳児の十分な世話のできない妻を抱え，乳児にも関わりながら育児放棄の発覚を恐れ病院での受診もせず適切な医療措置を怠り，乳児を死亡させるに至ったケースである。

２　乳児の死亡結果が惹起されているにも関わらず，検察官はＸらのネグレクト行為とＡの死亡との因果関係が認められないと判断して保護責任者遺棄致傷罪で公訴提起している。乳児の年齢は不明であるが，約一か月間のネグレクト行為と死亡時の被害児Ａの体重及び身長等と同年齢乳児との比較で鑑定等に依拠して死の結果の予見可能性を検討したのか不分明である。

判例５　千葉地裁平成24年５月24日刑事第１部判決[5)]

【事実の概要】

実母Ｘ（27歳）は，十分な栄養を与えず発育が遅れ低体重の長男Ａ（当時２歳10か月）が平成23年４月頃までには低栄養により衰弱して食事もほとんどできなくなって痩せ細り，起き上がることも，泣き声も出せなくなるなどの状態にあり，このままでは死んでしまうかもしれないとの不安を抱くほどの危機的状況であることを認識していた。Ｘは，Ａに適切な医療措置を受けさせず，同年５月26日午後５時46分頃，柏市内の搬送先大学附属病院において大腸内の便のほとんどは紙片，プラスチック片等の異物が占め腸閉塞となり低栄養に起因する飢餓によりＡを死亡させた。

Ｘは，十分な栄養を与えず発育が遅れ低体重の二女Ｂ（当時５歳８か月）が平成23年４月頃までには低栄養により衰弱して食事もほとんどできなくなって痩せ細り，起き上がることも，泣き声も出せず，食事もほとんどできなくなり食べた物が未消化で排泄されるなどの状態にあり，このままでは死んでしまうかもしれないとの不安を抱くほどの危機的状況であることを認識していた。Ｘは，Ａに適切な医療措置を受けさせず，同年５月26日午後５時46分頃，柏市内の搬送先大学附属病院において栄養失調により入院加療36日間を要させた。

【判　旨】

裁判所は，公訴事実を認定し夫との共謀によるＡに対する保護責任者遺棄致死罪及びＢに対する保護責任者遺棄致傷罪を適用し，Ｘを懲役７年（求刑懲役10年）に処した。[6)]

【研　究】

1　本事案は，夫Ｙとの共謀による実母の長男及び二女に対するネグレクトのケースである。

Ｘは，平成15年から内縁関係にあるＹと同居し，長女（平成16年８月），二女Ｂ（平成17年９月），三女（平成19年８月），長男Ａ（平成20年７月）を出生した。第２子以降第４子までの３人は，医療機関への「飛び込み出産」で出産している。Ｘ及びＹは，平成21年11月婚姻した。

家族関係は，夫Ｙ（38歳），長女（当時６歳・小学生），二女Ｂ（当時５歳８か月），三女（生後３か月，乳幼児突然死症候群で死亡）及び長男Ａ（当時２歳10か月）の５人家族である。

夫Ｙは，前妻との間に１男１女があり，平成11年当時３歳の児を風呂場への閉じ込め，食事を与えない，叩くなどの行為があった。柏児童相談所は，前妻からの相談・通報により一時保護を実施し，その後，前妻が児を引き取り母子生活支援施設へ入所する。

Yは，前婚で身体的虐待及びネグレクトの事実があり，児童相談所も事実確認と前妻及び2児への対応をしている。

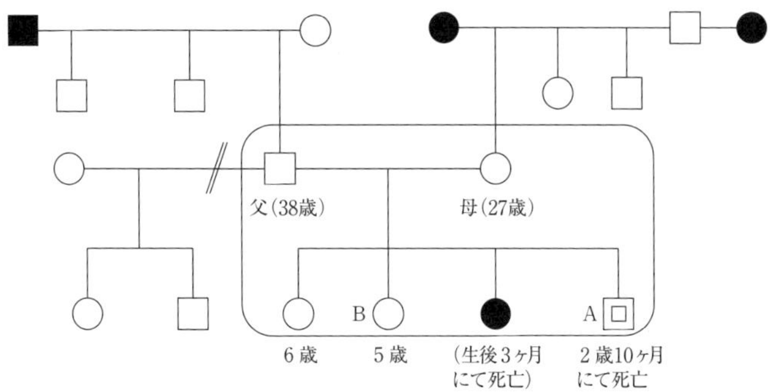

－柏市児童虐待検証会議『柏市における児童死亡事例の検証結果報告書』(平成24年4月)3頁より引用－

2　Xは，乳児に対しても体罰が必要であるとのYの独自の育児方針に疑問を持ちながらもYの考えに従って育児を行っていた。Xは，AとBが低身長・低体重で，言葉や運動能力の発達も著しく遅れており，Bについては2歳頃，Aについては1歳6か月頃までに発達の遅れを認識していた。

Xは，平成22年10月頃以降，Yと育児方針を巡り口論となり，A及びBをYの見えないところで自分だけで世話をして育てることとなった。Xは，AとBを自宅6畳和室内にベビーベッドを移動し，1日2回，短時間でミルクと離乳食を与える以外は水を飲ませることもせず，雑然とした冷暖房もない室内で掛け布団も与えず入浴もさせずに，1台のベビーベッド内にAとBを入れ，手の届く場所に段ボールが置かれ，それが食べられていることに気付きながらもそのままの状態にしておくという劣悪な環境下にAとBを放置し続けた。

Xは，このような状況下で，二人を育て切れないと感じ，何度かYに二人を児童相談所に預けたいと相談したが反対され，関係機関等の援助を求めることもなかった。

3　行政機関は，第２子以降第４子まで医療機関への「飛び込み出産」に伴い，出産した医療機関から保健所への連絡により退院後直ちにコンタクトを取り家庭訪問等の対応をしている[7]。

行政機関は，Ａの出産時に以下の対応をしている。

Ａの出生当日，医療機関から保健所へ退院後の育児支援要請があり，連絡を受けた保健所は家庭児童相談担当に即日連絡した。情報を受理した家庭児童相談担当は，子どもの状況や家庭状況などの情報を収集し，「第２子の乳幼児健診・予防接種・医療受診が滞っていていること」を確認し，子どもの安全確認と養育環境の確認が必要と認識した。

電話連絡の翌日（７月25日），家庭児童相談担当と保健所職員は，同伴で医療機関を訪問し，産後１日目の母親Ｘと面談した。Ｘは，退院後の家庭訪問（新生児訪問）の受入れについて約束した。家庭児童相談担当と保健所職員は，出産歴や家庭状況等を母親と医療機関から第２子・３子・４子ともに飛び込み出産であり，父親は料理ができ母親より上手である等の情報収集をした。

保健所職員は，母子退院翌日８月１日，第２子の安全確認と養育環境の確認を主な目的として母親との約束による家庭訪問を実施した。当日在宅していた父親は，ドアの外で対応し職員に対して約１時間にわたり威嚇的・暴力的な言動で子どもへの面接及び入室を強く拒否したため養育状況の把握・確認ができなかった。母親ＸへのDVが懸念される発言があった。市は，これらの対応状況から，子どもたちの安全確認等の緊急対応を要する状況であると判断し，同日，今後の適切な対応のために柏児童相談所と柏警察へ状況を報告した。

行政機関は，保健所職員の家庭訪問等以上の経緯から「子どもとの面接による養育状況確認を強く拒否する父の特異性（易怒性，攻撃性）と夫婦関係の問題（内縁関係，DVの疑い）」などのリスク要因を把握した。家庭児童相談担当は，「第２子の生存が危ぶまれる重篤なネグレクトの疑いがあり，介入的措置が必要」と判断して，平成20年８月４日に柏児童相談所へ送致している。

4　本事案は，行政機関がかなり早い段階で当該家族がハイリスク家庭であることを認識し対応していた。然しながら，保健所は，状況把握のため家庭訪問をしたが不在であったり（平成22年5月），玄関の外で父親Yからの状況聴取はできたが子どもとの面接は強く拒否される状況であった（平成21年6月）。平成22年9月の家庭訪問時に，Yは「自分の花粉症が治まる時期で，来年（平成23年）の6月なら子どもに会わせてもよい」と言い，当日の子どもとの面接は強く拒否した。

親が，児童虐待を疑われる児との面接を拒否する場合，児童相談所は保健所等の関係機関とより緊密な連携を取り警察官立会いのもと当該家庭へ立入り，児との面接を実施し，その後の対応の基礎資料を確保すべきである。Yは，前婚で身体的虐待及びネグレクトの事実があり，児童相談所も事実確認と前妻及び2児への対応をしているにも関わらず，情報が共有され活用されていない。

『柏市における児童死亡事例の検証結果報告書』は，本事案の問題点として「本児については，生後6か月から事件発生時までの数回の家庭訪問でも面接拒否が継続し，第三者による安全確認ができない状況があったにも関わらず，ネグレクトの疑い事例としてのリスク評価が不十分であったため，的確な対応ができなかった。面接拒否の継続で子どもの状況把握ができないこと自体を虐待リスク要因として判断し，関係者間で高い危機認識を共有して立入調査など介入的な措置をとる必要があったものと考えられる。」と指摘する。[8)]

5　Xは，平成22年3月頃から働きに出ないYに代わり，深夜長時間稼働し一家の家計を支えていた。然しながら，Xは，Yとの関係維持を優先し長女にのみ愛情を注ぎ，A及びBへの生命の危機を認識しながら保健所や児童相談所等の行政機関とコンタクトを取ることなく必要な医療措置を怠ったことの責任は問われなくてはならない。

裁判所の判断は，妥当である。

判例６　名古屋高裁金沢支部平成24年７月３日第２部判決[9)]

【事実の概要】

実父Ｘ（36歳）及び実母Ｙ（39歳）は，平成23年７月25日午前10時40分頃から午後２時55分頃までの４時間15分間，パチンコ遊技をしようとして，共謀の上あえて人目につきにくいパチンコ店舗建物から離れた日除け等がない同店駐車場に眠ったままの長女Ａ（生後約１年）をチャイルドシートに固定したままエンジンを停止させ窓を全て閉め切りドアに施錠して放置した。Ａは，大量の汗をかき体温は40度以上に上昇し熱中症により死亡した。

【判　旨】

裁判所は，原審金沢地裁の裁判員裁判体がＸ及びＹを保護責任者遺棄致死罪で懲役４年（求刑懲役４年６月）に処したのを量刑不当とする弁護人の控訴を棄却した。

【研　究】

1　親が，子供を駐車中の自動車に残しパチンコ等の遊戯に熱中し死亡させ保護責任者遺棄致死罪に問われる事案はこれまでも度々繰り返し惹起され，ネグレクトの一つの行為態様となっている。

原審金沢地裁平成24年２月３日判決は，Ｘ及びＹが本件犯行前に２，３回にわたり本件と同様にＡを自動車内に残してパチンコ遊技を行った経験を根拠に，本件時においてＡを車内に放置すればその生命，身体に重大な危険の生じる可能性があることを認識していたことを不利な量刑事情とした。[10)]

裁判所は，「保護責任者遺棄の罪は，保護責任を負担する者が，自己が要保護者を保護すべき地位にあることを認識しながら，あえて保護責任を放棄する行為に及ぶことによって成立するものであり，その結果，生命，身体を害する結果が生じることまでの認識あるいは意欲していることを要しないと解されるところ，本件において，被告人Ｘは，報道等によって，車内に残された乳幼児が，熱中症等に陥って死亡する事件が生じていることを認識していたと認められる上，本件以前に被害乳児を車内に残しておいた際に，被害乳児が着替えを必要とするほど発汗していたことがあったと供述していることからすれば，本件当時の季節，時間帯及び自動車の駐車場所などに照らし，被告人Xが前記のような状態の自動車内に被害乳児を一人放置して離隔しておれば，被害乳児の生命，身体に重大な障害が生じる危険があることは容易に認識し得たものというべきである。したがって，被告人両名において，本件犯行前に2，3　回にわたって，本件時と同様に被害乳児を自動車内に残してパチンコ遊技を行った経験があることを根拠にして，本件時において，被告人Xが，被害乳児を車内に放置すれば，その生命，身体に重大な危険の生じる可能性があることを認識していたものと認定し，これを不利な量刑事情とした原判決の懲役4年の量刑に不当な点はない。」と判示する。

2　裁判所は，事件当日の気温が30度に達せず曇りがちであったとはいえ，Aの泣き声が外に漏れないように窓を全て閉め切っていたほか，約4時間以上の間パチンコ遊技に興じ，一度もAの様子を見に行かなかった点などを摘示した上で公訴を棄却した。

裁判所の判断は，ネグレクトの一つの行為態様である車中への子供の閉じ込めによる被害防止を喚起する上でも妥当な判断である。

判例7　千葉地裁平成24年7月10日刑事第4部判決[11)]

【事実の概要】

実母X（20歳）は，平成23年1月頃，家族や交際相手に隠れていわゆるデリバリーヘルスのアルバイトをしていた際に客から性交を強いられ，同年8月に胎動を感じて産科医を受診した。Xは，医師から「10月末出産予定の子を妊娠しておりもはや中絶はできない」と告げられた。Xは，客の子を妊娠したと確信したが，アルバイトで誰とも知れない父親の子を妊娠したことを家族等に知られることをおそれ，出産が間近に迫っても妊娠の事実を誰にも告げずに隠し続けていた。Xは，10月20日午後9時42分頃から10時36分頃までの間，千葉市内のコンビニ店女子便所内において女児Aを出産した。Xは，とっさに出産の事実を隠すほかないと考え，便所内に設置された生理用品等が捨てられた蓋付きゴミ箱内側に備え付けられたビニール袋内にAを入れ，袋の口を固結びにした上で床の血の汚れを拭いて身支度を整えてから一人で歩いて姉が待つ車に戻り同店を立ち去った。Aは，女性客が便器近くの床の血の汚れに気付き店員の連絡を受けて駆け付けた警察官により発見された。Aは病院に救急搬送され体温が20度台半ばで重度の低体温状態であった。

【判　旨】

裁判所は，XのA放置行為に殺人の実行行為性を認めた上で殺意を認定し，Xを懲役2年6月（求刑懲役4年）に処した。

【研　究】

1裁判所は，殺人の実行行為性について「本件犯行の危険性を行為時に立って検討すると，女児は，本件犯行によって，窒息死し又は低体温症が原因となって死亡に至る危険があった上，ビニール袋に入れられたままゴミとして処分される過程で押しつぶされるなどして死亡するおそれもあったものと認められる。」と判示する。

裁判所は，Xの行為について保護責任者遺棄罪ではなく殺人未遂罪と判断した理由について「判示行為には，女児の生存に必要な保護をしないという不作為も含まれているが，親は子を保護する義務を負っている上，被告人自身が女児をゴミ箱のビニール袋内に隠して，その生命に対する危険を生じさせるとともに，他者による女児の早期発見が困難な状況を作出したこと等に照らすと，被告人には，女児の生存に必要な保護をすべき法律上の義務があり，かつ，その被告人が女児をビニール袋内に放置してその保護のための措置を何らとらないことは，作為によって人を殺す行為と同視できるというべきである。」として構成要件的同価値性を判示する。

裁判所は，Xの殺意について「被告人は，便器に産み落とした女児を持ち上げた際に，女児が手指を動かし，小さな声を出しているのを確認したにもかかわらず，自らの手で，濡れて裸のままの女児をゴミ箱のビニール袋内に入れて袋の口を固結びにした上で，その場を立ち去って放置しているのであるから，少なくとも，被告人には女児が死亡するかもしれないとの認識があったものと推認される。また，被告人は，本件の約２か月前に妊娠していることを知ったにもかかわらず，周りの誰にもこれを知らせず，出産，育児の具体的な準備も一切しないまま出産予定時期を迎えている上，犯行後女児が発見されたことを報道で知るまでの間も，妊娠を疑っていた姉に対して嘘のメールを送信するなどして妊娠及び出産の事実を隠し続けており，犯行の前後を通じて，妊娠及び出産を隠すことを子の生命よりも優先させていたことが見て取れる。以上によれば，被告人は，自らの行為によって女児が死ぬ危険性があることを認識しながらも，出産の事実を隠すためにはやむを得ないと考えて犯行に及んだものと認められる。」と判示する。

2　Ａは，平成23年10月20日午後10時36分頃，コンビニ店女子便所便器内に産み落とされ，Ｘによって羊水，血液や便器の水で濡れた体を拭かれただけで17度弱の外気と大差ない便所にあったゴミ箱ビニール袋内に裸で濡れたまま放置された。同女子便所は翌朝６時まで清掃予定がなく，同夜勤務していた店員はすべて男性で夜間の女子便所の利用頻度も高いとはいえない状況で，たまたまトイレを利用した女性客から店員への連絡で発見され，病院へ救急搬送され，Ａは一命を止めた。入院時のＡの体重は，2800グラムであった。[12)]

3　裁判所は，量刑理由において妊娠の経緯について「被告人は，兄姉の独立後に父親が難病にり患したため就職時から給料のほぼ全額を両親に渡してその生活を支えてきたところ，小遣い欲しさから始めた上記アルバイト中に判示のとおり望まない妊娠をしてしまい，その事実を家族等に打ち明けられず，同人らに妊娠に気付いてもらえることもないまま，一人きりで問題を抱え込み現実から逃避し続ける中で，予期せず本件女子便所で出産するに至ってとっさに犯行に及んだものとみられる。」と判示し，犯行後のＸの行動について「翌日の報道で女児の生存を知るまでの間，女児の救護に向けた行動を一切とっていないばかりか，その後逮捕されるまでの１か月余りの間も，妊娠出産の事実がなかったかのように平常どおりの生活を送り，望まぬ妊娠ひいては本件犯行の原因となったデリバリーヘルスのアルバイトをも続けていた」と判示し，犯行の重大性や自らの問題点等を十分に認識した上で内省を深めているとはいい難いとして実刑判決の理由を摘示する。

判例8　岡山地裁平成24年8月1日第2刑事部判決[13)]

【事実の概要】

実父X（21歳）は，ホストクラブ従業員として午後9から10時頃に出勤し，早朝に帰宅し，実母Y（22歳）は，パチンコ店従業員として午前7時頃か午後3時頃に出勤していた[14)]。

X及びYは，平成23年6月以降，2人の勤務時間の都合から長女A（当時1歳6か月）を連日数時間にわたり室内で1人にすることが常態化していた。7月以降，Yは，家事や育児をする気力を失い，もともと家事や育児をY任せにしていたXもAの面倒をきちんと見たり，室内を片付けたりすることがなくなりAの成育環境は次第に悪化していった。7月末頃には，X及びYは，Aに紙おむつのみを着用させた状態でたばこの吸い殻，食べ物のかす，排せつ物等が散乱するなど衛生状態が劣悪な室内でおむつ交換するのみで身体を清潔に保つことなく放置した。X及びY両名は，8月上旬頃，Aが皮膚炎やおむつかぶれによるただれが悪化し，せき込み，発熱，おう吐など体調異常をうかがわせる症状が発現しているのを認識しながら，Aの体調を継続的に観察し，適時適切に医師の診察を受けさせることもなかった。8月10日夕，Xは，「子供が呼吸していない」と119番通報し，駆けつけた救急隊員はAが既に死亡しているのを確認した。Aの死因は，呼吸器感染症であった。

【判　旨】

裁判所は，X及びYのA放置行為による死亡結果に対して保護責任者遺棄致死罪の共同正犯に該当するとして両名を懲役6年（求刑懲役7年）に処した。

【研　究】

1　X及びYのA養育状況は，コンビニで購入した寿司，ジュース等の食事や水分を与え，発熱した際には解熱剤を投与するのみで，真夏の暑い時期にもクーラーの設置されていないゴミ等の散乱する部屋に一人連日数時間も放置していた。Ａは，たまった糞便で全体が変色し，中にかびが生えた紙おむつを着用したままごみの中で死亡していた。

平成23年６月以降，Ｘ及びＹの夫婦関係は悪化し，Ｙは家事や育児をする気力を失い交際相手らと頻繁にメール交換をしていた。Ｙは，実母の援助の申し出を拒絶した。Ｘ及びＹは，Ａの皮膚症状の悪化や体調異常を目の当たりにしていながら，医師の診察を受けさせることもなくＡを死亡させた。

2　本事案は，実父（21歳）及び実母（22歳）という若年夫婦の未成熟さに起因する生後１歳６か月の長女の養育を怠たり死亡させたネグレクトケースである。Ａの母子手帳には，１カ月検診受診後，定期検診の受診記録は記載されていなかった。平成22年４月，Ｘ及びＹは，急性咽頭炎に罹患したＡ（生後２カ月）を岡山市内の総合病院に入院させ，病院が引き留めたにも拘らず３日目に「自分たちで面倒をみる」として退院させた。平成23年５月，Ａを預かっていた母方祖母が皮膚の治療のため，鳥取県倉吉市内の病院に連れていった。以後，Ａには，医療機関での受診記録がない。Ｙは，パチンコ店従業員として就業した平成23年２月からＡを保育園に通わせたが，経済的事情から６月上旬に退園させた。

Ｙの周囲には，Ａの育児をサポートする母親や祖母がおり，死亡する３カ月前には祖母のもと倉吉市内で養育されていた。Ｙの母親は，Ａのサポートの申し出をＹに拒否されたが，Ｘ及びＹの仕事の状況を把握してＹの家を訪問する等してより濃密な介入をしてＡの養育状況を確認する方法があったと思慮される。また，保健所は，Ａの１カ月検診後の定期検診の受診記録がない状況を把握して養育環境を調べることも可能ではなかったのか。関係者の濃密な介入が，Ａの死亡という最悪な結果回避の唯一の方法であったと思慮する。

判例９　千葉地裁平成24年９月20日刑事第１部判決[15)]

【事実の概要】

実父Ｘ（39歳）は，実母Ｙ（28歳）と共謀の上，平成22年10月頃から平成23年５月25日までの間，長男Ａ（当時２歳）及び二女Ｂ（当時５歳）に十分な栄養を与えず，特に，平成23年４月頃以降，適切な医療措置を受けさせずＡを５月26日午後５時46分頃，柏市内の入院先の大学附属病院で低栄養に基づ飢餓により死亡させ，Ｂを入院加療36日間を要する栄養失調に陥らせた。

【判　旨】

裁判所は，ＸとＹが適切な医療措置を受けさせないことについて暗黙のうちに相互に意思を通じていたとして，Ａに対する保護責任者遺棄致死罪及びＢに対する保護責任者遺棄致傷罪の共同正犯としてＸを懲役９年６月（求刑懲役12年）に処した。なお，Ｙは，他の裁判体で懲役７年（求刑懲役10年）に処された。[16)]

【研　究】

１　Ｘ及びＹの家族構成は，長女（当時６歳）二女Ｂ（当時５歳）長男Ａ（当時２歳）の５人家族である（三女は死亡)。Ｘは，乳児に対しても体罰が必要であるとの育児方針を固守しＹとの口論の結果，平成22年10月頃以降，Ａ及びＢの養育に関わらないことをＹと合意した。Ｘは，Ａ及びＢの生活していたベビーベッドを自宅６畳和室に移動させ，Ａ及びＢを同室に閉じ込めた。なお，Ｘは，平成22年10月頃までＡ及びＢを入浴させることがあった。

Ｙは，平成22年３月から飲食店での夜勤（通勤時間を含めて１日平均約９時間ないし13時間を要する勤務で，１か月間に19日から30日出勤）に出るようになり，Ａ及びＢの養育にかけられる時間や体力が相当程度制約された。Ｙは，Ａに対し多くて１日２回粉ミルク中心の食事を短時間で与えるのみとなった。

Ｂの成育状況は，２歳頃から言語能力，運動能力の発達に遅滞があり，５歳を過ぎた平成22年10月頃にも二語文程度しか話せず，歩行も不安定な状態であった。Ａの成育状況は，２歳を過ぎた同年10月頃も言葉を発せず，歩くことも，立つことも，はいはいすることもできない状態であった。

平成22年10月頃以降，Ａ及びＢの起居する和室から悪臭がするようになり，平成23年４月頃以降，和室から泣き声や生活音が聞こえなくなっていた。

2　Ｘは，Ｙの飲食店での夜勤のハードなスケジュールとＡ及びＢの育児状況を知りつつも，Ａ及びＢのみを自宅に残し，連日のように長女と長時間外出していた。Ｘは，Ｙとの合意でＡ及びＢの育児は全てＹがすることになっていたとはいえ，親権者としてＡ及びＢの起居する和室からの悪臭や泣き声や生活音が聞こえない状況に対応し，健康や生命を危うくしかねない事態の発生を予期し適切な医療措置を受けさせる義務を負っている。

他方，Ｙは，自分達の生活環境ではＡ及びＢの養育は困難と考えＸに二人を児童相談所に預けたいと相談したが拒否され，関係機関等に援助を求めることも出来ずに最悪の結果を招来してしまった。死亡時のＡは，６か月児の平均体重にも満たず，大腸内の便のほとんどは段ボールなどの紙片やプラスチック片等の異物が占め腸閉塞状態であった。

なお，家族構成は，下記の通りである。

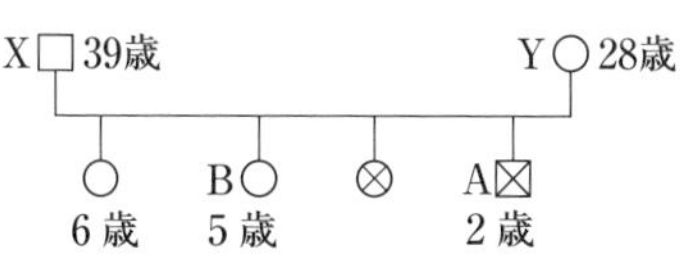

3　Ａの餓死及びＢの栄養失調による入院加療36日の結果は，ＸのＡ及びＢ両名への親権者としての養育義務放棄とＸに依存し過ぎたＹの外部へのSOS発信頓挫が要因である。裁判所のＸへの責任判断は，正当である。

判例10　名古屋地裁岡崎支部平成25年６月17日刑事部判決[17]

【事実の概要】

実父Ｘ（49歳）及び実母Ｙ（39歳）は，長女Ａ（当時４歳）が平成23年12月頃に風邪を引いてから，食事量が減少して充分な栄養を摂取できなくなり，平成24年４月頃には低栄養状態に陥り，歩行も困難になったことを認識していた。X及びYは，9月20日までの間，Aに充分な食事を摂取させたり，適切な医療措置を受けさせず放置し，20日午後零時34分頃搬送先の病院で衰弱死させた。

【判　旨】

裁判所は，XとY両名を保護責任者遺棄致死罪の共同正犯として両名を求刑通り懲役6年に処した。

【研　究】

1　X及びYの家族構成は，長男（7歳），長女A（当時4歳）の4人家族であり，Xは派遣社員でYは無職である。死亡時のAは，肋骨の変形や諸臓器の萎縮等を伴う極度に痩せ細った状態で，4歳女児の平均体重15kg前後に対し，約8kgしかなかった[18)]。

長男及び長女は，外遊びや他の子供との交流などをさせられずに家の中に事実上閉じ込められていた。

2　Aは，市が定期的に実施している4カ月，1歳6カ月，3歳時健康診断を一度も受診していなかった。市は，登録された住所に受診票を送付したが戻ってきたので，市職員が少なくとも平成20年に2回，平成21年に1回，訪問したが接触できず，携帯電話もつながらない状態で，登録された住所は現住所と違っていた。行政機関は，被害児家族に一定のアクセスをしているが住居確認がなされず有効な対応ではなかった。

また，X及びYは，金銭的理由でAを病院に連れて行けなかったと供述しているが，Xの月収は寮の家賃や社会保険料などを除いて手取り20万円前後である。また，豊橋市は平成16年4月に未就学児の医療費を公費で全額負担する医療費助成制度を導入し，市の窓口で「受給者証」の交付を受け，医療機関を受診する際に提示すれば，患者負担が免除される。Aは，平成20年7月に受給者証の交付を受けていた。

3　本事案は，一定の行政サービスを受けながら両親の長女への無関心に起因する育児放棄で死亡に至ったケースである。両親を求刑通り懲役6年に処した裁判所の判断は，妥当である。

判例11　大津地裁平成25年11月6日刑事部判決[19)]

【事実の概要】

実母X（28歳）は，日頃から十分な食事を与えないなど三男A（当時1歳7か月）の育児を疎かにしていた。平成23年6月24日朝，Aは，39度を超える高熱を出し，その後も37度台の熱で痰が絡んだ咳をし続け，呼吸が荒くボーッとして辛そうな様子で，食事も通常より少ない量しか取ろうとしなかった。Xは，Aを病院に連れて行くのが面倒くさいと考え受診させず，26日午後2時頃，自宅においてAを気管支肺炎により死亡させた。

【判　旨】

裁判所は，Xに対しAに適切な医療措置を受けさせなかったとし保護責任者遺棄致死罪の成立を認め懲役5年（求刑懲役8年）に処した。

【研　究】

1　裁判所は，以下の事実を認定する。

(1)　Aの体重は，1歳時の平成22年11月10日に7750グラムであったが，その後減少し，一時増加したこともあったが，平成23年6月10日には，7か月前と同じ7800グラムに戻り，低体重で栄養が不足した状態であった。

(2)　Aは，23日から咳が出て熱っぽくなり，24日には気管支肺炎を発症した。そして，栄養不足の状態にあったため，気管支肺炎は急速に重篤化した。

(3)　Aは，同日朝には39度3分ないし4分の熱を出し，同日夕方には37度台に下がったが，死亡する26日まで37度台の熱が続いていた。24日からは痰が絡んだ咳をし，翌日からは呼吸が困難になり息が荒くなり意識の障害によりボーッとするなどといった症状も出て，そのような症状は26日まで軽減することなく続いた。その間，Aの摂取した食事の量は，普段より少なく，辛そうな状態であった。Xは，このようなAの症状や状態を認識していた。

(4)　Aは，脱水状態に陥っており，そのため，目がくぼんだり肌や唇が乾くといった症状も出ていた。

⑸　26日，Ａは，午前中に食事を取った後昼寝したが，午後２時頃，気管支肺炎により死亡した。死亡時，Ａの体重は，7200グラムまで減少していた。

弁護人は，①本件時のＡの状態は，普通の人であれば，医師の診療を受けなければ病状が悪化するなどして生命，身体が害されるかもしれないと考える状態に至っていなかったから，Ｘの行為は保護責任者遺棄致死罪における「生存に必要な保護をしなかった」との構成要件に該当しない，②Ｘは，Ａの状態が生命，身体が害される状態であると認識していなかったので故意はない，との２つを争点とする。

裁判所は，争点①について「24日朝に高熱を出して以降，Ａを病院に連れて行くなどして適切な医療措置を受けさせなかった被告人は，Ａに対してその生存に必要な保護をしなかったというべきである。」と判示する。争点②については，「被告人においても，Ａが医師の診療を受けなければ病状が悪化するなどして生命，身体が害されるかもしれない状態にあると認識していたことが認められる。」と判示し，保護責任者遺棄致死罪の故意を認める。

なお，裁判所は，捜査段階でＸの精神鑑定を行った医師の公判廷での供述を引用してＸの責任能力について「被告人は本件前の３月頃から軽症うつ病エピソードに罹患しており，知的能力は境界知能（正常下位）にあること，軽症うつ病エピソードに伴う倦怠感による観察不足や知的能力の低さがＡの危険性の過小評価に影響を与えているものの，その程度は小さく，むしろ，被告人の自己本位で責任感が希薄な性格傾向，共感性・想像力が乏しいといった心理的発達の特性等の影響が大きいこと，また，軽症うつ病エピソードに伴う易疲労感・倦怠感のために，Ａを病院に受診させるなど適切な処置をとることが多少困難となった可能性があるものの，その程度は大きくはなかった。」と判示してＸに完全責任能力を認める。

2　Ｘは，平成20年に離婚し，平成21年から生活保護を受け，長男，二男，三男と生活していたが，平成21年９月長男が自宅ベランダから誤って転落死した（当時4歳）。なお，Xには長男の前に生後間もなく病死した子がいる。Xは，長男の死後気持ちを引きずって育児や家事もやる気が起きなくなってしまうことがあり，チャットに癒やしを求め昼夜逆転の生活を過ごしていた。

平成21年6月，二男の3歳半検診で，オムツが交換されていないことに気づいて，家庭相談員が月に1回家庭訪問を実施している。

平成23年4月からは，保育所の保育士が，二男（6歳）の通園の迎えにX宅に来ている。6月24日朝，保育士は，三男Aの39度超の高熱に気付き，病院に連れて行くよう促し，夕方確認に訪れると，Xは「熱は下がった」と答えた[20)]。

Xには，家庭相談員の訪問や保育士の二男送迎等のサポートがなされ育児に孤立せず社会との接点はあったものの，X自身はチャットという仮想空間での生活が主となり子どもの成育への関心を喪失していた。

3　大阪高裁平成26年6月3日第1刑事部判決は，弁護人の事実誤認及び量刑不当の主張を排斥し，控訴を棄却した[21)]。

判例12　津地裁平成25年12月18日刑事部判決[22)]

【事実の概要】

実母X（45歳）は，平成24年3月，予定日より早く長男Aを帝王切開術で出産した。Aは，未熟児のためNICUに入りXの退院後も入院を継続していたので，Xは退院後も母乳を搾乳して週に1回程度，Aに会いに病院を訪れていた。Xは，出産後，心療内科を受診し，産後うつ病と診断され，5月頃には重度の産後うつ病で育児不能と診断された。病院から退院したAは，6月29日から乳児院に預けられた。Xは，8月頃，長女の世話をすることも難しくなり療養のため富山の実家に帰省した。Xは，Aと接すれば愛着が湧くと考え，夫の休暇にあわせて乳児院からAの外泊許可をもらい，同月12日から16日までの間，Aを自宅で預かることにした。

8月16日午後2時51分頃，Xは，桑名市内のパチンコ店駐車場において炎天下であるにもかかわらず同所に駐車した自動車のエンジンを切り全ての窓を閉めたままドアを施錠した状態で長男Ａ（当時生後５ヵ月）を同車後部座席に設置されたチャイルドシート上に着座させたまま立ち去り，同日午後５時23分頃までの間，放置してＡを窒息死させた。

【判　旨】

本事案は，重度の産後うつ病に罹患する実母Ｘの長男Ａ遺棄行為について責任能力が争点となった。

裁判所は，「被告人は，同児がいる限り，うつ病が治らず苦しみ続けるという思いと，同児を愛したい，同児がかわいそうだという２つの思いの中で葛藤していたものの，結局，同児がいる限り，うつ病が治らず苦しみ続けるという考えから抜け出すことができなかったものであって，そのような考えは，証人が指摘するような単なる将来への悲観にとどまらず，産後うつ病の影響を著しく受けた病的で異常な思い込みであると認めるのが相当である。」と判示し，「本件犯行当時，自分のしようとしていることが良いことか悪いことかを判断し，その判断に従って自分の行動をコントロールすることができる能力を欠いていたとまではいえないものの，自分のしようとしていることが良いことか悪いことかを判断し，その判断に従って自分の行動をコントロールすることが著しく困難であったと認めるのが相当である。」としてＸを心神耗弱と認定し，懲役３年執行猶予５年（求刑懲役５年）に処した。

【研　究】

裁判所は，責任能力の判断に際し，急いで出生届を提出したためＡに「いい名前をつけてあげたかったのに失敗しちゃった。」と考え，納得のいく名前に変更したいと思い悩み，夫に相談していた事実，料理の献立が思い浮かばなかったり，料理の味が分からなくなったりし，また，十分に寝ることもできず，食欲が減退した事実，Ａが乳児院に預けられたことで，「赤ちゃんがどんどん遠くにいっちゃう。」などと感じ，また，Ａと日頃接することができず自分の子であるとの実感をますます持てなく愛情がわかないことに思い悩み，Ａを自宅で預かった際，夫や長女がＡと接して喜んでいるのに，同人らと同じように喜べず，さらに落ち込み，気力がわかない状態，Aがいる限り，うつ病は治らない，この苦しみが続いていく，などと思うようになり，8月14日には，寝ているAの鼻と口を塞いだり，首を絞めるなどの行為に及んだが，Aの苦しむ様子を見て思いとどまった事実，Aを里子に出すことを相談した際に夫から「犬猫以下だ。」などと言われて反対され，また離婚の話も出て，家族が引き裂かれるような思いを抱き，翌15日には，同児と無理心中することも考えるに至った事実，うつ病の影響で動けずに横になっていたところを夫から「本当に何もできないんだね。」などと言われ，自分は本当に一生このままなんだと落ち込んでいた事実等重度の産後うつ病患者の精神状況及び行動態様を把握し，的確な事実認定を行っている。

産後うつ病（Postnatal Depression）は，産後2から4週後に褥婦の12.8%に発症する急激な精神疾患である[23)]。

周囲は，産後うつ病の罹患率等適切な情報を共有して褥婦をサポートする必要がある。本判決は，医学的知見及び対処法についての理解を踏まえ適切な家族内での更生を科した適切な判断である。

産後うつ病の近時の事案としては，広島地裁平成26年7月1日刑事第1部判決がある[24)]。同判決は，被告人は完全責任能力の状態にあると認定し，殺人罪を適用し求刑通り懲役7年に処している。

判例13　前橋地裁平成26年2月6日刑事第1部判決[25)]

【事実の概要】

フィリピン国籍の実母X（37歳）は，栄養の摂取不足等により発育不良状態にある二女A（当時3歳）の保護を中学生の長女B（当時14歳）に任せ，平成25年2月9日フィリピン共和国に一時帰国した。18日午後7時頃，Bは洗面所近くにパジャマ姿で死亡しているAを見つけ警察に通報した。

【判　旨】

裁判所は，Xの出国行為は客観的に「遺棄」に該当するとしたうえでAの発育状態やBの監護能力等について精査し，Aが病気等になるかもしれないことも分かっていたとして保護責任者遺棄罪の故意を認定し，Ｘを懲役７年（求刑懲役８年）に処した。

【研　究】

1　本事案は，実母による母国への一時帰国中の二女の世話を長女（当時14歳）に任せたネグレクトのケースである。

Ｘは，経済的理由等から長女Ｂを平成21年９月から平成23年11月（10歳から12歳）まで，二女Ａを平成24年４月３日まで児童福祉施設に預けていた後，群馬県邑楽郡のアパートで生活保護を受けながら３人で暮らしていた。[26)]

Ａの発育状態は，児童福祉施設から引き取った直後の平成24年４月20日13.4kg で標準的であったが，同年８月22日11.74kg，司法解剖時平成25年２月19日には10.6kg と急激に減少していた。ＡのＸ線写真を見分した医師は，両大腿骨の下端部に概ね１年以内あるいは半年以内に３，４回にわたって低栄養状態になったことを示すハリス線が見られるという。

Ａは，Ｘになつかず，次第にＸやＢに近づかなくなり，自宅玄関前廊下脇の薄暗く冬季は冷え込む洗面所で過ごす時間が長くなった。平成24年12月までに，Ａは，何度引き戻しても夜間も洗面所で就寝するようになり，その頃，２度にわたって自分の便を食べたりするなど異常行動をした。

2　Ｘは，日頃から生活費を用立ててもらったり，食料を届けてもらっていた知人に，出国中のＢの食料の世話等を依頼したのみでＡを自宅に残すことを知られれば怒られると考え，知らせずＢにも口止めをした。Ｘは，フィリピンから毎日のようにＢに電話をかけ，元気かなどと尋ねていたが，変わりはないというＢの言葉を鵜呑みにし，Ａを電話口に出すよう言うことすらなかった。

Ｂが，体調不良を理由に中学校を12日から14日欠席したので，中学校は14日に家庭訪問を実施した。Ｂは，翌15日に登校してきた際，「14日からお母さんが出掛けたまま帰ってこない」と話し，Ａは「知人の所にいる」と説明した。中学校は，Ｂが一人暮らしをしていると判断し，15日，県東部児童相談所に連絡した。中学校は，週明け18日，Ｂに確認したところ，「16，17日にも母親が戻らなかった」と話したため，18日夕にも再度，家庭訪問を実施した際，部屋の中に入り，食べ物や現金があることを確認した。

中学校は，Ｂには一定の対応をしたが，部屋に残されていたＡについては知る術もなかった。

他方，児童相談所は，Ｘがシングルマザーで２児を一定期間児童福祉施設に預けており生活保護受給家庭であり，過去にもＡとＢを日本に残して出国し，約１年半帰国せずＡやＢが施設に保護されたことがあるのでＡの所在について確認の必要性はあったものと思慮する。

3　裁判所は，Ａの急激な体重減少や複数回の低栄養状態及び洗面所に居着いてＸに近付くこともなくなったにも関わらず，適切な監護を欠いている状況をネグレクトと判示した。

裁判所の判断は，妥当である。

判例14　東京地裁平成26年２月10日刑事第10部判決[27)]

【事実の概要】

実父Ｘ（30歳）及び実母Ｙ（28歳）は，平成22年，自宅で出産した長女Ａを裸のままセーターと毛布にくるんで早朝他家の玄関前に置いて立ち去った。Ｘ及びＹ両名は，翌平成23年，二女Ｂの出産当日，裸のままサマーセーターとバスラップにくるんだＢを夜間人気のない公園内ベンチ上に置いて立ち去った。

【判　旨】

裁判所は，Ｘ及びＹをＡ及びＢに対する保護責任者遺棄罪の共同正犯として両名を懲役３年（求刑懲役４年）に処した。

【研　究】

1　早朝他家の玄関前に置き去りにされたＡは，発見時体温が34度前後の高度低体温の状態であった上，高血糖症や菌血症にも罹患していたが一命を止めた。夜間人気のない公園内ベンチ上に置き去りにされたＢは，発見時呼吸数や脈拍数が通常の新生児の半分以下にまで落ちて全身冷感状態であったが一命を止めた。

本事案は，発見が少しでも遅れれば，両名とも死亡していた危険性の高い遺棄行為によるネグレクトのケースである。

2　Ｘ及びＹは，長男の死亡の際には遺体を空き地に遺棄した過去があり，長女や二女の出生届を提出すると長男の死体遺棄行為が発覚して逮捕されるなどと考えていた。無職のＸと風俗店従業員Ｙ両名は，養育の自覚と生活基盤が不安定なままに避妊することなく長男，長女及び二女を出産しては遺棄する行為を繰り返している。

Ｙは，出産した子を自分で育てたいとＸに言っても受け入れられず，説得されて保護責任者遺棄罪の共同正犯として行動を一にしている。

社会性の未成熟な両親による無計画出産に起因するネグレクトは，当事者にとり何等の解決にもならず単なる問題の先送りに過ぎない。

判例15　奈良地裁平成26年２月20日刑事部判決[28)]

【事実の概要】

実母Ｘ（22歳）は，長女Ａ（当時１歳３か月）の親権者として，平成24年３月31日頃から７月21日までの間，奈良県磯城郡の自宅において，Ａに十分な食事を与えず，適切な医療措置を受けさせることもなく放置した。

Ｘは，７月18日頃から21日までの間，自宅においてＡの頭部を殴打する暴行を加え，頭蓋骨多発骨折を伴う頭部打撲等の傷害を負わせた。Ａは，同年８月22日，救急搬送先の橿原市内のＣ病院において脳挫傷及び右硬膜下血腫により死亡した。

【判　旨】

裁判所は，ＸをＡに対する保護責任者遺棄罪及び傷害致死罪で懲役７年（求刑懲役12年）に処した。

【研　究】

1　本事案は，ネグレクト及び身体的虐待の併存ケースである。裁判所は，公判前整理手続において，争点整理を行い，①ネグレクトに関し，Ｘが

Ａに十分な食事を与えていたかどうか，②ＸはＡが低栄養状態に陥っており，医療を受けさせる必要があったことを認識していたかどうか，③身体的虐待に関し，ＸがＡの頭部に対する暴行を加えたかどうかの３点を挙げる。

裁判所は，争点①についてＡの出生時平成23年４月24日から看護師の家庭訪問した平成24年３月30日までの医療機関等の受診状況及び対応状況とＡの体重記録に基づき遅くとも平成24年３月30日頃（6400g）から同年７月21日（5500g）までの間，Ａに十分な食事を与えていなかったと認定する[29)]。

裁判所は，争点②について平成24年３月15日Ｃ病院でＡの診察を担当したＫ医師の「Ａの体重が伸びていない，栄養が取れていないことが考えられたので，ご飯をしっかり食べさせる必要がある，定期的に検診等を受ける必要がある旨告げた」との公判廷供述及び同月30日にＸ方を訪問した保健師Ｎの「今回は体重は増加しているが，長期的に見ると体重の伸びが余り良くなく，このまま放置するとＡの身体に問題が起こる可能性があるので，できるだけ早期に病院に行って調べてもらうように言った，その際，食事の与え方や内容，食事量につき指導をした」との公判廷供述から，ＸがＡに医療措置を受けさせる必要があったことを認識していたと強く推認できると判示する。

裁判所は，争点③について事件性及び犯人性の視点から検討する。裁判所は，Ａの治療を担当した救急搬送先Ｃ病院小児脳神経外科Ｑ医師のＡの死因となる急性硬膜下血腫等を生じさせたＡの頭部の少なくとも７箇所の骨折について，「Ａの頭部に加えられた外力は，人為的なものと認められ，その外力は平成24年７月18日頃から同月21日午後零時前後頃までの間に加えられたものと認められる。」との公判廷供述から事件性を認定する。

裁判所は，夫Ｙ（27歳）を犯人とする弁護人及びＸの主張をＹの供述及びＸのメールの交信記録を基に排斥する[30)]。

2　Ｘの家族構成は，夫Ｙ（27歳），長男（２歳），長女Ａ（１歳３か月），二男（０歳）の５人暮らしである。Ｘ及びＹは，事実婚であるが３人の子どもは実子である[31)]。

本事案は，搬送先の病院から奈良県中央こども家庭相談センターに虐待通報されたケースである。

裁判所は，Xの動機について量刑理由において「被害児の妊娠中に内縁の夫が被告人の実妹と浮気をしたとの思いなどから，出産当初から同児に対する愛情が乏しかった。その上，同児はなかなか泣きやまないなど手がかかる子であった。同年2月には次男を出産し，3人の乳幼児を抱えることになって，育児や家事の負担が増大したが，思うように内縁の夫の協力が得られなかった。」とし，「同児に対する暴力は，うっ積したストレス等を背景とする衝動的なものであったと推察される。」と判示する。

風俗店従業員であるX（22歳）及び土木作業員であるY（27歳）夫婦は年子の3人の子どもを持つが，Yの暴力的傾向から夫婦間で十分なコミュミケーションのとれない家庭環境にあったと思慮される。また，Aの育児については，Xの実家の母，姉，祖母による一時預かりと保健師の介入で一定のサポートを得ていたが，夫の協力は不十分であったと言わざるを得ない。

裁判所は，各争点に関し詳細な事実認定をし，裁判員との十分な評議を尽くして妥当な判断を導いている。

判例16　鹿児島地裁平成26年6月20日刑事部判決[32)]

【事実の概要】

Xは，平成25年2月12日未明頃，鹿児島市内の父親方2階トイレ内で女児Aを出産した後，直ちにAを抱きかかえてトイレ隣の自室に戻った。Xは，Aを出産した事実を家族に知られることを恐れ，Aを自室内に放置し，13日頃から15日頃までの間にAを栄養不良による衰弱により死亡させた。Xは，Aの死体をバスタオルや新聞紙で包み，バッグに入れて自室のクローゼット内に隠匿した。

【判　旨】

裁判所は，XをAに対する保護責任者遺棄致死罪及び死体遺棄罪で懲役3年執行猶予4年（求刑懲役4年）に処した。

【研　究】

1　本事案の争点は，平成25年2月12日午前11時頃以降の時点でXがAの生存を認識していたか否かである。検察官は，14日午前11時過ぎ頃のXによる乳幼児の受入先に関するインターネットサイトの閲覧履歴を根拠に，XがAの生存を認識していたと主張する。裁判所は，数分間なされた同サイトの閲覧理由をXの悪化した体調や不安定な心理状態等及び「産まれた当初から弱々しかった被害児が，その約8時間後の同月12日午前11時頃には，全く動かず，息もせず，バスタオル越しに冷たくなっていたことから，死亡したと考えた」とのXの供述から，XがAの生存を認識していたとの検察官の主張を否定した。

2　判決文からは，A出産に至る背景事情等は不明であるが，裁判所は，Xの性格について「家庭で厳格に育てられたり，いじめにあったりしたことなどで，他人の評価を異常に気にする性格となってしまい，家族に出産の事実を知られることを非常に恐れたからであり，犯行やその前後の行動は，現実に向き合わない，その場しのぎのものであった。」と判示する。

Xが妊娠の事実を家族に相談できず父親方のトイレでの出産の事実からは，母親の存在は希薄であり，家族関係の在り方にも問題が内在すると思慮される。裁判所は，Xの更生可能性を検討する中で「保釈後，被告人とその家族が専門機関で治療を受けており，問題に対処しつつある。」と判示する。

本事案は，出産直後に遺棄したXの行動そのものの罪責が問われているが，家族関係の再構築を含めてXの更生に配意することが重要である。

裁判所は，保護責任者遺棄致死及び死体遺棄との事実に引きずられることなくXの性格や家族関係にも十二分の評議を尽くしている。裁判所の判断は，妥当である。

判例17　宮崎地裁平成27年9月18日刑事部判決[33)]

【事実の概要】

実母X（27歳）は，平成26年3月頃から同居人Y（27歳）に生活費等を支払う見返りに長男Ａ（当時２歳）及び二男Ｂ（当時生後約５か月）の育児をＹと共同して行なうようになった。その後，Ｘは，昼間パチンコ店でも働くようになり，同店従業員と交際を始め，４月頃からは外泊を繰り返しＢにほとんど授乳を行わなくなった。Ｙは，５月頃，Ｘへの不満などからＢを自宅に放置したまま長時間の外出を繰り返すようになり，経済的な見返りも不十分であったので同月31日から夜間飲食店に働きに出るようになった。

Ｘ及びＹは，外泊や外出など各自の都合を優先し，５月31日から６月15日頃までの間，Ｂを自宅に放置し低栄養に基づく飢餓により死亡させた。

【判　旨】

裁判所は，Ｘ及びＹをＢに対する保護責任者遺棄致死罪でＸを懲役５年，Ｙを懲役４年６月（求刑被告人両名に懲役５年）に処した。

【研　究】

１　Ｘ及びＹは，Ｂに対する保護責任者遺棄致死罪の共同正犯とすることについては争いがない。争点は，共謀の成立時期とＢの死因であった。

裁判所は，共謀の成立時期についてＸ及びＹの在宅状況とＹが２か月間働いた後にＸ宅を出て行く旨をＸに伝えた事実等に基づき５月31日と認定した。

裁判所は，Ｂの解剖医の「既に６月15日の時点で，被害者が飢餓によりいつ死亡してもおかしくないほどにその危険が切迫していたといえる上，被害者の月齢等に照らすと，被害者が毛布をどけるなどの窒息に陥るような状況を自身で回避できなかったのは，飢餓による高度な低栄養状態により体力が極端に低下し，反応できなかったためであると考えられ，仮に被害者が死亡に至る直近において窒息がその死期をやや早めた可能性は否定できないとしても，本件においては，種々の所見を総合的にみて，高度の低栄養に起因する飢餓による死亡であると判断できる」との供述に基づいて，Ｂの死因を高度の低栄養に起因する餓死と認定した。

２　Ｘは，平成25年夏頃から都城市内のキャバクラ店から居住先として貸与されていた部屋で長男Ａ（当時１歳）とＹとの３人の共同生活を始めた。Ｘは，平成26年１月頃キャバクラ店の客との間にできた二男Ｂを出産し，Ｙ

の協力のもと自宅で養育していた。Ｘは，夜のキャバクラ勤務と昼間のパチンコ店勤務及び同店店員との外泊を繰り返していた。Ｘは，４月頃からＢへの授乳を殆どせず，Ｂの養育はＹ一人に委ねられていた。

Ｂ死亡発見の経緯は，６月17日午後２時頃，２日ぶりに帰宅したＹが発見し，Ｘに連絡した。帰宅したＸは，警察にＢの死亡を通報した。Ｂの発見時の体重は，３kg であった[34]（生後約５か月男児の平均体重は６から９kg である）。Ｙが外出し，Ｘが外泊していた留守中の約２週間の部屋の状況は，「ごみが散乱し悪臭が漂うような不衛生極まりない部屋」であり，長男Ａ（２歳）は二男Ｂ（生後約５か月）が餓死する状況を目の当りにしていた。

本事案は，長女（３歳）及び長男（１歳）を遺棄し，殺人罪に問われた前掲【判例３】大阪地裁平成24年３月16日第２刑事部判決と同様に部屋の散乱した状況である。

判例18　大阪地裁平成27年11月30日第２刑事部判決[35]

【事実の概要】

平成25年４月15日，実母Ｘ（19歳）は，Ｙ（22歳）と婚姻して茨木市内の自宅において先天性ミオパチーで発育の遅れていた長女Ａ（当時３歳10か月）と３人で同居していた。Ｙは，同月24日Ａと養子縁組をした。平成26年４月頃，Ｘは，Ｙと共謀して栄養不良状態に陥っていたＡに６月中旬頃までの間，十分な栄養を与えないと共に適切な医療措置を受けさせず同月15日，自宅において低栄養に基づく衰弱により死亡させた。

【判　旨】

裁判所は，「被告人において，被害者が十分な栄養を与えられていない状態（生存に必要な保護として，より栄養を与えられるなどの保護を必要とする状態）にあったと気づいていたと，常識に照らして間違いなくいえるだけの立証が検察官によりなされているとは認め難い。」とし，「被告人に対する本件公訴事実については，犯罪の証明がない」と判示し，無罪を言渡した。

【研　究】

1　裁判所は，争点を①被害者が，十分な栄養を与えられなかったために低栄養に基づく衰弱により死亡したのか，②被告人は，被害者が十分な栄養を与えられていない状態（生存に必要な保護として，より栄養を与えられるなどの保護を必要とする状態）にあることを認識していたかの2点とする。

裁判所は，争点①に関して証人C医師の「被害者は，同じ年齢層の子供と比較して，軽い方の2.5％以下になる程に体重が非常に軽く，やせていたこと，皮下脂肪等の体内の脂肪が少なく，脂肪細胞も萎縮しており，脂肪の分解を示す尿中のアセトン濃度も基準値より高かったことに加えて，数か月間のストレス反応により出てくるホルモンの影響等によると考えられる胸腺の萎縮が見られることや，栄養状態の指標である血液中のアルブミン値が正常値よりも低いことなど，被害者が相応の期間の栄養不良状態にあったことを根拠付ける事情が多数認められ，窒息をうかがわせるような炎症等のその他の要因を示す所見も見受けられない」との供述を採用して，Aの死因を低栄養に基づく衰弱死と認定する。

裁判所は，争点②に関して「被告人が，本件当時，被害者が十分な栄養を与えられていない状態（生存に必要な保護として，より栄養を与えられるなどの保護を必要とする状態）にあることを認識していたというには合理的な疑いが残る」と判示し，XはYの栄養状態を不十分だと認識しておらず保護責任者遺棄致死罪の故意がないとした。

2　裁判所の争点②に関する判断は，「人の健康状態に関する認識は，その体重や体格のみに着目してなされるものではないし，被害者の特性やそれまでの被害者の成長の状況等の前提知識を念頭に置いて被害者を見た場合に，観察状況も踏まえた上で被害者の姿がどのように認識され得るのかといったことも考える必要がある。」との基本的視点から検討されている。即ち，裁判所は，「人の健康状態を評価するに当たっては，体重や手足の太さの変化のみがその指標となるものではなく，体格の変化には身長の変化も含まれるほか，その人の動きがどのようなものか，どのように動きが変わったかという点についても重要な要素となると考えられる。」として，先天性ミオパチーに罹患していたＡの成長過程をも視野に入れて検討する。

裁判所は，ＸのＡの養育について「被告人は当時未成年であって，年齢の若い夫と二人での初めての子育てであり，しかも，二人目の子供も育てつつ妊娠もしている中で，被害者の育て方について専門家等に積極的にアドバイスを求めようとしなかった被告人の態度の問題もあり，子育てに対する意識が未熟で余裕もないまま，ミオパチーの子供を育てる上での理解が不十分なものとなっていた可能性を否定できない。」と判示したうえで，「母親であるならば，被害者の健康状態について十分留意し，栄養不良状態にあったことに気づくべきであったということはできても，被告人において，被害者が十分な栄養を与えられていない状態（生存に必要な保護として，より栄養を与えられるなどの保護を必要とする状態）にあったと気づいていたと，常識に照らして間違いなくいえるだけの立証が検察官によりなされているとは認め難い。」と判示した。

3　裁判所は，公判前整理手続における重過失致死罪の取扱いに関する検察官の対応等の事情をも踏まえ，保護責任者遺棄致死罪に訴因変更した本事案において，公判廷において証拠調べ終了時に訴因に関する検察官の意向を確認したので更に，裁判所が検察官に訴因変更を勧告し又は命令する必要はないと判断した。公判前整理手続を重視する裁判員裁判の基本構造を考えれば，裁判所が，重過失致死罪への訴因変更を勧告又は命令しなかったことは妥当である。

判例19　大阪地裁平成28年１月28日第14刑事部判決[36)]

【事実の概要】

義父Ｘ（22歳）は，平成26年４月頃以降，養女Ａ（３歳10か月）の食事量が減少し，体重が大幅に減少して低栄養に陥り，Ａの手足が従前に比べて痩せているのを認めるとともに，Ａが頻繁に食事を抜いたり，食事の際に好物を残したり，夜間に冷蔵庫等に入っている食材等を勝手に食べたり，Ａの食生活に変化が生じたのを認識していた。

Ｘは，６月13日，Ａが昼間から就寝し，買い物の誘いにも応じず，同日夜にＡの顔を見た際にはその頬が痩せているのを認め，翌14日夜には，Ａがその日は風邪等の症状があるわけでもないのに朝から一切食事を取ることなく就寝し続けているのを認識していた。

Ｘは，Ａに適切な医療措置を受けさせ生命身体への危険の発生を未然に防止すべき注意義務があるのに怠り，Ａの食生活の変化等は一時的なものにすぎず，生命身体に危険は生じていないなどと軽信し，適切な医療措置を受けさせるなど生命身体への危険の発生を未然に防止する措置を講じず，重大な過失により翌15日，自宅においてＡを低栄養に基づく衰弱により死亡させた。

【判　旨】

裁判所は，保護責任者遺棄致死罪の公訴事実を否定し，予備的訴因である重過失致死罪を認定しＸを禁錮１年６月執行猶予３年（求刑主位的訴因について懲役６年，予備的訴因について禁錮３年）に処した。

【研　究】

１　本事案は，保護責任者遺棄致死罪の成否が問われたネグレクトのケースである。

裁判所は，保護責任者遺棄致死罪の公訴事実に対して「当裁判所は，被害者が低栄養に基づく衰弱によって死亡したものであり，被害者は保護を要する状態になっていたが，被告人がそれを認識し認容していたとまでは認められず，したがって，保護責任者遺棄致死罪は成立しない」と判示した。

裁判所は，予備的訴因である重過失致死罪について「被告人がその時点で被害者に対し適切な医療措置を受けさせていれば，被害者の死亡結果の発生は回避できたと認められる一方，そのような措置に出ることに特に支障があったとも認められないから，被告人には判示注意義務を肯定でき，それにもかかわらず，被害者の食生活の変化等は一時的なものにすぎず，生命身体に危険は生じていないなどと軽信し，被害者に対して適切な医療措置を受けさせるなど生命身体への危険の発生を未然に防止する措置を講じなかった被告人には，重大な過失があると評価できる。」と判示して重過失致死罪を認定した。

2　裁判所の判断は，妥当である。

判例20　横浜地裁平成28年７月20日第４刑事部判決[37)]

【事実の概要】

ベビーシッターＸ（24歳）は，子供を預かるのが自分ではないように装って平成26年３月14日午後７時頃，Ｙに新磯子駅でＡ及びＢの母親から２人を預かる様に依頼し，Ａ及びＢの２人を受取り富士見市の自宅に連れて行った。Ｘは，16日午後８時22分頃，Ａ（９か月）と２人だけの自宅においてＡに最後にミルクを与えてから約４時間が経過し，翌17日午前８時15分頃までの間，約12時間にわたってミルク等の栄養を全く与えず，その後は水分も与えず約２時間にわたって全裸のまま放置し，重度の低血糖症及び脱水症，中程度の低体温症の傷害を負わせた。

Ａは，発見時に全裸で床上に両膝を曲げてうつ伏せになって身動きをしない状態であり，午前８時55分頃の鼓膜温測定では１歳位の男児は通常37℃前後であるのに34.8℃であった。午前10時22分頃，救急搬送された病院でのＡの血液検査では，正常の血糖値の下限は70mg/dl であるのに46mg/dl であり，正常のケトン体値はマイナス０であるのにプラス４オーバーという最高値を示した。

【判　旨】

裁判所は，保護責任者遺棄致傷罪，強制わいせつ罪及び殺人罪他の公訴事実を認定しＸを懲役26年（求刑無期懲役）に処した。

【研　究】

1　本事案は，９か月の幼児に対するネグレクトのケースである。

裁判所は，争点を保護責任者遺棄致傷罪の不保護の故意の存否とする。裁判所は，不保護の事実について小児救命救急医及び主治医としてＡの治療に当たった小児科医の供述を基にＸはＡに対し「約12時間にわたってミルク等の栄養を全く与えず，その後は水分も与えず，約２時間にわたって全裸のまま放置し」たと判示し，Ａの生命身体に対する危険を招き，Ａの生存に必要な保護をしなかったと認定する。裁判所は，「16日午後８時22分頃の時点において，Ａの最後の栄養摂取から約４時間が経過していること及びＡが泣いていることを認識したと認められる被告人としては，Ａがミルク等の栄養を欲しており，栄養を与えずこのまま放置すれば，Ａの生命身体に危険を招くかもしれないと認識したと認められる。そして，その後，被告人が，Ａに対し，約12時間にわたってミルク等の栄養を与えず，その後は水分も与えず，約２時間にわたって全裸のまま放置していたことも，その行為自体を認識している以上，自らの行為によりＡの生命身体に危険を招くことの認識があったと認められ，不保護の故意に欠けるところはない。」と判示する。

2　Ａの母親は，カラオケパブで接客業をしながら実父（子供らにとっては祖父），長男及びＡの４人で暮らしている。母親は，2013年９月頃からＸに長男（当時２歳）及びＡ（当時３カ月）のシッターを依頼していた[38)]。母親とＸは，保育料の支払いでトラブルになっていた。

Ｘは，予め事情を知らぬＹを代役に確保してから別のアドレスで別人を装って母親とコンタクトをとり，実際には自分がシッターをするにも関わらずＹを介在させ母親にＡと長男をＹに預けさせた。

Ｘは，夜間シッターを必要とする親の弱みにつけ込んで幼児を預かり自己の性的対象とする pedophilia であり，保護責任者遺棄致傷罪のみならず，預かった男児５名（２歳２名，３歳，４歳，５歳各１名），女児２名（１歳２名）に対し児童期性的虐を行っている。

裁判所の判断は，妥当である。

判例21　東京高裁平成29年１月13日第３刑事部判決[39)]

【事実の概要】

実父Ｘ（37歳）は，厚木市内の自宅において妻と長男Ａの３人で生活していたが，平成16年10月頃，妻が家に戻らなくなりＡと２人で生活するようになった。Ｘは，Ａを自宅６畳和室内から出られない状態にして一人で養育していたが，面倒を見るのが嫌になり，平成18年10月頃から平成19年１月中旬頃までの間，自宅に帰宅するのは２，３日に１回くらいになり更には１週間に１回くらいになった。

Ｘは，Ａに不十分な食事しか与えず，気温が低下していく中でＡを暖房していない室内に閉じ込め，平成19年１月中旬頃，室内においてＡ（当時５歳）を死亡させた。

Ｘは，Ａ死亡後平成19年８月31日から平成26年５月30日までの間，82回にわたり家族手当を自己名義の普通預金口座に合計41万円を振込送金させていた。

原審横浜地裁平成27年10月22日第１刑事部判決は，殺人罪及び詐欺罪の公訴事実を認定しＸを懲役19年（求刑懲役20年）に処した[40)]。

【判　旨】

裁判所は，殺人罪の故意を認定した原審の判断を事実誤認とし，「原判決は，原判示第１の殺人罪と第２の詐欺罪を併合罪として，被告人に対し一個の刑を科しているから，原判決は全部破棄を免れない。」と判示し，刑事訴訟法400条ただし書を適用し予備的素因である保護責任者遺棄致死罪を適用しＸを懲役12年に処した。

【研　究】

１　本事案は，長男に対し十分な食事を与えず暖房のない部屋に一人閉じ込め死に至らしたネグレクトケースである。

原審横浜地裁平成27年10月22日第１刑事部判決は，栄養不良に伴う拘縮がＡに開始し相当衰弱した状態を認識しており，「医師による適切な診療を受けさせるなどしなければ同児が死亡する可能性が高い状態にあったことを認識していたことは明らかであり，拘縮開始時以降の被害児童の救命可能な期間において，殺意を有していたというべきである。」と判示し，殺人罪の成立を認定した。

裁判所は，Xの原審公判供述及び放射線による小児の画像診断を専門とする医師の原審証言等の原審証拠に基き，「被害児が死亡するまでには，栄養不十分な食事しか与えられなかったことにより，栄養状態が悪化し，相当やせて衰弱した状態になっていたことが認められるが，医師による適切な診療を受けさせるなどしなければ，死亡する可能性が高い状態になっていたとも，そのことを被告人が認識していたとも認定できないのに，殺人の故意を認めて上記犯罪事実を認定した原判決には，判決に影響を及ぼすことが明らかな事実の誤認がある。」と判示する。

2　裁判所は，量刑理由において「妻が家に戻らなくなったことから，一人で養育する状況に置かれたものであるが，一人で養育することに困難があったのであれば，公の援助を求めるなど取り得る手段は多く存在していたのであって，知的能力が若干通常人よりも劣っていたとはいえ，被害児の養育の点以外は通常の社会生活を送っていた被告人にとって，そのような他の手段を求めることが困難であったともいえないことからすると，本件保護責任者遺棄致死の犯情は極めて悪い。」と判示する。

本事案は，平成25年5月厚木市が住民票はあるのに学齢簿に記載のないことを確認し翌年5月に厚木児童相談所が警察に届け出て自宅を捜索し，死後7年を経過し白骨化した遺体が発見され社会的関心を惹起した事案である。

ネグレクト事案の防止には，子供の養育を単独で担う親に社会的サポートの提供方法等の周知等が必要である。原審裁判員裁判判決当日記者会見した子育て経験のある40代の女性裁判員は「被告の責任も大きいが，周囲が助けられる可能性もあったのが悲しい」と，児童相談所や家族の責任にも言及した。育児相談を誰にすればいいか分からなかったという被告の証言を踏まえ「子育てが分からない親たちにきちんと情報提供できる社会にすることが再発防止につながる」と指摘する[41]。

裁判所は，センセーショナルな事案に対する原審の認定をXの原審公判供述及び放射線による小児の画像診断を専門とする医師の原審証言等の原審証拠に依拠して殺人罪の故意を事実誤認とし，保護責任者遺棄致死罪を認定した判断は妥当である。

判例22　さいたま地裁平成29年6月15日第1刑事部判決[42)]

【事実の概要】

実母X（22歳）は，狭山市所在の自宅で同居男性Y（24歳）とともに二女A（当時3歳）を養育していた。Aは，XやYの言うことを聞かず，大声でぐずって泣いたり，おむつ内にした大便を触った手で家の中の物を触ったり，勝手に食べ物を食べるなどの行為を繰り返していた。

X及びYは，Aにこれらの行為をさせないようにしたり，これらの行為をしたことに対する罰として，平成27年9月頃から，与える食事の回数を減らしたり，Aの口の中に布巾を押し込んだり，両手を後ろ手に縛ったり，首に鎖を巻き付けて押し入れの金具に結束したりすることを繰り返すようになった。同年12月頃からは，さらに，浴室でAの身体に冷水をかけるようになった。

Xは，平成27年9月13日午後11時頃，自宅でYと共謀してAの口の中に布巾を押し込んで口を塞いでから粘着テープで固定し，両手をネクタイで後ろ手に緊縛した。

Xは，10月9日午後11時頃から翌10日午後2時10分頃までの間，自宅でYと共謀してAの頚部に鎖を巻き付け，南京錠を通して首輪の状態にして鎖の端を押し入れに取り付けた金具に結束した。

Xは，11月6日午後11時頃，自宅でYと共謀してAの両手をネクタイで後ろ手に緊縛した。

Xは，Yと共にAに十分な食事を与えなかったり，虐待を繰り返して慢性的な強いストレスを与えたりしたことによりAを低栄養状態及び胸腺萎縮に基づく免疫力低下状態にしていた。

X及びYは，平成28年1月5日又は6日頃，Aが口を開いたまま震えを起こし，話しかけても反応が鈍いなどの異常な症状を呈する状態に陥ったのを知りながら，虐待行為が発覚することを恐れ，放置していた。両名は，8日夜から翌９日早朝までの間，全裸で身体に冷水をかけられた状態のＡを浴室内に放置し，低栄養状態及び高度の胸腺萎縮に起因する免疫力低下に基づく敗血症により死亡させた。

【判　旨】

裁判所は，Ａが医師による診察等の医療措置の必要な状況にありながらＸが放置した不作為とＡ死亡の因果関係を認定し保護責任者遺棄致死罪等を適用してＸを求刑通り懲役13年に処した。

【研　究】

1　本事案は，実母と同居男性による二女（当時３歳）への繰返された身体的虐待及びネグレクトのケースである。

裁判所は，保護責任者遺棄致死罪について，争点⑴当時，Ａが医療措置を必要とする状態にあったか否か，争点⑵Ｘの不保護とＡの死亡との因果関係の有無の２点を挙げる。

裁判所は，争点⑴について解剖医及び小児臨床医の法廷供述に基づき「同月５日又は同月６日の時点におい，Ｃ（＝筆者註＝Ａ）は，少なくとも低栄養状態及び胸腺萎縮により著しく免疫力が低下した状態にあり，医師の適切な治療がなければ，いずれ敗血症に罹患して死亡する危険性のある状態であった一方，同時点で医師による適切な治療が施されれば，十分救命可能な状態であった上，呼吸障害，悪寒戦慄，意識混濁等，体調の異常を示す症状も現れていたのであるから，同時点において，Ｃは，医療措置を必要とする状態にあったと認められる。」と判示する。

裁判所は，争点⑵について「被告人及びＢ（＝筆者註＝Ｙ）が，Ｃに医師の診察等の医療措置を受けさせるなどの必要な保護を与えていれば，Ｃは死亡しなかったと認められる。また，上記のような状態のＣを，医師の治療を受けさせずに放置したことから，Ｃが敗血症によって死亡するという結果が生じるのは通常あり得ることであると認められる。したがって，被告人の不保護とＣの死亡との間の因果関係は，これを優に認めることができる。」と判示する。

2　Ｘの家族構成は，前夫との間に長女（当時４歳）及び二女Ａ（当時３歳）があり，当時妊娠８ヶ月であった。Ｘは，平成27年５月から実母宅を出て，Ｙと同居していた。なお，Ｘは，キャバクラの勤務経験がある。

警察には，平成27年６月，近隣住民から家の外に出されたＡがブランケットにくるまって泣いているのを目撃したとの通報があった。同年７月にも「30分前から室内で女の子が泣き続けている」という通報あった。

Ｘ及びＹは，駆けつけた警察官に「自分たちがけんかをして子供を閉め出してしまった」,「風呂に入れようとしたときに叱ったら泣き出した」と説明し，警察官は，隣の部屋の住民に話を聴いたりすることはないまま，署に戻った。警察は，Ａの体に目立った傷などが確認されなかったため，県警内部の虐待情報集約システムへの情報登録や，児童相談所への通告は行っていなかった。

市職員は，長女及びＡが乳幼児検診を受けていなかったので平成25年４月から27年５月までに計３回自宅を訪問し，長女，Ａ及びＸらと面会を行っているが「虐待のサインは確認できなかった」と報告している[43]。

3　さいたま市要保護児童対策地域協議会は，本事案を受けて報告書を作成し「連携の仕組みはあるが，人や家族を中心に考えられておらず，事業を実施するためのルーティンとして形式化した」として保健センターと保育所など市内部の連携不全を指摘する。児童相談所を管轄する県，さいたま市と県警は「児童虐待の未然防止と早期対応に向けた情報共有等に関する協定書」を締結した。同協定は，児相に対し警察から通告があった事案の一時保護を解除する場合や児童に負傷または著しい発育の遅れが認められる場合などに，警察へ情報提供するように定めている。県警生活安全部長は，「組織の枠を超えた実効性のある連携を図る」と抱負を述べている[44]。

児童虐待は，防止を第一とすべきであり，関係機関の緊密な連携のもとハイリスク家庭への時宜を得た介入の必要性も重大な虐待事案の発生の都度繰返し指摘されている。

判例23　大阪地裁平成30年２月13日第15刑事部判決[45)]

【事実の概要】

Ｘ（22歳）は，平成28年３月中旬頃からＹ（24歳），Ｙの長男Ａ（当時１歳）及び長女Ｂ（当時３歳）と頻繁に行動をともにしていた。

Ｘ及びＹは，共謀のうえ同年４月23日午前１時44分頃から午後０時９分頃までの間，大阪市内のホテルに宿泊中，Ａ及びＢをホテルから160メートル離れた駐車場に駐車した自車に置き去りにし，Ａを熱中症により死亡させた。Ｘ及びＹは，Ａの死体をクーラーボックス内に隠匿し自車のトランク内に遺棄した。

Ｘは，同年９月４日頃，自宅においてＢの顔面を手の甲で１回殴る暴行を加え，10日頃，自宅駐車場に停車中の自動車内でＢの頭部をスマートフォンで数回殴り，全治約２週間を要する右頭頂部打撲挫創の傷害を負わせた。

【判　旨】

裁判所は，公訴事実を認定しＸを懲役６年６月（求刑懲役９年）に処した。[46)]

【研　究】

1　本事案は，駐車中の車内に放置し熱中症で死亡させたネグレクトのケースである。

裁判所は，争点をＸがＡ及びＢの保護責任者の主体となるか，保護責任者遺棄致死罪の故意があるかとする。

裁判所は，ＸはＡらの実母Ｙに対し強い影響力を持ち行動を共にし，Ａらの生命等はＸ及びＹに委ねられており保護責任者の主体であると判示する。

裁判所は，深夜人目に付きにくい場所に駐車した自動車内に残したまま約160m離れたホテルに宿泊し10時間以上にわたり放置しているＸには「車内温度の変化による危険を含め，Ａらの生命等にある程度の危険が生じることを認識していたことは常識的に考えて間違いないといえるのであるから，被告人には遺棄及び不保護の故意が認められる。」と判示する。

2　Ｘは，インターネット上で架空の格闘家を作り上げその弟ないし親族であるかのように装ってＹの関心を引寄せた。Ｙは，平成28年３月中旬頃から，当時住んでいた和歌山県を出てＡらとともに大阪にとどまり，自動車に寝泊まりするようになった。

Ｘは，Ｙに不特定の者を相手にいわゆる援助交際をするよう提案し，援助交際で得た金銭の一部をやくざに支払う格闘家の身代金などの名目で領得し，４人の生活費に費消していた。Ｘ及びＹは，自分たちだけでホテルに泊まったり，商業施設に行ったりする際にはＡらをホテルの駐車場に駐車中の自動車に残してホテルのスタッフから注意を受けて以後，ホテルから離れた場所に自動車を止めていた。４月７日から21日までの間に５回にわたり本件ホテルを利用した際にも同様であった。

ネグレクト発覚の経緯は，Ａ死亡の約７カ月後の11月下旬，Ａの安否が長期間確認できないため，児童相談所が大阪府警に相談したことによる。同府警は，住吉区内のホテルにいるＸ及びＹを発見し，Ａの居場所を尋ねたところ，近くの駐車場に止めていた車のトランクからＡの遺体の入ったクーラーボックスが見つかった[47]。

Ｘは，Ａ及びＢの実母である共犯者Ｙの依存傾向を利用しコントロールすることにより駐車中の自車に繰返しＡ及びＢを放置していた。

Ｘを保護責任者として認定した裁判所の判断は，妥当である。

判例24　静岡地裁浜松支部平成30年２月16日刑事部判決[48]

【事実の概要】

実父Ｘ（25歳）は，平成29年７月８日午前11時10分頃から午後０時53分頃までの間，パチスロ遊戯をするため長男Ａ（１年11か月）を湖西市内のパチンコ店駐車場にエンジンを切り，後部座席のチャイルドシート上に着座させたまま放置した。Ａは，午後２時27分頃，搬送先の病院で熱中症により死亡した。

【判　旨】

裁判所は，公訴事実を認定し保護責任者遺棄致死罪を適用してＸを懲役２年６月（求刑懲役５年）に処した。

【研　究】

1　本事案は，駐車中の自動車の中に放置し熱中症により死亡させたネグレクトのケースである。

当日の気温は，30度を超える真夏日であり，炎天下の屋根のない駐車場で冷房を切った自動車内のチャイルドシート付近の室温は50度近くになっていたと推定される。Ｘは，Ａの着座場所付近の窓を少し開けてパチンコ店内に入りパチスロに約１時間43分興じ，その間一度もＡの様子を見に来ることなく放置し続けていた。Ｘは，車に戻ってＡがぐったりしているのに気付いたがそのまま帰宅し，妻が119番通報し，搬送先の病院で死亡が確認された[49)]。

2　裁判所は，炎天下の駐車場の車内に子どもを放置してパチンコに興じ死亡事故が繰返し発生し社会的な問題となっている状況を指摘する。

裁判所は，Ｘが日頃Ａを愛情深く養育してきた事実等と厳罰を求めない妻の感情やＸの法廷での謝罪，悔悟，反省の言葉等から相当程度の更生可能性を認定し量刑判断を行った。

裁判所の判断は，妥当である。

判例25　山口地裁平成30年５月23日第３部判決[50)]

【事実の概要】

実母Ｘ（23歳）は，平成29年５月11日午前９時59分頃から午後３時40分頃までの間，山口県防府市内のパチンコスロット店駐車場に三女Ａ（２か月）を自動車内に置き去りにし，熱射病により死亡させた。

【判　旨】

裁判所は，公訴事実を認定し保護責任者遺棄致死罪を適用してＸを懲役４年（求刑懲役６年）に処した。

【研　究】

1　本事案は，駐車中の自動車の中に放置し熱射病により死亡させたネグレクトのケースである。

裁判所は，弁護人のＸには遺棄の故意がなく，心神耗弱の状態であったとの主張を精査する。

裁判所は，スマートフォンの閲覧記録，LINEでの義母及び夫との交信記録等の客観的な情報からXの午前9時頃から午後3時45分頃までの当日の行動を認定する。

裁判所は，保護責任者遺棄致死罪の故意について「密閉されエアコンの効かない自動車に生後2か月余りの被害女児を残していることを十分承知の上で，あえてスロットをするために入店したものと優に認められ，いかに真夏ではない5月とはいえ，被告人には，少なくとも，車内に被害女児を残したままにしておくと，自動車内の温度の上昇等に伴い被害女児の身体に危険が生じかねないことの認識があったことも優に認められるというべきである。」と判示する。

裁判所は，弁護人の心神耗弱の主張に対し口頭鑑定を実施し，「被告人が本件犯行当時，精神病性障害や産後うつ病等，責任能力を動揺させるような疾病に罹患していた可能性が否定されている。」と判示する。

2　Xは，午後3時39分頃，店外に出て自動車に戻り，Aの異変に気付き119番通報して「娘が車の中で息をしてなくって。」と答え，現場を自宅と嘘を言い，午後3時45分頃の救急隊到着までの間に自宅のある団地駐車場に戻った。Xは，「外出先から帰り駐車場に車を止めたが，寝ていた被害女児を起こすと悪いと思って自分だけ自宅に入りそのまま寝てしまった」等と虚偽の事実報告をしている。

Xのスロット依存は，義母から子供らを自宅に放置してスロットをしていることを咎められた後も，本件の数日前のゴールデンウィーク期間中，夫と共にAを自動車内に残したままでスロットを繰り返している。更に，Xは，公判廷で「事の重大さを受け止めきれず，夫を始めとする家族らに責任を転嫁し，自己を憐れむかのような供述を繰り返す」供述をしている。

本事案は，前掲【判例24】同様の行為であるにも関わらず，スロット依存癖と法廷供述で更生可能性に疑問を呈し裁判員裁判体の量刑判断に差異を齎したものと思慮する。

Ｘの反復された自動車内への放置行為と責任転嫁を考慮する時，裁判所の判断は妥当である。

判例26　大阪地裁平成30年７月18日第15刑事部判決[51)]

【事実の概要】

実母Ｘ（24歳）は，平成28年３月頃から同居中のＹ（21歳）と長女Ａ（当時３歳），長男Ｂ（当時１歳）の４人で頻繁に昼夜行動をともにしていた。

Ｘは，４月23日午前１時44分頃，大阪市平野区内の駐車場に駐車した自動車内にＡ及びＢを残したままＹとホテルで過ごそうと考え，同日午後０時９分頃までの間，Ａ及びＢを自動車内に放置し，Ｂを熱中症により死亡させた。

Ｘ及びＹは，共謀してＢの死体をクーラーボックス内に隠匿し，車を立体駐車場に止めていた。

【判　旨】

裁判所は，公訴事実を認定し保護責任者遺棄罪，同致死罪及び死体遺棄罪を適用してＸを懲役５年（求刑懲役６年）に処した。

【研　究】

１　本事案は，実母と同居男性との共謀による自動車内に放置したネグレクトのケースである（同居男性Ｙについては前述【判例23】参照）。

裁判所は，10時間以上にわたりＡ及びＢを放置し，日射等により車内温度が上昇しＢが重度の熱中症により死亡し，ＡもＸらが自動車に戻った時，頭から水をかけるほど汗をかき熱中症を発症していた事実及びＡらには，Ｘらが車内に置いたドーナツやその包装袋等の異物をそれぞれ喉に詰まらせたり口に入れたりすることなどによる生命に対する危険を認定し，「Ａらには，重度の熱中症，飲食物の誤嚥及び異物の誤飲等によりその生命等にある程度具体的な危険が生じていたと認められるから，本件の置き去り及び放置行為は，保護責任者遺棄罪，同致死罪の遺棄及び不保護に当たる。」と判示する。

裁判所は，遺棄及び不保護の故意について，「被告人は，本件当日，自動車内への置き去り及び放置行為により，Ａらに対し，重度の熱中症，飲食物の誤嚥及び異物の誤飲等によりその生命等にある程度具体的な危険が生じるかもしれないことをそれなりには認識しつつ，Ａらを置き去りにして放置したと認められる」と判示し，遺棄及び不保護の故意を認定する。

2　裁判所は，量刑理由においてＸのＹへの依存関係について「Ｘは，Ｙがなりすました架空の男性と出会い系サイトで知り合って恋愛感情を抱き，架空男性の誘いをきっかけに本件の約1か月前ころ実家を離れＡらを連れて車上生活に入り，架空男性から頼りにしている義弟として紹介されたＹと昼夜を問わず行動をともにするようになった。Ｙが暴力団関係者であるとする架空男性及びＹ本人の話や，Ｙの粗暴な言動等から，Ｙを恐れ，その意に従った行動を取るようになっていた」と判示する。

裁判所の判断は，妥当である。

小　括

1　児童相談所は，平成２年度以降，児童虐待相談対応件数のデータを公開している。本稿の検討対象とする平成24年度から平成27年度のネグレクトの件数と比率は，下記の表の通りである[52]。

2　本稿では，平成24年から平成30年に至るネグレクト事例で判決文の公開された26事例を考察の対象とした[53]。

ネグレクト26事例の考察から明確になったのは，２つのことである。第１は，児童虐待類型の中でもとりわけ密室空間で生起するネグレクト事案の加害者は父親や母親であり，実父の33.3％に比べ実母の割合が高い（54.2％）。両親によるネグレクトは，平成24年３事案，平成25年及び平成26年各１事案

	平成24年度	平成25年度	平成26年度	平成27年度	平成28年度	平成29年度
ネグレクト	19,250 （28.9％）	19,627 （26.6％）	22,455 （25.2％）	24,444 （23.7％）	25,842 （21.1％）	26,818 （20.2％）
実数の増減	＋403	＋357	＋2,828	＋1,989	＋1,398	＋976
総数	66,701 （＋11.3％）	73,802 （＋10.6％）	88,931 （＋20.5％）	103,286 （＋16.1％）	122,578 （+19.3％）	133,778 （+11.2％）

―平成30年度児童相談所での児童虐待相談対応件数を基に筆者作成―

で割合は26.3％を占める。第2は，ネグレクトの被虐待児の年齢分布は，親の養育が不可欠な年齢である0歳児の割合は36.8％で，特に，出産直後のネグレクトは全体の21.1％で，1歳のネグレクト26.3％に次ぐ高率である。

3　本稿で考察したネグレクト26事例で顕在化した問題点は，出産ないし育児をサポートする存在の希薄化である。出産及び育児を女性固有の行為とする性差意識が今なお残され，女性は加重負担を強いられ一人精神的に追い込まれ結果としてネグレクト行為に至る。

出産は，決してParthenogenesisの結果ではなく，育児を含めてサポートするパートナーの男性の存在を基本的に前提とする。

【判例7】及び【判例16】は，出産妊娠を受容できぬ事情の下での若年のシングルマザーによる出産直後の遺棄行為であり，嬰児の死の結果の危険性の高度なケースである。【判例7】は，幾つかの光明が重なって死の結果を回避し得たケースである。

4　脳科学の知見によれば，被虐待児は愛着形成に困難を来し反応性アタッチメント障害（reactive attachment disorder; RAD）を発症することもあるという。友田明美教授は，「単独の被虐待経験は一時的に感覚野（視覚野や聴覚野）の障害を引き起こすが，より多くのタイプの虐待を一度に受けるともっと古い皮質である大脳辺縁系（海馬や扁桃体など）に障害を引き起こす。」と指摘される[54)]。

ネグレクト事案では，単一のネグレクトではなく身体的虐待，心理的虐待との併存ケースが散見される。サバイバーである複合的虐待事案の被虐待児は，反応性アタッチメント障害（RAD）の発症リスクと大脳辺縁系障害の克服という重篤なハンディキャップを負うことになる。

社会は，被虐待児の回復支援に取り組む責務を課されている。

1）　LEX/DB【文献番号】25480378。
2）　LEX/DB【文献番号】25444464。
3）　LEX/DB【文献番号】25444567。最高裁平成25年3月25日第二小法廷決定は，

被告人の上告を棄却した。南部さおり「ネグレクト事件に対する裁判員の評価に関する一考察」，横浜市立大学論叢人文科学系列 Vol. 65 No. 1（2013年）253頁以下及び杉山春『ルポ虐待—大阪二児置き去り死事件』，ちくま新書，2013年参照。

4）LEX/DB【文献番号】25481768。

5）LEX/DB【文献番号】25481709。

6）千葉地裁平成24年9月20日刑事第1部判決は，共犯である夫を懲役9年6月（求刑懲役12年）に処した。後掲【判例9】参照。

7）柏市児童虐待検証会議『柏市における児童死亡事例の検証結果報告書』（平成24年4月）3頁から5頁参照（http://www.city.kashiwa.lg.jp/soshiki/070400/p011496.html）。柏市児童虐待検証会議の構成メンバーは，座長水野治太郎（麗澤大学名誉教授，柏市健康福祉審議会会長・臨床人間学），副座長井上儇久和（聖徳大学教授・心理学），委員徳永雅子（徳永家族問題相談室室長・保健・精神保健福祉），同柴田 均（柏市こども部次長兼児童育成課長），同大塚宏子（柏市こども部技監），同田村敬志（柏市保健所地域健康づくり課長）の6氏である。

8）前註7）『柏市における児童死亡事例の検証結果報告書』（平成24年4月）6頁参照。

9）LEX/DB【文献番号】25481906。

10）金沢地裁平成24年2月3日判決。判決文は，公刊物未登載である。

11）LEX/DB【文献番号】25482432。

12）児童虐待の記録（http://tatata24.exblog.jp/i13/）参照。

13）LEX/DB【文献番号】25482579。

14）児童虐待の記録（http://tatata24.exblog.jp/16921474/）参照。

15）LEX/DB【文献番号】25483055。

16）千葉地裁平成24年5月24日刑事第1部判決（LEX/DB【文献番号】25481709）。

17）LEX/DB【文献番号】25501611。

18）児童虐待の記録（http://tatata24.exblog.jp/17990210/）参照。

19）LEX/DB【文献番号】25502335。

20）児童虐待の記録（http://tatata24.exblog.jp/17709334/）参照。

21）LEX/DB【文献番号】25504984。

22）LEX/DB【文献番号】25502702。

23）山縣然太朗教授によれば，産後うつ病の発生率は12.8%である。厚生労働科学研究『健やか親子21の推進のための情報システム構築および各種情報の利活用に関する研究（平成17年度）』（主任研究者山縣然太朗）参照。

24）LEX/DB【文献番号】25504352。産後うつ病の事案として，拙稿「裁判員裁判制度に内在する諸問題(1)—東京地裁平成26年5月21日第1刑事部判決を素材に—」，武蔵野法学1号（2014年）45頁以下参照（拙著『裁判員裁判の臨床的研究』，成文堂，2015年，237頁以下所収，特に，275頁以下参照）。

25）LEX/DB【文献番号】25503082。

26)　日経新聞2013年2月20日夕刊参照。

27)　LEX/DB【文献番号】25503127。

28)　LEX/DB【文献番号】25503814。

29)　医療機関等の受診状況及び対応状況について判決文に添付された（次頁別表1，別表2）を掲示する。

30)　平成24年4月17日から7月22日までのXの携帯送信受信交信記録について判決文に添付された（別表2）を掲示する。交信記録からは，Xが被害児長女A（1歳3か月）をどのように受容していたのかその一端を垣間見ることができるとともにXの幼児性も窺える。

31)　児童虐待の記録（http://tatata24.exblog.jp/17792153/）参照。

32)　LEX/DB【文献番号】25504390。

33)　LEX/DB【文献番号】25541351。

34)　児童虐待の記録（http://tatata24.exblog.jp/22426443/）参照。

35)　LEX/DB【文献番号】25447639。控訴審大阪高裁平成28年9月28日第4刑事部判決は，「被告人は，本件動画や遺体の状況からうかがわれるような被害者の顕著な痩せ具合を認識していたといえるから，十分に栄養を摂取できていると誤解した可能性は否定できるというべきであり，被害者が十分に栄養を摂取できていないことも認識していたと認められる。それにもかかわらず，被害者の外見等の状況に基づく推認を否定し，被害者の食事の状況から十分に栄養を取っていると誤解した可能性は否定できないとして，被害者の摂取する栄養が不足しているとは思わなかった[illegible]被告人の弁解が関係証拠上排斥できないとした原判決の認定判断は，経験則等に照らして不合理といわざるを得ない。原判決は，被告人において被害者が要保護状態にあったと認識していたと，常識に照らして間違いなくいえるだけの立証が検察官によりなされているとは認め難く，本件公訴事実の証明がない，として被告人に無罪を言い渡しているから，上記のとおりの原判決の事実誤認が，判決に影響を及ぼすものであることも明らかである。」と判示し，原審を破棄差し戻した（LEX/DB【文献番号】25544144）。

36)　LEX/DB【文献番号】25542065。

37)　LEX/DB【文献番号】25543577。東京高裁平成30年1月30日第6刑事部判決，控訴棄却（LEX/DB【文献番号】25549825）。最高裁平成30年9月10日第二小法廷決定，上告棄却（LEX/DB【文献番号】25561692）。

38)　高橋ユキ「傍聴事件簿」2歳男児はなぜ死亡したか　真っ向対立した検察側・被告側の主張（https://wezz-y.com/archives/49673）。

39)　LEX/DB【文献番号】25546412。原審は，身体的虐待【判例60】参照。

40)　LEX/DB【文献番号】25447657。

41)　毎日新聞　2015年10月22日夕刊参照。

42)　LEX/DB【文献番号】25546453。

43)　産経新聞2016年1月24日朝刊参照。

44)　狭山市要保護児童対策地域協議会（http://www.futoko.info/zzmediawiki/），産

（別表１）

日　時	対応機関等	医療機関等の受診状況及び対応状況等	[redacted]の体重
H23.4.24	[redacted]	出産	１６８４グラム
H23.5.25	[redacted]	診察予約（H23.6.6新生児外来）	
H23.5.28	[redacted]	１か月健康診査・[redacted]退院	２６９０グラム
H23.6.6	[redacted]	新生児外来診察未受診	
H23.6.10	[redacted]	乳幼児訪問指導	３３００グラム
H23.6.27	[redacted]	新生児訪問	３９１０グラム
	[redacted]	診察予約（H23.6.30新生児外来）	
H23.6.30	[redacted]	新生児外来受診及び診察予約（H23.7.25新生児外来）	３９１８グラム
H23.7.25	[redacted]	新生児外来未受診	
H23.7.28	[redacted]	診察予約（H23.8.1新生児外来）	
H23.8.1	[redacted]	新生児外来受診及び診察予約（H23.8.29新生児外来）	４５７８グラム
H23.8.29	[redacted]	新生児外来受診及び診察予約（H23.9.12新生児外来）	４５０６グラム
H23.9.12	[redacted]	新生児外来未受診	
H23.9.16	[redacted]	健康診査未受診	
H23.10.20	[redacted]	高熱のため小児科受診	４１８０グラム
H23.11.9	[redacted]	[redacted]の健康診査・[redacted]も受診	４２３０グラム
H23.11.10	[redacted]	家庭訪問（被告人及び[redacted]は不在）	
H23.11.24	[redacted]	新生児外来受診	４４９８グラム
H23.12.1	[redacted]	小児科外来受診	５０４４グラム
H23.12.8	[redacted]	小児科外来受診	５６８４グラム
H23.12.12	[redacted]	新生児外来受診及び診察予約（H23.12.28新生児外来）	５９６２グラム
H23.12.28	[redacted]	新生児外来受診及び診察予約（H24.1.25新生児外来）	６４００グラム
H24.1.5	[redacted]	外来（未受診，その後の予約なし）	
H24.1.25	[redacted]	新生児外来未受診	
H24.3.7	[redacted]	診察予約（H24.3.15新生児外来）	
H24.3.15	[redacted]	新生児外来受診及び診察予約（H24.4.11新生児外来）	６２７５グラム
H24.3.16	[redacted]	家庭訪問（被告人及び[redacted]は不在）	
H24.3.30	[redacted]	家庭訪問	６４００グラム

（別表１）（続き１）

日　時	対応機関等	医療機関等の受診状況及び対応状況等	[redacted]の体重
H24.4.9	[redacted]	家庭訪問（事前約束あり。被告人及び[redacted]は不在）	
H24.4.11	[redacted]	新生児外来未受診	
H24.4.13	[redacted]	乳児健診未受診	
H24.4.25	[redacted]	家庭訪問（事前約束なし。被告人及び[redacted]は不在）	
H24.5.9	[redacted]	新生児外来未受診	
H24.5.25	[redacted]	乳児健診未受診	
H24.6.1	[redacted]	家庭訪問（事前約束なし。被告人及び[redacted]は不在）	
H24.6.7	[redacted]	家庭訪問（事前約束なし。被告人及び[redacted]は不在）	
H24.6.15	[redacted]	被告人との間で，H24.6.21家庭訪問を約束。	
H24.6.21	[redacted]	家庭訪問キャンセル。被告人との間で，H24.6.29家庭訪問を約束。	
H24.6.29	[redacted]	家庭訪問（被告人は不在）	５５５０グラム
H24.7.6	[redacted]	被告人より電話連絡あり。医大病院に診察予約するよう指導。	
H24.7.13	[redacted]	[redacted]保健師から，一週間前に被告人と連絡がつき，予約を入れるとの返答あり，予約状況を確認してほしい旨の連絡あり。カルテ確認し，予約されていないと返答。	
H24.7.21	[redacted]	救急搬送	５５００グラム

（別表２）

※　暦年は全て平成２４年。
※　絵文字等については「□」と記載し，顔文字等については「（顔）」と記載した。

番　号	日　時	発信元	受信者	メール本文
１	4.17 13:48	[redacted]	被告人	[redacted]連れて来てないからさ　また痩せっぽっちやからアカンやろ　[redacted]看護婦さん抱いてくれるやろ
２	4.17 13:50	被告人	[redacted]	そやな（顔）抱いてくれやる思う♪（顔）終わったらそっち行くわ！[redacted]わ聞かれたら来てないってゆうたらいいねんな？
３	5.28 12:15	被告人	[redacted]	（略）ずっとじゃなく一時的な施設あるからそこれな入れるで□（略）
４	5.28 12:16	[redacted]	被告人	そんなんあかんよ□□
５	5.28 12:16	被告人	[redacted]	なんで？　まあ（注：被告人を指す。以下同じ。）わ見たくないもん　産んだんが間違いやし
６	5.28 12:18	[redacted]	被告人	そんなんいうたらんといて□
７	5.28 12:18	被告人	[redacted]	んじゃ誰かと育てよ～　可愛いってなる意味が[redacted]にわわからんっ□
８	5.28 12:19	[redacted]	被告人	かわいいやん□
９	5.28 12:22	被告人	[redacted]	どこが？笑　産んだのも間違い　産まれるん早かってずっと保育器なら死んだ方がマシやったやん。　あんな時にできた子供なんいらんわっ
１０	6.4 15:17	被告人	[redacted]	[redacted]なんいらんもん。　買い物きてもずっと１人ギャーギャー嘘泣きばっかり　服見よにも何も見れへん！　こんな子供産むんちゃうかったわ。
１１	6.7 21:27	[redacted]	被告人	来週[redacted]の検診とき[redacted]も一緒に連れてきて　やってまた医者にガリガリ言われるからそれまで[redacted]のミルク飲まして太らせやなアカンで　今またガリガリやし
１２	6.7 21:30	被告人	[redacted]	１５日の[redacted]のやつ？
１３	6.7 21:46	[redacted]	被告人	そう　[redacted]置いて行く言うてたやつ　[redacted]であるやつ…
１４	6.7 21:46	被告人	[redacted]	まぢで（顔）１５日までに太る？
１５	6.7 21:49	[redacted]	被告人	あれやったら調子悪い　言うて連れて行かんでもいいけど又家にきゃあるからな

（別表２）（続き１）

番　号	日　時	発信元	受信者	メール本文
１６	6.7 21:52	被告人	[redacted]	まだ連れて行かんでいいっか☆　家になあ～
１７	7.16 16:25	被告人	[redacted]	ごめんやけど [redacted]連れて出て行って
１８	7.16 17:27	被告人	[redacted]	もお嫌やねんもん。 本間にしんどい 毎日毎日嘘泣きばっかで何しても泣き止まんし 気にくわんだらなんでも[redacted]と[redacted]にむかって 投げるし。 もお限界きそうやねんもん！ しまいにどつきそう
１９	7.21 20:22	被告人	[redacted]	めっちゃうざいねんけど（顔）笑
２０	7.21 20:40	[redacted]	被告人	何でなんっ（顔）（笑）
２１	7.21 20:42	被告人	[redacted]	お前がちゃんと見やんからやとか　ぐったりして普通なっても　安心したアカンねんとか，（顔）　はよ病院連れて行かんから　こんなんなんねん！　ってめっちゃキレよるからな（顔）　虐待してる思われるけど　ちゃんと説明しいや。　とかな（顔）
２２	7.22 15:36	被告人	[redacted]	別れよ
２３	7.22 15:51	[redacted]	被告人	何でやねん！
２４	7.22 18:06	被告人	[redacted]	ど～せ捕まるやろ
２５	7.22 18:14	被告人	[redacted]	入ってる間他嫌われた嫌やし 別れた方がらくやろ。
２６	7.22 18:16	[redacted]	被告人	はぁなんもしてないのにつかまらんやんけ！アホなこと言うな！
２７	7.22 18:18	被告人	[redacted]	[redacted]みたいに叩いたりわ３回くらいあったけど　その人がきつくじゃないと言われへんとか　周りが虐待したんちがうなら殺しか観てないとかずっとゆうねんもん 今逮捕か帰れるかの結果待ってる。
２８	7.22 18:26	[redacted]	被告人	でもしてないならちゃんと言いや□
２９	7.22 18:29	被告人	[redacted]	ゆうたけどした事になってる
３０	7.22 18:36	[redacted]	被告人	負けるな！してないならしてないっていいつづけろ！ほんまの事やねんから！

（別表２）（続き２）

番　号	日　時	発信元	受信者	メール本文
３１	7.22 18:41	被告人	[redacted]	もおしたでいいやん。 最終疑われて決めつけられてんから、 後わ逮捕か帰れるかの結果でるだけ
３２	7.22 19:41	[redacted]	被告人	写メ撮ったよ□ しっかりしろよ！三人のママなんやからな！
３３	7.22 20:55	被告人	[redacted]	逮捕やから
３４	7.22 20:56	[redacted]	被告人	何でやねん！

経新聞2016年８月26日朝刊参照。

45)　LEX/DB【文献番号】25560515。

46)　大阪地裁平成30年７月18日第15刑事部判決は，共同正犯の実母（24歳）を懲役５年（求刑懲役６年）に処した（LEX/DB【文献番号】25449635)。

47)　産経新聞2018年３月15日朝刊参照。

48)　LEX/DB【文献番号】25560151。

49)　産経新聞2017年７月26日朝刊参照。

50)　LEX/DB【文献番号】25560932。産経新聞 WEST2017年６月２日朝刊参照。

51)　LEX/DB【文献番号】25449635。

52)　http://www.mhlw.go.jp/file/04-Houdouhappyou-11901000-Koyoukintoujidoukateikyoku-Soumuka/0000174478.pdf。

53)　平成24年以前のネグレクト事例について，拙稿「裁判実務における身体的虐待及びネグレクト事例についての一考察」，法学新報112巻１＝２号（2005年）渥美東洋先生退職記念号793頁以下（拙著『児童虐待Ⅱ 問題解決への刑事法的アプローチ［増補版]』，172頁以下所収）及び拙稿「児童虐待の現況と近時の裁判実務についての一考察」，島大法学55巻１号（2011年）１頁以下参照（拙著『児童虐待Ⅱ 問題解決への刑事法的アプローチ［増補版]』，321頁以下所収)。

54)　友田明美「子育て困難を支援する“愛着障害の診断法と治療薬”の開発～発達障害や愛着障害の脳科学的研究～」，YAKUGAKU ZASSHI 136 (5) 711-714 (2016)，同『新版 いやされない傷―児童虐待と傷ついていく脳』，診断と治療社，2012年，57頁以下参照。

資　料

Ⅰ．ネグレクト事例　係属裁判所，罪名，加害者・被害者の関係性，量刑，留意事項一覧表

判例	裁判所	罪名	加害者	被害者	量刑	留意事項
1	佐賀地裁 平成24年1月23日 刑事部	保護責任者遺棄罪，傷害罪	同居男性（40歳）	長女（2歳）	懲役2年6月執行猶予4年	
2	さいたま地裁 平成24年2月28日 第3刑事部	保護責任者遺棄罪，暴行罪	実父，伯父（実父の弟）	実子（5歳10ないし11か月）	懲役3年6月（求刑懲役5年）	
3	大阪地裁 平成24年3月16日 第6刑事部	殺人罪	実母（24歳）	長女（3歳） 長男（1歳9か月）	懲役30年（求刑無期懲役）	最高裁平成25年3月25日第二小法廷決定，上告棄却
4	広島地裁 平成24年5月22日 刑事第1部	保護責任者遺棄致傷罪	実父（26歳）	乳児	懲役3年執行猶予5年（求刑懲役4年）	妻，パニック障害に罹患 平成23年10月31日被害児死亡
5	千葉地裁 平成24年5月24日 刑事第1部	保護責任者遺棄致死罪	実母（27歳）	長男（2歳） 二女（5歳）	懲役7年（求刑懲役10年）	共犯実父懲役9年6月（求刑懲役12年）【判例9】
6	名古屋高裁金沢支部 平成24年7月3日 第2部	保護責任者遺棄致死罪	実父（36歳） 実母（39歳）	長女（1歳）	懲役4年（求刑懲役4年6月）	平成23年7月25日午前10時40分ころから同日午後2時55分まで4時間15分間，パチンコ店の駐車場にエンジンを停止させ，窓を全て閉め切り，ドアに施錠した自動車内に，チャイルドシートに固定して放置，熱中症【原審】金沢地裁平成24年2月3日判決
7	千葉地裁 平成24年7月10日 刑事第4部	殺人未遂罪	実母（20歳）	長女（出産直後）	懲役2年6月（求刑懲役4年）	デリバリーヘルスのアルバイトをしていた際に客から性交を強いられ妊娠
8	岡山地裁 平成24年8月1日 第2刑事部	保護責任者遺棄致死罪	実父（21歳） 実母（22歳）	実子（1歳6か月）	懲役6年（求刑懲役7年）	
9	千葉地裁 平成24年9月20日 刑事第1部	保護責任者遺棄致死致傷罪	実父（38歳） 実母（27歳）	二女（5歳8か月） 長男（2歳10か月）	懲役9年6月（求刑懲役12年）	共犯実母（27歳）懲役7年（求刑懲役10年）【判例5】
10	名古屋地裁岡崎支部 平成25年6月17日 刑事部	保護責任者遺棄致死罪	実父（49歳） 実母（39歳）	長女（4歳）	懲役6年（求刑被告人両名懲役6年）	

11	大津地裁 平成25年11月6日 刑事部	保護責任者遺棄致死罪	実母(28歳)	実子 (1歳7か月)	懲役5年 (求刑懲役8年)	うつ病に罹患し知的能力も低かった 大阪高裁平成26年6月3日第1刑事部判決・控訴棄却
12	津地裁 平成25年12月18日 刑事部	保護責任者遺棄致死罪	実母(45歳)	長男 (生後5か月)	懲役3年執行猶予5年（求刑懲役5年）	
13	前橋地裁 平成26年2月6日 刑事第1部	保護責任者遺棄致死罪	実母(37歳)	二女(3歳)	懲役7年 (求刑懲役8年)	
14	東京地裁 平成26年2月10日 刑事第10部	保護責任者遺棄罪	実父(30歳) 実母(27歳)	長女 (出産直後) 二女 (出産直後)	懲役3年 (求刑懲役4年)	寒空の下に裸のままセーター等にくるんだ状態で，早朝民家の玄関前や夜間人気の少ない公園のベンチにそれぞれ置き去り
15	奈良地裁 平成26年2月20日 刑事部	保護責任者遺棄罪，傷害罪	実母(24歳)	実子(1歳)	懲役7年 (求刑懲役12年)	
16	鹿児島地裁 平成26年6月20日 刑事部	死体遺棄罪，保護責任者遺棄致死罪	実母	長女・嬰児	懲役3年執行猶予4年 (求刑懲役4年)	実父宅トイレで出産
17	宮崎地裁 平成27年9月18日 刑事部	保護責任者遺棄致死罪	実母(27歳)	二男 (約5か月)	懲役5年 (求刑懲役5年)	出産後も別の男性と外泊し，neglect。同居男性と共犯。
18	大阪地裁 平成27年11月30日 第2刑事部	保護責任者遺棄致死罪	実母(19歳)	長女 (3歳10か月)	無罪 (求刑懲役6年)	先天性ミオパチー，夫共犯。大阪高裁平成28年9月28日第4刑事部判決は原判決を破棄・差戻しとした。最高裁判所平成30年3月19日第二小法廷判決は原判決破棄・上告棄却とした（裁判所時報1696号3頁）。大阪地裁平成28年1月28日第14刑事部判決は，共犯の義父(22歳)を予備的訴因重過失致死罪で禁錮1年6月執行猶予3年に処した。
19	大阪地裁 平成28年1月28日 第14刑事部	重過失致死罪	義父(22歳)	養女 (3歳10か月)	禁錮1年6月 (禁錮3年)	主位的訴因保護責任者遺棄致死罪を排斥し，予備的訴因重過失致死罪を適用
20	横浜地裁 平成28年7月20日 第4刑事部	保護責任者遺棄致傷罪，強制わいせつ罪他	ベビーシッター (24歳)	男児 (発生時8か月 死亡時9か月)	懲役26年 (求刑無期懲役及びスマートフォン等の没収)	預かった幼児約20人に児童期性的虐待。東京高裁平成30年1月30日第6刑事部判決，控訴棄却。最高裁平成30年9月10日第二小法廷決定，上告棄却

21	東京高裁 平成29年1月13日 第3刑事部	保護責任者遺棄致死罪，詐欺罪	実父(37歳)	長男(5歳)	懲役12年	
22	さいたま地裁 平成29年6月15日 第1刑事部	保護責任者遺棄致死罪，暴行罪，逮捕罪，傷害罪	実母(22歳)	二女(3歳)	懲役13年 (求刑懲役13年)	さいたま地方裁判所平成29年5月25日第1刑事部判決，共犯の同居男性(24歳)懲役12年6月(求刑懲役13年)
23	大阪地裁 平成30年2月13日 第15刑事部	保護責任者遺棄罪，同致死罪，死体遺棄罪，暴行罪，傷害罪	同居男性(22歳) 実母(24歳)	長女(3歳) 長男(1歳)	懲役6年6月 (求刑懲役9年)	駐車場の自動車内放置。大阪地裁平成30年7月18日第15刑事部判決，共同正犯の実母【判例26】
24	静岡地裁浜松支部 平成30年2月16日 刑事部	保護責任者遺棄致死罪	実父(25歳)	長男 (1年11か月)	懲役2年6月 (求刑懲役5年)	駐車場の自動車内放置
25	山口地裁 平成30年5月23日 第3部	保護責任者遺棄致死罪	実母(23歳)	三女 (2か月)	懲役4年 (求刑懲役6年)	駐車場の自動車内放置
26	大阪地裁 平成30年7月18日 第15刑事部	保護責任者遺棄罪，同致死罪，死体遺棄罪	実母(24歳)	長女(3歳) 長男(1歳)	懲役5年 (求刑懲役6年)	共犯の同居男性【判例23】

Ⅱ．ネグレクトにおける加害者・被害者の関係別人員及び被虐待児の年齢一覧表

Ⅱ-i．加害者・被害者の関係別割合

区分	父親等					母親等				総数
	実父	義父	内縁・同居	その他	小計	実母	義母	その他	小計	
平成24年(9判例)	5		1	1	7	6			6	13
平成25年(3判例)	1				1	3			3	4
平成26年(4判例)	1				1	4			4	5
平成27年(2判例)						2(無罪1)			2	2(無罪1)
平成28年(2判例)		1		1	2					2
平成29年(2判例)	1				1	1			1	2
平成30年(4判例)	1		1		2	2			2	4
総数(26判例)	9	1	2	2	14	18			18	32(無罪1)
割合(内部)	64.3%	7.1%	14.3%	14.3%	100%	100%				
割合	43.8%					56.2%				

Ⅱ-ⅱ．ネグレクト被虐待児の年齢

年齢	出産直後	3～5ヶ月	6～9ヶ月	1	2	3	4	5	総数
男		2	3	3	2			1	11
女	4	1		1	1	4	1	2	14
不明		2		3		1	1	1	8
計	4	5	3	7	3	5	2	4	33
割合	12.1%	15.6%	9.1%	21.2%	9.1%	15.6%	6.0%	12.1%	100%

第３節　児童期性的虐待事例

判例１　山形地裁平成24年１月25日刑事部判決[1)]

【事実の概要】

父親が園長を務める無認可保育施設副園長の保育士Ｘ（33歳）は，村山市内の同施設で同幼児園園児Ａ（４歳７か月ないし８か月）に対し，平成21年６月29日午後３時10分頃，７月６日午後３時10分頃，14日午後３時10分頃及び29日午後７時頃から午後７時30分頃までの間，４回にわたりＡの陰部を手指で弄そんだ。

【判　旨】

裁判所は，Ａの供述の信用性について「被害者の供述は，具体的かつ迫真的であり，信用できる被害者の母親及び保育士３名の供述により裏付けられているから，信用することができる。」と判示する。

裁判所は，Ｘの捜査段階の自白調書について，「犯行日時の特定については，連絡ノートという客観的証拠を根拠にしている。」とし自白の信用性を認定した。他方，Ｘの公判廷供述については，信用性に乏しいとして排斥し，Ｘの犯罪事実を認定した。

【研　究】

１　児童期性的虐待は，被害児が年少者の場合には犯罪事実の証明は難しく供述の信用性が争点となる。本事案は，被害児の年齢が４歳７か月ないし８か月であり加害行為の具体性について供述の困難さを有する。捜査段階時４歳11か月の被害児Ａは，「服とかパンツを脱がされて大事なところをこちょこちょされた，大事なところを携帯電話のカメラで撮られたときカシャっていった，被告人から『あーんして。』って言われてチューされた，そのとき被告人からべろとかつばを入れられた」等と供述する。また，期日外証人尋問時６歳６か月の被害児Ａは，「被告人におしっこ出るところを触られたとき，被告人は手にタオルとかは持っていなかった，携帯でおしっこ出るところの写真を撮られたときは裸だった，口にチューされてつばを入れられた，これらのことをされるのは嫌だった，おしっこ出るところと大事なところは同じところである」等と供述する。

裁判所は，被害児の供述について「被害者の供述は，キスをした際に口に舌やつばを入れられるといった，経験していなければ幼児には供述し難い内容が含まれるなど，具体的で迫真的な内容となっている。そして，後に述べるように，被害者の母親及び前記P6保育士ら3名の保育士は，証人尋問等において，被害者から被害の状況を聞いたと供述しており，これらの供述は十分信用できるものであるところ，被害者の供述は，この4名の供述と被害内容に関する重要な部分がほぼ合致しており，裏付けられている。」と判示し，6歳6か月でなされたAの期日外証人尋問供述の信用性を認定した。

2　本事案顕在化の端緒は，第1に被害児Aの母親が平成21年5月か6月頃から9月にかけて，Aから「お昼寝の後，ママを待っているとき，お漏らしのあと，トイレに行ったときなどに，Xが被害者の大事なところをこちょこちょ，ぐりぐりしてくる，Xが被害者の口の中に舌やつばを入れてチューしてくる」と聞いたことである。第2は，無認可保育施設の女性保育士が被害児Aに「Xはこちょこちょ遊び（体を指先でくすぐって遊ぶこと）をするときもあるの」との問いかけたのに対し，被害児Aが「首や胸などのほかに性器のやや上あたりを指して『ここも。』と言ったり，被害者Aが自分の唇を指して，Xがここにチューをし，つばを入れてくると話したこと，被害者AがXから言ってはだめだと言われている」との話を聞いて，市役所にどのように対応したらよいか相談したことである。第3は，3人の女性保育士が被害児Aの母親に会い，被害児Aから聞いた内容について話をしたことである。

3　裁判所は，被害児Aの各供述を精査するとともにXの捜査段階の供述で示された連絡ノートという客観的証拠と照合しながら犯罪事実の認定をしており，妥当な判断である。

なお，仙台高裁平成24年7月19日第1刑事部判決は，弁護人の訴訟手続の法令違反及び事実誤認の主張を排斥して控訴を棄却した。[2)]

判例2　福岡地裁平成24年2月13日第1刑事部判決[3)]

【事実の概要】

外国人であるX及びYは，平成23年2月28日午後7時50分頃から9時頃までの間，福岡市内の公園ベンチに座っているXの顔見知りのA（当時16歳）に対し，Aの両脇から二人がかりで肩及び頭をつかみ，それぞれAの口に接吻し，乳房及び陰部をもてあそんだ後，Aを地面に押し倒して着衣を無理矢理脱がせ，順次Aを姦淫した。

【判　旨】

裁判所は，集団強姦罪の公訴事実に対し，自己の意に反する強姦であるとの被害者Aの供述の信用性を否定し，被害者の承諾を得ての性交又は性的接触行為であるとのX及びYの公判供述は排斥できないとしてX及びY両名に無罪を言渡した。

【研　究】

1　本事案は，複数の加害者による児童期性的虐待のケースである。

集団強姦罪は，複数の者による暴行・脅迫を手段として相手の意思に反する姦淫行為である。同罪の成立要件の第1は，暴行・脅迫が相手の自由意思を抑圧する程度であることである。同罪の成立要件の第2は，姦淫行為について相手の同意の無いことである。

裁判所は，AのX及びYとの性交は自己の意思に反するとの供述と，X及びYのAとの性交又は性的接触行為はAの承諾を得ていたとの公判供述について信用性を検討し，Aの供述の信用性を否定し，X及びYの公判供述は排斥できないとして信用性を肯定した。

2　強姦行為に至る経緯は，Aの供述によると公園に赴き，3人でベンチに座って少量の缶酎ハイを飲むなどしながら楽しく会話していた。30分ほど経ったところで，X，Y両名が，外国語で何事か会話を交わした。そのころ，C（＝筆者註＝A）は，被告人A（＝筆者註＝X）から缶酎ハイを持たされて缶の底を押すようにして飲まされたり，被告人Ｂ（＝筆者註＝Ｙ）から服の中に手を入れられたりした。Ｃは「冷たい，何，やめて」と言ったが，被告人Ｂから胸や陰部を触られた。これに対し，Ｃは，手で押さえたり，足を閉じたりしたが，あまり抵抗できなかった。Ｃは，被告人Ａから頭を掴まれキスをされ，胸や陰部を触られた。Ｃは，このときも，足を閉じて手で押して抵抗したがかなわなかった。そうするうちに，被告人Ａが，Ｃを，引っ張るようにしてベンチから降ろし，ズボン等を脱がせ，性交をしようとしたがすぐに止め，お互い服を着た。」というものである。

強姦行為の態様は，「Ｃは，被告人Ａから，肩を押されて芝生のところまで連れて行かれ，そこで座らされ，押し倒されて，性交された。Ｃは，肩を押されたときには足を踏ん張ったが，力が強く，すぐに連れて行かれた。Ｃは，性交中には「中に出さないで」と言ったが，５分から10分の後，膣内に射精されたと感じた。その後，Ｃは，被告人Ａに言われて服を着たところ，被告人Ｂから，肩を掴まれ押されて移動させられ，座らされ，押し倒され，ズボン等を脱がされた。被告人Ｂは，ベンチのところからビニール袋を取ってきて，それを自分の性器に着けて，Ｃと性交した。」というものである。

裁判所は，以上の状況を踏まえて「本件公園で友好的に会話していたところ，酒を少量飲ませ，性的行為を徐々にエスカレートさせていったというものに過ぎない。殴る，蹴る，凶器を示すなどといった暴力は一切認められないし，自己らの意に沿わせようとする脅迫的言辞も一切認められない。」と判示し，集団強姦罪の第１の成立要件を否定する。

裁判所は，「Ｃの所作が，被告人両名に対し，性交又は性的接触行為が自己の意に反するものであることを明確に示し，伝えたものとみることはできない。」と判示し，集団強姦罪の第２の成立要件を否定する。

3　裁判所は，被害者及び加害者の相反する供述の信用性判断に際し，客観的な事実をも踏まえて検討する。

裁判所は，強姦行為の行われた周囲の状況について「本件公園は，性交又は性的接触行為に及んだ時間においては，未だ人通りがあるというし，見通し，明るさなどの客観的状況からすると人に気付かれる可能性もあったと思われるが，Ｃは一切他に助けを求めることをしなかった。」と判示する。

強姦行為後のＡの状況は，「帰宅するに当たり，大通りに出るまで被告人両名と行動を共にし，その間，被告人Ａの自転車を借りて乗っていた。」というものである。

本事案は，相反する供述の信用性判断に際し，客観的状況をも踏まえて検討することの必要性を示唆したものである。

裁判所の判断は，妥当である。

判例３　福岡高裁那覇支部平成24年４月21日刑事部判決[4)]

【事実の概要】

養父Ｘ（32歳）は，平成21年２月頃から３月頃までの間，宮古島市内の自宅において就寝中の養女Ｂ（当時11歳）の着衣内に手を差し入れ，Ｂの陰部を手指で触って弄んだ。

【判　旨】

原審那覇地裁平良支部平成23年３月14日判決は，被害児Ｂの供述の信用性を認定し「信用性の高い女児の証言によれば，被告人は，女児の母親らが，宮古島市に転居した１か月か２か月後から女児が６年生になるまでの間に，女児方の子供部屋において，寝床に就いている子らの間に横たわり，女児の着衣内に手を入れて直接，手指で女児の陰部を触ったことが認められる。したがって，被告人は，自己の性欲を刺激興奮させ，又は満足させる性的意図をもって，女児に対し，わいせつ行為を行ったというべきである。」と判示し，Ｘを懲役１年６月（求刑懲役２年６月）に処した[5)]。

福岡高裁那覇支部は，目撃者のいない事案の公訴事実認定の直接証拠は被害者の証言のみであることから「客観的な裏付けの乏しい供述については，客観的な事実との整合性，変遷の有無及びその理由，供述内容の具体性及び合理性等を特に慎重に検討して信用性を判断すべきである。」と判示し，Ｂの供述を精査し信用性を否定し，原判決を破棄し，Ｘを無罪とした。

【研　究】

1　Ｘは，岐阜県可児市内の乗馬クラブのインストラクターをしている時，同乗場クラブに通っていたＢを指導していた。Ｘは，Ｂの送迎をしていた母親Ａと交際し，平成19年１月頃，可児市内のアパートでＡらと同居生活を開始した。Ａは，エステティックサロンで働いたり新聞配達をしており，Ｘは乗馬クラブ勤務を辞め無職であった。Ｘは，平成20年10月，弟Ｅと共に宮古島市に転居した。Ａらは，平成21年１月，宮古島市に転居し，Ｘと共に同市内のアパートで同居生活を開始した。平成21年１月19日，Ｘは，Ｂの母親Ａと婚姻し，29日，子らと養子縁組をした。Ｘは初婚で，Ａは３回目の婚姻でＢと弟は１回目の夫との間に出生した。婚姻時の家族関係は，下図の通りである。

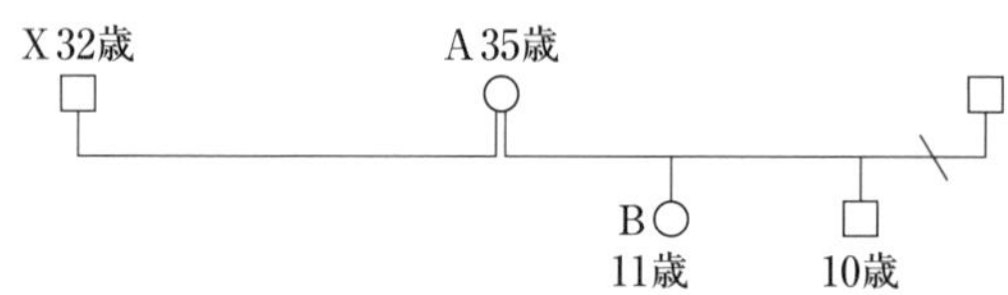

2　児童期性的虐待発見の端緒は，Ｂが平成21年４月，小学６年生に進級し，その頃からほぼ毎日放課後に保健室に行き，掲示物の作成や保健委員会の仕事などをして養護教諭Ｃの手伝いをしていた。５月27日，Ｃは，ＢからＸが体を触ってくるので嫌だという話を聞いた。Ｃは，Ｂの学校生活がうまくいかないのは家族関係に起因するのではないかと考え，Ｂに小学校のスクールカウンセラーのカウンセリングを受けさせることとした。Ｃは，臨床心理士であるスクールカウンセラーＤにＢのカウンセリングを要請した。

Ｂは，Ｘの身体的接触について母親をはじめ誰にも相談することはなくＣに対して初めて話した。Ｂは，Ｃからの辛い思いは母親に伝えた方が良いとのアドバイスに従い，６月中旬，母親Ａに「Ｘに臀部や胸を触られるのが嫌だ」と話した。母親は，服の上からぽんと触る程度のことだと考え，「スキンシップだと思うよ。」と答えた。Ｂは，母親に話を信じてもらえなかったことにショックを受け，Ｘに体を触られたことについてそれ以上の話をしなかった。

Ｃの要請を受けたスクールカウンセラーＤは，５月28日Ｂの１回目のカウンセリングを，６月22日Ｂの２回目のカウンセリングを実施した。

Ｄは，Ｂのカウンセリング終了後，児童虐待の疑いがあると判断し，小学校の校長に報告した。校長は，Ｄの報告を受け，同日夕方，沖縄県中央児童相談所のケースワーカーで児童福祉士Ｅに児童虐待の疑いを電話で通告した。

同児童相談所は，緊急受理会議を開催し，危険防止，再被害防止のためＢの一時保護を実施してＸから分離する方針を立て，７月１日Ｅほか１名の担当者が小学校を訪問することを決定した。７月１日，Ｅらは，同小学校において，校長及び養護教諭Ｃに対し児童相談所の方針を説明した。その後，Ｅらが被害児Ｂに一時保護の説明をした。Ｂは，沖縄本島の一時保護所に行くことに同意した。同日，Ｅらは，宮古島市役所において，母親Ａと面談し，ＢがＸから就寝中に臀部などを触られたとする件で小学校から児童相談所に通告されたこと，ＢをＸから分離するために一時保護を実施する必要があること，Ｂが一時保護に同意していることを説明した。Ａは，Ｂの一時保護に同意した。

3　被害児Ｂの犯罪事実に関する供述は，公的には捜査段階供述（平成21年９月26日警察官調書）及び平成22年11月８日原審期日外尋問である。

Ｂの犯罪事実に関連する他の供述は，養護教諭Ｃ，スクールカウンセラーＤ，児童福祉士Ｅ及び母親Ａへの供述である。

原審は，Ｂの期日外尋問での証言について「女児が，宮古島市に転居した１か月か２か月後から６年生になるまでの間に，子らが女児方の子供部屋で寝床に就いたところ，被告人は，女児が寝入る前に子供部屋に来て，添い寝をするように子らの間に横たわり，女児の服の中に手を入れて直接，女児の胸と臀部を撫でるように触った。陰部も直接触られたが，どのような触り方だったかは分からない。時間は長く感じた。」などと証言しており，同証言部分については，前記2(2)イ認定の女児方の構造や子らの生活状況等と整合し，反対尋問によっても大きく動揺していない。」として信用性を認定する。原審は，被害を受け始めた時期，本件被害時のXの位置や触られた部位について捜査段階前後のBの供述と期日外尋問のBの供述とが相違し，又は，多少曖昧な部分が存する点について，「恐怖の中で体験したことであり，当時の女児の年齢，被害内容を詳細に表現することについての恥じらいや躊躇い，抵抗感に加え，被告人と女児の母親との夫婦関係に深刻な影響を与えることに対する不安や罪悪感等の複雑な心情を考慮すれば，やむを得ないと解し得る」としてBの各供述の信用性を認定する。更に，原審は，わいせつ被害に関するB供述の自発性について，「経過において，何らかの利害関係を有する者が女児に口添えしてその説明内容を左右させた形跡は見受けられない。さらに，女児が，被告人に対して，必ずしも好感情を有していなかったとしても，養父に陰部を触られたという，女児の年齢（被害時11歳，証言時12歳）からして，しゅう恥心などから相当程度の抵抗感をもつようなわいせつ被害の内容を自ら創作して，殊更に被告人を罪に陥れようとするまでの動機は窺えない。」と判示する。

なお，原審は，一時保護所での気持ちが落ち着いた7月13日，児童福祉士Eの質問に答える中で「女児が寝ているときに，父親（被告人）から下着の中に手を入れられ，臀部，胸，陰部を直接，撫でるような感じで触られた。触られたのは，4，5回である。可児市に住んでいたころの5年生の1学期か2学期ころから触られ，宮古島市に転居してしばらくしてから1回触られた。6年生になってからは触られていないが，女児の膝に膝枕をしてくるのが嫌である。」とのBの供述と，宮古島市に来てから1回触られた具体的な時期についてのEの質問にBが答えられなかったことを判示する。

4　裁判所は，警察官に対するBの供述として「小学4年生の途中頃から5年生の終わり頃まで，胸や臀部を触られ，陰部を指で触られていた。弟と夜一緒に寝ていると，被告人がBらの間に添い寝をするように入ってきて，いきなり洋服の中に手を入れて，臀部や胸を撫でたり，陰部を触った。被告人は，５年生になってからも，月に２，３回くらい，もしかしたらそれ以上の割合で，寝ているＢの体を触ってきた。宮古島に引っ越してきてからも，弟と一緒の部屋に寝ている時に，被告人から胸，臀部及び陰部を触られた。最後に体を触られた日にちは，はっきり覚えていないが，２月か３月頃である。被告人は，Ｂらが就寝した後の午後９時頃，Ｂらが寝ている部屋に入ってきて，Ｂらの間にＢの方を向いて横になり，Ｂのパジャマの中に片手を伸ばして掌で胸を撫でた。しばらく胸を触った後，今度はその手をズボンとパンツの中に入れ，指を動かしながら陰部を触った。30分以上はＢの体を触っていたと思う。」と判示する[6]。

裁判所は，平成22年11月８日実施された原審期日外尋問でのＢの供述を「小学４年生か５年生の頃から，夜寝る時に被告人から臀部，胸及び陰部を触られていた。被告人は，Ｂらが布団を並べて寝ているところに添い寝のように寝てきてＢの体を触った。眠っているふりをしたが実際には眠っていなかったので，被告人が触ったのは分かった。被告人は，服の中に手を入れて，上記の部位を直接撫でるように触った。触る順番は覚えていないが，触っている時間は長く感じた。宮古島に転居するまでの間に何回か触られた。１回や２回ではないが，具体的な回数は覚えていない。被告人からキスをされることもあったが，これは１回だけである。宮古島に転居してから被告人に体を触られたのは１回であり，それは転居から１か月か２か月経った頃である。その際も，被告人は，夜Ｂらが布団を並べて寝ているところに添い寝をしてきて，服の中に手を入れて胸，臀部及び陰部を直接撫でるように触った。触っている時間は長く感じた。被告人は触る時に声を掛けてくることはなかった。また，被告人は怒ると物に当たるなどして怖かったので，触られても何も言わなかった」と判示する。

裁判所は，Ｂ供述を「⑴Ｂ供述の信用性を高めると考えられる事情，⑵Ｂ供述の信用性に疑問を抱かせる事情，ア説明ないし供述の変遷，イＢの説明等の変遷に対する検討，ウ供述内容の具体性・合理性等，エ当時の他の生活場面における行動との関係，⑶総合判断及び信用性を高めると考えられる事情の再検討」との視点から経験則を基に精査する。

裁判所は，Bの説明ないし供述の変遷について，「宮古島市に来てからのわいせつ被害の有無や回数に関するBの説明等は実質的には変遷している。宮古島市への転居はBにとって大きな生活環境の変化であることは想像に難くなく，その転居後の被害の有無や回数につき記憶違いが生じることは考え難いところ，変遷について合理的な説明は見当たらない。宮古島市へ来てからのわいせつ被害は本件公訴事実に直接関わる事実であって，この点のBの説明等の変遷は看過できない。」と判示する。裁判所は，その経緯を「平成21年6月22日の第2回スクールカウンセリングの際に初めてわいせつ被害について詳細な説明をし，それ以降，この説明を修正しながら原審におけるB供述に至った」と解する。

その上で，裁判所は，「同日（筆者注＝第2回スクールカウンセリング実施の6月22日）の説明はB供述の出発点であり，その出発点において虚偽や誇張があって，これを本人が強く訴えているのにその理由が不明であることは，B供述の信用性を大きく損なう事情である。この点について，児童の性暴力被害に関する専門的な知見からは，性暴力被害を受けた児童の特徴として，性暴力被害を認めたがらないこと，説得力がなく，タイミングがずれておりかつ矛盾した証言を行うこと，一旦性暴力被害を認めた後で証言を撤回することなどがあり，その理由として，自分が悪いと思い込んでいる罪悪感や，自分の告白により加害者，家族及び自分自身が困った立場に立たされることへの不安などがあると指摘されている。確かに，B供述によれば，BはAと被告人との婚姻関係に影響を与えたくないためわいせつ被害の告白をためらっていたことが認められるものの，Bの説明等の経過をみれば，Bが一旦わいせつ被害について説明を始めた後にも逡巡していた形跡はない。すなわち，第2回スクールカウンセリングにおける説明以降，被害を受け始めた時期や触られた部位についての説明は被告人に不利に変遷する一方，痛みや被害の時間についての説明は被告人に有利に変遷しており，この経過は罪悪感及び不安感の改善や増悪では説明できない。かえって，Bの説明等の一部については，第２回スクールカウンセリングにおける説明に虚偽や誇張があり，これが後に修正されたために矛盾していると解することが可能である。当裁判所は，上記のとおり，性暴力被害を受けた児童に関する専門的な知見によりＢの説明等の変遷を説明することは困難であると考えるが，仮に，専門的な知見によりその説明が可能であるとしても，これが採用し得る唯一の説明でない以上，これを安易に採用してＢ供述の信用性を認めることは相当ではない。」と判示し，Ｂ供述の信用性に疑問を呈する。

裁判所は，「供述の信用性判断は，客観的な事実との整合性，供述内容の具体性・合理性，供述の変遷の有無及びその理由等を基本要素とし，これらに問題がない場合に虚偽供述の動機の有無を検討すべきである。他方で，供述の信用性判断の基本要素に問題がある場合に，虚偽供述の動機が見当たらないことを理由として供述の信用性を肯定すべきではない。むしろ，供述の信用性判断の基本要素に問題がある場合には，その供述が事実に反することを疑うべきである。」との視点からＢ供述の信用性を精査する。

裁判所は，Ｂ供述について，「それ以前の説明等に比して理由なく変遷していて，具体性に乏しく，不合理な点が見受けられ，Ｂの他の生活場面における行動とも整合しにくいなどの問題があることは，Ｂ供述が事実に基づかないことに由来する可能性が高い。」とする。裁判所は，Ｂの虚偽供述の動機の可能性として「Ｂが被告人を疎ましく思い，Ｂの家庭から排除することを意図して当初から虚偽の話をしたとは考えられない。しかし，ＢがＣやＤに被告人について繰り返し話すうち，上記の意図を持つに至った」とし，虚偽のわいせつ被害の説明の可能性として「Ｂは平成21年２月か３月頃までに深刻なわいせつ被害を受けており，かつ，既にＤに対して被害について詳細に説明しているのに，同年７月１日，Ｅに対して，体を触られるというより膝枕が嫌だと言ったこととなる。このことからすれば，被告人は現実には膝枕くらいの接触しかしていないのに，Ｂがこれを嫌悪し，やめてほしいため」とし，被害を受けたと思い込むに至った可能性として「Ｂ自身，虚偽であるという自覚もないまま，何らかの事情による」とし，被害申告を貫徹した可能性として「Bは，一時保護や告訴に当たり，大人の関係者の意向に迎合」していると判示する。

裁判所は，B供述には疑問があり信用性がなくB供述に基づいて事実認定した原判決には事実誤認があるとして原判決を破棄し，Xを無罪とした。

5　B供述の信用性は，原審と控訴審では正反対の結論に至っている。控訴審は，経験則を基にB供述の信用性をチェックし，信用性を否定する。他方，原審は，期日外尋問においてB供述を直接吟味している。供述者の表情や間合いを直接現認し得る直接主義のメリットは，書面審査を凌駕するものと解する。控訴審の判断は，このメリットを凌駕しているのかなお疑問が残る。

裁判所は，弁護人の事実誤認との控訴理由について詳細な検討を加え，原審で排斥された弁護人の主張を異なった視点から検討する。裁判所は，Bの捜査段階供述（平成21年9月26日警察官調書）及び平成22年11月8日原審期日外尋問での供述と養護教諭C，スクールカウンセラーD，児童福祉士E及び母親との会話等におけるB供述の変遷の疑問点を適示し，B供述の信用性を否定する。

「疑わしきは被告人の利益に」との刑事裁判の原則からすれば，裁判所の判断は妥当である。しかし，なお，B供述には，児童期性的虐待の幾ばくかの事実が含まれていると解される。

判例4　青森地裁平成24年5月16日刑事部判決[7)]

【事実の概要】

X（30歳）は，平成23年8月30日午後4時5分頃，下校中のA（当時9歳）を認めわいせつ行為をしようと考え青森県内の畑に誘い込み，Aが着用するハーフパンツの上から小型バイブレーターをAの陰部付近に押し当てた後，両手でAの両肩を押して地面に仰向けに倒し，Aのハーフパンツを下着と共に引き下げて下半身を裸にした。Xは，Aの口を手で塞ぎながらAの陰部を舌でなめ，さらに，陰茎を露出して自慰行為をしてAに向けて射精し，Aに加療約1週間を要する左背部打撲の傷害を負わせた。

Xは，B（当時15歳）が18歳に満たない児童であることを知りながら，インターネット上の掲示板を利用してBの売春相手を募集し，これに応じたDとBになりすまして連絡を取り，平成23年9月4日，大館市内の駐車場において，BにDを売春の相手方として引き合わせ，同日午後4時25分頃から午後5時51分頃までの間，大館市内のホテルにおいて，BにDと性交させた。

【判　旨】

裁判所は，Xを強制わいせつ致傷罪，売春防止法違反及び児童福祉法違反により懲役5年6月，罰金20万円及び小型バイブレーター没収（求刑懲役6年及び罰金20万円，小型バイブレーター没収）に処した。

【研　究】

裁判所は，XのAに対する児童期性的虐待に関して量刑理由において「性的に未発達な少女を性欲の対象とする傾向」としてペドフィリア（pedophilia）傾向を認定する[8)]。

裁判所は，XとBの関係性については何等判示しないが，Bへの売春の周旋行為及び児童に淫行をさせる行為の動機として逃走資金欲しさからの犯行と判示する。裁判所は，量刑理由において，「児童に淫行をさせて金銭を得る犯行が経済的に割に合わないことを実感させるため」罰金刑を併科したと判示する。

判例5　熊本地裁平成24年5月25日刑事部判決[9)]

【事実の概要】

X（38歳）は，平成23年9月29日午後9時50分頃，熊本市内を自転車で通行していたA（当時17歳）を見て，わいせつ行為をしようと考え，Aを追いかけた。Xは，Aに追いつくと背後からAの肩を掴んで自転車ごと転倒させ，右腕を押さえつける暴行を加え，着衣の上からAの乳房をもみ，一連の行為によりAに全治約10日間の前胸部擦過傷及び左下腿近位部挫傷等の傷害を負わせた。

【判　旨】

裁判所は，Ｘを強制わいせつ致傷罪により懲役４年（求刑懲役６年）に処した。

【研　究】

１　裁判所は，争点として①Ｘが犯罪事実記載の暴行を行ったか，②Ｘが暴行の後に着衣の上からＡの乳房をもんだか，③Ｘが犯行後にＡの口を摘むようにしたかの３点について検討し，いずれの事実も認められると判断した。

裁判所は，夜間の路上での犯行ゆえ目撃情報もない本事案で被害者Ａの公判廷での供述の信頼性を審理する。Ａは，被害事実について「自転車に乗っている時，いきなり背後から肩を掴まれて左側に自転車ごと倒され，被告人に右腕を押さえつけられた。倒れた状態で着衣の上から２，３回乳房を掴むようにもまれ，その後，口を指で摘むようにされた。」と供述する。

弁護人は，本件犯行がわずかな時間に行われＡが犯行に遭遇した際の恐怖感などから正確に認識，記憶できていない可能性があると主張し，争点となった各犯罪事実を否定する。裁判所は，Ａの供述する事実が突然に犯罪被害に遭遇したＡにとり非常に印象に残りやすく，Ａの悲鳴を止めるためにその口を指で摘むというＸの行動の特異性に関する供述内容は実際に体験した者でなければ供述できないとして弁護人の主張を排斥する。

裁判所は，Ａの供述について「自己の記憶にない部分については憶測で答えることなく，覚えていない旨明言している。その供述態度は非常に真摯である。」として信用性を肯定する。

２　Ｘは，強姦致傷罪及び窃盗罪により平成16年６月17日福岡地裁で懲役３年（４年間執行猶予）に処され，強制わいせつ致傷罪により平成18年２月２日福岡地裁で懲役３年に処されている。本事案は，仮釈放後わずか10か月余りの犯行でＸの性犯罪傾向が顕在化したものであり，Ｘは社会復帰後に性依存症の専門医による治療を予定している。

判例６　大津地裁平成24年６月１日刑事部判決[10)]

【事実の概要】

警察官Ｘ（28歳）は，平成23年８月28日午後４時35分頃，帰宅途中のＡ（当時17歳）に声をかけ大津市内の駐輪場において話をしていた。その際，Ｘは，いきなり着衣の上からＡの臀部及び右乳房を左手で揉み，Ａの肩付近を左腕で抱きかかえて抵抗できないようにしてＡのシャツの中に右手を差し入れて左乳房を揉み，半ズボンの中に右手を差し入れて膣内に指を挿入した。Ｘは，さらに，Ａの面前で陰茎を露出して自慰行為をしながらＡのシャツの中に左手を差入れて左乳房を揉みＡに全治約３日間の膣外傷を負わせた。

【判　旨】

裁判所は，Ｘを強制わいせつ致傷罪により懲役２年６月（求刑懲役５年）に処した。

【研　究】

１　本事案は，Ａに対する強制わいせつ致傷行為と帰宅途中のＢ（当時40歳）にいきなり背後から抱きついて着衣の上からＢの両乳房を両手で鷲掴みにした強制わいせつ行為を審判対象とする。なお，Ｘは，Ａとの間で示談金360万円で示談が成立している。

公訴事実記載事実からは，平成23年８月28日午後４時35分頃の駐輪場の状況が不分明であるが，Ａに対する犯行日時と場所を考えると，第三者による目撃が可能な状況下でのＸの強制わいせつ行為と自慰行為がなされていることから，ＸとＡとには何らかの関係性があったのか否か不明である。

２　裁判所は，Ａに関して「若年で男性経験のない同被害者に大きな肉体的，精神的苦痛を与えた。それればかりか，被告人は，その後も同種犯行を繰り返し，その一環として判示第２の犯行に及んでおり，常習性も認められる。」と判示する。

裁判所は，量刑理由においてＡとの示談成立，Ｘの反省の態度，養うべき妻子の存在及び妻や養父による監督の期待を勘案して，「強制わいせつ致傷罪の法定刑の下限である懲役３年では，やや重すぎる。」と判示し，懲役２年６月の実刑判決に処した。

本事案は，現職警察官による常習性の認められる児童期性的虐待ケースであり，裁判所の量刑判断には軽すぎるとの疑義がある。

判例７　岐阜地裁平成24年６月12日刑事部判決[11)]

【事実の概要】

Ｘ（33歳）は，平成22年８月９日午後８時50分頃，羽島市内の路上において，通行中のＡ（当時17歳）の背後から近づき，手に持ったワインオープナーを示し，左手でＡの口を塞ぎ，右手でＡの首元に同ワインオープナーを押し当てながら，「声出すと刺すぞ。」などと言いながら同市内の柿畑に連行した。Ｘは，柿畑においてＡの両手を後ろ手にさせＡ着用のシャツを巻き付けて固定し，Ａ着用のタンクトップを捲り上げて乳房を舐め，Ａのパンツを引きずり下ろして手指でその陰部を触るなどしてから姦淫しようとした。Ｘは，Ａに対し憐れみの情が生じ，姦淫行為を中止した。

Ｘは，平成22年12月11日午前３時５分頃，岐阜市内の駐車場において自動車に乗車中のＢ（当時18歳）を見つけ，駐車中のＢの車の助手席ドアからいきなり乗り込み，Ｂに対し手に持ったワインオープナーを示し，「何かしたらわかっとるやろうな。」，「後ろに行け。」などと言ってＢを後部座席に移動させて着衣を脱がせ，Ｂの両手首にガムテープを巻き付けて緊縛し，姦淫してからＢ所有の現金5000円を奪った。

【判　旨】

裁判所は，住居侵入及び強盗強姦４件，強盗強姦１件，強盗強姦未遂１件，住居侵入及び強姦，強盗１件，強姦未遂２件（うち１件ではさらに窃盗１件）及び強盗強姦目的の住居侵入１件の公訴事実を認定しＸを求刑通り無期懲役に処した。

【研　究】

1　本事案は，約１年２か月の間に連続的に行われた住居侵入及び強盗強姦４件，強盗強姦１件，強盗強姦未遂１件，住居侵入及び強姦及び強盗１件，強姦未遂２件（うち１件ではさらに窃盗１件），強盗強姦目的の住居侵入１件計10件の強姦目的のケースである。

本事案の被害者は，17歳から32歳に及ぶ10名の若い女性である。本稿では，児童期性的虐待の視点から未成年のＡ（当時17歳）及びＢ（当時18歳）に対する事案を考察の対象とする。

Ｘは，強姦目的で通行中のＡに近づき背後からワインオープナーを突付け，柿畑に連れ込み強制わいせつ行為を繰り返した後，姦淫を試みたが憐憫の情から中止した。裁判所は，強姦罪の中止犯（刑法43条但し書）の成立を認めた。

判決文からは，憐憫の情を抱いた経緯と状況は不分明である。判例は，中止未遂の成立を認めるには行為者の良心の覚醒・悔悟・同情・憐憫等の倫理的感情を任意性の判断基準とする[12)]。

2　裁判所は，Ｂへの性的虐待に関して量刑理由において「被告人は，各犯行において，被害者の尊厳を一顧だにせず陵辱の限りを尽くし，その人格を踏みにじる言動を重ね，被害者らに対して精神的，肉体的に甚大な苦痛を与えるなど，誠に重大かつ深刻な被害結果を生じさせている。被害者らの大半は，未成年者２名を含む若い女性であり，その将来にわたって心身に重大な影響を受けることが懸念されるところであり，殊に，判示第６の被害者（＝筆者註Ｂ）は，当時18歳という心身の発達過程にあったのに堕胎を余儀なくさせられたもので，その悲痛な心情は察するに余りある。」と判示する。

Ｂは，駐車場に駐車中の自車に助手席から侵入したＸに強姦され妊娠し，人工妊娠中絶を余儀なくされた。Ｂは，重篤なPTSDに罹患しているものと思慮され，被害結果の重大性と回復への道程を鑑みると加害行為の甚大さが改めて問われる。

判例８　名古屋高裁金沢支部平成24年７月３日第２部判決[13)]

【事実の概要】

X（42歳）は，平成23年４月29日午後３時頃，富山市内の店舗駐車場に駐車した普通乗用自動車内においてAの頭部を平手で１回叩いて同車ドアガラスに打ち付け，持っていたプラスチック製のコップでAの左大腿部を１回殴打し全治約２週間を要する額上部打撲，左大腿部打撲の傷害を負わせた。

Xは，交際相手Y（当時45歳）の長女Aが中学２年生（当時13歳）の頃から性的虐待を繰り返すとともに日常生活の上のささいなことを理由に暴行脅迫を加えていた。Xは，Aが自己の性的虐待や暴行脅迫による恐怖心からXに対して恒常的に抗拒不能の状態に陥っていることに乗じ姦淫する意図で平成23年６月８日午後７時47分頃から翌９日午前10時42分頃までの間，富山市内のCホテルにおいてA（当時15歳）を強姦した。更に，Xは，翌９日午後２時46分頃から翌10日午前８時57分頃までの間，富山市内のDホテルにおいてAを強姦した。

Aの実母Yは，Xが平成23年６月８日午後７時47分頃以降，富山市内のCホテルにおいてAを強姦する際，その情を知りながら，同日午後７時12分頃，Cホテル受付においてXとAの宿泊予約をしてXの犯行を容易にした。同様に，Yは，Xが平成23年６月９日午後２時46分以降，富山市内のDホテルにおいてAを強姦する際，その情を知りながら，同日午後２時46分頃，Dホテル受付においてXとAの宿泊予約をしてXの犯行を容易にした。

Xは，Yの二女B（当時10歳）にわいせつな行為をしようと意図し，平成23年６月25日午後10時40分頃，富山市内のEホテルにおいて，Bに露出した自己の陰茎をなめさせた。

Yは，Xが平成23年６月25日午後10時40分以降，富山市内のEホテルにおいてBにわいせつな行為をする際，その情を知りながら，同日午後７時55分頃，Eホテルに電話をかけてXとBの宿泊予約をしてXの犯行を容易にした。

原審富山地裁は，Xを強姦罪，準強姦罪及び強制わいせつ罪等で懲役13年に，Ｙを強姦罪，準強姦罪及び強制わいせつ罪の幇助犯として懲役４年に処した。[14] なお，原審裁判所は，公訴事実の一部について被害児Ｂの告訴意思を疑問とし棄却した。

裁判所は，量刑事情においてＸのＡ及びＢに対する児童期性的虐待の常習性を指摘し，Ｙに対しては被害児らにとって唯一頼りにできるはずの存在であり，Ｘから受けている行為について被害児らが実際に苦痛を訴えているにも関わらず黙認し被害児に与えた失望感，無力感を指摘する。

弁護人及び検察官双方が，控訴した。

【判　旨】

裁判所は，原審が公訴事実の一部を棄却した判断を「告訴当時10歳11か月で小学５年生であった被害者は，自己の強制わいせつ被害の事実を申告して，その犯人の処罰を求める告訴能力が認められるというべきである。その趣旨で，被害者自身による被告人の処罰を求める意思表示を記載した検察官調書に基づく被害者自身による告訴の効力を認めず，本件公訴棄却事実の公訴提起が有効な告訴に基づかないものであって無効であると認定し，その公訴を棄却したのは事実を誤認し，法令適用を誤ったというべきであるから，検察官の所論は理由がある。（中略）事実誤認を原因として告訴が有効になされた本件公訴棄却事実について公訴提起の効力を否定したものであるから，原判決は不法に公訴を棄却したものであって，刑事訴訟法378条２号の絶対的控訴理由がある」と判示し，原判決を破棄し富山地裁に差し戻した。

【研　究】

１　本判決は，刑訴法230条の被害者による告訴について判断を示した事案である。告訴人の告訴能力については，意思表示を有効になし得る能力を必要とする見解と自己の犯罪被害事実を理解し，これを申告して犯人の処罰を求める意思を形成する能力とする見解の対立がある。本判決は，後者の見解を採用し，検察官調書作成当時10歳11ヶ月の被害児Ｂの告訴能力について年齢相応の理解力と判断力を備えているとしてＢの告訴能力を認定した。福岡高裁宮崎支部平成22年12月21日判決は，IQ57，ICD-10 診断基準で軽度精神遅滞の29歳女性の告訴能力を認める。[15)]

裁判所は，被害児Ｂの意思表示の具体的内容を判断する中で「平成23年６月24日は被害者の家を出て，被告人の運転する自動車の助手席に乗せられて二人でホテルＸに行き，客室内で被告人が被害者の性器に触ったり，なめたりした後口淫を要求され，口内に射精された。翌25日にも同じホテルの別の客室に入り，同様の行為をされた」との被害児Ｂの警察官及び検察官に対する供述を引用する。

2　本件は，母親と親密な関係にある同居男性による継続的な児童期性的虐待であり，被害児の母親も関与していた事例である。なお，母親には，被害児二人の他にも年少の実子がいた。

母親Ｙは，夫の死亡後の平成21年４月頃からＸと自宅で同居を開始した。Ｘは，同年夏頃からＹの長女Ａ（当時13歳）に対し児童期性的虐待や暴行脅迫を加え始め以後継続的に児童期性的虐待を反復していた。

児童期性的虐待の特徴は，加害者は同一家庭内にいる女子全てを加害対象とする傾向と同居する女子の親権者である母親の黙認である。母親の被害事実の黙認は，被害の長期化の要因である。

最高裁昭和48年４月４日大法廷判決は，尊属殺人を違憲とする判断として公知であるが，背景の事実関係は実父による14歳時の児童期性的虐待事案であり実父との５人の出産事実が内在され，母親の黙認が推認される事案である。[16)]

母親の娘への児童期性的虐待黙認理由は，一般的に自らへのDV被害による相手への恐怖感ないし委縮感，相手との性的関係の嫌悪感による拒否及び相手との人的関係を持続したいとの共依存関係等から娘を性的対象として相手に“提供する”事例等がある。[17)] 本事案での同居男性の娘への児童期性的虐待を母親が黙認した理由は，判決文からは窺えないが，幇助という形での協力関係からはＹのＸへの共依存関係が推認される。

判例9　佐賀地裁平成24年7月10日刑事部判決[18)]

【事実の概要】

X（32歳）は，平成24年2月25日，佐賀県嬉野市内の空き地内に駐車中の自己の普通乗用自動車内において知的障害者である知人A（当時13歳）の着衣を脱がせ陰部に自己の陰茎を押し付けて姦淫しようとしたが，Aの妹らに発見され未遂に終わった。

Xは，平成24年3月3日午後7時7分頃，佐賀県杵島郡内の「B株式会社O店」南トイレ前通路においてB（当時4歳）をわいせつ目的でBの背中を手で押して同所付近の多目的トイレ内に連れ込んだ。

【判　旨】

裁判所は，Aに対する準強姦罪未遂及びBに対するわいせつ略取の成立を認めXを懲役5年に処した（求刑懲役7年）。なお，Xは，平成22年5月，わいせつ略取未遂罪により懲役1年6月（執行猶予3年）の保護観察付き判決を受け公的機関による指導監督下にあった。

【研　究】

1　本事案は，知的障害や幼年性により自己に対する性的加害行為の意味を理解しえない者へのXによる児童期性的虐待のケースである。XのAに対する加害行為は，偶然にもAの妹らに発見され未遂に終わったに過ぎない。また，XのBに対するわいせつ略取行為は，解放の経緯及び周囲の状況は不明であるが犯行時間帯を考慮すると危険性の高いものである。

2　XのA（当時13歳）及びB（当時4歳）に対する準強姦及びわいせつ略取行為は，Xの性嗜好異常によるパラフィリア障害群（Paraphilic Disorders）の一類型である小児を性的嗜好の対象とする小児性愛障害（Pedophilic Disordr）（302.2(F65.4)）に起因するものである。また，Xは，平成20年頃から複数回にわたりA（当時9歳）の身体を触る行為をしており，かかる反復行為は窃触障害（Frotteuristic Disorder）（302.89(F65.81)）に起因するものである。

裁判所は，量刑理由においてXに有利な情状の一つとして社会復帰後の医療機関でのパラフィリア障害群の治療をあげる。Xの本件行為は，児童期性的虐待の再犯であり，社会復帰後の治療ではなく，収監中の性犯罪防止プログラム受講をも検討すべきである。

判例10　山形地裁平成24年7月12日刑事部判決[19)]

【事実の概要】

X（25歳）は，平成17年10月16日午前零時25分頃，山形市内の路上において徒歩で帰宅中のA（当時17歳）の背後から抱きつき体を引っ張って転倒させ，口を塞いで，X使用の普通乗用自動車後部座席にAを連れ込んでから同車を発進させた。Xは，同日午前零時45分頃，山形市内に駐車した同車内においてAの両手首をガムテープで縛り，Aを姦淫し全治約1週間を要する右背部及び右腰部擦過傷の傷害を負わせた。

X（31歳）は，Y（39歳）と共謀して平成23年5月28日午後8時35分頃，徒歩で帰宅中のB（当時17歳）を山形市内の踏切東側路上において，同所付近に停車中のY使用の普通乗用自動車にXがBを連れ込むためBの腕をつかみ体を引っ張って転倒させ，車内に連れ込み姦淫しようとしたが，Bが激しく抵抗したため目的を遂げなかった。

X（31歳）は，Y（39歳）と共謀して平成23年6月25日午後9時頃，山形市内の路上において自転車で帰宅中のC（当時16歳）を見つけ，両名でCの上半身及び下半身を両手で抱きかかえ，Y使用の普通乗用自動車後部座席に押し込んでYが同車を発進させた。Xは，同車内において，Cにカッターナイフを示して「騒ぐな。」などと言って脅迫しながら走行した。同日午後9時20分頃，山形市内に駐車した同車内において，YがCの両足を押さえつけ，XがCの両手首をガムテープで縛り，目隠し，XがCの下着を引き下ろして強姦しようとした。Xは，Cが生理中のため姦淫行為を止めたが，走行中の車内でCの胸付近にカッターナイフを示してキスしたり乳首をなめ，口淫をさせてCの口内に射精し，Cに通院加療約9日間を要する頚椎捻挫の傷害を負わせた。なお，Xは，走行中の車内でC所有の現金4万2000円を盗んだ。

【判　旨】

裁判所は，わいせつ略取，集団強姦致傷，強姦致傷，わいせつ略取未遂，強姦未遂，窃盗の公訴事実を全て認定し，Ｘを懲役16年（求刑懲役18年）に処した。なお，共犯者Ｙは，わいせつ略取，集団強姦致傷，わいせつ略取未遂，強姦未遂の公訴事実を認定され，懲役８年（求刑懲役10年）に処せられた。[20]

【研　究】

1　本事案は，Ｘの16歳及び17歳の帰宅途中の女子高生を車に引き入れ児童期性的虐待に及んだ３件のケースである。第２及び第３の事案は，Ｘ及びＹの共同正犯事案である。特に，第３の事案は，Ｃが生理中で姦淫行為は中止され未遂に終わっているが裁判所は未遂の点を重視せず集団強姦致傷の罪責を問うている。

Ｘは，緊縛用のガムテープを用意し自己の乗用車に引込むという同様の方法で６年前に第１の児童期性的虐待を行っており，顕在化し難い事案ゆえ被害届の出されていないケースも懸念される。

2　裁判所は，Ｘ及びＹの量刑理由において事実を認め反省しており，Ｘについては「元妻も出廷し，社会復帰後の被告人の更生に協力する」とし，Ｙについては「父親も出廷して，被告人を監督する」として有利に斟酌する事情としている。然しながら，再犯防止との視点からは，近親者の支援のみでは不十分であり，加害者であるＸ及びＹに対する医療的プログラムの実践が不可欠である。

判例11　岐阜地裁平成24年７月13日刑事部判決[21]

【事実の概要】

Ｘ（61歳）は，平成23年12月９日午前11時45分頃から同日午後１時５分頃までの間，岐阜県多治見市内の空き地に駐車中の自車内後部に仰向けに寝たＡ（当時17歳）にリンパマッサージを装いＡの乳房を下着の上から両手でもんでから下着の中に手を差入れてＡの陰部を右手指で弄び全治約７日間を要する会陰擦過傷の傷害を負わせた。

【判　旨】

裁判所は，公訴事実を認定し準強姦致傷罪でＸを懲役２年６月執行猶予４年に処した。

【研　究】

1　本事案は，リンパマッサージを受けられるものと誤信して抵抗できないＡ（当時17歳）に対する児童期性的虐待のケースである。

Ａが，金曜日午前11時45分頃から同日午後１時５分頃までの時間帯に空き地に駐車中のＸの自動車内後部に仰向けに寝た事実から両者の間には何らかの繋がり乃至信頼関係があったものと推察されるが，Ｘの職業を含め判決文からは判然としない。

2　裁判所は，公判廷でのＸの行為とＡの受傷結果の因果関係についての検察官の主張を公判前整理手続における争点整理との関係から厳しく批判する。検察官は，被告人の行為に関する公訴事実として「Ａの陰部を右手指で弄んだ」とし，Ａの傷害結果として「全治約７日間を要する会陰擦過傷」とした。裁判所は，公判整理手続で争点を「本件傷害と被告人によるわいせつ行為との因果関係」と整理した。検察官は，公判廷でＸのＡの「膣内への指の出し入れ」行為に起因してＡの会陰擦過傷の結果が発症したとの因果関係を主張した。

検察官の公判廷での主張を受け，弁護人及びＸは検察官の主張する因果経過を前提とすればＡの受傷結果はＸによるわいせつ行為から生じたものではない疑いがあると主張する。裁判所は，犯行当日に被害者を診察したＢ医師の「本件傷害は診察時において受傷後間もない創傷であり，本件傷害は女性器の内部にできたもので，日常生活の中で負う可能性は極めて低いと認められる」との証言と，Ａの「本件犯行時に陰部に痛みを覚え，本件犯行以外に本件傷害を負う心当たりがない」との証言からＸの行為とＡの受傷結果との因果関係を認定した。

裁判所は，公訴事実においてAの被害部位を「会陰」としているのでAの会陰擦過傷がXの「Aの陰部を右手指で弄んだ」行為に起因することを検察官が証明すれば足りると解している。裁判所は，検察官の主張・立証経緯について「一時被害者の受傷の原因行為を限定するかのような釈明」とし，「検察官主張の原因行為を認定せず判示のとおり認定しても，弁護人及び被告人の応訴態度や本件の認定と検察官の主張する事実の差異等に照らし，不意打ち認定ともならない。」と括弧書で判旨する。裁判所は，検察官の公判廷でのXのAの「膣内への指の出し入れ」行為の強調は，裁判員にXの行為の残虐性を印象付けようとする情報操作として糾弾したものと解される。

判例12　宇都宮地裁平成24年7月19日刑事部判決[22)]

【事実の概要】

X（43歳）は，平成24年4月10日午後2時35分頃，歩行中のA（当時12歳）に対し道案内を求めるよう装って，「図書館知らない。」「一緒に来て。」などと言って鹿沼市内の店舗駐車場に誘導し，駐車中の自車後部座席に乗車させて発進した。Xは，同車内においてAに対し，トイレへの道案内を求めるよう装って「誰も来ないトイレない。」などと言って同日午後2時50分頃まで同車内にAを留めた。

Xは，路上に駐車中の同車内において後部座席に座ったAの右隣に座り，自慰行為をしながら着衣の上からAの乳房をもんだり臀部をなでたりした。

【判　旨】

裁判所は，公訴事実を認定しわいせつ誘拐，強制わいせつ，栃木県公衆に著しく迷惑をかける行為等の防止に関する条例違反でXを懲役2年10月（求刑懲役3年6月）に処した。

【研　究】

1　本事案は，Xによる12歳の少女に対する児童期性的虐待のケースである。XのAへのわいせつ誘拐及び強制わいせつ行為は，15分間という短時間ではあるが，駐車中の自動車内という密室空間で自分の父親と同年齢の見知らぬ男性から自慰行為を見せられながら乳房をもまれたり臀部をなでられたものである。加害行為の重篤性は，被害児の年齢等を考慮すると高いものである。裁判所は，量刑理由において「未だ判断能力に乏しい被害児童の親切心につけ込んだ卑劣な犯行であり，被害児童に大きな恐怖感や嫌悪感を抱かせただけでなく，同児童の将来に与える精神的な悪影響も懸念される」と判示する。

Ｘは，10年以上前にも女児に対する強制わいせつ行為によって服役した前科があり，遅くとも平成23年３月頃から盗撮行為を開始し，本件で同時に訴追されている路上を通行中のＢ（当時26歳）の背後から携帯電話機でＢのスカート内の下着等を撮影している。

裁判所は，ＸのＡに対する行為の動機について「自己の身体に関するコンプレックスを刺激されずに性欲を満たすことができる」と判示し，Ｘのわいせつ事犯に対する規範意識の乏しさや盗撮行為に対する常習性を認定する。

2　裁判所は，Ｘの加害行為の常習性とＡへの加害行為の影響について検討し，Ｘを懲役２年10月の実刑に処した。裁判所の判断は，妥当である。

判例13　神戸地裁平成24年７月19日第４刑事部判決[23)]

【事実の概要】

Ｘ（24歳）は，平成22年５月５日午後零時５分頃から15分頃までの間，神戸市内の林内においてＡ（当時６歳）の着用していた衣服を脱がせて全裸にし，陰部を手指で弄んだ。Ｘは，その後，同所においてＡの全裸で陰部を露出した姿態等を携帯電話機のカメラ機能を使用して静止画を撮影し，その静止画データを同携帯電話機に装着した電磁的記録媒体であるマイクロ SD カードに記録し，電磁的記録媒体である児童ポルノを製造した。[24)]

Ｘは，同日同場所でＢ（当時４歳）の着用していた衣服を脱がせて全裸にし，陰部を手指で弄んだ。Ｘは，その後，同所においてＢの全裸で陰部を露出した姿態等を携帯電話機のカメラ機能を使用して静止画を撮影し，その静止画データを同携帯電話機に装着した電磁的記録媒体であるマイクロ SD

カードに記録し，電磁的記録媒体である児童ポルノを製造した。

Xは，平成22年5月14日午後5時35分頃から45分頃までの間，神戸市内の公園敷地内においてC（当時7歳）の着用していた衣服を脱がせて全裸にし，陰部を手指で弄んだ。Xは，その後，同所においてCの全裸で陰部を露出した姿態等を携帯電話機のカメラ機能を使用して静止画を撮影し，その静止画データを同携帯電話機に装着した電磁的記録媒体であるマイクロSDカードに記録し，電磁的記録媒体である児童ポルノを製造した。

Xは，平成22年5月29日午後4時50分頃から午後5時20分頃までの間，神戸市内の公園通路や周辺においてD（当時8歳）の背後から左手でDの口をふさぎ右手に持ったカッターナイフの刃先を顔面に近づけ，「エッチしよ。嫌やったら殺す。寝ころべ。パンツ脱げ。」と脅迫を加え，パンツを脱がせ，陰部を性具及び手指で弄び，Dに自己の陰茎を口淫させた。Xは，Dに下半身に下着を着けず陰部を露出した姿態を取らせ，携帯電話機のカメラ機能を使用して静止画を撮影し，その静止画データを同携帯電話機に装着した電磁的記録媒体であるマイクロSDカードに記録した。Xは，同年12月14日，神戸市内の自宅でDの静止画像を赤外線送信の方法で別の携帯電話機に送信し，これを受信した携帯電話機に装着したマイクロSDカードに複製して記録させ電磁的記録媒体である児童ポルノを製造した。

Xは，平成22年6月17日午後4時5分頃から午後5時頃までの間，神戸市内の高等学校敷地内クラブハウス床下の空きスペースにおいて，Aの陰部を手指で弄び，自己の陰茎を口淫させた後，Aを強姦した。Xは，その後，同所においてAの全裸で陰部を露出した姿態等を携帯電話機のカメラ機能を使用して静止画を撮影し，その静止画データを同携帯電話機に装着した電磁的記録媒体であるマイクロSDカードに記録し，電磁的記録媒体である児童ポルノを製造した。

Xは，平成22年6月24日午後2時55分頃から午後4時頃までの間，神戸市内の団地の部屋でAの陰部を手指で弄んだ後，Aを姦淫しようとしたが，同女児の身体が未発達のため膣内に陰茎を挿入できなかった。Xは，その後，同所においてＡの全裸で陰部を露出した姿態等を携帯電話機のカメラ機能を使用して静止画を撮影し，その静止画データを同携帯電話機に装着した電磁的記録媒体であるマイクロSDカードに記録し，電磁的記録媒体である児童ポルノを製造した。

Ｘは，平成22年10月４日午後３時頃から午後４時頃までの間，神戸市内の団地のＹ方でＥ（当時５歳）にパンツを脱がせ，陰部を性具等で弄び，Ｅに自己の陰茎を口淫させた後，Ｅの陰部に陰茎を数回にわたり押し当てて姦淫しようとしたが，Ｅの身体が未発達のため膣内に陰茎を挿入できなかった。Ｘは，Ｅに下半身に下着を着けず陰部を露出した姿態を取らせ，デジタルカメラのカメラ機能及び動画撮影機能を使用して静止画を撮影し，その静止画及び動画を同デジタルカメラに装着した電磁的記録媒体であるマイクロSDカードに記録し，電磁的記録媒体である児童ポルノを製造した。

【判　旨】

裁判所は，４歳から８歳の女児５名に対する強姦１件，強姦未遂２件，強制わいせつ４件及びそれらの状況を撮影した児童ポルノ製造を認定し，Ｘを懲役20年及びカッターナイフ１本及びマイクロSDカード４枚の没収（求刑懲役25年，カッターナイフ１本及びマイクロSDカード４枚の没収）に処した。

【研　究】

１　本事案は，小児性愛（Pedophilia）のＸ（24歳）による短時日間の連続的児童期性的虐待ケースである。強姦１件，強姦未遂１件，強制わいせつ４件及びそれらの状況を撮影した児童ポルノ製造行為は，僅か２ヶ月余の間に反復されている。Ｘは，平成22年５月５日午後零時５分頃から15分頃までの間，神戸市内の林内においてＡ（当時６歳）及びＢ（当時４歳）両名に対して強制わいせつ行為及び全裸で陰部を露出した姿態等を撮影し児童ポルノ製造行為をした。特に，Ａに対しては，１ヶ月余後，55分間にわたり強制わいせつ及び強姦行為をした後，全裸で陰部を露出した姿態等を撮影し児童ポルノ製造行為をしている。ＸがＡに対して１ヶ月後及びその１週間後に強姦，強姦未遂をくり返しているが，判決文からはＸとＡの関係性が不分明である。この点については，事実関係の明確化と明示が必要である。

2　裁判所は，量刑理由においてＡの強姦行為のみならず「その他の犯行についても，性具を用いて未発達の陰部を弄んだり，口淫を強いるなど，その陵辱はかなり酷い。それらの状況を撮影して作った児童ポルノも正視に耐えないものである。更に，被害者に対して，「裸の写真をばらまく」などと言って口止めを図ったことまである。」とした上で，「本件各犯行は性犯罪の中でも特に悪質かつ重大な類型に属する。」と判示する。

3　児童期性的虐待事案は，事案により容疑者の特定に至るまでに困難をきたすことがある。本事案の公訴提起の日時から推察できることは，神戸市内という比較的狭い範囲内で発生した類似手口による児童期性的虐待であることから変質者の割り出しがなされ，対象者の身辺捜査の後に容疑者の絞り込みがなされたのであろう。Ｘ逮捕の端緒は，整髪料１個（販売価格893円相当）の軽微な万引き行為である。

本件児童期性的虐待は，万引き捜査に並行して別件として捜査が進められ芋づる式に顕在化したものと思慮される。

判例14　金沢地裁平成24年７月27日第３部判決[25)]

【事実の概要】

Ｘ（23歳）は，平成23年10月22日午前７時20分頃，バスで通勤する際に見掛けたＡ（当時16歳）に一方的に好意を抱き，石川県羽咋郡内のバス停留所建物前において通学のためバスを待つＡと二人きりであった。

Ｘは，Ａの背後から抱き付いて同建物出入口まで引きずり，同所引き戸にしがみついたＡの右腕を持って同建物内に引っ張りうつ伏せに倒した後，Ａを仰向けにして馬乗りになり，叫び声を上げていたＡの口を塞いでＡの右頬をコンクリート床面に接着させた後，Ａのスカートをまくり上げパンツを太もも付近まで引き下げ，強姦しようとした。Ｘは，Ａの叫び声を聞いて駆け付けたＡの妹に発見された。Ａは，Ｘの暴行により加療約７日間を要する両側膝擦過傷等の傷害を負った。

なお，Xは，本件犯行当時，中等度精神遅滞のため心神耗弱の状態にあった。

【判　旨】

公判では，2つの事実が争点とされた。第1は，Aがうつ伏せに倒れたのはAがバス停留所建物出入口の段差につまづいたことが原因であり，Xが倒したのではないとの点である。裁判所は，「被告人に腕を引っ張られた勢いでうつ伏せに倒れた旨の被害者供述の信用性を疑うべき事情は特段見当たらない。しかも，被告人が被害者の腕を持って同建物内に向けて引っ張っていたこと及び最終的には被害者は同建物内でうつ伏せに倒れたことは被告人自身も認めている上，段差につまづいたというのは被告人の推測にすぎない。したがって，被害者供述どおりの事実が認められる。」と判示する。第2は，Xは上記建物内においてAの口を塞いだことはなく，Aは，Xがパンツを引き下ろす際には黙っていたとの点である。裁判所は，「それまで叫び声を上げて抵抗していた被害者が，突然自らの意思で声を上げるのをやめる事情など見当たらないのに対し，被告人が，声を出させないようにするために，被害者の口を押さえるのは自然な行動であることなどに照らせば，被告人に口を塞がれた旨の被害者の供述は十分に信用することができ，これに反する被告人の弁解は信用できない。」と判示する。

裁判所は，公訴事実を認定しXが中度精神遅滞による心神耗弱の状態で犯行に及んだとしてXを強姦致傷罪で懲役3年執行猶予5年保護観察付き（求刑懲役5年）に処した。

【研　究】

1　本事案は，中等度精神遅滞のXの一方的好意に基づく通学中のバス停で一人バスを待っている女子高生Aに対する性的虐待のケースである。

Xの行為は，駆け付けたAの妹に発見され強姦未遂となったが，Aは加療約7日間の両側膝擦過傷等の傷害を負った。Xは，Aの妹や付近住民に見とがめられた際も，自らの犯行を否定し，制止を聞かずにバスに乗車して仕事に向かっている。

Xは，Aの負傷の原因をA自らの転倒によるものとし，Aのパンツを下す際にAは黙っていたと主張する。裁判所は，Xの主張を排斥しXの行為は刑法181条2項（179条，177条前段）に該当すると判示する。

2　裁判所は，量刑理由においてXの強姦は中等度精神遅滞による心神耗弱の状態でなされたとし，これまでもXの支援にあたってきた障害者福祉の専門家が，Xをグループホームに入所させた上で支援する予定であるとして，Xの今後の生活や更生について具体的な計画を提案している点と，Xに前科がなく，これまで真面目に働き，家事を手伝う面もあり，犯罪傾向の深まりを窺わせるような事情が見られない点を考慮し，刑の執行を猶予した。裁判所は，そのうえでXを障害者福祉の専門家の支援，監督を受けながら社会内において更生を図らせるべきとし，専門機関のY，Z及びW指導の下で時間を掛けて性的欲求への対処方法を身に付ける機会を与える必要性から保護観察に付した。

裁判所の判断は，Xの中度精神遅滞による心神耗弱による行為とした点と処遇を含め妥当な判断である。

判例15　前橋地裁平成24年9月5日刑事第2部判決[26)]

【事実の概要】

X（34歳）は，他人名義で許可を受けた風俗業（デリバリーヘルス）を営んでいたが，風俗嬢に応募してくる未成年者が多く自らも若い女性と性交したいとの気持ちから18歳未満の女子に売春行為をさせる「裏デリ」の経営を始めた。

Xは，平成23年12月4日，従業員W，Y及びZと共謀のうえ高崎市内の店舗駐車場において，A（当時17歳）が満18歳に満たない児童であることを知りながら，いわゆる出会い系サイトを通じて集客したOを性交の相手方として引き合わせた後，同日，高崎市内のホテルの部屋でOと性交させた。Xは，平成24年1月26日，同様の方法で従業員W，Y及びZと共謀のうえB（当時17歳）をPと，翌28日，BをQと，同月27日，C（当時17歳）をRと，同月28日，Ｄ（当時14歳）をＳと，同月30日，Ｅ（当時16歳）をＴとホテルの部屋で性交させた。

【判　旨】

裁判所は，各公訴事実を認定し，Ｘを児童福祉法34条１項６号児童に淫行をさせたとして従業員Ｗ，Ｙ及びＺとの共犯として懲役３年及び罰金80万円執行猶予５年（求刑懲役３年及び罰金80万円）に処した。

【研　究】

本事案は，当時14歳から17歳までの女子児童５名に対し，計６回にわたり売春行為である淫行をさせた児童福祉法34条１項６号違反のケースである。被害女子児童が，自らの行為についてどの程度の認識であったかは定かではない。被害児童は，一定程度の報酬の下での行為であることを認識していると考えられ，最も若年の被害児も14歳であり性的自己決定権の直接的侵害とまでは言えない。

裁判所は，量刑理由において「その犯行は，営利的かつ組織的で，児童の思慮の浅さにつけ込んで食い物にする悪質なものといえ，被告人は，共犯者らを従業員として雇い入れ，集客や送迎等を指揮するなど，本件各犯行を中心となって行っていた。」と判示する。

被害児の思慮浅薄に付け込み業として淫行をさせたＸの行為は，被害児に一定の非があるとはいえ，被害児は児童福祉法１条２項「すべて児童は，ひとしくその生活を保障され，愛護されなければならない。」に基づき，性的搾取から保護されなければならない。

本事案は，児童期性的虐待のケースである。

判例16　甲府地裁平成24年９月７日判決[27)]

【事実の概要】

Ｘ（25歳）は，平成24年２月５日午後６時20分頃，山梨市内の河川土手上道路上において自転車で走行中のＡ（当時17歳）に対し，すれ違いざまにいきなりその上半身を両腕で抱え込んで，Ａを自転車ごと転倒させ強制わいせつ行為をしようとして両手足をつかんで引っ張った。Ｘは，Ａが声を上げて抵抗したため，目的を遂げず，Ａに全治約１週間の頭部外傷，全身打撲の傷害を負わせた。

【判　旨】

裁判所は，公訴事実を認定し，Ｘを強制わいせつ致傷罪で懲役３年保護観察付執行猶予４年（求刑懲役３年）に処した。

【研　究】

本事案は，下校途中の女子高校生に対する強制わいせつ致傷に問われた性的虐待のケースである。

Ｘは，強制わいせつ行為を企図して自動車で徘徊して女性を物色し，下校途中のＡを発見すると進行方向に先回りし，帽子や手袋などを着用した上，日が暮れた暗い土手道で本件犯行に及んでいる。Ｘは，平成22年７月頃から，人気のない場所を通行中の女性の胸や陰部を触る等強制わいせつ行為を繰り返し，常習性が認められる。

Ｘには，保護観察期間に強制わいせつ行為の常習性に対する治療的対応が必要である。

判例17　津地裁平成24年９月７日判決[28)]

【事実の概要】

Ｘは，平成19年５月18日から平成23年９月22日までの４年４ヶ月間，運転する車を離れた場所に停め目出し帽をかぶるなどの準備をしてから，学校帰りの女子高生Ａ（15歳），Ｂ（17歳），Ｃ（15歳）及びＤ（15歳）や仕事帰りのＥ（21歳），Ｆ（30歳）及びＧ（23歳）を四日市市内の路上で背後から口を塞ぎ「声を出すな，殺すぞ」等と脅迫し，雑木林や公園等に連れ込み，被害者の乳房や陰部を触ったり自己の陰茎を握らせ手淫させたり口淫させた。Ｅに対しては，強姦行為をした。

【判　旨】

裁判所は，７件の公訴事実を認定し，Ｘを強制わいせつ致傷罪，強制わいせつ罪，強制わいせつ未遂罪及び強姦罪で懲役７年６月（求刑懲役12年）に処した。

【研　究】

本事案は，下校途中の女子高校生Ａに対する強制わいせつ未遂，Ｂに対する強制わいせつ致傷，Ｃ及びＤに対する強制わいせつの性的虐待ケースである。なお，Ｘは，Ｅに対する強姦，Ｆ及びＧに対する強制わいせつの罪責を問われた。

裁判所は，Ｘの本件犯行の動機について「職場でのストレスや前妻との性交がなかったことによる欲求不満」とし，酌量の余地なしと判示する。

Ｘは，４年４ヶ月間に同一のパターンで女子高校生４名と会社員３名に対する７件の性犯罪を常習的に継続している。裁判所は，懲役12年の求刑に対し懲役７年６月に処しているが，Ｘに有利な事情を加重に評価し過ぎていると言わざるを得ない。

判例18　前橋地裁平成24年９月11日刑事第１部判決[29)]

【事実の概要】

Ｘ（28歳）は，インターネットの交流サイトを通じて知り合った女子中学生Ａ（当時12歳）が性交渉の経験のない中学生であることを知ってＡと性交したいと考え，メールをやり取りする中で「好き」「かわいい」などと伝えてＡの気を引き，会う約束をさせた。Ｘは，平成24年１月22日午後零時30分頃から同日午後５時頃までの間，桐生市内のホテルの１室でＡを強姦した。

【判　旨】

裁判所は，公訴事実を認定しＸを強姦罪で懲役３年執行猶予５年（求刑懲役３年）に処した。

【研　究】

１　本事案は，Ｘ（28歳）が「人生経験に乏しく，男女間の機微にも疎く，未だ十分な判断能力が備わっていない」女子中学生Ａ（当時12歳）の心情に付け込んだ児童期性的虐待のケースである。

犯行日平成24年1月22日は，日曜日であり午後零時30分頃から午後5時頃までの4時間半ホテルの一室に留まり姦淫行為がなされている。XとAが，インターネットの交流サイトで知り合い，会う約束をしホテルの1室で長時間在室した理由は不分明である。

2　裁判所は，量刑理由において「被告人には前科前歴がなく，これまで真面目に生活してきた様子であり，当公判廷において被告人なりに謝罪と反省の弁を述べていること，被告人の父親が監督を誓約し，被害弁償金として100万円を用意して弁護人に預けていることなど被告人のために酌むべき事情も認められる」と判示して懲役3年執行猶予5年に処した。

裁判所の執行猶予付き判決は，性交渉経験のない中学生A（当時12歳）に対する強姦行為の量刑として妥当性を失するものである。

判例19　横浜地裁平成24年9月27日第2刑事部判決[30)]

【事実の概要】

Xは，平成23年7月27日午前9時55分頃，横浜市内の自宅マンション外階段付近において通行中のA（当時15歳）の腕を手でつかみ「大声出すと殺す。」などと言って脅迫し，同マンション内の自宅居室に連行した。Xは，Aに対し「殴って失神させてからやってもいいんだよ。」などと言って脅迫してからAを強姦した。Xは，Aが部屋から脱出できないように着衣を取り上げ，午後2時40分頃までの間，Aを監禁した。

【判　旨】

裁判所は，「A子の証言には十分な信用性を認めることができないのに対し，被告人供述を内容虚偽のものとして直ちに排斥することはできない」と判示し，被告人を無罪（求刑懲役7年）に処した。

【研　究】

1　本事案は，XのA（当時15歳）に対する監禁及び強姦行為が問われた児童期性的虐待ケースである。児童期性的虐待事案は，被害者及び加害者の2当事者間の密室性の高い時空での行為との特性を有し，事実の存否確認には両当事者の証言及び供述に負うところ大であり両者の供述の信用性が主たる争点となる。

裁判所は，Ａの証言及び被告人供述を含む関係証拠により，本件前後の経過について以下の⑴から⑾の事実を認定する。

「⑴　Ａ子は，平成23年７月26日の夜，両親に前夜の無断外泊を叱責されたことから家出をし，その晩は在籍中の高校の同級生であるＣ子の居宅に泊まった。また，Ａ子は，翌27日午前８時頃，部活動に参加するＣ子と上記高校付近で別れた後，徒歩で，前日に遊ぶ約束をしていた友人のＢ子の居住するマンションに向かった。

⑵　一方，被告人は，同月26日午後７時頃から，横浜市β区内で夜を徹して知人と飲酒し，翌27日午前８時17分頃，Ｂ子のマンションに近接したコンビニエンスストアで，缶ビール２本等を購入した上，徒歩で帰宅すべく，被告人方マンションに向かった。

⑶　その後，被告人は，同市α区内の路上で，前方から歩行してきたＡ子に対し，声を掛けた。なお，被告人とＡ子はそれまで全く面識がなかった。

⑷　それから，Ａ子は，Ｂ子のマンションまで被告人と同行した後，Ｂ子方居室に立ち入り，借りたドライヤーで髪を整えるなどして，１時間弱にわたり同居室内で過ごした。なお，Ｂ子のマンションは，被告人がＡ子に声を掛けた上記⑶の地点からみて，Ａ子の証言で触れられる病院と逆方向に位置している。

⑸　その間，被告人は，上記マンション付近で，Ａ子が上記居室から戻るのを待つことになったが，その際，自分の携帯電話番号を記載した紙片をＡ子に渡した。ちなみに，被告人は，そのように待機していた同日午前８時44分頃，自分の携帯電話から，友人であるｂに電話をかけ，約２分間にわたり通話した。

⑹　結局，Ａ子は，同日午前９時33分頃に，Ｂ子の携帯電話を借りて，Ｂ子方居室から被告人の携帯電話に電話をかけた後，上記マンション前で待っていた被告人のもとに向かい，落ち合った。

⑺　すると，被告人とＡ子は，上記マンションから，来た道を戻るようにして移動し，同日午前９時43分頃，酒店に立ち寄り，被告人が，缶酎ハイ２本，

缶ビール1本及びアイスキャンディ2本を購入した。その後，被告人とA子は，被告人方マンションに向かって移動した。なお，被告人方マンションの前には，遊具のある児童公園がある。

(8)　そして，被告人とA子は，被告人方マンションの外階段を4階まで上り，被告人方居室の玄関を入ってすぐ左にある被告人の自室に入り，その室内で姦淫行為に及んだ。その際，被告人は，A子の姿態を携帯電話のカメラで撮影しようとしたが，A子に断られたことから，断念した。なお，被告人は，母親と2人で上記居室に居住していたが，上記のとおり帰宅した時点で，既に母親が仕事のために外出していた。また，A子は，本件以前に，男性と性行為に及んだ経験があったことを自認している。

(9)　その後，A子は，同日午後2時40分頃，被告人が眠っている間に，被告人方居室を出て，B子のマンションに向かった。それから，A子は，B子と二人で，c駅周辺で買物をするなどして過ごした。次いで，A子は，同日午後11時頃にC子の居宅に戻って宿泊したが，その際，C子に対し，知らない人に建物の中に無理やり連れて行かれて襲われ，怖いことを言われて口止めをされ，相手が寝ている間に抜け出してきたなどという被害に遭った体験を打ち明けた。

(10)　さらに，A子は，翌28日，C子と遊んだ後，在籍高校の同級生であるD子の家に宿泊した。なお，D子は，母親からA子を宿泊させる許可を得るため，母親に電話をかけ，その際，A子が父親から暴力を振るわれていることや，事前に聞かされていたA子が見知らぬ男にレイプされたという出来事について，言及した。

(11)　最終的に，A子は，翌29日，着替えを手に入れる目的で，D子と共に自宅に戻ったところ，自宅付近で母親に発見され，連れ戻された。そして，A子は，自宅で母親と話している際，母親に対し，泣きながら，家出中に男に病院の場所を聞かれ，途中から大きな声を出すと殴るなどと言われ，部屋に連れて行かれて乱暴されたという被害に遭ったことを打ち明けた。その後，A子は，本件被害について，母親と共に，同日中に最寄りの交番に赴いて申告した上，同年8月3日に神奈川県南警察署長宛に氏名不詳の男性に対する告訴状を提出した。」

裁判所は，上記認定事実からＸ及びＡとの共有した時空として，Ｘの部屋で「午後２時40分頃に至るまでの５時間余りにわたり，被告人と行動を共にした経過を踏まえると，Ａ子は，相当な長時間にわたり被告人と行動を共にすることについて，あらかじめ認識かつ受容していたことが，強くうかがわれるというべきである。」と判示する。

裁判所は，Ａの供述には捜査段階から公判証言に至るまで数多くの変遷が認められると共に捜査段階において意図的に事実を隠したり，Ａ自身Ｘに不利益な内容虚偽の供述をしたことを認めていると認定し，Ａの証言に対し「度重なる意図的な事実の隠蔽や虚偽供述による変遷も認められるから，これをたやすく信用することはできないというべきである。」と判示する。

2　裁判所は，客観的な事実として，通話記録からＸがＢのマンション付近でＡを待つ間に友人ｂに２分間電話をかけた事実，ＡがＸと落ち合う直前にＢの携帯電話を利用してＸの携帯電話に電話をかけた事実及びＡがＸに話したと供述するＡの自宅の位置関係を挙げ，Ｘの供述に対し「被告人供述には相応の信用性を認めることができるから，これを虚偽であるとして無下に排斥することは，相当でないというべきである。」と判示する。

児童期性的虐待事案は，密室での時空の行為ゆえ被害者と加害者の供述が真っ向から対立することが特質である。両者の供述の信用性は，客観的事実に即して判断することは当然である。本事案では，携帯電話の通話記録という客観的証拠の存在が両者の供述の信用性判断の論拠となった。

裁判所の判断は，妥当である。

判例20　静岡地裁平成24年９月28日刑事第１部判決[31)]

【事実の概要】

Ｘ（70代）は，平成24年６月９日午後８時頃，静岡市葵区内の自宅において孫の女子中学生Ａ（当時12歳）の下半身の着衣を無理矢理脱がせ馬乗りになり，Ａの胸部や陰部を手で弄んでから強姦行為に及んだ。Ｘは，Ａが横を向くなどして拒んだことから，我に返り自己の意思で姦淫を中止した。

【判　旨】

裁判所は，公訴事実を認定し，強姦罪の中止未遂でＸを懲役３年執行猶予５年（求刑懲役３年６月）に処した。

【研　究】

1　被告人及び弁護人は，強姦未遂の中止犯とする公訴事実に対し，「〔1〕被害者の下半身の着衣を無理矢理脱がせたことはなく，〔2〕姦淫の目的もなかった」と主張する。

裁判所は，Ａの被害直後の母親への「被告人が陰茎を性器に挿入しようとした」という趣旨の電子メールと，Ａが証人尋問においてＸの陰茎の挿入できなかった理由として，「陰茎が性器よりも大きく，サイズが合わなかった」との供述の具体性などからＡの供述の信用性を認定する。更に，裁判所は，ＸがＡの下半身の着衣を脱がせ，床へ寝かせ上から覆い被さってキスをしたり，胸部や陰部を手で弄んでいる一連のわいせつ行為を「自然に姦淫へと発展していく性質のもので，状況的に姦淫に至ることを妨げる事情もなかった。」と判示し，Ｘの姦淫目的を認定する。

2　強姦罪の姦淫目的の認定は，主観的要素であり行為者の主張に依拠して有無が判断されるのであれば，多くの加害者は姦淫目的は無かったと主張するであろう。

裁判所は，本判決では主観的要素である姦淫目的をＸの供述に依拠することなく客観的事実の積み上げによる方法を採用し，一連の行為の帰結として認定する。

裁判所の認定方法は，妥当であり主観的要素の認定に示唆するものである。

判例21　熊本地裁平成24年10月１日刑事部判決[32)]

【事実の概要】

Ｘ（20歳）は，平成23年１月16日午後11時50分頃，熊本市内の路上を一人で歩いていたＡ（当時17歳）の背後から肩を手でつかみ，「大声出したら分かってるよね，大声出したら命ないよ。」などと言って，工事現場敷地内に連行した。Ｘは，工事現場のブロック塀にＡの体を押しつけ下着の中に手を入れ，Ａの陰部に手指を挿入し，着衣を脱がせ，「死にたいか。」と言うなどの暴行，脅迫を加えてからＡを姦淫の後，Ａ所有の現金約1350円及び財布等３点を強取した。

Ｘは，平成23年５月16日午後11時頃，熊本県合志市所在の水田付近路上を一人で歩いていたＢ（当時16歳）の背後から両手でＢの両目をふさぎ，「黙れ。」と言ってから，Ｂが右手に所持していた携帯電話機と手提げバッグ１個を強取した。Ｘは，「静かにしないと首絞める。殺す。」などと語気鋭く言い，Ｂの右頬を左手の平で１回平手打ちして，水田に連行し，着衣を脱がせて全裸にした後，自己の陰茎を口淫させた後，Ｂにヘルメットを被せて目隠しをし陰部や乳房を手指で弄んでから姦淫するとともに，Ｂの現金約1000円在中の財布等３点を強取した。

【判　旨】

裁判所は，強盗強姦２件，強盗致傷１件，強姦未遂２件の公訴事実を認定し，Ｘを懲役20年（求刑懲役25年）に処した。

【研　究】

1　本事案は，８か月余りの間に一人歩きの女性ばかりを狙って合計19名の女性に対して強盗強姦，強盗致傷，強姦未遂等の犯行に及んだものである。本判決は，部分判決として強盗強姦２件，強盗致傷２件の公訴事実のうち１件の強盗致傷については暴行の事実が争点となり裁判所は故意による暴行の事実の証明はないとして窃盗罪とした。

2　ＸのＡ（当時17歳）及びＢ（当時16歳）に対する強盗強姦行為は，児童期性的虐待のケースである。いずれの行為も犯行時間，場所及び行為態様において同様である。即ち，午後11時過ぎの一人歩きの路上で被害者の背後から襲い掛かり，強制わいせつ行為の後に強姦し，金品を強取するものである。

本判決の他の強盗致傷２事案は，Ｃ（当時69歳）及びＤ（当時33歳）に対するものであり，Cについては故意による暴行の事実の証明はないとして強盗致傷罪の成立を否定し窃盗罪とした。

3　裁判所は，強姦未遂について中止未遂を主張する弁護人に対して，被害女性らの必死の抵抗に直面して初めて犯行を断念したに過ぎないとして排斥した。

更に，裁判所は，Xの一連の行為を「自らの性的，金銭的欲望のおもむくままにこのような犯行を重ねた」とし，犯行態様も強姦未遂や強制わいせつ未遂から強盗強姦へと展開し，暴行及び窃盗から強盗致傷へと犯行内容を激化させ犯罪性向を深化させたとして厳しく非難し，懲役20年に処した。

判例22　岡山地裁平成24年10月5日第1刑事部判決[33)]

【事実の概要】

X（24歳）は，平成24年4月18日午後9時5分頃，普通乗用自動車を運転帰宅中に倉敷市内の路上で通行中のA（当時17歳）を見つけ，道を尋ねる振りをしてAを自車の助手席に乗せて発進した。Xは，Aをナンパするがうまくいかず，午後9時53分頃から11時2分頃までの間，同市内所在のホテルの部屋にAを誘い込んだ。Xは，同室でAに対し，「もう逃げられないよ。」などと言ってAをベッドに押し倒して馬乗りになり，その両腕を押さえ付けて姦淫しようとしてAの首筋や乳首をなめ，陰部に指を入れ，自己の陰茎を口淫させた。Xは，自己の陰茎をAの陰部に近付けた時，Aが泣きながら大きな声で「やめて。」と言うのを聞き，姦淫までしてしまうとかわいそうだと思うとともに，Aが警察に言うことによって自分が捕まることも考え，自己の意思により姦淫を中止した。

【判　旨】

裁判所は，わいせつ目的誘拐罪及び強姦罪の中止未遂を認めXを懲役2年4月（求刑懲役4年）に処した。

【研　究】

1　ホテルの一室という密室空間での児童期性的虐待は，加害者と被害者の供述の信用性が争点となる。第1の争点は，わいせつ誘拐における強姦の目的の存否である。弁護人は，当初から強姦目的はなかったとし，Xも同様の供述をする。

裁判所は，事実関係を照査し，Xが午後9時5分頃，道を尋ねる振りをしてAの声を掛けた時点以降,「場合によっては強姦になることもあると考えていたと推認でき，本件声掛けの時点で，強姦の目的も有していた」と認定する。

第2の争点は，脅迫及び暴行の態様である。被害者Aは，ホテル入室以降姦淫行為を中止するまでの状況について,「ア　部屋に入ると，被告人は私をソファに座らせ，抱き付いてきた。部屋に入ってしばらくしてから，ドアがガチャっと鳴って，鍵が閉まったようだった。私は，その音を聞いてますます怖くなって，声を振り絞って，被告人に対し,「帰りたいです。」と言った。すると，被告人は,「もう逃げられないよ。」と言ってきた。私は，ラブホテルは入室すると自動的に部屋の鍵が閉まり，料金を払わないと鍵が開かないものであることは知っていたので，被告人が「お金は俺しか持っていないからお前は逃げられないよ。」という意味でさっきの言葉を言ったのだと分かった。イ　被告人は，その膝の上に向き合う形で私を座らせた。そして，両手で私の背中を抱えて，ベッドに押し倒してきた。被告人は，仰向けの私のお腹の辺りにまたがり，両手で，私の両手首を押さえ込んだ。ウ　被告人は，その体勢のまま私の口にキスをし，舌を入れてきた。そして，服を脱がされて全裸にされ，口淫させられるなどのわいせつ行為を30分から40分間にわたって受けた。エ　被告人は，私の両足を持って左右に広げ，陰茎を私の陰部に近付けてきた。私は，両手で顔を覆って泣き出した。「やめて。」と言ったような気もする。すると，被告人は,「なんで泣くの。」と言って，行為をやめた。」と供述する。Xは,「同人を膝の上に座らせてその背中に両腕を回し，同人が身体をのけぞらせた勢いでそのまま同人の身体を持ち上げ，ベッドの上に倒れさせ，同人の片足にまたがり，右手で同人の両手首を押さえ込んだ。」と供述する。

裁判所は，Aの供述について「被告人の言動について，その時々の自己の心情を交えるなどして詳細かつ具体的に供述している上，その内容はおおむね一貫しており，被告人の検察官調書とも符合している」と判示する。そのうえで，裁判所は，両者の供述の信用性について「被害者の述べる暴行態様の方が前後の状況と整合し，自然なものといえるのに対し，これと異なって抵抗や逃れることが可能であったがごとき暴行の程度にすぎなかった旨の被告人の供述には不自然さが残る。これらのことから，被告人の前記供述は採用せず，被害者の供述を信用した。」と判示する。

2　弁護人は，Xの強姦行為につき中止未遂の成立を主張する。裁判所は，強姦未遂に至る経緯と状況について「⑴犯行当時，被告人は24歳であり，身長174センチメートルくらい，体重78キロくらいの男性であったのに対し，被害者は，17歳の女性であった。⑵本件ホテル×××号室には，被告人と被害者しかおらず，部屋のドアも施錠されていた。⑶被害者は嫌がっていたものの，姦淫行為以外は被告人にされるがままの状態であった。⑷被告人が，被害者の両足を持って左右に広げ，陰茎を同人の陰部に近付けたところ，同人は，大声で「やめて。」と述べたり，両手で顔を覆って泣き出した。被告人は，「なんで泣くの。」と言って，陰茎を挿入するのをやめた。⑸その後，被告人は，自慰行為をして射精した。」との事実認定をした。裁判所は，かかる状況下では通常姦淫行為が継続され達成可能であったとして，Xの中止意思の内容を検討し，「被告人は，姦淫までしてしまうと，被害者がかわいそうだと思うとともに，同人が警察に言うなどすることによって自分が捕まることも考え，本件犯行を中止した」と判示する。

判例は，中止未遂（Rücktritt vom Versuch）の成立については厳格であり，特に犯罪の発覚を恐れて犯罪を中止した場合には任意性を否定する。

裁判所は，本事案では「被害者が申告すると告げたわけでも，警察が事件を察知したというわけでもない」と判示して任意性を肯定する。

裁判所は，強姦罪の中止未遂の成立を認めたものの量刑理由で加重な評価をすることなく実刑判決を言渡したのは妥当な判断である。

判例23　富山地裁平成24年10月11日刑事部判決[34)]

【事実の概要】

保育士Ｘ（27歳）は，平成23年12月14日，富山市内の社会福祉法人の設置する保育園での身体測定に際し，「みんな身体計測するから，服脱いで。」と言って園児Ａ（6歳）に上半身に衣服を着けず乳首を露出した姿態をとらせ，デジタルカメラで動画として撮影した。Ｘは，その動画データを同デジタルカメラに装着されたSDカードに記録し児童ポルノを製造した。

Ｘは，平成24年3月24日，勤務する富山市内の社会福祉法人の設置する保育園で園児Ｂ（4歳）のパンツの中に手を差入れ，陰部付近を手で弄んだ。

【判　旨】

裁判所は，Ｘを児童買春，児童ポルノに係る行為等の処罰及び児童の保護等に関する法律（以下「児童ポルノ法」と略称する）7条3項，2条3項3号及び強制わいせつ罪で懲役2年4月（求刑懲役3年）に処した。

【研　究】

1　弁護人は，Ｘが上半身に衣服を着けず乳首を露出したＡの姿をデジタルカメラで動画として撮影した行為の児童ポルノ法7条3項，2条3項3号の該当性を否定する。即ち，デジタルカメラで撮影した動画データに描写された上半身に衣服を身に付けないＡの姿態は，児童ポルノ法2条3項3号に規定する「性欲を興奮させ又は刺激するもの」に該当せず，Ａに対し「みんな身体計測するから，服脱いで。」と言って上半身の脱衣を指示したのは身体測定のためであり，児童ポルノ法7条3項に規定する撮影のために「姿態をとらせ」たのではないと主張する。

裁判所は，児童ポルノ法2条3項3号の「性欲を興奮させ又は刺激するもの」について「Ａの姿態は，6歳の女子児童が，身体測定という本来公開が予定されていない状況において，一定時間，乳首を含む上半身を露出し，下半身はパンツしか身に付けていないというものであるから，一般人をして，徒らにないし過度に性欲を興奮させ又は刺激するとまではいえないものの，一定程度性欲を興奮させ又は刺激するものである」と判示し児童ポルノ法2

条３項３号の構成要件該当性を認める。

更に，裁判所は，児童ポルノ法７条３項の「姿態をとらせ」について「行為者の言動等により，当該児童が当該姿態をとるに至ったことをいい，強制によることを要しない」と判示し，「Ａは，被告人の「身体計測するから，服脱いで。」という指示に従って上半身の衣服を脱ぎ，乳首を露出した姿態をとるに至ったのであるから，被告人が，外形的に，同人に，上半身に衣服を身に付けず，乳首を露出した「姿態をとらせ」た」と認定する。

2　裁判所は，量刑理由においてＸの幼児に対する性的犯罪の性向が昂進していたとして実刑判決を言渡す。裁判所は，Ｘの性的犯罪性向の昂進について具体的事実として以下の４つの行為を挙げる。

①平成23年頃，銭湯の脱衣所で全裸の女子小学生を盗撮した。②ボランティアを務めていた小学校の学童保育で小学校低学年の女子が足を広げているところを盗撮した。③本件保育園内でもＢに対して性的魅力を覚えており，平成23年の夏か秋頃，Ｂのパンツの中に手を入れて陰部をさわった。④Ｂが身体測定の日に欠席したため，同月20日，振替えの身体測定をすることにかこつけてＢを全裸にして写真を撮影し，自宅でその写真を見てマスターベーションをした。

列挙された４つの行為は，本事案の審理対象外ではあるが被害児童のプライバシー権の侵害及び性的自己決定権の侵害行為である。

裁判所の判断は，妥当である。

判例24　東京高裁平成24年10月17日第３刑事部判決[35)]

【事実の概要】

市立中学校教諭で同校の運動部顧問を兼ねていたＸは，Ａ（当時15歳）が教科や運動の指導だけなく，中学校在校時のみならず卒業後も個人的な相談にも乗っていた自己に対し，教師又は恩師として信頼し，恩義も感じＸの要求を拒絶しづらい心境にあることに乗じて，平成22年３月23日午前11時30分頃から午後１時頃までの間，Ａの自宅においてＡの陰部に手指を挿入するなどの性交類似行為に応じさせた。Ｘは，同年５月８日午後５時頃，路上に駐車中の自己の自動車内において，Ａに対し自己の陰茎を手淫させるなどの性交類似行為をさせた。Ｘは，同年８月27日午後５時31分頃から33分頃までの間，駐車中の自己の自動車内において，Ａに乳房を露出させる姿態をとらせ，所携の携帯電話機に内蔵されたデジタルカメラにより撮影し，電磁的記録媒体である携帯電話機本体の記録装置に描写して記憶，蔵置させて保存し，児童ポルノを製造した。

Ｘは，Ｂ（当時17歳）が教科や運動等の指導だけでなく，中学校在校時のみならず卒業後も個人的な相談にも乗っていたＸに対し，恩師として頼りに感じるとともに好意も抱いていることに乗じて，「ホテルに泊まりに行こう。」と言って性的関係を持ち掛け，自ら宿泊予約をして，平成23年９月９日午後11時30分頃から翌10日午前10時頃までの間，Ｂに自己を相手に性交させた。Ｘは，同年９月27日午後９時47分頃から10時37分頃までの間，駐車場に駐車中の自己の自動車内において，相談事のためＸと会い，助手席に座っていたＢに対し，「後ろに移ろう。」と言って，Ｂに自己を相手に性交させた。

【判　旨】

原審横浜地裁は，公訴事実を認め児童福祉法60条１項，34条１項６号及び児童買春，児童ポルノに係る行為等の処罰及び児童の保護等に関する法律７条３項，１項，２条３項３号を適用してＸを懲役２年６月（求刑懲役４年）に処した。[36)]

東京高裁は，弁護人の児童福祉法34条１項６号の児童に淫行をさせる罪の罪となるべき事実については，単に雇用関係や身分関係という被告人と被害児童との関係だけでなく，実際に事実上の影響力を与えた事実を記載する必要があるとの主張を採用し，原判決を破棄し，Ｘを懲役１年10月に処した。

裁判所は，「児童福祉法34条１項６号は，児童に淫行を「させる行為」を禁止しているのであるから，自己を相手に淫行をさせる場合，同号に該当するといえるためには，単に児童と淫行をするだけでは足らず，少なくとも児童に対し淫行を助長し促進する行為をすることが必要であり（最高裁昭和40年４月30日決定・裁判集155巻595頁参照），したがって，罪となるべき事実にはその旨を摘示する必要がある」と判示する。

【研　究】

1　本事案は，市立中学教諭であり運動部の顧問を兼ねていたXによるA（当時15歳）及びB（当時17歳）に対する在学時及び卒業後の児童期性的虐待のケースである。

児童福祉法34条１項６号の児童淫行罪の児童に淫行を「させる行為」は，単に児童と淫行をするだけでは足らず，少なくとも児童に対し淫行を助長し促進する行為を要すると解されている。裁判所は，「単に雇用関係や身分関係という被告人と被害児童との関係だけでなく，実際に事実上の影響力を与えた事実を記載する必要がある」として，理由不備とする弁護人の主張を採用し，教師と生徒ないし顧問と部員との関係性以上の事実の記載を必要とする。

裁判所は，具体的にXとAとの関係性について「教科や運動の指導だけなく，中学校在校時のみならず卒業後も個人的な相談にも乗ってくれていた自己に対し，教師又は恩師として信頼し，恩義も感じXの要求を拒絶しづらい心境にある」との事実を，XとBとの関係性について「教科や運動等の指導だけでなく，中学校在校時のみならず卒業後も個人的な相談にも乗ってくれていたXに対し，恩師として頼りに感じるとともに好意も抱いている」との事実を摘示する。

2　児童期性的虐待は，被害者の訴えが無ければ顕在化し難く長期化する特徴がある。本事案では，原審の量刑理由によると，Aに対しては，在学中の平成22年３月23日以降平成23年５月頃まで継続し，Bに対しては，平成23年１月頃から体を触るようになり平成23年９月27日の姦淫行為まで継続し，常習的になされている。顕在化した理由の一つは，運動部の部員と顧問との関係性であり，Bとは更に３年間クラス担任という関係性が付加される。裁判所は，XとBの関係性について「進路のことだけでなく，家庭のことや友人のことについても相談に乗ってもらい，頼りに感じるとともに親近感を持っていたこと，高校進学後も上記運動部の部活動やイベントに時々顔を出すとともに，被告人に高校まで迎えに来てもらって個人的な相談をするなどしていた」との事実を判示する。

判例25　秋田地裁平成25年２月20日刑事部判決[37)]

【事実の概要】

X（39歳）は，秋田県立高等学校教諭として平成21年４月から同校女子ソフトボール部顧問兼監督を務め，監督就任３年目の平成23年８月にはインターハイ出場を果たすまでの成果を上げげた。全部員は，Xの指導によりチームの実力が向上しインターハイ出場が可能となったものと認識していた。Xの指導は非常に厳しく，練習内容はもとより，怒ると部員を無視したり練習の場から外したり，礼儀や身だしなみ，授業態度など部活動以外の学校生活全般に及んでいた。部員らは，Xの指導，指示に従うことが個人やチームの実力向上につながり，インターハイ出場も可能になるものと受け止め，Xの指導力に信頼を寄せつつXを尊敬し，Xの厳しい指導に耐えながら部活動に励んできた。Xの指示は，部活動に限らず学校生活の面においても徹底しており，これに反した場合にはXの指導を受けられず，試合にも出してもらえないなどという意識が部員に強く根付いていた。

Xは，女子ソフトボール部顧問兼監督としての地位を利用し，平成23年８月９日午前零時10分頃から同日午前１時頃までの間，遠征先の秋田県由利本荘市内のホテル自室において，被害者C（当時16歳）に対し「脱げ。」等と言い，Cが「嫌です。」と答えたにもかかわらず，更に「脱げ。」と繰り返し言った上，なおもCが断ると，「これセクハラだか。これをセクハラだと言うんだったら，あとお前に用はないから出て行け。」等と言い，CがXに逆らえない状態にあるのに乗じCの着ていたTシャツの裾を両手で持ち上げ脱がせCの上半身をブラジャー着用だけの半裸の状態にさせた。

Xは，同日午後９時過ぎ頃から30分位の間，自室において，被害者B（当時16歳）に対し「鎖骨の部分出せるか。」と言い，Ｂが「出せません。」と答えたにもかかわらず，「脱げるか。」等と言い，従うか迷っているＢに対しさらにカウントダウンし，ＢがＸに逆らえない状態にあるのに乗じＢの着ていたＴシャツを脱がせ左手でＢの右肩を押さえた上，ブラジャーの中に右手を差入れて乳房を弄び，さらに，Ｂのブラジャーのホックを外した。

Ｘは，同年９月10日午後11時頃から翌11日午前３時頃までの間，遠征先の青森県立Ｇ高等学校敷地内にあるＧ会館３階廊下において，Ｘに来るよう言われて同所に様子を伺いに来た被害者Ａ（当時17歳）及び被害者Ｂに対し「来い。」，「寝ろ。」等と言って仰向けになって両腕を広げた状態で寝ていたＸの布団に両名を入らせ，それぞれにＸの腕を枕にするように添い寝させた。Ｘは，Ａに対し肘を内側に曲げて抱き寄せるようにして「これセクハラだが。」と言い，さらに，その後布団の中でＡと二人だけになった際にも「これセクハラだが。」等と言って，ＡがＸに逆らうことができない状態にあるのに乗じＡが着ていたＴシャツの裾から手を差し入れてＡの胸部付近の素肌を手掌で触り，さらに，Ｔシャツの上からＡの胸部を手掌で触った。Ｘは，廊下に敷かれていたＢが一人で寝ていた布団の中に入り，腕枕をしていた腕の肘を曲げて抱き締め「セクハラだが。」と言い，Ｂが「違うと思います。」と答えると，「思いますじゃ困る。」等と言って，ＢがＸに逆らうことができない状態にあるのに乗じＢの着ていたＴシャツの裾から手を差し入れて，ブラジャーの上からＢの乳房をつかんだ上，ブラジャーのホックを外して乳房を手で弄んだり，パンツの中に手を差し入れＢの陰部を手指で弄び，さらに，Ｂの右手首をつかんで自己の勃起した陰茎に触らせた。

Ｘは，９月17日午後11時頃から翌18日午前零時頃までの間，遠征先の青森県内の高等学校の宿泊していた部屋において被害者Ｄ（当時17歳）に対し「脱げ。裸で待ってろ。そしたらコーチが喜ぶぞ。」等と言い，Ｄが「嫌です。」と答えたにもかかわらず，「脱げ。」と繰り返し言い，さらに，その身体に覆いかぶさりＤが被告人に逆らえない状態にあるのに乗じ右手をＤのパンツの中に差し入れて股関節付近を触った上，Ｄを膝立ちにさせて両手で頭をつかんでXの股関付近にDの顔面を引き寄せ，「俺のなめるか。」等と言って口淫を迫った。

Xは，10月21日午後10時頃から11時頃までの間，遠征先の山形県長井市内の旅館の自室において，被害者Aを呼び出し二人きりになり，Aに対し，「一緒にお風呂に入りたいな。」，「エッチしたいな。」等と言って，AがXに逆らえない状態にあるのに乗じAの身体に覆いかぶさり，Aの口に接吻した上，AのTシャツ，ブラジャーの中に手を差し入れて乳房を弄び，ハーフパンツとパンツを脱がせて，自己の陰茎をAの陰部に押しつけた。

Xは，平成24年2月2日午後6時5分頃から6時30分頃までの間，遠征先の秋田県立高等学校敷地内のセミナーハウス内において，被害者Aと二人きりになり，Xに対し，「一緒にお風呂入りたいな。」，「この前途中だったから続きがしたいな。」等と言って，AがXに逆らえない状態にあるのに乗じAの口に接吻した上，体操着，ブラジャーの中に手を差し入れて乳房を弄んだ。

被害者4名は，女子ソフトボール部の2年生部員であった。

【判　旨】

裁判所は，「本件各わいせつ行為についての被害者らの供述は，被害者らが一部の部員に告げ，その後各保護者に申告した内容と概要一致し，一貫しているから，基本的には信用性が高い」と判示し，被害者4名の各供述の信用性を認めた。

裁判所は，量刑理由において「監督としての地位をことさら利用して判示各犯行に及んだものであり，その卑劣さは顕著である。判示各犯行が校内や遠征での宿泊先という部活動ないしはその延長ともいうべき場において行われている点は極めて悪質というほかなく，また，わずか半年程度の間に4人の部員らに対し合計7回のわいせつ行為を繰り返していることからすると，被告人の規範意識は相当鈍麻しており，また，教師としての自覚に疑問を抱かざるを得ない。」と判示し，Xを懲役3年6月（求刑懲役5年）に処した。[38)]

【研　究】

１　本事案は，ソフトボール部顧問兼監督の教師の地位利用による部員への児童期性的虐待のケースである。

性的虐待の事実は，被害者の羞恥心や加害者の被害者への暗黙のコントロールから顕現化が困難である。特に，加害者が，教育者であり部活動の指導者である場合には地位利用によるパワーハラスメントも重複し，顕在化は一層困難となる。

本件性的虐待の顕在化の端緒は，被害者らが被告人からわいせつ行為をされた事実を被害直後，あるいは暫くして一部の部員に打ち明け，わいせつ被害を受けた部員がいるということを聞いた部員がショックで学校を休んだり部活動を続けられなくなったことにある。

保護者が，同部員から事情を聞き，被害者らに対するわいせつ行為の事実を知り，平成24年２月16日頃から被害者らの母親に連絡が回り，各母親が被害者らに事情を確認し，各被害者が被告人から本件わいせつ行為をされたと申告したため本件各わいせつ行為が保護者らに明らかとなり，同月18日夜，２年生部員の保護者会が開催され他の部員の保護者や学校側にも明らかとなった。

被害状況が深刻なＢの供述は，「被告人に言われ別の布団に入っていると，被告人が自分の布団に入ってきて『セクハラだが。』と言ったので『違うと思います。』と答えた。そのように答えたのは，被告人に怒られるか，冷たくされると思ったからである。すると被告人は，『思いますじゃ困る。』などと言い『違います。』と答えると，被告人は，初めはＴシャツの上から手の甲で胸の膨らんでいる部分をぽんと叩かれ，そしてＴシャツの中に手を入れてブラジャーの上から乳房をもむような形で触り，ブラジャーのホックを外してじかに乳房を触った。そのようにされて気持ちが悪い，セクハラだと思ったが，被告人から『セクハラだが。』と言われてもセクハラだとは答えなかった。そのように言うと，練習で技術指導してもらえなくなったり，試合にも出してもらえなくなるなど，被告人の自分に対する態度が変わるのが怖かった。その後，被告人が被害者Ａの布団に行って戻って来たが，被告人は，その間に直していたブラジャーを再び外してじかに乳房を触り，短パンの上から陰部を触り，お尻を指でつまむようにして触った。また，被告人はパンツの中に手を入れて陰部を触って中に指を入れた。その後，被告人は，自分の短パンを引っ張って脱げという合図をし，自分の短パンとパンツを引っ張って下ろした。さらに，被告人は，自分の右手首をつかんで服の上から被告人の勃起した陰茎に触らせ，次にズボンを下ろしてじかに触らせた。その後，トイレに行って戻って来た被告人から，自分と被害者Ａにそっちで寝ろと言われ，被害者Ａが自分の布団に入ってきたので，一緒に寝た。陰部を触られるなどして気持ち悪いと思ったが，被告人のお陰でインターハイにも行くことができたし，被告人が捕まるのは嫌だと思ったので，助けを求めることはできなかった。被告人からわいせつ行為をされたことは，Ｎ子と被害者Ａに話した。」という内容である。

裁判所は，「被害者Ｂの供述は非常に具体的で臨場感がある。さらに，被告人のわいせつ行為の内容が初めは服の上から胸を触ったというものから徐々にエスカレートし，陰部の中に指を入れたり，被告人の性器を触らせるに至っている状況や，被告人が捕まるのは嫌だと思い助けを求めることができなかったという心情も非常に具体的に供述している。」としてＢの供述の信用性を認めている。

２　各教育機関は，スポーツの大会等での好成績を背景に許容されがちな指導者の逸脱行為には毅然とした姿勢が求められる。

反復する地位利用による児童期性的虐待行為に対する裁判所の量刑判断は，被害者らの精神的ダメージを考慮すると些か軽微である。

判例26　大分地裁平成25年６月４日刑事部判決[39)]

【事実の概要】

Ｘは，平成24年９月18日午前９時頃，大分県由布市内の市有地において，妻の連れ子Ａ（当時17歳）を後ろから引き倒して馬乗りになり，何度か「やらせろ。」と言って，拒絶したＡの両手や左足ふくらはぎに粘着テープを巻こうとし，右手をＡのスカートの中に差入れてパンツを膝の上あたりまで下ろし，Ａの性器に指を入れようとして陰部に触れ，さらに，抵抗するＡの首を両手で絞めたり，Ａの顔面を２，３回殴る暴行を加え，強いてわいせつな行為をした。

Ａは，一連の暴行により，加療約２週間を要する喉頭部挫傷，頸部打撲傷及び右踵部打撲により加療３週間を要する顔面打撲，両結膜下出血及び左網膜出血の傷害及び加療約１週間を要する舌咬創の傷害を負った。

【判　旨】

裁判所は，公訴事実を認定しＸを強制わいせつ致傷罪で懲役４年６月（求刑懲役７年）に処した。

【研　究】

１　本事案は，養父による児童期性的虐待のケースである。判決文からは，妻の連れ子とするだけでいつから同居しているのか養子縁組がなされているのか他にはこどもはいないのか等具体的な状況は詳らかではない。

起訴された罪名は，強制わいせつ致傷罪であり致傷部位は客観的負傷部位から判断されなければならない。裁判所は，Ａの両膝打撲傷はＸの一連の暴行により生じたとする検察官の主張をＸとＡ両者の身体の位置から排斥する。

裁判所は，「太ももに手を突っ込まれ，付け根にその手が当たり，そのまま性器に指を入れられた記憶があった，気持ち悪いと感じた，パンツを下ろす際に手が触れたというものではない」とのＡの証言について，「事柄の性質上やむを得ない面はあるものの，被害者は，被告人の指がどの程度性器に入ったのか，入っていた時間はどの程度かといった点については，具体的に証言できていない。また，被害者が足をばたつかせて抵抗していたこと，パンツは膝上辺りまでしか下ろされておらず，被害者の足が大きく開く状態ではなかったこと，被告人は被害者のお腹辺りにいて前を向き，被害者の抵抗を防ぎながら体をひねって陰部に手を伸ばす状況であると認められることなどからすると，被告人の指を被害者の性器に入れるのはかなり困難と考えられる。また，被害者の陰部に傷はなく，被害者の性器に指が入ったという客観的な裏付けもない。」と判示して，Ａの性器内へのＸの指の挿入行為を認定するには合理的疑いが残るとし，性器に指を入れようとして陰部に触れたという限度で認定する。

Ａの陰部へのＸの指の挿入行為について「どの程度性器に入ったのか，入っていた時間はどの程度か」との証言を求める裁判所の判断は，背後から引き倒され馬乗りになられた強姦行為に及ぼうとされている状況下での被害者には過剰な要求であり妥当ではない。

2　弁護人は，強制わいせつ罪が成立するためには，行為者の性欲を刺激興奮させ又は満足させるという性的意図が必要であり，専ら報復・侮辱・虐待等の目的に出た行為であれば，強制わいせつ罪には該当しないとする判例に依拠し，Ｘのわいせつ意図を否定し，Ａへの怒りと悔しさからくる復讐心による行為であると主張する。

裁判所の判断は，「自分自身の中で，女性がどういうことをされたら屈辱かというのもそれなりに分かってます」とのＸの公判供述を引用し，ＸはＡに性的な屈辱感を与えようとしていたと判示し，Ｘの復讐心と性的意図の併存を認定する。

最高裁昭和45年１月29日第一小法廷判決は，「刑法176条前段のいわゆる強制わいせつ罪が成立するためには，その行為が犯人の性欲を刺戟興奮させまたは満足させるという性的意図のもとに行なわれることを要する。」と判示し，性的意図を強制わいせつ罪の成立要件とする[40]。

なお，最高裁平成29年11月29日大法廷判決は，「今日では，強制わいせつ罪の成立要件の解釈をするに当たっては，被害者の受けた性的な被害の有無やその内容，程度にこそ目を向けるべきであ（る）」と判示し，行為者の性的意図を強制わいせつ罪の成立要件とする最高裁昭和45年１月29日第一小法廷判決を変更した[41]。

判例27　大阪地裁平成25年６月21日第６刑事部判決[42)]

【事実の概要】

X（37歳）は，平成19年８月20日午後６時35分頃から50分頃までの間，大阪市内のマンションのエレベーター内にA（13歳）が自転車を押して乗り込んだのに続いて乗り込み，Aの自転車をつかんで２階に停止したエレベーターからAを無理矢理引っ張り出し，２階から３階に至る階段踊り場に連れ込んだ。Xは，Aの着用していたズボン及びパンツを両手でつかんで引き下げて姦淫した。

X（41歳）は，平成23年５月13日午後６時25分頃，大阪市内のビルの２階から３階に至る階段踊り場で帰宅途中のB（12歳）の着衣の上からその陰部に所携の電動式性具を押し当てた。

X（41歳）は，平成23年６月４日午後11時８分頃から12分頃までの間，大阪市内の団地に設置されたエレベーター内で帰宅途中のC（当時14歳）の着衣の上からその陰部に所携の電動式性具を押し当て，「パンツ見せて。」「見せなければ犯すぞ。」「うるさくしたら人が来て恥ずかしい目に遭うぞ。」などと言ってCの胸や陰部付近を着衣の上から触った。

X（41歳）は，平成23年７月11日午後８時15分頃，大阪市内のD方玄関前で帰宅途中のD（当時12歳）の陰部に所携の電動式性具を押し当てようとしたがDは逃げ出した。

X（41歳）は，平成23年７月11日午後８時22分頃，大阪市内のマンションに設置されたエレベーター内において帰宅途中のE（当時12歳）の陰部に所携の電動式性具を押し当てようとしたが当たらなかった。

X（41歳）は，平成23年８月２日午後10時20分頃から40分頃までの間，大阪市内のマンションのエレベーター内に帰宅途中のF（当時13歳）に続いて乗り込み，いきなりFの上衣を手で引っ張って胸元をのぞき込んだり，ズボンの上からFの陰部を手で弄んでからFの手をつかんで３階に停止したエレベーターから無理矢理引っ張り出し３階非常階段前通路に連れ込んだ。Xは，Fの頬にこぶしを突き付け，「言うこと聞かないと殴るぞ。」「殴られるか，言うこと聞くか，どっちにする。」「殴るよ。」などと言った。Xは，その場にしゃがみ込んだFの両足を引っ張って仰向けにし，両足を屈曲させて，右足を上から押さえつけてFの陰部を手で弄んだ後，姦淫し，全治約10日間の右股関節部打撲傷を負わせた。

X（41歳）は，平成23年9月6日午後7時頃から10分頃までの間，東京都杉並区付近通路において帰宅途中のG（当時13歳）に対し，「声を出すな。殴るぞ。」などと言って，Gの下着等を脱がせて陰部を弄び，陰部付近に自己の陰茎を押し付け姦淫しようとしたが自らの陰茎を挿入することができなかった。

X（41歳）は，平成23年8月2日午後10時20分頃から40分頃までの間，大阪市内のマンションのエレベーター内に帰宅途中のH（当時13歳）に続いて乗り込み，いきなりHの上衣を手で引っ張って胸元をのぞき込んだり，ズボンの上からその陰部を手で弄んだ後，Hの手をつかんで3階に停止したエレベーターから無理矢理引っ張り出し，3階非常階段前通路に連れ込んで，こぶしをHの頬に突き付け「言うこと聞かないと殴るぞ。」「殴られるか，言うこと聞くか，どっちにする。」「殴るよ。」などと言って，その場にしゃがみ込んだHを強姦し，全治約10日間を要する右股関節部打撲傷を負わせた。

【判　旨】

裁判所は，小学生を含む12歳から14歳までの7名に対する児童期性的虐待及び19歳から37歳までの8名の成人女性に対する性犯罪の公訴事実全てを認定し，平成19年6月から8月にかけて実行された強盗強姦2件及び強姦1件に対しXを懲役22年（求刑懲役22年）に，平成19年6月から8月にかけて実行された強姦致傷3件，強姦未遂1件，強制わいせつ5件，同未遂2件，迷惑防止条例違反1件に対してXを懲役25年（求刑懲役25年）に処した。

【研　究】

1　本事案は，犯行時期を異にする12歳から37歳までの女性15名に対する連続する同様な手口による性犯罪の常習犯ケースである。

7件の児童期性的虐待は，12歳1名への強制わいせつと2名への強制わいせつ未遂，13歳１名への強姦，１名への強姦致傷と１名への強姦未遂，14歳１名への強制わいせつである。犯行態様は，いずれも帰宅途中の被害児をマンションエレベーター内での強制わいせつ３件，エレベーターから引きずり出して階段踊り場での強姦２件，ビルや自宅前での強制わいせつ各１件である。６件の児童期性的虐待は，４ヶ月間に連続的に行われている。

2　児童期性的虐待の発見の端緒について検討する。被害児が，自らの児童期性的虐待の被害をどの様に受け止めどの様に対応したのかは，被害からの回復を考慮する上で重要なポイントである。起訴状作成日時は，児童期性的虐待の発見の端緒の考察のヒントとなる。

最初の起訴状作成日時は，平成23年９月15日午前８時27分頃から38分頃までの間の京王井の頭線電車内でのＯ（当時37歳）への痴漢行為に対する東京都平成24年条例第86号による改正前の東京都公衆に著しく迷惑をかける暴力的不良行為等の防止に関する条例８条１項２号，５条１項の公訴事実記載の平成23年９月30日付け起訴状である。

第２の起訴状作成日時は，平成23年８月11日午後11時38分頃，大阪府松原市内のマンションエレベーター内での帰宅途中の（Ｉ当時30歳）を引きずりおろしマンション８階南側非常階段及びマンション敷地内西側のベンチでの強姦行為に対する強姦致傷罪の公訴事実記載の平成23年11月21日付け起訴状である。Ｉは，事件後人工妊娠中絶を余儀なくされた。

児童期性的虐待の第１の起訴状作成日時は，Ｆへの強姦致傷罪の公訴事実記載の平成23年12月20日付け起訴状である。第２の起訴状作成日時は，Ａへの強姦罪の公訴事実記載の平成24年３月１日付け起訴状である。第３の起訴状作成日時は，Ｂ及びＣへの強制わいせつ罪の公訴事実記載の平成24年７月20日付け起訴状である。第４の起訴状作成日時は，Ｇへの強姦罪未遂の公訴事実記載の平成24年８月23日付け起訴状である。第５の起訴状作成日時は，Ｄ及びＥへの強制わいせつ罪未遂の公訴事実記載の平成24年９月27日付け起訴状である。

起訴状作成日時は，15件の性犯罪事実発見の端緒を示唆する。第１の起訴状作成日時は，京王井の頭線電車内でのO（当時37歳）への痴漢行為を公訴事実とするものであり，現行犯逮捕に基づくものと推察される。それ以降の14件の公訴事実は，都内で発生したGへの強姦未遂の自首を除き，大阪市内で発生した性犯罪事案である。13件の事案は，被害届とXの捜査段階供述を基に公訴事実が特定されたものと推察される。７件の児童期性的虐待は，事件直後に被害届が出されていたのかXの供述に基づいて初めて捜査が開始されたのかは不分明である。

児童期性的虐待の被害からの回復には，被害児が被害事実を封印し潜在化するのではなく顕在化することが必要である。顕在化をサポートすることが，被害児周辺の者に求められており，そのスキルを共有することが課題である。

3　本事案は，19歳と27歳の女性に対する強盗強姦罪の成立要件及び強盗の犯意発生時期を争点とする。裁判所は，いずれの犯行についても犯行当初から強盗の犯意をも有していたとし強盗強姦罪の成立を認める[43]。

判例28　名古屋高裁平成25年７月９日刑事第２部判決[44]

【事実の概要】

学習塾経営者兼教師であるX（43歳）は，平成22年７月８日，愛知県内にある自己の塾の教室においてA（当時15歳）の乳房をもんだり，乳首をなめたり，陰部に手の指を挿入するわいせつ行為をした。

原審名古屋地裁平成25年２月18日刑事第１部は，公訴事実を認定し愛知県青少年保護育成条例29条１項，14条１項を適用し，Xを懲役６か月執行猶予３年（求刑懲役６月）に処した[45]。

【判　旨】

裁判所は，弁護人の事実誤認を理由とする控訴を「原審記録を調査して検討するに，原判決が，原判示の事実に沿うAの供述に信用性を認め，原判示の事実を認定したことは正当であり，（事実認定の補足説明）（以下「補足説明」という。）で認定説示するところも，論理則及び経験則に反した不合理な点はなく，概ね正当として是認することができる。」と判示して控訴を棄却した。

【研　究】

1　本事案は，児童期性的虐待のケースである。密室でなされる児童期性的虐待は，被害児と加害者の供述の信用性が争点となる。

原審は，事実認定の補足説明においてAの検察官調書及び尋問調書を精査する。

被害者Aは，検察官調書及び尋問調書において，被害状況等について以下の供述をする。

「私は，中学校3年の冬休みの平成21年12月末か平成22年1月頃から，週2，3回，被告人が教えている学習塾Gの冬期講習に通った。私は，同年6月下旬から始まる期末テストのために勉強を教えてもらったので，同年7月8日午後9時頃，被告人にテストの結果を報告するためにGに行った。被告人に勉強を教えてほしいとお願いしたとき，被告人から午後9時頃来るように言われたので，午後9時頃行っていた。それでテストの結果の報告も同日午後9時頃行った。膝丈くらいまでで胸元がゴムになっているキャミソールのワンピースの上に長袖のカーディガンを羽織って行った。私がGについたときほかの生徒はいなかった。被告人と2人だけだった。被告人と椅子に座って，学校のテストを見せたり，結果を報告したりした。被告人は良かったねと喜んでくれた。30分くらい話をしていた。私が，帰ろうとして，荷物を持って，ガラス張りの出入口の方に向かって歩いていると被告人に腕をつかまれて止められ，正面から両手で抱き締められて，キスをされそうになったので，よけた。その後，被告人から腕をつかまれ椅子の方に連れて行かれて椅子に向かい合うように座らされた。私は出入り口の方を向いて，被告人は奥の方を向いて座った。そこで，被告人は，私を抱き寄せる感じで，肩の方に片手を回し，もう片方の手で，最初はワンピースの上から，その後ワンピースの胸元を下げ，背中の上の方からワンピースの中に手を入れてブラジャーのホックを外し，ブラジャーをずらして直接私の胸をもむように触り，乳首をなめ，ワンピースを少しまくり上げ，はいていたパンツの中に手を入れ，膣の中に指を入れて前後に動かすなどして陰部を触った。私は，それ以前にセックスや膣の中に指を入れられた経験があり，被告人に指を入れられたことはわかった。私は，被告人から触られているとき，何度か帰らなきゃと言ったが，被告人はもう少しだけと言われ，その後また帰らなきゃと言ったら，被告人が両手を私から離したので，カーディガンだけ少し直し，早く外に出たくてブラジャーは直さず，急いで帰った。私が家に着いたのは同日午後10時半頃だった。Ｇから家までは歩いて５分も掛からないので，Ｇを出たのは同日午後10時20分ないし25分頃と思う。」

Ａは，検察官調書及び尋問調書において，被害を相談したことについて以下の供述をする。

「⑴　最初に相談したのは，中学校１年生の時の国語の教科担任の女性のＢ先生です。Ｂ先生は私が中学校２年生にあがるとき違う学校に変わったが，私はＢ先生とメールや電話で，何か報告したり，悩み事があると相談したりして連絡を取っていた。Ｂ先生は，とても話しやすい先生で，親身になって話を聞いてくれるので，いつもＢ先生に相談していた。本件被害に遭って１週間もたっていない平成22年７月12日頃，Ｂ先生に，中学のときに通っていた塾の先生にキスをされそうになり，胸を触られたことがあってつらい旨のメールを送った。

⑵　２番目に相談したのは，同月20日頃から始まる夏休み前で，当時通っていた高校のスクールカウンセラーの女性のＨ先生です。私は偏頭痛持ちで，その件でＨ先生と面談する予約をしていて，その面談中の話の中で，もともと通っていた塾の先生に体を触られた旨話した。Ｈ先生からは，お母さんに言った方がいいのではないかと言われたが，自分自身すごく嫌なことだったし，つらかったので，母も聞いたら悲しむと思い，知られたくなかったし，話しにくかったので，話さないでほしいと言った。Ｈ先生から，何かあったときに助けてくれるから学年主任のＩ先生とか保健室の養護教諭の先生には話すかもしれないけどいいかと聞かれ，私はいいと答えた。両先生は女性である。いずれの先生にも，話しづらかったので，すごく詳しくは話せなかった。」

Ａは，検察官調書及び尋問調書において，警察への相談の経緯について以下の供述をする。

「同年10月頃，朝高校に自転車で登校途中，本件被害のことを思い出し，体調が悪くなった。その後そのことが忘れられず，死にたいと思ったし，つらかったし，被告人に体を触られ自分が汚いとか，明るい時間に行かなかったことやズボンではなくワンピースであったことがいけなかったと思い自分が悪かったのかと思って自分を責めたりした。またＢ先生に相談したら，心療内科の専門的な病院に行った方がいいと勧められ，病院に行った。そこで，睡眠導入剤，抗うつ剤を処方された。しかし，よくならず，病院で処方されていた薬を規定以上飲んで死のうとした。飲んでもすぐには変化がなかったので学校に行き，保健室にいたら倒れ，病院に運ばれ，母が病院に来た。そこで母に，夏頃被告人に体を触られたりしたことを初めて話した。母からは，警察に行って話した方がいいと言われた。その後，母が本件被害について警察に相談した。」

原審は，「Ａが，Ｂに相談した経緯内容等は同証人の公判供述や同人の携帯電話に残るＡとの送受信メールの内容と，スクールカウンセラーに相談した経緯内容等は証人Ｃの公判供述やメモの写しの記載内容とそれぞれ一致している。」と判示し，Ａの検察官調書及び尋問調書の信用性は極めて高いとする。

2　裁判所は，弁護人のＡの捜査段階の供述と公判廷での証人尋問での供述の齟齬による供述の信用性への疑義に対して，「母親に諭されて被害申告をし，同年11月18日に警察官に事情を供述し，被害状況を再現して説明したが，その後は平成23年10月９日，同年11月27日に検察官に事情を供述し，平成24年３月15日に至り証人尋問を受けたものである。このような時間の経過を考えると，月日の経過とともに細部の記憶が薄れるのはやむを得ないのであって，所論がいうように，現実に被害に遭って嫌な思いをしたのであれば，細部まで忘れるはずがないとまではいえない。」と判示し，Ａの供述の信用性を認める。

Ａは，被害後，被害事実を忘れようとしたり自責感から自己嫌悪に陥りうつ状態になり，希死念慮から睡眠導入剤や抗うつ剤のオーバードースにより病院へ搬送されている。記憶の減退は，児童期性的虐待被害児の特徴である。

裁判所の控訴棄却の判断は，妥当である。[46)]

判例29　東京地裁平成25年８月８日刑事第３部判決[47)]

【事実の概要】

Ｘ（29歳）は，宇都宮市内の自宅においてインターネットサイトを通じて知り合ったＢの長女Ａ（当時13歳）の顔と下着姿の画像データを入手し，平成25年４月21日，インターネット上の掲示板に掲載すると言ってＡを脅迫し「顔とブラ掲示板に載せるから」，「大きな投稿掲示板に載せるから！」，「お前が俺にだけ見せるなら他の奴に見せたりしない」，「マンコも撮れよ」等と記載した電子メールを送信して，Ａに閲読させて脅迫し，Ａの陰部等を自己の携帯電話機付属のカメラで撮影した画像データをＸの携帯電話機に電子メールの添付ファイルとして送信することを要求し，もしその要求に応じなければ，Ａの身体等にいかなる危害が加えられるかもしれないと告知した。

Ｘは，東京都内のＡ方においてＡに陰部等を露出した姿態をとらせ，Ａの携帯電話機付属のカメラで撮影させた上，その画像データ４点をＡの携帯電話機からＸの携帯電話機に電子メールの添付ファイルとして送信させた。Ｘは，同画像データ４点を自己の携帯電話機で受信して，同画像の電磁的記録を同携帯電話機本体の内蔵記録装置に記録・保存し児童ポルノを製造した。

【判　旨】

裁判所は，公訴事実を認定し，強要罪（刑法223条１項），児童買春，児童ポルノに係る行為等の処罰及び児童の保護等に関する法律７条３項，１項，２条３項３号を適用してＸを懲役１年６月（求刑懲役２年）に処した。

【研　究】

１　ＸとＡの母親Ｂとの関係性についての詳細は不明であるが，Ｘは何らかの契機からＡにプライベートな写真を要求する関係性を構築するに至った。ＸのＡに対する陰部等の写真送付の要求方法は，複数のアドレスを使い分け，未成熟なＡに立て続けにメールを送信して脅迫した。Ｘは，平成19年に本件同様の事実で執行猶予付き懲役刑に処された前科があり常習性が認められる。

2　児童期性的虐待防止の視点からは，ＸがどのようにＡにアクセスしたのか，両者の関係性はどのようなものなのか，母親ＢはＸのＡへのアクセスを承知していたのか判決文からは不分明である。それらの経緯については，公判廷では開陳されているものと思慮する。犯行態様の解明の一環として，判決文への記載が望まれる。

判例30　名古屋地裁平成25年９月９日刑事第１部判決[48)]

【事実の概要】

Ｘ（42歳）は，高校の柔道部顧問であり平成23年２月21日午前９時頃から同日午前10時30分頃までの間，三重県亀山市内のホテルのベッド上で身体を横にして寝そべっていた柔道部所属Ａ（当時17歳）の肩に両手をかけて身体を引き寄せ，「１万円あげるから10分我慢して。」等と言いながら，自己の身体を正面から密着させてＡの身体を抱きしめ，Ａの尻を着衣の上から手の平でなで回し，着衣の中に手を入れて背中を手の平でなで回し，さらに，仰向けの体勢のＡの腹部付近にまたがり身体の上に覆いかぶさった。

Ｘは，平成22年11月下旬頃から同年12月上旬頃，愛知県弥富市内の柔道部寮１階Ｘ居室において，柔道部所属Ｂ（当時16歳）の腰にテーピング用テープを貼った際Ｂが身に着けていた半ズボン，下着を下ろしＢのでん部等を両手でなでた。

【判　旨】

裁判所は，高校柔道部顧問Ｘ（42歳）の部員Ａ（当時17歳）に対する抱きしめ身体を密着させ，でん部をなで回すなどの行為及びＢ（当時16歳）に対する陰部を露出させて陰部を見ることのできる体勢で，でん部からふくらはぎにかけてなで回す等の公訴事実認定し，Ｘを懲役２年２月執行猶予３年（求刑懲役４年）に処した。

【研　究】

1　弁護人及び被告人は，Ａ及びＢ両名に対する強制わいせつ罪の要件である暴行脅迫の事実もわいせつ目的もないとして公訴事実を否定する。

裁判所は，Ａに対するホテルでの強制わいせつ行為の背景として，Ｂが奈良の実家に帰ると言うのでＸは平成23年２月20日午後10時頃Ａ及びＢを車に乗せてＢの実家に向かった。Ｘ，Ａ及びＢは，翌21日午前２時頃，Ｂの実家に到着した。Ｘは，Ｂの両親と同日午前３時過ぎ頃まで話した後，Ａを連れてＢの実家を出て，同日午前３時47分頃，三重県亀山市内のラブホテルに入室し，同じベッドで就寝した。

Ａは，第３回公判廷において同宿した点について「そのまま被告人について部屋に入ると，ベッドが１つしかないことからラブホテルであることに気付き，被告人に犯されるのではないかと思って逃げ出そうと考えたが，今いる場所もわからない上，お金も持っていないから何もできなかった。そして，私は，ベッドの向かって左側に横になり，向かって右側に横になった被告人に背中を向けて寝たが，熟睡はできなかった。」と供述する。Ａは，強制わいせつ行為の経緯について「同日午前８時30分から午前９時頃，私の携帯電話に着信があり，「携帯鳴っとるぞ。」と被告人に言われて目が覚めた。私は，携帯電話を確認する際，被告人のほうに身体を向けて向かい合う体勢になった。その後，被告人は，「こっちにおいで。」と言って，両手を私の肩付近に置いて突然抱き寄せてきた。私は，とても気持ち悪かったが，断ったりしたらもっとひどいことをされるのではないかと思い，何もできないでいると，被告人の身体と密着する状態になった。そして，被告人から「１万円あげるから10分我慢して。」と言われ，「無理です。」と言ったが，いつも怒られたり殴られたりしていたので，身体を突き放すなどの強い抵抗はできなかった。すると，被告人から「５分でいいから。」と言われたので，それも断ると，「じゃ１分でいいから。」と言われ，それも断ると，「できるところまででいいから。」と言われた。その後，被告人が顔をすごく近づけてきたので，私は下を向いて「やめてください。」と言った。

その後，被告人は，私の右側のお尻の下部分，すなわち太ももの付け根の上部分を，手の平全体を使ってなで回すように触ってきた。私は，とても気持ち悪かったので「やめてください。」と言ったが，「じゃ，こういうのはどう。」と言って背中に手を入れてきて，ブラジャーのホックよりも下の部分をなで回すように触ってきた。その後，体勢が変わり，仰向けになった私のお腹付近に被告人がまたがる状態になると，被告人は，私の顔に顔を近づけてキスをしてこようとしたので，私は，下を向いて「やめてください。」と言った。（中略）私は，寮に帰る際，被告人から「今日のことは誰にも言わないでくれ。」と言われた。寮に帰ると，被告人が寝ている隙に荷物をまとめて寮を出て，母親に電話をし，「寮から抜け出してきた。」と泣きながら伝えた。その後，母親にラブホテルでの出来事をすべて話し，父親が帰ってきてから，その日のうちに警察に行って被害のことをすべて話した。

裁判所は，A自身の心情，そしてAの回答を受けたXの更なる言動を，記憶している限りで具体的に述べているほか，犯行前のラブホテルに連れ込まれた経緯やその際の心情の部分なども具体的であるとしてAの供述の信用性を肯定する。

2　第4回及び第13回公判廷におけるBの供述によると，XのBに対するテーピング行為の際のわいせつ行為は，2回行われている。

「私は，被告人に呼ばれて寮の1階にある被告人の部屋に入り，被告人から部屋の扉を閉めるよう言われたので閉めた。そして，被告人に言われてたんすに手をつくと，私の後ろに座っていた被告人から「ちょっとずらすで。」と言われ，履いていた半ズボンを下着ごと足首まで下げられた。そのときは生理前だったのでおりものシートを下着に貼っており，すごく恥ずかしかったが，被告人に逆らったら何をされるかわからないので，やめてくださいとは言えなかった。その後，被告人は，私の腰回りに1周，お尻からふくらはぎまで左右1本ずつ，それから再度腰回りに1周テーピングをしてきた。腰周りに2回目のテーピングをする際，被告人から「ちょっとこっち向いてくれるか。」と言われたので，被告人と向かい合わせの体勢になり，ひざまずいていた被告人の顔が私の下半身のところにある状態になって，とても嫌な気分と恥ずかしい思いでいっぱいだった。被告人と向かい合った状態でいたのは５分程度だった。また，テーピングを貼られる際，お尻からふくらはぎの部分を何度もテーピングの上から触られた。その触り方は，テーピングを貼り付ける感じではなく手の平全体でなで回すような感じで，10分くらい触られた。このときもやめてくださいとは言えなかった。私は，テーピングをされた後，２階の部屋に戻り，寮生の前で被告人からされたことを再現しながら話すと，寮生はすごくびっくりしていた。」と供述する。

裁判所は，「Ｂ供述は，下着を下げられたことなどのテーピングに至る経緯，テーピングを施された部位や方法及びおりものシートを貼っていたのですごく恥ずかしかったとの心情など，その内容が具体的である上，被害状況の核心部分に係る供述は捜査段階から一貫している。」としてＢ供述の信用性を肯定する。

3　本事案は，柔道部顧問としての地位を利用した部員に対する児童期性的虐待のケースである。Ｘは，平素より柔道部員に対して，口頭で厳しく注意したり，拳骨を落としたり頬を平手打ちしたりするなどの行為を行っていた。Ｂは，平成22年４月，入学して柔道部に入部し同部の寮に入った。Ａは，平成22年10月頃，柔道部のキャプテンに就任し，同年11月頃から金曜日，土曜日及び日曜日のみ柔道部の寮に泊まって生活するようになり，平成23年１月頃からは毎日寮で生活するようになった。

Ｘは，Ａに対しては柔道の練習中に拳で喉を殴ったり頬を平手打ちしたことがあり，Ｂに対しては喉を拳で突いたり拳骨を落としたことがあった。

Ｘは，柔道部遠征の際にＡを含む女子柔道部員を混浴の風呂に誘い，Ａは２年生に進級した平成22年４月以降，他の女子柔道部員と共にＸと混浴の風呂に入っていた。また，ＢもＸと混浴の風呂に入ったことがあった。

Ｘは，Ａに対し計量に合格するため全裸になった柔道部員が過去にいたことを引き合いに出して服を脱ぐよう約３回命令した。Ａは，１回目は断ったが２回目以降は電気が消えた状態で服を脱いだ。

Ｘは，以上の経緯から明らかなように指導という名目で部員に対し日常的に暴行を繰り返し，部の遠征の際にはＸとの混浴を強要する等の性的虐待をしていた。

4　顧問と部員との関係性は，支配・被支配の依存的関係性にあり，部活動が対外試合等で一定の成績を上げる場合には一層助長され性的虐待も等閑視される傾向にある。

本事案は，運動部の部活動を巡る性的虐待の典型的ケースでありなかなか顕在化し難い状況にあったが，Ｂがテーピングをされた後２階の部屋に戻り寮生の前でＸからされたことを再現しながら話すことによりＢ自身孤立することなく部員と被害を共有化し，顕在化の契機の一因となった。

判例31　仙台地裁平成25年９月20日第１刑事部判決[49)]

【事実の概要】

消防士Ｘ（30歳）は，平成24年８月４日午前９時頃，宮城県柴田郡内のＡ方にガス点検業者を装って玄関から侵入した。Ｘは，同９時20分頃までの間，Ｂ（当時16歳）の背後からいきなり抱きつき，逃げようとしたＢの頚部を右腕で絞めつけ，ベッドに押し倒し，両手で首を絞めるなどの暴行を加え，更に叫び声を上げたＢに対し，「それ以上言ったら殺すぞ。」等と言って脅迫し，性交した。

【判　旨】

裁判所は，公訴事実を認定し，Ｘを住居侵入罪及び強姦罪で懲役５年６月（求刑懲役７年）に処した。

【研　究】

1　本事案は，16歳の女子高校生に対する被害者宅での児童期性的虐待ケースである。

本件は，姦淫行為について被害者の同意の有無が争点となり，被害者からの誘いに応じて性交したとするＸの供述と被害者Ｂの供述が真っ向から対立する。

裁判所は，Ｘ及びＢの了解する前提事実として以下の事実を認定する。

①　被害者Ｂ（当時16歳）は，高校生の女子であり自宅において母親と２

人で住んでいた。Bは，同年5月頃からC（当時17歳）と交際を始め，両者は恋愛関係にあった。

② Xは，8月4日午前9時頃，BがCと架電中に部屋の窓ガラスを外から叩いて来訪を告げた。そこで，Bは，Cにかけ直す旨を告げて電話を切った。Xは，A宅の玄関に回り，屋内に入り，Bの部屋で避妊をせずに性交した。

③ Bは，Xが退出した直後，午前9時20分頃，Cに電話をかけ泣きながら襲われたことを話した。Bは，駆け付けたCに対し「ガスの点検に来たと言われて，窓開けたら，その後襲われた。」等と話した。Bは，Cと一緒にBの母親の勤め先へ行き，母親にも同様の話をし，母親が警察に連絡した後，その日のうちに警察署へ行き，強姦被害に遭った旨申告した。

2　裁判所は，前提事実に基づきX及びBの供述の信用性を精査し，売春を持ちかけられ合意の上での性交とするXの供述の信用性を否定する。

裁判所は，公判廷におけるXの「被害者の性的道義観念を非難する」供述と「自己の犯した犯罪行為や被害者の苦痛などと向き合う態度が全く見受けられない。」点をも考慮してXを懲役5年6月（求刑懲役7年）に処した。[50]

判例32　東京地裁立川支部平成25年11月1日刑事第1部判決[51]

【事実の概要】

警察官Xは，平成22年5月8日午後3時15分頃，相模原市内路上で通行中のA（当時17歳）に対し警察手帳ようのものを提示し「警察だけど，聞きたいことがある。この辺りで落書きの被害があって，届出を受けた。落書きの犯人は，女子高生で大きな荷物を持っているとの届出だった。君は，その特徴によく似ているので君が持っているバッグを確認させてくれないか」等と虚言を言って近づいた。Xは，あらかじめ用意していた錠剤ようのものをあたかもAのバッグ内から発見したかのように装い，「詳しく話を聞きたいので車に乗るように」等と言ってAを付近に駐車中の普通乗用自動車の後部座席に乗車させた。

Ｘは，乗車したＡに対し「騒いだら殺すぞ」と言い，Ａの両手足を緊縛し，自動車を月極有料駐車場まで走行し，Ａの頬にナイフようのものを押し当て「これからお前をレイプする。騒いだら殺す」等と言って口淫させ，Ａの陰部に陰茎を押し当て姦淫しようとしたが勃起しなかった。

Ｘは，犯行後，「誰かに言ったら，お前の家族や友人を殺す」等と口止めをし，同日午後４時50分頃，Ａを解放した。

Ｘは，平成25年４月15日午前７時40分頃，東京都昭島市内を通行中のＢ（当時15歳）に対し警察手帳ようのものを提示し「警察ですけど。この辺で女子高生の万引きがあったんですけど。リップとかそういうものが盗まれたからリュックの中を見せてもらえますか」等と虚言を言って近づいた。Ｘは，あらかじめ用意していた錠剤ようのものをあたかもＢのリュックサック内から発見したかのように装い，「これ何。最近，麻薬とかはやってるから。車の中で調べたいからちょっと車まで来て」等と言ってＢを付近に駐車中の普通乗用自動車の後部座席に乗車させた。

Ｘは，不審を感じて車から降りようとしたＢの頸部を手で押さえ付ける等の暴行を加え，略取誘拐しようとしたが，Ｂが通行人に助けを求めたためその目的を遂げなかった。

【判　旨】

裁判所は，公訴事実を認定しＡに対するわいせつ略取誘拐罪，強姦未遂罪及びＢに対する略取誘拐未遂罪を適用しＸを懲役６年（求刑懲役９年）に処した。

【研　究】

1　本事案は，警察官による通行中の高校生２名に対するわいせつ略取誘拐罪，同未遂罪及び強姦未遂罪の児童期性的虐待ケースである。

Ｘの犯行態様は，あらかじめ警察手帳ようのものや手錠等を入手し，レンタカーのナンバープレートに細工を施すなど周到に準備を整えて警察官の職務質問を装って声をかけ，事情聴取を口実に自動車内に連れ込んでいる。

Ｘの誘拐の態様は，当時警察官として職務上得た知識，技能を悪用した巧みなものであり，計画性の高い犯行である。

2　裁判所は，Ｂに対する事前の準備を整えた上で略取誘拐着手に至っている行為とＡに対する行為との根深い親和性を認定する。

裁判所の判断は，妥当である。

判例33　東京高裁平成25年12月11日第３刑事部判決[52)]

【事実の概要】

Ｘ（33歳）は，勤務していた大学の女子柔道部の指導者として，平成23年９月11日から，大学１年生Ａ（18歳）を含む女子部員らと共に東京都内等で遠征合宿を行っていた。同月19日，他大学との合同練習が終わった後，午後９時頃から，Ｘ，女子柔道部のコーチＨ及びＸの大学時代の後輩で合宿に参加していたＩは，ホテルの近くの焼肉店で飲食していた。Ｘは，部員も呼ぶように指示し，Ａ，柔道部キャプテンＮ並びに１年生部員Ｆ及びＤも加わった。同日午後11時40分頃，Ｘは，焼肉店を出て近くのカラオケ店に入った。

翌20日午前１時55分頃，ＸがＡを背負ってカラオケ店を出て，宿泊中のホテルの部屋に入った。その後，Ｘは，同ホテル部屋でＡと性交した。性交中，Ｆが部屋のドアをたたいたので，ＡはＸの指示で衣類を身につけてからＦに応対した。

Ｘは，間もなく部屋を出てゆき，Ａも部屋を出た。Ａは，部屋を出た際にＦと出会い，ＤがＡの携帯電話機を持っていると聞き，Ｄの部屋に行って携帯電話機を受け取り，電池が切れていたため自室に戻って充電した。

Ａは，午前３時15分頃，Ｃの部屋に行き，Ｃ及びその部屋にいたＢに対し，Ｘに姦淫されたと話した。副キャプテンＯは，ＣとＢからＡの話を聞いた後キャプテンＮと共にＸに事情を聞いた。Ｘは，当初は何もしていないと言っていたが，やがて，Ａが誘ってきて，合意の上で性交に及んだと述べた。

Ａは，午前７時36分頃，Ｘに呼ばれてＸの部屋で話をし，他の合宿参加者らが練習に出掛けた後，Ｘと共に午後零時25分頃，ホテルをチェックアウトして，ホテル１階のファミリーレストランで合宿参加者らが戻るのを待ち，一緒に帰路についた。

原審東京地裁平成25年２月１日刑事第18部判決は，合意の上での性交であるとするＸの主張を排斥し，抗拒不能に乗じた準強姦罪の成立を認定しＸを求刑通り懲役５年に処した。[53)]

【判　旨】

裁判所は，本件性交は被害者が熟睡して抗拒不能であるのに乗じたものとはいえないとして事実誤認を控訴理由とする弁護人の主張に対して，「原判決が，事実認定の補足説明の項で説示するところに論理則，経験則等に照らして判決に影響を及ぼすような不合理な点はなく，記録を検討しても所論の事実の誤認はない。」と判示し控訴を棄却した。

【研　究】

１　Ｘは，合意の上での性交と主張し，Ａは，飲酒酩酊のため熟睡して抗拒不能であったと主張する。両者の主張は，相反する。

Ａは，ホテルの「部屋のベッドで目を覚ますと被告人がいて，酔いを覚まそうと思いシャワーを浴びますと言うと，被告人が浴びなくてもいいよなどと言ったので，そのまま寝てしまった。目を覚ますと被告人が上にいて，下半身に違和感を感じ，被告人に陰茎を挿入されていた。『何しているんですか』と聞くとその瞬間に手で自分の口を押さえられたので『きゃー』との叫び声を上げて顔を左右に振った。すると被告人がテレビの音量を大きくした。自分の両手で被告人の肩の辺りを押して抵抗したが力がすごい強かったので抵抗できなかった。」と供述する。

Ｘは，「カラオケ店内の廊下で被害者からキスをされ，カラオケ室内で被害者から口淫されたのでさらにそれ以上のことをしたくなった。被害者をおんぶしようとすると被害者から乗りかかってきた。ホテルに戻り×××号室のベッドに被害者を下ろした後も被害者はまだ自分につかまっていたのでキスをすると被害者が応じてきたので服を脱がせた。すぐ挿入しようと思ったが陰茎が十分勃起しなかったので横になると被害者が口淫してくれた。その後被害者を自分の体にまたがらせて騎乗位で入れようとすると被害者から『奥さんいるのにいいんですか』などとじらすように言ってきた。何度か体位を変えてセックスをすると被害者は大きなあえぎ声を上げていた。」と供述する。

2　裁判所は，両者の相反する供述をカラオケ店に同室したHやIの「Aが泥酔し寝ている状態であった」との証言や同学年のC及びその部屋にいたBに対し，「泣きながら，Xからやられた，眠っていて気付いた時にはXから陰茎を挿入されていた」等のAの供述，B及びCは，Aを連れて2年生部員Dに被害を伝え，Dは部長Nを起こして話をした。Aは，部長Nに抱き付いて，言葉も出ないくらいに泣き，Nが焼肉店に連れて行ったこと等を詫びると，Aは首を振ってNの責任ではない等の会話を交わしている事実を認定している。

裁判所は，「被害者の原審証言の信用性は高いということができ，他方，被告人の原審供述が不自然，不合理で信用できないことは原判決の説示するとおりであって，準強姦の事実を認めた原判決に誤りはない。」と判示し，控訴を棄却した。

Xは，2004年アテネオリンピック及び2008年北京オリンピック66kg級金メダルの柔道部顧問の指導に憬れて入学し練習に励んでいるAの抗拒不能に乗じて姦淫し，合意の上での性交であると主張する。

原審は，「女子学生の意に反してその性的な自由を侵害し，その心を踏みにじったのみならず，その後の言動により被害者の心と名誉を深く深く傷つけ続けた責任は極めて重い。」と判示する。

裁判所の量刑判断は，妥当である。

判例34　宇都宮地裁平成25年12月18日刑事部判決[54)]

【事実の概要】

Ｘ（当時17歳）は，平成24年７月14日午前７時３分頃，宇都宮市内の路上においてＡ（当時17歳）の背後から抱きつきＡのスカートの中に手を差し入れて下着の上からＡの陰部を触った。

Ｘは，同月15日午後５時47分頃から午後６時５分頃までの間，宇都宮市内のアパート敷地内でＢ（当時17歳）に，「ねえ，お金持ってない」等と声を掛けて背後からＢに抱きつき，「騒ぐと殺すぞ」等と言ってＢの上衣を引きちぎった上，民家東側敷地内に連行した。Ｘは，Ｂを仰向けに倒し，下着等をはぎ取ってからＢを強姦した後，Ｂの下着２点（時価合計約600円相当）を強取した際にＢに全治約３週間を要する左背部擦過傷，膣壁擦過傷等の傷害を負わせた。

Ｘは，同月25日午後８時40分頃，宇都宮市内のアパート付近路上で，Ｃ（当時16歳）の背後から手で口を塞ぎ，「騒ぐな。殺すぞ」等と言ってアパート南側駐車場内に連行し，Ｃを強姦しようとした。Ｘは，逃走しようとしたＣの着衣の中に手を差入れて下着の上から陰部を触り，Ｃの現金約2000円在中の財布が入ったリュックサック１点（時価合計約5000円相当）を強取した際，Ｃに全治約１週間を要する右肘擦過傷の傷害を負わせた。

Ｘは，同年８月10日午前６時50分頃から午前７時頃までの間，宇都宮市内の路上で，Ｄ（当時15歳）の背後から目と口を手で塞ぎ，「騒いだら殺すぞ」等と言って付近の雑木林に連行し，下着等をはぎ取り姦淫しようとしてＤの陰部に陰茎を押しつけて挿入しようとした。Ｘは，Ｄが足を閉じるなどしたため，Ｄに口淫させ口腔内に射精した後，現金約7000円を強取した。

【判　旨】

裁判所は，検察官による威圧的で誘導的な取調べの影響の下に作成された検察官調書は任意性を欠くとする弁護人の主張を排斥する。更に，裁判所は，捜査段階の供述を変更する被告人の公判段階の供述の信用性を否定し，公訴事実を認定し，当時17歳のＸを求刑通り懲役５年以上10年以下に処した。

【研　究】

1　本事案は，わずか1ヶ月弱の間に通りすがりの15歳から17歳の少女4名に対し登校時ないし帰宅時になされた少年X（17歳）による児童期性的虐待ケースである。

Xの行為態様は，被害者の背後から接近し第1行為では強制わいせつ行為に留まったが，以降第2行為から第4行為では強姦を企図し金員を強取する行為へとエスカレートしている。

2　裁判所は，Xの生育環境や本件各犯行当時の保護環境に問題を認めつつも常習性の認められる通り魔的犯行として厳しく処断する。

裁判所の判断は，妥当である。

判例35　東京地裁平成25年12月20日刑事第18部判決[55)]

【事実の概要】

小学校教諭X（60歳）は，自己の担任するA（当時6歳）に対し平成24年12月上旬頃，東京都葛飾区内の小学校教室においてAの下着の中に手を差し入れて陰部を触った。

Xは，自己の担任するB（当時6歳）に対し平成24年12月上旬頃から同月下旬頃までの間，東京都葛飾区内の小学校教室においてBの下着の中に手を差し入れて陰部を触った。

【判　旨】

裁判所は，担任児童への強制わいせつ罪に問われたXに対し「各被害者の供述の信用性は高いとまでは言えず，被告人の自白も信用性に乏しいと考え，各公訴事実につき被告人を有罪とするだけの証拠がないと判断した」と判示して，刑事訴訟法336条により無罪（求刑懲役4年）を言い渡した。

【研究】

1　本事案は，2時間目と3時間目の20分間の休憩時間の小学校教室内で担任によりなされた児童期性的虐待ケースである。

本事案の特徴は，休憩時間の教室というオープンスペースで廊下からも視認できる空間でなされた強制わいせつのケースである。

Xが休み時間中に教卓の椅子に座ってテストや宿題等のプリントに丸付けをしている際には，Xの周辺には児童らが男女を問わず集まり，代わる代わるXの膝（太もも上を含み）の上に乗ってくることがあった。

児童期性的虐待事実の顕在化の端緒は，以下の事実による。

「平成24年12月31日，AがAの母親及びその友人と焼肉店に行ってメニューを見るなどしていた際，Aが「Kってエロいんだよ。」と言い出し，これに対してAの母親が「おっぱい触られるの。」と聞くと，Aが「うーん。」と考えているような様子を見せ，Aの母親が「おしり触られてるの。」と聞くと，Aが同様に「うーん。」と言い，Aの母親が「え，お股触られてるの。」と聞くと，「うん。」と言った。Aの母親が，「ええっ，何それうそでしょう。」と言うと，Aは「本当，本当。」「でも，みんなにもやるよ。」と言い，これに対してAの母親が「男の子にもやるの。」と聞くと，「男の子にはやらない。」と言った。続いて，Aの母親が「いつ，どういうときに触られるの。」と聞くと，Aは，「休み時間，教室に残ったとき」と言った。Aの母親が「どうやって。」，「抱っこしてもらってるとき」，「パンツの上から。」等と聞くと，Aは「ううん，中から」といった話をすらすらとした。また，Aは，Bも触られてると思うと言った。」との焼き肉店でのAとAの母親との会話である。

「平成24年12月31日夜，Aの母親がBの母親に電話をかけ，Aが被告人から陰部を触られていると言っており，Bも触られている可能性がある旨伝えた。翌日，Bの母親が同人の実家で，Bに「先生とはどんな遊びするの。」，「先生のお膝の上に乗ったりするの。」と聞き，「ピッピ（陰部を意味する言葉）は触られたりしないの。」と聞くと，Bは「触られてないよ。」と答えた。Bの母は，その様子が，Bが普段何かを隠すときに笑ってごまかすそぶりをする様子と同じように感じたため，その後，自宅に戻ってから，もう一度，真剣な顔で，いけないことはいけないことだと伝えて，「本当に触られてないの。」と聞いたところ，Ｂは「触られている。」と答えた。続いて，Ｂの母親が「先生のお膝にはどんなふうに乗ってるの。」，「前向いて座っているの。」，「顔と顔を見合わせて座っているの。」と聞くと，Ｂは「顔と顔を見合わせる座り方ではなく，前を向いて」いる旨，「いつから触られていたの。」と聞くと「６月から」と，「どんなふうに触られてたの。」と聞くと，「スカートとスパッツとパンツの上から手を入れられた」旨をすらすらと話し，動作でも再現した。このときに，Ａが被告人から陰部を触られたと言っているということはＢには伝えなかった。Ｂは，被告人から触られて嬉しかったと言っていた。」とのＢとＢの母親との会話である。

裁判所は，６歳の被害児Ａ及びＢの供述の際の暗示や誘導を受けやすい点を考慮して両者の自白の信用性を検討し，「他の事情により信用性が支えられない限り，Ａ及びＢが暗示や迎合により体験していない事柄を供述した疑いを残すというほかない（捜査機関が当初の聴取の際，児童らに暗示・誘導なく自ら話してもらい録音録画し，母親らからも供述を始めた状況を誘導なく詳細に聴取して録音録画するなど，真に暗示・誘導がないのであれば，その信用性を担保する方法は存在する。）。」とした上で，「Ａ及びＢの各供述は，内容及び供述経過を踏まえると，直ちに高度の信用性を有するものとはいえない。」と判示する。

年少者の被害事実の供述採取方法は，非常に困難であり forensic psychology の訓練を積んだ専門家による採取が証拠保全の視点からも有効である。

母親による聞き取り的事実の発見は，暗示や誘導的ファクターが混入し証拠価値の少ないものである。また，裁判所も指摘するように捜査段階での被害児の聴取の録音録画は，不可欠である。

2　裁判所は，児童期性的虐待行為を行った際に被告人が教室内の児童の存在など周囲の状況に関する供述において「覚えていない」とする供述について，「教室内で犯行に及んだ犯人の犯行当時の周囲への注意，認識としては，著しく迫真性を欠く不自然な供述」と判示し，「被告人自身が犯行場面を具体的に想起できないことによるのではないかとの疑いを抱かせるに十分である。」として被告人の自白調書の信用性に疑念を呈示する。

3　本事案は，検察官より控訴され，東京高裁平成26年９月９日第10刑事部は控訴を棄却した[56)]。

控訴審は，被害児ＡとＢの供述の信用性について，「ＡとＢの供述の信用性の判断に当たっては，ＡやＢが説明する周囲の状況との整合性も併せて検討する必要がある」とした上で，「被告人に陰部を触られたとするＡとＢの供述は，具体的な記憶に基づいたものではないのではないかという疑問が残るといわざるを得ない。ＡとＢのいずれについても，被告人から陰部を触られているのではないかと心配するそれぞれの母親から質問され，これを肯定する方向での暗示的な効果を受け，陰部を触られたことを肯定してしまい，その後は，更なるやりとりの中で一定程度具体的な態様が形作られ，これを継承していることが全くあり得ないとはいえないのである。Ａの母親からＢの母親に対し被害態様の連絡がなされていた本件にあっては，ＡとＢのいずれもが同様の暗示的な効果を受けたとしても不自然とはいえない。」と判示し，被害児両名の誘導に基づく記憶の形成過程を指摘する。

控訴審は，被告人の自白の信用性について，「本件は，複数の児童の陰部を直接触るという悪質なわいせつ行為が，複数回にわたり，他に児童がいるはずの教室内の教卓の席でなされたとされている点に特徴がある。捜査においては，犯行に及んだとき教室内に他の児童がいなかったのかどうか，いたとすればその児童がどこにいて何をしているかを確認して犯行に及ぶはずではないか，複数回の犯行にもかかわらず何故これまで他の児童に気付かれず犯行が明るみに出なかったのかなどの点が当然問題となり，取調べにおいても取調官はこれらの点を慎重に確認し，被告人も犯行に及んでいるならばこれに対して何らかの説明をするはずであると考えられる。しかし，乙７の調書では「教室に他の生徒がいたかどうかは記憶にない」と記載されているだけで，犯行時あるいはその前後における教室の状況や雰囲気を被告人がどう認識していたかという点の記載が欠落している。」とした上で，「被告人がＢ

のパンツの中に手を入れて陰部を触った旨の自白及びＡのパンツの中に手を入れた旨の供述は，いずれも，被告人が自己の記憶に基づいて供述したものではない可能性がある。」と判示し，原審の判断を支持し公訴を棄却した。

4　児童期性的虐待事案の立証は，被害児の供述の信用性が重要なポイントであり，とりわけ年少者の場合は困難を伴う。

本事案は，児童期性的虐待の事実の顕在化プロセスで専門家による適切な採証方法の重要性が示唆される。

原審及び控訴審での「ＡとＢの供述の信用性」及び「被告人の自白の信用性」判断プロセスは，的確であり児童期性的虐待の捜査段階及び公判段階での要諦を示すものであり，妥当な判断である。

判例36　松山地裁平成26年１月22日刑事部判決[57)]

【事実の概要】

Ｘは，平成24年８月25日午後13時13分頃，松山市内の路上において，Ａ（当時９歳）の上半身の着衣をまくり上げさせてその胸部を露出させ，デジタルカメラで撮影した。Ｘは，同様な方法で同年10月14日以降翌年３月15日までの間，10歳から11歳の女児５名に対し同様の行為を繰り返していた。

Ｘは，平成24年10月14日午後２時49分頃，松山市内の公園においてＢ（当時11歳）を仰向けに寝かせ唇にキスをした。

Ｘは，平成25年３月15日午後６時14分頃，松山市内の倉庫南側敷地内においてＨ（当時13歳）を仰向けに寝かせ上半身の着衣をまくり上げ胸部を露出させ撮影した。Ｘは，Ｈの背後から抱きつき着衣の上から胸や陰部を触った。Ｘは，逃れようとするＨの首を手で押さえ付け，右顔面を拳で殴るなどの暴行を加え，加療約４日間を要する右眼窩打撲・腫脹，頭部打撲，頚部打撲の傷害を負わせた。

Ｘは，デジタルカメラで撮影した被害児らの姿を挿入したSDカードに記録し，児童ポルノを製造した。

【判　旨】

裁判所は，公訴事実を認定し，強制わいせつ罪，強制わいせつ致傷罪及び児童買春，児童ポルノに係る行為等の処罰及び児童の保護等に関する法律を適用しXを懲役5年6月（求刑懲役8年）に処した。

【研　究】

1　本事案は，9歳から13歳の女児8名に対する児童期性的虐待ケースである。

Xの行為態様は，下校時の女児を路上ないし空地等に引き入れ上半身の着衣をまくり上げ胸部を露出させデジタルカメラで撮影し挿入したSDカードに記録し，電磁的記録に係る記録媒体に描写して児童ポルノを製造するというものである（但し，1件は陰部を露出させ撮影している）。Xの被害女児に接近し上半身の着衣をまくり上げる行為は，被害児の警戒を弛緩させる誘導的行為であり，裁判所は，「学生服を着て高校の写真部員を装って声を掛けるなど，年少者の警戒心の低さや善意につけ込んだ計画的で卑劣なもの」と判示する。

XのHに対する強制わいせつ致傷の態様は，被害児Hの供述とXとの供述には一部相違がある。裁判所は，「被告人がHの着衣の中に手を差入れて胸及び陰部を触ったとの事実が合理的な疑いを超えて立証できているとはいえない。」として暴行の程度については軽微なものと判示する。

2　加害者と被害者との接触方法は，被害を未然に防止する視点からは重要なファクターである。本事案では，学生服を着て高校の写真部員を装うことにより被害者の警戒心を弛緩させている。写真撮影は，非常に短時間的な「点」的行為である。また，犯行は，相模原市の1件を除いて松山市内に限定されており，土地勘のある場所で行われ常習性が認められる。

裁判所の量刑判断は，常習性を考慮し妥当である。

判例37　広島地裁平成26年１月29日刑事第２部判決[58)]

【事実の概要】

Xは，平成24年９月４日午後８時40分頃，小学生の通う学習塾の所在地や授業終了時間をあらかじめ把握した上で広島市内のバス停の近くにA（当時12歳）が立っているのを認め背後からAの背負っていたリュックサックをつかみ，手に持っていた刃体の長さ約9.5センチメートルの折りたたみナイフを示しながら，近くのビル１階エレベーターホールまで連行した。Xは，予め用意したチャックを開けた状態の旅行鞄を床面に置き，Aの両手をガムテープで縛り，「鞄に入れ」等と命じ，Aを正座で前屈させてから鞄のチャックを閉めた。

Xは，鞄を両手に抱えて移動し，午後８時50分頃，停車していたタクシーのトランク内にAの入った鞄を運び入れて乗車し，宿泊するホテルに近くまで行った。午後９時頃，運転手は，トランク内のAの存在に気づき救出した。

【判　旨】

裁判所は，公訴事実を認定し，わいせつ略取罪及び監禁罪を適用しXを懲役４年（求刑懲役５年）に処した。

【研　究】

１　本事案は，わいせつ目的の略取行為による児童期性的虐待のケースである。

弁護人は，XのAの連れ去り行為は洗脳して自分に従順な人間を造るためでわいせつ目的は有しておらず，未成年者略取罪（刑法224条）が成立するにすぎないと主張する。

裁判所は，夜間，見ず知らずの女子を自己の宿泊するホテル客室内に無理やり連れ込む行為の客観的状況とウェブサイトの閲覧履歴，パソコンに保存された写真画像やアニメ画像，その他チャット（スカイプ）での友人とのやり取りからXの性的関心の指向性を推認し，わいせつ目的の略取罪と認定する。

わいせつ略取罪は，目的犯であり行為者の主観的要素であるわいせつ目的の立証が成立要件である。裁判所は，行為の客観的状況と行為者の主観的指向性を検討し，わいせつ目的を認定している。

裁判所の認定方法は，妥当である。

2　Xは，捜査段階の精神鑑定で「広汎性発達障害を基盤とする空想癖により，空想を肥大化させてその中に没入し，そこでの考えにとらわれやすいという特性」があると診断されている。

裁判所は，Xの女児を洗脳したいという空想に端を発する願望には性的願望（わいせつ目的）が含まれるとしてわいせつ略取罪の成立を認定する。[59)]

判例38　京都地裁平成26年３月18日第１刑事部判決[60)]

【事実の概要】

Xは，平成25年４月25日午後１時18分頃，授業を終えて帰宅途中のA（当時13歳）の後方から自転車に乗って接近し，追越しざまにAの臀部付近を着衣の上から右手で触った。

【判　旨】

裁判所は，犯人性についてA及び目撃者の公判供述の信用性を否定し，「各間接事実の推認力の程度からすれば，これらの事情を総合しても，被告人が犯人であると認めるにはなお合理的疑いが残るというべきである。」と判示し，公訴事実について犯罪の証明がないとして刑事訴訟法336条を適用しXに無罪を言渡した（求刑懲役１年）。

【研　究】

1　本事案は，下校途中の女子中学生への児童期性的虐待のケースである。

Aの視力は，右目0.3未満左目0.3ないし0.6であり，後方から自転車で接近し身体接触された時に加害者の真横にいて互いの顔の距離は55cm の至近距離であった。被害者Aの１回目の面通しは，事件の約30分後に目撃者である友人とパトカーの後部座席から同乗の警察官から，「犯人か分からないが，犯人っぽい人を捕まえて話してるから見て欲しい」等と言われ，歩道で警察官と会話をしているXの姿を見た。パトカーはXの近くをゆっくりとした速度で２回通過し，目撃者がXを見て「赤い自転車やし，あれやわ」と言った後，Aは，Xが犯人に間違いないと述べ，確度は90パーセントであると答えている。

Aは，公判廷で犯人の特徴について「黒髪，前髪はちょっと真ん中に分かれている感じでおでこが見えていて，後ろの髪の毛はちょっと散らばっているような感じ，40歳位，服は上下黒のジャージっぽい服で，背中に斜めの柄があり，左太ももの方に白かピンクの何かの文字が入っていた。」等と供述する。裁判所は，事件直後の事情聴取でXの髪型や衣服の柄等につきその詳細を述べなかったと推認している。

視力が，右目0.3未満左目0.3ないし0.6の視力のAに犯人の特徴を詳細に把握できるか疑問である。

裁判所は，「被害者が犯人の顔や後ろ姿を観察した際の条件が良好であったとはいえないこと，１回目の面通しは暗示性や誘導の危険性の高いものであったことや，犯人の重要な特徴に関する被害者の記憶は面通しや取調べの過程で変容，具体化した疑いが濃厚であることに照らすと，被害者が１回目の面通しの際に被告人を犯人であると思い込んだ疑いは否定できないから，被告人が犯人である旨の被害者供述は直ちには信用できない。」と判示し，Aの公判供述の信用性を否定する。

2　視力が両目ともに0.3ないし0.6目撃者は，被害直後の警察官の事情聴取の際，犯人の特徴について詳細な説明をしておらず，犯人の服装等の特徴について「赤い自転車に，黒い服装である」と説明するのみであった。目撃者は，１回目の単独面通しの際，警察官から「犯人の顔をもう１回見て欲しい」と言われ，パトカーの後部座席から職務質問を受けている被告人の姿を見ている。

更に，目撃者は，「顔はぱっと見しか見れなかった。顔の特徴とか，何か見て思ったことはない」と公判で供述する。

裁判所は，「１回目の面通しは暗示性や誘導の危険性の高いものであったこと，犯人のズボンの模様や自転車の前籠に関する供述部分は，面通しや取調べの過程で付加され，記憶が変容したとの疑いが払拭できないこと，目撃者が自転車の色を決め手に犯人を識別したと解釈できる発言をしたことに照らせば，目撃者は１回目の面通しの際に被告人を犯人であると思い込んだ可能性は否定できず」と判示し，目撃者の公判供述の信用性を否定する。

3　裁判所は，「事件当日の被告人と犯人の特徴が，上下黒色の服を着用，ズボンはジャージ様で，赤色の自転車に乗車，40代の男性という点において共通していることが認められるものの，いずれも一般的な特徴にとどまり，被告人が犯人であることと矛盾しないという程度の推認力しかない。また，被告人が事件直後に現場近くの本件コンビニに立ち寄っていることは，被告人に犯行可能性があることを示すものの，被告人と犯人とを強く結びつける事実であるとまではいえない。（中略）事件当日の行動に関する被告人の説明内容も，被告人を犯人であると積極的に推認させる事情ではない。各間接事実の推認力の程度からすれば，これらの事情を総合しても，被告人が犯人であると認めるにはなお合理的疑いが残るというべきである。」と判示し，本件公訴事実について犯罪の証明がないとしてＸに無罪を言渡した。

裁判所の判断は，被害者及び目撃者の瞬時の体験と被害者の視力，面通し等の状況を精査しており妥当である。

判例39　福岡地裁飯塚支部平成26年５月19日判決[61)]

【事案の概要】

高校の常勤講師Ｘ（28歳）は，平成24年11月18日午後３時20分頃から４時49分頃まで及び同年12月24日午後２時13分頃から６時27分頃までの間，福岡市内のホテルにおいて１年時授業を担当していたＡ（当時16歳）に自己を相手に性交させた。

【判　旨】

裁判所は，公訴事実を認定し児童福祉法34条１項６号を適用しＸを懲役１

年６月執行猶予３年（求刑懲役１年６月）に処した。

【研　究】

1　本事案は，高校教師による生徒への児童期性的虐待のケースである。

裁判所は，争点を⑴児童福祉法34条１項６号が憲法31条に違反するか否か，⑵児童福祉法34条１項６号所定の「淫行をさせる行為」が，淫行の直接の相手方となる行為を含むか否か，⑶被告人とＡとの性行為が児童福祉法34条１項６号所定の「淫行」に当たるか否か，⑷被告人が被害児童に対し，事実上の影響力を及ぼして淫行するように働きかけたか否かの４点とする。

裁判所は，児童福祉法34条１項６号にいう淫行を「当該性交が児童の心身に与える有害性の大きさを，その動機・目的，態様及び結果等に照らし，全体的に観察して判断すべきである。そして，男女の性交そのものは，成長途上にある児童の心身に対して悪影響を及ぼしやすく，その回復も困難となりがちであり，また，児童の身体が性的欲望のはけ口として利用される際の最たるものといえることから，有害性の大きい「淫行」の典型的態様であるところ，こうした理解は，本件公訴事実記載の各性交についても当てはまるというべきである。」と判示する。

2　児童期性的虐待の事実は，Ａが生活指導担当教員及びクラス担任に相談したことにより顕在化した。

Ｘは，平成24年11月初旬頃，学校内のパソコン室でＡと二人きりとなりキスをした。その数日後，Ｘは，Ａを自車に乗車させ八木山の展望台の先にある駐車場に駐車し，運転席からＡの乗車する後部座席に移動し，Ａの口にキスをし，制服の上から胸を揉むなどしてからこのことを秘密にしようと持ちかけた。さらに数日後，Ｘは，Ａと待合せ，上記駐車場でＡにキスしたり，胸を揉んだりした。

Ｘは，平成24年11月18日，Ａを自車に乗せ，志賀島に海を見に行った後，Ａと共にホテルに入室した。Ｘは，避妊具を装着してＡと１回性交し射精した。

Ａは，Ｘとの各性交日を自己の携帯電話機のカレンダー機能を用いて笑顔を摸したハートマークのアイコンにより登録していた。

Xは，平成24年11月28日，12月２日及び17日，Aを自車に乗せてホテルに赴き，Aと性交した。

裁判所の判断は，妥当である。

3　なお，上告審は，児童福祉法34条１項６号にいう「させる行為」について「行為者と児童の関係，助長・促進行為の内容及び児童の意思決定に対する影響の程度，淫行の内容及び淫行に至る動機・経緯，児童の年齢，その他当該児童の置かれていた具体的状況を総合考慮して判断すべきである。（中略）被害児童（当時16歳）を単に自己の性的欲望を満足させるための対象として扱っているとしか認められないような者を相手とする性交であり，同児童が通う高等学校の常勤講師である被告人は，校内の場所を利用するなどして同児童との性的接触を開始し，ほどなく同児童と共にホテルに入室して性交に及んでいることが認められる。このような事実関係の下では，被告人は，単に同児童の淫行の相手方となったにとどまらず，同児童に対して事実上の影響力を及ぼして同児童が淫行をなすことを助長し促進する行為をしたと認められる。」と判示する[62]。

判例40　京都地裁平成26年５月21日第１刑事部判決[63]

【事実の概要】

X（44歳）は，平成25年２月６日午後７時８分頃，京都市内の路上においてA（当時16歳）の背後からAの右側頭部を手拳で２回殴打して抱きつきスカートの上から右手で臀部をなで回し，スカートの裾から右手を差し入れ下着の上から右手指で陰部をなで回した。Xは，助けを求めて大声を出したAに「しゃべるな。」，「静かにしろ。」等と言いながらAの左顔面を左手拳で１回殴打し持っていたカッターナイフを右首元に突きつけて「殺すぞ。」と語気鋭く言ってわいせつな行為をし，全治１週間の右側頭部打撲血腫，右耳介擦過傷，左頬部打撲血腫の傷害を負わせた。

Xは，同日午後７時25分頃，京都市内の路上においてB（当時16歳）の背後から抱きつき，カッターナイフをＢの首元に突きつけ「声を出すな。やらせろ。動くな。刺さるぞ。」等と語気鋭く言ったがＢに抵抗されわいせつな行為を遂げなかった。Ｘは，カッターナイフを遠ざけようとしてその刃をつかんだＢに加療約２週間の左第３,４指及び右母指切創の傷害を負わせた。

Ｘは，同月18日午後８時８分頃，京都市伏見区石田森東町先の京都市営地下鉄東西線石田駅２番出入口から改札口へ向かう階段において，Ｃ（当時15歳）の右太ももを左手で触り，さらに，Ｃの両肩をつかんでその場に押し倒し，前額部を右手拳で１回殴打したが，Ｃに抵抗されわいせつな行為を遂げなかった。

Ｘは，同月19日午後６時40分頃，京都内の無施錠のＤ方玄関ドアから侵入し，Ｄ（当時17歳）の体をつかんで転倒させ，馬乗りになり，スカートの裾から右手を差し入れてその太ももをなで回し，「黙らないと殺すぞ。」等と言って，着衣の上からその乳房を手でもんだ。

Ｘは，同年３月26日午後５時52分頃，京都市内の住宅のエレベーター前エントランスでＥ（当時17歳）の背後からスカート内に右手を差し入れ，下着の上からＥの陰部を右手指でなで回した。

Ｘは，同年４月11日午後６時２分頃から７時７分頃までの間，JR 大津駅から JR 米原駅までの間を走行中の電車内の４人掛けボックス席の左側窓寄りの席に座っていた乗客Ｆ（当時19歳）の下着の中に左手を差し入れ，Ｆの陰部に左手指を挿入した後，Ｆの衣服の上から乳房を手でもんだ。

Ｘは，同月12日午後４時52分頃から４時59分頃までの間，JR 近江八幡駅から JR 能登川駅までの間を走行中の電車内の２人掛け席の右側窓寄りの席に座っていたＧ（当時18歳）の左膝を左手で押さえつけながら，Ｇの下着の中に右手を差し入れて陰部を弄び，さらに，衣服の裾から左手を差入れて直接右乳房をもみ，Ｇの顔を手で押さえて唇に接吻した。

Ｘは，同月19日午後２時57分頃から３時頃までの間，JR 近江八幡駅から JR 篠原駅までの間を走行中の電車内でＨ（当時19歳）の衣服の上から右太ももを触った。

【判　旨】

裁判所は，全ての公訴事実を認定し強制わいせつ致傷罪，強制わいせつ罪及び滋賀県迷惑防止条例を適用してXを懲役13年（求刑懲役14年）に処した。

【研　究】

1　本事案は，２か月弱の間に15歳１名，16歳及び17歳各２名計５名に対する連続的な児童期性的虐待のケースである。

行為態様は，通行中の被害者に背後から接近し暴行・脅迫を加えわいせつ行為をするパターンと無施錠の玄関から侵入し暴行・脅迫を加えわいせつ行為をするパターンである。なお，３名の女性に対しては，走行中の電車内で強制わいせつ行為に及んでおり，中には１時間継続したケースもある。

2　裁判所は，「好みの若い女性を探した上，狙いをつけた女性の後をつけ，あるいは電車内で隣に座るなどして行われた，強い犯意に基づく計画的な犯行であり，高度の常習性も認められる。（中略）被告人は，前記累犯前科の執行猶予期間中に強姦未遂及び強制わいせつを含む罪を犯して懲役５年に処せられ，執行猶予も取り消されて併せて服役し，その仮釈放中に本件各犯行に及んだものであり，性犯罪に対する傾向には根深いものがある。」と判示し，常習性を指摘する。

性犯罪傾向が強く常習性のある者には，認知行動療法プログラムでの治療が不可欠である。

裁判所の判断は，妥当である。

判例41　大阪地裁平成26年５月26日第５刑事部判決[64)]

【事実の概要】

X（41歳）は，平成23年２月24日午後５時頃，大阪市内のマンション１階出入口付近でA（当時11歳）に対し，「ピアスを落とした。」，「君の体の中に入ってない。」，「服脱いで。」等と言い，ブラウスのボタンを外させて手指でAの乳房を直接もみ，下着の中に手を差し入れてその陰部を直接弄んだ。Xは，「もう１回調べさせて。」等と言い，Aをマンション１階通路奥に連行し持っていた折りたたみナイフをＡに突き付け,「服脱いで。ナイフ怖いやろ。怖かったら言うこと聞いて。」等と言って衣服を脱がせ，手指でその乳房及び陰部を直接弄んだ後，Ａに自己の陰茎を舐めさせた。

Ｘは，平成23年３月７日午後４時42分頃から５時20分頃までの間，大阪市内のマンション７階の階段踊り場で下校中のＢ（当時９歳）の着衣を脱がせて全裸にし，陰部を手指で弄び，持っていた折りたたみナイフをＢの頸部に突き付け,「大きな声出したら刺す。」と言ってからＢに自己の陰茎を口淫させた。Ｘは，同日午後４時50分頃から５時12分頃までの間，Ｂの乳房及び陰部を露出させる姿態，ＸがＢの陰部を弄ぶ姿態並びに自己の陰茎を口淫させる姿態等をとらせ，デジタルカメラを使用してそれらの姿態を動画及び静止画として撮影し，カメラに装着したSDカードに記録し，児童ポルノを製造した。

Ｘは，平成23年３月７日午後５時26分頃，大阪市内の市営住宅６階において，下校途中のＣ（当時15歳）の顔面に折りたたみナイフを突き付け，手首をつかんでＣを同住宅６階と７階の間にある階段踊り場に連行し，逃走しようとしたＣの背後から手でその肩付近を突き押して転倒させ，立ち上がったＣの喉元に折りたたみナイフを突き付け「静かにしろ。刺すぞ。」と言って，Ｃの着衣内に手を差し入れブラジャーの上から乳房を触った。Ｘは，Ｃに「パンツくれ。早くしろ。殺すぞ。」と言ってＣの着用していたパンティを脱がせて奪ってからわいせつな行為をし，Ｃに加療約７日間を要する左示指背側の遠位指節間関節部の切創，右小指内側の近位指節間関節部の切創及び左膝蓋部に表皮剥脱を伴う擦過傷の傷害を負わせた。

Ｘは，平成24年２月24日午後５時30分頃，大阪市内の集合住宅敷地内で遊んでいたＤ（当時９歳）に「ちんちん見たことある。」,「ちんちんさわって。」等と言い，自分の陰茎を手淫させた。

Ｘは，平成24年２月24日午後５時50分頃，大阪市内の駐車場内において，所持していた本件折りたたみナイフをＥ（当時10歳）の顔面に突きつけ「逃げんな。」等と言って路上に止めていた自己の自転車後部荷台に乗せ，午後

7時40分頃，市内のホテルに連行し，「服脱げ。」と言ってEの陰部に手指を差入れ，強姦しようとしたがEの性器が狭小であったため強姦できず，全治約10日間を要する両側大陰唇と小陰唇との間隙にそれぞれ2センチメートル程度の擦過傷等の傷害を負わせた。Xは，翌25日午前2時50分頃，同所においてEを解放した。

【判　旨】

裁判所は，公訴事実の全てを認定し強制わいせつ罪，児童買春，児童ポルノに係る行為等の処罰及び児童の保護等に関する法律，強制わいせつ致傷罪，わいせつ略取罪，強姦致傷罪，監禁罪を適用してXを無期懲役（求刑無期懲役，SDカード1枚の没収）に処した。

【研　究】

1　本事案は，9歳2名，10歳，11歳，15歳各1名計5名の女児に対する児童期性的虐待のケースである。

本事案の争点の一つは，Cからパンティを強奪しようとした時点である。

弁護人は，XがCの下半身を触ろうとしたところ，Cが騒ぎ出したためパンティが欲しいだけで下半身を触るつもりではないことをCに伝えて落ち着いてもらおうとしただけであって，エレベーターを降りてCに本件折りたたみナイフを突き付けた時点からCのパンティを強奪するつもりはなかったと主張し，Xも同様の供述をする。

裁判所は，「Xは，市営住宅のエレベーター内でCのスカートの中をデジタルカメラで撮影した後，同住宅6階でエレベーターを降りたCに本件折りたたみナイフを突き付けて本件の犯行場所である階段踊り場に連行し，Cの乳房を2秒程度触った直後，Cに対して，「パンツくれ。早くしろ。殺すぞ。」と申し向けてCのパンティを奪ったことが認められる。このように，Xがわいせつ行為を開始した直後にパンティを渡すように要求した（中略）女性のパンティを盗んだ罪による前科も有するなど，被告人が女性のパンティに少なからず関心を抱いていたことをうかがわせる事情があることも考え併せると，Xは，遅くとも，前記のようにエレベーターを降りてCに本件折りたたみナイフを突き付けた時点で，Cのパンティを強奪するつもりになっていたと認めることができる。」と判示し，エレベーターを降りてCに本件折りたたみナイフを突き付けた時点で，Cからパンティを強奪するつもりになっていたと認定する。

2　Xは，児童期性的虐待5件の他に成人女性への強盗強姦未遂，強盗，強姦致傷，窃盗等13件を反復していた。

裁判所は，量刑理由において「被害者らの人格を無視し，かつ踏みにじる犯行を重ねている。しかも，その中には無力な小学生を対象にしたものが複数含まれていることや，被害者に顔を舐めさせたり排尿させたりする等の変質的な行為を強要したものが含まれている。こうしたことを踏まえると，その犯行の態様は誠に卑劣で悪質というほかない。被害者は合計で9名にも上り，それぞれに与えた精神的，肉体的苦痛は甚大であって，本件の結果は極めて重大である。とりわけ，成長途上にある小学生4名の心身に与えた衝撃は計り知れず，将来にわたって健全な成長に重大な影響を与えるおそれもある。（中略）被告人は，複数の事件で家族に危害を加える旨被害者らに申し向けて口封じを図るなど，犯行後も卑劣な態度を見せている。加えて，被告人は，強姦致傷罪等の性犯罪を含む同種のものに限っても3犯の前科を有しており，罪と向き合って反省を深める機会が十分あったにもかかわらず，そうすることなく性犯罪を繰り返していることも，強い非難に値する。」と判示する。

裁判所の判断は，妥当である。

判例42　東京高裁平成26年7月15日第4刑事部判決[65)]

【事実の概要】

X（27歳）は，平成23年12月22日午後9時24分，吉祥寺駅発仙川駅行きバスに乗車した。A（当時17歳）は，バスの中程にあるステップを上った車内後部の車両の前方からみて右側（進行方向左側）ステップを上った手前1，2番目の座席前に同座席側の窓の方を向いて立ち，XはAの右斜め後方にA

と同じ方を向いて携行していたリュックサックを体の前面（胸腹部側）に出して肩から提げて立っていた。

バスは，午後9時28分に万助橋停留所を通過してから午後9時35分に新川停留所に到着するまでの間に4つの停留所（明星学園入口停留所，下連雀停留所，下連雀6丁目停留所，NTTデータビル前停留所）に順次停車した。Aは，万助橋停留所を通過した頃から，自分のお尻に当たっているのが指じゃないかなと感じ，後ろにいるXが触っていると思った。Aは，その後，お尻を指で撫でるような感じで触られるようになったので，右側に移動して，Xと距離を取った（「第1被害」）。Aが振り返ったとき，Xはちょうど携帯電話を右のポケットから出してそれをいじっており，Xの様子が余りにも何もしていないような感じだったので，自分の勘違いだったのかと感じた。

Aは，元の位置の辺りに少し戻り，Xと少し距離を取って立ったところ，バスの揺れで体が少し左側に傾いたときに，Xの左手に支えられる形になりXの懐にすっぽり納まるような感じになった。Xが，お尻を手のひら全体でお尻の左側を下から上に撫で上げるような形で数回撫で続けた。撫で上げ方は，お尻の付け根近くの辺りから上の方までべっとりとした感じでもう耐えられなくなったときに振り向いた（「第2被害」）。

原審東京地裁立川支部平成25年5月8日刑事第3部判決は，Aの公判供述の信用性を肯定し，公訴事実を認定し平成24年東京都条例第86号による改正前の公衆に著しく迷惑をかける暴力的不良行為等の防止に関する条例8条1項2号及び5条1項を適用してXを求刑通り罰金40万円に処した[66)]。

【判　旨】

裁判所は，原審記録及び証拠物を調査し，事実取調べの結果を併せて検討し，Aの供述の信用性を全面的に肯定してXを有罪とした原判決の認定判断は論理則，経験則等に照らして不合理であって是認できないとし，刑訴法397条1項，382条により原判決を破棄し，同法400条ただし書を適用して，本件公訴事実については犯罪の証明がないとし，同法336条によりXに無罪を言渡した。

【研　究】

１　本事案は，バス車内の痴漢行為という児童期性的虐待のケースである。

原審東京地裁立川支部平成25年５月８日刑事第３部判決は，Ａの被害者供述を「単発的な１回限りのものではなく，断続的に数回繰り返され，しかも徐々に態様がエスカレートしていったというものであり，被害者は勘違いではないかと自ら疑い，慎重に検討して判断し，最終的に痴漢被害であることを確信して行動を開始した様子がうかがわれるのであり，その被害態様に関する供述内容も併せて考慮すると，被害者がバスの揺れ等によって臀部に物が当たったに過ぎないのを痴漢被害と勘違いしたとは考え難く，その供述の信用性は基本的に高い」と判示する[67)]。

原審は，バスから降車後のＸの逃走行為について「被告人の行動を多義的に解釈する余地が全くないわけではないから，上記の事実をもって被告人が痴漢犯人であることを推認させる事実とまでいうことはできないが，少なくとも，それを疑わせる事実であり，痴漢被害を受けたとの被害者供述の信用性を補強するものといえる。」と判示する。

更に，原審は，第２被害について客観的証拠である車載カメラの映像を基に「バスが揺れている状況の下で，右手で携帯電話を操作しながら，左手で痴漢行為をすることは容易とはいえないけれども，それが不可能とか著しく困難とまではいえない。かえって，被害者は，第２被害の際，臀部の左側をなでられた旨を供述しているから，被害者と被告人との位置関係からみて，被告人が左手で被害者の臀部をなでたとしても，客観的状況とは矛盾しない。」と判示する。

２　裁判所は，第２被害を中心に検討し，Ｘ及びＢのメール送信事実について「午後９時32分，Ｘの交際相手であるＢの携帯電話からＸの携帯電話にメール（「本当に学校戻ってる？」という文面のもの）の送信があり，その後，午後９時34分にはＸの携帯電話からＢの携帯電話にメール（「戻ってるよ。βまでは早くて後一時かんくらいかな」という文面のもの）の返信があった。」との事実関係を認定する。その上で，控訴審は，車載カメラの映像分析をXの左手の状況に焦点を合わせた鑑定供述により「被告人は，21時33分49秒頃から21時34分24秒頃まで（すなわち，被害者がその立ち位置を変える直前までの約35秒間），左手でつり革をつかんでいたと考えるのが妥当であるとしたものである。この鑑定結果は，連続的な画像を詳細に分析したところを総合して，最も妥当と考えられる見解を示したものであり，検察官が種々指摘するところを逐一検討しても，相応の合理性を備えているものと認められ，第2被害に関して，被害者が供述するような態様の痴漢行為を被告人が行ったとは考え難いのではないかとの前述した疑問が合理的な根拠を有することを，より明確に裏付けている。」と判示する。

3　裁判所は，バスが新川停留場に着く前後のXとAの遣り取りとXの逃走の経緯について「被告人は，被害者が自分をにらんで，何か言ってきたが，マスクもあり，声も小さかったので，何を言ってきたかは分からなかった，しかし，にらまれているということで，何か気に障ることをしたのかなと思い，「はい，はい，ごめん，ごめん」と流すように謝った，その後，被害者が自分の右手をつかんで，「降りましょう」と言ってきたので，勤務校に向かうバスの中で言い争いなどをしたくないと思い，「はい，はい，降りる，降りる」と言ってバスを降りた，バスを降りた後で，被害者から，「痴漢しましたよね」と言われた，身に覚えのないことだったので，「知らん」と言うと，被害者が「じゃあ帰ってください」と言ってきたので，「こんなところで降ろして，ふざけるな」と言い，学校を目指して歩き始めた，そうしたところ，男性らが追いかけてきて，「お前，痴漢しただろう」と言って捕まえてきたので，痴漢だと誤解されていると思い，腕を振り払って，走り出したところ，転んでしまい，男性らに押さえられたというのである。その供述内容は，被害者の供述等に照らしてみても，明らかに不自然，不合理なものであるとまではいえず，こうした被告人の行動等をもってしても被害者供述の信用性，特にその核心部の信用性に対する前述したとおりの疑問は払拭し難いというべきである。」と判示する。

4　Xは，逮捕後引致された三鷹警察署で，両手指の付着物を採取されたが，後日，Aが着用していたスカートの臀部表地の構成繊維付着の有無を鑑定したところ，Xの両手指の付着物から同構成繊維の付着は認められなかった。

5　本事案は，痴漢行為の有無の認定に際し，バス搭載カメラの映像分析と被害女性着用衣服繊維の加害者両手指への付着物の有無という客観的証拠と被害者供述との整合性が事実認定の基礎となったケースである。

裁判所は，第２被害の発生時間帯である平成23年12月22日午後９時33分52秒から34分12秒という20秒間のXの左手の動きを車載カメラの連続的な画像を詳細に分析した鑑定結果を踏まえ事実誤認と判断しXを無罪とした。

裁判所の判断は，妥当である。

判例43　大阪高裁平成26年８月28日第１刑事部判決[68)]

【事実の概要】

X（51歳）は，平成21年７月下旬頃から同年９月頃までの間，神戸市内の自宅において，柔道の指導をするため自宅に下宿させていたA（当時14歳）の着衣の上から陰部にバイブレーター様のものを押し当てたり，Aの乳房を手で揉むなどの行為を繰り返していた。

原審神戸地裁平成25年２月27日第２刑事部判決は，Aの供述の信用性には「実体験に基づく供述と考えるには疑問点や不自然さを払拭することができず，その信用性には合理的な疑いが残る」と判示し，公訴事実記載の犯行に及んだことを認めることができる証拠はないとしてXに無罪（求刑懲役１年）を言渡した[69)]。

【判　旨】

裁判所は，「A供述を信用することができないとした原判決には，その出発点において看過できない経験則の違反があり，A供述が信用できる一方，被告人供述は信用することができないから，被告人を無罪とした原判決の結論を是認することはできない。」と判示し，刑訴法397条１項，382条により原判決を破棄し，「当審において，Ａ供述の信用性評価についての視点を提示するＭ証人等の取調べを実施したことに鑑み，当裁判所において直ちに自判する」とし，同法400条ただし書により，青少年愛護条例（兵庫県昭和38年条例第17号）30条１項２号及び21条１項を適用してＸを懲役１年執行猶予３年に処した。

【研　究】

1　裁判所は，Ａ供述の信用性について原審の判断を経験則の視点から社会心理学者Ｍの意見書及び公判供述を踏まえ逐一検討する。

裁判所は，Ａの置かれていたＸとの師弟関係を前提とした立場の特殊性として以下の事実を指摘する。

①Ａは，小学６年時にレスリングの全国選手権で優勝した。②Ａは，中学入学時，Ｃが国際大会で活躍できる選手を育成するために設立したＥからレスリングの強化選手に選ばれ，平成20年４月から，大阪府内の実家を離れてその施設がある東京都内で寮生活を始めたが，平成21年１月末にはＥを辞めて実家に帰った。③Ａは，実家に戻った後，Ａの両親とＸが話し合い，平成21年４月からＡをＸ方に下宿させ，Ｘ方から通える柔道部がある中学に入学させた。柔道の練習日は，中学の部活動は平日毎日であり，Ｘの柔道クラブでは，火曜日，木曜日，土曜日及び日曜日であるが，Ａは毎日柔道の練習をした。Ａは，週末や夏休みなどには実家に帰って宿泊することがあった。

Ａは，中学入学以来レスリング強化選手として１年弱都内で寮生活の後，中学２年から柔道コーチＸ宅と中学での柔道漬けの日常生活という特殊な環境と柔道コーチＸへの依存関係に置かれていた。

裁判所は，Ａの置かれた環境の特殊性についてカルト集団による虐待行為や反社会的行為の心理学的研究に造詣の深い社会心理学者Ｍ教授の意見書及び控訴審の証言に基づいて「カルト集団内に限らず，一定の特殊な状況下にある場合には，客観的には性被害とみられ得る行為があっても，これが性被害であると認識されないことがある旨の主張は，我々の経験則（例えば，治療に必要なのであろうなどと誤認して，わいせつな目的でされた行為をそれと気付かず受け入れるケースがしばしば見られるなど）にもよく沿う」と判示し，M証人の供述内容に依拠してA供述の信用性について検討する。

2　平成24年８月30日の原審第11回公判期日に実施された証人尋問における被害者Aの供述状況によると，XのAに対する児童期性的虐待行為は，「最初は，被告人の家にあったアダルトビデオを見ていて，バイブか大人のおもちゃのような物が映っていた時，被告人は，俺も持っている，というようなことを言って，テレビの近くの入れ物から茶色い手のひらサイズのバイブを取り出した。そして，被害者は，マットレスのような物の上に仰向けになって，スウェットパンツの上から陰部にバイブを当てられた。バイブは性的な行為に使う物だと思っていた。途中で起き上がろうとしたり，やめてください，もうやめてくださいというようなことを言った。次の日は，スウェットパンツをずらされてパンツの上からバイブを当てられ，服の裾から手を入れて胸を揉まれた。その後，同様のことがあった頻度については，詳しくは覚えていないが，ほぼ毎日のように被告人の部屋に行っていて，部屋に行ったらそのようなことが殆どあったので，毎日あったんじゃないかと思う。バイブを陰部に当てられたのは，２回以外にも，多分あった。（中略）リビングで座っているとき，被告人が被害者の正面に立ってズボンを下ろして陰茎を見せられたことがある。」，「被害者がマットレスの上で仰向けに寝て，その上に被告人が被害者をまたぐような体勢になり，パンツをはいたまま，被害者の胸の間に陰茎をこすりつけた。この時，被害者は服を着ていたと思うが，今思えば裸だったかもしれず，よく覚えていない。胸で挟んだ瞬間に胸の上でというのではないが，その後多分射精したと思う。」と供述する。

原審は，A供述の信用性の疑念の一つとして「わいせつ被害のうち最初の２日間の部分は，検察官調書でも公判供述でも相当程度詳細かつ具体的であるが，それ以降については，具体的な出来事も踏まえて供述している部分が一部あるものの，基本的には同様のわいせつ行為が繰り返されたというものであって，詳細については記憶がないと述べるにとどまっている。この点については，最初の被害が，被害者には初めての体験なので強く印象に残っていると考えることもできなくはない。しかし，後に同様の行為が繰り返されたというのに，最初の2日間の記憶が，後の行為に関する記憶と混乱することもなく詳細かつ具体的に残っているということや（1日目と2日目の些細な状況も区別されている。），その後に繰り返されたという同様の行為に関する具体的な記憶がほとんどないということ，更に，最後の方に行われた行為に関する記憶が乏しいということには不自然さを感じざるを得ない。」と指摘する。

原審の判断は，児童期性的虐待被害児の被害記憶の特殊性についての理解を欠くものである。

児童期性的虐待被害児は，最初の加害行為の印象が強烈であると共に事後に繰り返される加害行為から自身を精神的に防御する方策として加害行為を意識下に封印し，加害行為そのものを忘却する。

裁判所は，「本件被害当時のAが，性被害を受けているという認識を欠いていたと認められることに照らすと，特に印象的であった最初の2日間についての具体的な記憶が残存している一方で，最初の2日間以降も繰り返されたというわいせつ被害の具体的な内容やその頻度についての記憶が乏しいことも，やむを得ないといわざるを得ない。（中略）Aにおいて，被告人との関係で，徐々に性的な事柄についての抵抗感が乏しくなっていったことがうかがわれるから，最初にバイブレーターを当てられたという際の感情について，特に記憶がなかったとしても，不自然であるとはいえない。加えて，Aが本件被害当時は中学2年生，原審証言当時は高校2年生であり，性的な事柄についての知識が急激に増加する年代であることに照らすと，Aにおいて，捜査段階あるいは原審証言当時に，本件被害当時の知識や記憶を無意識に修正していたという可能性もあるから，その結果，供述の変遷が見られることもある程度はやむを得ない面があるというほかない。そして，本件の約1年後に実施された被告人方の捜索において，Aの述べるアダルトビデオなどの物が発見されなかったり，Aの述べるとおりの客観的状況が見られなかったりしたとしても，それらのことは，Ａ供述の信用性を否定する根拠とはなり得ないというべきである。」と判示し，Ａ供述の信用性を肯定する。

3　控訴審は，Ａ供述の信用性についてカルト集団による虐待行為や反社会的行為の心理学的研究を専門とするＭ意見書及び供述と弁護人請求の供述心理学的手法を用いた分析によるＱ鑑定との学術論争を経験則との視点からＭ意見書及び供述を採用し，Ａ供述の信用性を認定した。

Ａの置かれた環境の特殊性をどのように解するかは，Ａ供述の信用性判断における重要なポイントである。裁判所の依拠するＭ意見書及び供述は，カルト集団理論から検討するもので違和感を覚えるが，Ａ供述の信用性を肯定する結論は支持し得る判断である。

判例44　横浜地裁平成26年９月11日第３刑事部判決[70)]

【事実の概要】

Ｘは，平成23年11月下旬頃，横浜市鶴見区内の自宅において，就寝中の実子長女Ａ（当時15歳）の着用していたブラジャーの中に手を差し入れて胸を手でもむなどした。Ｘは，目を覚ましたＡが家庭崩壊等を恐れ，寝たふりをしていたのに乗じブラジャーの中に手を差し入れて胸を手でもんだり，着用していたパンティーの中に手を差し入れて陰部を手で触るなどした。

Ｘは，平成24年５月６日頃，自宅において，実子二女Ｂ（当時12歳）の着用していたブラジャーをずらして胸を手でもむなどした。

【判　旨】

裁判所は，「訴因として明示された本件各公訴事実について，いずれも証拠により合理的な疑いを容れない程度までの証明がされたとは認められない」と判示し，刑訴法336条によりＸに無罪を言渡した。

【研　究】

1　本事案は，実父による長女及び二女に対する児童期性的虐待のケースである。公訴事実は，就寝中の長女Ａに対する準強制わいせつ及び次女Ｂに対する強制わいせつ行為であり，Ａ及びＢの証言の信用性が争点となった。

Ａの被害状況等に関する証言は，「(1)　私は，平成23年11月下旬頃，自分の部屋で寝ているときに，いやらしいことをされていることに気付いた。そのとき，一組の同じ布団にＢと一緒に並んで寝ており，肩まで掛け布団を掛け，テレビの方を向き左肩を下にして横向きに寝ていた。Ｂは私の右側で寝ていた。そのときの私は，ブラジャーとパンティーの下着の上にパジャマの上下を着ていた。犯人にばれないように布団で隠しながら，近くにあった携帯電話のボタンを押して時刻を確認したところ，午前２時過ぎぐらいだった。私の胸を触っていた犯人は，私のすぐ後ろで，私と同じ方向を向いて横に寝ていて，犯人の頭が近くにある感じがした。犯人の手は，パジャマの裾から私の右腕の下を通って，胸のところまで入ってきており，ブラジャーの上から胸を揉んでいた。その後，犯人の手は，ブラジャーの下の部分から中に入ってきて，直接胸を全体的に軽く指で揉んできた。犯人は，しばらく胸を触った後，下着の中に手を入れてきて，陰部を直接触ってきた。犯人はしばらくの間，陰部を触っていたが，陰部の中に指が入ってくることはなかった。その後，犯人は，胸を直接触ったり，陰部を直接触ったりして，繰り返し私の体を触ってきた。犯人に体を触られている間，ずっと目が覚めていたわけではなく，時々うとうとしてしまうことがあった。犯人が私の体を触っている途中で，一旦立ち去ったことはなかったと思う。

(2)　私は，自分が寝ていた８畳寝室から，被告人と母親が寝ているはずの８畳居間を見たら母親の姿しか見えなかったことや，目の前にあったテレビ台のガラスに反射して映った犯人の姿が被告人に似ていたこと，絡んでくる犯人の足にすね毛があったことから，犯人は被告人ではないかと思っていた。体を触られている間，本当に嫌だったが，「やめて」と言ってしまうと，家庭が崩壊してしまうと思ったので，言えなかった。私をまたいで部屋から出て行く犯人の後ろ姿を見て，犯人は被告人だと確信した。被告人は部屋を出て行った後トイレに行った。そのとき携帯電話を見て時刻を確認すると，午前４時半ぐらいだった。その後も，被告人から同じようなことをされたことが何度かあった。」というものである。

Aは，平成24年8月9日，部活動で群馬県に来ているとき，母親から，祖母が倒れたので帰宅するように言われてJR新横浜駅に行くと，母親がBと一緒に車で迎えに来ており，鶴見署に連れて行かれた。Aは，その日に，事情聴取を受けて被害届を提出した。鶴見署では，マネキンをAに見立てて被害状況を再現した。

裁判所は，Aの証言の核心的部分において不自然さを否めない点が散見されると指摘する。例えば，準強制わいせつ行為が行われた状況である。横幅100センチメートルの敷布団にAとBが並んで横になり，同じ掛け布団を掛けて寝ているその間に，Xは，二人に気付かれず，約2時間半もの間，Bに気付かれずにAの身体を触り続けていた犯行状況は不自然さを否めない。Aの「一組の同じ布団にBと一緒に並び，テレビの方を向き左肩を下にして横向きに寝ていた。Bは私の右側で寝ていた。」との証言と鶴見署での被害再現の実況見分の相違である。鶴見署での再現では，二組の敷き布団と掛け布団が置かれた状態で，Aに見立てたマネキンとB役の捜査官がそれぞれ別の布団（B役の捜査官はAの左側の布団）に横になり，マネキンと被告人役の捜査官がそれぞれ右肩を下にして，密着して寝ている状況，及び被告人役の捜査官が背後から左手でマネキンの左胸と陰部を触る状況が再現されている。

裁判所は，「Aの証言は，①Bは，Aと同じ布団に寝ていたのか，別の布団に寝ていたのか，②Aは，左肩を下にしていたのか，右肩を下にしていたのか，③Bは，Aの右側に寝ていたのか，左側に寝ていたのか，という重要な点で，鶴見署での再現と食い違っている。」と判示し，「被害再現の実況見分は，被害者の指示，説明に基づいて被害状況を物理的に可能な限り忠実に再現し，そのとおりの犯行が可能であるか否かなどを検証することを目的の一つとして行われるものである。そうすると，捜査官から，被害時の体勢について，左と右のどちらの肩が下であったかに関する質問はなかった旨のAの説明は，不自然さを拭いきれない。」と判示する。

Bの被害状況等に関する証言は，「(1)　私は，平成23年5月6日頃，自宅で一人で寝ているとき，胸が痛いと思って目が覚めた。時間は午前３時頃だった。その頃，成長期のためか，何か物が胸に少し触れたり当たったりするだけで痛みを感じていたが，何も触れていないときは痛くなることはなかった。仰向けで寝ていたところ，誰かが私の上に乗って，ごつい手で私の胸を触っていた。その手は，ブラジャーの中に入ってきていて，手の平で，胸全体をさすったり，軽く揉むような感じで触ってきた。犯人は，私のお腹の上にまたがって，体の両脇に膝を立てて座っており，犯人のお尻がお腹の上の方にあるような感じだった。しかし，私の体に犯人の体重はかかっていなかったので，重くはなかった。そのとき，上半身に掛け布団がかかっていたかどうかは覚えていない。⑵　私は，薄目を開けて見たところ，犯人のはいていた赤いパンツが見えた。犯人の顔は，怖くて見られなかった。胸に当たっている手がごつごつしていて毛深かったことや，足の毛が毛深かったこと，私が被告人にプレゼントした赤いパンツをはいていたことから，犯人は被告人だと思った。胸を触られている間，目が覚めていたし，被告人の体勢はずっと同じだった。被告人から胸を触られて本当に気持ち悪いと思ったが，Ａが被告人からいやらしいことをされても家族関係を壊さないように我慢していたので，私もそのとき，被告人に「やめて」と言うことはできなかった。１時間くらい胸を触られていたと思う。被告人が私の体から離れて部屋を出て行ってから５分後くらいに，ドーンという音が聞こえたので，被告人が玄関を出て会社に行ったと思った。携帯電話で時刻を確認すると，午前４時頃だった。被告人が部屋を出て行く時に，後ろ姿を見るなどして犯人が誰か確認することはしていない。⑶　私は，その日のうちに，被告人からいやらしいことをされたことを，親友に話した。その日以降，食欲がなくなってしまい，１か月ほどで６キロくらい体重が減ってしまったばかりか，全然寝れなくなってしまった。夜に寝ている際，誰かが自分の部屋に入ってきたときに，すぐに起きて声をかけられるよう浅い眠りにしていたので，ぐっすり眠ることができなかった。学校の先生やカウンセラーと面談をしたが，被告人からいやらしいことをされたことは，話さなかった。」というものである。

裁判所は，Ｂの証言の核心的部分において不自然さを否めない点が散見されるとして３点指摘する。

第１は，Ｂの主張する犯行態様である。「Ｂが就寝中であったとはいえ，途中で目が覚める可能性も当然考えられる。被告人が上記体勢で犯行に及んでいる最中にＢが目を覚ました場合，被告人は真正面からＢに顔を見られてしまうし，その体勢からして，わいせつな行為に及んでいたことについては言い逃れのしようもない。そうすると，被告人は，犯行が容易に発覚する可能性の高い体勢で，約１時間もの間わいせつな行為をし続けていたことになるのであって，不自然さを否めない。さらに，被告人は，Ｂの体に体重をかけていなかったというのであるから，上記体勢で約１時間もわいせつな行為を続けることは，体力的に相当に苦しいはずであって，この点でも不自然さを否めない。」と判示する。

第２は，Ｂは犯人を被告人と特定する根拠として自分の身体に触れる犯人の足の毛が毛深かったことを挙げる。平成24年９月10日，自宅での鶴見署の捜査官と共にマネキンをＢに見立てた被害状況の再現では，「Ｂが掛け布団を腹部付近まで掛けて仰向けに寝ている状態で，犯人がその掛け布団の上にまたがっている状況を再現している（甲７添付の写真15，16）。この再現のとおりだとすると，犯人の足の毛がＢの身体に触れることはあり得ないはずである。しかもＢは，その証言において，犯行再現との矛盾に関し，何らの説明もしていない。これらによれば，犯人の足の毛がＢの身体に触れることはあり得ない状況だったのではないか，という強い疑問が残る。」と判示する。

第３は，「平成24年９月４日，家電量販店で被告人と二人で待ち合わせをし，誕生日プレゼントとして音楽プレーヤーのウォークマンを買ってもらい，その後，二人で食事をした。」との強制わいせつ行為の４か月後のＸとの行動態様である。

2　Ａ及びＢの母親であるＸの妻は，平成24年４月頃からＸの浮気を妬ましく思いメールで離婚訴訟を仄めかし，鶴見署にはＸが不法滞在や不法就労のブローカーであると説明している。Ｘの家族関係において，母親とＡの間の喧嘩が絶えず高校進学後は寮に入り不仲であった事実や小学６年生のＢの被害証言は，両親の不仲に起因する母親の影響下にあったものとも考えられる。

裁判所は，Ａ及びＢの証言について証言の「核心的部分において，不自然さを否めない点が見られ，内容的に整合性を欠く点もある。」とし，「犯人が被告人であると特定した理由として挙げられている点については，看過し難い疑問がある。」と判示し，「証拠により合理的な疑いを容れない程度までの証明がされたとは認められない」としてＸに無罪を言渡した。

裁判所の判断は，妥当である。

判例45　東京高裁平成26年９月18日第４刑事部[71)]

【事実の概要】

女子高校生Ａ（当時17歳）は，平成25年６月４日午前７時23分武蔵溝ノ口駅を発車したJR 南武線立川行きの電車に乗車し，左腕に手提げバッグを掛け右手で吊革をつかみ進行方向前から２番目左側のドアの方を向いて立っていた。

Ｘ（38歳）は，左手にバッグを持ち，右手は何も持たずにＡの方を向いて立ち，同日午前７時23分頃から７時27分頃までの間，JR 武蔵溝ノ口駅からJR 久地駅までの間を走行中の電車内でＡの着衣の上から右手でＡの股間及び右太ももを撫でるなどした。

原審横浜地裁川崎支部平成26年１月22日刑事部判決は，公訴事実を認定し，Ｘを神奈川県迷惑行為防止条例15条１項，３条１項１号により求刑通り罰金30万円に処した。[72)]

【判　旨】

裁判所は，「被告人から痴漢被害を受けたという被害者の公判供述は，その信用性に疑問があり，被告人が，公訴事実記載の痴漢行為をしたと認めるには，合理的な疑いが残る」と判示し，刑訴法397条１項，382条により原判決を破棄し，同法400条ただし書を適用し，同法336条によりＸに無罪を言渡した。

【研　究】

1　原審は，「円を描くようにスカートの上から股間や右太ももの付け根を繰り返し撫でられ，一連のＸの行動の少なくともその一部分を直接見た」という被害者Ａの捜査段階及び公判を通じて概ね一貫している供述には客観証拠と矛盾する点や供述内容に特段不合理不自然な点は認められず，信用性が高いとしてＸを罰金30万円に処した。

2　裁判所は，原審での被害状況・態様等についての「武蔵溝ノ口駅を出発してすぐ，股間に何か当たっている感覚があった。下を見ると，右隣の乗客（被告人）の手が当たっていた。手のひらで円を描くような感じで優しく触られた。久地駅に着くまで触られ続け，手の動きは止まらなかった。股間を主に触られたが，両足の太ももの内側も触られ，（被告人の手は）左太ももの付け根に行ったり右太ももの付け根に行ったりした。久地駅に着いて，何人も乗客が乗ってきて，混み出すと，今まで撫でるだけだったのが，股間に指を曲げてぐりぐりと押してくるように変わった。ぐりぐりと触られて明らかに痴漢だと思い，電車が発車した直後に被告人の手首をつかんで捕まえた。」との被害者の供述と捜査段階の供述には核心部分に看過し難い変遷が認められると判示する。

裁判所は，「被告人から痴漢被害を受けたという被害者の公判供述は，その信用性に疑問があり，被告人が，公訴事実記載の痴漢行為をしたと認めるには，合理的な疑いが残るというべきである。」と判示し，原審を破棄し，公訴事実の証明がないとして無罪を言渡した。

原審は，被害者の公判供述の信用性を肯定した理由として「本件少女の公判供述は，円を描くようにスカートの上から本件少女の股間や右太ももの付け根を繰り返し撫でられた（本件少女の公判供述，⑴－11～16頁）という一連の被告人の行動については，少なくともその一部分を，本件少女が直接見た

（本件少女の公判供述，⑴－９，10頁，⑵－７頁）というもので，その供述内容は具体的であり，「スカートの上から本件少女の股間や右太ももの付け根を繰り返し撫でられた」という供述の核心部分は，捜査公判を通じて概ね一貫している。」点を挙げる。

犯罪事実の立証は，当該行為の客観的事実と両当事者の供述が整合することであり，「概ね」一貫している程度では充足されていない。

控訴審は，原審の認定過程の判断を論理則，経験則等に照らして不合理であるとする。

裁判所の判断は，正当である。

判例46　津地裁平成26年10月９日刑事部判決[73)]

【事実の概要】

Ｘ（36歳）は，平成25年６月17日午前７時15分，三重県多気郡内の路上を自動車で走行中，自転車で通学途中の体操着姿の女子中学生Ａ（当時14歳）を追尾し，後方から自車前部を衝突させ，Ａを自転車もろとも路上に転倒させた。

Ｘは，転倒したＡに対し，「学校まで送ったるわ。」等と声をかけ，Ａを自車の助手席に乗車させ現場から約4.3km離れた松阪市内の駐車場まで連れ去った。

Ｘは，走行中の車内で自身の膝の上にＡの頭部を載せて膝枕にし，Ａに口淫を求めた。Ｘは，駐車場に駐車後，Ａが助手席のドアに手をかけたのでロックした。

Ｘは，駐車中の自車内でＡに対し，「したら帰してあげる。」と言い，Ａの着衣や下着を引っ張り，無理矢理全裸にし，Ａの両足をつかんで左右に押し広げ，体に覆いかぶさり，Ａの陰部に陰茎を押し当て姦淫しようとしたが，Ａの抵抗で遂げることができなかった。

Ｘは，同日午前８時５分頃，衝突現場に戻りＡを解放した。Ａは，一連の暴行により加療約３か月を要する左足関節捻挫等の傷害を負った。

【判　旨】

弁護人は，XのAの自転車への追突は過失であり，Aを自車に乗せた際には強姦目的はなく，Aの同意があり，監禁の故意もなかったとして無罪を主張する。

裁判所は，弁護人の主張を排斥し，公訴事実を認定し，Xをわいせつ略取誘拐罪，監禁罪，強姦未遂罪及び傷害罪で懲役10年（求刑懲役13年）に処した。

【研　究】

1　本事案は，通学途中のAに対する児童期性的虐待のケースである。裁判所は，公訴事実の全てを否認し無罪を主張するXの主張を一つ一つ検討し，Xの主張を排斥する。

裁判所は，XのAに対する姦淫の意図をAの自転車に自車を衝突させた時点とする。また，Aを病院等に連れていく意思のないのに自車に乗せ衝突現場から駐車場へ連れ去る行為は，わいせつ略取誘拐罪に該当すると判示する。

裁判所は，強姦罪の実行の着手時期を衝突から自車へのAの乗車までの時間的間隔と，衝突現場は見通しの良い道路であり通行人等に通報される可能性のあることから，駐車中の自動車内でのXのAへの「したら帰してあげる。」との発言がなされた時点とする。

裁判所は，一連の暴行によるAの加療約3か月の左足関節捻挫等の負傷は「被告人が本件車両を被害自転車に衝突させたことによって生じたものか，本件車両内における強姦罪の実行の着手後に生じたものかが明らかでなく，強姦致傷罪の成立は認められない。なお，被害者の傷害が本件強姦行為に随伴するものとも認められない。しかしながら，その傷害が本件車両を被害自転車に衝突させて同人を転倒させる暴行及び本件車両内で被害者を姦淫しようとした際の暴行のいずれかから生じたことは明らかであるから，これらの一連の暴行について，別途，傷害罪が成立する。」と判示する。

2　本件児童期性的虐待は，自転車で通学途中の早朝，自動車に衝突され車内に引き込まれ50分間にわたり行動の自由を奪われ，性的自己決定権を侵害された事案である。

裁判所は，Ｘの一方的主張と自己正当化について「性体験がない中，中学生という若さで，その将来に多大な影響を受けかねない被害に遭い，計り知れない不安と恐怖を感じたであろうことからすると，その精神的被害も甚大である。」と判示して，Ｘを懲役10年に処した。

裁判所の量刑判断及び強姦罪の実行の着手と強姦致傷罪の成立についての判断は，妥当である。

判例47　津地裁平成26年11月６日刑事部判決[74)]

【事実の概要】

Ｘ（45歳）は，平成16年６月上旬頃，鈴鹿市内のＡ子（32歳）のアパートでＡ子の長女Ｂ（当時10歳）を姦淫し，その際，Ｂに全治約３日を要する処女膜裂傷の傷害を負わせた。

Ｘ（46歳）は，平成17年７月上旬頃，鹿市内のＡ子（33歳）のアパーで長女Ｂ（当時11歳）を姦淫した。

【判　旨】

裁判所は，公訴事実を認定し，Ｘを強姦致傷罪及び強姦罪で懲役10年（求刑懲役15年）に処した。

【研　究】

1　本事案は，被害児10歳及び11歳時の児童期性的虐待のケースである。

Ｂは，母親の交際相手Ｘからの強姦被害を高校１年生の早い時期である平成23年４月ないし５月頃に友人Ｃ子に打ち明けているが，警察には届けていない。

ＸによるＢへの児童期性的虐待の顕在化の端緒は，平成25年７月，Ｘから「おまえの動画あるんやぞ」等と言って脅され，強姦行為から９年後に警察への被害届を出したことにある。

2　Ｂの公判廷での証言は，「小学校３年生のころ，被告人から胸を触られたり，なめられたり，お尻の穴に男性器を入れられたりといったわいせつなことをされるようになり，小学校4年生のころ，母の寝室で，被告人により初めて膣に男性器を挿入されて強姦され，その後トイレに行ったら，パンツの中央部分に真っ赤でさらっとした感じの血が付いていた，翌日，A子母はパンツに付着した血に気付いて初潮がきたものと勘違いし，その日の夜に初潮祝いをした，最後に被告人に強姦されたのは，引っ越した後，被告人がA子の前からいなくなる（A子母の公判供述によれば，被告人が別の事件で逮捕された日は平成17年7月13日）2，3日くらい前のことであった」というものである。

裁判所は，Bの証言の信用性について「B子の被害状況についての証言は，膣の穴のあたりに冷たいものを塗られた，「(お尻の穴と）どっちにしようかな」と言っていたが膣の方に男性器を挿入してきた，裂けるような，破れるような痛みを感じ，「痛い，やめて」と叫ぶと「どこが痛いんじゃ」とばかにするように言われ，ねじったタオルを口にかまされ，頭の後ろで結ばれ，何も言えないようにされたなどというものを含んでいるのであって，具体的で迫真性があり，経験した者でなければ話すことのできない内容であって，こうした点もB子の証言の信用性を高めているというべきである。」と判示し，供述の信用性を肯定する。

3　裁判所は，量刑理由において「A子（＝筆者註＝B）は当時10歳ないし11歳で性的に未成熟であり，もとより男性経験もなく，姦淫の性的意味合いも分からない状態で母親の交際相手から強姦されたものであって，特に暴行，脅迫を伴ったものではなくても，重大な性的虐待行為というべきであり，それにより被った肉体的，精神的苦痛も無視できない。その後数年が経っても，感情をうまく表現できずに手首や腕を刃物で傷つける自傷行為をしたり，自分の体が汚されていると感じて裸体を見ることができなかったりするなど，強姦被害による精神的悪影響も相当に深刻」であると判示する。裁判所は，BのPTSD状況を正当に認定する。更に，裁判所は，公訴事実の他にもBが複数回にわたりわいせつ行為や強姦行為を受けていたとしてX

の常習性を認定する。

裁判所の判断は，妥当である。

判例48　福井地裁平成26年11月11日刑事部判決[75)]

【事実の概要】

Xは，平成23年10月13日午後２時30分頃，越前市内の路上において，通行中のＡ（当時17歳）に，「乗って行かんか。」「ちょうど通るから送ってく。」等と言って自己の運転する自動車の助手席に乗せて空地まで連れて行き，午後２時50分頃から３時頃までの間，駐車中の車内において，Ａの座っていた助手席をシートごと押し倒し，Ａの下着等を引き下ろして膣内に指を挿入し，Ａに覆い被さって姦淫した。

Xは，平成25年７月26日午前11時20分頃，鯖江市の日野川左岸堤防上において以前に自動車で駅まで送るなどして面識のあった帰宅途中のＢ（当時15歳）に「今日も乗せて行ってあげようか。」等と言い，自車の助手席に乗せて越前市内の休憩所まで連れて行き，午前11時50分頃から午後零時５分頃までの間，駐車中の車内においてＢの顔を両手で挟み，その唇にキスをし，その着衣等をまくり上げＡの乳首や陰部をなめたり膣内に指を挿入した。

【判　旨】

裁判所は，公訴事実を認定しわいせつ誘拐罪，強制わいせつ罪及び強姦罪を適用してXを懲役４年６月（求刑懲役６年）に処した。

【研　究】

１　本事案の争点は，３点ある。第１は，Ａに対する姦淫の事実の有無である。第２は，被告人の責任能力の程度（被告人が各犯行当時，心神耗弱の状態にあったか否か）である。第３は，被告人の検察官調書及び警察官調書の刑事訴訟法322条１項書面該当性である。

裁判所は，第１の姦淫の事実を認定し，第２の責任能力について完全責任能力を認定し，第３の検察官調書及び警察官調書の刑事訴訟法322条１項書面該当性を肯定する。

2　本事案は，女子高校生２名に対する児童期性的虐待のケースである。児童期性的虐待の顕在化の端緒は，Ｂに対する捜査過程でＸが逮捕されたことによる。

Ａの強姦被害は，Ｘの余罪捜査の過程で顕在化し，警察官から性犯罪による被害の有無を直接尋ねられたのを契機に被害から２年後にＡは被害申告をするに至った。

Ａが被害申告を躊躇したのは，家族に心配をかけたくないとの思いや友達から汚いとか思われたくないとの理由である。Ａは，強姦被害を自ら抱えることで，２年間にわたり食欲不振，不眠に陥りリストカットをしたこともあり，今なお心療内科でカウンセリングを受診中である。

裁判所の判断は，児童期性的虐待の被害者であるＡ及びＢの現況に思慮すると妥当である。

判例49　福岡高裁宮崎支部平成26年12月11日判決[76)]

【事実の概要】

Ｘ（58歳）は，平成18年12月９日午後２時30分頃，自ら主宰する少年ゴルフ教室の生徒であるＡ（当時18歳）が，両者の間に存在する厳しい師弟関係から自分に従順であり，かつ恩師として尊敬していることに乗じ，ゴルフ指導の一環との口実で鹿児島市内のリゾートホテルホリデーイン JOY にＡを車で連行した。Ｘは，同ホテル駐車場においてＡに対し「度胸がないからいけないんだ。こういうところに来て度胸をつけないといけない」等と言葉巧みにＡを同ホテルの１室に連れ込んだ。Ｘは，客室でＡに対し，「お前は度胸がない。だからゴルフが伸びないんだ。」，「俺とエッチをしたらお前のゴルフは変わる。」等とゴルフの指導にかこつけて自分と性交するように言った。Ｘは，Ａにキスをしようとしたが A は顔を横に背け，口をつぐむなどしたので A の顔を強引に元に戻しキスをした。更に，ＸはＡの胸を触るなどしてからＡの着衣を脱がせ，Ａの性器に触るとともに自己の性器を触らせた後，Ａと性交した。

原審鹿児島地裁平成26年３月27日判決は,「被害者が被告人との性交を拒否しなかった原因としては，信頼していた被告人から突然性交を持ちかけられたことによる精神的混乱により抗拒不能に陥っていた可能性がある一方で，そのような精神的混乱はあったものの，その程度は抗拒不能に陥るほどではなく，自分から主体的な行動を起こさなかった可能性も排斥できない。（中略）被害者が抗拒不能状態であったことの合理的な疑いを超える証明はできておらず，この点から，被告人には無罪の言渡しをすることになる。」と判示し，Xに無罪を言渡した。[77)]

【判　旨】

裁判所は,「被害者は，遅くともラブホテルに入った時点において，いわば最悪の事態として，性行為を求められる可能性を予期できていたものではあるが，他方で，ゴルフの指導の一環として被告人に同行していたことから，これまでの被告人と同様，ゴルフの指導の枠内にとどまるのではないかとの希望的観測も有していたところ，実際に，最もそうであって欲しくない事態が，２人きりのラブホテルの一室といういわば逃げ場のない状況で現実化したのであるから，被告人から性交を求められて，著しく驚愕するとともに，精神的に大きな混乱を来したとみるのがごく自然である。（中略）被害者が，本件当時抗拒不能の状態にあったものと認められ，これを否定した原判決には事実の誤認がある。」と判示する。

裁判所は，性交時のXの認識について「性交に当たって被害者から具体的な拒絶の意思表明がなく，精神的混乱状態を示すような異常な挙動もない状況において，被害者が，本心では性交を拒絶しているが，何らかの原因によって抵抗できない状態になっているため抵抗することができない，というある種特殊な事態に陥っていると認識していたと認めるについては合理的な疑いが残るといわざるを得ない。」と判示し，Aが抗拒不能の状態に陥っているとの認識に欠けるとして控訴を棄却した。

【研　究】

１　本事案は，ゴルフ教室教師による生徒への児童期性的虐待のケースである。被害者の年齢は，18歳であるが，教師と生徒との支配・被支配の関係性の事案であるので考察の対象とした。

事実の経緯は，Ｘ及びＡは平成18年12月９日午後２時30分頃，鹿児島市内のリゾートホテルホリデーイン JOY にチェックインし，午後３時にＸはＡの抗拒不能の状態に乗じて姦淫したというものである。Ａは，被害の数日後に両親に性交された事実を打ち明けた。Ａの両親は，Ｘと話合いを持ち，女子に対するゴルフ指導はしないこと，ゴルフ場でＡと会わないようにすることを要求する一方，Ａの将来のことを考え刑事告訴はしないこととした。Ａは，オーストラリアでのゴルフ留学などをしたが体調を崩し，プロゴルファーになることは断念した。

ＡやＡの両親は，Ｘが色々なゴルフ場でプレイをしたり女子を含むジュニア指導をしていることを知り，平成22年９月１日付けで告訴した。その後，鹿児島検察審査会による起訴相当決議を経て本件告訴から約２年後に起訴されるという特異な経過を辿った。

2　原審は，争点として性交時に「〔1〕被害者が抗拒不能状態であったかどうか，〔2〕被害者が抗拒不能状態であったとすれば，そのことを被告人が認識していたかどうかである。」として審理を進め，いずれの争点も否定した。

裁判所は，４年間に及ぶ個人指導を受けている指導者との２人きりのラブホテルの１室という密室空間で現実に性交を求められ，ベッドに寝かされ，Ｘから順次性的な接触を深められたＡの置かれた状況を堪案し，抗拒不能と判断した。

裁判所は，ＸのＡの抗拒不能状態の認識について，「このような被告人において，上記のとおり，性交に当たって被害者から具体的な拒絶の意思表明がなく，精神的混乱状態を示すような異常な挙動もない状況において，被害者が，本心では性交を拒絶しているが，何らかの原因によって抵抗できない状態になっているため抵抗することができない，というある種特殊な事態に陥っていると認識していたと認めるについては合理的な疑いが残るといわざるを得ない。」と判示し，準強姦罪の故意を否定する。

準強姦罪は，「女子の心神喪失若しくは抗拒不能に乗じ，又は心神を喪失させ，若しくは抗拒不能にさせて，姦淫した者」を刑事制裁の対象とし，被害者が「心神喪失若しくは抗拒不能」の状態にあることを認識して姦淫行為を行うことを要件とする。即ち，準強姦罪の故意は，被害者が「心神喪失若しくは抗拒不能」の状態にあることの認識であり，未必的故意も包含する。

本事案は，テニスコーチと選手という関係性の中での児童期性的虐待ケースであり，一定の身分関係を前提とした性的自己決定権の侵害の有無が問われている。

被害者の置かれた状況は，「ラブホテルの一室に入ると，ソファに並んで座り，30分程度ゴルフについて会話をした。被告人は，その中で，被害者に対し，いつもメンタル面が弱いなどと話し，「こういう所で性行為の体験をしたことはないんじゃないか」などとも発言した。被告人は，被害者に対し，「お前は，メンタルが弱いから」「俺とエッチをしたらお前のゴルフは変わる」などと言った。」というものであり，ゴルフの指導にことよせているのである。被害者は，被告人の挙動に対して，「被害者は，身体を後ろに引くようにして「いやあ」あるいは「いやいや」などと発言したりしたが，それ以上具体的な言葉は述べなかったし，明確に性交を拒絶するような態度も取らなかった。」との対応をした。

裁判所は，性交の際に被害者の具体的な拒絶の意思表示がなく精神的混乱状態を示すような異常な挙動もない状況を理由に準強姦罪の故意を欠くと判断した。裁判所は，被害者を抗拒不能にあると認定しており，更に，被害者にどのような行動を要求するのであろうか。

被告人は，少なくとも被害者が抗拒不能にあることを未必的に認識していると解され，裁判所の準強姦罪の故意がないとの判断は妥当ではない。

判例50　さいたま地裁平成27年２月10日第２刑事部判決[78)]

【事実の概要】

Ｘ（犯行当時19歳）は，平成25年11月15日午後６時55分頃，上尾市内のＡ方敷地内においてＡ（当時17歳）の左腕をつかみ，手に持ったカッターナイフを突き付け「声を出すな。声を出したら殺すぞ。」等と言いながら別の場所に連行し姦淫した。

Ｘは，平成26年２月13日午後８時20分頃，上尾市内のＢ方敷地内においてＢ（当時16歳）に手に持った刃物を突き付け「動くな。声出すな。」等と言いながら別の場所に連行し，Ｂの財布から現金1000円を強取した後，別の民家敷地内まで連行し姦淫した。

Ｘは，同年３月26日午後７時20分頃，上尾市内のＣ方敷地内においてＣ（当時14歳）に手に持ったカッターナイフを突き付け「動くな，叫んだら殺すぞ。」，「学校や親や警察に言ったら殺すぞ。」等と言いながら別の場所に連行し，「お前，お金持ってるか。」と言って現金を強取しようとしたが，小銭しか所持していなかったため現金を強取できず，別の場所まで連行し姦淫しようとしたが抵抗されて未遂に終わった。

Ｘは，同年５月５日午後９時55分頃，上尾市内でＤ（当時15歳）の右肩を手でつかみ，手に持った鍵を刃物であるかのように示し「騒いだら殺すぞ。」等と言いながら別の場所に連行し，「いくら持ってる。」と言いながらＤを姦淫した後，現金約2300円を強取した。

Ｘは，同年６月４日午後９時35分頃，桶川市内のＥ方敷地内においてＥ（当時15歳）に「声を出すな。声を出したら殺すぞ。」等と言い右腕及び左肩を手でつかんで別の場所まで連行し，「お前，今金いくら持ってるんだ。」と言って姦淫した後，現金約1300円を強取した。

【判　旨】

裁判所は，１件の強姦罪，３件の強盗強姦罪及び１件の強盗強姦未遂罪の公訴事実を認定し，Ｘを懲役23年（求刑懲役25年）に処した。

【研　究】

本事案は，犯行時19歳の未成年者による14歳から17歳の女子中高生５名に対する児童期性的虐待のケースである。

犯行態様は，カッターナイフ等刃物を突きつけ被害児の陰部をなめたり，手淫や口淫をさせたりして強姦に及んでおり，犯行中の被害者の様子を動画撮影するなどして口止めしたり，膣内に射精されるか殺されるかの選択を迫るなど執拗で悪質である。

被害児のトラウマは，重篤であり十二分なアフターケアが担保されねばならない。

判例51　仙台高裁平成27年３月10日第１刑事部判決[79)]

【事実の概要】

義父Ｘ（42歳）は，平成26年１月３日午前１時30分頃から７時頃までの間，元妻Ａ方において，養女Ｂ（当時11歳）のブラジャーの中に手を差し入れて乳房をもみ，更に，Ｂのパンツの中に手を差し入れて陰部を触った。

原審仙台地裁平成26年８月15日第１刑事部判決は，公訴事実を認定しＸを強制わいせつ罪で懲役１年６月に処した。[80)]

【判　旨】

裁判所は，Ｘ，元妻Ａ及び被害者Ｂの原審証言の信用性を精査し，「元妻の原審証言の信用性には疑問が残ることはもとより，その信用性が一見すると堅固にも思われる養女の原審証言の信用性にも疑いを差し挟む余地があることを完全には否定できないものといわざるを得ない。その一方で，被告人の原審供述の信用性を直ちに排斥することもできない。そうすると，「疑わしきは被告人の利益に」の原則に従って，被告人が本件公訴事実記載の罪を犯したとの証明はされていないと評価すべきことに帰する。」と判示し，刑訴法397条１項，382条により原判決を破棄し，同法400条但書により「本件公訴事実については犯罪の証明がない」と判示して同法336条によりＸに無罪を言渡した。

【研　究】

1　本事案は，養父による養女に対する児童期性的虐待のケースである。

裁判所は，被害者Ｂ，目撃者元妻Ａ及びＸの関係者３名の証言ないし供述の信用性について詳細な検討をする。

原審は，Ｘに胸や陰部を触られた（認識被害）とするＢの供述とＸがＢの胸を触ったのを目撃した（目撃被害）とするＡの供述について，「目撃状況に関する元妻の証言は，養女の証言の信用性を裏付けるものである。」と判示する。

原審でのＡの目撃被害に関する供述は，「被告人は，当日午前１時50分台終了のテレビドラマが終わる約15分前に寝室に入った。それまでは，被告人は自分と一緒に茶の間にいたと思う。自分は，そのテレビドラマを見終え，そのころ，寝室に入った。そして，性行為をするつもりで被告人の布団に入り，しばらくはお互い携帯電話を操作していたが，被告人から体を触られたので，仰向けに寝ている状態の被告人の陰茎を口淫した。被告人は布団を被せてきたので，口淫中，周りが見えない状態であったが，暑かったので布団を払いのけた。そうしたところ，被告人が，右手を伸ばして，被告人の方を向いて寝ていた養女の左胸を服の上から包むように触っているのを目撃した。被告人にすぐまた布団を被せられたので，目撃した時間は１，２秒間ぐらいであったが，当時，寝室には豆電球が点いていて，また，自分の視力は両目とも約0.5であったことから，はっきりと目撃した。目撃した状況が，養女がアトピー性皮膚炎の患部を手で掻くのを被告人が止めたものであったという可能性はない。その場で被告人を止めたり問い詰めたりしても，口論になって，養女を言いくるめるなどされてしまうと思ったので，そのまま性行為を最後まで続けた。」というものである。

原審でのＢの認識被害に関する供述は，「前日午後10時ころ，寝室に行き，いつもの位置で就寝した。そのときは，パンツとブラジャーを着けて，その上にスウェットの上下を着ていた。時間がいつかは分からないが，仰向けになって眠っていたところ，ブラジャーの中に手が入ってきて胸をぎゅっと握られる感じで目が覚めた。触られたのはおそらく左胸であった。触ってきたのは，以前と同様，被告人であると思い，手の大きさも大人のものであったが，目を開けたら何をしてくるか分からないと思うなどしたため，目をつぶったままにしていた。腕が腹と胸の真ん中辺りに当たった感じがしたことなどから，確実とはいえないが，被告人は体を横に向けて左手で触ってきたと思った。

触られないようにするため，被告人に背中を向けるように体を動かしたが，触るのをやめてくれず，左肩を掴まれて仰向けに戻された。そして，被告人は，左右いずれかは分からないが手をパンツの中に入れて，陰部をぐりぐり押す感じで触ってきた。触るのをやめてほしかったので，背伸びして起きるふりをしたところ，被告人は手を離したので，そのまま起きてすぐに茶の間に行き，テレビを点けて一人で見ていた。」というものである。

裁判所は，認識被害及び目撃被害の各原審供述を対比し，「養女の原審証言と矛盾する元妻の原審証言が存在することからみて，養女が元妻の意向を忖度して事実と異なる証言をした可能性を完全には否定できないというべきであるから，養女の原審証言の信用性には，疑いを差し挟む余地があるといわざるを得ない。」と判示し，Ａ及びＢの原審証言の信用性に疑問が残り，Ｘの原審証言の信用性を排斥できないとする。

2　Ｘの強制わいせつ行為の有無は，関係者３名特に被害者Ｂの捜査段階及び公判段階での供述の信用性が中核であり，Ａ及びＸの供述の信用性に依拠する。

裁判所の各供述の精査に基づく信用性判断は，妥当である。

判例52　津地裁平成27年３月24日刑事部判決[81)]

【事実の概要】

Ｘ（当時18歳）は，平成25年８月25日午後11時頃，三重県三重郡内の空き地付近路上を徒歩で通行中のＡ（当時15歳）の背後から鼻口部を手で塞いで空き地に連れ込んだ。Ｘは，Ａの鼻口部を手で塞ぎ，Ａの着衣を無理矢理脱がせ，乳房及び陰部等を手で弄んだ。Aは，Xの暴行に起因する鼻口部閉塞により死亡した。Xは，A所有の現金約6000円を窃取した。

【判　旨】

裁判所は，公訴事実を認定しXを強制わいせつ致死罪及び窃盗罪で懲役5年以上9年以下（求刑懲役5年以上10年以下）に処した。

【研　究】

1　本事案は，帰宅途中のA（当時15歳）に対する強制わいせつ致死行為による児童期性的虐待ケースであり，事実関係に争いはない。

裁判所は，被告人が18歳であることから少年法55条に基づいて本件を家庭裁判所に移送すべきか否かを争点とした。裁判所は，「相当強い力を加えて執拗に被害者の鼻口部を閉塞するという生命に対する危険性の高い行為を，そのような危険性を認識しつつ行っただけでなく，意識を失って無抵抗の被害者をほぼ全裸の状態にし，その両足を開脚させた上で，その乳房や陰部等をもてあそぶなどの甚だわいせつな行為に及んだ」として行為の態様の悪質性から「事件の凶悪性や悪質性を大きく減ずる事情を見いだし難く，保護処分を相当とする特段の事情は認められ（ない）」としてXを刑事処分に付した。

2　裁判所は，量刑理由において「被告人の資質上の問題として，共感性の乏しさ，規範意識の低さ等が指摘されているが，その養育環境も本件の背景となっていると考えられること，被告人が罪を認め，被害者や遺族に謝罪をしたこと，被告人に非行歴がないこと，被告人に矯正の可能性があることといった事情を踏まえても，被告人に対しては，主文の刑に処し，犯した罪と向き合わせ，責任の重さを自覚させるのが相当である。」と判示し，Xを懲役5年以上9年以下に処した。

裁判所の判断は，妥当である。

判例53　最高裁平成27年4月15日第三小法廷決定[82)]

【事実の概要】

Xは，柔道整復師の資格を有し予備校理事長の職にあった者である。X

は，平成25年12月30日午後4時頃から5時15分頃までの間，予備校2階にある接骨院内において，予備校生徒A（当時18歳）がXの学習指導を受ける立場で抗拒不能状態にあることに乗じ，施術を装いAの胸をもみ，膣内に指を挿入した。

【判　旨】

原決定を取り消す。原々決定に対する抗告を棄却する。

【研　究】

1　本事案は，児童期性的虐待である準強制わいせつ被告事件（福井地方裁判所平成26年(わ)第355号）においてXの保釈を許可した福井地裁平成27年3月27日刑事部決定[83]に対する抗告審名古屋高裁金沢支部平成27年4月1日第2部決定[84]に対する特別抗告審である。

事実の概要に記した教師による生徒への児童期性的虐待に関する裁判所の判断は，判決文へのアクセスが出来ず確認し得ない（福井地裁平成26年(わ)第355号）。

2　裁判所は，「刑訴法411条1号を準用して原決定を取り消し，同法434条，426条2項により更に裁判すると，本件については保釈を許可した原々決定に誤りがあるとはいえないから，それに対する抗告は，同条1項により棄却を免れ」ないと判示し，原決定を取り消し，原々決定に対する抗告を棄却した。

判例54　津地裁平成27年4月21日刑事部[85]

【事実の概要】

清掃員X（28歳）は，平成26年9月2日午後7時43分頃，三重県南牟婁郡内の路上において，自転車で通行中の女子高校生A（当時18歳）に対し，自己の右腕をAの首に打ち付け背後から身体を両手で抱き抱えて，その場に停車させていた自己の自動車の後部座席に押し込み発進した。その頃から同日午後8時9分頃までの間，走行中の同車内において，Xは，Aに目隠しをさせ，「他人に話したら，帰すことはできない」等と言って脅迫し，熊野市内のホテル駐車場まで走行した。Xは，Aの両手首を結束バンド等で緊縛して，ホテル2階客室内へ連行し，Aの両手首をビニールテープで椅子の両手すりに縛り付けた後，Aを全裸にして陰部をなめ，避妊具も着けずに性交し，全治約1週間を要する処女膜裂傷の傷害を負わせた。Xは，更に，午後8時40分頃，駐車場でAを再度自動車に乗車させて発進し，午後9時13分頃まで拘束した。

【判　旨】

裁判所は，公訴事実を認定しXをわいせつ略取罪，逮捕監禁罪及び強姦致傷罪で懲役11年（求刑懲役13年）に処した。

【研　究】

本事案は，自転車で下校途中の女子高校生をわいせつ目的で自車で連れ去り強姦した児童期性的虐待のケースである。

裁判所は，量刑理由で強姦致傷の事案の中でも悪質な部類に属すると判示する。

裁判所の判断は，被害者の性的自己決定権侵害と行為態様を考慮すると妥当である。

判例55　千葉地裁平成27年4月27日刑事第5部判決[86)]

【事実の概要】

X（52歳）は，平成25年10月2日午後5時34分頃，自宅にいた知人の子A（当時7歳）に対し，電話で「お菓子を買ってあげるからおいで。」等と甘言を用いて誘い出し，市原市内の駐車場において，自己が運転する普通乗用自動車にAを乗車させ，自宅まで連れ去り，Aの下着内に性的玩具を差し入れ陰部に押し当てて弄んだ。Xは，その後さらに，自己が運転する普通乗用自動車にAを乗車させ，同市内の山林内まで自車を疾走させる間，車内において，Aの下着内に手指を差入れてその陰部を弄んだ後，山林内に駐車した自車内でAの陰部に自己の陰茎を押し付け姦淫しようとしたが，Aの性器が未熟で陰茎を挿入できずAの肛門に自己の陰茎を押し付けた。Xは，同日午後

11時20分頃，市原市内の路上でＡを解放した。Ａは，加療約９日間を要する両側頸部及び左肩の擦過傷，全治約５日間を要する外陰部及び肛門周囲の炎症，発赤等の傷害を負った。

Ｘは，平成26年６月17日午前７時14分頃，市原市内の路上を自転車で通りかかった通学途中のＢ（当時13歳）を両腕で抱え上げて自転車から降ろし，付近に駐車中の普通乗用自動車内に押し込み，Ｂの両手首・両足首を結束バンドで縛り，Ｂの顔面や腹部を拳骨で殴り，頬に電工用ナイフの刃部分を押し当てながら「騒ぐと殺すぞ。」等と脅迫した。

Ｘは，付近を通りかかった車両の運転手に目撃された。Ｂは，身の危険を感じ普通乗用自動車の助手席側スライドドアから路上に転がり出て逃げ，加療約１週間を要する両前腕打撲・擦過傷，両下腿打撲・擦過傷，顔面打撲等の傷害を負った。

【判　旨】

裁判所は，公訴事実を認定しＸをわいせつ誘拐罪，監禁罪，強姦致傷罪，わいせつ略取未遂罪及び傷害罪の他覚せい剤取締法違反，公務執行妨害罪及び器物損壊罪で懲役14年（求刑懲役20年）に処し，覚せい剤４袋を没収した。

【研　究】

１　本事案は，知人の子Ａ（当時７歳）及び自転車で登校中のＢ（当時13歳）に対する児童期性的虐待のケースである。

Ａに対する強姦致傷行為の態様は，Ａの性器が未熟で陰茎を挿入できず肛門に自己の陰茎を押し付けたのみならず，量刑理由によると嫌がるＡの口をこじ開けて口淫させている。

Ｂに対するわいせつ略取未遂及び傷害の態様は，人気のない林道において普通乗用自動車内に押し込み，Ｂの両手首・両足首を結束バンドで縛ってから顔面や腹部を拳骨で殴り，頬に電工用ナイフの刃部分を押し当てながら「騒ぐと殺すぞ。」等と脅迫したものである。Ｂは，押し込められた自動車の発進直前に助手席側スライドドアから路上に転がり出て逃げ被害を最小限に留めることができた。

XのBに対するわいせつ略取行為が未遂に留まったのは，付近を通りかかった車両の運転手の目撃という偶然と，車から脱出したBの追跡をXが諦めたからに過ぎない。

2　Xは，児童期性的虐待事案の他に覚せい剤所持及び自己使用容疑の取り調べ中に検察官の面前で，検察官の執務机に接して置かれていた平机を右手の拳で強く叩いたり，平机脇の事務机を右足で蹴りつけ，さらに，平机を両手でつかんで検察官に向けて倒す等した行為により，公務執行妨害罪及び器物損壊罪の罪責を問われた。

なお，Xは，覚せい剤の前科が3犯あり，前刑出所後数か月後に覚せい剤の使用を再開しており，顕著な常習性を有している。

裁判所の判断は，妥当である。

判例56　長野地裁平成27年5月15日刑事部判決[87)]

【事実の概要】

Y（33歳）は，平成26年8月15日午後10時30分頃，長野市内の歩道上を自転車で進行中のA（当時16歳）に対しすれ違いざまに着衣の上からAの右乳房を右手でもんだ。

X（38歳）及びY（33歳）は，平成26年8月16日午前1時30分頃から1時50分頃までの間，長野市内の路上を自転車で通行中のB（当時18歳）をすれ違いざまにタオルで口等を塞いで自転車から引きずりおろし，Xの腹の上に転倒させて路上に押さえつけ，「騒ぐな。静かにしろ。」，「黙らないと刺すぞ。」等と鋭い口調で言って，Bの腕を引っ張り付近遊歩道に連行し，「刺すぞ。」等と鋭い口調で言った後，Y，Xの順で姦淫し，全治約1週間を要する左肩・左上腕打撲傷の傷害を負わせた。

【判　旨】

裁判所は，公訴事実を認定しX及びYに集団強姦致傷罪，Yには更に強制わいせつ罪を適用し，Xを懲役12年（求刑懲役13年），Yを懲役10年（求刑懲役12年）に処した。なお，Xは，C（当時20歳）に対する強制わいせつ未遂罪の罪責にも問われている。

【研　究】

1　本事案は，自転車で通行中のＡ（当時16歳）及びＢ（当時18歳）に対する児童期性的虐待のケースである。

集団強姦致傷の行為態様の詳細は，量刑理由によると以下の通りである。

Ｘ及びＹ両名は，人気のない場所で通行中の女性に対し強姦の意図をもって自動車に乗車して物陰に隠れて待ち伏せをしていた。Ｙは，Ｘに対し，長野の女性は被害届を出さないから捕まらないとか自分もレイプをしたことがあるが捕まらなかった等と言った。平成26年８月16日午前１時30分頃，Ｘは，自転車で通行中のＢを見つけた。土地勘のないＸは，Ｂが通りすぎた後，Ｂを追いかけるようにＹの誘導で車を走らせ先回りしてＢを待ち伏せた。Ｘ及びＹ両名は，すれ違いざまにタオルでＢの口等を塞いで自転車から引きずりおろし，Ｘの腹の上に転倒させて路上に押さえつけ，「騒ぐな。静かにしろ。」，「黙らないと刺すぞ。」等と鋭い口調で言って，Ｂの腕を引っ張り付近遊歩道に連行した。その際，Ｙは，電柱にしがみついて連行されまいとするＢの腕を電柱から引きはがして連行を容易にした。両名は，「刺すぞ。」等と鋭い口調で言った後，かわるがわるＢに口淫を強いたり陰部をもてあそんだりしてからＹ，Ｘの順で姦淫した。両名は，姦淫後証拠隠滅のためＢの陰部をボディソープで洗った。

2　Ｘ及びＹ両名には，以下の累犯前科がある。

Ｘは，⑴平成17年８月29日さいたま地裁で強姦罪により懲役６年に処せられ，平成23年４月20日刑の執行が終了した，⑵同年10月13日さいたま地裁で傷害罪により懲役２年６月に処せられ，平成26年２月21日刑の執行が終了した。

Ｙは，平成25年５月10日長野簡裁で窃盗罪により懲役１年に処せられ，平成26年４月19日刑の執行が終了した。

裁判所は，Ｘが最終刑の執行終了後約６か月，Ｙが４か月で本件各犯行に及んだ点も量刑判断で考慮する。

裁判所の判断は，妥当である。

判例57　函館地裁平成27年５月18日刑事部判決[88)]

【事実の概要】

Ｘは，平成25年７月13日午後10時45分頃，北海道亀田郡内の歩道を自転車で走行中のＡ（当時16歳）に対し，いきなり右手で着衣の上からＡの乳房を触るとともに，手でＡの腕をつかんで引っ張りＡを自転車もろとも路上に転倒させた後，わいせつな行為をした。

Ａは，加療約２週間を要する頸椎捻挫，肘及び右膝擦過傷等の傷害を負った。

Ｘは，平成26年10月10日午後９時45分頃，北海道亀田郡内の歩道を自転車で走行中のＢ（当時18歳）に対し，いきなり手でＢの口を塞いでＢを自転車もろとも路上に転倒させた。その際，Ｂが大声をあげたため，Ｘは，わいせつ行為に至らなかった。

Ｂは，加療約２週間を要する頸椎捻挫左大腿部・下腿部打撲の傷害を負った。

【判　旨】

裁判所は，公訴事実を認定しＸを強制わいせつ致傷罪及び強制わいせつ未遂罪で懲役４年（求刑懲役５年）に処した。なお，本事案でＸは，Ａ，Ｂの他にＣ（当時22歳）に対する強制わいせつ未遂罪の刑事責任も問われている。

【研　究】

1　本事案は，自転車で走行中のＡ（当時16歳）及びＢ（当時18歳）に対する児童期性的虐待のケースである。

裁判所は，Ａに対する争点としてわいせつ行為及び暴行行為の態様を，Ｂに対する争点としてわいせつ目的の有無を挙げ，Ａ及びＢの公判廷供述の信用性を検討する。

裁判所は，Ａが乳房を触られた際の感触等を具体的に述べているとしてわいせつ行為の態様に関するＡの供述の信用性を認定する。

裁判所は，暴行行為の態様についてはＡの首を絞めたという部分については直ちに信用することができないとし，Ａの首に強い力が加わった限度でＡの供述の信用性を認定する。

裁判所は，Ｘが人気のない歩道上でＢの口を塞いで転倒させ，腰を低く落としてＢのリュックサックを引っ張ったという行為態様，犯行場所の状況及び犯行時刻等からＸのわいせつ目的を認定する。

2　Ｘは，平成25年７月13日午後10時45分頃，Ａ（当時16歳）に強制わいせつ致傷行為，平成26年８月８日午後９時40分頃，Ｃ（当時22歳）に強制わいせつ未遂行為，平成26年10月10日午後９時45分頃，Ｂ（当時18歳）に強制わいせつ致傷行為を約１年３か月の間に反復している。

裁判所は，量刑判断においてＡ，Ｂ及びＣに対する各公判でいずれの事実についてもＸが不合理な弁解に終始している点をも踏まえＸを懲役４年に処した。

裁判所の判断は，妥当である。

判例58　前橋地裁平成27年６月５日刑事第１部判決[89)]

【事実の概要】

警察官Ｘ（25歳）は，平成27年１月15日午後４時10分頃，群馬県北群馬郡内の駐車場において，Ａ（当時10歳）に対し「Ａちゃんだよね」と声をかけ，「お父さんが交通事故にあったから，一緒に病院まで来てくれない。」等と虚言を用い駐車場脇の路上に停車させた自動車にＡを乗車させ誘拐しようとしたが，Ａが乗車を拒否したため未遂に終わった。

【判　旨】

裁判所は，公訴事実を認定し，わいせつ誘拐未遂罪を適用しＸを懲役２年６月執行猶予５年（求刑懲役２年６月）に処した。

【研　究】

1　本事案は，駐車場においてＡ（当時10歳）をわいせつ目的で誘拐しようとして未遂に終わった児童期性的虐待のケースである。

Ｘは，現職警察官であり担当地域内の巡回連絡や警ら活動を行っている中でＡに好意を抱くようになり，自動車に乗せてわいせつな行為をしたいとの考えを抱いた。Ｘは，巡回連絡カードを調べてＡやその父親の名前を確認し，Ａに対し父親の知人を装って自動車に誘い込もうした。

裁判所は，量刑判断において警察官としての地位を利用して得た個人情報を悪用し，計画的に犯行に及んだ行為態様は極めて悪質であるとしながらも，Ａの拒否で直ちに犯罪遂行意思を放棄した点を評価して懲役２年６月執行猶予５年に処した。

2　現職警察官として巡回連絡カードの情報記載の個人情報を利用しての犯罪行為は，未遂であっても執行猶予５年は軽く実刑判決相当と思慮する。

判例59　奈良地裁葛城支部平成27年６月11日判決[90)]

【事実の概要】

Ｘは，平成25年７月30日午後３時頃から翌31日午後０時頃までの間，兵庫県内でＡ（未成年・年齢不明）が自己の陰茎を口淫している場面及び自己と性交している場面を自己のスマートフォンで動画撮影し，その動画データを同スマートフォン本体に内蔵の記憶装置又は同本体に挿入された記録媒体であるSDカードに記録して保存した。

Ｘは，同年８月１日頃，奈良県内で上記動画撮影しスマートフォン内の記憶装置に保存したデータをパーソナルコンピュータに内蔵のハードディスクに複製して記録して保存し児童ポルノを製造した。

【判　旨】

裁判所は，公訴事実を認定し，児童買春，児童ポルノに係る行為等の処罰及び児童の保護等に関する法律７条３項，１項前段，２条３項１号を適用しＸを懲役６月執行猶予４年（求刑懲役６月）に処した。

【研　究】

1　本事案は，Ａ（未成年・年齢不明）に対する自己への口淫及び性交等を動画撮影したデータをスマートフォンのSDカードに保存し，更に，PCのハードディスクに複製して保存した児童ポルノ製造による児童期性的虐待のケースである。

Ｘは，「被害児童の浅慮や自らへの好意に乗じて」当該行為に及んだのち児童ポルノを製造した。

裁判所は，量刑理由において犯行動機について「被告人は，自ら経営する学習塾の開業資金や高級車を保有していたことなどから多額の負債をかかえ，女性との性交場面等の動画データをインターネット上で公開して経済的利益を得るという生活を送る中で，自己の性欲を満足させる目的等から本件犯行に及んだ。（中略）本件犯行はその性質上模倣性が高いことなどに照らすと，この種事案に対しては，一般予防の見地からも厳しく臨む必要がある。また，被告人の当時の社会的地位等に照らして本件犯行等の行状を考えると，特別予防の観点も軽視することはできない。」と判示する。

2　Ｘは，同種事案として平成26年11月12日奈良地裁葛城支部で児童買春，児童ポルノに係る行為等の処罰及び児童の保護等に関する法律違反，わいせつ電磁的記録記録媒体陳列，奈良県青少年の健全育成に関する条例違反（昭和51年奈良県条例第13号）の各罪により懲役２年６月執行猶予４年に処せられた。

Ｘは，類似の前刑にも拘らず刑法25条２項により執行猶予判決に処せられた。

ＸのＡとの姦淫行為は，合意に基づくものとして刑事制裁の対象外とされたが，学習塾経営者としての地位利用による姦淫行為に対する刑事制裁として執行猶予判決は妥当性を欠如するものである。

判例60　静岡地裁沼津支部平成27年６月25日刑事部判決[91)]

【事実の概要】

Ｘ（27歳）は，平成25年２月28日午後７時頃，沼津市内の堤防道路においてＡ（当時17歳）の乗車していた自転車を押し倒してＡを堤防下に転落させ，立ち上がろうとしたAを突き飛ばして転倒させた。Xは，Aの背後から首に腕を回し，「絞めるぞ。」，「騒ぐな。」等と言って河川敷へ連行し，Aの背中を突き飛ばして転倒させ，馬乗りになり，Aの口を手で塞ぎ，「殺されたいのか。」，「騒いだら刺すぞ。」，「脱げ。」等と言って，Aの下着等を脱がせ，乳房や陰部を触り，さらに「なめろ。」等と言って，口淫させた後，姦淫した。

Aは，一連の暴行により全治約2週間を要する手背・下腿・大腿擦過傷及び処女膜裂傷の傷害を負った。

Xは，平成26年5月14日午後7時20分頃から7時44分頃までの間，沼津市内の路上を自転車で通行中のB（当時15歳）の自転車を押し倒してBを堤防下に転落させ，Bの背後からその口を手で塞ぎ，「声を出すなよ。」等と言ってBを農道まで連行し，「脱げ。」等と言って，下着等を脱がせ，乳房や陰部を触り，更に，「なめろ。」等と言ってBの頭髪をつかんで口淫させた後，姦淫した。

Bは，一連の暴行により全治約1週間を要する両膝打撲，擦過傷，皮下出血の傷害及び処女膜破綻の傷害を負った。

Xは，同日午後7時44分頃，農道において，B所有又は管理の現金約1800円及び図書カード8枚ほか11点在中の二つ折り財布1個（時価合計約1万6070円相当）を窃取した。

なお，Xは，C（当時27歳）に対し暴行により加療約10日間を要する顔面打撲及び腰背部打撲の傷害を負わせた。

【判　旨】

裁判所は，公訴事実を認定し傷害罪1件，強姦致傷罪2件及び窃盗罪2件でXを懲役13年（求刑懲役16年）に処した。

【研　究】

本事案は，堤防道路を自転車で走行中のA（当時17歳）及びB（当時15歳）を自転車毎押し倒して堤防下に転落させた後，強姦した児童期性的虐待のケースである。

行為態様は，略同様で堤防道路を自転車で走行中のＡ及びＢを自転車毎押し倒して堤防下に転落させた後，性経験のない高校生の乳房や陰部を触り，口淫させ，妊娠の危険を理解しながら膣内に射精し，全治約１週間ないし２週間を要する手背・下腿・大腿擦過傷等及び処女膜裂傷の傷害を負わせたものである。

裁判所の判断は，妥当である。

判例61　名古屋地裁平成27年７月１日刑事第３部判決[92)]

【事実の概要】

高校教師Ｘ（48歳）は，平成26年11月30日午後２時９分頃から４時31分頃までの間，名古屋市内のホテにおいてＡ（当時11歳）の陰部に自己の陰茎を押し当て性交しようとしたが，自己の陰茎を挿入することができなかった。

【判　旨】

裁判所は，公訴事実を認定し強姦未遂罪を適用しＸを懲役３年執行猶予５年（求刑懲役３年）に処した。

【研　究】

本事案は，高校教師による金銭の支払をちらつかせて性的行為の相手をさせ，執ように姦淫を試みたが未遂に終わり，一連の様子をビデオカメラで撮影した児童期性的虐待のケースである。

裁判所は，強姦未遂罪について判断すると共に，量刑理由において，Ｘによ るＡの姦淫行為のビデオカメラでの撮影行為に言及する。

かかる行為は，通常児童買春，児童ポルノに係る行為等の処罰及び児童の保護等に関する法律に問議されるが，本事案では検察官による公訴提起がなされなかったものと思慮する。

ビデオカメラでの撮影行為は，被害児のプライバシーや性的自己決定権侵害という視点からは重大な法益侵害を内包するものであり，裁判所は訴訟指揮でこの点の確認をなすべきである。

判例62　名古屋高裁金沢支部平成27年７月21日第２部判決[93)]

【事実の概要】

中学校教諭Ｘは，学級担任でありかつ所属する部の顧問である教え子Ａ（当時15歳）の左頬を右手のひらで１回殴打したほかＡに性交類似行為に応じさせた。Ｘは，学級担任でありクラブ顧問である自分に強く抵抗できないＡの心理状態に乗じ，その地位を利用して，拒絶しようとするＡに，「俺は先生でおまえは生徒やぞ！」等のメールを送信し，１年半以上にわたりＡの肛門に自己の陰茎を挿入する性交類似行為を繰り返した。

【判　旨】

裁判所は，児童福祉法34条１項６号及び暴行罪を適用してＸを懲役４年に処した原審金沢地裁平成27年３月６日判決を支持し，量刑不当を理由とする控訴を棄却した。

【研　究】

1　本事案は，教師の地位を利用した生徒Ａ（当時15歳）への１年半に及ぶ児童期性的虐待のケースである。

行為態様は，Ａの肛門に自己の陰茎を挿入する行為であり，行為時の法的評価としては性交類似行為として児童福祉法34条１項６号の構成要件に該当する。Ｘの行為は，現行法の下では刑法177条強制性交等罪の構成要件に該当する。

本事案は，教師であるＸの被害者Ａへの「俺は先生でおまえは生徒やぞ！」等のメール送信がなされ，支配・被支配関係が実行行為の容易性を担保する児童期性的虐待である。

刑法第179条監護者わいせつ罪及び監護者性交等罪は，行為主体を「現に監護する者」に限定する。支配・被支配という従属関係が，一定の児童期性的虐待を惹起していることに配意するのであれば本事案のような教師と生徒との関係性の場合も考慮し，主体の範囲を拡張する必要がある。

2　児童期性的虐待の被害者への対応として，本事案は刑事制裁の他に被告人が教諭をしていた中学校を管理・運営していた地方公共団体が被害児童に賠償金を支払い，事後に被告人に対し求償権を行使する予定であるという。地方公共団体が，管理者責任を明確にして対応していることは評価される。

量刑不当とする控訴を棄却した裁判所の判断は，妥当である。

判例63　大阪地裁平成27年10月16日第１刑事部判決[94)]

【事実の概要】

養父Ｘ（65歳）は，平成20年７月上旬頃，大阪市内の自宅で同居している養女Ａ（当時14歳）が廊下にいた時その背後から両腕でＡの身体に抱き付き，両手で衣服の上から両乳房をつかんで揉んだ。

Ｘ（61歳）は，平成16年11月21日頃，大阪市内の自宅で同居している養女Ａ（当時11歳）の肩等をつかんであお向けに押し倒し，無理やり衣服をはぎ取り，姦淫した。

Ｘは，平成20年４月14日頃，大阪市内の自宅で同居している養女Ａ（当時14歳）が強姦行為やその後繰り返し行った虐待行為等によりＸを極度に畏怖しているのに乗じ姦淫した。

確定審第一審大阪地裁平成21年５月15日第７刑事部は，Ａの捜査段階及び公判廷での供述が目撃証人である高校生の兄Ｂの目撃供述と一致しているとして信用性を肯定し，Ｘを懲役12年（求刑懲役13年）に処した。[95)]

確定審控訴審大阪高裁平成22年７月21日第２刑事部は，Ｘの控訴を棄却した。[96)]

確定審上告審最高裁平成23年４月21日第三小法廷決定は，Ｘの上告を棄却した。[97)]

再審請求審大阪地裁平成27年１月14日第３刑事部は，「検察官は，弁護人に対し，本件について捜査機関が保管する一切の証拠の一覧表（証拠書類については標目，作成年月日及び作成者（供述録取書にあっては供述者）の氏名の一覧を，証拠物については品名の一覧を，それぞれ記載した書面をいう。）を，平成27年１月31日までに，交付せよ。」と判示する。裁判所は，訴訟指揮権に基づき捜査機関の保管する一切の証拠一覧表の交付を命じる決定をした。[98)]

大阪地裁平成27年２月27日第３刑事部は，確定審におけるＡ及びＢの供述は虚偽であるとのＡ及びＢの新供述，再審請求審において検察官から提出された本件カルテには「処女膜は破れていない」との記載等に基づき確定判決が有罪認定の根拠とした両名の各尋問調書及び各検察官調書の内容を全面的に否定する内容であり，信用性を突き崩すものであるから無罪を言い渡すべき明らかな証拠といえるとし，「刑事訴訟法448条１項により本件について再審を開始し，同条２項を適用して請求人に対する刑の執行を停止する」との決定をした。[99)]

【判　旨】

裁判所は，「Ａ及びＢの各旧供述は，その核心部分が重要な客観的事実と大きく矛盾している上，Ａ及びＢ自身が各旧供述は虚偽であり，被告人による強姦等の事実はなかった旨の各新供述をするに至っており，各新供述には信用性が十分に認められる。加えて，各旧供述の内容自体にも不自然不合理な点を指摘できることからすると，両名の各旧供述が信用できないことは明らかである。」と判示し，「本件各公訴事実については，犯罪の証明がない」として，刑事訴訟法336条によりＸに無罪を言渡した。

【研　究】

1　裁判所は，平成16年11月21日頃及び平成20年４月14日頃，Ｘに姦淫されたというＡの旧供述及び目撃したというＢの旧供述は，再審請求後に検察官の補充捜査結果を受けて証拠請求された平成20年８月29日，ＡがＨ産婦人科医院を受診し，「処女膜は破れていない」と記載されたカルテにより，「両名の各旧供述全体の信用性に疑義を生じさせるものである。」と判示する。

2　裁判所は，再審請求審大阪地裁平成27年２月27日第３刑事部でのＡ及びＢの証人尋問（新供述）を検討する。

Ａは，旧供述の経緯について「被告人からお尻を触られる旨大伯母であるＣに話したところ，それを伝え聞いた実母であるＤ及びその夫であるＥから他にも何かされたのではないかと何日間も深夜に及んで問い詰められたため，最後には，胸を揉まれたと認めた，その後，強姦についても「やられたやろう。」と執拗に問い詰められ，否定することができなかった。強姦等の被害状況についてはＤから見せられた動画等をもとに，Ｄに言われるがままに供述した。産婦人科に三度連れて行かれ，診察を受けさせられた。取調べではＤが怖くて虚偽であることを打ち明けられなかった。」と供述する。

裁判所は，強姦等の被害状況に関するＡの旧供述には実母「Ｄらによる誘導等に基づく部分が少なからずあったと疑われる。」と判示する。

Ａの新供述は，実母等による誘導の状況が語られ，確定審での虚偽供述の形成過程が如実に示されている。

3　裁判所は，Ａ及びＢの真実を述べるに至った経緯について「Ａは，確定審の一審判決が言い渡された後に，確定審での供述は虚偽であった旨をＤやＥらに述べたが，話合いの結果，偽証罪に問われるおそれがあることや，確定審で証言等をした人に迷惑がかかるなどの理由から真実は伏せておくことになり，その後，ＤやＥと疎遠になり，かつ，Ｃから促されたため真実を述べることにした旨供述する。また，Ｂも，前記話し合いの結果，真実は伏せておくことになったが，その後，Ａが弁護人に真実を話した旨の連絡を受け，自分も真実を話そうと思った旨供述する。Ａ及びＢの前記各供述は，各人が真実を述べるに至った経緯について合理的に説明するものである。（中略）Ａは，平成22年８月２日，Ｋ病院精神科神経科を受診しているが，同病院の診療録（当審甲６）には，Ａの陳述として，確定審の一審判決があった頃から，Ａが性的虐待はされていないと言い出していた旨が記載されており，前記各供述を裏付けている。」と判示する。

裁判所は，Ａ及びＢの各新供述の信用性を肯定し，両名の各旧供述の信用性を否定する。

裁判所の判断は，妥当である。

判例64　岡山地裁平成27年10月28日第２刑事部判決[100)]

【事実の概要】

Ｘ（49歳）は，平成26年７月14日午後４時40分頃，倉敷市内の路上でＡ（当時11歳）にカッターナイフを突き付け「大声出したら殺すぞ。」と言って，付近に駐車していた自己の自動車の後部座席にＡを押し込んだ。Ｘは，Ａの両腕を後ろ手にして両手首に足錠を掛け，Ａを座席上に両足の靴を脱がせて横倒しにして自車を発進させ，午後５時20分頃まで岡山市内のＸ宅敷地内まで走行した。Ｘは，午後４時50分頃，Ａ所有の携帯電話機１台を用水路内に投棄した。

Ｘは，用意した覆面をＡの頭部にかぶせてから自宅建物に連れ込み，同月19日午後10時21分頃までの間，自宅の和室においてＡの左手と同和室内に設置されたＩ字型手すりに足錠を掛けてつないだり，Ａを自宅洋間に連れ込み，外部から洋間のドアの鍵を掛け，ＡがＸ宅から脱出できない状態にした。Ａは，加療期間不明の心的外傷後ストレス障害を負った。

【判　旨】

裁判所は，公訴事実を認定しわいせつ略取罪，逮捕監禁致傷罪，器物損壊罪等を適用しＸを懲役６年６月（求刑懲役10年）に処した。

【研　究】

１　本事案は，11歳の少女をわいせつ目的で誘拐した児童期性的虐待のケースである。

本事案の争点は，わいせつ目的の有無及び犯行の計画性である。

裁判所は，Ｘのわいせつ目的についてＸのPC内に作成保存されていた３つの文章に基づき認定する。Ｘは，「少女を自分のものとして飼育し，性行為の対象とすること，自分への信頼，依存を得るため，少女が助かるためには自分を頼るしか方法がない旨告げて少女に自分が味方であると信じ込ませる」との文書を記載する。

裁判所は，Ｘの計画性について自宅の増改築及びＡの所在確認の２点を認定する。

Ｘは，自宅の増改築に716万円の費用をかけて自宅洋室，和室及びトイレの各ドアに廊下側から掛けられる施錠設備を取り付けさせ，ダイニングキッチンの西側半分を別室とし，北側に拡張し防音効果が高く窓のない部屋を増築した。

Ｘは，Ａの所在確認として平成26年２月または３月頃，Ａを見掛けＡ方周辺を複数回訪れ，同年５月末頃若しくは６月上旬頃にＡをビデオカメラで撮影し，Ａ方の所在する地域名，地番並びにＡの通う小学校やその行事等を検索していた。

2　裁判所は，犯行態様についてＡにカッターナイフを示し，臓器売買組織の関係者であり仲間がいると述べてICレコーダーを示し，足錠，覆面，布団及び洋間も犯行実現のために効果的に使用されていることから脅迫態様や物品等の使用方法についてあらかじめ準備がなされていたと推認し，計画性を認定する。

なお，裁判所は，量刑理由において「一般情状についてみると，被告人は，家族の助力も得て，被害者及びその家族との間で損害賠償として多額の金銭を支払った上で示談をし，上記の被害結果の重大性を考慮しても，相当程度の賠償がなされたものと認められる。」と判示する。

裁判所の判断は，妥当である。

判例65　広島地裁平成27年12月７日刑事第１部判決[101)]

【事実の概要】

Ｘは，平成26年５月６日，神戸市内のホテルでＡ（当時13歳）に自己の陰茎を口淫させた後，Ａの乳房を露出した姿態及び自己の陰茎を触らせる姿態を自己の使用するカメラ機能付き携帯電話機で撮影し，その画像データを自己の携帯電話機内蔵の電磁的記録媒体に記録し児童ポルノを製造した。

Ｘは，平成26年11月16日午前10時過ぎ頃，広島市内の路上において，Ｂ（当時16歳）に対しＢの陰部等が撮影された画像を示しながら，「これ流したらやばいよね。流したら犯罪だから。」等と言いながら，要求に応じなければ画像をインターネット等に流出させると脅迫した。Ｘは，同日午前10時23分頃から11時50分頃までの間，広島市内のホテル客室で自己の陰茎をＢに口淫させた後，Ｂを全裸にした。

Ｘは，平成26年12月７日午前10時22分頃から午後３時10分頃までの間，広島市内のホテル客室でＢに対し，「俺が捕まっても遠隔でネットに流すことができる。俺は友達と一緒にやってるから，画像は消せない。」等と言って，Ｂを姦淫した。Ｘは，同日午前11時19分頃，Ｂの使用する携帯電話機に「アンドロイドアナライザー」及び「アンドロイドロスト」と称し，いずれもインターネット回線を通じて携帯電話機の通話履歴及びショートメッセージサービス履歴の取得等の指令を与えるプログラムをＢにその機能を秘して蔵置し，そのプログラムが実行可能な設定を行った。Ｘは，電子計算機を使用する際にＢの意図に反する動作をさせる不正な指令を与える電磁的記録を作成した。

Ｘは，その後，同月28日午後１時49分頃までの間，３回にわたり設定した電磁的記録を利用し，Ｂの携帯電話機の通話履歴及びショートメッセージサービス履歴を自己の用に供した。

Ｘは，平成26年12月28日午前10時22分頃から午後５時14分頃までの間，前回と同じホテルの客室で通学先の学校の体操服を着用させたＢの容姿を撮影した後，「学校にばれたらまずいよね。」等と言ってからＢを姦淫した。

【判　旨】

裁判所は，公訴事実を認定し強制わいせつ罪，強姦罪，不正指令電磁的記録供用罪，青少年愛護条例（兵庫県）及び児童買春，児童ポルノに係る行為等の処罰及び児童の保護等に関する法律を適用しＸを懲役７年（求刑懲役８年）に処した。

【研　究】

１　本事案は，Ａ（当時13歳）及びＢ（当時16歳）両名に対する児童期性的虐待のケースである。

Ｘの児童期性的虐待事実の顕在化の端緒は，Ｂの被害届により捜査が開始されたのか判決文からは不分明である。公訴事実に記載された事実は，平成27年３月９日付作成のＢに対する平成26年11月16日の強制わいせつ行為及び平成26年12月28日の強姦行為である。その後，平成27年３月27日付作成のＸの不正指令電磁的記録供用行為及び平成27年５月29日付作成のＢに対する平成26年12月７日の強姦行為が顕在化する。更に，取調べの中で，平成27年６月29日付作成のＡに対する平成26年５月６日の強制わいせつ行為とＡを被写体とする児童ポルノ作成行為が顕在化する。

Ｘの所持する携帯電話の解析は，Ａに対するわいせつ行為，児童ポルノ作成行為及びＢに対する強姦行為の端緒となったＢの陰部の画像の存在を証明する。Ｘは，何らかの契機からＢに関心を寄せ「Ｂの承諾を得ることなく撮影していたＢの陰部等の画像」を盗撮等の方法で入手し，Ｂに接近している。

２　裁判所は，量刑理由において，平成26年12月28日，ＸはＢとホテルの一室で７時間弱過ごし姦淫行為の際に「避妊の措置を採らず膣内に射精」したことと，「Ｂの私生活をのぞき見して監視するために判示第６の不正指令電磁的記録供用の各犯行に及んだことを考えると，Ｂに対する性的な執着は尋常ではなく，その非難の程度は高い。」と判示する。

裁判所の判断は，妥当である。

判例66　水戸地裁平成27年12月７日刑事部判決[102)]

【事実の概要】

Ｘ（32歳）は，平成26年９月７日午後３時35分頃，茨城県牛久市内の道路上において，徒歩で通行中のＡ（当時17歳）の背後から女装した状態で近づきスカートをめくり下着の上から両手で尻をつかんで逃走しようとした。Ｘは，その際，追いかけてきたＡに傘で後頭部を叩かれたことに怒りを覚え，Ａの顔面を拳で殴り，背後から抱きついて着衣の上から両手でその両乳房を揉み，Ａに全治約７週間を要する鼻骨骨折の傷害を負わせた。

Ｘは，同月29日午後８時40分頃，茨城県小美玉市内の駐輪場出入口付近において徒歩で通行中のＢ（当時16歳）に女装した状態で近づき，自己の陰茎を露出して示し，Ｂの現金約100円及び財布１個等７点在中の鞄１個（時価合計約２万円相当）を窃取した。

Ｘは，同年10月10日午後10時５分頃，茨城県石岡市内の高等学校北側路上において自転車で通行中のＣ（当時17歳）に女装した状態で近づき，Ｃの口を手で塞ぎ，「大きな声を出すとカバンの中にナイフが入ってるから。刺したくないから。」，「１回やれば帰らせてあげるから。お願い。」等と脅した後，露出していた自己の陰茎を握らせて手淫させ，更に，右手でＣの頭部を引き寄せ唇に接吻した。

Ｘは，同月22日午後11時50分頃，茨城県つくば市内の路上において徒歩で通行中のＤ（当時15歳）の背後から肩をつかみ，振り返ったＤの顔面を拳で殴って路上に転倒させ，Ｄのスカート１着（時価約5000円相当）を剥ぎ取って奪い，Ｄに全治約４週間を要する鼻骨骨折の傷害を負わせた。

Ｘは，同日午後９時35分頃，茨城県石岡市内で女装した状態でＥ（当時13歳）に近づき右手をつかんで引っ張り，露出していた自己の陰茎を握らせた。

【判　旨】

裁判所は，公訴事実を認定し強制わいせつ致傷罪，強制わいせつ罪，公然わいせつ罪，窃盗罪及び強盗致傷罪を適用しＸを懲役10年（求刑懲役12年）に処した。

【研　究】

１　本事案は，13歳，15歳，16歳各１名，17歳２名の女子中高生５名に対する児童期性的虐待のケースである。

裁判所は，争点を⑴第１事件の強制わいせつ致傷罪の暴行内容，⑵第３事件の強制わいせつ罪の脅迫内容，⑶第４事件の強盗致傷罪の犯人性の３点をあげ精査する。

裁判所は，争点⑴第１事件の強制わいせつ致傷罪の暴行内容について，ＡとＸの供述の信用性を検討する。

Aの供述要旨は，「路上を歩いていると，後ろからいきなりスカートをめくられ，尻を両手でつかまれた。その後，被告人が逃げたので，追いかけて持っていた傘で後ろから後頭部を叩いた。すると，振り向いた被告人から顔面を拳で強く殴られた。顔を守るため被告人に背を向けると，後ろから抱きつかれて両手で10秒くらい胸を揉まれた。その際，恐怖で泣いていた。」と言うものである

裁判所は，「証言は流れも自然で破綻がなく，その時々の心情を交えた迫真性が高いものである上，傘で攻撃をしたという自らに不利になりかねない事実も包み隠さず述べられており，互いに面識がないことにも照らせば，争いのある部分のみあえて嘘を述べたとは到底解し難い。また，突然の被害で恐怖から動揺していたとはいえ，後ろから抱きつかれて一定時間胸を揉まれたという被害そのものを，なかったのにあったと勘違いすることも考え難い。尻をつかまれた点についても，Aは，手の平全体でぎゅっとつかまれた，尻に指が入ってくる感じがしたなどと自分の受けた感触に基づいて相当具体的に述べている。しかも，B警察官の証言によると，Aは被害直後に同警察官に上記証言とほぼ同じ内容の申告をしたことが認められ，Aの供述は被害直後から現在に至るまで一貫している。」と判示し，Aの信用性は極めて高いと認定する。

Xの供述は，「背後から抱きついておらず，その状態で乳房を揉んだこともないと断言しながら，Aの乳房を触ったかどうかという重要部分については記憶がはっきりしないと述べる。また，Aが殴られて鼻骨を骨折しているというのに，被告人は，振り向いて咄嗟に手を出すとAのどこかに当たってしまったがその衝撃の程度は分からないなどと，殴り方や感触について不自然であいまいな供述をする。（中略）被告人の供述は，不自然であいまいな部分が多く，他方でそれとは不釣り合いなほど明確に述べる部分もある」と判示し，Aの証言と矛盾する点について信用することができないと認定する。

2　裁判所は，争点(3)第4事件の強盗致傷罪の犯人性について，1.被告人

が被害時刻頃に被害現場付近にいたこと，2.インターネットの検索，3.外見の特徴等について多角的に検討する。

裁判所は，「女子中高生の制服に執着を有する被告人が被害現場付近で被害前後に犯人の行動と完全に重なる行動を取っており，その直後から突然第4事件の被害に関連する単語で執拗に検索を行うなど，通常犯人でなければ取らない一連の行動を取っていたことなどの上記認定の各事実関係は，被告人が犯人でないとしたならば合理的に説明することが極めて困難であり，犯人であることを強く推認させるものである上，被告人の弁解を踏まえても，これを覆す特別な理由がないから，被告人が第4事件の犯人と認めるのが相当である。」と判示する。

3　本事案は，被害者に女装して接近し児童期性的虐待行為に至る点で特徴的である。

被告は，水戸地裁土浦支部平成20年11月17日判決で強制わいせつ未遂罪により懲役3年6月に処せられ，平成24年2月7日刑の執行を終了している。その他に未成年の女性の衣服を取り窃盗罪に処せられ，同種行為を反復し女子中高生に対する性的な執着や犯罪傾向は顕著である。

裁判所は，Aに対する強制わいせつ致傷結果について「手術により顔の目立つ場所に相当期間プロテクターの装着を余儀なくされたのであり，女子高生であった被害者が被った苦痛の大きさは想像に難くない」と判示する。

裁判所の判断は，妥当である。

判例67　福岡地裁田川支部平成28年1月7日判決[103)]

【事実の概要】

里親Xは，平成26年8月17日頃，福岡県内の自宅で里子として養育していたA（当時10歳）の着衣を脱がせ，陰部に手指を入れ，Aの胸及び陰部を舐めた。

【判　旨】

裁判所は，被害者Aの供述の信用性を否定し，公訴事実について犯罪の証明がないとしてＸに無罪を言渡した。

【研　究】

１　本事案は，里子に対する児童期性的虐待のケースである。

本事案は，多くの児童期性的虐待と同様に犯罪事実を証明するのは被害者の供述のみであり，その信用性が争点となる。なお，被害者Ａは，被害を受けた際にＸから二つ折りの携帯電話機で写真を撮影されたというが確認されていない。

事実の経緯は，以下の通りである。

Ｘは，自宅において妻Ｂ，長男Ｃ，長男の妻及び長男夫婦の子らと同居している。Ｘは，児童相談所に里親として登録し，約５年前から小学生ないし中学生の男女７名を里子として受入れている。Ａは，平成23年６月頃から里子としてＸ方で生活をしていた。その後，Ｄ（当時中学３年生）も里子としてＸ方で生活を始め，本件当時，Ｘ夫婦，Ａ及びＤは１階に寝泊まりし，Ｘ夫婦の寝室は建物東側の最も南側の４畳半和室，Ａの寝室は建物東側のピアノがある６畳洋室，Ｄの寝室は建物東側の中では最も玄関に近い６畳洋室であった。Ｃ夫婦及びその子らは，Ｘ方の２階を使用しており寝室も２階にあった。

被害事実に関するＡの法廷供述の概要は，以下の通りである。

平成26年８月17日，ＢとＤは，福岡市にある施設に１泊２日で「おとまり学習会」に出掛けＢとＤは外泊しており，同日夜，Ｘ方にはＸ，Ａ及びＣ夫婦とその子らだけがいた。

同夜，Ａが自己の寝室で布団に入っていた時，Ｘが部屋に入ってきて胸を触られ，なめられ，性器に触ったりなめられ，指を突っ込まれた。更に，Ｘは，胸や性器付近が露出されている状態のＡを機種変更前に使用していた二つ折りの携帯電話機で，10ないし20回くらい写真撮影した。Ａは，Ｘの顔を見ており，携帯電話機で写真を撮影された時には薄目を開けて見ており，白い光が見えカシャっという音で分かった。Ｘが部屋に入ってきたことは，廊下側のガラス戸の開閉時の音で目を覚まし分かったが，寝たふりをして，Ｘ

に止めて欲しいなどと言えば怒られるかもしれないと思い言えなかった。また，Ｘからワンピースの寝間着を首方向に上げられ，パンツは脱がされたが，最後は，Ｘが元に戻してから部屋を出て行った。

その後，寝ている部屋に黒い虫がいたのでＡは，Ｘの寝室に行って，「虫が怖いけん，一緒に寝よう」と言ったところ，Ｘが了承したので布団に入って少し寝てしまった。Ｘが抱っこして自分の寝室に連れて行ってくれ，虫もスプレーで駆除してくれたので１人で就寝した。

Ｘ方で生活していた小学校４年生頃から，Ａは，Ｘに胸を触られたりなめたり，性器を触ったりなめられたり指を突っ込まれたりした。

2　被害事実の顕在化の端緒は，平成26年５月頃及び６月頃の２度に亘り，Ａが当時通学していた小学校の同級生Ｅに，Ｘから性的被害に遭っているという話をし，その話をＥから伝え聞いたＥの母親の指示でＥが更に小学校教諭に伝えた。同年９月８日，小学校で児童相談所職員を交えてケース会議が開かれ，翌９日，登校してきたＡに対し，教諭らが事実確認を行ったところ，ＡがＸから性的被害を受けていると話したので，児童相談所はＡを保護する手続を行った。

同月11日，児童相談所職員らは，Ｘ方を訪問したところ，Ｘは同月16日まで北海道へ出張中で不在であったので，妻ＢにＡを保護した経緯を説明した。同月16日，児童相談所職員Ｆは，Ａと面接して性的被害の内容について聞き取りを行った結果，児童相談所は，Ａの述べる被害内容は信用できると判断した。同月17日，児童相談所職員Ｇ係長らは，Ｘ方を訪問し，ＸからＡに対する性的行為の有無について聞取り調査を行ったが，Ｘは，Ａに対する性的行為を否定した。Ｇ係長は，Ｘから機種変更前に使用していた二つ折り携帯電話機の提示を受け，確認したが性的な画像は発見されなかった。その後，同携帯電話機は，Ｘの了解を得てＢが廃棄し現存していない。

また，同日，児童相談所は，Ａを産婦人科医に受診させたが性器や膣に傷等は見当たらないとの診察結果であった。

3　裁判所は，Ａの供述の信用性判断に際し，以下の疑問点を提示する。

平成26年8月17日，児童期性的虐待被害を受けた際の対応について「直接に被告人に抗議するなどの積極的な抵抗はできなくとも，被告人からわいせつ行為の被害を受けないようにすべく，目を覚ましたような素振りを示すなどの行動に出ていないことは疑問である。とりわけ，寝間着を首方向に上げられたり，パンツを脱がされたりする際には，わいせつ行為の被害を受ける危機が迫っていることを明確に認識できるはずであり，上記のような行動に出ることは容易かつ可能と考えられる。もちろん，本件少女の年齢，発育状況等から，一般的な大人に比して判断力に未熟な側面があることは明らかであるが，本件少女がこうした被害を甘受しなければならないと誤解していたなどの特殊な事情が認められるわけではないし，本件公訴事実の時期までに数か月以上の期間に亘り，何度もわいせつ行為の被害を受けていたというのであるから，初期の頃はともかく，繰り返されるわいせつ行為に対する自衛策を次第に考え，上記のような方法によってなるべくわいせつ被害を受けないようにすることは十分に可能であったと考えられる。」と判示する。

平成26年8月17日，児童期性的虐待被害を受けた後，寝室に虫がいたのでXの部屋に行ったことについて「自分が寝ている部屋に虫がいることがわかった際に，被告人ではなくC夫婦に虫の駆除を依頼することも不可能ではなかったと考えられるが，そのような行動には出ずに，被告人寝室に赴いている。また，C夫婦に依頼することが現実的には困難（当時のC夫婦の所在場所は明確ではないが，本件少女はC夫婦らが寝室にする2階には出入りしないように指導されていた）で，被告人を頼るほかないと考え，被告人寝室に行ったにせよ，虫の駆除のみを依頼することもなく，一緒に寝ようなどと言ったという点は，被害を受けた者の行動としては不自然である。本件少女は，起きていればわいせつ被害に遭わないと考えていた旨を述べるが，一緒に寝ようなどと発言した上，現実に被告人のそばで寝入ってしまったというのであるから，起きていれば再び被害を受ける可能性はないと認識していたという説明によっても，本件少女の上記行動の不自然さは解消されない。」と判示する。

裁判所は，そのうえでＡの供述について「面接時に本件少女がＦ職員に話した内容と当公判廷でのそれとの間で，本件公訴事実の根幹部分については，当時の着衣の点を除いては一貫していると言えるものの，そもそも本件公訴事実の根幹部分についての本件少女の供述は比較的単純な内容であり，体験した者でなければ一貫した供述ができない内容であるとはいえないし，また，繰り返しわいせつ被害を受けたとする点についての頻度や，本件公訴事実当日の就寝時の着衣の点については，当公判廷における供述とは異なっている部分がある。さらに，供述の根幹部分に一貫性があるとしても，先に指摘した供述内容の不自然さを払拭し切れるものではない。そうすると，Ｆ職員の供述や，同人と本件少女の面接時と公判廷での供述の一貫性に関する点を考慮しても，本件少女の供述に十分な信用性を認めるに足りない。」と判示する。

平成26年８月17日，児童期性的虐待被害前後のＡの対応についての裁判所は，非常に論理的な分析であるが，児童期性的虐待の被害者の特性についての理解を全く欠如するものである。

児童期性的虐待被害者は，反復される加害者との関係性において依存する傾向があり，論理的な行動様式が困難である特性がある。

4　裁判所は，児童相談所の心理職専門家のＡとの面接内容について「Ｆ職員は児童心理の専門家であり，その意見は軽視できないところであり，また，他の児童相談所職員で，上記面接の様子を観察していたＧ係長も，当公判廷で，Ｆ職員と同様に本件少女の面接時の供述を信用できると判断した旨を述べているところではあるが，Ｆ職員は，当公判廷で，本件少女の供述内容に含まれる不自然な点，すなわち，被害を受けた直後に被告人寝室に赴いたことについての考え方を問われても，「本人の口からなるべく誘導しないで，あったことを語らせることが目的であって真実かどうかを判断することが目的というわけでもない」ので掘り下げて検討はしていない旨を述べていることからも明らかなとおり，本件少女に対し児童相談所が行う行政手続のために，本件少女から被害内容を聞き取って，限られた時間と資料を基に迅速に判断すべき状況下で，結論的には本件少女の供述を信用することにしたものと解されるのであって，被告人に対する刑罰権の発動をするか否かを第一次的な判断対象とする本件の刑事裁判手続とでは，根拠となる法令，付与されている権限はもとより，その目的や効果も異なることから，児童相談所の行政手続と刑事裁判手続で，対象者の供述の信用性判断の基準が異なることはむしろ当然である。」と判示する。

裁判所は，「児童相談所の行政手続と刑事裁判手続で，対象者の供述の信用性判断の基準が異なることはむしろ当然である。」と判示するが，それは自明の理であり，裁判所が児童相談所の見解を排除するのであればその根拠を示すべきである。

5　裁判所は，客観的証拠の欠如する審理においては被害者及び加害者双方の供述の信用性を検討すべきであるとする。

客観的証拠としては，Ｘの利用していた携帯電話機のデータは有力な証拠である。児童相談所の係長が，当該携帯を確認し性的な写真の現存は確認できなかったが，同機をＸの妻が廃棄した。Ａの供述を検証するためにもＸの携帯電話機は，重要な証拠である。

裁判所は，犯罪の証明がなされておらず無罪との判断を示した。結論の妥当性は，認めるが，裁判所のＡ供述の信用性判断には疑問を禁じ得ない。

判例68　水戸地裁土浦支部平成28年３月23日判決[104)]

【事実の概要】

県立中等教育学校技術科教諭でバレーボール部顧問のＸ（36歳）は，平成25年９月23日午後２時頃から３時頃までの間，同校の体育館２階体育室おいて前期課程２年生Ａ（当時14歳）に対しマッサージをするように見せかけ床に仰向けに横たわらせタオルをＡの腹部から大腿部にかけて被せた。Ｘは，タオル内に手を差し入れＡのＴシャツを引っ張り出して腹部を直接手で押しながら下着のパンツの中に手指を差し入れて陰部をもてあそんだ。Ｘは，更に，同日午後３時20分頃，体育館２階体育室においてＡにマッサージをするように見せかけ逃げようとするＡのＴシャツの裾をつかんで床に仰向けに横たわらせタオルをその腹部から大腿部にかけて被せた。Ｘは，タオル内に手を差し入れＡのＴシャツを引っ張り出して腹部を直接手で押しながらＡの下着のパンツの中に手指を差し入れて陰部をもてあそんだ。

Ｘは，平成25年９月23日午後２時頃から３時30分頃までの間，同校の体育館２階体育室において前期課程２年生Ｂ（当時13歳）に対しマッサージをするように見せかけ床に仰向けに横たわらせタオルをＢの腹部から大腿部にかけて被せた。Ｘは，タオル内に手を差し入れＢのＴシャツの裾を引っ張り出し，右膝を立てて抵抗するＢの足をつかんで伸ばし，腹部を直接手でさすりながらＢの下着のパンツの中に手指を差し入れて陰部をもてあそんだ。

Ｘは，平成25年８月４日夜頃，同校の本館校舎１階保健室において前期課程１年生Ｃ（当時13歳）にマッサージをするように見せかけソファーに仰向けに横たわらせタオル又はタオルケットをその腹部から大腿部にかけた。Ｘは，タオル又はタオルケット内に手を差し入れＣのＴシャツの上から腹部を手で押した後，ＣのＴシャツ及びタンクトップをたくし上げ腹部を直接手で押しＣの下着のパンツの中に手指を差し入れて陰部をもてあそんだ。Ｘは，更に，翌５日昼頃，同校の体育館２階器具庫(1)において体調不良により練習を休みＸの指示により同所にあった長机の上に仰向けに横たわっていたＣにマッサージをするように見せかけ，タオル又はタオルケットをその腹部から大腿部にかけて被せた。Ｘは，タオル又はタオルケット内に手を差し入れＣのＴシャツの上から腹部を手で押した後，Ｔシャツの裾を引っ張り上げて腹部を直接手で押しながらＣの下着のパンツの中に手指を差し入れて陰部をもてあそんだ。

Ｘは，平成25年８月下旬頃の夕方頃，同校の体育館２階体育室において前期課程１年生Ｄ（当時13歳）にマッサージをするように見せかけ床に仰向けに横たわらせタオルをその腹部辺りから大腿部の上辺りにかけて被せた。Ｘは，タオル内及びＤのポロシャツ内に手を差し入れ腹部を直接手で押しながらＤの下着のパンツの中に手指を差し入れて陰部をもてあそんだ。

Xは，平成25年7月下旬頃から同年8月中旬頃までの間，同校の体育館2階器具庫(1)において後期課程2年生E（当時17歳）にマッサージをするように見せかけて同所にあった長机の上に仰向けに横たわらせた。Xは，タオルをEの腹部から大腿部にかけて被せタオル内に手を差し入れEのTシャツの裾をめくり上げ腹部を直接手で押した後，Eのゲームパンツの中に手を差し入れ腹部を直接手で押しながら，Eの下着のパンツの中に手指を差し入れて陰毛及び恥丘をもてあそんだ。Xは，更にその日から数日後，同校の体育館2階体育室においてEにマッサージをするように見せかけ床に仰向けに横たわらせタオルをその腹部から大腿部にかけて被せた。Xは，タオル内に手を差入れEのTシャツの裾をめくり上げ腹部を直接手で押しながら，Eのジャージズボン及びゲームパンツの中に手を差し入れ下着のパンツの中に手指を差し入れて陰毛及び恥丘をもてあそんだ。

Xは，平成25年5月頃から同年6月頃までの間，同校の体育館2階器具庫(1)において後期課程1年生F（当時15歳）にマッサージをするように見せかけて同所にあった長机の上に仰向けに横たわらせた。Xは，タオルをFの腹部から大腿部にかけて被せタオル内に手を差し入れFのTシャツ及びキャミソールの裾を引っ張り上げ腹部を直接手で押した後，Fのジャージズボン及びゲームパンツを股付近まで引き下げFのスパッツ及び下着のパンツの中に手指を差し入れて陰毛及び恥丘をもてあそんだ。

Xは，平成23年6月中旬頃から同年夏頃までの間，同校の体育館2階器具庫(1)において前期課程2年生G（当時14歳）にマッサージをするように見せかけて同所にあったスパイク台の上にうつ伏せに横たわらせた。Xは，GのTシャツの裾をめくり上げ背中や腰を直接手で押しながらGのゲームパンツ及び下着のパンツの中に手指を差し入れて臀部をもてあそび，更にGのゲームパンツ及び下着のパンツをつかんで引き下げて臀部を露出させ臀部をもてあそんだ。

【判　旨】

裁判所は，公訴事実の全てを認定し強制わいせつ罪を適用してXを懲役8

年６月（求刑懲役13年）に処した。

【研　究】

1　本事案は，中高一貫の県立中等教育学校教諭でバレーボール部顧問Ｘ（36歳）による前期課程５名及び後期課程２名の女子部員に対する児童期性的虐待のケースである。

Ｘは，平成23年６月中旬頃から平成25年９月23日までバレーボール部所属７名の女子部員に計10件の児童期性的虐待である強制わいせつ行為を反復していた。

争点は，被害者７名の供述の信用性及び加害者Ｘの供述の信用性である。

裁判所は，７名の供述を一人一人精査し，各自の供述の信用性を肯定した。他方，裁判所は，Ｘの供述に対しては「男性の教職員が，部活動の顧問とはいえ，思春期の中学生又は高校生に当たる女子部員らに対して，その衣服を引き出したりした上で，直接腹部や腰部に触れるマッサージをするということは，常識に照らし，よほどの必要性のない限り，学校内においてセクシャルハラスメント等として問題になりうる行為であり，被告人自身も，そのことは容易に理解していたというべきである。（中略）被告人は，女子バレーボール部の他の顧問教諭らの前では，直接腹部に触れるマッサージには及んでいないことが認められ，これらを併せ考慮すれば，被告人の前記Ａらに対する直接肌に触れるマッサージは，本来直接肌に触れる必要性が乏しいにもかかわらず，マッサージを口実に，前記Ａらの肌に直接触れるという行為に及んだのであろうとの強い疑いを生じさせる。したがって，前記Ａらに対するマッサージを理由に，陰部や臀部等に対するわいせつ行為やその意図を否定する被告人供述を信用することはできない。」と判示し，信用性を否定する。

2　部活動顧問による児童期性的虐待は，教師と生徒との身分関係を介在とした支配性の顕著な虐待であり，顧問への信頼性から虐待の事実を部員の中で共有することは困難である。

例えば，Ｆ（当時15歳）は，「友人関係がうまくいかずに学校に行けなかった際，当時クラス担任であった被告人に相談に乗ってもらったことを機に，被告人のことを特に信頼していた（中略）Ｆ自身がマインドコントロールされていたと表現するほどに厚い信頼を被告人に寄せており，被告人がわいせつなことをするはずがないから，自分が受けた行為をマッサージだと思い込むようにして，被害を打ち明けず」にいたと供述する。

Ｇ（当時14歳）は，「やめてくださいと言ったり抵抗したりしたら被告人が怒ると思ったのでしなかった，わいせつ行為だと思ったが，校内だし相手も先生だったのでわいせつな行為がそこで行われるはずがないと考え，かなり混乱していた，わいせつな行為をされたと打ち明けたときの学校生活や周囲の人間関係への影響を被害後数日間考えた結果，打ち明けると（＝筆者注＝学校に）いづらくなるなどと考え，被告人にされたことはマッサージだったんだと思い込ませることにより混乱している自分を落ち着かせようとした」と供述する。

７名の被害事実の顕在化は，平成25年９月23日練習試合終了後，Ａ及びＢが被害事実を共有し，他の同級生の部員にも被害を打ち明け，部員間で被害に遭ったことの対処方法を話し合い，その日のうちにそれぞれの保護者に被害内容を伝えるに至ったことにある。

その後，Ｃは，Ｄから平成25年９月，被害事実を打ち明けられ互いの被害事実を共有したが，親に話して警察に相談しようかと相談をしたが，親の反応が怖く話しづらいことなどから，なかったことにしようということになった。平成26年１月頃から校内でＸがわいせつ事件を起こしたとの噂が飛び交い，同年２月に当時のキャプテンの母親からわいせつ被害を受けたことがあるか尋ねられ，わいせつ被害に遭ったことがあると話した。

Ｆは，平成26年６月上旬学校に来た警察官に被害の有無を尋ねられた際，Ｘをかばおうと思って被害内容を申告しなかったが，その後，信頼している部活の先輩Ｅから自分と同様の被害に遭っていたと打ち明けられたのを契機として，Ｅ及び両親に被害を打ち明けるに至った。

Ｇは，平成26年６月の全校集会でＸが強制わいせつ罪で捜査を受けていることを初めて知り，平成23年6月中旬頃から同年夏頃までの前期課程2年生のときにされたことが頭に浮かび，その日のうちに母親にわいせつな行為だと疑うことがあったと話したが，恥ずかしかったので臀部を直接触られたということは言わなかった。Gは，同年9月頃，母親が立ち会った状況でXが他の部員にマッサージをしている様子を見たことがあるかということで警察に呼ばれて話をしていた際，警察官にXからわいせつな行為をされたことがあるかと聞かれ，直接臀部を触られたと申告した。

3　中高一貫6年教育の県立中等教育学校の前期課程在学中の被害者5名は，4年次への進級を含め教諭兼部活顧問との関係は支配・被支配の典型的な従属関係のもとにあり被害事実の顕在化は上記のように非常に困難状況下にあった。

被害者は，それぞれ「何をされているか分からなくてパニックになり両手で顔を覆った，どうすればいいか分からず，抵抗することも逃げることもできなかった」，「信頼している被告人にそのような行為をされたことがショックで気持ちの整理がつかず，頭の中が真っ白になり抵抗できなかった」，「楽しい雰囲気を崩したくなかったし，自分のほかに同じ事をされた人がおらず打ち明けても信じてもらえないなどと考え，誰にも打ち明けないでいた」，「頭の中が真っ白になり少しパニックになった，周りにいた部員に助けを求めようと思ったが，体が固まって動かず声も出なかった」，「嫌だと思ったが，マッサージであり抵抗するのは失礼だと考え，我慢しなければという気持ちだった」，「すごく信頼していたので，マッサージだと思ったが，いやらしいことをされたという気持ちは完全には払拭されないでいた」，「恥ずかしくて驚いていた，やめてほしいと思ったが，やめてくださいと言ったり抵抗したりしたら被告人が怒ると思ったのでしなかった，わいせつ行為だと思ったが，校内だし相手も先生だったのでわいせつな行為がそこで行われるはずがないと考え，かなり混乱していた，わいせつな行為をされたと打ち明けたときの学校生活や周囲の人間関係への影響を被害後数日間考えた結果，打ち明けると（＝筆者注＝学校に）いづらくなるなどと考え，被告人にされたことはマッサージだったんだと思い込ませることにより混乱している自分を落ち着かせようとした」として被害直後に自からの処理を強いられている。

捜査機関の児童期性的虐待行為認知の発端は，Ａ及びＢの被害届の受理に始まり，平成26年６月上旬，同校での警察官による被害状況の確認が行われ，Ｅは被害事実を述べ，Ｆは被害事実を申告せず，部活の先輩Ｅから自分と同様の被害に遭っていたと打ち明けられたのを契機にＥ及び両親に被害を打ち明けるに至った。Ｇは，平成26年９月頃，母親立会いの下，警察官に直接臀部を触られたと申告した。

各自の供述は，部活動の顧問教諭による児童期性的虐待行為を受けた被害児の心境が語られ，支配・被支配関係性の下での行為の残忍性を明示する。

裁判所の量刑判断は，７名の被害者の今後の成長過程にも配意するとき軽きに失すると思慮する。

4　東京高裁平成28年10月12日第８刑事部判決は，被害者７名の原審供述を精査し，「原判決の判断には論理則，経験則等に照らして不合理な点がなく，正当なものと評価することができる。すなわち，各被害者は具体的にかつ迫真性をもって自らの受けた被害状況を明確に供述している上，虚偽のわいせつ被害を作出してまで被告人を陥れるような動機は何らうかがわれないのであって，被害申告に至る経過もそれぞれの事情に応じて自然なものであり，被害者の一部については警察に被害申告をするに至る経緯について，関係者の供述による裏付けもあることなどからすれば，各被害供述の信用性は高い。他方で，被告人の供述は，原判決の指摘するとおり，あいまいで不合理な内容のものであり，到底信用することができない。そうすると，各被害者の供述に基づいて原判示事実を認定した原判決の判断に誤りはない。」と判示し，事実誤認を理由とする被告人の控訴を棄却した[105)]。

なお，水戸地裁土浦支部平成30年７月18日判決は，前期課程に在学していた４名及びその父兄６名から提訴された損害賠償請求に対し設置責任者被告県に教育環境配慮義務違反があったと認定し，原告らの請求を一部認容し1,092万円余の支払いを命じた[106)]。

判例69　神戸地裁姫路支部平成28年5月20日刑事部判決[107)]

【事実の概要】

X（59歳）は，自己の経営する学習塾において指導する女子中学生6名に対して強制わいせつ行為を計13件，そのうちの5件の際に児童ポルノを製造した。

Xは，3回にわたりAの衣服を脱がせ，陰部等を手指で触ったり舐めたり，胸を直接揉んだ。

Xは，3回にわたりAに性器等を露出させる姿態及びXがAの性器等を触る行為に係る姿態をとらせ，ビデオカメラで動画撮影し，電磁的記録を同カメラ内蔵のハードディスクに記録して保存し，児童ポルノを製造した。

Xは，Bのズボンを脱がせ，両足を広げた下着の上からBの臀部，陰部等を触り，上衣をめくり上げ，胸を直接揉んだ。

Xは，Cのスカートをめくり上げ，両足を広げた下着の上からCの陰部，臀部等を触った。

Xは，Dのズボンを脱がせ，上衣をめくり上げ背後から両手でその両胸を直接揉み，下着の上からDの陰部等を触った。Xは，Dのズボンを脱がせ，下着の上から陰部等を触り，下着をめくって陰部等を露出させ，上衣をめくり上げ背後から両手でDの両胸を直接揉んだ。

Xは，E（当時12歳）のズボンを脱がせ，下着の上からEの陰部等を触り，下着をめくって陰部等を露出さた。Xは，Eの上衣を無理矢理めくり上げEの胸を直接触んだ。

Xは，2回にわたりFの半ズボンを脱がせ，下着をめくって陰部等を露出させ，陰部付近等を触り，太ももを舐めた。

Xは，2回にわたりFに性器を露出させる姿態等をとらせ，ビデオカメラで動画撮影し，電磁的記録を同カメラ内蔵のハードディスクに記録して保存し，児童ポルノを製造した。

【判　旨】

裁判所は，公訴事実を認定し強制わいせつ致傷罪及び児童買春，児童ポルノに係る行為等の規制及び処罰並びに児童の保護等に関する法律を適用しXを懲役７年（求刑懲役８年）に処した。

【研　究】

1　本事案は，塾の教師による女子中学生６名への児童期性的虐待のケースである。

Xは，平成20年から平成27年までの間，自分を信頼している大人しい生徒を選び，マッサージを口実に体に触れ反応を確かめながら強制わいせつ行為を反復し，常習性が認められる。更に，Xは，被害者らから発見されないようにビデオカメラを設置し，その状況を動画撮影し５回にわたり児童ポルノを作成している。

2　教師と生徒との関係性は，被害の顕在化を阻むとともに継続性をもたらす。公訴提起されたのは，13件の強制わいせつと５件の児童ポルノ製造であるが，報道によると自宅から押収したDVDなどの映像から被害者は15年間に15人以上に及んでいる[108]。

裁判所の判断は，妥当である。

判例70　熊本地裁平成28年６月29日刑事部判決[109]

【事実の概要】

X（23歳）は，平成27年２月15日午前５時37分頃から６時30分頃までの間，熊本市内のホテルの客室においてA（当時17歳）に覆い被さり，腕を掴んで性交した。

X（23歳）は，平成26年11月24日午前２時頃から午後３時頃までの間，B（当時16歳）及びその友人を自らが運転する自動車に乗車させて走行していた際，熊本市内のタクシー乗り場に停車中の同車内においてBの友人に嘘を言って同車から降車させた後，自車を発進させてBを自宅まで連れ去った。Xは，自宅においてBを押し倒して覆い被さり両手首を押さえつけ，「声出したら中出しするぞ。」等と言ってから性交した。

【判　旨】

裁判所は，Aに対する公訴事実のみを認定し強姦罪を適用してXを懲役4年（求刑懲役10年）に処した。

【研　究】

1　本事案は，A及びBに対する児童期性的虐待のケースである。

裁判所は，強姦罪である本件の争点を暴行の有無であるとして，性交場所がいわゆるラブホテルでありそこに行くまでの経緯をも踏まえてAとXの供述の信用性を検討する。

Xは，平成27年2月初め頃，LINEのチャットで「一言まじなめすぎ　なめられすぎだけん　お前まじ探さすっけん」,「お前ん彼氏殺すね」等のメッセージをAに送信してきた。Aは，ラウンジでのアルバイトが終了した同月15日午前3時過ぎ，Xから「いますぐでてきて　店に年ばらさなんごっなる」,「からしまえきに一人できて」とのメッセージを受信し，怖いと思いながらも一緒にアルバイトをしていた友人と共にXと会った。Xは，Aが友人と一緒に来たことに腹を立てて友人に対して殴るなどと言ったために友人が泣き出したのでX人と二人きりで話をせざるを得なくなり，駐車場まで自動車で移動した後，ホテルに入室した。

裁判所は，Xの同意に基づく性交との主張を排斥し，Aの供述の信用性を認定し，暴行を手段とする性交であるとして強姦罪の成立を認めた。

2　裁判所は，強姦罪である本件の争点を暴行脅迫の有無であるとして，強姦罪の被害申告をしたBの供述の信用性を検討する。

裁判所は，Bの供述について「告訴人が，公判廷において，被告人との性交状況に関して，自己が認識して記憶したことをありのままに供述しているのかにつき疑問がある」と判示し，信用性を否定し，強姦罪の成立を否定し，無罪を言渡した。

3　裁判所は，被害者の供述の信用性について精査し，強姦罪の成否を検討し，Xに対する強姦罪のみ認定する。

裁判所の判断は，妥当である。

判例71　横浜地裁平成28年７月20日第４刑事部判決[110)]

【事実の概要】

ベビーシッターＸ（24歳）は，平成24年11月25日頃，男児Ｅ（当時５歳）を全裸の状態で，目や口等にガムテープを貼り付け，両手首にひもを巻き付けて緊縛し，Ｅの陰のうを手指でつかみ，さらに，陰茎及び陰のうにひもを巻き付けて緊縛し，陰茎の包皮をむいた。

Ｘは，平成25年３月31日頃及び同年４月21日頃，Ｅ（当時５歳）を全裸又は下半身裸の状態で陰茎を露出させた。

Ｘは，平成24年11月25日頃，女児Ｄ（当時１歳）を下半身裸の状態で陰部を露出させた。

Ｘは，平成24年11月29日頃，男児Ｆ（当時２歳）を下半身裸又は全裸の状態で陰茎を露出させた。

Ｘは，平成24年12月13日頃，男児Ｈ（当時３歳）を全裸又は下半身裸の状態で陰茎を露出させ，平成25年１月３日頃及び同年４月10日頃，下半身裸の状態のＨの口等にガムテープを巻き付けて緊縛し，陰茎を露出させたり全裸の状態で陰茎を露出させた。

Ｘは，平成24年12月20日頃，男児Ｇ（当時４歳）を全裸の状態で陰茎を露出させ，その後，下半身裸の状態で陰茎及び陰のうにひもを巻き付けて緊縛し陰茎を露出させた。

Ｘは，平成25年３月10日頃，男児Ｃ（当時生後８か月）のおむつを引き下げて陰茎を露出させ，包皮をむきＣに全治約５日間を要する亀頭包皮炎の傷害を与えた。

Ｘは，平成25年８月25日頃，女児Ｉ（当時１歳）を全裸の状態で両脚を開かせて陰部を露出させた。

Ｘは，平成25年10月23日頃，男児Ｂ（当時生後４か月）を下半身裸の状態で陰茎を露出させた。

Ｘは，平成25年10月27日頃，男児Ａ（当時２歳）をほぼ全裸の状態で陰茎を露出させ，平成26年３月15日頃，Ａの陰茎をひもで縛り，その包皮をむいた。

【判　旨】

裁判所は，公訴事実の全てを認定し強制わいせつ罪及び強制わいせつ致傷罪を適用してXを懲役26年（求刑無期懲役及びスマートフォン等の没収）に処した。

【研　究】

1　本事案は，ベビーシッターとして自己の世話をする生後4か月から5歳までの男児7名及び1歳の女児2名計9名に対する児童期性的虐待及び男児2名に対する身体的虐待・ネグレクトのケースである。

Xは，各児童期性的虐待行為をデジタルカメラやスマートフォンで撮影し，静止画データ合計168点を電磁的記録媒体であるノートパソコンのハードディスク内に記録して保存し，児童ポルノを製造した。

Xは，自己のベビーシッターとしての立場を利用し世話をする幼少の男児及び女児を対象にマンツーマンの状況で児童期性的虐待を常習的に反復しており所謂幼児性愛（pedophilia）である。

本事案で刑事訴追されたのは，男児7名及び女児2名計9名であるが作成された児童ポルノには多数の氏名及び年齢不詳の映像が保存されており潜在化された被害児の存在がある。

2　本事案は，身体的虐待及びネグレクトをも包含する。男児A（当時2歳）及び男児B（当時生後9か月）の兄弟は，嘗てトラブルのあったXがベビーシッターとは知らず母親が第三者を介し預け，Aは殺害され，Bは遺棄されている。

裁判所は，検察官の量刑不当とする控訴に対して，「本件殺人は，単なる偶発的なものではもちろんなく，それ自体生命軽視の態度の表れとみることのできる本件わいせつ誘拐と密接に関連し，小児性愛の性的な嗜好に基づいて強制わいせつ等の犯罪にわたる行為を繰り返してきたことを背景とするものである。被告人の生命軽視の態度には甚だしいものがあり，その犯情は極めて重いというべきである。本件わいせつ誘拐を本件殺人の重要な犯情事実と捉え，その生命軽視の態度の程度を適切に評価するならば，本件殺人は，殺人の中でも最も重い又はそれに準ずる部類に属するというべきである。原判決は，本件殺人の犯情評価に当たって本件誘拐との関連性の意味，程度を検討するに際し，本件誘拐が乳幼児を対象としたわいせつ行為を目的としたものであることから，被告人の生命軽視の態度を示すものであるのに，それが重要な犯情事実となるという位置づけを的確に行うことができず，本件殺人の犯情の重さに対する評価に足りない面があったというべきである。（中略）本件殺人の犯情について上記のような評価をした上，本件わいせつ誘拐によりＡとともに誘拐したＢに対する保護責任者遺棄致傷の犯行も，被告人の生命軽視の態度をうかがわせるものといえること，ベビーシッターという立場を悪用して行った他の強制わいせつ致傷，強制わいせつ，児童ポルノ製造等の犯行もそれ自体も相当悪質なものであることを考え併せ，さらに，一般情状も被告人に有利に評価できるものが僅かであること（この点に関する原判決の判断は相当である。）も考慮すれば，本件では無期懲役を選択すべきであるとの検察官の主張も相応の根拠があるというべきである。しかし，本件は，わいせつ行為をするために行きずりの被害者を拉致し，わいせつ，姦淫行為に及ぶ際に被害者を殺し，あるいは，その殺害方法が残虐で，死体の損壊，遺棄を伴うなどしたものではなく，無期懲役以上の処罰でなければ不合理であると断じるほどではないこと，有期刑の実刑刑期の量刑判断にはある程度の裁量の幅があること，裁判員が関与する量刑判断にあっては，量刑に国民の多様な視点が反映されることにより，より広い幅の中で量刑判断がされることも許容されると考えられることに照らすならば，被告人を懲役26年に処した原判決の量刑判断は，やや軽いとは思われるものの，有期懲役刑の上限に近い量刑であることをも考慮すると，それが軽過ぎて裁量の幅を逸脱した不当なものであるとまではいえない。」と判示する。

3　裁判所の量刑判断は，ベビーシッターと乳幼児との関係性を考慮するとき若干軽きに失する怖れもあるが，「裁判員が関与する量刑判断にあっては，量刑に国民の多様な視点が反映されることにより，より広い幅の中で量刑判断がされることも許容される」との視点にも配意すれば一定の妥当性を有するものである。

判例72　福岡地裁小倉支部平成28年10月３日第１刑事部判決[111)]

【事実の概要】

X（46歳）は，平成27年１月31日午前10時頃，実家の前で遊びに来た元妻の連れ子男児の同級生Ａ（当時10歳）に「ボールを取ってきてくれんか。」等と話しかけてＡをＸ宅まで徒歩で移動させ，自己の使用する軽四輪乗用自動車に乗車させ，午前10時25分頃，誰もいない従業員寝泊舎に連れ込んだ。Xは，午前11時頃，従業員寝泊舎２階西側和室において，Ａを押し倒し，口を手で塞いでからＡの陰部及び肛門に指を出し入れし，口淫をさせて射精した。Xは，射精したため姦淫を遂げなかった。

Xは，叫び声を上げたＡの口を手で塞ぎ，頚部を手で圧迫して意識を失わせ，間もなく，意識を回復したＡは再び叫び声を上げて逃げようとした。Xは，仰向けに倒したＡの頚部を手で強く圧迫して窒息死させてた。

Xは，午前11時40分頃，従業員寝泊舎においてＡの遺体をトートバッグに押し込め，自車の荷台に載せて実家まで運搬し，午後１時15分頃，２階南西側押し入れの中に隠匿した。

【判　旨】

裁判所は，公訴事実を認定しわいせつ誘拐罪，強姦致死罪，殺人罪及び死体遺棄罪を適用してXを無期懲役に処した。

【研　究】

１　本事案は，子どもの同級生に対する児童期性的虐待及び身体的虐待のケースである。

Xは，わいせつ誘拐の意思，姦淫の意思及び殺意を否定し，強制わいせつについては被害者の同意があったと主張する。

裁判所は，姦淫の事実は否定するがXの他の主張を排斥し，他の公訴事実を認定する。

本判決には証拠についての詳細な記載がなされていないが，控訴審は弁護人の事実誤認の主張に対し，「記録を調査し，当審における事実取調べの結果と併せて検討する」と判示し，以下の事実を挙げる。

犯行現場である従業員寝泊舎の状況は，「２階西側和室の床に敷かれていた電気カーペットには，約10cm四方の血痕が付着しており，その近くには，最近破損したとみられるプラスチック製かごの破片，老朽化した荷造り用テープ片が散乱していた。」というものである。

Ａの着衣の状況は，「被害者のワンピースの背面内側の裾中央と左側には，こすれたようにした血痕が付着し，上記荷造り用テープ片とみられる黄色ナイロン繊維が強く絡みつき，ワンピースの前面左裾部には，縦約15cm，横約20cmの範囲に被告人の精液が付着していた。また，被害者のコートの前面下方の裾付近には，右側に縦約10cm，横約2,3cmの範囲に，同左側に縦横とも約２cmの範囲にそれぞれ被告人の精液が付着していた。」というものである。

Ａの遺体の状況は，「陰部付近に出血を伴う裂創があり，食道や胃の内容物に精子があることが確認された」というものである。

2　控訴審は，姦淫意思を推認させる客観的事実として，「被告人が，被害者の陰部や肛門に指を出し入れし，口淫をさせたほか，身体を押さえ付けて，腰部付近でも射精していた事実は，被告人が姦淫までも求めて行動していた事実を推認させる。」と判示する。

Ｘの姦淫意思は，Ａの遺体の食道や胃の内容物に精子が存在した事実とを照合すれば明白である。

3　裁判所は，累犯前科として「〔1〕平成９年８月29日那覇地方裁判所名護支部で傷害罪により懲役８月（３年間執行猶予，平成12年２月８日その猶予取消し）に処せられ，平成24年３月23日その刑の執行を受け終わり，〔2〕平成12年１月20日那覇地方裁判所で強姦致傷，強盗の罪により懲役４年に処せられ，平成23年７月23日その刑の執行を受け終わった。」との２件を挙示する。

控訴審は，「平成12年，23歳の女性を強姦したことを含む罪で懲役４年に処せられると同時に，16歳の女性に対する強姦未遂，９歳の女児に強姦に及んで未遂に終わりながら傷害を負わせた強姦致傷，11歳の女児を強姦した上傷害を負わせた強姦致傷を含む罪で懲役８年に処せられている。」と判示し，Ｘの幼女に対する性的関心を指摘すると共に，性犯罪防止のため社会復帰後も定期的に警察と連絡をとっていた事実を摘示する。

裁判所の判断は，妥当である。

判例73　山形地裁平成29年７月４日刑事部判決[112)]

【事実の概要】

Ｘ（62歳）は，Ｙと金銭の支払いのもと肉体関係を継続していた。Ｘは，平成27年11月16日午前９時58分頃から午前11時31分頃まで，Ｙの娘Ａ（当時13歳）に，自己を相手に性交類似行為をさせた。

Ｘ（63歳）は，Ａが実母Ｙの要求を拒めないことを承知のうえでＹに対し現金を対償として供与する約束をして，Ａを連れてくるように依頼した。Ｘは，平成28年９月２日午前10時頃，Ｙに天童市内の駐車場内にＡ（当時14歳）を連れてこさせ，同日午前11時７分頃から午後零時28分頃までの間，山形市内のホテルの一室において，Ｙ立会の下，Ａにゲーム機及びゲームソフト（販売価格合計１万5260円）を対償として供与してＡと性交した。

Ｘは，Ｙと共謀の上，同日午前11時19分頃から11時27分頃までの間，上記ホテルの一室において，Ａに自己の陰茎を触らせる姿態及びＡの胸部を露出させた姿態などをとらせ，Ｘ及びＡが使用するタブレット端末の動画撮影機能を使用して動画撮影した。

【判　旨】

裁判所は，公訴事実を認定し児童買春について児童買春，児童ポルノに係る行為等の規制及び処罰並びに児童の保護等に関する法律４条，２条２項３号，児童に淫行をさせる行為について児童福祉法60条１項，34条１項６号を適用してＸを懲役３年（求刑懲役４年）に処した。なお，共犯である実母Ｙ

についての量刑は，不明である。

【研　究】

1　本事案は，実母Ｙの知人男性ＸによるＡ（当時13歳ないし14歳）に対する児童期性的虐待のケースであり，共犯である実母立会の下になされたものである。Ｘは，Ｙと金銭を媒介に性的関係を継続し，Ｙの金銭欲につけ込んで軽度の精神発達遅滞等の障害を有するＡを性的対象にした。

被害者Ａは，自らの判断で意思決定をすることが出来ず実母Ｙの指示に従って児童福祉法34条１項６号の性交類似行為をさせられたり，ゲーム機及びゲームソフトを対価として性交された。Ａは，Ｘによる行為の意味も理解できず児童期性的虐待の被害を受け，その一部をタブレット端末の動画撮影機能を使用して動画撮影されている。

2　裁判所は，Ｘの執行猶予について量刑判断で「被告人が被害児童の父に損害賠償の一部として80万円を支払ったこと，被告人が罪を認めて反省の言葉を述べていること，次男が情状証人として出廷したほか，妻子らが家族ぐるみで被告人の更生に協力する旨約束していること，被告人が本件により相当期間身柄拘束されていることなどの一般情状も加味」したと判示する。

然しながら，裁判所の執行猶予の判断は，量刑事情を加味してもＡの児童期性的虐待の被害を堪案するとき軽きに失すると思慮する。

判例74　横浜地裁平成29年７月19日第１刑事部判決[113)]

【事実の概要】

小学校教師Ｘ（44歳）は，平成28年１月４日午後７時56分頃，東京都内の入浴施設男性用脱衣所において，氏名不詳の男児（推定年齢約12歳）の全裸になっていた姿態を，密かに腕時計型ビデオカメラで動画撮影し，動画データ１点を同ビデオカメラ内蔵の電磁的記録媒体である記録装置に記録して保存し，児童ポルノを製造した。

Ｘは，同月31日午後８時43分頃，同場所で，氏名不詳の男児（推定年齢約13歳）の姿態を，同ビデオカメラを用いて動画撮影し，動画データ１点を同ビデオカメラ内蔵の電磁的記録媒体である記録装置に記録して保存し，児童ポルノを製造した。

Ｘは，平成28年３月28日午後３時29分頃から31分頃までの間，東京都内の公園公衆トイレ内において，知人の男児Ａ（当時４歳）の陰茎を手指で直接触り，Ａの陰茎を露出した姿態及びＸがその陰茎を手指で直接触るなどの姿態を腕時計型ビデオカメラで動画撮影した。Ｘは，同動画データ１点を同ビデオカメラ内蔵の電磁的記録媒体である記録装置に記録して保存し，同日午後11時12分頃，自宅でパーソナルコンピュータ内蔵の電磁的記録媒体であるハードディスクに記憶蔵置させ，児童ポルノを製造した。

Ｘは，元小学校教師Ｙ（66歳）と共謀して平成28年４月17日午後１時頃，伊東市内のスーパーマーケット敷地内において，以前から「お肉買ってきたからステーキ食べよう。」等と誘惑していた男児Ｂ（当時11歳）を自車に乗せ，午後４時26分頃までの間Ｙの所有するマンション内等に連れ込んだ。[114)]

Ｘは，同日午後４時５分頃から26分頃までの間，Ｂの下着をずらしてその陰茎を手指で直接触り，デジタルカメラで動画撮影した。

Ｘは，平成28年５月７日午後１時15分頃，１か月前と同様にスーパー敷地内においてＢに，「お肉買ってきたからステーキ食べよう。」等と言って自車に乗せ，Ｙのマンション内等に連れ込み，午後１時40分頃から２時９分頃までの間，Ｂの下着をずらして陰茎を手指で直接触り，ビデオカメラで動画撮影した。

【判　旨】

裁判所は，公訴事実を認定し，児童買春，児童ポルノに係る行為等の規制及び処罰並びに児童の保護等に関する法律，わいせつ誘拐罪，強制わいせつ罪及び未成年者誘拐罪を適用し懲役３年（求刑懲役４年，パーソナルコンピュータ１台及びビデオカメラ１個の没収）に処した。

【研　究】

１　本事案は，小学校教師による男児への強制わいせつ及び児童ポルノ製造による児童期性的虐待のケースである。

裁判所は，被告及び弁護人の主張に沿ってAに対する性的意図及びBに対するわいせつ誘拐罪のわいせつ目的を争点とする。

Xは，公判廷でAの排尿の介助及び糸くず様の異物の除去のためにAの陰茎を触ったと供述する。裁判所は，動画データを解析し「被告人がAの動画撮影を開始して約11秒後から約16秒後までの間（以下全て動画開始からの秒数である。），Aが排尿しており，約17秒後から約25秒後までの間，被告人が，Aの陰茎を右手で触り，陰茎の先についたしずくを振り落としている。約34秒後頃，被告人がAの正面に回り，約35秒後にAの陰茎を右手で触って持ち上げ，約37秒後，Aの陰茎の包皮を数回伸ばしながら，「大丈夫か。」などと発言しており，この時点でも，Aの陰茎には尿が付着していたので，被告人がしずくを落としている。約40秒後，被告人が腕を動かしたため，公衆トイレ内が撮影されているが，約42秒後，被告人は「ごみがついてるぞ。」などと発言し，この間Aは「さわると病気になるんだよ。」などと発言している。約48秒後から再びAの陰茎が映され，被告人が「はい，大丈夫かな。」「OK。」と発言し，約50秒後以降，Aの陰茎は映っていない。約54秒後に，被告人が「糸くずがいっぱいついてるから。」「はい，よしOK。」と発言し，Aと被告人は公衆トイレを出た。」と判示し，Xの性的意図を認定する。

裁判所は，わいせつ誘拐罪のわいせつ目的について，「4月17日にBを本件マンションへ連れて行った際，横向きに寝転んでいるBにマッサージをした。途中で，被告人は，Bの下着をずらして直接陰茎を触り，上下にしごくように動かすなどしたが，他の子供たちが寄ってきたため，行為を中断した。被告人は，これらの様子をデジタルカメラで撮影した。被告人は，撮影した前記データを同月20日に編集して，被告人がBの陰茎を触る様子だけが映っている動画データを作成した。当該動画中，被告人がBの下着をずらしてBの陰茎を露出させた場面では，Bの陰茎付近のみが画面に表示されるよう画面の拡大や明るさの調整がなされている。被告人は，同日の動画データを観ながら，2回くらい，自慰行為をした。被告人は，5月7日，本件マンションに到着後，午後1時40分頃からBに対してマッサージを開始した。そして，午後１時48分頃から午後２時７分頃までの間，Ｂの下着をずらして陰茎を露出させ，上下にしごいたり陰茎の先を触るなどし，その様子を腕時計型ビデオカメラで撮影した。」と判示し，Ｘのわいせつ目的を認定する。

2　デジタルカメラで被害男児の動画を撮影し児童ポルノを作成する行為は，主観的違法要素である性的意図及びわいせつ目的を客観的に立証する手段ともなる。

Ｘは，ペドフェリアとして男児に性的関心を持っており，同様の性的指向のＷ添乗員，Ｙ小学校教諭，Ｚ大学生等と連携を取っていた。

横浜地裁平成30年５月22日第４刑事部判決は，Ｗ（35歳）に対し平成23年７月から28年８月，小学生らが対象の校外教室に添乗員として参加し，群馬県などのキャンプ場や宿泊施設で，就寝中の40人以上男児の下半身を触った様子をカメラで動画撮影したとして懲役12年（求刑懲役15年）に処した。[115)]

横浜地裁平成30年４月24日第４刑事部判決は，Ｗの下でアルバイトとして働いていた大学生Ｚ（22歳）を懲役５年（求刑懲役７年）に処した。[116)]

Ｘに対する裁判所の判断は，妥当である。[117)]

判例75　仙台地裁平成29年９月７日第１刑事部判決[118)]

【事実の概要】

保育士Ｘ（27歳ないし28歳）は，勤務する保育園において平成27年10月26日午前11時１分頃，Ｆ（当時４歳）に対し自己の陰茎を口淫させた。Ｘは，同様の方法で平成27年10月29日午前８時56分頃，Ｃ（当時４歳）に，平成27年11月11日午前７時26分頃，Ｂ（当時４歳）に，平成27年12月28日午後４時12分頃，Ｇ（当時４歳）に，平成28年６月４日午前9時13分頃，Ｄ（当時５歳）に対し自己の陰茎を口淫させた。Ｘは，平成28年６月28日午前７時20分頃，Ｂ（当時５歳）を保育園内に置かれていた跳び箱の上にあおむけに寝かせてパンツ等を引き下ろしＢの陰部に自己の陰茎をこすりつけた。Ｘは，同様の方法で平成28年７月７日午前８時50分頃，Ｉ（当時３歳）に，平成28年７月25日午前９時30分頃，Ｊ（当時４歳）に，平成28年８月８日午前７時39

分頃，B（当時5歳）に，平成28年8月9日午前8時17分頃，H（当時6歳）に，平成28年8月12日午後5時41分頃，G（当時5歳）に，平成28年8月17日午後零時21分頃，C（当時5歳）に，平成28年8月27日午前9時21分頃，D（当時5歳）に，同日午後零時16分頃，E（当時6歳）に，平成28年8月29日午前10時33分頃，F（当時5歳）に，平成28年9月6日午前11時11分頃，H（当時6歳）に，平成28年9月17日午前8時37分頃，G（当時5歳）に，同日午後零時39分頃，E（当時6歳）に，平成28年9月21日午前9時3分頃，I（当時4歳）に，平成28年9月23日午前10時6分頃，C（当時5歳）に，平成28年10月3日午後1時35分頃，H（当時6歳）に，同日午後3時28分頃A（当時5歳）を保育園内に置かれていた跳び箱の上にあおむけに寝かせてパンツ等を引き下ろしBの陰部に自己の陰茎をこすりつけた。Xは，平成28年10月3日午後1時35分頃H（当時6歳）を四つんばいにさせてパンツ等を引き下ろしHの臀部に自己の陰茎をこすりつけた。

Xは，自己の世話をする10名の女児に対する延べ22回の強制わいせつ行為を動画撮影機能付き携帯電話機で撮影し，児童ポルノを製造した。

【判　旨】

裁判所は，公訴事実を認定し強制わいせつ罪及び児童買春，児童ポルノに係る行為等の規制及び処罰並びに児童の保護等に関する法律を適用し，Xを求刑通り懲役15年に処した。

【研　究】

1　本事案は，保育士による自己の世話をする3歳から6歳の女児10名に対する延べ22回の児童期性的虐待のケースである。

行為態様は，4名に対して自己の陰茎を口淫させる行為，10名に対する保育園内に置かれていた跳び箱の上にあおむけに寝かせてパンツ等を引き下ろして陰部に自己の陰茎をこすりつける行為，1名に対する四つんばいにさせてパンツ等を引き下ろし臀部に自己の陰茎をこすりつける行為等である。Xは，わいせつ行為の際に被害児の陰部付近等に射精している。

Xは，保育士という立場を悪用し，勤務を行う中で，他の保育士から見ても不自然にならないような形で各被害女児と園内で２人きりの状況を作出し，児童期性的虐待を１年間にわたって継続的に行い，しかも延べ22回の強制わいせつ行為とその映像を記録していた。

2　Ｘの児童期性的虐待は，女児が保育所に着いて直ぐの７時20分頃から帰宅時間に近い午後５時41分頃までと広範な時間帯で行われている。特に，平成28年８月27日は，午前９時21分頃と午後零時16分頃，平成28年10月３日は，午後１時35分頃と３時28分頃と１日に各２回行われている。

3　児童期性的虐待発見の端緒は，被害児の母親が保育園に問いただし，保育園から仙台中央署に通報し全被害事実が顕在化するに至った。

児童期性的虐待被害防止の視点からは，同僚保育士や保育園事務職が通園児童の所作の変化を１年間見過ごしていたのか，通園児一人一人を注視する姿勢が欠けていたものと思慮する。

被害女児にたいしては，今後の成長過程での継続的な精神的ケアが不可欠であり，その機会の担保が企図されなければならない。被害児及びその家族に対するケアとしては，コミュニティ・クライシス・レスポンス（Community Crisis Response）との視点からの支援を具体的に提供することが必要である[119)]。

本来入所児童の世話をする保育士が，自らになされている行為の意味を理解できない女児10名に対し延べ22回の強制わいせつ行為を反復し，その映像を記録し児童ポルノを作成する行為は児童期性的虐待行為の中でも重篤な行為である。

裁判所の判断は，妥当である。

判例76　長野地裁平成29年12月４日刑事部判決[120)]

【事実の概要】

精神科医Ｘ（46歳）は，自己の担当する自閉症スペクトラムに罹患している入院患者Ａ（当時15歳）の担当医（指導医）としてその退院を決定できる立場にあった。Ｘは，平成27年12月20日午後９時28分頃から翌21日午前零時

８分頃までの間，埼玉県内，群馬県内又は長野県内において，自己の使用する携帯電話機からアプリケーションソフト「LINE」を利用してＡに「今夜診察した方がよければ，それが早期退院につながるかもですね。」，「今夜どうしても自分と会って，どんな診察になっても最短で退院になるのを望むしか無いでしょうね」，「産婦人科の検査をやらないと退院できない。」等とメッセージを送信した後，ＸがＡの病室に来る少し前までの１時間余りに両者は電話で話をしていた。Ｘは，21日午前零時過ぎに病院に到着し，零時20分過ぎ頃，Ａに通話してからＡの病室でＡに対し「ズボンを脱いで。」，「パンツも脱いで。」等と言い，Ａに早期退院に必要な行為であると思わせＡの膣内に手指を挿入したり乳房をなめたりした。

なお，Ａは，21日午後退院が決まり，同日退院した。

【判　旨】

裁判所は，公訴事実を認定し準強制わいせつ罪を適用してＸを懲役２年（求刑懲役３年）に処した。[121)]

【研　究】

１　本事案は，患者と担当医との関係性のもとでなされた児童期性的虐待のケースである。

午前零時20分過ぎの病室という密室での児童期性的虐待は，被害者と加害者のみの空間での犯行行為であり両者の供述の信用性が重要な争点である。

裁判所は，被害者Ａの供述について「被害者の母親は，当公判廷において，21日午後，被害者と面会した際，被害者から，誰にも，家族にも言っちゃいけないと言われているから，誰にも言わないでと告げられた上で，被告人が夜中に被害者の病室を訪れ，診察のためパンツまで脱ぐように言われ，被告人に膣内に指を入れられたり，胸をたくし上げて，右胸をなめられたり，唇にキスをされたりした後，誰にも言っちゃ駄目などと被告人から言われたと聞いた旨供述しており，これによれば，被害者は，被害に遭った直後に，被害者の母親に対し，本件の核心部分である被告人のわいせつ行為の内容や被告人から口止めをされたことについて，証人尋問における供述と概ね同様の供述をしていることが認められる。また，被害者が同病院を退院して間がない時期に記載したとする前記ノートにも，被告人から受けたわいせつ行為の内容等について，証人尋問における供述と大筋で同様の記載がなされている。このように，被害者は，被害直後から，被告人から受けたわいせつ行為の内容等について概ね一貫した供述をしている。（中略）被害者は，被告人から膣内に指を入れられた際，痛いと感じた，被告人から胸をなめられた際，気持ち悪かったなどと，被告人からわいせつ行為を受けた状況について，その際の心情も交えて具体的に供述しており，また，記憶が明確な点とそうでない点を区別して供述するなどその供述態度は真摯といえる。」と判示してＡの公判供述の信用性を認定する。

裁判所は，Ｘの供述について「被告人の説明は，いずれも，その言葉の通常の意味，理解とは明らかに異なる不自然なものであって，容易には受入れ難く，前記Ｄに対する発言（＝筆者註＝看護助手Ｄに対する被害者を信用しないでとの発言）は，被害者に口止めをしていたものの，被害者から看護師らにわいせつ被害の訴えがなされることを慮って言ったものと見るのがむしろ自然と言える。以上を総合すると，被害者にわいせつ行為をしていないとの被告人供述は信用できない。」と判示してＸの公判供述の信用性を否定する。

２　本事案では，被害者と加害者の供述を補強する客観的証拠として両者の間で交換されたLINEの交信記録と被害者が母親のアドバイスに従って退院した翌日に記載したＸから受けた婦人科の検査内容等の記述がある。

裁判所は，LINEの交信記録を時間毎に精査すると共にノートの記述をも加味して両者の供述の信用性判断の資料とした。

裁判所の量刑判断は，ＸのＡ等への発言を自己に都合の良いように曲解している点と患者の心理につけ込んだ行為を思慮すると些か軽きに失する。

判例77　横浜地裁平成29年12月26日第１刑事部判決[122)]

【事実の概要】

Ｘ（34歳）は，平成27年９月21日，神奈川県平塚市内の託児所において，

A（当時3歳）の陰部付近を直接触り，携帯電話機付属のカメラで撮影した。Xは，平成27年9月21日午後10時13分頃，本件託児所内において，Aの性器を露出させる姿態をとらせ，携帯電話機付属のカメラで撮影し，翌22日午前4時1分頃，同所において，その静止画データ2点を同携帯電話機から同所に設置されたパーソナルコンピュータを介して，電子メールを使用して送信又は下書き保存する方法により東京都千代田区のビル内に設置されたサーバコンピュータ内蔵の記録装置に記録させて保存した。

Xは，平成28年1月12日から同年3月5日までの間，横浜市内の保育園において，前後7回にわたりB（当時4歳）の陰部に直接触ったり，舐めたりして携帯電話機付属のカメラで撮影した。Xは，平成28年1月12日午後10時10分頃から同年3月5日午前2時57分頃までの間，横浜市内の保育園において，前後7回にわたり他人がBの性器等を触る姿態及びその性器等を露出させる姿態をとらせ，携帯電話機付属のカメラで撮影し，その動画データ合計19点を電磁的記録媒体である同携帯電話機内蔵の記録装置に記録して保存した。

Xは，平成28年1月15日から同年3月6日までの間，横浜市内の保育園において，前後13回にわたりC（当時4歳）のパンツの上から臀部をなでたり，パンツの上や直接陰部に触ったり，肛門や陰部に綿棒様のものを入れ，携帯電話機付属のカメラで撮影した。Xは，平成28年1月20日午後10時23分頃から同年3月6日午前1時21分頃までの間，横浜市内の保育園において，前後7回にわたり他人がCの性器等を触る姿態及びその性器等を露出させる姿態をとらせ，携帯電話機付属のカメラで撮影し，その動画データ合計27点を電磁的記録媒体である同携帯電話機内蔵の記録装置に記録して保存した。

Xは，同年2月5日から同年3月6日までの間，横浜市内の保育園において，前後7回にわたりD（当時2歳）の陰部を直接触り，指を入れ，舐めたり，綿棒様のものを入れ，陰部にDの指を入れさせ，携帯電話機付属のカメラで撮影した。Xは，同年2月5日午後11時57分頃から同年3月6日午前7時4分頃までの間，横浜市内の保育園において，前後7回にわたり他人がD

の性器等を触る姿態及びその性器等を露出させる姿態をとらせ，携帯電話機付属のカメラで撮影し，その動画データ合計28点を電磁的記録媒体である同携帯電話機内蔵の記録装置に記録して保存した。

Ｘは，同年１月16日から同年３月８日までの間，横浜市内の保育園において，前後８回にわたりＥ（当時５歳）のパンツの上や直接陰部に触り，棒様のものを入れ，携帯電話機付属のカメラで撮影した。Ｘは，同年１月16日午後10時23分頃から同年３月８日午前３時52分頃までの間，横浜市内の保育園において，前後７回にわたり他人がＥの性器等を触る姿態及びその性器等を露出させる姿態をとらせ，携帯電話機付属のカメラで撮影し，その動画データ合計17点を電磁的記録媒体である同携帯電話機内蔵の記録装置に記録して保存した。

Ｘは，同年１月21日から同年２月21日までの間，横浜市内の保育園において，前後４回にわたりＦ（当時１歳）の陰部に直接触ったり，陰部に綿棒様のものを入れ，携帯電話機付属のカメラで撮影した。Ｘは，同年１月21日午前５時57分頃から同年２月21日午前５時12分頃までの間，横浜市内の保育園において，前後４回にわたり他人がＦの性器等を触る姿態及びその性器等を露出させる姿態をとらせ，携帯電話機付属のカメラで撮影し，その動画データ合計５点を電磁的記録媒体である同携帯電話機内蔵の記録装置に記録して保存した。

Ｘは，同年１月20日及び同年２月19日，横浜市内の保育園において，前後２回にわたりＧ（当時１歳）の陰部に直接触ったり，陰部に綿棒様のものを入れ，携帯電話機付属のカメラで撮影した。Ｘは，同年１月20日午後10時19分頃から同日午後10時21分頃までの間及び同年２月19日午後11時55分頃から同日午後11時56分頃までの間，横浜市内の保育園において，前後２回にわたり他人がＧの性器等を触る姿態及びその性器等を露出させる姿態をとらせ，携帯電話機付属のカメラで撮影し，その動画データ合計４点を電磁的記録媒体である同携帯電話機内蔵の記録装置に記録して保存した。

Ｘは，同年１月24日，横浜市内の保育園において，Ｈ（当時２歳）の陰部を直接触り，指を入れ，舐め，棒様のものを入れ，携帯電話機付属のカメラで撮影した。Xは，同年１月24日午後１時13分頃から同日午後２時18分頃までの間，横浜市内の保育園において，他人がHの性器等を触る姿態及びその性器等を露出させる姿態をとらせ，携帯電話機付属のカメラで撮影し，その動画データ合計４点を電磁的記録媒体である同携帯電話機内蔵の記録装置に記録して保存した。

Xは，同月23日，横浜市内の保育園において，I（当時３歳）の陰部を直接触り，携帯電話機付属のカメラで撮影した。Xは，同月23日午前９時58分頃から同日午後５時21分頃までの間，横浜市内の保育園において，他人がIの性器等を触る姿態及びその性器等を露出させる姿態をとらせ，携帯電話機付属のカメラで撮影し，その動画データ合計３点を電磁的記録媒体である同携帯電話機内蔵の記録装置に記録して保存した。

Xは，同月18日，横浜市内の保育園において，I（当時３歳）の陰部を直接触り，綿棒様のものを入れ，携帯電話機付属のカメラで撮影した。Xは，同月18日午後４時35分頃から同日午後６時26分頃までの間，横浜市内の保育園において，他人がJの性器等を触る姿態及びその性器等を露出させる姿態をとらせ，携帯電話機付属のカメラで撮影し，その動画データ合計２点を電磁的記録媒体である同携帯電話機内蔵の記録装置に記録して保存した。

Xは，同年２月６日，横浜市内の保育園において，K（当時６歳）のパンツの上や直接陰部に触り，携帯電話機付属のカメラで撮影した。Xは，同年２月６日午前９時５分頃，横浜市内の保育園において，他人がKの性器等を触る姿態及びその性器等を露出させる姿態をとらせ，携帯電話機付属のカメラで撮影し，その動画データ合計１点を電磁的記録媒体である同携帯電話機内蔵の記録装置に記録して保存した。

Xは，平成27年４月19日，平塚市内の託児所において，L（当時３歳）の陰部に直接触ったり，指を入れ，携帯電話機付属のカメラで撮影した。Xは，平成27年４月19日午前２時頃及び同日午前２時１分頃，平塚市内の託児所において前後２回にわたり他人がLの性器等を触る姿態及びその性器等を露出させる姿態をとらせ，携帯電話機付属のカメラで撮影し，その静止画データ１点及び動画データ１点を電磁的記録媒体である同携帯電話機内蔵の記録装置に記録して保存した。

Xは，同年５月１日，平塚市内の託児所において，M（当時２歳）の陰部に直接触ったり，指を入れ，綿棒様のものを入れ，携帯電話機付属のカメラで撮影した。Xは，同年５月１日午後10時51分頃から同日午後11時８分頃までの間，平塚市内の託児所において前後５回にわたり他人がMの性器等を触る姿態及びその性器等を露出させる姿態をとらせ，携帯電話機付属のカメラで撮影し，その静止画データ１点及び動画データ４点を電磁的記録媒体である同携帯電話機内蔵の記録装置に記録して保存した。

Xは，同月２日から同月３日までの間，平塚市内の託児所において，N（当時４歳）のパンツの上や直接陰部を触り，携帯電話機付属のカメラで撮影した。Xは，同月２日午後11時26分頃から同月３日午前１時55分頃までの間，平塚市内の託児所において前後５回にわたり他人がNの性器等を触る姿態及びその性器等を露出させる姿態をとらせ，携帯電話機付属のカメラで撮影し，その動画データ５点を電磁的記録媒体である同携帯電話機内蔵の記録装置に記録して保存した。

Xは，同月３日，平塚市内の託児所において，O（当時４歳）のパンツの上や直接陰部を触り，携帯電話機付属のカメラで撮影した。Xは，同月３日午前４時38分頃及び同日午前４時54分頃，平塚市内の託児所において前後２回にわたり他人がOの性器等を触る姿態及びその性器等を露出させる姿態をとらせ，携帯電話機付属のカメラで撮影し，その動画データ２点を電磁的記録媒体である同携帯電話機内蔵の記録装置に記録して保存した。

【判　旨】

裁判所は，公訴事実を認定し強制わいせつ罪及び児童買春，児童ポルノに係る行為等の規制及び処罰並びに児童の保護等に関する法律を適用してXを懲役15年（求刑懲役18年）に処した。

【研　究】

1　本事案は，保育士が自己の勤務する無認可保育所や託児所で１歳から６歳の15人の児童に合計50回にわたって強制わいせつ行為に及び，その際，合計53回にわたり被害児らを撮影した静止画及び動画を電磁的記録媒体等に保存して児童ポルノを製造した児童期性的虐待のケースである。

Xの行為は，類型化し常習的なものである。裁判所は，量刑理由においてわいせつ行為の態様について「被害児童らの足を開かせて陰部を直接触ったり舐めたり，陰部や肛門に指や綿棒様のものを入れるなどいずれもわいせつ性が強度で，被害児童の中には必死に拒絶の意思を示す者や就寝中の者もいたにもかかわらず，執拗にわいせつ行為を継続した」と判示する。

Xは，平成22年11月15日東京地裁で保育士として勤務していた保育施設の園児に対する強制わいせつ罪により懲役３年に処せられた。

2　被害女児の年齢は，１歳から３歳各３名，４歳４名，５歳，６歳各１名計15名である。判決文に添付された別表には，50回の強制わいせつ行為の犯行状況及び53回の撮影姿態・保存記録媒体・画像データ数（動画データ122点，静止画データ４点）の詳細が記載されている。Xは，被害女児の被害状況を動画データとして保存しており，ペドフェリアの特徴を示している。

Xは，累犯前科や同種前歴を有するにも関わらず，保育士登録が取消されず，無認可託児所を平成27年４月中旬から５月上旬にかけての４名の女児に対する強制わいせつ行為で解雇されながら９月に復職し，その後，平成28年１月中旬に横浜市内の保育園で勤務を開始し強制わいせつ行為を反復している[123)]。

3　本事案は，保育士一人での夜間保育の時間帯の密室状況の中で反復されており，しかも人員不足による就労環境から資格チェックも甘い中で反復されている。

Xは，横浜地裁平成30年２月14日第１刑事部判決で受託児（４か月）を死亡させ傷害致死罪等で懲役10年（求刑懲役13年）に処せられている[124)]。

裁判所の判断は，妥当である。

判例78　大阪地裁堺支部平成30年１月11日第１刑事部判決[125)]

【事実の概要】

Ｘ（27歳）は，平成28年５月29日午後８時45分頃から８時48分頃までの間に，大阪市内の銭湯浴室内においてＡ（当時13歳）の陰茎を手で弄んだ。

【判　旨】

裁判所は，「Ａの犯人識別供述から直ちに被告人を犯人と認めることはできないし，これと検察官が指摘する他の事実関係を併せ考慮しても，被告人が犯人でないとしたならば合理的に説明することができない事実関係が含まれているとは認められない。そうすると，被告人が犯人であると認めるには合理的な疑いが残るというべきである。」と判示し，Ｘに無罪を言渡した。

【研　究】

本事案は，銭湯浴室内での男子に対する児童期性的虐待のケースである。

加害者の特定は，被害時から４か月以上経過して所轄警察署で実施された被害者による加害者を含む12人の男性写真が添付された面割台紙を用いた写真面割による。

裁判所は，写真面割時におけるＡの犯人識別供述について，「これにより直ちに被告人が犯人であると認定できるほどの証拠価値を認めることはできないというべきである。Ａの犯人識別供述は，被告人を含む被告人によく似た人物が犯人であるという限度の評価にとどめるのが相当である。（中略）容貌以外の犯人の特徴はありふれたものにすぎない上，本件犯行時多数人が本件銭湯に在館していたことを踏まえれば，他人のそら似の可能性を否定しがたい。」と判示する。

銭湯脱衣所には，防犯カメラが設置されており脱衣所にいる人物の映像が保存されていたので映像の精査がなされた。

裁判所は，「防犯カメラ映像を精査し，犯人を絞り込むに当たっては，画像上の限界や主観的な捉え方の違いによる判断の差異があり得ることを踏まえる必要があるため，通常人なら誰が見ても明らかに犯人像と特徴が異なるといえる人物のみを除くべきであるところ，本件防犯カメラ映像を精査すると，そのようにいえない人物，すなわち犯人として矛盾しない容貌の人物が，被告人以外に少なくとも数名おり，これらの者が犯人である可能性を排斥し去ることはできない。」と判示し，犯人の絞り込みについて疑念を呈する。

裁判所の判断は，妥当である。

判例79　名古屋地裁岡崎支部平成30年４月12日刑事部判決[126)]

【事実の概要】

Ｘ（29歳）は，平成28年11月下旬頃から同年12月頃までの間，自己が臨時講師として勤務する愛知県知立市内の小学校南校舎のコンピュータ準備室において，Ａ（当時８歳）に「服脱いで。」等と言って着衣を全て脱がせ，机の上に寝かせた。Ｘは，Ａの陰部付近に手に持ったティッシュペーパーを押し当て，Ａの姿態をカメラ機能付き携帯電話機で撮影した。

Ｘは，平成29年３月17日頃，同小学校コンピュータ準備室において，男児Ｂ（当時８歳）に，「けがをしているところがあるから，服脱いで。」等と言って着衣を全て脱がせて，Ｂの陰茎を露出させて机の上に仰向けに寝かせた。Ｘは，Ｂの腹部，太もも等を手で触り，Ｂの姿態をカメラ機能付き携帯電話機で撮影した。

Ｘは，同年５月上旬頃，自己が臨時講師として勤務する知立市内の小学校南校舎多目的便所において，Ｃ（当時６歳）の着用していたズボン及びパンツを脱がせ，Ｃの両脇に両手を差し込んで抱き上げて机の上に座らせた。Ｘは，Ｃの陰部を露出させ，その姿態をカメラ機能付き携帯電話機で撮影した。

Ｘは，同月中旬頃，同小学校南校舎多目的便所において，Ｄ（当時６歳）の着用していた半ズボン及びパンツを引き下げてその陰部を露出させた。Ｘは，Ｄの陰部に起動させたローターを直接押し当てた。

Ｘは，同月下旬頃，同小学校南校舎多目的便所において，男児Ｅ（当時６歳）に，「ちょっと怪我してるんじゃない？　見てあげる。ここに座って。」

等と言ってEの両脇に両手を差し込んで抱き上げて机の上に座らせた。Xは，Eに「下脱いで。」等と言って半ズボン及びパンツを下ろさせ，陰茎を露出させてEを抱き上げて机の上に仰向けに寝かせ，着用していたTシャツをめくりあげ，Eの姿態をカメラ機能付き携帯電話機で撮影した。

【判　旨】

裁判所は，公訴事実を認定し強制わいせつ罪を適用しXを懲役4年（求刑懲役7年）に処した。

【研　究】

1　本事案は，臨時講師として自己の勤務する小学校内での女児3名男児2名への児童期性的虐待のケースである。

裁判所は，量刑理由において半年間に連続して行われた強制わいせつ行為に常習性を認定し，「教員という立場を悪用して，担任を務めていたクラスの被害児童2名や，通りがかりの被害児童3名を，治療等を装い言葉巧みに密室に連れ込んだ」と判示し，教師と生徒との関係性を指摘する。

2　児童期性的虐待の事実の顕在化の端緒は不分明であるが，最初の強制わいせつ行為で逮捕・起訴となった後，1件ずつ顕在化して5回の逮捕となり，公訴提起された。

裁判所は，量刑理由で平成25年7月に児童ポルノを提供した罪で罰金刑に処せられた事実を指摘する。

事案の具体的内容は，平成24年10月6日から14日の間に，埼玉県朝霞市内の小学校教諭であったXが自宅のパソコンから愛媛県の高校2年生男子（当時19歳）の携帯電話に小学生ぐらいの男児及び女児のポルノ画像13点をメール送信し児童ポルノ提供した。埼玉県教育委員会は，Xを懲戒処分とした。[127)]

Xは，埼玉で処分を受け退職した後，戸籍や教員免許の名前を変え，知立市での採用時に処分歴などを申告せず，臨時教員として採用された。[128)]

裁判所の判断は，Xの強制わいせつ行為の常習性及，戸籍や教員免許氏名変更及び知立市での採用時の処分歴無申告等を勘案するとき軽きに失する。

判例80　岐阜地裁平成30年７月５日刑事部判決[129)]

【事実の概要】

高校常勤講師Ｘ（30歳）は，平成30年３月11日午前８時32分頃から８時49分頃までの間，岐阜県関市内の一室で自己の授業担当のＡ（当時16歳）に口淫等の性交類似行為をさせ，自己の陰茎を口淫させる姿態，自己の陰茎を触らせる姿態及びＡの乳房を露出した姿態をとらせ，カメラ機能付き携帯電話機で動画撮影した。Ｘは，その際，Ａに試験問題を事前に渡した。

Ｘは，同月18日午後零時50分頃，自宅で撮影した動画データをパーソナルコンピュータに内蔵された記録装置に記録して保存し，児童ポルノを製造した。

【判　旨】

裁判所は，公訴事実を認定し児童福祉法34条１項６号及び児童買春，児童ポルノに係る行為等の規制及び処罰並びに児童の保護等に関する法律を適用しＸを懲役３年執行猶予５年（求刑懲役３年）に処した。

【研　究】

１　本事案は，教師による担任生徒への児童期性的虐待のケースである。

検察官は，Ｘの行為を児童福祉法の淫行行為及び児童ポルノ作成行為で立件している。

性犯罪規定は，平成29年刑法一部改正（平成29年法律第72号）で改正されており，第177条の強姦罪は強制性交等罪となり「13歳以上の者に対し，暴行又は脅迫を用いて性交，肛門性交又は口腔性交（以下「性交等」という。）をした者は，強制性交等の罪とし，５年以上の有期懲役に処する。13歳未満の者に対し強制性交等をした者も，同様とする。」と規定する。

第177条は，改正により主体及び客体が男女となり，行為は性交，肛門性交又は口腔性交となり，主体及び客体と行為が拡張された。

本事案は，試験問題事前配布という行為を視野に入れると教師の立場を利用した利益誘導には脅迫と考える余地があるのではないかと思慮する。裁判所は，「教師と生徒の関係にあることの影響力により性交類似行為の相手をさせ」たと明確に判示する。

本事案は，従前の刑事事案立件である児童福祉法34条１項６号の淫行行為の適用ではなく刑法犯として立件の余地があるものと思慮する。

2　裁判所は，量刑理由において「児童から画像の消去を求められながら，なおもこれを保存する措置を講じた」と判示する。

被害女子高生にとり自己の姿態が動画データとしてXのパソコンに保存されている事実は，いつインターネット上にアップされるかも分からないとの疑念を抱き続けざるを得ない状況を生じている。

裁判所の執行猶予５年との量刑判断は，軽きに失するものと思慮する。

小　括

1　児童期性的虐待行為の一態様である強姦罪は，平成29年改正により強制性交等罪となった。従前の性犯罪の構成要件は，強姦罪では女性器への男性器挿入行為が要件とされ，口淫行為は強制わいせつ罪として振り分けられ，侵害行為として軽重の差を前提としていた。

然しながら，女性の性的自己決定権との視点からは，侵害行為に軽重の差はなく改正法はこの点を同一に解し，強制性交等罪として構成要件を規定したのである[130)]。

平成29年改正により新設された第179条監護者わいせつ及び監護者性交等罪は，監護者による児童期性的虐待を刑事制裁の対象として規定したものである。【判例26】大分地裁平成25年６月４日刑事部判決は，義父による児童期性的虐待であり，改正法第179条の監護者性交等罪に該当する事案である。

なお，第179条は，監護者という地位による影響力行使の下での性的自己決定権侵害を刑事制裁の対象とするが，監護者に限定するゆえに他の「地位及び身分関係による影響力行使」利用を刑事制裁の対象外とする。本稿で考察した22判例は，保育士，ベビーシッター，中高大学の教師・担任・運動部顧問，監督及び学習塾教師等による児童期性的虐待の事案である[131)]。

刑法第179条監護者わいせつ罪及び監護者性交等罪は，行為主体を「現に監護する者」に限定する。支配・被支配という従属関係が，一定の児童期性的虐待を惹起していることに配意するのであれば考察した事案のような教師と生徒との関係性をも考慮し，主体の範囲を拡張する必要がある。

2　加害者は，自己の児童期性的虐待を正当化するため被害者に対し一方的非難をすることがある。かかる非難は，【判例31】仙台地裁平成25年9月20日第1刑事部判決で検討したように被害者に深刻なダメージを与える。

特に，被害者のダメージは，加害者が児童期性的虐待の事実を否認したり，和姦だと主張する事案では顕著である。[132)]

3　刑法犯の起訴率は，平成29年度32.9％である。[133)] 刑事裁判の有罪率は，平成29年度99.95％で非常に高率である[134)]（無罪142人）。

本稿で考察した児童虐待判例は，身体的虐待81判例，ネグレクト26判例及び児童期性的虐待80判例計187判例である。

考察した身体的虐待6判例（7.40％），ネグレクト1判例（3.85％）及び児童期性的虐待13判例（16.25％）計20判例（10.69％）は，有罪率99.96％，無罪率0.0389％の現況の中で無罪判決が確定している。

児童期性的虐待の無罪率は，児童虐待の態様別類型の中で顕著な高率を示している。[135)]

無罪判決の被害者・加害者関係性は，実父1判例【判例44】，義父3判例【判例3】，【判例51】，【判例63】，里親1判例【判例67】，第三者5判例【判例2】，【判例19】，【判例38】，【判例42】，【判例45】，【判例78】，教師・コーチ等2判例【判例35】，【判例49】である。

4　児童期性的虐待事案は，密室空間での性的加害行為であり加害者のコントロールにより被害児自身が告発することが困難であることが特徴であり，顕在化の困難な児童虐待類型である。

加害事実の立証は，多くの事例で被害児の供述に依拠し，供述の信用性が争点となる。

【判例3】福岡高裁那覇支部平成24年2月21日刑事部判決は，被害児の供述の信用性の判断基準として，「供述の信用性判断は，客観的な事実との整合性，供述内容の具体性・合理性，供述の変遷の有無及びその理由等を基本要素とし，これらに問題がない場合に虚偽供述の動機の有無を検討すべきである。他方で，供述の信用性判断の基本要素に問題がある場合に，虚偽供述の動機が見当たらないことを理由として供述の信用性を肯定すべきではない。むしろ，供述の信用性判断の基本要素に問題がある場合には，その供述が事実に反することを疑うべきである。」と判示する。[136)]

【判例51】仙台高裁平成27年３月10日第１刑事部判決は，「養女の原審証言と矛盾する元妻の原審証言が存在することからみて，養女が元妻の意向を忖度して事実と異なる証言をした可能性を完全には否定できないというべきであるから，養女の原審証言の信用性には，疑いを差し挟む余地があるといわざるを得ない。」と判示し，母親への被害児の忖度を推定する。

【判例63】大阪地裁平成27年10月16日第１刑事部判決は，確定審第一審大阪地裁平成21年５月15日第７刑事部判決のＸを懲役12年とする判決が最高裁平成23年４月21日第三小法廷決定の上告棄却で確定した後，大阪地裁平成27年２月27日第３刑事部判決の再審開始決定を受けて，確定審の被害児及び目撃証言の供述は虚偽とする新供述を採用しＸに無罪を言渡した。

裁判所は，確定審における被害児の供述形成過程で母親等の誘導に基づき虚偽の供述がなされたと判示する。

裁判所の被害児の供述の信用性判断は，被害児供述の慎重な分析と客観的事実との整合性に基づき判断されなければならないこと上述【判例３】福岡高裁那覇支部平成24年２月21日刑事部判決の判示する通りである。

児童期性的虐待事案の痴漢冤罪の検討に先立ち，痴漢冤罪の先例を検討する。

最高裁平成21年４月14日第三小法廷判決は，痴漢冤罪事例の上告審判断として重要な判例である。[137)]

最高裁は，「被告人は，捜査段階から一貫して犯行を否認しており，本件公訴事実を基礎付ける証拠としては，Ａの供述があるのみであって，物的証拠等の客観的証拠は存しない（被告人の手指に付着していた繊維の鑑定が行われたが，Aの下着に由来するものであるかどうかは不明であった。)。被告人は，本件当時60歳であったが，前科，前歴はなく，この種の犯行を行うような性向をうかがわせる事情も記録上は見当たらない。したがって，Aの供述の信用性判断は特に慎重に行う必要があるのであるが，(1)Aが述べる痴漢被害は，相当に執ようかつ強度なものであるにもかかわらず，Aは，車内で積極的な回避行動を執っていないこと，(2)そのことと前記2(2)のAのした被告人に対する積極的な糾弾行為とは必ずしもそぐわないように思われること，また，(3)Aが，成城学園前駅でいったん下車しながら，車両を替えることなく，再び被告人のそばに乗車しているのは不自然であること（原判決も「いささか不自然」とは述べている。）などを勘案すると，同駅までにAが受けたという痴漢被害に関する供述の信用性にはなお疑いをいれる余地がある。そうすると，その後にAが受けたという公訴事実記載の痴漢被害に関する供述の信用性についても疑いをいれる余地があることは否定し難いのであって，Aの供述の信用性を全面的に肯定した第1審判決及び原判決の判断は，必要とされる慎重さを欠くものというべきであり，これを是認することができない。被告人が公訴事実記載の犯行を行ったと断定するについては，かつなお合理的な疑いが残るというべきである。」と判示する。[138]

本稿で検討した児童期性的虐待事案の冤罪事案は，【判例42】東京高裁平成26年7月15日第4刑事部判決及び【判例45】東京高裁平成26年9月18日第4刑事部判決の2ケースである。

【判例42】では，被害直後の事情聴取をDVD等に録画し，被害者の記憶の減退・曖昧化を回避する方策により被害者の供述の信用性を担保し得たものと思慮する。【判例45】は，被害者の公判供述を論理則・経験則に照合して精査することの必要性を指摘する。

1） LEX/DB【文献番号】25482514。
2） LEX/DB【文献番号】25482513。
3） LEX/DB【文献番号】25481173。
4） 判タ1393号375頁参照。

5）　那覇地裁平良支部平成23年３月14日判決（LEX/DB【文献番号】25480451）。

6）　犯行現場について別表「現場見取図」を掲示する。

7）　LEX/DB【文献番号】25481691。

8）　DSM-5では，従来の小児性愛（pedophilia）から小児性愛障害（Pedophilic Disorder）（302.2 F65.4）と診断名を変更した。

9）　LEX/DB【文献番号】25481852。

10）　LEX/DB【文献番号】25481694。

11）　LEX/DB【文献番号】25482087。

12）　任意性をめぐる判例の変遷について，伊東研祐『刑法講義 総論』，日本評論社，2010年，338頁以下参照。

13）　LEX/DB【文献番号】25444740。本判決の判例評釈として，飯島泰「告訴能力につき要求される能力を示した上，告訴当時10歳11か月の被害者の告訴能力を肯定した事例」，警察学論集65巻11号175頁，三谷真貴子「告訴当時10歳11か月の被害者の告訴能力を認め，被害者の告訴能力を否定した第一審判決を破棄し差し戻した事例」，研修773号17頁，石山宏樹「告訴当時10歳11か月の被害者の告訴能力」，ジュリスト臨時増刊〔平成24年度重要判例解説〕1453号179頁，黒澤睦「強制わいせつ被害について告訴当時10歳11か月の被害者の告訴能力を肯定した事例」，刑事法ジャーナル35号177頁参照。

14）　富山地裁平成24年１月19日刑事部判決参照（LEX/DB【文献番号】25482650）。

15）　高検速報（平22号）264頁参照。

16）　刑集27巻３号265頁参照。本件を児童期性的虐待として明示的に指摘するのは，中谷瑾子教授である。1992年６月27日，筆者が，本件最高裁大法廷判決に関連した報告を日本被害者学会第３回学術大会で報告した後，精神科医の方から「母親は黙認していました」とのアドバイスを頂き根拠を尋ねると「精神科医としての臨床経験です」と答えられた。筆者には，その時点では精神科医の指摘が理解できなかったが，臨床的視点からの研究の進展に伴い理解するに至った。拙稿「『親による性的虐待』の被害」，被害者学研究第２号（1993年）３頁以下参照，拙著『児童虐待その現況と刑事法的介入［改訂版］』，成文堂，2006年，30頁以下所収），母親の黙認事例として東京家裁平成12年７月17日判決（公刊物未登載），東京地裁平成15年６月20日判決（判時1843号159頁）等がある（拙稿「裁判実務における性的虐待事例についての一考察」，島大法学48巻２号（2004年）29頁以下，特に，32頁以下参照，本論文は拙著『児童虐待Ⅱ 問題解決への刑事法的アプローチ［増補版］』，成文堂，2011年，125頁以下所収）。

17）母親の黙認事例として，拙稿「児童虐待への刑事法的アプローチ」，罪と罰39巻４号（2002年）11頁以下（前掲註16）拙著『児童虐待Ⅱ 問題解決への刑事法的アプローチ［増補版］』，79頁以下所収），拙稿「児童虐待の現況と刑事法的介入」，刑法雑誌42巻３号（2003年）311頁以下（前掲註16）拙著『児童虐待Ⅱ 問題解決への刑事法的アプローチ［増補版］』，97頁以下所収），拙稿「児童虐待と不作為犯論」，現代刑事法４巻９号（2002年）32頁以下（前掲註16）拙著『児童虐待Ⅱ 問題解決への刑事法的アプローチ［増補版］』，118頁以下所収），拙稿「裁判実務における性的虐待事例についての一考察」，島大法学48巻２号29頁以下（前掲註16）拙著『児童虐待Ⅱ 問題解決への刑事法的アプローチ［増補版］』，127頁，132頁以下所収），拙稿「児童虐待の現況と近時の裁判実務についての一考察」，島大法学55巻１号１頁以下（前掲註16）拙著『児童虐待Ⅱ 問題解決への刑事法的アプローチ［増補版］』，324頁以下所収）。

18）LEX/DB【文献番号】25482424。

19）LEX/DB【文献番号】25482584。

20）山形地裁平成24年６月21日刑事部判決（LEX/DB【文献番号】25482195）。

21）LEX/DB【文献番号】25482354。

22）LEX/DB【文献番号】25482575。

23）LEX/DB【文献番号】25482507。

24）Ｘの年齢については，週刊朝日2012年８月31日号参照（https://dot.asahi.com/wa/2012092601666.html）。

25）LEX/DB【文献番号】25482412。

26）LEX/DB【文献番号】25482710。

27）LEX/DB【文献番号】25482683。

28）LEX/DB【文献番号】25482770。

29）LEX/DB【文献番号】25482971。

30）LEX/DB【文献番号】25482901。

31）LEX/DB【文献番号】25483049。被告人の住所及び年齢については，静岡新聞平成24年９月29日参照。

32)　LEX/DB【文献番号】25483489。
33)　LEX/DB【文献番号】25483493。
34)　LEX/DB【文献番号】25483144。
35)　LEX/DB【文献番号】25483021。
36)　LEX/DB【文献番号】25483020。
37)　LEX/DB【文献番号】25500971。
38) 上告審最高裁平成26年７月30日第一小法廷決定は，上告を棄却する。
39)　LEX/DB【文献番号】25445758。
40)　刑集24巻1号1頁参照。
41)　裁判所時報1688号１頁参照。本判決について，拙稿「児童期性的虐待の一考察－最高裁平成29年11月29日大法廷判決を契機として－」，武蔵野大学政治経済研究所年報16号（2018年）145頁以下参照（本書第３章499頁以下所収）。
42)　LEX/DB【文献番号】25501587。
43)　控訴審大阪高裁平成26年２月27日第３刑事部判決は，控訴を棄却する（LEX/DB【文献番号】25503195)。上告審最高裁平成26年８月21日第一小法廷決定は，上告を棄却した（LEX/DB【文献番号】25504747)。
44)　LEX/DB【文献番号】25501722。
45)　LEX/DB【文献番号】25501721。
46)　最高裁平成25年10月７日第一小法廷決定は，上告を棄却した（LEX/DB【文献番号】25502299)。
47)　LEX/DB【文献番号】25501664。
48)　LEX/DB【文献番号】25502130。
49)　LEX/DB【文献番号】25503266。
50)　本件は，事実誤認及び量刑不当を理由に被告人控訴がなされたが，仙台高裁平成26年３月13日第１刑事部判決は控訴を棄却した（LEX/DB【文献番号】25503265)。
51)　LEX/DB【文献番号】25502396。
52)　LEX/DB【文献番号】25502640。本判決は，事実誤認を控訴理由とする被告・弁護人の主張を詳細に検討し，原判決を維持する論拠を示すので検討の対象とする。
53)　LEX/DB【文献番号】25502639。本事案の被害者は18歳であるが，顧問と部員との指導を介した師弟関係の下での性的虐待ケースとして紹介する。最高裁平成26年４月23日第二小法廷決定は，本件上告を棄却した（LEX/DB【文献番号】25503910)。最高裁平成26年４月23日第二小法廷決定は，本件上告を棄却した（LEX/DB【文献番号】25503910)。
54)　LEX/DB【文献番号】25502698。
55)　LEX/DB【文献番号】25504805。
56)　LEX/DB【文献番号】25504806。
57)　LEX/DB【文献番号】25446354。

58)　LEX/DB【文献番号】25503772。

59)　広島高裁平成26年10月2日第1部判決は，Aへの200万円の損害賠償等の事情を考慮し，原判決を破棄・自判し懲役3年に処した（LEX/DB【文献番号】25505041）。最高裁平成27年1月14日第二小法廷決定は，上告を棄却した（LEX/DB【文献番号】25506119）。

60)　LEX/DB【文献番号】25503273。

61)　刑集70巻5号387頁以下参照。控訴審福岡高裁平成26年9月19日第2刑事部判決は，控訴棄却する（刑集70巻5号400頁以下参照）。

62)　最高裁平成28年6月21日第一小法廷決定は，上告を棄却する（刑集70巻5号369頁以下参照）。

63)　LEX/DB【文献番号】25504092。

64)　LEX/DB【文献番号】25504177。

65)　東京高等裁判所(刑事)判決時報65巻1-12号54頁。本判決の評釈として，今村核「「三鷹バス事件」東京高裁，逆転無罪判決：迷惑防止条例違反被告事件」，季刊刑事弁護81号74頁参照。

66)　LEX/DB【文献番号】25505390。

67)　LEX/DB【文献番号】25505390。

68)　LEX/DB【文献番号】25504703。

69)　LEX/DB【文献番号】25504702。

70)　LEX/DB【文献番号】25446708。

71)　LEX/DB【文献番号】25504808。

72)　LEX/DB【文献番号】25504807。

73)　LEX/DB【文献番号】25505513。

74)　LEX/DB【文献番号】25505512。

75)　LEX/DB【文献番号】25505569。

76)　LEX/DB【文献番号】25505426。

77)　LEX/DB【文献番号】25446357。

78)　LEX/DB【文献番号】25505908。

79)　LEX/DB【文献番号】25506191。

80)　仙台地裁平成26年8月15日第1刑事部判決参照（LEX/DB【文献番号】25506190）。

81)　LEX/DB【文献番号】25506210。名古屋高裁平成27年9月17日刑事第2部判決は，量刑不当とする検察官の控訴を棄却した（LEX/DB【文献番号】25541482）。

82)　判タ1414号152頁以下参照。本件についての判例評釈として，後藤昭「裁量保釈の判断に対する抗告審の審査方法」，ジュリスト臨時増刊〔平成27年度重要判例解説〕1492号171頁，中島宏「裁量保釈の許可を取り消した抗告審決定を違法とした事例」，法学セミナー726号130頁及び岩下雅充「裁量保釈の裁判に対する審査の方法とその適用」，刑事法ジャーナル47号86頁参照。

83)　LEX/DB【文献番号】25540370。

84） LEX/DB【文献番号】25540369。
85） LEX/DB【文献番号】25506308。
86） LEX/DB【文献番号】25540508。
87） LEX/DB【文献番号】25540494。
88） LEX/DB【文献番号】25447301。
89） LEX/DB【文献番号】25540671。
90） LEX/DB【文献番号】25540735。
91） LEX/DB【文献番号】25540742。
92） LEX/DB【文献番号】25540836。
93） LEX/DB【文献番号】25541033。
94） 判時2316号119頁。判例評釈として，高倉新喜「第三者の供述の信用性の判断」，法学セミナー733号98頁，吉村真性「被害者及び目撃者の虚偽供述が発覚し再審無罪となった事件」，法律時報89巻10号123頁参照。判決文の引用に際しては，人名のアルファベット表記は筆者によって統一性を保つため修正している。
95） 判時2316号125頁。判例評釈として，菅野亮「虚偽供述を十分に信用できると判断した判決の事実認定の問題点」，自由と正義67巻10号48頁参照。
96） LEX/DB【文献番号】25542342。
97） LEX/DB【文献番号】25542343。
98） 判時2347号127頁参照。
99） LEX/DB【文献番号】25505846。
100） LEX/DB【文献番号】25541878。
101） LEX/DB【文献番号】25542007。
102） LEX/DB【文献番号】25542436。
103） LEX/DB【文献番号】25506537。
104） LEX/DB【文献番号】25545089。
105） LEX/DB【文献番号】25545475。最高裁平成29年２月17日決定は，上告を棄却した。
106） 水戸地裁土浦支部平成30年７月18日判決（LEX/DB【文献番号】25561070）。同判決は，双方控訴せず確定した。判決の詳細は，第２章第４節第４款参照。
107） LEX/DB【文献番号】25544857。
108） 産経新聞 WEST 2015年９月28日朝刊参照。
109） LEX/DB【文献番号】25543554。
110） LEX/DB【文献番号】25543577。本書第１章第２節ネグレクト【判例20】220頁以下参照。東京高裁平成30年１月30日第６刑事部判決は，控訴を棄却する（LEX/DB【文献番号】25549825）。本件の評釈として，成瀬幸典「強制わいせつ罪と性的意図」，法学教室458号145頁以下，神元隆賢「強制わいせつ罪において性的意図を考慮要素とする意義をなお存するとし，さらに強制わいせつの際に被害児童の姿態を撮影し児童ポルノを製造した場合の強制わいせつ罪と児童ポルノ製造罪の罪数関係につき，撮影機器内に一次保存した場合は観念的競合，複製するなどして二次保存した場合は併合罪とした事例：富士見市ベビーシッター事件控訴審判決〈刑事判例研究〉」，北海学園大学法学研究54巻2号57頁参照。最高裁平成30年9月10日第二小法廷決定は，上告を棄却する（LEX/DB【文献番号】25561692）。

111）　LEX/DB【文献番号】25544266。福岡高裁平成29年6月8日第1刑事部判決は，控訴を棄却（LEX/DB【文献番号】25546471）し，最高裁平成29年10月24日第一小法廷決定は，上告を棄却する（LEX/DB【文献番号】25560192）。

112）　LEX/DB【文献番号】25546439。

113）　LEX/DB【文献番号】25546811

114）　産経新聞平成29年3月15日参照。

115）　産経新聞平成30年5月23日参照。

116）　毎日新聞平成30年4月25日参照。

117）　東京高裁平成29年11月29日判決は，控訴を棄却した。

118）　LEX/DB【文献番号】25449057。

119）　コミュニティ・クライシス・レスポンス（Community Crisis Response）は，メアリー・R・ハーヴィーとジュディス・L・ハーマンを中心に始まったVOV（Victims of Violence）プログラムの一端である。前掲註17)拙著『児童虐待Ⅱ　問題解決への刑事法的アプローチ［増補版］』，83頁註16)及び85頁以下参照。なお，被害児の精神的アフターケアの必要な類似の事案として，仙台地裁平成14年3月29日判決がある。前掲註17)拙著『児童虐待Ⅱ　問題解決への刑事法的アプローチ［増補版］』，81頁以下参照。

120）　LEX/DB【文献番号】25549148。

121）　控訴審東京高裁平成30年7月11日第3刑事部判決は，事実誤認及び訴訟手続の法令違反とする弁護人の控訴理由を排斥し控訴を棄却した（LEX/DB【文献番号】25561381）。

122）　LEX/DB【文献番号】25549411。

123）　東京高裁平成30年7月25日第3刑事部判決は，被告人の法令適用の誤り及び量刑不当の主張を排斥し控訴を棄却した（LEX/DB【文献番号】25561382）。

124）　本書第1章第1節身体的虐待【判例74】147頁以下参照。

125）　LEX/DB【文献番号】25549656。

126）　LEX/DB【文献番号】25560152。

127）　産経新聞平成25年6月12日参照。

128）　産経新聞平成29年8月8日参照。

129）　LEX/DB【文献番号】25561250。

130）「刑法の一部を改正する法律」（平成29年法律第72号）について，拙稿「児童期性的虐待に関する一考察－最高裁判所平成29年11月29日大法廷判決を契機として－」，武蔵野大学政治経済研究所年報16号（2018年）145頁以下，特に157頁以下参照（本書第3章499頁以下所収）。

平成30年度犯罪統計上半期によると，強制性交等事件601件（男性被害者29件），監護者性交等罪事件27件であった。検挙数は，強制性交等罪535件（前年同期比104

件（24.1%）増），監護者性交等罪23件である。監護者性交等罪の被害者は，養子や継子14件，実子９件である。毎日新聞2018年７月19日夕刊参照。

131）　前述，【判例１】山形地裁平成24年１月25日刑事部判決，【判例23】富山地裁平成24年10月11日刑事部判決，【判例24】東京高裁平成24年10月17日第３刑事部判決，【判例25】秋田地裁平成25年２月20日刑事部判決，【判例28】名古屋高裁平成25年７月９日刑事第２部判決，【判例30】名古屋地裁平成25年９月９日刑事第１部判決，【判例33】東京高裁平成25年12月11日第３刑事部判決，【判例35】東京地裁平成25年12月20日刑事第18部判決，【判例43】大阪高裁平成26年８月28日第１刑事部判決，【判例49】福岡高裁宮崎支部平成26年12月11日判決，【判例53】最高裁平成27年４月15日第三小法廷決定，【判例61】名古屋地裁平成27年７月１日刑事第３部判決，【判例63】大阪地裁平成27年10月16日刑事第１部判決，【判例68】水戸地裁土浦支部平成28年３月23日判決，【判例69】神戸地裁姫路支部平成28年５月20日刑事部判決，【判例71】横浜地裁平成28年７月20日第４刑事部判決，【判例74】横浜地裁平成29年７月19日第１刑事部判決，【判例75】仙台地裁平成29年９月７日第１刑事部判決，【判例76】横浜地裁平成29年12月26日第１刑事部判決，【判例79】名古屋地裁岡崎支部平成30年４月12日刑事部判決，【判例80】岐阜地裁平成30年７月５日刑事部判決の21判例である。

132）　大学柔道部顧問による児童期性的虐待事案として，【判例33】東京高裁平成25年12月11日第３刑事部判決（内柴正人事件）参照。

133）　『平成30年度犯罪白書』2-2-3-2起訴・不起訴人員等の推移参照。因みに，刑法犯の起訴率の推移は，昭和60年度60.1%，平成11年度59.4%，平成25年度38.9%，平成26年度38.5%，平成27年度39.1%，平成28年度38.2%，29年度38.2%であり，逓減傾向にある。近時の起訴率は，38%から39%台で推移している。

134）　最高裁判所事務総局『司法統計年報 平成29年２刑事編』第３表，第６表，第９表，第12表参照。

135）　無罪13判例は，【判例２】福岡地裁平成24年２月13日第１刑事部判決，【判例３】福岡高裁那覇支部平成24年２月21日刑事部判決，【判例19】横浜地裁平成24年９月27日第２刑事部判決，【判例35】東京地裁平成25年12月20日刑事第18部判決，【判例38】京都地裁平成26年３月18日第１刑事部判決，【判例42】東京高裁平成26年７月15日第４刑事部判決，【判例44】横浜地裁平成26年９月11日第３刑事部判決，【判例45】東京高裁平成26年９月18日第４刑事部判決，【判例49】福岡高裁宮崎支部平成26年12月11日判決，【判例51】仙台高裁平成27年３月10日第１刑事部判決，【判例63】大阪地裁平成27年10月16日刑事第１部判決，【判例67】福岡地裁田川支部平成28年１月７日判決，【判例78】大阪地裁堺支部平成30年１月11日刑事部判決である。

136）判タ1393号375頁以下，拙稿「近時の裁判実務における児童虐待事案の刑事法的一考察(3)」，武蔵野法学７号（2017年）37頁参照（本書249頁参照）。

137）　刑集63巻４号331頁以下参照。本件についての主要な判例評釈として，荒木友雄「満員電車内の痴漢行為について，被告人が強制わいせつ行為を行ったと断定することに合理的な疑いが残るとして，一審，二審の有罪判決を破棄して無罪が言い渡された事例」，刑事法ジャーナル19号97頁以下，村上光鵄「〔平成21年度重要判例解説〕上告審における事実誤認の審査方法：満員電車内の痴漢事件について無罪とされた事例」，ジュリスト臨時増刊1398号225頁以下，原田國男「満員電車内での痴漢事件について破棄・自判無罪とされた事例」，ジュリスト1424号125頁以下，家令和典「1.上告審における事実誤認の主張に関する審査の方法　2.満員電車内における強制わいせつ被告事件について，被害者とされた者の供述の信用性を全面的に肯定した第1審判決及び原判決の認定が是認できないとされた事例」，最高裁判所判例解説刑事篇平成21年度119頁以下参照。

138)　刑集63巻4号335頁以下参照。

資　料

Ⅰ．児童期性的虐待事例　係属裁判所，罪名，加害者・被害者の関係性，留意事項一覧表

判例	裁判所	罪名	加害者	被害者	量刑	留意事項
1	山形地裁 平成24年１月25日 刑事部	強制わいせつ罪	保育士 （33歳）	園児 （４歳７か月）	懲役３年６月 （求刑懲役４年）	犯行日時の特定は，連絡ノートという客観的証拠の存在
2	福岡地裁 平成24年２月13日 第１刑事部	集団強姦罪	知人２名	16歳	無罪	
3	福岡高裁那覇支部 平成24年２月21日 刑事部	強制わいせつ罪	義父（32歳）	養女（11歳）	無罪	原審那覇地裁平良支部平成23年３月14日判決，懲役１年６月
4	青森地裁 平成24年５月16日 刑事部	強制わいせつ致傷罪，売春防止法，児童福祉法	第三者 （30歳）	A（９歳） B（15歳）	懲役５年６月罰金20万円（求刑懲役６年，罰金20万円，小型バイブレーター没収）	児童に淫行をさせて金銭を得る犯行が経済的に割に合わないことを認識させるために罰金刑併科
5	熊本地裁 平成24年５月25日 刑事部	強制わいせつ致傷罪	第三者 （38歳）	A（17歳）	懲役４年 （求刑懲役６年）	
6	大津地裁 平成24年６月１日 刑事部	強制わいせつ致傷罪	第三者・警察官 （28歳）	A（17歳）	懲役２年６月 （求刑懲役５年）	
7	岐阜地裁 平成24年6月12日 刑事部	強盗強姦罪，強盗強姦未遂罪，強姦未遂罪	第三者 （33歳）	A（17歳） B（18歳） etc.	無期懲役 （求刑無期懲役）	Bは堕胎を余儀なくさせられた
8	名古屋高裁所金沢支部 平成24年７月３日 第２部	強制わいせつ罪，傷害罪，準強姦罪	母親の交際相手（42歳）	長女（15歳） 二女（10歳）	懲役13年（求刑懲役18年），母親は幇助犯として懲役４年（求刑懲役７年）	告訴当時10歳11か月で小学５年生，告訴能力が認められる
9	佐賀地裁 平成24年７月10日 刑事部	わいせつ略取罪，準強姦未遂罪	知人（32歳）	知的障害者で心神喪失の状態の A（13歳） B（４歳）	懲役５年 （求刑懲役７年）	わいせつ略取未遂罪で懲役１年６月保護観察付執行猶予３年の猶予期間中の犯罪
10	山形地裁 平成24年７月12日 刑事部	わいせつ略取罪，集団強姦致傷罪，強姦致傷罪，わいせつ略取未遂罪，強姦未遂罪	第三者 （25歳，31歳）	A（17歳） B（17歳） C（16歳）	懲役16年 （求刑懲役18年）	
11	岐阜地裁 平成24年７月13日 刑事部	準強制わいせつ致傷罪	知人（61歳）	A（17歳）	懲役２年６月 執行猶予４年 （求刑懲役３年）	

12	宇都宮地裁 平成24年7月19日 刑事部	わいせつ誘拐罪，強制わいせつ罪	第三者 （43歳）	A（12歳）	懲役2年10月 （求刑懲役3年6月）	10年以上前，女児に対する強制わいせつ事件の前科
13	神戸地裁 平成24年7月19日 第4刑事部	強姦未遂罪，児童買春，児童ポルノに係る行為等の処罰及び児童の保護等に関する法律，強制わいせつ罪，強姦罪	第三者	A（6歳） C（4歳） D（7歳） F（8歳） K（5歳）	懲役20年 （求刑懲役25年）	
14	金沢地裁 平成24年7月27日 第3部	強姦致傷罪	第三者 （23歳）	A（16歳）	懲役3年 保護観察付執行猶予5年 （求刑懲役5年）	中等度精神遅滞による心神耗弱の状態
15	前橋地裁 平成24年9月5日 刑事第2部	児童福祉法	風俗業 （デリバリーヘルス） 「裏デリ」経営者 （34歳）	A（17歳） B（17歳） C（17歳） D（14歳） E（16歳）	懲役3年及び罰金80万円，執行猶予5年	
16	甲府地裁 平成24年9月7日 刑事部	強制わいせつ致傷罪	第三者 （25歳）	A（17歳）	懲役3年，保護観察付執行猶予4年間 （求刑懲役3年）	
17	津地裁 平成24年9月7日 刑事部	強制わいせつ致傷罪，強制わいせつ未遂罪，強姦罪，強制わいせつ罪	第三者	A（15歳） B（17歳） C（15歳） D（15歳） E（21歳） F（30歳） G（23歳）	懲役7年6月 （求刑懲役12年）	
18	前橋地裁 平成24年9月11日 刑事第1部	強姦罪	インターネットの交流サイト （28歳）	A（12歳）	懲役3年執行猶予5年 （求刑懲役3年）	
19	横浜地裁 平成24年9月27日 第2刑事部	監禁罪，強姦罪	第三者	A（15歳）	無罪（求刑懲役7年）	Aの証言には，度重なる意図的な事実の隠蔽や虚偽供述による変遷が認められる
20	静岡地裁 平成24年9月28日 刑事第1部	強姦未遂罪	祖父	孫（12歳）	懲役3年執行猶予5年 （求刑懲役3年6月）	中止未遂
21	熊本地裁 平成24年10月1日 刑事部	強姦未遂罪，強制わいせつ罪，強盗強姦罪，強盗致傷罪等	第三者 （20歳）	A（17歳） B（16歳）	懲役20年 （求刑懲役25年）	19件の被害事実に対し強盗強姦2件，強盗致傷1件，強姦未遂2件の部分判決
22	岡山地裁 平成24年10月5日 第1刑事部	わいせつ誘拐罪，強姦未遂罪	第三者 （24歳）	A（17歳）	懲役2年4月 （求刑懲役4年）	中止未遂

23	富山地裁 平成24年10月11日 刑事部	児童買春，児童ポルノに係る行為等の処罰及び児童の保護等に関する法律，強制わいせつ罪	保育士 (27歳)	園児 A（6歳） B（4歳）	懲役2年4月 (求刑懲役3年)	
24	東京高裁 平成24年10月17日 第3刑事部	児童福祉法違反，児童買春，児童ポルノに係る行為等の処罰及び児童の保護等に関する法律	中学教師・担任，運動部顧問	A（15歳） B（17歳）	懲役1年10月	原審横浜地裁平成24年1月26日第4刑事部判決，懲役2年6月 (求刑懲役4年)
25	秋田地裁 平成25年2月20日 刑事部	準強制わいせつ罪	部活動の顧問兼監督 (39歳)	A（17歳） B（16歳） C（16歳） D（16歳）	懲役3年6月 (求刑懲役5年)	
26	大分地裁 平成25年6月4日 刑事部	強制わいせつ致傷罪	義父	妻の連れ子 (17歳)	懲役4年6月 (求刑懲役7年)	
27	大阪地裁 平成25年6月21日 第6刑事部	強姦致傷罪，強姦罪，強盗強姦罪，強制わいせつ罪，強姦未遂罪，強制わいせつ未遂罪等	第三者 (37歳～41歳)	12歳ないし14歳の女児7名	判示第1ないし第3の罪：懲役22年（求刑懲役22年），判判示第4ないし第15の罪：懲役25年 (求刑懲役25年)	被害者15名，18歳以上8名，1名(30歳)は妊娠・中絶
28	名古屋高裁 平成25年7月9日 刑事第2部	愛知県青少年保護育成条例	学習塾教師 (43歳)	A（15歳）	控訴棄却	原審名古屋地裁平成25年2月18日刑事第1部判決，懲役6月執行猶予3年(求刑懲役6月)
29	東京地裁 平成25年8月8日 刑事第3部	強要罪，児童買春，児童ポルノ法	母親のネット友 (29歳)	長女(13歳)	懲役1年6月 (求刑懲役2年)	
30	名古屋地裁 平成25年9月9日 刑事第1部	強制わいせつ罪	高校柔道部顧問（42歳）	A（17歳） B（16歳）	懲役2年2月執行猶予3年	
31	仙台地裁 平成25年9月20日 第1刑事部	住居侵入罪，強姦罪	第三者・消防士 (30歳)	A（16歳）	懲役5年6月 (求刑懲役7年)	ガス点検を装って母親の留守の家に侵入
32	東京地裁立川支部 平成25年11月1日 刑事第1部	略取誘拐罪，監禁罪	第三者	A（17歳） B（15歳）	懲役6年 (求刑懲役9年)	
33	東京高裁 平成25年12月11日 第3刑事部	準強姦罪	大学・柔道部顧問 (33歳)	A（18歳）	控訴棄却	原審東京地裁平成25年2月1日刑事第18部判決，懲役5年（求刑懲役5年）
34	宇都宮地裁 平成25年12月18日 刑事部	強制わいせつ罪，強盗強姦罪，強盗致傷罪，強盗強姦未遂罪	第三者 (17歳)	A（17歳） B（17歳） C（16歳） D（15歳）	懲役5年以上10年以下（求刑懲役5年以上10年以下）	

35	東京地裁 平成25年12月20日 刑事第18部	強制わいせつ罪	クラス担任（60歳）	A（6歳） B（6歳）	無罪（求刑懲役4年）	被害児の供述の信用性及び被告人の自白の信用性否定
36	松山地裁 平成26年1月22日 刑事部	強制わいせつ致傷罪，児童買春，児童ポルノ法，強制わいせつ罪	第三者	9歳ないし13歳の女児8名	懲役5年6月 （求刑懲役8年）	
37	広島地裁 平成26年1月29日 刑事第2部	わいせつ略取罪，監禁罪，銃刀法	第三者（21歳）	A（12歳）	懲役4年 （求刑懲役5年）	塾帰りのバス停。控訴審広島高裁平成26年10月2日第1部判決，原判決破棄（損害賠償等の事情を考慮）懲役3年
38	京都地裁 平成26年3月18日 第1刑事部	京都府迷惑行為防止条例	第三者	13歳	無罪（求刑懲役1年）	
39	福岡地裁飯塚支部 平成26年5月19日	児童福祉法	高校教師（28歳）	16歳	懲役1年6月執行猶予3年（求刑懲役1年6月）	
40	京都地裁 平成26年5月21日 第1刑事部	強制わいせつ致傷罪、滋賀県迷惑防止条例	第三者（44歳）	15歳1名，16歳及び17歳各2名。18歳1名，19歳2名の成人への走行中の車内での強制わいせつ等	懲役13年 （求刑懲役14年）	
41	大阪地裁 平成26年5月26日 第5刑事部	わいせつ略取罪，強姦致傷罪，監禁罪，窃盗罪，強制わいせつ罪，児童買春，児童ポルノに係る行為等の処罰及び児童の保護等に関する法律，強盗罪，強制わいせつ致傷罪，強盗致傷罪，強盗強姦未遂罪	第三者（41歳）	9歳2名，10歳，15歳，18歳各1名，計5名	無期懲役（求刑無期懲役、SDカード1枚の没収）	
42	東京高裁 平成26年7月15日 第4刑事部判決	公衆に著しく迷惑をかける暴力的不良行為等の防止に関する条例	第三者（27歳）	A（17歳）	無罪	破棄自判。原審東京地裁立川支部平成25年5月8日刑事第3部判決，罰金40万円
43	大阪高裁 平成26年8月28日 第1刑事部判決	青少年愛護条例（兵庫県昭和38年条例第17号）	柔道コーチ（51歳）	A（14歳）	懲役1年執行猶予3年	原審神戸地裁平成25年2月27日第2刑事部判決，無罪

44	横浜地裁 平成26年９月11日 第３刑事部	準強制わいせつ罪，強制わいせつ罪	実父	長女 A（15歳） 二女 B（12歳）	無罪	A，Bの供述の信用性否定
45	東京高裁 平成26年９月18日 第４刑事部	神奈川県迷惑行為防止条例	第三者 （38歳）	女子高校生 （17歳）	無罪	被害者の公判供述の信用性に疑問。原審横浜地裁川崎支部平成26年１月22日刑事部判決，罰金30万円（求刑罰金30万円）
46	津地裁 平成26年10月９日 刑事部	わいせつ略取誘拐罪，監禁罪，強姦未遂罪，傷害罪	第三者 （36歳）	女子中学生 （14歳）	懲役10年 （求刑懲役13年）	
47	津地裁 平成26年11月６日 刑事部	強姦致傷罪，強姦罪	母親の交際相手（45歳）	A子 （10歳，11歳）	懲役10年 （求刑懲役15年）	
48	福井地裁 平成26年11月11日 刑事部	わいせつ誘拐罪，強制わいせつ罪，強姦罪	第三者･A 面識有り･B	A（17歳） B（15歳）	懲役４年６月 （求刑懲役６年）	軽度精神遅滞を原因とする軽度の短絡性及び衝動性がうかがわれる
49	福岡高裁宮崎支部 平成26年12月11日 刑事部	準強姦罪	ゴルフ教室教師 （56歳）	生徒 （18歳）	無罪	検察審査会の起訴相当決議に基づき公訴提起。原審鹿児島地裁平成26年３月27日刑事部判決，無罪
50	さいたま地裁 平成27年２月10日 第２刑事部	強姦罪，強盗強姦未遂罪，強盗強姦罪	少年（19歳）	14歳１名 15歳２名 16歳１名 17歳１名	懲役23年 （求刑懲役25年）	強姦１件，強姦未遂１件と強盗強姦３件
51	仙台高裁 平成27年３月10日 第１刑事部	強制わいせつ罪	義父（42歳）	養女（11歳）	無罪	原審仙台地裁平成26年８月15日第１刑事部判決，懲役１年６月（求刑懲役３年）
52	津地裁 平成27年３月24日 刑事部	強制わいせつ致死罪，窃盗罪	第三者 （18歳）	高校生 （15歳）	懲役５年以上９年以下（求刑懲役５年以上10年以下）	
53	最高裁第三小法廷 平成27年４月15日 決定	保釈許可決定に対する抗告の決定に対する特別抗告	予備校理事長・柔道整復師	生徒（18歳）		原原審福井地裁平成27年３月27日刑事部決定，保釈許可
54	津地裁 平成27年４月21日 刑事部	わいせつ略取罪，逮捕監禁罪，強姦致傷罪	第三者 （28歳）	高校生 （18歳）	懲役11年 （求刑懲役13年）	
55	千葉地裁 平成27年４月27日 刑事第５部	わいせつ誘拐罪，監禁罪，強姦致傷罪，わいせつ略取未遂罪，傷害罪等	知人（52歳）	女児（７歳）	懲役14年 （求刑懲役20年）	

56	長野地裁 平成27年5月15日 刑事部	集団強姦致傷罪，強制わいせつ未遂罪	第三者 X（38歳） Y（33歳）	A（16歳） B（18歳）	X懲役12年 （求刑懲役13年） Y懲役10年 （求刑懲役12年）	
57	函館地裁 平成27年5月18日 刑事部	強制わいせつ致傷罪	第三者	A（16歳） B（18歳）	懲役4年 （求刑懲役5年）	
58	前橋地裁 平成27年6月5日 刑事第1部	わいせつ誘拐未遂罪	第三者・警察官 （25歳）	女児 （10歳）	懲役2年6月執行猶予5年 （求刑懲役2年6月）	
59	奈良地裁葛城支部 平成27年6月11日	児童買春，児童ポルノに係る行為等の処罰及び児童の保護等に関する法律	第三者	A	懲役6月執行猶予4年 （求刑懲役6月）	
60	静岡地裁沼津支部 平成27年6月25日 刑事部	傷害罪，強姦致傷罪，窃盗罪	第三者 （27歳）	A（17歳） B（15歳）	懲役13年 （求刑懲役16年）	口淫までさせ，妊娠の危険を理解しながら膣内に射精
61	名古屋地裁 平成27年7月1日 刑事第3部	強姦未遂罪	第三者・高校教師 （48歳）	女児（11歳）	懲役3年執行猶予5年 （求刑懲役3年）	金銭の支払をちらつかせて性的行為の相手をさせ，執ように姦淫を試みた上，一連の様子をビデオカメラで撮影，暴行等を手段としない態様
62	名古屋高裁金沢支部 平成27年7月21日 第2部	児童福祉法，暴行罪	学級の担任や部の顧問	生徒（15歳）	懲役4年	被害児童の肛門に自己の陰茎を挿入する性交類似行為
63	大阪地裁 平成27年10月16日 第1刑事部	強制わいせつ罪，強姦罪 （再審）	義父（65歳）	養女（14歳）	無罪（再審）	原原審大阪地裁平成21年5月15日判決，懲役12年（求刑懲役13年)。控訴審大阪高裁平22年7月21日判決，控訴棄却。上告審最高裁平成23年4月21判決，上告棄却・確定
64	岡山地裁 平成27年10月28日 第2刑事部	わいせつ略取罪，逮捕監禁致傷罪，器物損壊罪	第三者 （49歳）	11歳	懲役6年6月 （求刑懲役10年）	
65	広島地裁 平成27年12月7日 刑事第1部	強制わいせつ罪，強姦罪	第三者	13歳	懲役7年 （求刑懲役8年）	
66	水戸地裁 平成27年12月7日 刑事部	強制わいせつ致傷罪、強制わいせつ罪	第三者 （32歳）	13歳，15歳，16歳各1名，17歳2名計5名	懲役10年 （求刑懲役12年）	
67	福岡地裁田川支部 平成28年1月7日	強制わいせつ罪	里親	里子（10歳）	無罪	

68	水戸地裁土浦支部 平成28年3月23日	強制わいせつ罪	女子バレーボール部顧問	13歳3名，14歳2名，15歳，17歳各1名計7名	懲役8年6月 （求刑懲役13年）	損害賠償請求事件：水戸地裁土浦支部平成30年7月18日判決
69	神戸地裁姫路支部 平成28年5月20日 刑事部	強制わいせつ罪，児童買春，児童ポルノに係る行為等の規制及び処罰並びに児童の保護等に関する法律	塾経営者 （59歳）	女子中学生6名，13件	懲役7年 （求刑懲役8年）	
70	熊本地裁 平成28年6月29日 刑事部	強姦罪，わいせつ誘拐罪	第三者 （23歳）	A（17歳） B（16歳）	懲役4年（求刑懲役10年），Bについては無罪	
71	横浜地裁 平成28年7月20日 第4刑事部	保護責任者遺棄致傷罪，強制わいせつ罪（変更後の訴因わいせつ誘拐罪，強制わいせつ罪），殺人罪，童買春，児童ポルノに係る行為等の処罰及び児童の保護等に関する法律	ベビーシッター （24歳）	男児：9か月，2歳，3歳，4歳，5歳，女児：1歳	懲役26年（求刑無期懲役及びスマートフォン等の没収）	Neglectも併存
72	福岡地裁小倉支部 平成28年10月3日 第1刑事部	強姦致死罪，殺人罪，死体遺棄罪	顔見知 （46歳）	女児（10歳）	無期懲役	最高裁平成29年10月24日第一小法廷決定，上告棄却
73	山形地裁 平成29年7月4日 刑事部	児童福祉法，児童買春，児童ポルノに係る行為等の処罰及び児童の保護等に関する法律	知人（62歳）	A（13歳）	懲役3年 （求刑懲役4年）	軽度精神発達遅滞等の障害で実母の要求を拒否できず，性交される。実母と加害者が金銭で肉体関係
74	横浜地裁 平成29年7月19日 第1刑事部	児童買春，児童ポルノに係る行為等の規制及び処罰並びに児童の保護等に関する法律，わいせつ誘拐罪，強制わいせつ罪，未成年者誘拐罪	教師（44歳）	男児A （11歳） 男児B （4歳）	懲役3年（求刑懲役4年，パーソナルコンピュータ1台及びビデオカメラ1個の没収）	

75	仙台地裁 平成29年９月７日 第１刑事部	強制わいせつ罪，児童買春，児童ポルノに係る行為等の処罰及び児童の保護等に関する法律	保育士 （27歳）	園児・女児３歳１名，４歳５名，５歳２名，６歳２名合計10名。口淫５名　強制わいせつ10名（３歳～６歳）被害児のポルノ写真撮影22回	懲役15年 （求刑懲役15年）	
76	長野地裁 平成29年12月４日 刑事部	準強制わいせつ	精神科医 （46歳）	入院患者 （15歳）	懲役２年 （求刑懲役３年）	自閉症スペクトラム
77	横浜地裁 平成29年12月26日 第１刑事部	強制わいせつ罪，児童買春，児童ポルノに係る行為等の規制及び処罰並びに児童の保護等に関する法律	保育士 （34歳）	保育園及び託児所で，１歳，２歳，３歳各３名，４歳４名，５歳，６歳各１名計15名に合計50回の強制わいせつ行為，被害児童らを撮影した静止画及び動画を電磁的記録媒体等に合計53回保存	懲役15年 （求刑懲役18年）	他に身体的虐待で横浜地裁平成30年２月14日第１刑事部判決，懲役10年（求刑懲役13年）。身体的虐待【判例74】参照。
78	大阪地裁堺支部 平成30年１月11日 第１刑事部	強制わいせつ罪	第三者 （27歳）	男子Ａ （13歳）	無罪 （求刑懲役１年６月）	
79	名古屋地裁岡崎支部 平成30年４月12日 刑事部	強制わいせつ罪	教師（29歳）	被害児童５名（８歳２名，６歳３名）男児２名，女児３名	懲役４年 （求刑懲役７年）	
80	岐阜地裁 平成30年７月５日 刑事部	児童福祉法，児童買春，児童ポルノに係る行為等の規制及び処罰並びに児童の保護等に関する法律	教師（30歳）	高校生 （16歳）	懲役３年執行猶予５年（求刑懲役３年）	

Ⅱ．児童期性的虐待における加害者・被害者の関係別人員及び被虐待児の年齢一覧表

Ⅱ－i．加害者・被害者の関係別割合

区分	父親等				その他				総数
	実父	義父	内縁・同居	祖父	教師等	知人	第三者	小計	
平成24年（24判例）		1 （無罪１）		1	3 （保育士２）	6	14 （無罪２）	25	25 （無罪３）
平成25年（11判例）		1			5 （無罪１）	1	4	11	11 （無罪１）
平成26年（13判例）	1 （無罪１）				2 （無罪１）	1	9 （無罪３）	13	13 （無罪５）
平成27年（17判例）		2 （無罪２）			3	1	12	18	18 （無罪２）
平成28年（６判例）					3 （ベビーシッター1）	2 （無罪１）	1	6	6 （無罪１）
平成29年（５判例）					3 （保育士２）	2		5	5
平成30年（３判例）					2		1 （無罪１）	3	3 （無罪１）
総数（79判例）	1	4		1	21	13	41	81	81 （無罪13）
割合	1.2%	4.9%		1.2%	25.9%	16.1%	50.7%		

Ⅱ－ii．被虐待児の年齢

年齢	0	1	2	3	4	5	6	7	8	9	10	11	12	13	14	15	16	17	18	総数	特記事項
平成24年					4	1	2	1	1	1	13	1	3	1	1	7	4	14	1	55	Case13, Case15 各被害者５名, Case17 被害者４名
平成25年							2						3	4	1	3	6	6	1	26	Case25, Case34 各被害者４名, Case27 被害者７名
平成26年										3	5	4	2	2	2	4	2	5	3	32	Case36 被害者８名, Case40 被害者６名, Case41 被害者５名
平成27年								1			1	3		2	2	6	4	4	4	27	Case50, Case66 各被害者５名
平成28年	1		1	1	1	1					2			6	4	2	1	2	1	23	Case68 被害者７名, Case69, Case71 各被害者６名
平成29年		3	3	4	10	3	3			1	4	4	1	1	2	1	1	3	2	45	Case77 被害者15名
平成30年							3		2					1			1			7	Case79 被害者５名
総数	1	3	4	5	15	5	10	2	3	5	25	12	9	16	12	23	19	34	12	215	
割合	0.4	1.4	1.9	2.3	6.9	2.3	4.6	0.8	1.4	2.3	11.6	5.5	4.1	7.4	5.5	10.6	8.8	15.8	5.5		

第4節　児童虐待防止の方策

1　本稿は，現実に生起した児童虐待事案についてその発生の機序を究明する企図で裁判事例を考察の対象とした。

児童虐待研究は，児童虐待発生を未然に防止することが究極の目的である。以下，児童虐待の行為類型毎に防止の方策を検討する。

身体的虐待の防止策としては，時宜を得た画像撮影が重要であり，特に死亡事案では死亡時画像診断 Ai（Autopsy imaging）の有効性が指摘されている。[1)]

死亡時画像病理診断（Autopsy imaging＝Ai）は，死後画像（Postmortem Imaging＝PMI）と剖検情報を組み合わせ，死因究明等に役立てる検査手法である。Ai 情報は，遺族や社会の知る権利を充たし，死因情報開示に対する社会的要請に応えるため，原則として遺族や社会に開示されるべきである。[2)]

日本医師会は，「死亡時画像病理診断（Ai＝Autopsy imaging）活用に関する検討委員会」を立上げ Ai の活用を検討する。同検討委員会は，平成20年3月中間報告で「昨今，社会的な問題として幼児の虐待が取り沙汰されている。虐待における死亡の場合，外傷があれば虐待を疑い司法解剖の手続きを行うことは可能であるが，実際は外因死とわからない場合が多い。これら幼児虐待死の疑いのある遺体に対する死因究明は社会的課題であり，一層重要と考えられる。」と指摘する。[3)] 同委員会は，平成21年3月第2次中間報告において幼児死亡に対する Ai の施行について「本委員会では幼児死亡に対して全例 Ai の施行を提言しているところであり，解剖で発見し難い骨折痕等は Ai の得意とするところである。全例施行の義務化に向け，医師会を中心に，関係学会を交えた形での検討が必要である。」と指摘する。[4)]

更に，同委員会は，平成23年7月報告書で「小児の身体的虐待事例の場合，加害者の多くはその保護者であり，解剖に同意することは考えにくく，また，外傷を負った原因について医療従事者に申告することは考えにくい。このため，頭蓋内出血や特徴的な骨折像の検出が可能である死亡時画像診断を家庭内事故も含めた不慮の死亡例に対して行うことは，死因の究明だけでなく虐待事例の見逃し防止という観点からも有用性が高いと言える。」とAiの有用性を指摘する[5)]。

高橋直也新潟大学医学部保健学科教授は，Aiの現状について「死因究明に対する社会的要求が高まり，死因究明関連法の施行，小児死亡の原因究明，医療事故調査制度の開始，とAiは，医療安全，警察関係，法曹関係と広い範囲で要求されるようになってきました。法医学領域でもAiが解剖と相補的な手法として十分認知され，多数の施設に遺体専用のCT・MRIが設置され，死因究明や身元確認のためにAiが導入されています。」と紹介する[6)]。

厚生労働省は，厚生労働省医政局長名で各都道府県知事に対し，地域における医療及び介護の総合的な確保を推進するための関係法律の整備等に関する法律の一部の施行（医療事故調査制度）について「厚生労働省平成27年5月8日 医政発0508第1号」を発し，医療法第6条の11「病院等の管理者は，医療事故が発生した場合には，厚生労働省令で定めるところにより，速やかにその原因を明らかにするために必要な調査（以下この章において「医療事故調査」という。）を行わなければならない。」として以下の通知をする[7)]。

厚生労働省令は，医療機関が行う医療事故調査の方法等について省令で「病院等の管理者は，医療事故調査を行うに当たっては，以下の調査に関する事項について，当該医療事故調査を適切に行うために必要な範囲内で選択し，それらの事項に関し，当該医療事故の原因を明らかにするために，情報の収集及び整理を行うことにより行うものとする。」としてその1項目として解剖又は死亡時画像診断（Ai）の実施を挙げる。

医政発0508第1号は，別添通知において「解剖又は死亡時画像診断（Ai）については解剖又は死亡時画像診断（Ai）の実施前にどの程度死亡の原因を医学的に判断できているか，遺族の同意の有無，解剖又は死亡時画像診断

(Ai) の実施により得られると見込まれる情報の重要性などを考慮して実施の有無を判断する」と指示する。

死亡時画像診断 Ai (Autopsy imaging) の実施の必要性は，上記日本医師会死亡時画像病理診断 (Ai＝Autopsy imaging) 活用に関する検討委員会報告書や厚生労働省医政発0508第1号等で累次にわたり指摘されている。

警視庁捜査1課特命捜査対策室は，2018年11月8日，12年前に発生した生後11カ月の乳児が硬膜下血腫等に基づく気管支肺炎で死亡した事案について事件当時「こたつから落ちた」との養父の説明と当時の状況に矛盾がないか複数の専門家と共に検証した。警視庁は，複数の専門家による高さ40センチほどのこたつから落ちたとしてもその衝撃から骨折することは考えづらく，外部から大きな力が加わった可能性が高いとの見解及び当時の司法解剖で判明していた免疫に関わる臓器「胸腺」の萎縮をも踏まえ，義父を傷害致死の疑いで逮捕した。[8)]

本事案は，被害児の死亡時点で死亡時画像診断 Ai (Autopsy imaging) が実施されていれば身体的虐待事案であることが解明されていたものと思慮する。

時宜をえた死亡時画像診断 Ai (Autopsy imaging) の必要性を提言する由縁である。

2　本稿で考察したネグレクト26事例で顕在化した問題点は，出産ないし育児をサポートする存在の希薄化である。出産及び育児を女性固有の行為とする性差意識が今なお残され，女性は加重負担を強いられ一人精神的に追い込まれ結果としてネグレクト行為に至る。

出産は，決して Parthenogenesis の結果ではなく，育児を含めてサポートするパートナーの男性の存在を基本的に前提とする。

熊本市内の慈恵病院は，2007年に赤ちゃんポストを開設し，約10年間で130人が預けられ，うち少なくとも62人が母子の生命の危険性を伴う「孤立出産」だった。一方，親の身元が分からない子供が2017年3月末時点で26人おり，子の出自を知る権利との両立をいかに図るかが議論されてきた。同病院は，ドイツの内密出産制度を参考に安全な出産と子の出自を知る権利との両立を図っていこうとしている[9)]。

熊本市要保護児童対策地域協議会こうのとりのゆりかご専門部会は，運用状況を定期的に検証し「内密出産制度が一つの解決策との見解を示し，市は７月と11月，厚生労働省に法整備の検討を求めていた。慈恵病院の蓮田健副院長は取材に「自宅出産で母子に危険が伴うケースもあった。改善には内密出産が有効だ」と話している[10)]。

脳科学の知見によれば，被虐待児は愛着形成に困難を来し反応性アタッチメント障害（reactive attachment disorder：RAD）を発症することもあるという。友田明美教授は，「単独の被虐待経験は一時的に感覚野（視覚野や聴覚野）の障害を引き起こすが，より多くのタイプの虐待を一度に受けるともっと古い皮質である大脳辺縁系（海馬や扁桃体など）に障害を引き起こす。」と指摘する[11)]。

ネグレクト事案では，ネグレクト単一ではなく身体的虐待ないし心理的虐待との併存ケースが散見される。複合的虐待事案のサバイバーである被虐待児は，反応性アタッチメント障害（RAD）の発症リスクと大脳辺縁系障害の克服という重篤なハンディキャップを負うことになる。

社会は，被虐待児の回復支援に取り組む責務を課されている。

3　児童期性的虐待は，密室空間で行われ加害者の被害者へのコントロールが著しく，長期間継続し易い虐待類型であり，被害者自身が自らの身体への侵襲行為についての理解を欠く類型である。

児童期性的虐待の防止策は，加害行為の顕在化であり，被害児が加害行為は許容されないとの認識を構築することである。

児童期性的虐待の子どもたちに対する啓発活動は，1985年に開始された森田ゆり氏による CAP（Child Assault Prevention）プログラムがある[12)]。

被害児の被害事実の顕在化には，絵本をツールとして自己になされた児童期性的虐待を認識することも一つの方策である[13)]。

被害児の被害事実の告発は，裁判等で供述の信用性が重要な争点となる。

アメリカでは被害児の最初のインタビューは，性的虐待被害証言収集の訓練を受けた司法看護師（forensic nurse）が実施している[14]。

近時，わが国でも司法面接について関心が寄せられ研修がなされている[15]。

検察庁は，児童虐待被害児の負担軽減及び被害児の供述の信用性確保の視点から近時新たな施策を導入している[16]。第１は，検察・警察・児童相談所の連携で３者の代表者が被害児の聴取を行う協同面接の実施である[17]。第２は，検察・警察・児童相談所間での取得情報の共有強化との施策である[18]。

捜査段階での被害児の聴取の録音録画は，【判例35】東京地裁平成25年12月20日刑事第18部判決で考察したように被害児の供述の信用性を担保するうえでも重要である。

1）拙稿「児童虐待をめぐる現況と課題」，刑事法ジャーナル No.12（2008年）２頁以下，特に12頁以下参照（拙著『児童虐待Ⅱ 問題解決への刑事法的アプローチ〔増補版〕』，成文堂，2011年，270頁以下所，特に293頁以下参照）。拙稿「近時の裁判実務における児童虐待事案の刑事法的一考察⑵」，武蔵野法学４号（2016年）67頁参照（本書第１章第１節165頁以下所収）。

2）死亡時画像診断 Ai の定義について，オートプシー・イメージング学会趣旨書及び「Ai（オートプシー・イメージング）適用ガイドライン（Ai 学会案）」参照（http://plaza.umin.ac.jp/~ai-ai/about/aim.php，http://plaza.umin.ac.jp/~ai-ai/about/guideline.php）。同学会は，2004年１月に創設された。Ai 適用ガイドラインは，Ai の実施対象症例（ケース）として５類型を挙げる。【1】小児死亡全例（14歳以下）：診療の有無，死亡場所を問わない，【2】外因死およびその疑いがあるもの：1.不慮の事故 2.自殺 3.他殺 4.不慮の事故，自殺，他殺のいずれであるか死亡に至った原因が不詳の外因死 5.外因による傷害の続発症，あるいは後遺障害による死亡，【3】診療行為に関連した死亡：該当施設として死因究明に Ai が必要と判断したもの，【4】死因が明らかでない死亡：救急搬送，通院治療，老人施設，在宅介護等で死因不詳のものを含む，病死か外因死か不明の場合，【5】その他：1.医師が死亡診断書（死体検案書）の作成あるいは医学の発展のために必要と判断した場合 2.遺族が死因究明を望んだ場合 3.身元が明らかでない者の死亡である。

3）日本医師会『死亡時画像病理診断（Ai＝Autopsy imaging）活用に関する検討委員会中間報告―死亡時画像病理診断（Ai）の活用における医学的および社会的死亡時患者情報の充実の可能性及び課題について』（http://dl.med.or.jp/dl-med/teireikaiken/20080326_3.pdf）１頁参照。

4）日本医師会死亡時画像病理診断（Ai＝Autopsy imaging）活用に関する検討委員

会『死亡時画像病理診断（Ai＝Autopsy imaging）活用に関する検討委員会第二次中間報告―死亡時画像病理診断（Ai）の実態の把握及び今後の死亡時医学検索の具体的な展開の方途について』（http://dl.med.or.jp/dl-med/teireikaiken/20090401_4.pdf）10頁参照。

5）死因究明に資する死亡時画像診断の活用に関する検討会『死因究明に資する死亡時画像診断の活用に関する検討会 報告書』（http://www.jart.jp/news/tclj8k0000000we0-att/Ai_file20110727.pdf）３頁参照。

6）髙橋直也「Ai！求められる新たな役割へ」（http://plaza.umin.ac.jp/~ai-ai/reading/proposal/proposal_114.php）参照。

7）「地域における医療及び介護の総合的な確保を推進するための関係法律の整備等に関する法律の一部の施行（医療事故調査制度）について」参照（https://www.mhlw.go.jp/topics/bukyoku/isei/i-anzen/hourei/dl/150508-1.pdf）。

8）朝日新聞2018年11月８日朝刊及び NHK News Web 2018年11月８日参照（https://www3.nhk.or.jp/news/html/20181108/k10011703331000.html）。

9）「こうのとりのゆりかご」について，NHK 取材班『なぜ，わが子を棄てるのか－「赤ちゃんポスト」10年の真実』（NHK 出版新書551），2018年，NHK 出版参照。

10）熊本市要保護児童対策地域協議会こうのとりのゆりかご専門部会『「こうのとりのゆりかご」第４期検証報告書』，平成29年９月参照（https://www.city.kumamoto.jp/common/UploadFileDsp.aspx?c_id=5&id=17021&sub_id=1&flid=116004）。日経新聞2017年12月15日参照。

11）拙稿「近時の裁判実務における児童虐待事案の刑事法的一考察(3)」，武蔵野法学７号（2017年）28頁参照。

12）森田ゆり『あなたが守るあなたの心・あなたのからだ』，童話館出版，1997年，森田ゆり編著『虐待・親にもケアを：生きる力をとりもどす MY TREE プログラム』，築地書館，2018年参照。CAP プログラムは，その後1998年 CAP センター JAPAN が設立され，2001年 NPO 法人 CAP センター JAPAN となり活動している（http://cap-j.net/）。2009年一般社団法人 CAP トレーニングセンター J-CAPTA が活動を開始する（http://j-capta.org/index.html）。

13）アメリカでは児童への啓発書として絵本が活用されており，児童期性的虐待防止に関心を有する親，教師，関係者の入門書もある。前掲註１）拙著『児童虐待 その現況と刑事法的介入［改訂版］』，249頁註４）参照。

14）前掲註１）拙著『児童虐待Ⅱ 問題解決への刑事法的アプローチ［増補版］』，259頁参照。言語表現が困難な被害児のために絵を用いてのインタビューについて，265頁註17）参照。

15）稲川龍也「いわゆる「司法面接」に対する検察の取組」，法と心理第16巻第１号（2016年）31頁以下，仲 真紀子編著『子どもへの司法面接―考え方・進め方とトレーニング』，有斐閣，2016年参照。

16）最高検察庁刑事部長通知「警察及び児童相談所との更なる連携強化について」平成27年10月28日参照（http://www.moj.go.jp/keiji1/keiji10_00008.html）。

17)「警察及び児童相談所との情報共有の強化について（通知)」最高検刑第38号平成30年７月24日参照。

18)　警察庁丁刑企発第47号等「児童虐待事案に係る代表者聴取における検察及び児童相談所との更なる連携強化の推進について（平成30年７月24日)」参照（https://www.npa.go.jp/laws/notification/keiji/keiki/keiki20180724-1.pdf)。

結　語

1　東京地検は，平成30年３月２日東京都目黒区内でネグレクト及び身体的虐待を受けて死亡した船戸結愛（５歳）事件で６月27日父親（33歳）と母親（26歳）を保護責任者遺棄致死罪で起訴した[1)]。被害児結愛さんは，父親の実子ではなく両親には弟（１歳）がいる。結愛さんは，平成28年12月及び平成29年３月の２度にわたって香川児童相談所に一時保護され，父親は傷害容疑で２度にわたって書類送検されるが不起訴処分となった。父親は，平成29年12月東京都目黒区内に転居し，香川児童相談所は指導措置を解除し，品川児童相談所に引継ぎ，同相談所は平成30年２月９日に家庭訪問するが結愛さんに会えなかった。

本事件は，被害児結愛さんの残した「ママ　もうパパとママにいわれなくても　しっかりじぶんから　きょうよりか　あしたはもっともっと　できるようにするから　もうおねがい　ゆるして　ゆるしてください　おねがいします　ほんとうにもう　おなじことはしません　ゆるして　きのうまでぜんぜんできてなかったこと　これまでまいにちやってきたことを　なおします　これまでどんだけあほみたいにあそんだか　あそぶってあほみたいだからやめる　もうぜったいぜったい　やらないからね　ぜったい　やくそくします」との手書きのメモが反響を呼び社会的関心を惹起した[2)]。

政府は，平成30年６月15日及び７月20日児童虐待防止対策に関する関係閣僚会議を開催し，「児童虐待防止対策の強化に向けた緊急総合対策」を公表する[3)]。同緊急総合対策は，緊急に実施する重点対策と児童虐待防止のための総合対策から構成されている。

緊急に実施する重点対策の骨子は，Ⅰ　転居した場合の児童相談所間における情報共有の徹底，Ⅱ　子どもの安全確認ができない場合の対応の徹底，

Ⅲ 児童相談所と警察の情報共有の強化，Ⅳ 子どもの安全確保を最優先とした適切な一時保護や施設入所等の措置の実施，解除，Ⅴ 乳幼児健診未受診者，未就園児，不就学児等の緊急把握の実施，Ⅵ「児童虐待防止対策体制総合強化プラン」の策定の６項目である。[4)]

なお，厚生労働省は，平成30年６月15日開催児童虐待防止対策に関する関係閣僚会議に資料として「１児童相談所・市町村における職員体制・専門性強化などの体制強化，２児童虐待の早期発見・早期対応，３児童相談所間・自治体間の情報共有の徹底，４関係機関（警察・学校・病院等）間の連携強化，５適切な司法関与の実施，６保護された子どもの受け皿（里親・児童養護施設等）の充実・強化」の６項目からなる「児童虐待防止対策に関する課題」を提出する。[5)]

社会保障審議会児童部会児童虐待等要保護事例の検証に関する専門委員会は，対象年度毎に発生した事例検討を平成16年以降14次にわたって分析・検証し報告書を公表してきた。[6)]同委員会は，平成30年６月29日開催第77回以降平成30年10月３日開催第81回まで審議と２回の現地調査を重ね自治体間をまたがる課題等のある船戸結愛（５歳）さん死亡事例のみを分析・検証し，『子ども虐待による死亡事例等の検証結果等について』を公表し問題の所在を明らかにした。[7)]

東京都は，船戸結愛ケースについて児童福祉審議会児童虐待死亡事例等検証部会において平成30年５月21日から10月29日まで５回の会議と７月から８月にかけての関係機関へのヒアリングを重ねた。同部会は，報告書東京都児童福祉審議会『児童虐待死亡ゼロを目指した支援のあり方について－平成30年度東京都児童福祉審議会児童虐待死亡事例等検証部会報告書－（平成30年３月発生事例）』（平成30年11月14日）を公表した。[8)]なお，10月15日，東京都検証部会と香川県検証委員会は，改善策について合同検証を実施した。

香川県は，船戸結愛ケースについて香川県児童虐待死亡事例等検証委員会において平成30年６月26日から10月30日まで６回の会議を開催した。同委員会は，『香川県児童虐待死亡事例等検証委員会検証報告書（平成29年度発生事案)』（平成30年11月）を公表した。[9)]

厚生労働省は，社会保障審議会ワーキンググループで児童虐待防止に向け，政府の緊急総合対策で積み残した点について議論した。児童相談所の機能強化策として⑴介入と支援の部署を分ける，⑵介入と支援は別の職員が対応する，⑶介入の際に弁護士や警察官 OB を活用する等の報告書の作成をしている。報告書素案のポイントは，・介入機能を強める体制整備計画を，都道府県や市が策定，・児相の全国共通ダイヤル「189」は虐待通告に特化，・国が「面前ドメスティックバイオレンス（DV）」の対応指針を策定，・児童福祉司に助言するスーパーバイザーの国家資格化は引き続き検討，・児相業務に第三者評価の仕組みを段階的に導入，・虐待を受けた子どもが意見表明できる機会の確保の６項目である。[10)]

2　児童虐待防止策は，社会的関心を惹起する事案が発生する都度検証と提案がなされてきた。その主要な防止策は，⑴関係機関の緊密な連携による情報の共有，[11)]⑵自治体・児童相談所への専門職養成と増員，⑶ハイリスク家庭のサポート体制の確立，⑷警察の介入，⑸児童福祉法28条に基づく司法手続き等であり，従前繰返し指摘されてきた。[12)]

船戸結愛（５歳）さん事案は，残されたメモを通して児童虐待への社会的関心を惹起した。然しながら，児童虐待の被害児には出生と同時に身体的虐待で死亡するケースや児童期性的虐待の被害を訴えることの出来ない多くの Silent Victims の存在がある。

児童虐待防止策の累次の検証・提案にも関わらず実効化されないのは，行政の不作為として厳しく糾弾されねばならない。

社会は，Silent Victims の声なき声を聴き分ける体制の構築が急務であり，防止策の提案に留まることなく一つ一つの対策の実効的実現が責務である。[13)]

1）東京新聞2018年6月28日朝刊参照。
2）産経新聞2018年6月6日朝刊，コメントとして朝日新聞2018年6月9日参照。
3）平成30年6月15日開催「児童虐待防止対策に関する関係閣僚会議」議事録（https://www.mhlw.go.jp/file/06-Seisakujouhou-11900000-Koyoukintoujidoukateikyoku/0000213072.pdf）参照。
4）児童虐待防止対策に関する関係閣僚会議は，「緊急に実施する重点対策」を策定する（https://www.mhlw.go.jp/content/11900000/000335930.pdf）。
5）「児童虐待防止対策の強化に向けた緊急総合対策」（https://www.mhlw.go.jp/content/11900000/000335930.pdf）参照。なお，厚生労働省は，「児童虐待防止対策に関する関係閣僚会議」に資料を提供すると共に厚生労働省子ども家庭局『参考資料』（平成30年7月）を作成している（https://www.mhlw.go.jp/content/000339275.pdf）。
6）社会保障審議会児童部会児童虐待等要保護事例の検証に関する専門委員会『子ども虐待による死亡事例等の検証結果等について』（第14次報告），平成30年8月参照（https://www.mhlw.go.jp/content/11900000/000362705.pdf）。
7）社会保障審議会児童部会児童虐待等要保護事例の検証に関する専門委員会『子ども虐待による死亡事例等の検証結果等について』平成30年10月参照（https://www.mhlw.go.jp/content/11900000/000348286.pdf）。同専門委員会構成メンバーは，委員長：山縣文治・関西大学人間健康学部教授，委員：相澤仁・大分大学福祉健康科学部教授，秋山千枝子・医療法人社団千実会あきやま子どもクリニック理事長，安部計彦・西南学院大学人間科学部社会福祉学科教授，磯谷文明・くれたけ法律事務所弁護士，田中哲・東京都立小児総合医療センター副院長，野口まゆみ・医療法人西口クリニック婦人科院長，橋本和明・花園大学社会福祉学部臨床心理学科教授，山田和子・和歌山県立医科大学名誉教授の9氏である（平成30年6月29日時点）。
8）東京都児童福祉審議会『児童虐待死亡ゼロを目指した支援のあり方について－平成30年度東京都児童福祉審議会児童虐待死亡事例等検証部会報告書－（平成30年3月発生事例）』（平成30年11月14日）参照。（http://www.fukushihoken.metro.tokyo.jp/hodo/saishin/press181114.files/30kensyozenbun.pdf）。同部会の構成メンバーは，部会長：大竹智・立正大学社会福祉学部教授（児童福祉），副部会長：秋山千枝子・医療法人社団千実会あきやま子どもクリニック院長（小児科医），委員：大木幸子・杏林大学保健学部教授（公衆衛生），加茂登志子・若松町こころとひふのクリニック PCTT 研修センター長（精神科医），白川佳子・共立女子大学家政学部教授（臨床発達心理学），野田美穂子・弁護士（司法），松原康雄・明治学院大学学長（児童福祉），山本恒雄・愛育研究所客員研究員（児童福祉）の8氏である。
9）『香川県児童虐待死亡事例等検証委員会検証報告書（平成29年度発生事案）』，平成30年11月参照（http://www.pref.kagawa.lg.jp/content/etc/web/upfiles/wx1dpp181115183354_f01.pdf）。同部会の構成メンバーは，部会長：堀井茂・弁護士（司法），委員：幸山洋子・小児科医（医療），宮前淳子・香川大学准教授（臨床心理

学)，平川昇司・行政職員（行政)，伊勢愛弓・保健師（母子保健）の5氏である。

10）毎日新聞2018年12月1日夕刊参照。

11）関係機関の連携の重要性については，夙に指摘されている。日本医師会雑誌103巻9号（1990年）1457頁参照。拙著『児童虐待 その現況と刑事法的介入・改訂版』，成文堂，2006年，80頁註28)参照。

12）拙著『児童虐待 その現況と刑事法的介入』，成文堂，2000年，253頁以下，拙著『児童虐待Ⅱ 問題解決への刑事法的アプローチ増補版』，成文堂，2011年，253頁以下参照。司法手続きに関して，拙稿「児童相談所の児童虐待事案への介入の在り方－東京地裁平成27年3月11日民事第28部判決を契機に－」，武蔵野政治経済研究所年報13号（2016年)，28頁以下参照（本書第2章第1節443頁以下参照)。アメリカにおける通報機関への性的虐待通報件数の増大に対する児童保護期間の職員数やケースワーカーの燃え尽き症候群について，See, Judith H erman (2000), Father-Daughter Incest,Harverd University Press, p. 136.

最高検察庁は，平成27年10月28日刑事部長名で「警察及び児童相談所との更なる連携強化について」との通知を発した（http://www.moj.go.jp/keiji1/keiji10_00006.html)。

13）近時の児童虐待防止の論稿として，「法律のひろば」は特集・児童虐待防止のこれから－子どもの健全な育成に向けて－，磯谷文明「児童虐待の現状と改正法の意義・課題」，厚生労働省子ども家庭局家庭福祉課虐待防止対策推進室「虐待を受けている児童等の保護についての司法関与の強化等」，石井芳明・草野克也「児童虐待に関連する家事事件の概況と改正法の施行に向けた課題」，中板育美「児童虐待の予防のための妊娠期・保護者支援の体制と姿勢」，岩佐嘉彦「児童虐待への迅速・的確な対応に向けた取組」の論稿を掲載する（70巻12号（2017年）4頁以下)，「罪と罰」は，論説＝児童虐待と刑事政策＝として，柑本美和「児童虐待と刑事政策」，宮腰泰子「児童虐待の現状・近年の児童虐待防止対策をめぐる法改正について～虐待を受けている児童等の保護についての司法関与を強化する平成29年改正法を中心に～」，山元照明「児童虐待と児童相談所のいま」，滝澤依子「警察における児童虐待への取組状況について」，高橋孝一「児童虐待事件に対する検察の取組」を掲載する（第55巻2号（平成30年3月）5頁以下)。児童虐待に関する近時の論稿として，中川深雪「児童虐待防止多機関連携への更なる強化に向けて」（http://www.yomiuri.co.jp/adv/chuo/opinion/20180719.html）池田直人「児童虐待の処罰に関する考察」，東京大学法科大学院ローレビュー Vol. 12（2017年）24頁以下参照。本稿は，ドイツ刑法225条「保護を委ねられた者の虐待罪」及びアメリカ模範刑法典230.4条「子供の福祉を危うくする罪」，同3.08条1項「特別な責任を負う者による実力の行使」についてのペンシルバニア州の運用を考察対象とし，身体的虐待を対象とするものであり児童虐待全般に論及するものではない。

第2章

児童虐待事案の民事法的問題の所在

第1節　児童相談所の児童虐待事案への介入の在り方

Ⅰ　序　言

1　児童虐待事案の拡大傾向は，留まることなく平成27年度中における全国208か所の児童相談所が対応した児童虐待相談件数は103,260件（速報値）となり，統計が開始された平成2年度1,101件から四半世紀の間に93.78倍に達した[1)]。

この傾向は，単に相談件数の増大に留まらず，刑事告発された児童虐待件数の増大及び裁判事案としての顕在化にも顕著に示されている[2)]。警察庁の児童虐待事件の態様別検挙状況に関する最新データでは，身体的虐待検挙件数643件（前年比117件増）検挙人員666人（前年比125人増）被害児童数655人（前年比120人増），性的虐待検挙件数117件（前年比33件減）検挙人員117人（前年比35人減）被害児童数118人（前年比33人減），ネグレクト検挙件数7件（前年比4件減）検挙人員7人（前年比7人減）被害児童数9人（前年比2人減），心理的虐待検挙件数18件（前年比7件増）検挙人員21人（前年比9人増）被害児童数25人（前年比14人増）である[3)]。

2　児童虐待の考察は，発生した事案の分析・検証を通して同種事案の再発防止に重点を置き，「児童の最善の利益（the best interests of the child）」を確保することが要諦である[4)]。

児童虐待は，家庭内というクローズド空間で発生することに伴い潜在化という不可避な特徴を有する。児童虐待の防止等に関する法律（以下，児童虐待防止法と略称する）は，数次の法改正を経て通告義務の拡充等と有効な介入方法の模索により顕在化に努め一定の成果を得てきた。

児童相談所は，顕在化を企図し被虐待児や保護者のSOSの声を逸早く確実にキャッチするために全国共通ダイヤルを設置し，平成27年７月より当初10桁の番号（0570-064-000）を３桁の「189」に変更し効率化を図っている。[5)]

児童虐待が，何等かの経路で顕在化した時に最優先されるべきは当該被虐待児の生命及び身体の安全確保である。

平成28年９月，社会保障審議会児童部会児童虐待等要保護事例の検証に関する専門委員会は，身体的虐待の最悪の結果である死亡事例について『子ども虐待による死亡事例等の検証結果等について（第12次報告）』を公表した。平成26年度中に確認され調査対象となった児童虐待死亡事例は，心中以外の虐待死43件44人，心中による虐待死（未遂を含む＝親は生存したが子どもは死亡した事例）21件27人計64件71人である。死亡時点での子どもの年齢について，心中以外の死亡事例では「０歳」27人（61.4%），月齢「０ヶ月」15人（55.6%），日齢「０日」児14人（51.8%）であり，１ヶ月未満の０ヶ月児の99.3%が出産直後に虐待死している。主たる加害者は，実母28人（63.6%）で，実母の抱える問題（複数回答）では「望まない妊娠／計画していない妊娠」が24人（54.5%）である。死亡した14人は，死亡時点で日齢「０日」児で出産直後の虐待死であった。日齢「０日」児14人のうち11人（78.6%）は，「母子健康手帳の未発行・妊婦健診未受診」であった。[6)]

3　児童相談所は，児童虐待の惧れのある場合に児童福祉法に基づいて介入可能な公的機関である。児童相談所は，児童虐待事案に関して児童の親権者との継続的な関係性の構築のもとに「児童の最善の利益」確保を図ることを任務とし，親権者の意向にも留意しながら対応を図っている。児童虐待防止法９条は，児童相談所職員等の立入調査等を規定し，同法10条は，警察署長に対する援助要請等を規定し円滑な介入を図っている。児童相談所は，当初警察官同道での介入には親権者との信頼関係の維持のために必ずしも積極的ではなかった。

児童相談所は，介入の遅延ないし消極性による被虐待児の死亡という最悪の事態を回避出来なかった幾多の事例を経験し，その都度原因の分析と対策が提案なされてきた。

本稿は，児童相談所の一時保護をめぐる東京地裁平成27年３月11日民事第28部判決を素材に児童相談所の児童虐待事案への介入について問題の所在を考察するものである[7]。

4　我国における児童虐待研究を概観すると，1962年ケンプ（C.H. Kempe）の提唱した“the Battered-Child Syndrome”という概念に基づいて小児医学・看護学・精神医学領域での研究がスタートした[8]。

児童虐待の事例研究は，当初極めて少なく1968年以降刊行された『児童相談事例集』掲載事案は示唆的であった[9]。また，弁護士会による提言や家庭裁判所審判事例集は，裁判実務の状況を理解するための貴重な情報源である[10]。

児童虐待事案の量的拡大と質的変化は，重大事案の発生による社会的プレッシャーから児童相談所の謙抑的な介入から積極的介入へとの児童相談所の在り方にも変化を余儀なくさせている。

5　重大な身体的虐待死亡事例は，児童相談所の時宜を得た介入がなされずに多数発生し児童相談所の対応に社会的批判がなされている[11]。特に注目を集めたのは，以下に紹介する３事例である。

〔事例１〕　平成13年８月13日，児童養護施設入所中の男児Ａ（６歳）が，一時帰宅中に尼崎市内の運河でポリ袋に全裸で入れられた遺体で発見された。平成15年２月26日，神戸地裁尼崎支部は，実母（24歳）と継父（24歳）に対して懲役８年（求刑懲役10年）を言渡した。事件の経緯は，平成13年２月１日，児童相談所はＡの両鎖骨骨折や全身の痣（全治１カ月の皮下出血）を確認し虐待と判断し，即日職権で一時保護をした。３月21日，Ａは，被虐待の理由で児童養護施設に入所する。８月１日，両親が児童養護施設を訪問し，10日間の予定で一時帰宅を申出，児童養護施設は児童相談所に相談せず一時帰宅を認めた。８月３日，親が，児童養護施設に子どもを引取りたいと電話をし，児童相談所は，児童養護施設からの報告でＡの一時帰宅を知った。８月６日，児童相談所は，両親の訪問を受けたがＡの引取り申出を認めなかった。児童相談所は，その際Ａの安否及び所在確認をしないまま17日までの一時帰宅延長を認めた。

本事案は，一時保護先の児童養護施設と児童相談所の連携が不十分な中で身体的虐待及びネグレクトの重複の結果発生した死亡ケースである。兵庫県児童課は，遺体発見の翌14日，県内４か所の児童相談所と児童福祉施設を対象に一時帰宅の際の児童相談所への事前届出調査を実施した。その結果，本件児童相談所の担当する10名の一時帰宅者のうち８名が無届の一時帰宅であった。同月22日，兵庫県は，「児童虐待防止専門家会議」を設置し，自治体初の検証として「児童虐待防止のための緊急提言」(2001年）及び「児童虐待防止に向けての提言―子育てを支え合う社会の実現をめざして」(2001年）を公表した[12]。

〔事例２〕　両親の離婚で父方祖父母宅に預けられていたＢ（15歳）は，平成13年４月中学入学後，実父（40歳），継母（38歳）及び継母の連れ子（15歳）と父宅で同居するに至った。平成14年４月，実弟Ｃ（14歳）も中学入学後，父方で同居するようになった。継母は，Ｂ及びＣに対し身体的虐待とネグレクトを繰り返し，食事を３日から４日に１回と制限し，同年11月以降，中学校にも登校させなかった。Ｃは，祖父母方に逃げ込んだ。平成15年11月２日，Ｂは119番通報で病院に緊急搬送され，救急隊長の警察への通報により，実父と継母が殺人未遂容疑で逮捕された。大阪地裁堺支部は，平成17年５月３日，実父に懲役14年（求刑懲役15年)，平成19年３月26日，継母に懲役14年（求刑懲役15年）を言渡した。

本事案では，中学校の担任が家庭訪問を繰り返していたが継母がＢとの面会を拒否していた。中学校は，11月に児童相談所・大阪府岸和田子ども家庭センターにＢの長期欠席について電話相談した。平成15年４月，担任が「親による虐待の疑いがある」と同センターを訪問したが，担当者はその情報を虐待担当者に報告せず適切な対応を懈怠した[13]。

大阪府児童虐待問題緊急対策検討チームは，本事件を検証し，問題点として①虐待通報・相談への組織的対応，②安全確認とアセスメント，③学校と児童相談所の連携，④児童相談所の組織体制，⑤地域の状況を挙げている[14]。

〔事例３〕　横浜地裁平成27年10月22日刑事第６部判決は，３歳時に迷子として児童相談所に一時保護されながら転居で所在不明になり死後７年後に白骨遺体で発見された長男Ｄ（５歳）に対する身体的虐待及びネグレクト事案で殺人罪及び詐欺罪に問われた実父（36歳）を懲役19年（求刑懲役20年）に処した。[15)]

神奈川県児童虐待による死亡事例等調査検証委員会は，本事案についての検証として『児童虐待による死亡事例調査検証報告書（平成26年８月)』を公表している。[16)]

6　全国208か所の児童相談所は，児童虐待事案の早期発見と適切な介入に留意して関係機関との連携の下に日常業務を遂行している。

児童相談所は,「虐待が疑われる乳幼児頭部外傷（Abusive head trauma in infants and young children：AHT)」ケースで病院から虐待通告を受けた場合，当該被虐待児の生命の安全との視点から一時保護委託の是非を含め対応に苦慮する。[17)]

児童福祉法は，法改正により児童福祉司の配置基準を制度的に担保し増大する児童虐待業務に対応しているが，必ずしも十全な対応がなされていない。更に，定期的な異動の対象となる職員では業務の継続性が欠けるので，継続して専門性を高めていける専任の中核として児童心理司等の常勤職員の配置の必要性が指摘されている。[18)]

本稿で考察する事案では，当該被虐待児は家庭裁判所への児童福祉法28条１項申立事件及び控訴審の確定まで315日間にわたり一時保護所で保護されており，児童福祉司が保護されている児童の状況確認をしている。[19)]

第１款　東京地裁平成27年３月11日民事第28部判決

1．事案の概要

1　本事案は，被告（東京都児童相談所条例により江戸川区を含む領域を所轄する東京都墨田児童相談所を設置する地方公共団体）の設置する墨田児童相談所長がその裁量を逸脱し又は濫用して，原告 P1 と原告 P2 らの子である原告 P3（２歳）の一時保護を長期間継続し不当な親子分離の状態を強いられたことにより生じた精神的苦痛に対し，国家賠償法１条１項に基づき原告らに慰謝料各200万円及び弁護士費用各20万円の支払を求めたケースである。[20)]

2　P3が，一時保護に至る経緯及び児童相談所の対応を概観する。

平成23年５月21日，P3（２歳）は，自宅で左前腕に火傷を負った。翌22日，母親 P2は，P3を篠崎駅前にこにこクリニックに受診させた。P2は，診察した P4医師に P3の火傷はヘアアイロンにより生じたと説明した。P4医師は，P3の火傷について左前腕屈側（内側）を〈2〉度熱傷と診断した。翌23日，P2は，P3を篠崎駅前クリニックに受診させた。診察した P5医師は，P3の火傷について左腕前伸側（外側）を〈1〉度熱傷及び左前腕屈側を〈2〉度熱傷と診断した。同月26日，P2は，メディカルプラザ江戸川小児科において風邪を主訴として P3に P6医師の診察を受けさせた。P6医師は，P2に対し P3の火傷について同病院の皮膚科を受診するよう指示し，左腕の写真を撮影した。翌27日，P2は，P3をメディカルプラザ江戸川皮膚科に受診させた。診察した P7医師は，P3の火傷について左前腕〈2〉度熱傷と診断した。

平成23年５月26日，メディカルプラザ江戸川ソーシャルワーカーは，医師やソーシャルワーカー等により構成される院内虐待対策委員会（CAPS）の判断に基づいて P3の診察をした皮膚科で撮影した P3の左腕の火傷の状況のカラー写真を添付し，東京都墨田児童相談所に P3について児童虐待防止法６条に基づく虐待通告をした。

平成23年５月30日，東京都墨田児童相談所長は，原告夫婦を原告 P3に不適切な関わりの疑いがあるため調査の必要があるとして児童福祉法33条２項に基づき原告 P3を一時保護するとの決定をした。同児童相談所長は，同日午前10時30分頃，同決定に基づき江戸川区立大杉保育園において登園していた P3を一時保護した。

平成23年９月９日，同児童相談所長は，児童福祉法28条１項に基づく児童福祉施設入所の承認を求める審判（平成23年（家）第8945号児童福祉法28条１

項申立事件）を東京家庭裁判所に申立てた。平成24年1月6日，東京家庭裁判所は，同申立てを却下した。平成24年1月23日，同児童相談所長は，東京高等裁判所に対し即時抗告した。同年4月9日，東京高等裁判所は，同抗告を棄却した。平成24年4月10日，同児童相談所長は，一時保護決定を解除し，翌11日，P3に関し児童福祉法27条1項2号に基づく児童福祉司指導措置決定をした。平成24年4月11日，P3は，家庭復帰し，同児童相談所職員は，同日，原告らに対し児童福祉司指導措置決定通知書を交付した。同児童相談所職員は，同年5月24日，6月27日，7月30日及び9月13日に原告らの自宅を家庭訪問した。

3　裁判所は，原告らの家族構成について検討する。

原告P1及び原告P2は，平成21年6月18日に婚姻し，両者ともに再婚である。P1には，前妻との子である長男P12（15歳）及び二男P13（14歳）がいる。P2には，前夫との子である長男P14（12歳。愛の手帳4度の障害がある）及び長女P15（9歳）がいる。P1及びP2は，それぞれ他方の連れ子と養子縁組をしている。原告夫婦は，婚姻後しばらくの間，それぞれの実子と実家で別々に生活していたが，平成21年，原告夫婦の子であるP3が生まれ，平成22年2月から家族7人全員で生活するようになった。P2は，平成22年3月頃から乳酸飲料販売員の仕事に就いていたが，P1との第2子を妊娠し，出産準備等のため同年5月31日より休職した。同年7月，P2は，P16を出産した。

P3は，平成22年1月12日から平成23年3月31日まで私立ライフサポートゆらりん篠崎保育園（以下「篠崎保育園」）に在園し，同年4月1日から江戸

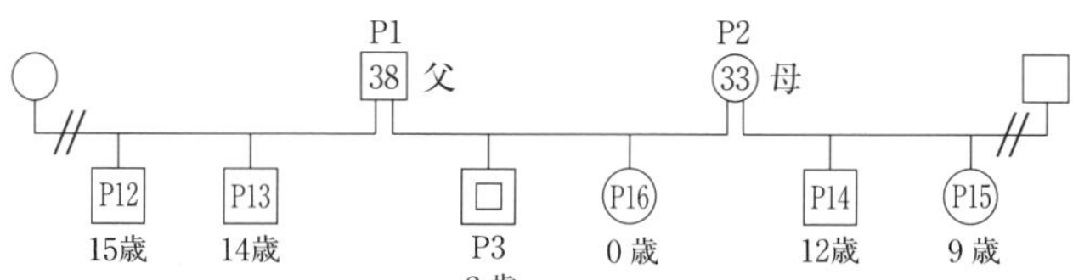

川区立大杉保育園に在園していた。

2. 一時保護に至る経緯

平成23年５月26日，メディカルプラザ江戸川ソーシャルワーカーは，院内虐待対策委員会の検討に基づき東京都墨田児童相談所に原告 P3 について児童虐待防止法６条に基づく虐待通告をした。同通告は，「虐待の状況」として「原告 P3 が平成22年９月９日にたばこを食べたとして来院し，平成23年４月には二段ベッドの上段から落ちて左頭部前部を切ったこと，その際の創傷が墨東病院で縫合された後，同月23日にメディカルプラザ江戸川の外科を受診したこと，５月23日に風邪を主訴として同病院の小児科を受診した際，左腕の手元からティッシュが見えたので事情を聞いたところ，原告 P2 が火傷であると回答し，同月21日に原告 P2 が本件へアアイロンを使用していたところ原告 P3 が近づいてきて同へアアイロンの間に手が挟まったことにより生じたと説明したこと，メディカルプラザ江戸川の院内虐待対策委員会では，原告 P2 の説明によると縦方向に生ずると推測される火傷の方向が横方向の傷跡となっており不自然であると考えること，火傷はかなり深いものが２か所（３cmの長さ)，それ以外に，古いものかははっきりしない火傷の痕が２か所（左上腕の上部)，円形のたばこの痕らしき古い痕が１か所，全部で５か所ある」こと等を記載する。

５月26日，同児童相談所は，緊急受理会議を開催し，緊急性や一時保護の必要性は未だ判断できないものの，本件通告内容からリスクの高いケースであると判断して本件通告を受理し，子供家庭支援センター，保健所及び関係医療機関に対する調査を開始することとし，原告 P2 が妊娠中であることから慎重に対応する方針を決定した。

27日，同児童相談所の P18 児童福祉司は，大杉保育園に架電し，P3 の登園状況に問題はないこと，P3 が左前額部を負傷した際，P2 は親の責任であると話していたこと等を聴取した。同日，同児童福祉司は，健康サポートセンターに架電し，P3 の健診状況や P2 の出産予定を聴取した。また，同日，同児童福祉司は，メディカルプラザ江戸川に架電し，P3の診察時の状況，本件火傷の程度及び本件火傷に関する意見を問合わせ，本件火傷は事故と考えるには不自然である旨，１回ではなく複数回何かにより火傷を負っており，全部で４か所ある火傷の最も程度の悪いものは深達性〈2〉度である旨，〈2〉度は火傷として比較的重傷であることから，しばらくは治療のため毎日来院させるようにしたい旨，場合によっては形成外科での診療を勧める旨，〈2〉度の火傷にもかかわらず，受診時に本件火傷の患部にティッシュを当てたのみであったのは処置として不適当である旨等を聴取した。その上で，同児童福祉司は，この頃，メディカルプラザ江戸川を訪問し，P3の左前腕部の伸側と屈側を撮影した本件カラー写真〔1〕をA4版の紙に並べて印刷したもの及び本件白黒写真をA4版の紙にそれぞれ印刷したものを受領した。

５月30日，同児童相談所長は，本件通告の内容及び調査結果を踏まえ，原告P3の一時保護の必要性及び緊急性について検討する。同所長は，「〔1〕本件火傷は家庭内で生じたものと推測されるところ，幼少の原告P3は自ら家族以外に援助を求めたり，状況を説明することができないから，身体的虐待や著しい監護懈怠の疑いがあれば速やかに一時保護を行うべき事案である，〔2〕本件火傷の程度は重い，〔3〕本件火傷を負う前９か月の間にたばこの誤飲や左前額部の受傷が発生しており，それぞれ身体的虐待や著しい監護懈怠により生じた疑いが非常に強いとして，家庭内での監護を継続させれば再度の重大な事故を招く可能性があり，一時保護すべき」と判断し，本件一時保護決定を行った。

同児童相談所は，一時保護決定に基づきP3の一時保護に関してP10児童福祉司を中心にP9児童福祉司及びP18児童福祉司を担当者とした。30日午前10時30分頃，P9児童福祉司及び同職員は，大杉保育園において左前腕に包帯を巻いたP3を一時保護し，同園においてP3の顔正面と額の写真を撮影した後，一時保護施設である日本赤十字社医療センター付属乳児院に移送した。一時保護施設においては，P3の入院前健診と本件火傷を含む火傷痕，あざなどの撮影が行われた。

5月31日，日赤医療センター皮膚科のP19医師は，P3の本件火傷を診察し，左前腕屈側に1.5cm×2.0cmの紅斑局面及び1.5cm×1.0cmの楕円形の紅斑局面を認め，これらを〈2〉度熱傷と診断した。また，同医師は，P3の左前腕屈側や伸側の肘にも陳旧性の瘢痕を認め，過去の熱傷による瘢痕の可能性が考えられると診断した（なお，P19医師の上記診断内容等は，8月19日，同児童相談所に書面で報告された）。

5月30日午後7時頃，P10児童福祉司らは，同児童相談所において原告夫婦と面談し，一時保護決定の理由と趣旨及び一時保護制度について説明し，原告夫婦からP3の監護に関する事情を聴取した。その際，P2は，妊娠していたため洗面所の床に座りドアを開けたまま本件ヘアアイロンを使用していたところ，P3が飛び込んできてヘアアイロンが「横から」P3の腕に入って腕の両側に火傷が生じたものであり自分の不注意であり，受傷後は保冷剤を当てて冷やしたと説明した。また，左前額部の挫創は，4月前半に，P3が姉と2人で二段ベッドの上段で遊んでいたところ，枠を越えて転落して生じたと説明した。P10児童福祉司らは，原告夫婦に対し他には何かなかったか尋ねたが，原告夫婦は本件火傷と左前額部挫創の2回であると返答した。

6月1日，同児童相談所は，メディカルプラザ江戸川からP3についてのP7医師作成の診療情報提供書を受領した。2日，P9児童福祉司は，日赤医療センター付属乳児院に架電し，P3の状況確認を行ったところ，P3の両足首の前面にあざがあり瘢痕化しているとの報告を受けた。翌3日，P9児童福祉司は，日赤医療センター付属乳児院を訪問し，同施設において5月30日に撮影された本件火傷の写真，左前額部の挫創の痕の写真及び6月2日に撮影された両足首の瘢痕化したあざ状の写真を受領した。

3日，P9児童福祉司は，同児童相談所において原告夫婦のほか，原告夫婦が依頼した代理人弁護士も同席してP3の兄弟姉妹（P14，P15及びP13）との児童面接を実施した。同日，P9児童福祉司及びP10児童福祉司は，P8教授にP3の身体の火傷5個所の確認及び原告P2が説明する本件火傷の受傷機転と火傷痕の整合性について医学相談した。P10児童福祉司は，P3が乱暴に扱われていることは間違いないとの相談結果報告書を作成した。

６日，P9 児童福祉司は，都立墨東病院へ医療情報の提供を依頼した（７月25日，都立墨東病院の担当医師から，P3 の傷病名は前額部挫創であり，診察室に入る際には原告夫婦に抱かれており特に泣く様子は見られなかったこと，受診時のバイタルは安定しており，神経学的所見としては瞳孔径及び対光反射は評価できず，感覚や運動障害は観察できる範囲では異常や制限は認めなかったこと，左前額部に２cm×２cm程度の楔形の挫創を認めたが，頭部 CT 所見では出血や骨折の明らかな所見は認めなかったこと等を記載した診療情報提供書を受領した）。

７日，P9 児童福祉司は，篠崎保育園に架電し，P3 の監護状況に関し，P3 の状況や P2 との関わりに気になるところはなく，退園理由は自宅から近く保育料の安い区立保育園に入園させるためであると聞いていることを聴取した。

13日，P9 児童福祉司は，原告夫婦と面談し，経歴，家族構成及び本件火傷の受傷機転等を聴取した。P2 は，本件火傷について，持参した本件ヘアアイロンを用いて P3 の左腕に横から入った旨を身振りを用いて説明した。また，P9 児童福祉司は，原告夫婦及び代理人弁護士に対し，相談所としては調査中であるが，P3 の場合複数の傷があることから，丁寧に対応する必要があり，重大であると考えていると伝えた。

20日，P2 の母は，P9 児童福祉司に対し，P2 が切迫流産になりかけ自宅で安静にしている，他の子も精神的に限界であること，次回の面接が同月29日であるのは遅すぎる，児童相談所の言うとおりに応じているにもかかわらず本件一時保護が長期化している理由がわからず精神的にまいっていること等を申入れた。

代理人弁護士も，同日，P9 児童福祉司に対し，P2 の出産が近いので調査を迅速にすること，原告夫婦は児童相談所の話を聞いているので原告 P3 を家庭に戻す方向で対応することを要望し，本件一時保護を継続する理由が不明であると申し入れた。これに対し，P9 児童福祉司は，児童相談所としては丁寧に対応しており，子どもの安全及び安心を第一に考えている，P3 には火傷が複数箇所あり，左前額部挫創等についても調査中であると返答した。

24日，P20児童相談所職員は，本件一時保護施設を訪問してP3と対面し，同施設からP3の発語が生後9か月から10か月状態で遅れがみられること，多動の状況ではないこと等を聴取した。

29日，P9児童福祉司，P18児童福祉司及びP20職員は，同児童相談所において原告夫婦と面談し，本件火傷や左前額部挫創の受傷状況について聴取した。

7月8日，P9児童福祉司およびP18児童福祉司は，同児童相談所において原告夫婦及び代理人弁護士と面談し，直近1年の間にP3が病院に運ばれたことについて原告夫婦それぞれから聴取した。

25日，P10児童福祉司らは，代理人弁護士同席の上，P1と同児童相談所において面談し，たばこの誤飲，左前額部挫創及び本件火傷について監護不十分な面はネグレクトに当たるとし，施設入所を承諾するよう求めた。P1及び代理人弁護士はこれに反対し，P2の意思を確認の上，同日中に，改めて，施設入所に同意できない旨返答した。

28日，原告夫婦は，東京都知事に対し，本件一時保護決定の取消を求める審査請求を行った。なお，同請求は10月3日に棄却された。

8月9日，P10児童福祉司，P9児童福祉司及びP18児童福祉司は，原告夫婦と代理人弁護士同席のもと面談し，P3の火傷についてセカンドオピニオンを取った結果，P2の受傷機転に関する説明と本件火傷の状況が整合しなかったこと，短期間で3回以上の受傷はネグレクトといえると考えていることを伝え，同児童相談所として指導することも伝えたが，原告夫婦は施設入所に同意しなかった。

11日，P20職員は，一時保護施設を訪問し，6月24日以降のP3の状況を確認した。P3は，入所当初から家族を恋しがる様子はなく，同時期に入所した他の児童に父母が面会に来たり祖母に年齢が近い人が面会に来たりする姿を見かけても反応がないこと等を聴取した。

18日，P9児童福祉司は，日赤医療センター付属乳児院を訪問し，P3と面会した。

23日，同児童相談所は，江戸川区健康部健康サービス課から，P3の健康診査等の報告を受けた（P3は１歳児健診を受けておらず，予防接種の未接種もあった）。

3. 司法手続に至る経緯

児童相談所は，以上の経緯を受けて司法手続を検討するに至った。

８月３日，東京都墨田児童相談所は，援助方針会議において児童福祉審議会に諮問し適当と認められれば児童福祉法28条１項１号に基づく施設入所措置の承認を求める申立の方針を決定した。

24日，児童福祉審議会子ども権利擁護部会において，P3に関する施設入所措置承認の申立について審議が行われ，同部会は，同申立は適当であると答申した。

９月９日，東京都墨田児童相談所長は，東京家庭裁判所に，「(ア)本件相談所は，原告P3の複数か所の重篤な火傷痕及び多数の打撲痕ないし火傷痕の可能性のある色素沈着の存在と適切な治療がされていない状況から，身体的虐待とネグレクトの疑いをもった。(イ)原告P3は，本件一時保護当時，左前腕屈側に1.5cm×2.0cm大の紅斑局面，1.5cm×1.0cmの楕円形の紅斑局面があり，〈2〉度熱傷と診断された。また，左上腕部に１か所，左前腕部に２か所の色素沈着が確認され，この色素沈着のうち，左前腕部の色素沈着は楕円形（うずら面大）と台形型で，上記〈2〉度熱傷と診断された熱傷と同様の形状であった。(ウ)原告P3の左前腕伸側には左前腕屈側の２か所の熱傷と同様の熱傷ないし色素沈着は認められなかった。(エ)原告P3の腕が本件ヘアアイロンに挟まれたのであれば，左前腕部の上下（屈側・伸側）の２か所に同程度の熱傷を負うはずである。しかし，原告P3の左前腕部の手のひら側（屈側）にしか熱傷箇所が存在しない。原告P3の左腕の状態を見ると，原告P2の述べる受傷機転と本件ヘアアイロンでは説明できないのは明らかである。

㈱本件火傷の程度が重大であるのに，原告夫婦の対応が不適切であること，本件火傷とは別の過去の機会に熱傷を負ったと推定される色素沈着が存在したこと，左前額部挫創や両足首の座りだこと思われる色素沈着が存在したこと，本件火傷の受傷機転についての原告P2の説明が不自然であり，本件火傷の状況とも矛盾すること，原告夫婦は原告P3の受傷を日常生活でよくある負傷であるとして，危険の回避を行っていないことからすると，施設入所の必要性がある。」として審判を申立てた。

東京家庭裁判所調査官は，審判申立を受け原告らの自宅を家庭訪問して，居住環境等を調査したほか，篠崎保育園及び大杉保育園を訪問して調査を行い，両園の保育士等から原告P3に過去に気になる傷やあざを認めたことはない旨，５月23日に登園した際，原告P2は本件火傷について，ヘアアイロンに左腕を挟んだようになったと説明していた旨を聴取した。さらに，同調査官は，同月６日，篠崎駅前クリニックを訪問して，P4医師に対する調査を行い，５月22日の診察の際，左前腕屈側及び伸側に新鮮な熱傷を認めたこと，及び〈2〉度熱傷である屈側の熱傷と〈1〉度熱傷である伸側の熱傷は同時に生じたものであると診たこと，診察時には，屈側の手首に近い２つの赤くなった熱傷に目が向き，伸側の肘に近い方の熱傷痕には注視しておらず，これらの熱傷が同時にできたものであるかは分からないこと，上腕分の部分は診ていないこと等を聴取した。

10月19日，同調査官は，P8教授に対する調査を行い，同教授に，〔1〕本件ヘアアイロンの現物を示した上で，同アイロンが両側加熱型のＶ字型であること，温度調整機能の内容，本件火傷の生じた５月21日当時，原告P2はウェットモード140度で使用していたことを説明した。また，同調査官は，本件カラー写真〔1〕，メディカルプラザ江戸川，にこにこクリニック及び篠崎駅前クリニックのカルテを示し，原告P2は初診時に，左前腕屈側及び伸側に熱傷があると医師に申告したと述べていることを説明した。さらに，同調査官は，篠崎保育園や大杉保育園に対する調査結果，P4医師に対する調査結果を伝え，原告らの自宅の二段ベッド付近の写真撮影報告書，審判時提出写真等を提示して本件火傷の受傷機転等に対する意見を求めた。

10月25日，第３回審判期日において，同調査官によるP8教授に対する調査結果が口頭で報告された。

11月21日，第５回審判期日において，東京家庭裁判所の審判官は，児童相談所長に対し，原告夫婦と原告P3の面会交流を求めるとともに，児童相談所長が安全であると確信しなくとも，先に審判をする可能性がある旨述べた。

11月30日，原告夫婦と原告P3の面会が実施された。

12月５日，第６回審判期日において，同調査官は，原告夫婦が真に反省し本件児童相談所の指導を受け入れるか否かについて本件児童相談所長に不安があるなら，次回の審判期日までの間に頻繁に面会を実施し，その状況を見るよう提案した。これを受けて，審判官は，当事者双方に対し，原告P3の福祉を確保するため，同週の間に１度，翌週に２度，その翌週に３度，原告P3と原告夫婦の面会を実施することを勧告し，面会時間を長くしていくことを希望する旨伝えた。

12月26日，第７回審判期日（最終審判期日）において，同調査官は，原告夫婦は，原告P3にたばこの誤飲，左前額部挫創及び本件火傷を生じさせており，少なくとも不適切な監護状況はあったと指摘できるが，その程度・態様は原告P3の福祉が著しく害されて施設入所措置権行使の事態にあるとまではいえず，また，将来原告P3の福祉が害される可能性については，原告夫婦の監護状況の改善意欲等が認められること等から，深刻なものではないと思われるとの最終調査結果を報告した。審判官は，第１次P8意見について，本件児童相談所職員が，原告P3の左前腕伸側にも熱傷が存在したことを伝えず，左前腕屈側のみの熱傷を伝えたとの情報提供不備があったとの意見を述べた。

平成24年１月６日，東京家庭裁判所審判官は，本件審判事件について東京都墨田児童相談所長の申立てを却下した。

平成24年１月23日，東京都墨田児童相談所長は，東京高等裁判所に対し即時抗告を申立てた。

同年4月9日，東京高等裁判所は，「たばこの誤飲，左前額部挫創，本件火傷及び手当の状況を考慮すれば虐待を疑われてもやむを得ない状況にあったものであり，本件一時保護には理由があったということができるところ，これらの事故の原因は原告夫婦の親としての看護懈怠にあり，不適切な養育であったことが認められるが，調査官による調査の結果や抗告審における原告夫婦の審尋の結果によれば，原告夫婦に虐待，著しい監護懈怠又は著しい福祉侵害があったとまで認めることは困難であること，原告P3のたばこの誤飲，左前額部のけが，本件火傷については原告夫婦に監護懈怠が認められる上，原告らの家庭環境及びP14には障害があり，P16や原告P3が幼少であること等からすれば原告夫婦の負担が大きく，原告P3について従前と同様の監護を行うにとどまる場合には今後も同様の事故が発生しないとも限らないとの懸念があるが，原告夫婦が本件相談所の指導を受入れることを了解し，本件相談所が抗告審における審理の過程においても原告夫婦が監護義務を果たすよう指導を行ってきており，今後もそれが期待できる状況にあること等を考慮すれば，原告P3に対してその福祉が著しく害されるような監護懈怠が行われる可能性が高いとまではいえない」として，抗告を棄却した。

同月10日，東京都墨田児童相談所長は，P3の一時保護決定を解除した。

11日，P3は，家庭復帰した。本件児童相談所職員は，同日，原告らに対し児童福祉司指導措置決定通知書を交付した。同年5月24日，6月27日，7月30日及び9月13日，同児童相談所職員は，原告らの自宅を家庭訪問した。

4. 本判決の評価

1　裁判所は，平成23年6月4日以降継続した本件一時保護について被告が国家賠償法上の賠償責任を負うかについて，「一時保護は，上記のように，児福法27条1項の措置を採る必要がある場合に，その措置を執るまでの間，暫定的に児童を保護するために行われる措置であり，親権者の同意を要件としていないが，その期間は2か月を超えてはならないと定められている（同法33条３項）。もっとも，「必要があると認めるとき」は引き続き一時保護を行うことができるとされており（同法33条４項），この場合，一時保護が親権者の意に反する場合においては，児童相談所長が引き続き一時保護を行おうとするとき，及び引き続き一時保護を行った後２か月を経過する毎に都道府県知事は児童福祉審議会の意見を聴かなければならないとされている（同法33条５項。もっとも，児福法28条１項に基づく承認申立てがされている場合は不要とされている。）。上記のような一時保護の目的は，保護者による虐待，著しい監護の懈怠，その他保護者に監護させることが著しく当該児童の福祉を害する危険がある場合（児福法28条１項参照）に，当該児童を保護者から一時的に分離することにより，当該児童の福祉が害されることを防止することにあると解される。そうすると，児福法33条２項及び４項の「必要があると認めるとき」とは，児童を保護者の監護に委ねることが当該児童の福祉を害する場合であって，児童の保護者からの分離によってこれを防止する必要性がある場合をいうものと解される。そして，一時保護の要件及び２か月を超える期間延長の要件が「必要があると認めるとき」との文言で規定されていること及び児童の福祉に関する判断には児童心理学等の専門的な知見が必要とされることからすれば，児童に一時保護を加えるか否かの判断や，どのような期間一時保護を継続するかの判断は，いずれも都道府県知事ないしその権限の委任を受けた児童相談所長の合理的な裁量に委ねられていると解するのが相当である。そして，一時保護を解除するか否かの判断は一時保護を継続するか否かを消極方向から検討するものであるから，その判断も児童相談所長等の合理的裁量に委ねられていると解すべきである。そうであれば，児童相談所長等が，上記裁量を逸脱し又は濫用した場合に限り，一時保護処分を行ったこと，あるいは一時保護処分を継続したことが違法となるというべきであり，一時保護処分が児童や保護者の権利を制限する面を有することを考慮するとしても，必要最小限の期間を超えて継続されたことにより直ちに国家賠償法上の違法行為と評価されるものではないというべきである。」と判示する。

裁判所は，「児童相談所長等が，上記裁量を逸脱し又は濫用した場合に限り，一時保護処分を行ったこと，あるいは一時保護処分を継続したことが違法となる」との視点から，本件一時保護時点における本件児童相談所長の認識及び平成23年６月４日以降本件一時保護を継続したことの違法性について検討する。

裁判所は，本件一時保護時点における本件児童相談所長の認識について，「本件一時保護は，本件火傷を診察した医療機関からの本件通告を契機に行われたものであるが，本件火傷のみではなく，その受傷前９か月間の間に起きたたばこの誤飲や左前額部挫創も虐待や監護懈怠の判断の考慮要素とされていた。そして，保護者である原告 P2 により家庭内で発生したと説明されていたこれらの受傷等は，結果として，原告 P3 に生命の危険を生じさせたとは認められないものの，いずれも生命，身体に重大な危険を及ぼす可能性のある出来事であったというべきであり，本件相談所長は同様の認識を有していた。原告 P3 の本件火傷を診察し，本件通告を行った医療機関の医師は，本件火傷が横方向の傷であるのに対し，原告 P2 の説明した受傷機転では縦方向に傷が生じることになること，原告 P3 の左腕には，複数の機会に火傷を負ったと疑われる色素沈着が診られたこと，原告 P2 が本件火傷を自ら申告せず，ティッシュペーパーを当てただけで適切な処置をしていなかったこと等から，本件火傷が故意による虐待により生じた可能性を疑っており，その旨，本件相談所職員に伝えていた。」等の事実から，「本件相談所長が，原告 P3 について，保護者による虐待や著しい監護の懈怠の可能性があると考え，保護者から一時的に分離することにより，原告 P3 の福祉が害されることを防止する必要があると判断したことには，合理性があるというべきであり，少なくともその判断に裁量の逸脱や濫用があるとは認められない（なお，原告らも，本件相談所長が本件一時保護を行ったこと自体が違法であるとは主張していない。）」と判示する。

裁判所は，平成23年６月４日以降本件児童相談所長が本件一時保護を継続したことが違法となる要件として，「原告 P3 を保護者である原告夫婦の監護に委ねても，原告P3の福祉が侵害されるおそれがあるとはいえないこと，すなわち本件一時保護を解除すべきであると判断すべき基礎となる事実が存在し，かつ，本件相談所長が当該事実を認識していたか，あるいは児童相談所として通常行う調査をすることにより認識することができたと認められることが必要である」との視点から，一つ一つの事実を検討し，「本件審判事件における調査官の調査の結果等を考慮しても，本件相談所長が本件火傷の受傷機転について，原告P2の説明を信用できるとし，原告P2に虐待の危険がないと判断しなかったことについても，児童相談所長に与えられた合理的な裁量を逸脱し，あるいはこれを濫用した違法があると評価することはできない。」としたうえで，「本件一時保護の解除については，児童の家庭環境，監護状況に対する保護者の認識や今後の監護方針等も考慮されるところ，本件一時保護当時，原告P2は平成23年○月（＝筆者註＝7月）に出産予定であり，原告P3の他に障害を有する子1人を含む4人の子を養育していた等の原告らの家庭環境，原告夫婦は，本件一時保護が開始された頃には，たばこの誤飲，左前額部挫創及び本件火傷のいずれも，日常生活で生じ得るものであるとの意見を述べており，本件審判事件の第4回期日においても，本件相談所の指導には従うものの，担当者の変更を希望するとの意見を述べるなどしており，東京家庭裁判所の審判官は，その理由を本件相談所側の対応にあるとしながらも，審判書において原告夫婦が本件相談所を信頼していなかった旨記載している。これらのことからすると，上記の観点から見て，本件審判事件の第7回審判期日時点において，原告P3の家庭復帰後の状況把握の確実性を含め本件相談所長が本件一時保護を解除すべきであると判断すべき基礎となる事実が存在したとまでは認められない。」とし，「本件相談所長が平成24年4月10日まで本件一時保護を解除しなかったことが違法であるとは認められない。」と判示する。

2　本事案は，本件児童相談所長が平成23年6月4日以降も本件一時保護を継続したことについて被告が国家賠償法上の賠償責任を負うか否かを争点とするものである。

原告は，「一時保護は，暫定的な処分であり，保護児童の権利のほか親の権利も制限するものであるから，その目的達成に必要な最小限の期間に留めなければならない。したがって，児福法33条１項，２項及び４項に基づき一時保護を加えるか否かの判断や保護の期間，特に２か月を超えて一時保護を行うか否かの判断が児童相談所長の合理的な裁量に委ねられているとしても，その要件である「必要があると認めるとき」に該当するか否かは限定的に解する必要があり，必要最小限の期間を超えて一時保護を継続することは，児童相談所長の裁量権を逸脱し，又は濫用するものとして違法である。」と主張する。

被告は，「児福法33条２項の規定する一時保護は，要保護児童及び被虐待児について同法27条１項又は２項の措置を採る必要がある場合に，同措置を採るまでの間，暫定的に当該児童を保護するために行われる行政処分であり，児福法は「必要があると認めるとき」を要件として，当該児童に一時保護を加え，又は適当な者に委託して一時保護を加えさせることを認めている。そして，児童の福祉に関する判断には児童心理学等の専門的な知見が必要であることから，「必要があると認めるとき」の判断，特に２か月を超えて一時保護を行うか否かの判断は，いずれも都道府県知事又はその権限の委任を受けた児童相談所長の合理的な裁量に委ねられていると解すべきであり，これは一時保護の解除の判断についても同様である。このことに照らせば，一時保護を解除しないことが国家賠償法上の違法と評価されるのは，児童相談所長の上記裁量に逸脱や濫用がある場合に限られる。」と主張する。

裁判所は，双方の主張する事実を精査し，児童相談所長の行った一時保護の必要性判断には裁量の逸脱や濫用が認められず，平成24年４月10日まで本件一時保護を解除しなかったたことは違法であるとは認められないとして原告の請求を棄却した。

原告 P3 の一時保護は，長期に亘るものであり，前期と後期に分けその状況を精査する。一時保護の前期は，児童福祉法33条３項，４項及び５項に基づく児童福祉協議会の意見聴取による平成23年５月30日から同年９月８日までの102日間である。一時保護の後期は，家事審判申立ての裁判手続による平成23年9月9日から平成24年4月9日までの213日間である。原告P3の一時保護は，メディカルプラザ江戸川からの児童虐待防止法6条に基づく虐待通告により開始され，東京高等裁判所の抗告棄却に至るまでの315日間という長期に亘るものである。

P3の一時保護は，火傷に起因する受診に端を発し，虐待通告を受け児童相談所は調査を開始し，火傷を負う前9か月間にたばこの誤飲や左前額部の受傷が発生しておりそれぞれ身体的虐待や著しい監護懈怠により生じたものであるとの疑念を持った。更に，P3の家庭状況は，再婚である両親には，前婚で父親には長男P12（15歳）及び二男P13（14歳），母親には長男P14（12歳。愛の手帳4度の障害がある）及び長女P15（9歳）がおり，P3を含め7人家族の児童虐待のハイリスク家庭である（母親は同年7月P16を出産し8人家族である）。

P3の一時保護の経緯を考慮するとき，児童相談所長の原告P3の福祉を害されることを防止する必要があるとの判断には合理性があり，少なくともその判断に裁量の逸脱や濫用があるとは認められないとし，平成24年4月10日まで児童相談所長がP3の一時保護を解除しなかったたことは違法であるとは認められないとする裁判所の判断は，妥当である。

3　平成23年12月5日，第6回審判期日において，調査官は，「原告夫婦は，原告P3にたばこの誤飲，左前額部挫創及び本件火傷を生じさせており，少なくとも不適切な監護状況はあったと指摘できるが，その程度・態様は原告P3の福祉が著しく害されて施設入所措置権行使の事態にあるとまではいえず，また，将来原告P3の福祉が害される可能性については，原告夫婦の監護状況の改善意欲等が認められること等から，深刻なものではないと思われる」との最終調査結果を報告している。

平成24年4月9日，東京高等裁判所は，「たばこの誤飲，左前額部挫創本件火傷及び手当の状況を考慮すれば虐待を疑われてもやむを得ない状況にあったものであり，本件一時保護には理由があったということができるところ，これらの事故の原因は原告夫婦の親としての看護懈怠にあり，不適切な養育であったことが認められるが，調査官による調査の結果や抗告審における原告夫婦の審尋の結果によれば，原告夫婦に虐待，著しい監護懈怠又は著しい福祉侵害があったとまで認めることは困難であること，原告 P3 のたばこの誤飲，左前額部のけが，本件火傷については原告夫婦に監護懈怠が認められる上，原告らの家庭環境及び P14 には障害があり，P16 や原告 P3 が幼少であること等からすれば原告夫婦の負担が大きく，原告 P3 について従前と同様の監護を行うにとどまる場合には今後も同様の事故が発生しないとも限らないとの懸念があるが，原告夫婦が本件相談所の指導を受入れることを了解し，本件相談所が抗告審における審理の過程においても原告夫婦が監護義務を果たすよう指導を行ってきており，今後もそれが期待できる状況にあること等を考慮すれば，原告 P3 に対してその福祉が著しく害されるような監護懈怠が行われる可能性が高いとまではいえない」と判示する。

両裁判所は，児童相談所の一時保護には理解を示しつつも原告の監護懈怠の可能性を否定し，それ以上の一時保護の継続の必要性を否定した。

児童相談所長の一時保護および家事審判申立ての判断は，児童虐待通告及び児童相談所の独自の調査経緯から妥当である。

結　語

1　児童虐待防止の要諦は，児童虐待の早期発見にある。児童虐待防止法の数次の改正により通告制度の確立と警察機関を動員しての介入等の方策と関係諸機関の相互連携の重要性が改めて確認されるに至っている。

児童虐待防止には，行政機関と民間との緊密な相互連携が実践されており，検察庁，警察庁及び厚生労働省は連携強化に関する通知を発出している。特に，検察庁は，児童相談所，警察を中心として病院，学校，保育園・幼稚園，保護観察所，家庭裁判所，弁護士会等との関係機関との連携を図っている。[21)]

児童相談所は，被虐待児の死亡という最悪な結果を回避するために虐待通告に基づいて情報収集と時宜を得た的確な対応が常に求められている。児童相談所の対応の迅速性欠如は，これまで幾多の死亡事例において児童相談所が対処出来なかった事実にその都度厳しい社会的批判が寄せられてきた。

児童相談所に課されている家族再統合という命題は，時に介入に躊躇を齎すこともあった。家族再統合という命題は，被虐待児と加害者である親を含めた家族の関係性の新たな構築という課題の解決を余儀なくさせる。

児童相談所は，「段階的親子再接触アプローチ」という①初期介入から親子分離まで，②親子分離から最初の面会接触まで，③施設入所した子どもと保護者の面会設定から，面会外出まで，④短期外泊から，週単位程度の長期外泊，家庭復帰まで，事例によっては措置停止による長期外泊まで，⑤家庭復帰とそれ以降という5段階に分けて親子関係の調整，保護者指導や家庭支援の課題設定，親子関係の修復を図っている[22)]。

親子相互交流法（Parent-Child interaction therapy：PCIT）は，親子関係の修復を企図する方法である。PCIT は，1974年にフロリダ大学の Sheila Eyberg により考案され，わが国では2008年東京女子医科大学附属女性生涯健康センター加茂登志子教授らにより導入されている。PCIT は，家族再統合を視野に入れた方策として虐待事例において有効性の検証がなされている[23)]。

2　児童相談所の時宜を得た危機介入は，児童虐待防止の視点からは不可欠である。被虐待児の死亡事例が，顕在化する都度児童相談所の対応が問題とされている。

本稿で考察した東京地裁平成27年3月11日民事第28部判決は，児童相談所長の行った一時保護の必要性判断には裁量の逸脱や濫用が認められず，家事審判の確定する平成24年4月10日まで本件一時保護を解除しなかったことは違法であるとは認められないと判示した。

児童相談所長の一時保護申立ては，司法判断としては却下されたが，児童虐待防止を至上命令とする現場の判断としては，虐待の惧れや帰宅後の虐待の発生の可能性を考慮に入れ，一時保護の解除に慎重な判断を示すことは十分理解できる。児童相談所は，現場の視点から一時保護の必要性を主張し，その必要性の当否は，司法チェックにより担保される。

現場の迅速かつ適切な判断回避により最悪な結果発生を幾多と経験し，児童虐待防止には，関与する諸機関の連携と介入を躊躇する萎縮効果を回避することが要最である。

本判決は，児童相談所長の行った一時保護について一定の理解を示すものであり，児童相談所の危機介入の在り方に示唆するものである。

1）　平成28年８月４日，厚生労働省は，児童相談所が対応した児童虐待相談件数を報道機関向け資料として公表した（http://www.mhlw.go.jp/file/04-Houdouhappyou-11901000-Koyoukintoujidoukateikyoku-Soumuka/0000132366.pdf）。

2）　平成13年度から平成26年度までの警察庁の統計資料・児童虐待事件の態様別検挙状況の推移について，拙稿「近時の裁判事例における児童虐待事案の刑事法的一考察(1)」，武蔵野法学第３号（2015年）56頁参照。児童虐待の裁判事例として，拙著『児童虐待Ⅱ　問題解決への刑事法的アプローチ［増補版］』，成文堂，2011年参照。平成24年１月１日から平成27年８月末日までの身体的虐待55事案について拙稿「近時の裁判事例における児童虐待事案の刑事法的一考察(1)」，武蔵野法学第３号1-58頁，同「近時の裁判事例における児童虐待事案の刑事法的一考察(2)」，武蔵野法学第４号（2016年）1-76頁参照。ネグレクト及び児童期性的虐待事案については，別稿を予定している。

3）　最新の児童虐待検挙状況として，警察庁生活安全局少年課『平成27年中における少年の補導及び保護の概況』参照。

4）　経年観察をベースにした具体的事例分析として，川崎二三彦・増沢 高編著『日本の児童虐待重大事案 2000-2010』，福村出版，2014年参照。

5）　児童相談所の設置する全国共通ダイヤルについて，厚生労働省 HP 参照（http://www.mhlw.go.jp/bunya/koyoukintou/gyakutai/）。

6）　社会保障審議会児童部会児童虐待等要保護事例の検証に関する専門委員会『子ども虐待による死亡事例等の検証結果等について（第12次報告）（平成28年９月）』，６頁及び28頁参照（http://www.mhlw.go.jp/stf/seisakunitsuite/bunya/0000137028.html）。特に，「個別調査票による死亡事例の調査結果」参照（http: //www. mhlw. go. jp/file/06-Seisakujouhou-11900000-Koyoukintoujidoukateikyoku/0000137020.pdf）。なお，第12次社会保障審議会児童部会児童虐待等要保護事例の検証に関する専門委員会の構成メンバーは，委員長・山縣文治関西大学人間健康学部教授，委員・山縣文治医療法人社団千実会あきやま子どもクリニック理事長，安部計彦西南学院大学人間科学部社会福祉学科教授，磯谷文明くれたけ法律事務所弁護士，水主川純聖マリアンナ医科大学産婦人科学講師，田中 哲東京都立小児総合医療センター副院長，橋本和明花園大学社会福祉学部臨床心理学科教授，宮島 清日本社会事業大学専門職大学院准教授，山田和子和歌山県立医科大学大学院保健看護学研究科特任教授の９氏である。

7）親権喪失および親権停止等の平成27年中の親権制限事件及び児童福祉法28条事件について，最高裁判所事務総局家庭局「親権制限事件及び児童福祉法28条事件の概況―平成27年１月～12月―」参照（http://www.mhlw.go.jp/file/05-Shingikai-11901000-Koyoukintoujidoukateikyoku-Soumuka/sankou03.pdf）。

8）拙著『児童虐待 その現況と刑事法的介入』，成文堂，2000年，77頁註１）及び前掲註２）拙著『児童虐待Ⅱ』，51頁以下参照。

9）前掲註８）拙著『児童虐待 その現況と刑事法的介入』，38頁以下〔事例８〕から〔事例12〕参照。

10）東京弁護士会『弁護士70人の提言―子どもの権利条約と日本の子ども』，1991年，日本弁護士連合会子どもの権利委員会『児童虐待に関する家庭裁判所審判事例集（研究用資料）』，1999年参照。

11）さいたま地裁平成13年12月26日判決は，児童虐待通報により児童相談所が介入したが両親の拒否的態度で十分な介入ができずネグレクトにより生後３か月の乳児の死亡事例である（判タ1140号283頁）。詳細は，拙稿「裁判実務における身体的虐待及びネグレクト事例についての一考察」，法学新報112巻１＝２号（2005年）793頁以下参照（前掲註２）拙著『児童虐待Ⅱ』，173頁以下所収）。

12）児童虐待防止専門家会議の構成メンバーは，座長・森 茂起甲南大学教授，稲垣由子甲南女子大学教授，加藤 寛兵庫県ヒューマンケアセンター研究所研究部長，立木茂雄同志社大学教授，東畠孝輔湊川女子短期大学講師，吉田 隆兵庫県児童養護連絡協議会会長の６氏である。事案の詳細について，前掲註４）川崎二三彦・増沢 高編著『日本の児童虐待重大事案 2000-2010』，35頁以下及び鈴木一郎「第５章児童虐待刑事裁判例についての事例研究」（財団法人社会安全研究財団『児童虐待への対応の実態と防止に関する研究』）76頁以下参照。

13）朝日新聞平成17年１月26日朝刊（大阪版）参照。子どもの虐待とネグレクト６巻３号（2004年）は，317-354頁において岸和田事件について特集を組み問題点を多角的に検討している。小林美智子「岸和田事件からみえる課題」，津崎哲郎「岸和田事件をめぐって…福祉の立場から」，兼田智彦「岸和田事件をめぐって…学校関係者として」，峯本耕治「岸和田児童虐待事件が学校・教育委員会に問いかけたもの」，山本麻里「児童虐待の現状と今後の対応―岸和田市の事件に関連して」，資料大阪府児童虐待問題緊急対策検討チーム「大阪府レポート子どもの明日を守るために―児童虐待問題緊急対策検討チームからの緊急提言」参照。

14)　大阪府児童虐待問題緊急対策検討チーム「子どもの明日を守るために—児童虐待問題緊急対策検討チームからの緊急提言」(2004年）参照。前掲註4）川崎二三彦・増沢 高編著『日本の児童虐待重大事案 2000-2010』，80頁以下及び鈴木一郎「第5章 児童虐待刑事裁判例についての事例研究」，72頁以下参照。

15)　事案の詳細について，前掲註2）拙稿「近時の裁判事例における児童虐待事案の刑事法的一考察(2)」，武蔵野法学第4号59頁以下参照。なお，父親が詐欺罪に問われたのは，長男D死亡後6年9ヶ月に亘り家族手当41万円の振込を受けていたからである。

16)　神奈川県児童虐待による死亡事例等調査検証委員会の構成員は，委員長・鵜養美昭日本女子大学教授，副委員長髙橋 温弁護士，川﨑二三彦子どもの虹情報研修センター研究部長，飯島奈津子弁護士，南 達哉こども医療センター医長の6氏である。神奈川県児童虐待による死亡事例等調査検証委員会『児童虐待による死亡事例調査検証報告書（平成26年8月）』参照
(http://www.pref.kanagawa.jp/uploaded/attachment/724625.pdf)。

17)　前田 清「虐待通告された乳幼児の頭部外傷と児童相談所の対応」，子どもの虐待とネグレクト17巻3号（2016年）417頁以下参照。

18)　高橋重宏他「児童相談所児童福祉司の専門性に関する研究」，日本子ども家庭総合研究所紀要第47集（2010年）参照。才村 純他「児童相談所児童心理司の業務実態把握に関する研究」，日本子ども家庭総合研究所紀要第50集（2014年）参照。

19)　一時保護所の実態について，和田一郎他「一時保護所の概要把握と入所児童の実態調査」，日本子ども家庭総合研究所紀要第50集（2014年）参照。

20)　LEX/DB【文献番号】25525191。

21)　最高検察庁は，2016年6月「刑事政策推進室」を設置して被害者保護・支援，児童虐待事案への対応，再犯防止・社会復帰支援など刑事政策に関わる諸課題を検討し情報収集・分析を行っている。東京地検，大阪地検，高松地検は，庁内に児童虐待対策のチームを発足させて迅速な対応をしている。先鞭は，2014年7月高松高検検事長に就任した酒井邦彦検事長（現広島高検検事長）による児童虐待防止プロジェクトチーム立上にある（朝日新聞2016年2月6日，毎日新聞2016年7月22日参照)。和田雅樹「検察における児童虐待事案に対する取組について」，罪と罰53巻4号（2016年）28頁以下参照。

22)　山本恒雄他「児童相談所における保護者支援のあり方に関する実証的研究」，日本子ども家庭総合研究所紀要第50集（2014年）参照。なお，同「保護者援助手法の効果，妥当性，評価，適応に関する実証的研究2」，日本子ども家庭総合研究所紀要第47集（2010年），同「児童相談所等における保護者援助のあり方に関する実証的研究—保護者援助手法の効果，妥当性，評価，適応に関する実証的研究」，日本子ども家庭総合研究所紀要第48集（2011年），同「児童相談所における保護者援助のあり方に関する実証的研究」，日本子ども家庭総合研究所紀要第49集（2012年）参照。

23）小平かやの「虐待事例における親子相互交流法の有効性の検討」，東京女子医科大学雑誌第83巻（2013年）臨時増刊号（大澤眞木子教授退任記念特別））E219-E227参照。

第２節　面接交流権

第１款　東京高裁平成29年11月24日第23民事部決定[1)]

【事案の概要】

Ｘ（41歳）とＹ（36歳）は，平成21年に婚姻の届出をし，両名の間に長男Ａ（平成22年生）及び二男Ｂ（平成25年生）が出生した。Ｘ及びＹは，平成23年10月，新居建物を建築して転居した。Ｙは，平成26年12月10日，未成年者長男Ａ及び二男Ｂと共にＸの家を出てＹの実家に転居し，Ｘと別居した。Ｘ及びＹは，本件別居前から共に薬剤師として稼働し，Ｘは現在会社を経営している。

Ｘ及びＹは，長男が出生した頃から口論することが多くなった。正社員として稼働していたＹは，二男を妊娠していた当時，Ｘから，長男の食事の準備ができないなら実家へ帰れ等と声を荒げて言われたことがあった。Ｙは，二男の出産後に，Ｘに対し１年間の育休を取得したい旨話したが，反対され，やむなく８か月の育休を取得した。Ｘの反対理由は，育休中減収となり貯蓄する金額が減ること等であった。Ｙは，育休から復帰した平成26年８月９日頃，Ｘに対し，二男が急病となった場合の対応や体力的に厳しいことを理由に２時間勤務時間を短縮して稼働したいこと，あるいはパート勤務にしたいことを述べた。Ｘは，Ｙが楽をしたいだけである等と言って，強く反対した。長男の面前で，双方とも興奮して大声を出して口論し，Ｘは，Ｙの両腕をつかんで床に押さえつけ，発言を撤回しろと怒鳴ったりした。これを見た長男は泣きながら止めに入ったが，Ｘは上記行動を直ちに止めなかった。

別居後，ＸとＡ及びＢとの面会交流は途絶していたが，本件における調査命令に基づき平成28年１月７日家庭裁判所調査官が前橋家庭裁判所児童室においてＸとＡ及びＢとの30分間の試行的面会交流を実施した。Ａは当初からかなり緊張した様子であったが，Ｘが入室して暫くしておもちゃを使って一緒に遊び始めた。Ｂは，Ｘにおもちゃのことを聞くなど自由に振る舞っていた。Ａが発語することはほとんどなかったが，Ｘを避ける仕草を見せることはなかった。Ａは，児童室からの帰り際に，Ｙに対しＸの髪の毛が変わったこと，Ｘがかっこよかったことを話した。

同年11月23日，面会交流の支援を手掛ける特定非営利活動法人Ｚ職員立会いの下，前橋家庭裁判所児童室で１時間実施された面会交流において，Ａ及びＢはＸと楽しく遊ぶことができた。

本件における調査命令に基づき平成29年３月21日，家庭裁判所調査官は，前橋家庭裁判所児童室においてＸとＡ及びＢとの１時間の試行的面会交流を実施した。Ａ及びＢは，児童室の隣室にＹがいることを知った上で，入室したＸに近寄り，あいさつした。Ａ及びＢは，Ｘの近くで会話しながら，おもちゃの組み立て等をした。また，Ａは，Ｘと互いに体をくすぐる遊びをはじめ，Ｘの背中によじ登るなど，自らＸと身体的接触をしてはしゃいだ。Ｂは，一人で遊んでいることもあったが，Ｘに対しかまってほしいことを言い，Ｘと一緒に遊ぶことを喜んでいた。この間，Ｂが調査官にＹのことを聞く場面もあった。Ｘが退室する間際に，ＡはＸに抱き付き，Ａ及びＢともＸにハイタッチをした。

原審前橋家庭裁判所平成29年８月４日審判は，相手方である妻に対し，申立人である夫に対し長男及び二男との面会交流する時期，方法などを定めた実施要領に従った面会交流を命じた[2)]。

【判　旨】

裁判所は，「父母が別居し，一方の親が子を監護するようになった場合においても，子にとっては他方の親（以下「非監護親」という。）も親であることに変わりはなく，別居等に伴う非監護親との離別が否定的な感情体験となることからすると，子が非監護親との交流を継続することは，非監護親からの愛情を感ずる機会となり，精神的な健康を保ち，心理的・社会的な適応の維持・改善を図り，もってその健全な成長に資するものとして意義があるということができる。他方，面会交流は，子の福祉の観点から考えられるべきものであり，父母が別居に至った経緯，子と非監護親との関係等の諸般の事情からみて，子と非監護親との面会交流を実施することが子の福祉に反する場合がある。

そうすると，面会交流を実施することがかえって子の福祉を害することがないよう，事案における諸般の事情に応じて面会交流を否定したり，その実施要領の策定に必要な配慮をしたりするのが相当である。

抗告人は，いわゆる面会交流原則実施論を論難するが，抗告人の主張の趣旨とするところは，上述した考え方と必ずしも矛盾するものではない。」と判示し，「抗告人は，相手方に対し，本決定別紙面会交流実施要領記載のとおり，未成年者らと面会交流をさせなければならない。」と言渡した。

【研　究】

1　本事案は，長男及び二男を連れて別居中の妻が夫と長男及び二男との面会交流の実施を認めた前橋家裁平成29年８月４日審判に対し，面会交流をする時期，方法等について定めることを求めた抗告審である。

Ｘは平成27年２月に本件調停と共に夫婦関係調整（円満調整）調停事件を申し立て，Ｙは同年３月に夫婦関係調整（離婚）調停事件を申し立てた。円満調停事件及び離婚調停事件は，いずれも平成28年６月28日に不成立により終了し，同日，本件調停も不成立となり審判に移行した。

Ｙは，審問においてＸは自己中心的で，全て自分の考えが正しくそれに異を唱える者を徹底的に攻撃する人柄であると陳述する。

裁判所は，Ｘの行動及び態度について自己中心的で他者への配慮に欠けているとし，「面会交流を円滑かつ継続的に行うには，相手方において，面会交流の要領（ルール）の遵守に加えて，面会時の未成年者らの状況への適切な対応，未成年者ら及び抗告人への心情等の配慮が求められるところ，相手方が自制心を持って，それらを行うことができるかについては懸念がないとはいえず，この点，面会交流の在り方を検討する上で留意すべきものと考える。」と判示する。

裁判所は，Yの現在の心身の状況等について「抗告人は，相手方との婚姻共同生活において相手方の言動によって精神的負荷を受け別居後も未成年者らとの面会交流をめぐる相手方との言動から同様に負荷を受け，抗告人には，ストレス，不安を強く感じ，頭痛，不眠等の症状が起こっている。現在は，それらの症状があっても未成年者らの育児・養育及び監護に特段の支障は生じていないものの，場合により育児等に支障が生ずるおそれを否定することはできない。そして，抗告人は，これまでの経緯から，相手方に対して信頼感を持てなくなっていることも認められる。そうすると，今後，未成年者らと相手方との面会交流が円滑かつ継続的に実施されるためには，抗告人が安心して未成年者らを面会交流に送り出すことができる環境を整えることも必要と考えられる。」と判示する。

2　裁判所は，以上の経緯を踏まえ「未成年者らと相手方との直接的面会交流を認めるのが相当であるが，未成年者らは，平成26年12月の相手方との別居後，これまで相手方と3度の試行的面会交流をしたのみであるから，短時間の面会交流から始めて段階的に実施時間を増やすこととし，頻度は1か月に1回とし，実施時間は半年間は1時間，半年後からは2時間とするのが相当である。そして，前示のとおり，相手方に自己中心的で他者への配慮に欠けるところがあり，抗告人の相手方に対する信頼が失われていることを踏まえれば，面会交流を円滑かつ継続的に実施していくためには，1年6か月(18回分）の間は，面会交流の支援を手掛ける第三者機関にその支援を依頼し，同機関の職員等が未成年者らと相手方との面会交流に立ち会うこととし，時間をかけて未成年者らと相手方との面会交流の充実を図っていくのが相当である。」と判示し，具体的な面会交流実施要領を提示する。

裁判所は，XとA及びBの家庭裁判所調査官立会いの平成28年1月7日及び平成29年3月21日の面会交流及び第三者機関特定非営利活動法人職員立会の平成28年11月23日の面会交流計3回の面会交流の状況を踏まえて面会交流実施要領を提案する。

裁判所の提案及び判断は，妥当である。

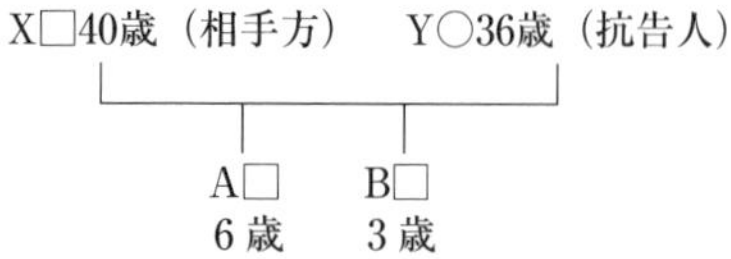

平成21年婚姻
平成23年10月10日新居建築
平成26年12月10日A、Bを連れ別居
（Y実家）

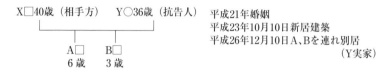

第２款　東京高裁平成30年11月20日第24民事部決定[3)]

【事案の概要】

Xは，平成24年３月14日，Yと婚姻し，平成25年第１子Aが誕生した。Aの世話は，Yの就職前はYが主に行い，Aが１歳を過ぎYが就職した平成26年10月以降，Aの保育園登園前は主にYが，降園後は主にXが世話を行っていた。Yは，平成28年４月頃，勤務時間を短縮し，Aに夕食を食べさせたり入浴をさせたりなどの降園後の世話も自ら行うようになった。平成28年４月，X及びYは，ローンを組んで家族３人で住むため１戸建てを購入した。

Xは，Yと喧嘩口論となることが多いことから，平成28年４月中旬頃からYと一緒に住むことに耐えられなくなり，５月18日，当時２歳を過ぎたAを連れて別居し，転居先をYに知らせなかった。Xが未成年者を監護養育していた期間中，Xは，YにAの所在を告げず，Yとの面会交流も実施されなかった。

Yは，平成28年６月15日，横浜家庭裁判所横須賀支部にAの監護者を自己と指定し，Xに対しAを引き渡すよう命ずることを求めて審判を申し立てた。同年11月９日，同裁判所はYの申立てを認めた。Xは，東京高等裁判所に抗告し，平成29年２月21日，同裁判所はXの抗告を棄却した。

Xは，平成29年３月13日，Aを任意にYに引き渡し，以降，YはAを監護養育しており，現在，幼稚園に通園している。

Ｘは，平成29年３月18日，千葉家裁松戸支部に面会交流調停を申立てた。

Ｘは，本件調停手続中の平成29年４月21日，同年５月29日，同年６月27日，同年９月19日，同年11月７日，同月17日及び平成30年１月18日，いずれもＹの手続代理人の事務所において，Ｙが衝立越しに様子を窺える状態で各回約２時間の面会交流を行った。なお，Ｘは，誕生日プレゼントをＡに渡すために約15分間の面会交流が行われた。

しかし，この間，Ｙは，Ａの生活費の負担すら拒んで親の責任を放棄しているＸには子と会うことなど認められないとして，７月以降の面会交流の実施を拒み，Ｘが婚姻費用を支払ったため９月19日に面会交流が再開された。また，Ｙは，Ｘが平成30年１月18日の面会交流の際，Ｙの申入れに反して面会交流開始後すぐにＡに昼食を食べさせたことや，事前にＹの了承を得ずにＡにお守りを贈ったことから信頼関係が失われたとして，同日後の本件調停の期日において面会交流に応じられないと述べた。その後，面会交流は実施されていない。

平成30年４月10日，千葉家裁松戸支部での面会交流調停は，不成立となり審判手続に移行した。

原審千葉家裁松戸支部平成30年８月22日審判は，面会交流の要領を指示した上で相手方である妻に対し，申立人である夫に対し未成年者との面会交流を命じた[4)]。

【判　旨】

裁判所は，抗告人に対し略原審通りの条件で未成年者を相手方と面会交流させなければならないとした上で，新たに「抗告人は，前項の面会交流における相手方と未成年者との面会交流に立ち会うことができる。」との項目を追加した。

【研　究】

１　本事案は，実父である夫が妻との喧嘩口論に耐えられず転居先を告げず２歳の子どもを連れて別居し，妻が監護者を自己とし子供を引渡すよう審判を求め裁判所は申立てを認め，夫は自発的に子どもを妻に引渡した。夫は，子どもとの面会交流調停を申立て手続中一定の面会交流がなされたが，妻から信頼関係が失われたとして面会交流を拒否され，審判手続に移行し，裁判所は，夫の申立てを認め一定の条件のもと妻に面会交流をするように言渡したのを不服として妻が抗告したものである。

2　裁判所は，面会交流の可否について「父母が別居しても，子にとっては親であることには変わりはなく，非監護親からの愛情も感じられることが子の健全な成長のために重要であり，非監護親と子との面会交流が実現することにより，別居等による子の喪失感等が軽減されることが期待できるから，子の福祉に反しない限り，非監護親と子との面会交流は認められるべきである。そして，面会交流の可否については，非監護親と子との関係，子の心身の状況，子の意向及び心情，監護親と非監護親との関係その他子をめぐる一切の事情を考慮した上で，子の利益を最も優先して判断すべきである（民法766条１項参照）。」と原則的な立場を判示する。

裁判所は，従前の面会交流について良好に実施されているとし，未成年者がより自由に非監護親である父親と面会できるように１回あたりの時間を長くすることや実施場所を限定することは相当ではないとする。

裁判所は，母親の立会いの下での父親と未成年者との面会交流の実施期間について父親による成年者の連れ去りの懸念に対する配慮が不要と合理的に解されるまでの当分の間に限定する。

3　２歳の子どもを連れ突然行き先も告げず別居した夫の行動は，１戸建て新居で３人の生活を始めた妻にとっては突然子どもを奪われ探しようのない状況に至ったことを考えると思慮に欠けるものである。

夫は，自ら子どもを妻の下へ帰した後，子どもとの面会交流を求め調停を申立ている。

子どもは２歳から５歳に至るまで両親のそれぞれの思いのままに振り回されている状況は，子どもの利益を最優先とするとき微妙である。

裁判所の判断は，妥当である。

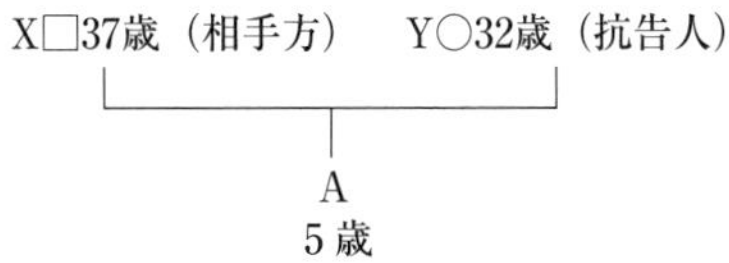

平成24年３月14日婚姻
平成28年４月１戸建てを購入
平成28年５月18日XはAを連れ別居
平成29年３月13日XはAをYに任意に引渡す

1）　判時2365号76頁参照。
2）　判時2365号82頁参照。
3）　LEX/DB【文献番号】25561709。
4）　LEX/DB【文献番号】25561708。

第3節　子の監護権・親権の帰属及び児童養護施設入所

第1款　大阪高裁平成29年11月29日第9民事部決定[1)]

【事案の概要】

X（53歳）は，未成年者Aの実母Y（21歳）の母であり，未成年者Aの祖母である。

Yは，Aの実父と平成28年協議離婚しAの親権者となった。Yは，協議離婚後，Aと共にXの居住する実家に身を寄せ同居した。実家でのAの世話は，Yが行っていた。

Xは，Yが何日も帰宅せず，夜間外出や友人宅への泊りがけの外出にAを同伴させたことからYと諍いになった。Yは，XにAの監護を委ねて実家を離れ，当時交際していた現在の夫である参加人B（20歳）の実家で暮らし始めた。

Xは，その後，Yの長姉の援助を受けながら，Aを監護し，Yは長姉宅においてAと面会していた。Yは，長姉宅からAを無断で連れ帰り警察沙汰になった後，Aとの交流が断絶し，平成28年11月，Xに対してAの引渡しを求める調停を申立てた。

調停委員会は，YとAの交流場面調査等も行い，いずれ引き渡すことも視野に入れ，当面の間，面会交流を進めていくことを提案した。

Yは，Xが面会交流実施に当たって付けた条件や，面会交流の実施自体に積極的な態度を示さなかったこと等から調停を取り下げ審判を申立てた。

Yは，平成28年参加人B（現在の夫）と婚姻し，参加人はAと養子縁組をした。Yは，平成29年参加人との長女を出産し，現在は家事と育児に専念しており，参加人Bは塗装工として勤務している。Yは，現在，Bと義父方で同居して生活をしており，将来は近くの義母方に移って生活する等の予定であり，義父母をはじめ夫の親族も積極的に賛成する意向を示している。

大津家裁彦根支部平成29年９月15日審判は，「Ｙは，未成年者Ａの親権者であり，他方，Ｘは未成年者Ａを監護しているものである。Ｙが，親権者として，未成年者Ａの引渡しを求めることができるのが原則であり，(中略)未成年者Ａの親権者としておよそ適格を欠くといった事情は見当たらない。」として，Ｘに未成年者ＡのＹへの引渡し命じた。[2)]

【判　旨】

裁判所は，原審判の判断を相当としたうえで「〔1〕相手方は，現在までに，参加人の収入を基盤として家事や育児に専念し得る環境を整えて生活を安定させており，同人の両親による支援も期待できるから，未成年者の監護に必要な態勢が備わっているといえるし，〔2〕相手方と未成年者との交流が長期間にわたって断絶している要因が相手方の側にあるともいえない。そうすると，未成年者の利益を図る見地から，未成年者を相手方に引き渡す必要がある。」と判示し，抗告には理由がないとして棄却した。

【研　究】

1　本事案は，実母Ｙが離婚後実子Ａの親権を得て実母方実家に同居していたが，母親ＸにＡの監護を委ねて現在の夫Ｂと同居し，Ａの引渡しを求めた審判で引渡しを命じられたので祖母Ｘが抗告したものである。

裁判所は，本件の法的根拠として原審の「本件は，親権者の第三者に対する請求であり，本来的には民法709条に基づく親権の妨害排除請求として訴訟事項ではないかとの問題もあるが，相手方は，上記１の経緯で事件本人を監護するに至った事件本人の祖母であり，その内容からすれば，本件は，非訟事件として審理判断するのに適するものと認められるから，審判事件として扱うことは相当と判断する。また，養父である申立人の夫も現時点では親権者となっているが，本件が親権の妨害排除請求権に基づく子の引渡請求であることからすれば，共同親権者の１人で子の引渡請求をすることもできるというべきである。」との判断を排斥し，「本件は，親権者が第三者に対して子の引渡しを求めるものであるが，家庭裁判所において，第三者であっても監護受託者等については子の監護者に指定し得るとされている以上，民法766条１項所定の子の監護に関する事項に準じて家事審判の対象（家事事件手続法別表第２の３項）となると解するのが相当である。」と判示する。

2　Ｙは，18歳でＡを出産し，20歳で離婚しＡの親権者となった後，20歳でＢと婚姻しＢとＡは養子縁組をし，21歳でＢとの間に長女を出産している。

抗告人であるＹの実母Ｘは，若年で結婚・出産した後に離婚し孫を連れて実家に戻ったＹと生活する中でのＹの自由奔放な生活態度に戸惑いながら孫を監護していた。監護受託者であるＸとしては，Ｙが１歳若いＢと婚姻し長女を設けた生活環境の中にＡを委ねることに躊躇し抗告審の判断を求めたのである。

子どもの利益を最優先とする親権制度の下では，親権者の下での子どもの養育を基本とするとの見解は説得力を有する。

但し，児童虐待の頻発する今日の状況を踏まえる時，前夫との子を新たな婚姻関係の中で受入れることには屡々困難を伴い，とりわけ新たな婚姻関係での子どもの誕生の環境下ではより困難な状況が発生しがちである。

抗告人の未成年者を自らの手元で監護したいとの主張は，子どもの利益の視点からも傾聴すべき点を含有するものである。

子の監護に関する処分所謂子の引渡に関する裁判所の判断は，妥当である。

第２款　大阪高裁平成29年12月15日第９民事部決定[3)]

【事案の概要】

実父Ｘ（25歳）及び実母Ｙ（25歳）は，大学在学中に知り合い交際を開始し，Ｙは大学在学中の平成26年，Ａを妊娠し，平成27年婚姻し，同年Ａをもうけた。Ｘは，大学３年次に中退して会社員として稼働し，その勤務時間は月曜日から土曜日までの日中であるが，遅い時には午前2時に帰宅することもあった。Yは，大学在学中，父母の自宅において父と協力してAを監護していたが，母方祖母や父方祖母（元看護師）にAを預けることもあった。X及びYは，祖母らの監護補助を受けながら，Aの育児に従事してきた。

Xは，Aと入浴中，湯を誤飲させ身体を揺すって湯を吐かせたことが何度かあった。Yは，Xからこのことを聞かされたが，Aの取扱いにもう少し気を付けるように注意するにとどまった。

Yは，自ら耳鼻科を受診するためA（当時生後3か月）を母方祖父母宅に預け，その間，Aは機嫌よく過ごしていた。Yは，Aを引き取り，午後5時頃，Aを自動車（チャイルドシート）に乗せ，スーパーマーケットに出かけた際，2階駐車場への上り坂で同車を急発進させ衝撃を生じさせた。Yは，買い物を済ませAと午後6時30分頃に帰宅し，Xも同じ頃に帰宅し，夕食をとった。Aは，その間も概ね機嫌よく過ごしていた。

Yは，忘れた携帯電話を取りに母方祖父母宅に出掛け，XはYが帰宅する午後10時30分頃までの約30分間，Aと二人きりで過ごし，食器の片付け等普段していない家事をする中で，ぐずるAを繰り返し抱っこしてあやした。

Xは，Yが帰宅してからAと入浴した。Xは，Aを仰向けにし，シャワーでその身体を洗っていた時，Aが湯を飲み込んでせき込み，ミルクとお湯を吐いたのでAをうつぶせに返した上，右手でAを抱えた状態で口の中に左手の指を入れて揺すったところAはぐったりとなった。Xは，YにAを渡して異変を伝え，入浴を済ませて浴室から出てYと共にAの様子を観察した。Aは，痙攣を発し，目は1点を見つめて意識が朦朧となった。Aの痙攣はいったんは収まったが再び痙攣を発したので，X及びYは午後11時37分，119番通報し，Aは，午後11時55分，病院に救急搬送された。

入院時のAの状態は，意識障害，心拍数60bpm台の徐脈，乳酸上昇の他，頭部CT検査により右硬膜下血腫，びまん性脳腫脹といった異常が認められ急性硬膜下血腫，脳浮腫，症候性てんかんと診断された。その後の検査により，両眼の眼底出血も確認された。また，担当医は，本件受傷の外にもAの背部の広範囲の痣，左頭部の赤み等を確認し，虐待を疑い，児童相談所に対し「Ａについて外傷性の急性硬膜下血腫が疑われ，揺さぶり行為（いわゆるSBS）による虐待の疑いがある。」と通告し，同児童相談所長は，Ａを一時保護した。

原審大阪家裁平成29年８月21日審判は，児童福祉法28条１項に基づく児童相談所所長のＡの乳児院又は児童養護施設への入所申立てを却下した[4)]。

【判　旨】

裁判所は，「現時点では，父母に事件本人を監護させることは著しく事件本人の福祉を害するといわざるを得ない。したがって，本件は児童福祉法28条１項の要件を充足しているものとして，抗告人が事件本人を乳児院又は児童養護施設に入所させることを承認するのが相当である。（中略）抗告人の本件申立てを却下した原審判は相当ではないのでこれを取消し，抗告人が事件本人を乳児院又は児童養護施設に入所させることを承認すべきである。」と判示する。

【研　究】

１　裁判所は，Ａの受傷状況及び父母Ｘ・Ｙの監護能力を精査した後，児童福祉法28条１項の要件の有無について検討する。Ａの受傷状況についてのＸ及びＹの供述は，変遷している。当初，Ｘ及びＹは，受傷原因についてＡの血管異常等の内因性によるものではないかと主張し，Ｙは，本件受傷当日のスーパーマーケットの駐車場での衝撃しか心当たりがないと述べ，Ｘは，「激しく揺するとかもしないし。」，「お風呂に入れているときも…強く揺すったりもないし。」と述べるのみでＡが湯を誤飲したことや，湯を吐かせるためにＡを揺さぶった行為等については一切言及しなかった。

Ｘは，医師の受傷原因についての鑑定書提出を受けた警察の事情聴取で，入浴中，Ａが湯を誤飲したことや湯を吐かせるためにＡを揺さぶった行為等について供述した。

Ｘ及びＹは，児童相談所職員から医師の鑑定結果及び本件受傷がＡの内因性のものでないとの血液検査の結果を聞かされた際，Ｘは，受傷当日の入浴中のＡへの揺さぶり行為等について，「気にも留めてないし。」，「抱っこして持ち上げてとか，日常の中で行う動作の一部だと思っている。」，「（事件本人の入浴後の異常の原因が）外力というのは否定していないし，…外力と聞いて，『ああそうか。』って安心した部分もある。」，「（事件本人の入浴後の異常の原因が）外力というのは認めているが，揺さぶりと言われると，故意かと言われると，それを認めるのは難しい。」と述べた。Ｙは，「（本件受傷の原因について）もともと外力を全面否定していない。」，「内因性単体でないのは理解している。」等と述べた。

児童相談所職員が，Ａの乳児院等に入所させることについて意向を問うとＸ及びＹは反対した。Ｘは，「本児（事件本人）を揺さぶった行為については，過去にも複数回行っていることであり，今回（平成27年＊月＊日）のことだけで（本件）受傷が起こるとは思えないし，そのようには思っていない。」と述べた。

2　Ａは，搬送された病院から他の医療機関に転院後，退院し，以降乳児院において一時保護委託中である。Ａは，本件受傷による後遺症で左上下肢が動かしにくい状態であり，定期的に通院治療を受けており，Ｙが同行して整形外科を受診し，理学療法士によるリハビリを受け後遺障害は改善傾向にある。

Ｘ及びＹは，児童相談所職員立会いの下，Ａとの面会（週１回，各回１時間）を開始した。Ｘ及びＹは，Ａとの面会時，Ａに頻繁に声掛けしたり，運動麻痺のある左上下肢を積極的に動かしたりしている。Ａも，父母の声掛けに声を出して笑うなど，面会時における父母と事件本人との関係は良好である。

3　裁判所は，児童福祉法28条１項の要件の有無について「単発的な面会における父母と事件本人との関係のみならず，父母が事件本人を日常的に監護養育する際，困難な状況に陥った場合に適切に対処できるのか，すなわち，父母の日常の継続的な監護養育環境が事件本人の身体に対する危険の再発を防止し得ると期待できるものかどうかを検討する必要がある。（中略）

父母は，一時保護当初，事件本人への揺さぶり行為等の外力を否認し，あるいは存在自体を軽視し，現時点においても，自らの監護養育環境における問題点に真摯に向き合い，将来の事件本人の引取りに備えて，その身体に対する危険の再発防止のための具体的な方策を講じることができていない。このような状況の下では，父母の監護養育環境は，事件本人の身体に対する危険の再発を防止し得ると期待できるものとはいえず，引き続き，父母において，Ｆ（＝筆者註＝児童相談所）の支援の下で，面会，外出，短期の外泊，長期の外泊等のステップを経て，事件本人を安全に監護できるという実績を積み重ね，父母の監護養育環境が事件本人にとって危険のないものであることを確認する必要性が高いということができる。」と判示する。

児童相談所は，養育環境が十全に整わない状況下での親権者への受託児の保護解除を否定した判断は相当である。

裁判所は，親権者の監護養育環境について検討し，児童相談所長の児童福祉法28条１項に基づく乳児院又は児童養護施設に入所入所させることを承認した判断は妥当である。

本事案は，shaken baby syndrome が争点になっているにも関わらず原審及び抗告審共に事件本人の受傷日時を不特定にし，事実関係の詳細が不分明であり医療データの解析を十全に追検証できない。個人情報保護は，十二分に図られなくてはならぬことは当然であるが，受傷日時の特定の利益との考量も不可欠である。

1）　判タ1451号123頁参照。
2）　LEX/DB【文献番号】25561316。
3）　判タ1451号99頁参照。
4）　判タ1451号104頁参照。

第４節　児童期性的虐待被害の損害賠償事案

序　言

児童期性的虐待の被害者による損害賠償請求事案としては，以下の３事例がある。

【判例１】　名古屋地裁岡崎支部平成13年11月27日判決は，両親の離婚に伴い親権者となった実母が行方不明になり実母の姉夫婦と平成元年５月20日養子縁組をし，養父から８歳から８年間にわたり児童期性的虐待を受け，実母を原告代理人として元養父母に対し児童期性的虐待の精神的苦痛を慰謝するために1000万円の損害賠償を請求した事案である。

裁判所は，慰謝料として少なくとも2000万円が相当であるとし，養父母に対し連帯して原告の一部請求1000万円支払いを命じた[1)]。

【判例２】　福岡地裁平成16年７月29日判決は，養父による９歳から11歳に至るまでの児童期性的虐待を受け，被害者が15歳のとき実母を原告代理人として養父に慰謝料など550万円の損害賠償を求めた事案である。

裁判所は，養父に対し慰謝料400万円に弁護士費用40万円を加えた440万円の支払いを命じた。

福岡高裁平成17年２月17日第１民事部判決は，消滅時効が完成し，慰謝料額が高額であるとの養父の控訴を棄却した[2)]。

【判例３】　東京地裁平成17年10月14日判決は，両親の離婚後，平成４年８月から父親と弟と共に産婦人科医である父方の祖父母方に同居した原告が11歳から８年間にわたり祖父から児童期性的虐待（わいせつ行為及び強姦行為）を反復され PTSD に罹患し，就労不能になったとして後遺障害に基づく逸失利益及び慰謝料等合計１億2509万3997円を請求した事案である。

裁判所は，祖父に後遺障害に基づく逸失利益約3463万円，性的虐待行為に基づく慰謝料1000万円，後遺障害に基づく慰謝料1000万円及び弁護士費用500万円計5963万円の支払いを命じた。[3)]

第１款　札幌高裁平成26年９月25日第３民事部判決[4)]

【事案の概要】

控訴人Ｘ（昭和49年３月13日生まれ）は，二女，三女の誕生に伴い幼少期釧路市内の母方祖父母の家に預けられ，養育されていた。

被控訴人Ｙ（昭和22年５月15日生まれ）は，Ｘの母親の弟であり叔父である。Ｙは，毎年１月及び８月に数日間実家に帰省していた。

Ｘは，昭和53年１月上旬から昭和58年１月上旬にかけて，祖父母宅で帰省していたＹから性的虐待行為を受けていた。そのうち，時期及び行為を特定できる児童期性的虐待行為は，以下のものである。

１．Ｘ（当時３歳10か月）は，昭和53年１月上旬の午後２時頃，Ｙから臀部をなで回される，性器を触られるなどのわいせつ行為を受けた。

２．Ｘ（当時４歳５か月）は，昭和53年８月中旬の午後10時頃，Ｙから裸にされ頬から首筋にかけてキスをされ，舌でなめ回しながら乳房を吸われ，臀部をなで回され，性器に触られるなどのわいせつ行為を受けた。

３．Ｘ（当時４歳10か月）は，昭和54年１月上旬の午後10時頃，Ｙから布団の中で抱きしめられ，パジャマを着ていたのを裸にされ，全身を舌でなめ回され，乳房を吸われ，臀部をなで回され，性器をなで回され，繰り返し性器に指を入れられるなどのわいせつ行為を受けた。

４．Ｘ（当時５歳５か月）は，昭和54年８月上旬の午後10時頃，裸になったＹから布団の中で抱きしめられ，パジャマを着ていたのを裸にされ，全身を舌でなめ回され，乳房を吸われ，臀部をなで回され，性器をなで回され，繰り返し性器に指を入れられるなどのわいせつ行為を受けた。

５．Ｘ（当時５歳10か月）は，昭和55年１月上旬の午後３時頃，Ｙから布団の中に引き込まれ，全身をなで回され，胸をもまれ，乳房を指でいじられ，臀部をなで回され，性器を触られるなどのわいせつ行為を受けた。

６．X（当時６歳５か月）は，昭和55年８月上旬の午後10時頃，Yから布団の中に引き込まれ，全身をなで回され，胸をもまれ，乳房を指でいじられ，臀部をなで回され，Yの性器を握らせられ，手淫を強いられ，繰り返し性器に指を入れられるなどのわいせつ行為を受けた。

７．X（当時６歳10か月）は，昭和56年１月上旬の午後10時頃，Yから布団の中に引き込まれ，パジャマの上着をめくられ，胸を執拗にもまれ，乳房を吸われ，Yの性器を握らせられ，手淫を強いられ，繰り返し性器に指を入れられるなどのわいせつ行為を受けた。

８．X（当時７歳５か月）は，昭和56年８月上旬の午後10時頃，Yから布団の中に引き込まれ，パジャマの上着を脱がされ，胸を執拗にもまれ，乳房を吸われ，Yの性器を握らせられ，手淫を強いられ，繰り返し性器に指を入れられるなどのわいせつ行為を受けた。

９．X（当時７歳10か月）は，昭和57年１月上旬の午後10時頃，Yから布団の中に引き込まれ，パジャマの上着を脱がされ，胸を執拗にもまれ，乳房を吸われ，Yの性器を握らせられ，手淫を強いられ，繰り返し性器に指を入れられるなどのわいせつ行為を受けた。

10．X（当時８歳５か月）は，昭和57年８月中旬の午後10時頃，Yから布団の中に引き込まれ，パジャマの上着を脱がされ，胸を執拗にもまれ，乳房を吸われ，Yの性器を握らされ，手淫を強いられ，繰り返し性器に指を入れられるなどのわいせつ行為を受けた。さらに，Yは，自分の性器をXの性器に挿入しようとしたが，挿入できず姦淫には至らなかった。

11．X（当時８歳10か月）は，昭和58年１月上旬の午後10時頃，Yから布団の中に引き込まれ，パジャマを着ていたのを裸にされ，胸を執拗にもまれ，乳房を吸われるなどのわいせつ行為を受けた。さらに，Yは，Xに「俺の言うとおりに，ここの上に乗って，なにもこわくないから。」等と言ってXの陰部に自己の陰茎を挿入しようとしたので，Xが声を上げたところ，異変に気がついた祖父母が部屋に入り，「どうした，なにかあったかい？」と尋ねた。Yは，Xを布団の中に隠し，「なんでもないよ。大丈夫。」と対応した。祖父母が戻った後，Yは再度仰向けになり，Xを自己の身体の上に乗せXの陰部に陰茎を挿入した。Yは，Xを座らせた状態で腰を上下に動かし姦淫するに至った。

Xは，昭和58年頃にPTSD及び離人症性障害を，高等学校在学中に特定不能の摂食障害を発症し，平成18年9月頃にうつ病を発症した。

原審釧路地裁平成25年4月16日民事部判決は，不法行為に基づく損害賠償請求権は民法724条後段所定の除斥期間の経過により消滅したとしてXの請求を棄却した。[5)]

【判　旨】

裁判所は，児童期性的虐待行為を受け，「うつ病を発症したことを理由とする不法行為に基づく損害賠償請求権については，除斥期間が経過していない」と判示し，治療関連費用919万9126円，慰謝料2000万円，弁護士費用119万7000円計3039万6126円の損害賠償金の支払いをYに命じた。[6)]

【研　究】

1　裁判所は，争点として⑴本件児童期性的虐待行為の有無・程度，⑵本件児童期性的虐待行為による精神障害の発症の有無，⑶本件児童期性的虐待行為により被った損害の有無・額，⑷本件児童期性的虐待行為を理由とする不法行為に基づく損害賠償請求権は時効により消滅したか，⑸上記損害賠償請求権は民法724条後段の規定により消滅したか，の5点を挙げ，それぞれについて精査する。

本件児童期性的虐待行為の有無・程度について，裁判所はXの供述は記憶のとおりに述べたものとみるのが相当であるとし，Yは児童期性的虐待行為の一部（事実の概要7から11，但し11は未遂のみ）を認めるが陳述書を含め証拠を全く提出せず，主張の正確性は疑念であり採用できないと判示し，YのXに対する3歳10か月から8歳10か月に及ぶ児童期性的虐待行為を認定する。

本件児童期性的虐待行為による精神障害の発症の有無について，裁判所は，Ｙからの児童期性的虐待により昭和58年頃にPTSD及び離人症性障害を，高等学校在学中に特定不能の摂食障害を発症し，平成18年９月頃以降，うつ病を発症し著しい不眠（入眠障害，中途覚醒，悪夢，夜驚），意欲低下，イライラ感，億劫感，胸部圧迫感，頭痛，発汗及び体重の減少がみられ，向精神薬の処方，通院治療を受けたが症状は増悪したとして精神障害の発症を認定する。

本件児童期性的虐待行為を理由とする不法行為に基づく損害賠償請求権は民法724条後段の規定により消滅したかについて，裁判所は，「本件性的虐待行為を受け，PTSD，離人症性障害及び摂食障害を発症したことを理由とする不法行為に基づく損害賠償請求権は，民法724条後段所定の除斥期間の経過により消滅しているが，うつ病を発症したことを理由とする不法行為に基づく損害賠償請求権については，除斥期間が経過していないということができる。」と判示し損害賠償請求権は消滅していないと認定する。

本件児童期性的虐待行為により被った損害の有無・額について，裁判所は，治療関連費用919万9126円，慰謝料2000万円，弁護士費用119万7000円計3039万6126円の損害を算定する。

本件児童期性的虐待行為を理由とする不法行為に基づく損害賠償請求権は時効により消滅したかについて，裁判所は，「控訴人が本件訴訟を提起した同年（＝筆者注＝平成23年）４月28日には，うつ病を発症したことを理由とする不法行為に基づく損害賠償請求権について，消滅時効は完成していない。」と判示し損害賠償請求権を認定する。

2　Ｘは，３歳10か月から８歳10か月に及ぶ児童期性的虐待により被害当初は自らへの加害行為の意味は分からなかったが，６歳５か月以降，児童期性的虐待行為を受けているときに「何が現実で何が夢の中の出来事なのか分からない。」，「自分が自分でなくなってきている気がする。」，「生きている実感がない。」との非現実感（現実感の喪失），離人感を感じるようになった。Ｘは，６歳10か月以降，児童期性的虐待行為を受けている時に「もう１人の自分が自分のことを見つめている」との解離症状を自覚するようになった。Ｘは，９歳10か月までに小学校で性教育を受けて児童期性的虐待行為の性的意味が分かるようになり，児童期性的虐待行為を受けた時の記憶（上半身裸のＹが迫ってくる情景）が突然思い出されたり，睡眠中に悪夢となって出てくるフラッシュバック症状が増悪した。Ｘは，外見に対する劣等感が強く，高等学校入学後には無理な減量を繰り返す摂食障害がみられるようになった。Ｘの解離症状，フラッシュバック症状及び希死念慮は，高等学校卒業後現在までの生活歴を通じてみられ，集中力を保つのが困難である，男性と接すると異常に緊張したり，恐怖を感じたり，かっとなってしまう，常に他人からどう思われるか気にする，物事を悲観的に捉える（いわゆるマイナス思考が強い。），自分の内心を隠して無理に明るく振る舞う（快活さと落ち込みやすさの二面性がある。），集団生活の困難さ，イライラ感，息苦しさを感じるといった傾向がみられた。

Ｘは，平成23年８月１日，東京女子医大附属女性生涯健康センターにおいてＢ医師の診察を受け，同日以降，同センターで通院治療を受けている。Ｂ医師の診断は，「⑴Ｘの臨床疾患は，PTSD（外傷性ストレス障害），離人症性障害，うつ病（大うつ病エピソード）及び摂食障害であり，PTSD 及び離人症性障害がまず発症し，高等学校在学中に摂食障害が新たに発症し，さらに，平成18年頃，うつ病が新たに発症した，⑵ PTSD が主診断（治療において最も優先すべき疾患）であり，他の３疾患は合併症であって，現存症としてこの４者が併存されるに至った，⑶上記合併症は，主診断に付随ないし従属して発症したものではなく，互いに独立して存在する疾患である，⑷摂食障害及びうつ病の発症に深く関わっているのは，本件性的虐待行為であり，PTSD ではない，⑸Ｘのうつ病の発症時期は，著しい不眠（入眠障害，中途覚醒，悪夢，夜驚），意欲低下，イライラ，億劫感，胸部圧迫感，頭痛，発汗などの症状に悩まされるようになり，体重も短期で約10キログラム減少し，すなわち要素的症状が十分に出そろい，一定期間持続し，生活に著しい支障をきたすようになった平成18年９月頃である，⑹Ｘのうつ病は，重度かつ難治化し，症状固定しておらず，寛解の見通しは立っていない。」というものである。

3　原審釧路地裁平成25年４月16日民事部判決は，Ｘの「平成23年３月まで心神喪失の常況にあり，それから６か月以内である平成23年４月に本件訴訟を提起しているから，民法158条の法意に照らし，724条後段の効果は生じない」との主張に対し，以下の判断を示す。

「被告による本件性的虐待行為により原告がPTSDに罹患したことによって，原告がPTSDの罹患とその原因について自覚することがより困難な状態におかれたことは前記認定のとおりである。しかしながら，原告には，未成年である間は，法定代理人たる親権者が存在していたし，原告が成人後は，原告自身が損害賠償請求権を行使する法的能力を有していた。そして，幼少時の性的虐待行為についても，通常の不法行為に比して困難であるとは言えるものの，一般的には周囲の気づきや援助，その他被害者にとっての何らかの契機があれば損害賠償請求権を行使することは可能であり，これは通常の不法行為と異なることはない。そうすると，本件においては，上記の諸事情を考慮しても，PTSDと診断されるまで原告の権利行使がおよそ客観的に不可能であったとまでは言うことはできず，原告が主張する上記の諸事情は，いずれも主観的な事情により権利を事実上行使できなかったことを主張するものにすぎないと言わざるを得ない。加えて，本件においては，原告の権利行使が困難であった理由は，上記のとおり，主として性的虐待行為やそれから生じる被害に内在する性質のゆえであり，被告において，本件性的虐待行為を行った以外に，原告の被害をことさらに隠蔽するなど原告の権利行使を困難ならしめたような事情は認められない。以上を考慮すると，本件は，被害者が損害賠償請求権の行使をすることが客観的に不可能であって，かつ，そのような状態が加害者による当該不法行為に起因するもので，加害者が除斥期間の経過によって損害賠償を免れる結果となることが著しく正義・公平の理念に反するものと認められるような特段の事情がある場合には該当しないというべきである。」

原審の判断は，児童期性的虐待のもたらす被害者への理解を全く欠如するものであり，単なる民法724条の解釈論を展開しているのみである。

控訴審は，一定の潜伏期間が経過した後に症状が現れる疾病による損害のように，当該不法行為により発生する損害の性質上，加害行為が終了してから相当の期間が経過した後に損害が発生する場合の民法724条後段所定の除斥期間の起算点について，「当該損害の全部又は一部が発生した時が除斥期間の起算点となると解するのが相当である（最高裁平成13年(受)第1760号平成16年4月27日第三小法廷判決・民集58巻4号1032頁，最高裁平成13年(オ)第1194号・第1196号，同年(受)第1172号・第1174号平成16年10月15日第二小法廷判決・民集58巻7号1802頁，最高裁平成16年(受)第672号・第673号平成18年6月16日第二小法廷判決・民集60巻5号1997頁参照)」とした上で，「うつ病を発症したことを理由とする不法行為に基づく損害賠償請求権については，除斥期間が経過していないということができる。」と判示する。

裁判所の判断は、児童期性的虐待の機序を理解しており妥当である。

第2款　鹿児島地裁平成28年8月2日民事第1部判決[7)]

【事案の概要】

原告は，被告が鹿児島市内で主催する少年ゴルフ教室の生徒として中学3年生からゴルフの指導を受けていた。原告は，ゴルフ部の特待生として高校に進学し，部活動より被告の指導を優先させ，高校3年生の時には高校の部活の練習は朝の練習だけとし，放課後は被告のゴルフ練習場で練習するようになった。原告は，高校2年生から3年生にかけて大会で優勝し，プロゴルファーを目指すようになった。被告は，原告がゴルフの試合に出場するために2人で遠征した際，原告と2人きりで車中泊をしたり，宿泊先のビジネスホテルで就寝前に翌日の試合の計画を立てるため原告を被告の部屋に呼んで2人きりで打合せをしたことがあった。

被告は，平成18年12月9日の昼頃，当時高校3年生であった原告の携帯電話に架電し，練習場で練習するために車で原告の自宅に迎えに行った。被告は，原告を自車に乗せ，練習場とは反対方向にあるラブホテルの方向に用事があると言って車を走らせた。そして，被告は，ファストフード店に立ち寄って食べ物を購入してから，ドライブに行こう等と告げ車を走らせ，ラブホテルの直近の周囲のラブホテルが見える公園の駐車場に車を止めて，原告に食事をさせながら話をした。被告は，運転中，原告に対し，ポルノを見たことがあるか等と聞き，原告はないと答えた。原告は，被告とドライブに行くこともポルノの話をされることも初めてであったので驚き，気まずい気持ちになり被告と話をしたくないと思った。

被告は，その後，ラブホテルの駐車場に車を止めて降車したので原告も車を降りた。被告は，原告に対し「こういう所，来たことがあるか。」と尋ね，「度胸がないから，こういう所に来てみた。」等と言った。

被告は，原告を連れてラブホテルに入った。原告は，ホテルに入った時点でラブホテルという場所の性質を理解しており，強い嫌悪感と不安を感じた。そして，当初，ラブホテルが満室であり，入室せずに済むのではないかとほっとし，待っている間に空室が出ないことを祈るような気持ちであったが，被告に対して言動で自分の気持ちを伝えたことはなかった。

被告は，空室となったホテルの一室に入ると，原告とソファに並んで座り，30分程度ゴルフについての会話をした。そして，被告は，原告に対し，いつもメンタル面が弱い等と話し，「こういう所で性行為の体験をしたことはないんじゃないか。」，「俺とエッチをしたらお前のゴルフは変わる。」等と言った。これに対し，原告は，身体を後ろに引くようにして，「いやあ。」，「いやいや。」等と発言したが，これ以上に性行為を拒絶するような具体的な言葉は述べなかった。

被告は，その後，原告をベッドに連れて行き，原告を押し倒して寝かせ，その上に乗る態勢になった。被告が原告にキスをしようとしたので，原告は，顔を横に背け，口をつぐんでこれを拒絶したが，被告は，原告の顔を両手で挟んで強引に元に戻し，原告の口に舌を入れた。そして，被告は，原告の胸を触る等してから原告の着衣を脱がせ，性器を触り，原告の横に寝て自らの性器を触らせた後，再び原告の上に乗って性交した。

原告は，その後，ホテルから被告の車で練習場に移動したが，体調不良を訴えて親に迎えに来てもらい練習を早退した。

原告は，平成18年12月11日，高校でその異常を察知した友人から尋ねられ，性行為の被害を告白し，その友人から事情を聴いた原告の両親にも同日中に性行為の事実を打ち明けた。

原告の両親は，同月14日，被告に対し，Aへの性行為につき追及した。被告は，当初は否認していたが性行為の事実を認め謝罪した。

原告の両親は，被告に対し，安心して生活することができるよう二度と原告及び両親の前に姿を見せないこと，ゴルフから極力離れること，ジュニアの指導を止めること，可能であれば鹿児島から離れることを求めた。これに対し，被告は，原告及びその両親と接触しないようにすること，ジュニアの指導を自粛することを約束し，原告に対する謝罪文言を自書した誓約書を原告の両親に提出した。原告及びその両親は，これを受け，この時点では，被告を告訴しないこととした。

原告は，平成18年12月下旬，高校の冬休みを利用してオーストラリアのゴルフ学校に体験入学し，一度帰国し，平成19年３月頃，正式にオーストラリアのゴルフ学校にゴルフ留学をした。しかし，原告は，オーストラリアにおいても，被告とのラブホテルでの夢を見たり，ゴルフ場に行くと知っている人に会うと思い回避してしまうなどの症状が現れ，思うような成果を上げることができず，平成20年２月頃に帰国した。原告は，茨城県に居住し，ゴルフ研修を受けたが，夢を見たり回避する等の症状は変わらず，練習も手に付かない状態が続いた。

原告は，平成21年５月23日，翌月にプロテストを受けることになっていたが，強い抑うつ気分が生じ，涙もろく，ゴルフの練習中もぼーっとしてしまう自分に腹が立つなどの症状が出現し，練習ができていない状態にあったので急遽，クリニックを受診した。その際，原告は，診察医に被告からの性行為を受けたことを申告しなかったので，同医師により厳しい練習のために心身に不調をきたしており，非定型うつ病と診断される病態であるなどと診察された。

【判　旨】

裁判所は，被告の原告に対する性行為は原告の性的自由を侵害したとし，「被告は，本件契約に付随する安全配慮義務に違反した」と判示する。裁判所は，被告の性行為により原告が被った損害について「原告は18歳当時にゴルフの指導者として信頼していた被告から本件性行為をされたことによって重大な精神的苦痛を受けたこと，一時は希死念慮も生じるほど精神状態が悪化し，熱心に練習を続けてきたゴルフの練習をすることもできなくなってプロゴルファーの夢を諦めざるを得なくなったこと，現在においてもなお，中度から軽度の慢性 PTSD に罹患していることなどの事実が認められ，これらを総合的に評価すれば，慰謝料の金額は，300万円を下らないと認められる。」と判示し，弁護士費用30万円を含め330万円の支払いを被告に命ずる。

【研　究】

１　本事案は，被告のゴルフ指導者からの児童期性的虐待に対し準強姦罪の成立を否定した鹿児島地裁平成26年３月27日刑事部判決の被害者が原告として加害者のゴルフ指導者である被告を安全配慮義務に違反したとして慰謝料を請求したケースである[8)]。

本事案の争点は，⑴被告の安全配慮義務違反が認められるか，⑵本件性行為により原告が被った損害の２点である。

裁判所は，被告の安全配慮義務について「ゴルフ練習場内におけるゴルフの技術的な指導の場面にとどまらず，それ以外の時間及び場所においても，ゴルフの指導の一環として，その人格的な事項についても指導監督するというものであったのであるから，被告は，本件契約に付随して，原告に対し，ゴルフの指導に関連する時間及び場所において，原告の性的自由，私生活の平穏及び人格的成長を阻害されない環境において練習をすることができるよう配慮する義務を負っていた」と判示する。

裁判所は，被告の安全配慮義務違反について「本件性行為について，原告が，被告に対し，明示又は黙示の同意をしていた事実を認めることはできず，このほかに，これらを認めるに足りる証拠はないから，被告は，本件性行為により，原告の性的自由を侵害した」と判示する。

2　裁判所は，原告の損害について鹿児島地裁平成26年３月27日刑事部判決で採用された平成25年11月22日に実施された臨床心理学及び精神保健を専門とする小西聖子教授の心理検査及び構造化面接による精神鑑定結果「中度から軽度の慢性 PTSD に罹患しているとの確定診断」に依拠して認定する。

刑事裁判では，準強姦罪の成立要件である「抗拒不能」について「行為者と相手方との関係や性交時に相手方が置かれた状況等を総合し，相手方において，高度の恐怖，驚愕，衝撃等の精神的混乱により，性的意思決定，あるいは，それを表明する精神的余裕が奪われ，性交を拒否することが不可能又は著しく困難な精神状態に陥っている」とする解釈を前提に「ゴルフ指導者と生徒との支配従属関係」を勘案せずに，「被害者が被告人との性交を拒否しなかった原因としては，信頼していた被告人から突然性交を持ちかけられたことによる精神的混乱により抗拒不能に陥っていた可能性がある一方で，そのような精神的混乱はあったものの，その程度は抗拒不能に陥るほどではなく，自分から主体的な行動を起こさなかった可能性も排斥できない。」と判示して準強姦罪の成立を否定し無罪とする。

刑事裁判での判断は，プロゴルファーを目指す選手と指導者との力関係・支配従属関係の理解を欠如するものである。

第３款　東京地裁平成29年１月27日民事第10部判決[9)]

【事案の概要】

Ａ（昭和43年生）は，実父Ｘによる性的虐待及びそれに付随する児童虐待行為及び母親Ｙのネグレクトについて主張する。主要な主張は，下記の通りである。

Ｘは，昭和43年から昭和50年までの頃，自宅風呂場で，Ａ（０歳～７歳）の性器，肛門及び胸を執拗に洗い自己の勃起した性器をＡに触らせた。

Ｘは，昭和51年から昭和52年までの頃，Ａ（８歳～９歳）の肛門に異物（おもちゃ，風呂場の蛇口の突起部分等）を挿入した。Ａには，自覚なく大便が漏れ続けるという症状があらわれ，病院で「自家中毒」と診断された。

Ｘは，昭和52年から昭和59年までの頃，子ども部屋で就寝中のＡ（９歳～16歳）の胸や陰部を執拗に撫で回すなどした。また，Ｘは，Ａと同じ二段ベッドの下の段で就寝していた妹Ｂにも同様の行為を行っていたため，Ａが，Ｂを守ろうと寝返りをうちＸの注意を自分に向けるようにすると，Ｘは，「なんだ，お前もしてほしいのか」等と言って，さらに，Ａの胸や陰部を触った。

Ｘは，昭和53年から昭和55年までの頃，居間で「電気あんま」と称して，Ａ（10歳～12歳）の股間，性器に自己の足を押し付け，足指をＡの股間に突っ込んで振動させるなどの行為を繰り返したり，胸部や股間をくすぐるふりをして触るなどしたりしたうえ，嫌がるＡに対し，「なんだ，気持ちいいのか。」等と公然とわいせつな発言をした。

Ｘは，昭和51年から昭和60年までの頃，Ａ（８歳～17歳）だけを連れてスキー場に行き，宿泊施設で性行為及び性交類似行為をし，Ａがある程度成長すると，飲酒を強要して性行為及び性交類似行為を行うようになった。

【判　旨】

裁判所は，Ａの陳述・供述並びに診療録の記載及び医師の意見書を精査した上で，事実を全面否定するＸに対してＡの主張する各事実を証明するに足りる証拠がないとして，Ａの請求する１億0081万5756円の支払いを棄却した。

【研　究】

１　本事案は，原告が実父による児童期性的虐待を含む虐待行為及び実父及び実母によるネグレクト，心理的虐待及びそれらに付随する児童虐待行為を受け，反復性うつ病性障害を発症したと主張して共同不法行為に基づく損害賠償及び遅延損害金の支払を求める事件であり双方の主張が相反すのものである。

原告は，自己の記憶の他に精神科医の診療記録等に依拠して児童期性的虐待の事実を主張する。

被告は，原告の主張する幼児期の事実について「幼児期健忘の時期とみられる4，5歳のころまでの記憶が，成人後によみがえることは考えられないから，原告の主張する虐待体験のうち，0歳から5歳までの記憶は，偽りの記憶であるといわざるを得ない。」として否定する。また，被告は，性的虐待の事実について「原告は，性的虐待の集団療法に参加しており，他者の性的被害を繰り返し聞くうち，原告に自らが虐待されたという記憶が形成され始め，さらに，原告自らの精神変調の治療のため，カウンセリング，集団療法や催眠療法などを施された結果，虚偽の記憶が増殖していったと考えられる。」として false memory であるとする。

原告は，被告の false memory との主張に対し，「原告は，集団療法や催眠療法は一切受けたことがなく，原告の虐待体験に関する記憶は，集団療法や催眠療法による虚偽，偽りの記憶ではない。原告が自助グループに参加したのは，平成6年9月1日以降のことであり，その後半年程度で参加を停止している。また，同自助グループの内容は，原告と同様に被虐待体験を持つ参加者がそれぞれの経験を語るもので，他人の記憶と自分の記憶を混同することはありえない。」と反論する。

2　裁判所は，原告の幼少期の事実の主張に対して「経験則上，人が，認知力，記憶力の発達しない乳児期においてエピソード記憶を形成，保持できるとは考えられないし，また，通常の幼児期健忘の時期とみられる4，5歳以前の記憶を，成人後に新たに思い出すというのもありえない」として被告の主張を採用し，「原告の，乳幼児期における出来事を明瞭に記憶していることを前提とする陳述は，信用することができないというべきである。」と判示する。

裁判所は，原告の主治医の精神科医の診療録として以下の記載事実を認定する。

「診療録の「本症の経過」欄（ただし，同欄の記入年月日は証拠上明らかではない。）には，要旨，父が暴力的で，母や原告に暴力を振るい，小学校入学前に，父と入浴して性器を触られたり，父の性器を洗わせられたりした，高校時にも性的な暴力を受けたり窓から覗かれたりした，裁判に訴える，との記載が，「初診時の意見」欄には，sexual physical abused（性的身体的虐待），ACOD（機能不全家族に育ったアダルトチルドレン）との記載が，同日の「症状・経過」欄には，理由なく死にたくなり，同年6月ころから，複数回，腕を切る自傷行為をした，夫が子どものころに学習障害があり，物事を計画立てることができない」等との記載がある。

裁判所は，主治医の作成した意見書（平成26年5月17日付・平成26年意見書，平成27年1月15日付・平成27年意見書）について，「各意見書は，いずれも，父から性的虐待を受けたとの原告の主張が虚偽である可能性は見受けられず，原告は，父母からの心的外傷体験により，心的外傷ストレス障害に苦しんでいる旨のq7医師の意見が記載されている。」と認定する。

裁判所は，主治医の診療録について「原告の精神症状の治療のために，原告に対する診察や心理検査を行い，医師として，原告に妄想支配，虚言癖がないと判断して，父から性的虐待を受けたとの原告の主張は虚偽ではないとの意見を述べているものに過ぎず，あくまでも，原告がq7医師に語った事実を前提としての意見であり，原告の言を批判的に吟味したり，他の資料と照らし合わせたりした上での意見ではない。」と判示して，精神科医としての主治医の見解を，事実認定上，大きく考慮できないとする。

3　訴訟は，原告及び被告双方が事実を提示してその主張の当否を争うものである。

児童期性的虐待の事実の証明は，原告にとり時日の経過により困難である。

本事案では，原告は主治医の精神科医の診療録に基づく意見書を提出するのみで児童期性的虐待の事実を証明しようとしているが，裁判所は「原告の言を批判的に吟味したり，他の資料と照らし合わせたりした上での意見ではない。」として証明力を排斥する。

原告としては，主治医の精神科医の証人申請をして法廷での証言により自己の児童期性的虐待の事実を証明する方途があったものと思慮する。

第４款　大阪地裁平成30年３月22日第５民事部判決[10)]

【事案の概要】

原告Ｘは，豊中市立中学の英語科担当教諭であり，同校のバスケットボール部の顧問であった。

被害者Ａは，同校第３学年に在籍しバスケットボール部のキャプテンであった。Ａは，自主参加の朝練習に他の生徒より早く登校して参加していた。Ｘは，その際，Ａに対し，「おはよう」等と声を掛けて，いわゆる「ハグ」行為を行ったり，Ａが申告した時間より遅れて参加した際には，「早く来ると言ったのに何をやっているのか」という趣旨の声を掛けて，Ａの後ろから羽交い絞めのようにしたりすることがあった。

Ｘは，平成25年４月以降，バスケットボールの試合前の節目の時に，Ａに対し，「全部信頼してほしい，先生としてだけではなく，人として信頼してほしい。自分もキャプテンのことを信頼するから，全部を信頼してくれ。」，「（本件生徒のことを）好きやし信頼してるで。」と声を掛けることがあった。

Ｘは，平成24年２学期頃から，Ａを含む３名のバスケットボール部員に対し個別学習指導を行っていたが，平成25年４月以降，Ａ以外の２名の生徒が同個別学習指導に参加しなくなり，Ａのみが参加していた。Ｘは，Ａに対する個別学習指導の際，Ａが解答を間違ったことに対するペナルティとして，Ａの大腿部や腹筋を指で押すということがあった。

Ｘは，平成25年７月28日及び30日に，個別学習指導を行うため，自らの発案で，自家用車でＡを自宅に連れて行き，自宅内で指導を行った。Ｘは，平成25年８月２日，Ａを自家用車で原告の自宅に連れて行き，自宅内のダイニングで個別学習指導を行った。指導の後，Ａが，体が重い，足が重いなどと言ったため，Ｘは，Ａと自宅内の寝室に移動し，寝室のベッドにおいて，Ａの足と肩甲骨の下あたりのマッサージを行った。その後，ＸとＡは，当該ベッドの上で並んで横になっていたが，時間が遅くなってきたことに気付いたＸは，Ａが眠そうにしているのを見て驚かせようと思い，ＡにＸからキスをされたと思わせる意図で，「目にほこりがついてるで。」と言い，目を閉じたＡの唇に，人差し指と中指２本を当てた。Ａは，帰宅後，母親に対し，Ｘからキスをされたなどと泣きながら打ち明け，他の３年生も参加する試合が終わるまでは父親に言わないように頼んだ。

原告は，Ａへのセクハラ行為等を理由に受けた懲戒免職処分について豊中市公平委員会に対して審査請求を行い，退職手当支給制限処分について豊中市長に審査請求を行ったが，いずれも審査請求を棄却する裁決を不服として両処分の取消を求めて提訴した。

【判　旨】

裁判所は，原告のＡへのセクハラ行為等を認定した上で「行為は厳しい非難に値する行為ではあり，懲戒処分に付すこと自体は相当であるものの，直ちに懲戒免職に処するということについては，原告が教育公務員であることを考慮してもなお厳罰にすぎ，社会観念上著しく妥当を欠くものであるといわざるを得ない。したがって，本件免職処分は，裁量権の逸脱・濫用したものであり，取消しを免れない。（中略）本件免職処分は取り消されるべきものであるから，本件不支給処分はその前提を欠くこととなり，同じく取消しを免れない。」と判示して懲戒免職処分及び退職手当等不支給処分を取消した。

【研　究】

１　本事案は，中学バスケットボール顧問のバスケットボール部員へのセクハラ行為等を理由とする懲戒免職処分及び退職手当等不支給処分の取消を求めたものである。

裁判所は，ＸのＡに対する行為を教育委員会の「パワーハラスメント行為であり，かつ，セクシュアルハラスメント行為」との表現に依拠しセクハラ行為等とするが，厳密には児童期性的虐待行為である。

2　以下，ＸのＡに対する個々の具体的児童期性的虐待行為について検討する。

裁判所は，ＸのＡに対するハグ行為について「抱擁を交わす行為は我が国において挨拶として定着しているとまではいい難く，ましてや，本件生徒は当時中学３年生であって，思春期の生徒に対する行為として，たとえ挨拶であったとしても，また，親愛の情を示すものであったとしても，必ずしも適切な行為であったとはいえない。」と判示する。

裁判所は，Ｘが試合前の節目の時にＡに述べた言葉について，「原告が本件生徒を信頼していることを伝えることによって本件生徒を励ましたものとも考えられないではないが，「好き」との言葉を使用することによって誤解を招きかねず，思春期の生徒を励ますに当たって必ずしも適切な表現であったとはいい難い。」と判示する。

平成25年８月２日，Ｘ宅内のダイニングで個別学習指導を行った後，寝室のベッドの上で並んで横になっていた際，目を閉じたＡの唇に，Ｘが人差し指と中指２本を当てた行為については，原告と被告の主張は相反する。

原告は，「目にほこりがついてるで。」と言い，Ａに原告からキスをされたと思わせる意図で行ったものではないと主張し，被告は，目を閉じたＡの唇に指を２本当てる行為を行った後，Ａに対し，「人として好きになってしまった。」「引退したら会えなくなる。」「もっと信頼関係を深めたい。」等と発言したと主張する。

裁判所は，Ｘの同行為はＡに対し，「原告からキスをされたという誤解を生じさせ，かつ，同誤解を解消しようともしていないというのであって，極めて不適切な行動であるといわざるを得ない。」と判示する。

3　裁判所は，懲戒免職処分を裁量権の逸脱・濫用であり，免職処分は取り消されるべきであり，不支給処分はその前提を欠くとして退職手当等不支給処分を取消した判断は妥当である。

然しながら，「原告の本件生徒に対するハグ行為やキスまがいの行為は，本件生徒に対する性的な意図や動機を含んでいたとまで認めるに足りる的確な証拠は認められず，わいせつ行為に準ずるものであるとまでは評価できない」との判示は，妥当性を欠如する。

ＸのＡに対する行為は，認定されたＸのＡに対する「全部信頼してほしい，先生としてだけではなく，人として信頼してほしい。自分もキャプテンのことを信頼するから，全部を信頼してくれ。」，「（本件生徒のことを）好きやし信頼してるで。」との言動に思慮すると教師と生徒との関係性に基づく児童期性的虐待行為である。

第５款　水戸地裁土浦支部平成30年７月18日判決[11)]

【事案の概要】

県立中等教育学校バレーボール部所属前期課程２年生Ａ，Ｂ及び前期課程１年生Ｃ，Ｄ４名及びＡ，Ｂ，Ｃの両親は，同校技術科教諭でバレーボール部顧問のＸ（36歳）による強制わいせつ行為による損害賠償をＸ及び同校設置及び運営者である県を被告に請求した。

ＡないしＤに対する強制わいせつ行為は，水戸地裁土浦支部平成28年３月23日判決の事実認定を全面的に援用する[12)]。

原告ＡないしＣは，刑事事件において認定された強制わいせつ行為により，著しい精神的苦痛を被ったと主張した。原告Ｄは，刑事事件において認定された強制わいせつ行為のほか，Ｘによる同様の強制わいせつ被害を受け，著しい精神的苦痛を被ったと主張した。

原告ＡないしＤは，Ｘに対し民法709条に基づき，被告県に対し主位的に民法715条，予備的に国家賠償法１条１項に基づき損害賠償を求めた。更に，原告ＡないしＤは，同校校長が強制わいせつ事件発生前に防止対策を講ずることを怠り，事件発生後には事件を隠ぺいしようとしたり被害者に配慮を欠いた発言をしたりしたため精神的苦痛を被ったことにつき信義則上の教育環境配慮義務に違反したと主張し，校長を任用する被告県に対し国賠法１条１項に基づき損害賠償を求めた。

原告ＡないしＣの各父母は，子らの治療費，休業損害等の損害を被ったなどと主張して，Ｘに対し民法709条に基づき，被告県に対し主位的に民法715条，予備的に国賠法１条１項に基づき損害賠償を求めた。

【判　旨】

裁判所は，強制わいせつ行為を行った被告の損害賠償責任について「国又は公共団体の公権力の行使に当たる公務員が，その職務を行うについて，故意又は過失によって違法に他人に損害を与えた場合には，国又は公共団体がその被害者に対して賠償の責めを負うが，公務員個人は民事上の損害賠償責任を負わない」とする最高裁昭和30年４月19日第三小法廷判決（民集９巻５号534頁），最高裁昭和53年10月20日第二小法廷判決（民集32巻７号1367頁）を引用してＸの不法行為に基づく損害賠償責任を否定した。

裁判所は，公務員であるＸによる強制わいせつ行為について国家賠償法１条１項により損害賠償責任を認定し，最高裁平成19年１月25日第１小法廷判決（民集61巻１号１頁）を引用して民法715条に基づく損害賠償責任は否定した。

裁判所は，当該学校の設置・運営する主体である県に対し強制わいせつ行為前に信義則上，生徒に対して安全で良好な環境で教育を受けることができる教育環境を整備・維持する教育環境配慮義務を負っていたと判示する。

裁判所は，前期課程２年生Ａ及びＢに対し被告Ｘによる強制わいせつ行為により発症したPTSD等の多大な精神的苦痛の慰謝料として各250万円，及び弁護士費用各25万円を認定し，校長が強制わいせつ行為の発生防止策を講じなかったことによる慰謝料として各30万円を認定した。

裁判所は，前期課程１年生Ｃ及びＤに対し被告Ｘによる強制わいせつ行為による精神的苦痛の慰謝料として各200万円，及び弁護士費用各20万円を認定し，校長が強制わいせつ行為の発生防止策を講じなかったことによる慰謝料として各20万円を認定した。

裁判所は，原告A父及び原告A母が負担した原告Aの治療費・診断書作成料及び通院交通費23,128円の支払いを命じる。まお，原告B父及び原告B母が負担した原告Bの治療費等合計17,100円及び通院交通費16,047円は，独立行政法人日本スポーツ振興センター災害共済給付金として37,454円で塡補されるとする。

【研　究】

1　本事案は，中高一貫の県立中等教育学校教諭でバレーボール部顧問X(36歳）による前期課程5名及び後期課程2名の女子部員に対する強制わいせつで有罪認定されたケースの被害児4名及び3名の父母6名よりX及び県に対し損害賠償を求めたものである。

裁判所は，4名に対する強制わいせつの事実を刑事裁判判決に依拠して認定し，県に対し国家賠償法1条1項に基づいて強制わいせつ行為の損害賠償責任及び教育環境を整備・維持する教育環境配慮義務違反を認定し，強制わいせつ行為の発生防止策を講じなかったことによる慰謝料の支払いを命じた。

2　当該学校の男子生徒は，他の男子生徒からXが女子バレー部員の指導中に身体に触ることをわいせつ行為と表現しているのを聞き，6月6日頃，Xがわいせつ事件の犯人として指名手配され300万円の懸賞金がかけられたとの画像をパソコンで作成し，同月7日から翌8日頃印刷して他の生徒に配った。

女子バレー部後期課程生の副顧問は，平成25年5月頃から同年の夏休みまでの間にXが後期課程生の女子バレー部員2名の肩を服の上からマッサージしたり，うつ伏せになっている同人らの足にXがまたがってタオルの上から腰をマッサージしたりしているのを目撃した。また，同副顧問は，Xが試合の際などに部員の背中，腰又は尻等を叩いたり，腹を突いたりしていることを目撃したことがあった。

また，他の複数名の教諭も，同年9月23日以前に，Xが女子バレー部員に対してマッサージを行うのを目撃しており，サッカー部の顧問は，同年夏頃，Ｘに対しマッサージはセクシャルハラスメントの問題になりかねないので控えるよう忠告していた。

3　被害事実の探知と学校の対応の経緯は，以下の通りである。

被害児Ａ及び原告Ｂは，被害当日の平成25年９月23日，被害事実を他の部員に相談し，被害児Ａ及びＢの母にも被害事実を知らされた。翌24日，Ａ及びＢを含めた女子バレー部前期課程２年生８名とその保護者は，校長に対しＡ及びＢが前日Ｘから強制わいせつ被害を受けたこと，他の６名Ｘからボディータッチをされたことを申告し，要望事項として事件を思い出してフラッシュバックを起こさないように被害生徒８名に対する事情聴取を避けてもらいたい，校内において被害者が特定されたり，噂の的になったりしないように守ってもらいたいと述べた。その上で，被害生徒８名は，学校との間で被害申告の内容をみだりに口外しないことを確認した。

同日，校長がＸに対し事情聴取をしたところＸはＡ及びＢの腹部をマッサージしたことは認めたが下着に手を入れたことはないと述べて強制わいせつ行為を否定した。校長は，同日，被害生徒８名の不安解消を優先し，Ｘに対し翌日以降の出勤を差し控えて自宅で待機するよう命じた。

校長は，同月24日午後，臨時職員集会を開き，教諭らに対し被害生徒８名らから受けた被害申告の概要を報告し，情報提供を求めた。複数の教諭は，Ｘが生徒の身体をマッサージする様子を目撃したことがあると述べた。

学校の対応は，被害生徒８名の心の安定を図る目的で緊急スクールカウンセラーを導入し，カウンセリング等が行われ，また，職員が家庭訪問を実施した。

校長は，平成25年12月頃までの間，Ａ及びＢらに対し警察を含む第三者に被害を口外しないよう要請した。被害生徒８名中原告Ａ及び原告Ｂ以外の６名の保護者らから了解が得られ，この６名の生徒に対する事情聴取が行われた。Ａ及びＢらの各父母は，警察に相談しており，何度も同じことを聴取されるのは子どもにとって負担が大きいので，警察以外からの聴取は受忍できないとの意見で原告Ａ及び原告Ｂに対する事情聴取は行われなかった。

裁判所は，以上の当該校長の対応を教育環境配慮義務違反に該当すると判示する。

学校の中での児童期性的虐待行為は，顕在化し難いのみならず損害賠償請求事件として法廷に提訴されることは非常に稀である。

裁判所は，被害児4名及び2名の父母4名について原告らの請求を一部認容し，強制わいせつ行為につき慰謝料等及び教育環境配慮義務違反につき慰謝料の支払いを命じた判断は妥当である。

1） LEX/DB【文献番号】28070662。拙著『児童虐待Ⅱ 問題解決への刑事法的アプローチ〔増補版〕』，成文堂，2011年，146頁以下参照。

2） 判タ1188号266頁以下参照，前掲註1）拙著『児童虐待Ⅱ 問題解決への刑事法的アプローチ〔増補版〕』，17頁以下参照。本判決の判例評釈として、松本克美「児童の性的虐待に対する損害賠償請求権の消滅時効の起算点」，法律時報78巻9号105頁以下，吉井隆平「児童が性的虐待を受けたことを理由とする不法行為に基づく損害賠償請求権の消滅時効の起算日」，判タ1215号114頁以下参照。

3） 判タ1230号251頁以下参照、前掲註1）拙著『児童虐待Ⅱ 問題解決への刑事法的アプローチ〔増補版〕』，20頁以下参照。

4） 判タ1409号226頁以下参照。本判決の判例評釈として，松本克美「児童期の性的虐待被害に起因するPTSD等の発症に対する損害賠償請求権の時効・除斥期間：釧路PTSD等事件控訴審判決〈民事判例研究947〉」，法律時報87巻11号165頁以下参照。

5） 判時2197号110頁以下参照。

6） 最高裁判所平成27年7月8日第二小法廷決定は、被告である叔父の上告を棄却し、上告審として受理しないと決定した。家庭の法と裁判4号66頁参照。

7） LEX/DB【文献番号】25543980。

8） 鹿児島地裁平成26年3月27日刑事部判決は，被告を無罪とする（LEX/DB【文献番号】25446357）。福岡高裁宮崎支部平成26年12月11日判決は，原審の無罪判決に対し検察審査会の起訴相当決議に基づく公訴提起を控訴棄却とした（第1章第3節300頁以下【判例48】参照。LEX/DB【文献番号】25505426）。

9） LEX/DB【文献番号】25538614。

10） LEX/DB【文献番号】25560125。

11） LEX/DB【文献番号】25561070。

12） 水戸地裁土浦支部平成28年3月23日判決参照（LEX/DB【文献番号】25545089）。同事件の詳細は，本書350頁以下参照。

第３章

児童期性的虐待に関する最高裁平成29年11月29日大法廷判決

序　言

1　最高裁平成29年11月29日大法廷判決は，強制わいせつ罪の成立に性的意図を必要とする最高裁昭和45年1月29日第一小法廷判決を変更した[1]。

最高裁昭和45年1月29日第一小法廷判決は，「刑法176条前段のいわゆる強制わいせつ罪が成立するためには，その行為が犯人の性欲を刺戟興奮させまたは満足させるという性的意図のもとに行なわれることを要し，婦女を脅迫し裸にして撮影する行為であっても，これが専らその婦女に報復し，または，これを侮辱し，虐待する目的に出たときは，強要罪その他の罪を構成するのは格別，強制わいせつの罪は成立しないものというべきである。」と判示する[2]。

強制わいせつ罪の成立要件として性的意図を必要とするか否かは，判例と学説が乖離した状況にあった[3]。

判例は，最高裁昭和45年1月29日第一小法廷判決を受けて強制わいせつ罪の成立要件として性的意図必要説を維持しているものの東京地裁昭和62年9月16日刑事第10部判決のように実質的には不要説にたつ下級審判例もみられる。

学説は，強制わいせつ罪の成立要件として性的意図不要説が支配的見解である。

2　「刑法の一部を改正する法律」(平成29年法律第72号)は，制定以来110年を経て性犯罪規定に重要な変革を齎した。第1は，従前強姦罪の主体は男性・客体は女性とされてきたが，強制性交等罪として主体及び客体共に男性及び女性双方となったことである。第2は，監護者に対して刑法第179条監護者わいせつ罪及び監護者性交等罪「18歳未満の者に対し，その者を現に監護する者であることによる影響力があることに乗じてわいせつな行為をした者は，第176条の例による。2 18歳未満の者に対し，その者を現に監護する者であることによる影響力があることに乗じて性交等をした者は，第177条の例による。」が新設されたことである。

児童期性的虐待の加害者の一部が，監護者としての影響力行使により刑法第179条の刑事制裁の対象となったことは不十分ながらも被害防止の一助にはなり得る。

ドイツ刑法は，第173条の近親姦規定をはじめ一定の身分関係にある性的虐待類型として第174条ａ受刑者，被収容者又は施設内の病人及び要援助者に対する性的虐待，第174条ｂ官職の地位を利用した性的虐待及び第174条ｃ相談，治療又は世話を行う関係を利用した性的虐待を規定する。

児童期性的虐待類型としては，第174条保護を委ねられている者に対する性的虐待，第176条子どもに対する性的虐待，第176条ａ子どもに対する性的虐待のうち犯情の重いもの及び第176条ｂ子どもに対する性的虐待致死を規定する。

Ⅲ．本稿は，最高裁平成29年11月29日大法廷判決を契機に児童期性的虐待事案の現況を踏まえ，「刑法の一部を改正する法律」の成立経緯を「性犯罪の罰則に関する検討会」及び法制審議会刑事法（性犯罪関係）部会の審議を検討し，刑法第179条監護者わいせつ罪及び監護者性交等罪の問題点の一端を検討するものである。

第１節　従前の判例

第１款　最高裁昭和45年１月29日第一小法廷判決[4)]

【事実の概要】

Ｘは，昭和42年１月16日午後８時頃，内妻ＹがＡ（当時23年）の手引きにより東京方面に逃げたものと信じ，Ａを詰問するため釧路市内の自室に呼び出し，Ｙと共に，Ａに対し「よくも俺を騙したな。俺は東京の病院に行っていたけど何もかも捨ててあんたに仕返しに来た。硫酸もある。お前の顔に硫酸をかければ醜くなる。」などと言って，札束を示しながら「この通り金はある。金さえあればどんなことでもできる。」と言ってＹに暴力団員宅に電話をかけさた。Ｘは，「婆もぐるだから次は婆だ。お前には可愛いい子供もいるだろう。」と言いながら約２時間にわたりＡを脅迫した。Ｘは，Ａが許しを請うのに対し，Ａの裸体写真を撮影して仕返しをしようと考え，「５分間裸で立っておれ。」と言って，畏怖しているＡをＹの面前で裸体にさせて写真撮影した。

原原審釧路地裁昭和42年７月７日判決は，公訴事実を認定しＸを強制わいせつ罪で懲役１年に処した。

原審札幌高裁昭和42年12月26日第３部判決は，弁護人の控訴を棄却した。

【判　旨】

最高裁は，「刑法176条前段のいわゆる強制わいせつ罪が成立するためには，その行為が犯人の性欲を刺戟興奮させまたは満足させるという性的意図のもとに行なわれることを要し，婦女を脅迫し裸にして撮影する行為であっても，これが専らその婦女に報復し，または，これを侮辱し，虐待する目的に出たときは，強要罪その他の罪を構成するのは格別，強制わいせつの罪は成立しないものというべきである。」と判示して，原判決を破棄し札幌高等裁判所に差し戻した。

【研　究】

1　本事案は，強制わいせつ罪の成立に性的意図を必要とするか否かを争点とするものである。

原原審釧路地裁昭和42年７月７日判決は，「本件は前記判示のとおり報復の目的で行われたものであることが認められるが，強制わいせつ罪の被害法益は相手の性的自由であり，同罪はこれの侵害を処罰する趣旨である点に鑑みれば，行為者の性欲を興奮，刺激，満足させる目的に出たことを要する所謂目的犯と解すべきではなく，報復，侮辱のためになされても同罪が成立するものと解するのが相当である」と判示して，性的意図は強制わいせつ罪の成立要件ではないとした[5)]。

原審札幌高裁昭和42年12月26日第３部判決は，原判決を支持して弁護人の控訴を棄却した[6)]。なお，原審は，Ａの写真撮影時の状況としてＡが「背部にオーバーをまとっている」と判示する。

法廷意見は，原審の強制わいせつ罪の成立要件に性欲を刺戟興奮させ，または満足させる等の性的意図を不要とする判断を刑法第176条の解釈適用の誤りとして排斥し，職権判断として「刑法176条前段のいわゆる強制わいせつ罪が成立するためには，その行為が犯人の性欲を刺戟興奮させまたは満足させるという性的意図のもとに行なわれることを要し，婦女を脅迫し裸にして撮影する行為であっても，これが専らその婦女に報復し，または，これを侮辱し，虐待する目的に出たときは，強要罪その他の罪を構成するのは格別，強制わいせつの罪は成立しないものというべきである。」と判示して，性的意図を強制わいせつ罪の成立要件とする[7)]。

法廷意見は，差し戻し理由においてより審理を尽くせば行為者に性的意図が認められ強制わいせつ罪の存在が認められるかも知れないとして「所要の訴訟手続を踏めば他の罪に問い得ることも考えられ」るとし，更に「もっとも，年若い婦女（本件被害者は本件当時23年であった）を脅迫して裸体にさせることは，性欲の刺戟，興奮等性的意図に出ることが多いと考えられるので，本件の場合においても，審理を尽くせば，報復の意図のほかに右性的意図の存在も認められるかもしれない。」と判示し，原判決を破棄し当該事案の性的意図の存否等について更なる審理を求め，札幌高等裁判所に差し戻した。

本判決には，入江俊郎裁判官と長部謹吾裁判官の反対意見がある。

2　入江俊郎裁判官は，反対意見において「個人のプライヴァシーに属する性的自由を保護し尊重することは，まさに憲法13条の法意に適合する所以であり，現時の世相下においては，殊にこれら刑法法条の重要性が認識されなければならないのであって，これら法条の解釈にあたっては，個人をその性的自由の侵害から守り，その性的自由の保護が充分全うされるよう，配慮されなければならない。従って，これらの法条の罪については，行為者（犯人）がいかなる目的・意図で行為に出たか，行為者自身の性欲をいたずらに興奮または刺激させたか否か，行為者自身または第三者の性的しゆう恥心を害したか否かは，何ら結論に影響を及ぼすものではないと解すべきである。このことは，当裁判所大法廷判決（昭和28年(あ)第1713号，同32年３月13日判決，刑集11巻３号997頁）が，刑法175条のわいせつ文書につき，「猥褻性の存否は純客観的に，つまり作品自体からして判断されなければならず，作者の主観的意図によって影響されるべきものではない。」としているのと相通ずるところがあるのである。（中略）わいせつの行為とは，普通人の性的しゆう恥心を害し，善良な性的道義観念に反する行為をいうものであり，ある行為がこの要件を充たすものであるか否かは，その行為を，客観的に，社会通念に従って，換言すれば，その行為自体を普通人の立場に立って観察して決すべきものである。」と判示する。更に，入江俊郎裁判官は，刑法176条について「本条は，個人（被害者）の性的自由を侵害する罪を定めた規定であり，その保護法益は個人のプライヴアシーに属する性的自由に存するのであって，相手方（被害者）の性的自由を侵害したと認められる客観的事実があれば，当然に本条の罪は成立すると解すべく，行為者（犯人）に多数意見のいうような性的意図がないというだけの理由で犯罪の成立を否定しなければならない解釈上の根拠は，本条の規定の趣旨からみて，到底見出だしえないのである。（中略）本条は，行為者（犯人）に多数意見のいうような性的意図が必要とされるという点からではなく，相手方（被害者）の性的自由が侵害されるという点から，強要罪に関する刑法223条の特別規定となると理解してこそ，はじめてその法意が生かされることになると考えるのである。」と判示し，強制わいせつ罪の成立要件に性的意図は不要とする。　長部謹吾裁判官は，入江俊郎裁判官の反対意見に同調する。

3　法廷意見は，強制わいせつ罪の成立要件として性欲を刺戟興奮させ，または満足させる性的意図を必要と判示するが，その理由を付してはいない。強制わいせつ罪の保護法益は，個人法益としての性的自由である。強制わいせつ罪に該当する行為は，客観的に個人の性的自由を侵害する行為であり，行為者の主観的性的意図の存否によって左右されるものではない。

佐伯仁志教授は，「性的意図の存在は限界事例においては非常に微妙な問題であり，犯罪の成否を分ける基準としては適当ではないし，客観的に性的自由を侵害する行為があれば，このような意図を重ねて要求する必要はないと思われる。」として不要説をとる[8)]。橋爪 隆教授は，不要説に立ったうえでわいせつ行為の判断について「被害者の性別・年齢，行為者と被害者との以前からの関係，具体的行為態様，周囲の客観的状況などを考慮した上で慎重に検討されるべきであろう。」と指摘する[9)]。

法廷意見は，差戻理由においてより審理を尽くせば行為者に性的意図が認められ強制わいせつ罪が認められるかも知れないと判示する。

4　法廷意見が強制わいせつ罪の成立要件として要請する「性的意図」は，M.E. Mayer や Mezger が傾向犯（Tendenzdelikt）の例としてあげる医師の診察行為に際し診察目的とは別異に医師がわいせつ目的を有する場合や懲戒のため女の子の尻を叩く行為が懲戒行為でなく「性欲を満足させるため」に行われた場合をわいせつ罪とする主観的違法要素（subjective Unrechtselemente）の見解を踏襲したものである[10)]。

団藤重光博士は，入江俊郎裁判官及び長部謹吾裁判官の反対意見を支持され不要説に立脚した上で，「被害者の性的自由を侵害する点を主眼と考える以上，行為者の側における性的満足などの主観的（心理的・生理的・性格的）な要素を本罪の「猥褻」概念の要素として構成要件に含ませることは相当でないというべきであろう。しかし，メッガーがそのいわゆる「傾向犯（Tendenzdelikt）」の例として強制わいせつ罪を挙げていることもあって（総論３版133頁注22，注23），わが国にも本罪を傾向犯ないし目的犯と考えるひとつの学説傾向があらわれ」たと指摘され，本判決も同趣旨と位置付ける。平野龍一博士は，「本判決は，ある刑法の教科書に書いてあるからと，無反省にこれを判決に採り入れてしまったきらいがある。」と酷評される[11)]。

現在の支配的見解は，強制わいせつ罪の成立要件として性的意図を不要と解する[12]。不要説の見解が正当である。

第２款　東京地裁昭和62年９月16日刑事第10部判決

【事実の概要】

Ｘは，昭和62年５月28日午前10時15分頃，求人広告雑誌のショップアドバイザー（女子販売スタッフ）募集という広告見て事務所に面接に来たＡ（21歳）に実際には自己の経営する女性下着販売業のモデルとして働くことを承諾させようとして事務所の板の間に招き入れ，椅子に座るよう指示した。Ｘは，玄関脇のスチール製物入れに置いておいたタオル一枚を右手に持ち，椅子に座ろうとして立ち止まったＡの背後からいきなりタオルでＡの口を塞ぎ，左腕をＡの首に巻くようにしてその頸部を強く押さえ，倒れたＡの上に乗りかかった形で押さえ付けた。Ｘは，Ａの口からタオルが外れ，大声で悲鳴を上げ始めたＡの口を右手で塞いだり，その頸部を手の平で押さえ付けた。Ｘは，Ａを全裸にしその姿態を写真撮影しようとした。Ａの悲鳴を聞き付けた隣人の連絡を受けたマンション管理人が，Ｘの事務所を訪れた隙に，Ａは玄関から外に逃げ出した。Ａは，Ｘの一連の行為により加療約20日間を要する頸部絞傷，両鎖骨部擦過傷及び両膝・両下腿打撲擦過傷の傷害を負った。

【判　旨】

裁判所は，Ｘを強制わいせつ致傷罪で懲役３年執行猶予３年に処した。

【研　究】

１　裁判所は，被害者を自己の経営する女性下着販売業の従業員として働かせようとの目的で被害者を裸にしその姿態を写真撮影しようとしただけで，性欲を刺激，興奮させ又は満足させようという意図は全くなかったとして強制わいせつ致傷罪の成立を否定する弁護人の主張を排斥し，「被告人は，右Ｂ女をして被告人自身が男性の一人として性的に刺激，興奮するような状態，すなわち全裸のような状態にしなければならず（なお，被告人としても同女の裸につき性的な興味がないわけではなかった旨，捜査段階において自認している。)，かつ，その撮影する写真も被告人自身が性的に興味を覚えるようなものでなければならなかったことなどが認められる。してみると右Ｂ女を全裸にしその写真を撮る行為は，本件においては，同女を男性の性的興味の対象として扱い，同女に性的羞恥心を与えるという明らかに性的に意味のある行為，すなわちわいせつ行為であり，かつ，被告人は，そのようなわいせつ行為であることを認識しながら，換言すれば，自らを男性として性的に刺激，興奮させる性的意味を有した行為であることを認識しながら，あえてそのような行為をしようと企て，判示暴行に及んだものであることを優に認めることができる。」と判示し，強制わいせつ致傷罪の成立を認める。

２　本判決は，強制わいせつ罪の成立に「性的意図」を必要とする最高裁昭和45年１月29日第一小法廷判決を踏襲するような表現があるものの性的意図を意味の認識と解し，実質的には強制わいせつ罪の成立要件に性的意図を不要とする不要説に立脚する[13)]。

第２節　最高裁平成29年11月29日大法廷判決

【事実の概要】

実父Ｘは，平成27年１月下旬頃，山梨県甲府市内の自宅において娘Ａ（当時７歳）に対し，自己の陰茎を触らせ，口にくわえさせ，Ａの陰部を触ったりした。

Ｘは，平成27年１月下旬頃，自宅において全裸の状態でわいせつ行為中のＡの姿態や，裸又は半裸の状態で陰部又は胸部を露出したＡの姿態を自己の使用するスマートフォンで撮影し，画像データである電磁的記録合計124点を自己のスマートフォンの内蔵記録装置に記録して保存し，児童ポルノを製造した。

Ｘは，金に困ってＢから金を借りようとしたところ金を貸す条件としてＡとのわいせつな行為を撮影し，その画像データを送信するように要求された。Ｘは，１月下旬頃，作成したＡの画像データ合計124点を自宅から複数回自己の使用するスマートフォンから電気通信回線を通じてＢが使用するスマートフォンに送信した。

原原審神戸地裁平成28年３月18日第２刑事部判決は，公訴事実を認めＸを懲役３年６月（求刑懲役４年６月）に処した。[14)]

原審大阪高裁平成28年10月27日第５刑事部判決は，弁護人の控訴を棄却した。[15)]

【判　旨】

最高裁大法廷は，「刑法176条にいうわいせつな行為に当たるか否かの判断を行うためには，行為そのものが持つ性的性質の有無及び程度を十分に踏まえた上で，事案によっては，当該行為が行われた際の具体的状況等の諸般の事情をも総合考慮し，社会通念に照らし，その行為に性的な意味があるといえるか否かや，その性的な意味合いの強さを個別事案に応じた具体的事実関係に基づいて判断せざるを得ないことになる。したがって，そのような個別具体的な事情の一つとして，行為者の目的等の主観的事情を判断要素として考慮すべき場合があり得ることは否定し難い。しかし，そのような場合があるとしても，故意以外の行為者の性的意図を一律に強制わいせつ罪の成立要件とすることは相当でなく，昭和45年判例の解釈は変更されるべきである。」と判示し，性的意図を一律に強制わいせつ罪の成立要件とする最高裁昭和45年１月29日第一小法廷判決の解釈の正当性を支える実質的な根拠を見いだすことが一層難しくなっているとして同判決を変更した。

【研　究】

１　本判決は，原原審で争点となった最高裁昭和45年１月29日第一小法廷判決の性的意図を一律に強制わいせつ罪の成立要件とする解釈に判例変更をしたものである。

原原審神戸地裁平成28年３月18日第２刑事部判決は，「被告人に性的意図

があったと認定するには合理的な疑いが残る」としたうえで，「強制わいせつ罪の保護法益は，被害者の性的自由と解されるところ，犯人の性的意図の有無によって，被害者の性的自由が侵害されたか否かが左右されるとは考えられない。また，犯人の性的意図が強制わいせつ罪の成立要件であると定めた規定はなく，同罪の成立にこのような特別の主観的要件を要求する実質的な根拠は存在しない。」と判示し，最高裁昭和45年１月29日第一小法廷判決とは解釈を異にする。

原審大阪高裁平成28年10月27日第５刑事部判決は，「強制わいせつ罪の保護法益は被害者の性的自由と解され，同罪は被害者の性的自由を侵害する行為を処罰するものであり，客観的に被害者の性的自由を侵害する行為がなされ，行為者がその旨認識していれば，強制わいせつ罪が成立し，行為者の性的意図の有無は同罪の成立に影響を及ぼすものではないと解すべきである。その理由は，原判決も指摘するとおり，犯人の性欲を刺激興奮させ，または満足させるという性的意図の有無によって，被害者の性的自由が侵害されたか否かが左右されるとは考えられないし，このような犯人の性的意図が強制わいせつ罪の成立要件であると定めた規定はなく，同罪の成立にこのような特別な主観的要件を要求する実質的な根拠は存在しないと考えられるからである。そうすると，本件において，被告人の目的がいかなるものであったにせよ，被告人の行為が被害女児の性的自由を侵害する行為であることは明らかであり，被告人も自己の行為がそういう行為であることは十分に認識していたと認められるから，強制わいせつ罪が成立することは明白である。以上によれば，強制わいせつ罪の成立について犯人が性的意図を有する必要はないから，被告人に性的意図が認められないにしても，被告人には強制わいせつ罪が成立するとした原判決の判断及び法令解釈は相当というべきである。当裁判所も，刑法176条について，原審と同様の解釈をとるものであり，最高裁判例（最高裁昭和45年１月29日第１小法廷判決・刑集24巻１号１頁）の判断基準を現時点において維持するのは相当ではないと考える。」と判示し，最高裁昭和45年１月29日第一小法廷判決とは解釈を異にする。

2　最高裁大法廷は，最高裁昭和45年１月29日第一小法廷判決の解釈が変更されるべき理由として以下の点を挙げる。

第１は，性犯罪規定の特質である。最高裁大法廷は，「元来，性的な被害に係る犯罪規定あるいはその解釈には，社会の受け止め方を踏まえなければ，処罰対象を適切に決することができないという特質があると考えられる。諸外国においても，昭和45年（1970年）以降，性的な被害に係る犯罪規定の改正が各国の実情に応じて行われており，我が国の昭和45年当時の学説に影響を与えていたと指摘されることがあるドイツにおいても，累次の法改正により，既に構成要件の基本部分が改められるなどしている。こうした立法の動きは，性的な被害に係る犯罪規定がその時代の各国における性的な被害の実態とそれに対する社会の意識の変化に対応していることを示すものといえる。」と判示し，性犯罪に対する社会の認識の変化に言及する。

第２は，法改正による性的な被害に係る犯罪に対する国民の規範意識との整合性である。最高裁大法廷は，「刑法等の一部を改正する法律」（平成16年法律第156号）は，性的な被害に係る犯罪に対する国民の規範意識に合致させるため，強制わいせつ罪の法定刑を６月以上７年以下の懲役から６月以上10年以下の懲役に引き上げ，強姦罪の法定刑を２年以上の有期懲役から３年以上の有期懲役に引き上げるなどし，「刑法の一部を改正する法律」（平成29年法律第72号）は，性的な被害に係る犯罪の実情等に鑑み，事案の実態に即した対処を可能とするため，それまで強制わいせつ罪による処罰対象とされてきた行為の一部を強姦罪とされてきた行為と併せ，男女いずれもが，その行為の客体あるいは主体となり得るとされる強制性交等罪を新設するとともに，その法定刑を５年以上の有期懲役に引上げたほか，監護者わいせつ罪及び監護者性交等罪を新設するなどしている。これらの法改正が，性的な被害に係る犯罪やその被害の実態に対する社会の一般的な受け止め方の変化を反映したものであることは明らかである。」と判示し，量刑の引き上げや強制性交等罪及び監護者わいせつ罪及び監護者性交等罪の新設に言及する。

最高裁大法廷は，刑法176条の構成要件に該当するわいせつな行為を性的性質が明確な場合と不明確な場合とに分析し検討する。

性的性質が明確な場合は,「強姦罪に連なる行為のように，行為そのものが持つ性的性質が明確で，当該行為が行われた際の具体的状況等如何にかかわらず当然に性的な意味があると認められるため，直ちにわいせつな行為と評価できる行為」である。

性的性質が不明確な場合は,「当該行為が行われた際の具体的状況等をも考慮に入れなければ当該行為に性的な意味があるかどうかが評価し難いような行為もある。その上，同条の法定刑の重さに照らすと，性的な意味を帯びているとみられる行為の全てが同条にいうわいせつな行為として処罰に値すると評価すべきものではない。そして，いかなる行為に性的な意味があり，同条による処罰に値する行為とみるべきかは，規範的評価として，その時代の性的な被害に係る犯罪に対する社会の一般的な受け止め方を考慮しつつ客観的に判断されるべき事柄であると考えられる」と判示する。

3　最高裁大法廷判決は，最高裁昭和45年１月29日第一小法廷判決が性的意図の有無により強制わいせつ罪と強要罪等と結論を異にする理由を付していない点と判例が強制わいせつ罪の加重類型と解される強姦罪の成立には故意以外の行為者の主観的事情を要しないと一貫して解されてきたこととの整合性に関する説明も特段付していない点も踏まえて性的意図を一律に強制わいせつ罪の成立要件とする最高裁昭和45年１月29日第一小法廷判決の解釈を変更した。

本判決は，強制わいせつ罪の成立要件として一律に性的意図を必要とする最高裁昭和45年１月29日第一小法廷判決の解釈を性犯罪に対する社会の認識や国民の規範意識との整合性の視点から変更したのである。

本判決は,「当該行為そのものが持つ性的性質が明確な行為であり，その他の事情を考慮するまでもなく性的な意味の強い行為として，客観的にわいせつな行為であることが明らか」な本事案について性的意図は不要とした。本判決の判断は，妥当である。

第３節 「刑法の一部を改正する法律」（平成29年法律第72号）刑法第179条監護者わいせつ罪及び監護者性交等罪の検討

第１款 「性犯罪の罰則に関する検討会」の審議状況

1 法務省は，性犯罪の見直しの視点から「性犯罪の罰則に関する検討会」を設置し，検討を開始する[16)]。

性犯罪の罰則の在り方に関する論点は，予め法務省で準備され，以下の３項目である[17)]。

「第１ 性犯罪の構成要件及び法定刑について

1 性犯罪の法定刑の見直し 現行法において，強姦罪の法定刑の下限が強盗罪のそれよりも低いこと，強姦致死傷罪の法定刑の下限が強盗致傷罪のそれよりも低いことなどにつき，強姦罪の法定刑を強盗罪と同じ又はそれより重いものとするなどの見直しをすべきか。また，現行法では，強姦犯人が強盗をした場合については，強姦罪と強盗罪の併合罪とされている一方，強盗犯人が強姦をした場合については，特に重い罰則（強盗強姦罪）が規定されているところ，強姦犯人が強盗をした場合についても強盗強姦罪と同様に重く処罰するなどの規定を設けるべきか。

2 強姦罪の主体等の拡大 現行法では，強姦罪の行為者は男性，被害者は女性に限られているところ，行為者に女性を被害者に男性を加えて性差のないものとすべきか。

3 性交類似行為に関する構成要件の創設 現行法では，強姦罪で処罰される男性器の女性器への挿入以外の性的行為は強制わいせつ罪で処罰されるところ，肛門性交，口淫等の性交類似行為については新たな犯罪類型を設けるなどし，強姦罪と同様の刑，あるいは，強制わいせつ罪より重い刑で処罰することとすべきか。

4　強姦罪等における暴行・脅迫要件の緩和　現行法及び判例上，強姦罪等が成立するには，被害者の抗拒を著しく困難ならしめる程度の暴行又は脅迫を用いることが要件とされているところ，この暴行・脅迫の要件を緩和すべきか。

5　地位・関係性を利用した性的行為に関する規定の創設　親子関係等の一定の地位や関係性を利用して，従属的な立場にある者と性的行為を行う類型について，新たな犯罪類型を設けるべきか。

6　いわゆる性交同意年齢の引上げについて　現行法では，暴行・脅迫がなくても強姦罪等が成立する範囲は被害者が13歳未満の場合とされているところ，この年齢を引き上げるべきか。

第2　性犯罪を非親告罪とすることについて　現行法では，（準）強姦罪及び（準）強制わいせつ罪については親告罪とされているところ，この規定を廃止し，告訴がなくても公訴を提起することができることとすべきか。

第3　性犯罪に関する公訴時効の撤廃又は停止について　特に年少者が被害者である性犯罪について，一定の期間は公訴時効が進行しないこととすべきか，あるいは公訴時効を撤廃すべきか。」

2　性犯罪の罰則に関する検討会は，平成26年10月31日開催第1回以降精力的に審議を重ね平成27年8月6日開催第12回において「性犯罪の罰則に関する検討会 取りまとめ報告書【案】」を了承した。[18]

「性犯罪の罰則に関する検討会 取りまとめ報告書」は，各委員の専門的視点からの意見とヒアリングでの意見をも踏まえ審議状況を反映した報告書である。本稿では，「地位・関係性を利用した性的行為に関する規定の創設」についての論議を中心に紹介する。[19]

「6　地位・関係性を利用した性的行為に関する規定の創設

親子関係等の一定の地位や関係性を利用して，従属的な立場にある者と性的行為を行う類型について，新たに犯罪類型（近親姦処罰規定を含む。）を設けるべきか。

⑴　前記5のとおり，暴行・脅迫要件の一般的な緩和・撤廃については，消極的な意見が多数を占めたものの，暴行・脅迫を用いない，あるいは非常に軽

微な暴行しかないような場合であっても，加害者と被害者との間の一定の地位又は関係性を利用して性的行為が行われる場合については，暴行・脅迫要件を緩和し，あるいはこれらの要件に代えて，地位又は関係性を要件とする新たな犯罪類型を設けるということが考えられた。そこで，まず，地位又は関係性を利用した性的行為に関する新たな犯罪類型を創設するべきか，創設するべきであると考える場合，どのような事案・類型を対象とする必要があるのかという点について検討した。

この点については，

○強姦罪は不同意性交罪であることを前提に，被害者と加害者との関係性ゆえに，被害者が加害者に対して性交に不同意である旨の意思表示ができないような関係を対象とする類型を設けるべきである。具体的には，加害者が親などの近親者であって被害者を扶養しているという関係のほか，教師と生徒の関係や雇用関係，障害者施設の職員と入所者，医師と患者，スポーツのコーチや協会役員等と選手といった関係が考えられる。

○被害者支援の立場からは，障害者，親子，教師，雇用者，加害者に逆らったら自分の将来が阻害されるであろうと認められるような指導・被指導の関係など，感情や行動が特に制限される関係については，暴行・脅迫要件が通常の強姦よりも緩和された要件で認められるようにしてもらいたい。

○性犯罪捜査を担当する捜査官からは，強姦罪と同等の可罰性があるが，必ずしも現行の制度で対応できない事案があるという声がある。具体的には，実父ないし養父から，幼少期から継続的に性的虐待を受け，当初は被害者に被害を受けているという自覚がない状況で，継続的に性的虐待を繰り返され，姦淫行為もなされるというような場合，どの段階においても明確な暴行・脅迫が認められず，強姦罪として問擬することが難しい事案がある。このような事例について，確かに準強姦罪で立件することもあるが，必ずしも抗拒不能を立証できない場合もあり，児童福祉法違反として対応するしかないケースもある。

○児童の権利に関する条約第19条の趣旨からも，子供に対して地位・関係性を利用して行う性的行為を処罰する規定を設けるべきである。

などの意見が述べられ，地位又は関係性を利用した性的行為に関する何らかの規定を設けるべきであるとの意見が多数を占めた。

(2) また，具体的に対象とすべき地位又は関係性を切り出すメルクマールに

ついては，

○現行刑法が規定する強姦罪，準強姦罪，13歳未満の者に対する強姦罪のいずれも，およそ同意が問題にならない類型，あるいは抵抗が極めて困難な類型である。そこで，地位又は関係性を切り出すメルクマールとしても，およそ同意が問題にならないような関係，あるいは抵抗することが非常に困難だという関係に限定すべきであり，そうすると，内縁等を含む親子等の直系の関係が中心となるのではないか。

○児童福祉法の児童に淫行をさせる罪は，解釈上，児童に対して事実上の影響力を及ぼして淫行するよう働きかけることが要求されているので，地位又は関係性を利用した性的行為について，これより重い類型を作ることになるのであれば，それ以上の支配性，影響力が類型的に認められる関係に絞る必要があるのではないかと思われる。この地位又は関係性を利用した規定を設ける場合には，その地位又は関係性が存するのであれば被害者に有効な同意がないと実質的にみなせるような非常に強い支配関係が要件として規定される必要があり，そうでなければ有効に機能しないのではないかと考える。

○被害者が加害者に扶養されているとか生存がかかっているような強い支配関係という意味で，同居をメルクマールとすることが考えられる。

○被害者支援の立場からは，地位又は関係性を利用したもので，起訴されないという事例は，雇用主と従業員や教師と生徒など幅広くある。ただ，明確に誰の目から見ても分かるようにという点から考えると，内縁関係を含む親子関係ということが考えられ，また，著しく抵抗が困難という意味では同居の有無というのが非常に重要であるということも理解している。同居し，加害者の庇護下で暮らしているからこそ逃げられない，抵抗を示していなくても状況的に著しく困難であるといえると考えられる。

○日本は近親姦を処罰してこなかったが，国連の女性差別撤廃委員会からも，近親姦を強姦から切り出して処罰するようにという勧告を受けている。近親者による子供に対する性犯罪は，被害者の性的な発達も含めて，人間としての成長過程全体がダメージを受けるという特別な被害であり，大人の被害とは質の違いがある。近親姦をタブーのようにして目をつぶってきた考え方を変える意味でも，地位又は関係性を利用する類型の明確な構成要件として類型化すべきであると考える。

○近親姦を処罰する場合には，いわば倫理違反を処罰するというような要素を入れることを認めるおそれがある。

○類型的に抵抗できないとみられるような類型を切り出すという観点からは，被害者が18歳未満の場合に限定するのが妥当である。

○最も当罰性が高いのは児童虐待の類型であり，児童，つまり18歳未満の者に対するものを，児童福祉法よりも重く処罰する必要があると考える。刑法の中に性的自由だけでなく児童福祉を保護法益として取り込むことも考えてよいのではないか。

○親子関係では18歳未満に限定することもあり得るが，施設における関係等を対象とする場合には，18歳未満に限定することで賄えるか，疑問がある。

○姦淫行為や挿入を伴う行為だけでなく，わいせつ行為についても，地位又は関係性があることによって著しく抵抗が困難であるということは変わらないので，地位又は関係性を利用した性的行為に関する規定は，強姦罪と並ぶ類型としてだけではなく，強制わいせつ罪と並ぶ類型としても設けるのが当然である。

などの意見があった。

⑶　次に，地位又は関係性を利用した性的行為に関する規定を設ける場合，通常の強姦罪との関係でどのような位置付けの規定とするのか（通常の強姦罪と並ぶ同等のものと位置付け，同等の法定刑とするのか，それとも通常の強姦罪よりも重いものと位置付け，刑を加重するのか，あるいは，通常の強姦罪よりも要件を緩和し，刑を軽減するのか）という点について，

○特に年少者を被害者とする近親姦については，大人を被害者とする場合とは違う深刻な被害を引き起こすものであるから，通常の強姦罪よりも刑を加重するべきである。ヒアリングでも，子供が受ける性被害は，重篤な症状を引き起こしたり，被害者のその後の人生に深刻な影響を与えているとの意見が述べられており，このような重大な犯罪であることを社会にメッセージとして発することが必要である。

○地位又は関係性を利用した性的行為に関する規定が，支配・被支配の関係を前提に，性犯罪が何度も繰り返されているということまで含意するものであるとすれば，これを理由に刑を加重することも考えられる。ただ，強姦罪の法定刑の下限を大きく引き上げるのであれば，それ以上に加重類型を設ける必要

はないかもしれない。

との意見が述べられた。

他方,

○諸外国の法制においては，一定の地位・関係性のある者による児童に対する性的行為について，児童保護の観点から同意の有無にかかわらず処罰する規定として，強姦罪よりも軽い法定刑を定めているものがある。我が国においても，このような規定を設けることも考えられるのではないか。

との意見も述べられた。これらに対しては,

○現行法の強姦罪等の要件を変えることなく，これらに支配・被支配関係の要件を加えるのであれば，刑を加重することも考えられるが，そうではなく，暴行・脅迫を用いなくても犯罪が成立する類型を新たに設けるのだとすれば，強姦罪より重いものとすることは困難であると思われる。

○通常の強姦罪より刑を加重するとすれば，要件が厳格になりすぎてしまうと思われる。現行法の強姦罪，準強姦罪，13歳未満の者に対する強姦罪と同視できるものを類型化していくことを検討するべきであり，強姦罪と同等の刑とするべきである。

○幅広い地位・関係性を対象として，児童保護の観点からの規定を設けるのであれば，軽い法定刑の類型として設けることになると思われるが，類型的に，その相手との性的行為に同意することが考えられないような関係性を限定的に切り取って対象とするのであれば，現行の強姦罪，準強姦罪等と同等の法定刑とするべきではないか。

など，地位又は関係性を利用した性的行為に関する規定については，（準）強姦罪，（準）強制わいせつ罪と並ぶ類型として，同等の法定刑とするべきであるとの意見が複数述べられた。

なお，このほかに，具体的な規定の在り方について,

○13歳未満の者に対する姦淫と同じように，一定の客観的な地位関係にあり，性交した事実があれば，それだけで処罰するものとするべきである。

○「類型的に有効な同意がないと考えられるような支配関係」を対象として立法する場合において，そのような一定の関係のある者との性的な関係については，直ちに犯罪が成立するとするのか，それとも有効な同意があったとの反証を許すのか，明確にしておくべきである。

との意見が述べられた。」

第２款　法制審議会刑事法（性犯罪関係）部会の審議状況

1　平成27年10月９日開催法制審議会第175回会議は，法務大臣の諮問第101号「近年における性犯罪の実情等に鑑み，事案の実態に即した対処をするための罰則の整備を早急に行う必要があると思われるので，別紙要綱（骨子）について御意見を賜りたい。」との諮問をうけ，刑事法（性犯罪関係）部会を設置した。[20] 同部会は，平成27年11月２日第１回会議を開催し，平成28年６月16日第７回会議まで審議を重ねた。[21]
要綱（骨子）は，以下の７項目を挙げる。[22]

「第一　強姦の罪（刑法第177条）の改正
暴行又は脅迫を用いて13歳以上の者を相手方として性交等（相手方の膣内，肛門内若しくは口腔内に自己若しくは第三者の陰茎を入れ，又は自己若しくは第三者の膣内，肛門内若しくは口腔内に相手方の陰茎を入れる行為をいう。以下同じ。）をした者は，５年以上の有期懲役に処するものとすること。
13歳未満の者を相手方として性交等をした者も，同様とすること。
第二　準強姦の罪（刑法第178条第２項）の改正
人の心神喪失若しくは抗拒不能に乗じ，又は心神を喪失させ，若しくは抗拒不能にさせて，性交等をした者は，第一の例によるものとすること。
第三　監護者であることによる影響力を利用したわいせつな行為又は性交等に係る罪の新設
一　18歳未満の者に対し，当該18歳未満の者を現に監護する者であることによる影響力を利用してわいせつな行為をした者は，刑法第176条の例によるものとすること。
二　18歳未満の者を現に監護する者であることによる影響力を利用して当該18歳未満の者を相手方として性交等をした者は，第一の例によるものとすること。
三　一及び二の未遂は，罰するものとすること。

第四　強姦の罪等の非親告罪化

一　刑法第180条を削除するものとすること。

二　刑法第229条を次のように改めるものとすること。

第224条の罪及びこの罪を幇助する目的で犯した第227条第１項の罪並びにこれらの罪の未遂罪は，告訴がなければ公訴を提起することができない。

第五　集団強姦等の罪及び同罪に係る強姦等致死傷の罪（刑法第178条の２及び第181条第３項）の廃止

刑法第178の２及び第181条第３項を削るものとすること。

第六　強制わいせつ等致死傷及び強姦等致死傷の各罪（刑法第181条第１項及び第２項）の改正

一　刑法第176条若しくは第178条第１項若しくは第３の１の罪又はこれらの罪の未遂罪を犯し，よって人を死傷させた者は，無期又は３年以上の懲役に処するものとすること。

二　第１，第２若しくは第３の２の罪又はこれらの罪の未遂罪を犯し，よって人を死傷させた者は，無期又は６年以上の懲役に処するものとすること。

第七　強盗強姦及び同致死の罪（刑法第241条）並びに強盗強姦未遂罪（刑法第243条）の改正

一　次の１に掲げる罪又は次の２に掲げる罪の一方を犯した際に他の一方をも犯した者は，無期又は７年以上の懲役に処するものとすること。ただし，いずれの罪も未遂罪であるときは，その刑を減軽することができるものとすること。

１　第１若しくは第２の罪若しくはこれらの罪の未遂罪又は第６の２の罪（第３の２の罪に係るものを除き，人を負傷させた場合に限る。）。

２　刑法第236条，第238条若しくは第239条の罪若しくはこれらの罪の未遂罪又は同法第240条の罪（人を負傷させた場合に限る。）。

二　一ただし書の場合において，自己の意思によりいずれかの犯罪を中止したときは，その刑を減軽し，又は免除するものとすること。

三　一の１に掲げる罪又は一の２に掲げる罪の一方を犯した際に他の一方をも犯し，いずれかの罪に当たる行為により人を死亡させた者は，死刑又は無期懲役に処するものとすること。」

2 本稿では，新設された刑法第179条監護者わいせつ罪及び監護者性交等罪について要綱（骨子）「第三 監護者であることによる影響力を利用したわいせつな行為又は性交等に係る罪の新設」を検討する。

第３項目については，平成27年12月16開催第３回会議，平成28年３月25開催第５回会議及び平成28年６月16開催第７回会議で論議されている。

平成27年12月16開催刑事法（性犯罪関係）部会第３回会議において法務省刑事局刑事法制企画官中村幹事より要綱（骨子）第３項目について以下の説明がなされる[23)]。

「要綱（骨子）第３の１から３までは，18歳未満の者を現に監護する者であることによる影響力を利用して，当該18歳未満の者に対しわいせつな行為をし，あるいは，当該18歳未満の者を相手方として性交等をした者について，現行の強制わいせつ罪ないし要綱（骨子）第１の罪と同様の処罰の対象としようとするものでありまして，これらの行為の未遂をも処罰することとするものです。

現行法におきましては，不同意のわいせつ行為又は性交であって，違法性が高く，かつ，悪質であると類型的に認められるものとして，暴行又は脅迫を用いてなされたもの及び心神喪失又は抗拒不能に乗じるなどしてなされたものを処罰対象としております。

しかしながら，資料21と22の事例集を御覧くださるとお分かりいただけますとおり，被害者の意思に反して行われる親子間の性交等の事案が，強姦罪や準強姦罪ではなく児童福祉法違反などで処理されている例が多くあります。このような現状に鑑みますと，性交等に及ぶ場面だけを見ると，暴行又は脅迫を用いることなく，また，抗拒不能には当たらないようなものであっても，現行法の強姦罪，強制わいせつ罪に当たる行為と同様に性的自由ないし性的自己決定権を侵害し，同等の悪質性，当罰性があるものが存在すると考えられます。

「性犯罪の罰則に関する検討会」におきましても，「被害者と加害者の関係性ゆえに，被害者が加害者に対して性交に不同意である旨の意思表示ができないような関係を対象とする類型を設けるべきである」などとして，地位又は関係性を利用した性的行為を処罰する規定を設けるべきであるとの意見が多数を占めました。

そこで，要綱（骨子）第３の１及び２におきましては，行為者が18歳未満の者を現に監護しているという関係がある場合には，18歳未満の者が精神的に未熟である上，生活全般にわたって自己を監督し保護している監護者に精神的にも経済的にも依存している，そういう関係にあることに着目し，監護者がそのような関係性を利用して18歳未満の者と性交等を行った場合には18歳未満の者の自由な意思決定に基づくものとはいえず，性的自由を侵害する行為として，強姦罪などと同様に処罰する規定を設けようとするものです。

本罪の主体，客体に関しては，「性犯罪の罰則に関する検討会」では，新たな規定による処罰の対象とする地位又は関係性について，教師と生徒の関係，雇用関係，医師と患者の関係，スポーツのコーチ等と選手等との関係などをも対象とすることが考えられるという御意見もありましたが，要綱（骨子）におきましては，それらの関係性による影響力を利用した場合を含まないこととしております。

この点につきましては，「性犯罪の罰則に関する検討会」においても，「地位又は関係性を利用した性的行為を処罰する規定を設ける場合には，その地位又は関係性が存するのであれば被害者に有効な同意がないと実質的にみなせるような非常に強い支配関係が要件として規定される必要があり，そうでなければ有効に機能しないのではないか」，「被害者が加害者に扶養されているとか，生存がかかっているような強い支配関係という意味で，同居をメルクマールとすることが考えられる」などといった御意見があり，そのような御意見を踏まえて検討し，「現に監護する者であることによる影響力を利用」した場合に限定することとしたものです。

具体的には，先ほど申し上げましたとおり，18歳未満の者が精神的に未熟である上，生活全般にわたって自己を監督し保護している監護者に精神的にも経済的にも依存している関係にあることから，監護者がそのような関係性を利用して18歳未満の者と性交等を行った場合には，類型的に18歳未満の者の自由な意思決定に基づくものとはいえないと考えられますが，それ以外の関係性，例えば雇用関係や教師と生徒などの関係などの場合，必ずしも生活全般にわたる関係ではない場合も多いと思われ，その関係性を利用した性交等が類型的に自由な意思決定に基づくものでないと断ずることまではできないと考えたためです。

このように，本罪は，強姦罪等と同様に性的自己決定権を侵害するものであり，同等の悪質性・当罰性が認められる犯罪と考えておりますことから，法定刑は，強姦罪などと同様のものとすることとし，要綱（骨子）第３の１の罪については，刑法第176条の強制わいせつ罪と同様の法定刑，要綱（骨子）第３の２の罪については，要綱（骨子）第１の罪と同様の法定刑としています。また，要綱（骨子）第３の３において，強制わいせつ罪や強姦罪と同様に，要綱（骨子）第３の１及び２の罪の未遂を罰することとしております。

本罪の具体的な要件について，御説明申し上げます。

まず，本罪の被害者となるのは，18歳未満の者としています。これは，一般に，18歳未満の者は，精神的に未熟である上，監護者に精神的・経済的に依存していることから，このような者に対し，監護者が影響力を利用して性交等を行った場合には，自由な意思決定によるものとはいえないと考えられるためです。逆に言いますと，一般に，通常高校を卒業する年齢であります18歳程度になれば，精神的にも成熟度が増し，監護者に対する精神的・経済的な依存が弱くなると考えられます。加えて，年少者の保護を目的とする児童福祉法や児童買春，児童ポルノに係る行為等の規制及び処罰並びに児童の保護等に関する法律などにおいても，年少者の社会生活上の実態を踏まえて18歳未満を保護の対象としていることなどをも考慮し，本罪の被害者についても18歳未満の者としたものでございます。

次に，本罪は，「現に監護する者であることによる影響力を利用して」わいせつ行為又は性交等を行うことにより成立することとしております。ここで，「監護する」とは，民法に親権の効力として定められているところと同様に，「監督し，保護すること」をいうものですが，法律上の監護権に基づくものでなくても，事実上，現に18歳未満の者を監督し，保護する関係にあれば，要綱（骨子）第３の「現に監護する」に該当し得ると考えております。

民法の規定などにつきましては，本日お配りいたしました資料28を御覧いただければと思いますけれども，民法上の「監護」が，そもそも親子関係を基本とする概念でありますことから，要綱（骨子）第３の「現に監護する者」と言えるためには，親子関係と同視し得る程度に，居住場所，生活費用，人格形成などの生活全般にわたって，依存・被依存ないし保護・被保護の関係が認められ，かつ，その関係に継続性が認められることが必要であると考えております。

「現に監護する者」であるか否かの主な判断要素としては，同居の有無，居住場所の関係，未成年者に対する指導状況，身の回りの世話等の生活状況，生活費の支出などの経済的状況，未成年者に関する諸手続等を行う状況などが挙げられるものと考えております。

「現に監護する者であることによる影響力を利用して」とは，必ずしも積極的・明示的な作為であることを要するものではなく，黙示や挙動による利用ということもあり得るものと考えております。」

山口 厚部会長は，要綱（骨子）第３項目の論点を以下の３点に整理する[24)]。

「まず，１つ目でございますが，要綱（骨子）第３の１及び２にありますような一定の影響力を利用したわいせつ行為や性交等に関する罪を新設する必要性についてでございます。第３は，現行法にはない新しい類型の罪を設けようとするものですので，このような罪を設けるべき必要性について，御議論いただきたいと思います。

次いで，２つ目でございますが，そのような類型の罪を新設する必要があるといたしまして，構成要件が要綱（骨子）第３のようなもので適切であるかどうかという点でございます。その中でも，まず，主体及び客体の範囲をどのようなものとするのが適切であるのか，要綱（骨子）のように，被害者を18歳未満の者とし，行為者を18歳未満の者を監護する者とすることが適当かという点について御議論いただき，その上で，「現に監護することによる影響力を利用して」との要件について，このような要件を設けることの当否について御議論いただきたいと考えております。

３つ目でございますが，法定刑の点でございます。すなわち，第３の罪の法定刑を，強制わいせつ罪及び強姦罪と同様の法定刑とすることが適切かどうかという点について，御議論をお願いしたいと思います。

もちろん，それぞれの論点は，互いに関連するものでございますので，御発言の際に，関連して述べた方がよいと思われる場合には，他の論点に関する御意見をおっしゃっていただくことも差し支えございませんが，基本的には，今申し上げたような順に整理して議論を進めたいというように考えております。

また，以上私から申し上げた論点に当たらない部分につきましても，御意見をお持ちの方がおられるかもしれませんので，そのような御意見をおっしゃっていただく機会も適宜設けたいというように考えております。

このような進行とさせていただきたいと思っておりますが，よろしゅうございましょうか。」

平成28年３月25日開催刑事法（性犯罪関係）部会第５回会議は，要綱（骨子）第３について２巡目として以下の論議をする。[25)]

「本日は要綱（骨子）第３及び第７について２巡目の議論を行います。まず，要綱（骨子）第３についての審議を行いたいと思います。要綱（骨子）第３につきましては，１巡目の議論を簡単に振り返りますと，まず第三のような類型の罪を新たに設ける必要性につきましては，準強姦罪で対応できるので新たに設ける必要はないという御意見もございましたが，多数の方は，新たな類型の罪を設ける必要があるという御意見でございました。

次に，第３の罪の主体を「18歳未満の者を現に監護する者」としている点につきましては，より広く，教師，あるいは祖父，おじまで含めるべきであるという御意見，更にはスポーツのコーチなどまで含めるべきであるという御意見，それから客体を「18歳未満の者」としている点につきましては，16歳以上の女子が婚姻可能であることとの関係で疑問があるといった御意見がございましたが，要綱（骨子）のとおりでよいという御意見が多数でございました。

また，第３の罪の法定刑を強制わいせつ罪や強姦罪と同じ法定刑としている点につきましては，より軽い法定刑とするべきであるという御意見もございましたが，要綱（骨子）のとおりとすべきであるという御意見が多数でございました。

なお，「現に監護する者であることによる影響力を利用して」という要件につきましては，これに該当しない場合としてはどのような例が考えられるのかという点について，事務当局への御質問や御意見があり，この点については事務当局において更に検討していただくこととしておりました。

本日はこのような１巡目の議論を踏まえまして，まず事務当局から１巡目の議論の後に検討していただいたことについて，御説明をお願いしたいと思います。

○中村幹事　第３回会議におきまして，要綱（骨子）第３の「現に監護する者であることによる影響力を利用して」との要件に関しまして，御質問などを頂いておりました。そこで，改めまして，事務当局において要綱（骨子）第３の罪の趣旨や各要件の意義について，検討・整理いたしましたので御説明申し上げます。

まず，要綱（骨子）第３の罪を設けようとする趣旨などにつきまして，改めて御説明申し上げます。まず，そもそもこのような罪を設ける必要性があると考えたのは，現実に発生している事案の中に，強姦罪や強制わいせつ罪と同じように，性的自由ないし性的自己決定権を侵害しており，同等の悪質性，当罰性がある事件だと思われるにもかかわらず，現行法の強姦罪や強制わいせつ罪などでは処罰できていないものがあると考えられたためでした。

その典型例としては，実親や養親等の監護者による18歳未満の者に対する性交等が継続的に繰り返され，監護者と性交等をすることが日常的なことになってしまっていたり，さらには，18歳未満の者が監護者と性交等をすることが良いことであると思い込んでしまっているなどして，事件として日時場所などが特定できる性交等の場面だけを見ると，暴行や脅迫を用いることなく，抗拒不能にも当たらない，そのような状態で性交等が行われているという事案が挙げられます。

そこで，このような事案をその実態に即して，強姦罪や強制わいせつ罪と同様の法定刑で処罰するために設けようとするのが，要綱（骨子）第３の罪でございます。

その上で，この要綱（骨子）第３の罪の考え方を改めて整理して御説明申し上げます。

一般に，18歳未満の者は，精神的に未熟である上，生活全般にわたって自己を監督し保護している監護者に，精神的・経済的に依存しております。そのような依存・被依存ないし保護・被保護の関係にある監護者の影響力がある状況下で性交等が行われた場合，18歳未満の者が監護者との性交等に応じたとしても，その意思決定は，そもそも精神的に未熟で判断能力に乏しい18歳未満の者に対して監護者の影響力が作用してなされたものであって，自由な意思決定ということはできないものと考えられます。

したがいまして，監護者がその影響力を利用して，18歳未満の者と性交等をすることは，強姦罪や強制わいせつ罪などと同じく，18歳未満の者の性的自由ないし性的自己決定権を侵害するものであるということができ，強姦罪などと同等の悪質性・当罰性が認められると考えたものです。

そして，このようなことから，要綱（骨子）第３の罪は要綱（骨子）第１の罪や強制わいせつ罪と同じ法定刑としているものです。

次に，要綱（骨子）第３の罪で用いられている文言の意義について御説明申し上げます。まず，「監護する」でございますが，「監護する」とは，第３回会議でも申し上げましたとおり，民法に親権の効力として定められているところと同様に，「監督し，保護すること」を言います。法律上の監護権に基づくものでなくても，事実上，現に18歳未満の者を監督し，保護する関係にあれば，要綱（骨子）第３の「現に監護する」に該当し得ます。そして，民法上の監護が親子関係を基本とする概念であることから，要綱（骨子）第三の「現に監護する者」と言えるためには，親子関係と同視し得る程度に，居住場所，生活費用，人格形成等の生活全般にわたって依存・被依存の関係ないし保護・被保護の関係が認められ，かつ，その関係に継続性が認められることが必要でございます。なお，「現に監護する」とは，法律上の監護権に基づくものでなくてもよい反面，法律上，監護権を持っている者でも，実際に監護しているという実態がなければ，「現に監護する者」には当たらないこととなります。

次に，「影響力」ですけれども，「影響力」とは18歳未満の者の意思決定に作用し得る力を言います。

そして，「影響力を利用して性交等をした」の要件について，御説明申し上げます。18歳未満の者を現に監護する者であれば，日頃から自分が保護し，自分に依存している18歳未満の者の生活全般にわたって，その意思決定に作用する影響力が常にある者と考えられますところ，このような18歳未満の者に対する影響力が一般的に存在している状況において，監護者と18歳未満の者とが，性交等を行った場合には，通常はその性交等についても一般的に存在している監護者の影響力が作用しており，18歳未満の者の自由な意思決定に基づくものとは言えないと考えられます。

ここで，影響力を利用して性交等を行ったと認められるためには，監護者からの影響力を利用する積極的な働き掛けなどの行為が必要不可欠だとすることは，先ほど申し述べましたとおり，本罪により処罰することとすべき事例の中には，特に積極的な働き掛けなどがなくても，性交等に応じてしまうようなものも含まれることから，適当ではないと考えられます。むしろ，監護者の影響力が一般的に存在している関係においては，通常，その性交等について監護者の影響力が作用しており，18歳未満の者の自由な意思決定に基づくものとは言えないと考えられますから，そのような積極的な働き掛けなどがなくても「影響力を利用して」に該当すると考えられます。

ただ，18歳未満の者に対する監護者の影響力が，一般的に存在している状況であっても，監護者と18歳未満の者との間で行われた性交等が，監護者の影響力が遮断されて行われたと言える場合が全くないとまでは言えないと考えられます。例えば，監護者の18歳未満の者に対する影響力が一般的に存在している場合であっても，暗闇の中，相手方を判別できない状態で性交等が行われた時や，18歳未満の者から脅迫されるなどして監護者が性交等を強いられたとき，このような場合には性交等との関係では影響力が遮断されており，影響力とは無関係に性交等が行われたものと考えられます。

このような一般的に存在している監護者の影響力が遮断されているような場合には，「影響力を利用して」性交等を行ったと言えず，第三の罪が成立しないこととなるものと考えております。

このようなことから，「影響力を利用して」とは，18歳未満の者に対する監護者の影響力が一般的に存在し，かつ，その影響力が遮断されていない状況で性交等を行ったことをいうものと考えております。

次に，被害者の同意の点でございますけれども，18歳未満の者に対する監護者の影響力が一般的に存在している状況においては，その影響力が遮断されない限り，18歳未満の者が監護者との性交等に応じたとしても，その意思決定は，そもそも精神的に未熟で判断能力に乏しい18歳未満の者に対して監護者の影響力が作用してなされたものであって，自由な意思決定ということはできないということですから，要綱（骨子）第３の罪の成否を論ずるに当たり，被害者の自由な意思決定による同意の有無は直接問題とはならないものと考えております。もっとも，当該性交等が監護者の影響力を「利用して」行われたこと，すなわち，一般的に存在している監護者の影響力が遮断されていない状況で性交等が行われたことの立証責任を検察官が負うものであることに変わりはありません。

○山口部会長　ありがとうございました。それでは，ただいまの御説明を踏まえまして，御議論いただきたいと思います。ただいまの御説明に対する御質問，あるいは御意見も含めて御発言いただきたいと思いますが，よろしくお願いします。

○香川幹事　新しい刑事罰の類型ができるということでございますので，実際に適用する裁判所の立場から若干，今の事務当局の御説明を踏まえて，３点，この時点で事務当局のお考えをお聞かせいただけないかと思います。

まず，「18歳未満の者を現に監護する者」ということにつきまして，親子関係と同視し得る程度にというようなお話があったかと思います。親以外で監護するという者に当たりそうな者といたしまして，例えば18歳未満の者が児童養護施設等の施設に入所している場合を考えた場合，この施設に所属している職員皆さんがこれに該当するのか，あるいは施設の中で一定の範囲の職員の方が該当するということになるのか，もちろん具体的な事案ごとに裁判所が検討するということになるのかもしれませんけれども，例えばどんな要素を考えるべきなのか，事務当局の方でもしお考えのところがあれば，お聞かせいただきたいということでございます。例えば施設の職員の中でも，正にその児童の身の回りの世話をしている方と，例えば管理職とでは，児童との近さというのは大分差があるのかなと思います。この辺どんなふうに考えたらいいのか，一般論でも結構でございますので，今お考えがあればお聞かせいただきたいというのが１点目でございます。

２点目は，同じく「18歳未満の者を現に監護する者」の御説明の中で，事実として現に監護している者ということが重要であるとお伺いいたしました。裁判所の方では，例えば家庭裁判所ですと時々ございますけれども，子供の親権を争って別居しているような親御さんの間で，お子さんが事実上，移動するというようなことがございまして，その場合，後から法的に評価すると，これは一方の親が一方的に子供を連れていったのだと評価されるような場合がありまして，場合によりますと，違法だ，損害賠償だみたいな話が出てまいります。これと，この犯罪における現に監護するということが関係するのかしないのか，通常は恐らく事実として監護しているかどうかというところに着目すると，連れ去ったかどうかとか，監護に至った経緯が違法かどうかというのは，余り関係しないようにも思うのですけれども，そういう理解でいいのかどうか，現時点の事務当局のお考えで結構ですので，お聞かせいただければと思います。

最後3点目，ちょっとこれは技術的な話になりますけれども，実際，実務上見てまいりますと，今回問題になっているような類型の一部は，従前，例えば児童福祉法違反というような形で処罰してきたものもあるのではないかと思うのですけれども，今回，要綱（骨子）第3の罪に当たるようなものの中で，同じく児童福祉法違反の罪にも当たるというようなものもあるのではないか。そうした場合，この罪数関係がどうなるのかということをどうしても実務家は考えてしまうわけですけれども，ここについて，何か今の段階で事務当局のお考えがあればお聞かせいただきたい。

以上，3点でございます。

○中村幹事　それでは，今の3点について，お答え申し上げます。

まず，養護施設等の施設の職員の点についてでございますけれども，「現に監護する者」に当たるか否かにつきましては，個別の事案における具体的な事実関係によって判断されるものですけれども，その施設等の場合につきましても，同居の有無や居住場所に関する指定などの状況，指導状況，身の回りの世話などの生活状況，生活費の支出などの経済的な状況，未成年者に関する諸手続などを行う状況などの要素を考慮して，個別に判断されるものと考えております。

管理職などについて御指摘がございましたけれども，管理職を含む養護施設の職員でありましても，このような要素を考慮して，親子関係と同視し得る程度に生活全般にわたって，依存・被依存ないし保護・被保護の関係が認められ，かつ，その関係に継続性が認められる場合には，「現に監護する者」に該当する場合もあると考えております。

また，管理職か又は身近な世話をする人かといった御指摘がございましたけれども，その身の回りの世話につきましても，その考慮要素となり得ると思われる一方，直接身体的な接触があるかどうかの一事をもって，直ちに「現に監護する者」と認められるか否かが左右されるものではないと思われます。

また，職員が施設に居住しているかどうかといういろいろなそれぞれのパターンがあるかと思いますけれども，その施設に居住しているかどうかという点については，同居の有無として考慮対象となる要素となるものと考えております。

続いて，２点目でございます。２点目の親権の争いがあるような場合についてでございますけれども，「現に監護する者」に当たるかどうかにつきましては，個別の事案における具体的な事実関係により判断されるものでございますけれども，先ほど御質問の中で御指摘がありましたとおり，ここでいうところの監護関係は，法律上の監護権に基づくものであることは要せず，事実上，現に監督し保護していれば足りると考えておりますので，先ほどの御指摘のような場合であっても，「現に監護する者」に該当することはあり得るものと考えております。

次に，児童福祉法違反の罪との罪数関係の点でございます。この要綱（骨子）第３の罪と，児童福祉法違反の罪との関係でございますけれども，これは現行法の強姦罪ないし強制わいせつ罪と，児童福祉法違反の罪との関係と同様であると考えております。したがいまして，18歳未満の者を監護する者であることによる影響力を利用して，性交等又はわいせつ行為に及んだことが，同時に児童に淫行させる行為に当たる場合には，要綱（骨子）第３の罪と児童福祉法の淫行させる罪との関係は，併合罪となるのではなく，両者は一罪となるものと考えております。

○宮田委員　この点についての意見の前に，先ほど小西委員の御意見の中で誤解があると感じましたので，１点言わせていただきたく存じます。私は，この部会での議論に文句を言っているのではなくて，部会や事務所に送られてきたものを拝読していると，どう考えても判例の読み方が違うのではないか，法的な理解が誤っているのではないかと思われるもの等があったためあのような発言をいたしました。私の申し上げ方が悪かったのかもしれませんが，私は部会の議論をどうこう言うつもりは全くなく，そこはご理解いただかないとこれからの議論が不必要にぎくしゃくしそうに思いましたので，大変申し訳ありませんが，御指摘申し上げます。

事務当局への御質問も幾つか含めて，私の方の意見も申し述べたいと思います。お伺いしたいことは，３点ございます。前回のこの要綱（骨子）第３について検討する際に，母親と男性の関係にはいろいろなグラデーションがあるということで，幾つかの場合について質問しました。経済的に全く母親に依存している男だったら，これには当たらないか等，いろいろな事例を挙げたと思います。そういうものについては，今御説明になったように，ケース・バイ・ケースでよいのかどうかという確認です。

２つめです。監護をする者と同居している者との関係についてです。先ほどの山口部会長のおまとめの中でも，要件の中には祖父とかおじ・おばというのは原則として入らないという趣旨になっていたかと思いますけれども，これは両親あるいは片親がいる家庭という前提でよろしいのでしょうか。親がいて親が監護していれば，祖父とかおじやおばは入らないという理解でよいのかどうかということでございます。

というのも，想定されているのは，両親がいて母親が面倒を見て，父親が経済活動をして，というような，典型的な中流家庭のように思えるのです。両親がいても両親が非常にハードに働いていて，祖父母に子育てを丸投げという家族もありますし，片親家庭で祖父母に子育てを任せている場合や，親の兄弟，子供にとってはおばさん，おじさんに当たる方たちに子育てを任せている場合，あるいは年齢の上の子供，子供にとっては兄や姉に監護を任せているというような家もあるかと思います。

そのように家族が大家族的な家庭，親と子供だけという家族ではなくて，ほかの親族が子育てに関わりのある形での同居をしている場合に，祖父母やおじ・おば，兄弟・姉妹は，監護する者の中に入れられるのでしょうか，入れられないのでしょうか。というのも，少年事件などでよく見るのが，育児放棄的な家で，父親も母親も子供の面倒を見ないで，朝，500円渡して食事を買えという。たくさん家族が住んでいて，両親だけではなくて，祖父母やおじ・おばも一緒に住んでいるような家の子供は，一体誰が育てているか分からないような状況であったりします。そういうところで性的被害が起きたときに，監護者は一体誰なのだろうかと感じてしまうわけです。

３つめです。先ほどの香川幹事からの御質問の中で，施設の話が出ましたけれども，施設から子供を預かっている里親は，これは法律的なものではないけれども，事実上の同居している親と見ていいのかということでございます。更に，全くの他人が事実上監護している場合は当たるのかどうかということです。法律的には養子縁組もしていないが，事実上，子供の面倒を見ている場合は，これは事実上の監護に当たるといってもよさそうに思われます。しかし，例えば，中学生くらいの子供が家出をした場合を想定し，その子供が声を掛けてきた男性の家に転がり込み，相当長期間，そこの家で暮らしていたとします。男性がいろいろと面倒を見てくれる状況下で生活をし，具体的には，同居して生活費も出してもらっているし，携帯の契約や雇用の保証など，いろいろな形で法律的・対外的にその男性が面倒を見てくれている場合に，性的な関係を持ったとすると，これは監護者類型に当たるのか当たらないのかということです。転がり込んだ先の男性が，例えば祖父とかおじとか親族であればなるのか，全くの他人であってもなるのかというところがわかりません。

全く他人の男性のもとに，高校生ぐらいの女子が転がり込んで結婚してしまえば，適法な関係になることとの均衡はどうなるのかという疑問もあります。

ここからは意見になります。今申し上げたたくさんの家族が住んでいるような例を考えるなどしていますと，この類型については，私はやはり児童福祉法とか虐待防止法の中での対処を検討した方がよいと考えます。その家族から離すことと，監護していると称している人たちの影響力を排除するための措置を抜きにして，子供の保護は図れないと思うのです。被害者の救済や加害者への対処などについて総合的な配慮をしなければ，こういう事件の解決にはならないのではないでしょうか。もちろん，強姦罪に当たるような罪を創設して，親をしょっ引くのが一番手っ取り早い方法かもしれないですけれども，私は他の虐待を含めて，総合的な検討ができた方がいいと考えているのです。

それから，この要綱案の条文には，民法の親子関係やそれと同視できるものとは明示的に出てきません。条文の中に，監護者というのは親子に準じる関係にある者だということまで含んだ文言にしておかないと，解釈が無限定に広がるのではないかという危惧を持っています。

そして，この条文は刑法第177条，第178条では網を掛けられない場合を想定したものであるとの御説明がありましたけれども，条文ができてしまえば，親族等の近い関係にある人が影響力を利用していると考えられる案件については，第177条，第178条でいける案件でもこの類型で処罰され，慎重に監護者性等を考えなければならない案件についても，解釈が広がっていくのではないかと危惧します。少なくとも，この規定については，第177条，第178条の補充的な性格であることが，何らかの形で明示される必要があるように思われます。

更に今の事務当局の御説明を伺いますと，監護者であれば影響力はほぼあるということになります。影響力の利用については，検察官が立証されることにはなりますけれども，この人が監護をしているということ，こういうような生活実態があるということを立証すれば，ほぼ影響力があるということ，ちなわち，同意は瑕疵があるというのとほぼ等価だと思われます。前回，立証責任が事実上転換されているのではないかと申し上げましたが，そうはいえず立証責任が検察官にあると言っても，事実上，反証は許されない，不可能な形の犯罪類型なのではないかと感じた次第です。

なお，このついでに，大変申し訳ありませんが，以前の私の発言についての訂正をさせていただければと思います。前回の議論の時にドイツの抗拒不能の第178条については，第177条と罰条が一致していないとの指摘をしましたけれども，被害が姦淫の類型については抗拒不能の類型について，ドイツでも懲役2年で第117条と同じでした。ただ，ドイツでは，要綱（骨子）の第1，第2の類型とも懲役2年だというところは再度指摘しつつ，訂正させていただければと思います。

○中村幹事　それでは，今何点か御質問があった点についてお答え申し上げます。この「現に監護する者」にどのような場合が当たるかどうかという点についてでございます。先ほどケース・バイ・ケースかという御質問がありましたけれども，やはりこれにつきましては，個別の事案における具体的な事実関係によって判断されるものでございますので，なかなか一概にお答えすることは難しいところではございます。まず，この「現に監護する者」に当たるかどうかというところでございますけれども，この現に監護するというのは，法律上の監護権に基づくものでなくても，事実上，現に監督し，保護する関係にあれば，この「現に監護する」に該当し得る。逆に言いますと，法律上の監護権があったとしても，事実上，監督して保護していなければ，この「現に監護する」には当たらないということになります。

先ほど幾つか大家族的なもの，里親，また，家出して声を掛けた場合と，幾つかの事例というのを御指摘いただきましたけれども，この「現に監護する者」の「監護」につきましても，「監護する」というのが民法において親権の効力として定められているところと同様に，監督して保護することを言いまして，またこの民法上の「監護」というのは，親子関係を基本とする概念でありますから，この「現に監護する者」と言えるためには，親子関係と同視し得る程度に居住場所，生活費用，人格形成等の生活全般にわたって，依存・被依存ないし保護・被保護の関係が認められ，かつ，その関係に継続性が認められることが必要であると考えているということでございます。

具体的にどのように判断していくかというところにつきましては，先ほど香川幹事の御質問に対してお答えしたような要素を考慮して，個別に判断していくことになるものと考えております。

また，この条文上，「監護」という言葉を用いているけれども，これがどんどんその範囲が広がっていかないかというところでございますけれども，この「監護」という用語でございますけれども，これはるる御説明申し上げてきておりますとおり，民法上の「監護」というところを頼りにこの用語を使っているということでございますので，この「現に監護する者」という意義につきましては，先ほど申し上げたようなところで明確となっていると考えております。

また，罪数の点でございますけれども，こちらも御説明してきておりますとおり，要綱（骨子）第３の罪というのは要綱（骨子）第１の罪や，強制わいせつ罪を補充する趣旨で設けようとするものでございます。したがいまして，仮にある行為が外形的には強制わいせつ罪ないし要綱（骨子）第１の罪と要綱（骨子）第３の罪との双方に該当するように見られる場合には，強制わいせつ罪又は要綱（骨子）第１の罪のみが成立するものと考えております。

なお，立証責任の点について，御指摘がございましたけれども，これも冒頭の説明と同様となってまいりますけれども，検察官がこの監護者の影響力を利用して行われたこと，当該性交等が監護者の影響力を利用して行われたことについて，立証責任を負うこと自体は，当然変わりはありませんので，立証責任の転換はないと考えております。

○加藤幹事　ただいまの説明に若干補充させていただきます。宮田委員の御質問の最初に提示された母親と男性との関係をグラデーション的に御提示されたことにつき，ケース・バイ・ケースでよいのかという御質問だったと思いますが，それは中村幹事がお答えしたように，もちろん基本的にはケース・バイ・ケースです。具体的に申し上げれば，例えばお母さんの彼氏と言われているような方がたまに家に帰ってくるということがあっても，同居しているとも言えず，生計も別であり，意思疎通も18歳未満の者とはほとんどないということになれば，通常は監護しているとは言えないだろうと考えられますし，一方，法律上の監護権者でなくても，実親との関係，お母さんとの関係がいわゆる内縁といわれるような実態的な夫婦関係にあって，またその18歳未満の者との関係も実の父子と変わらないというような関係にあれば，監護している者と言える場合もあるだろうと考えられます。その中間もいろいろなケースがあるだろうという意味で，ケース・バイ・ケースだと申し上げているわけでございます。

また，監護者であるか否かの認定は，先ほど来，御説明しているとおり，現に監護する者であるかどうかという事実関係の問題でありまして，事実上の問題として実の親子であれば監護者であることが多いということは言えたとしても，親子であるから監護者である，あるいは親族であるから監護者に当たるという，そういう関係にある要素ではないということは，これまでの御説明で御理解いただいていると思います。

大家族の場合というのも，事実認定の問題になるので，個々のケースを分析してみなければ分からないところはありますが，例えば御提示いただいたように，実の親は養育にはほとんど関わっておらず，実際に子育てをしているのは祖父母あるいはおじ・おばであるという場合に，その祖父母やおじ・おばが監護者に当たるということはあり得るということは言えると思われます。したがって，実親がいるからその祖父母やおじ・おばは決して監護者には当たらないという関係にはないであろうとは考えているところであります。

一方，里親の例を挙げられて，親族でない人，全くの他人が監護者に当たることもあるのかという御質問もあったように思うのですが，それもあり得るという意味では，正に先ほど来，御説明申し上げている監護者に当たる者であれば，当たるということになるものと考えております。すなわち，血縁関係がないことが監護者であることの関係を排斥することにはならないとは考えています。例えば，里親として18歳未満の者の生活全般の面倒を見ており，親子関係と正に同視し得る程度に，生活全般にわたって依存・被依存，あるいは保護・被保護という関係があるものについては，それは監護者に当たる場合があると考えていただいてよろしいかと思います。

最後に，検察官の立証責任を事実上，転換するものなのではないかという御指摘につきましては，中村幹事からも御説明申し上げましたけれども，この犯罪の構成要件は監護者である者がその影響力を利用して性交等に及べば成立するというものでありまして，逆に言えば監護者ではないこと，あるいはその影響力を利用していないことについて，その弁護人，あるいは被告人の立場として主張することは可能であるわけであります。事実の問題として反証の余地が狭いのではないかという御指摘については，それはそういう構成要件を設けることの適否の問題に正に帰着するわけであり，そうした規定を設けることについて，それが適切であるか否かについては，正に委員・幹事の皆様の御意見を伺いたいと考えているところでございます。

○塩見委員 「影響力を利用し」のところで，１点質問をさせていただきたいと思います。

影響力の遮断があった場合には，この要件を満たさないということで，影響力の遮断がまれにあるとされる例としまして，暗闇の例ですか，それからあと，被監護者の側が脅迫を行った場合，性交に応じるように求めた場合という例を挙げられました。もう少し一般的に言えば，監護する者であることを被害者に認識させなかった場合，あるいは被監護者の側から性交等を求めた場合，この場合には影響力の遮断があるということになるかと思います。そうしますと，被害者は行為者が監護する者であることを認識していたのですけれども，行為者の側は被害者が認識していないと誤信していた場合，あるいは被監護者の方から性交等を求めたと行為者が誤信をしていた場合，こういう場合は影響力の利用についての認識が欠ける，故意がないということになる，という気がするのですが，そういう理解でよろしいのですかというのが質問です。

○中村幹事 影響力が遮断されているか否かの判断でございますけれども，これは個別の事案によって判断されるものですけれども，要は，性交等が一般的に存在している監護者の影響力とは無関係に行われたかどうかというところでございます。その例としましては，先ほど申し上げましたとおり，暗闇という例を申し上げましたけれども，これは18歳未満の者の側で行為者が監護者であるということを認識していなかった場合ということでございますけれども，それ以外の場合であっても客観的に性交等が一般的に存在している監護者の影響力とは無関係に行われたと認められる場合には，この影響力が遮断されるということになろうかと思います。

今，御質問の中で御指摘のありました18歳未満の者が監護者に対して性交等を求めた場合，どうなのかという点がございますけれども，18歳未満の者に対する監護者の影響力というのが一般的に存在している場合におきまして，仮に外形的にはその18歳未満の者から監護者に対して性交等を求めたということがあったといたしましても，そのような行動というのを18歳未満の者がとるというのはどういうことかといいますと，例えば監護者において幼い頃から継続的に性的な行為を行ってきたこともありまして，要は18歳未満の者としては生活全般を監護者に依存しているということから，性交等を求めることによって監護者を喜ばせる，ないしはその機嫌を損なわないようにしているような場合というのがあり得るというところでございまして，そのような18歳未満の者の方から性交等を求めた場合であっても，そのような行動をとるに至ったこと自体が，精神的に未熟で判断能力に乏しい18歳未満の者に対して，監護者の影響力が作用した結果であると考えるべきではないかと考えております。

そうしますと，18歳未満の者の方から性交等を求めたにすぎないような場合というのは，影響力とは無関係に行われたとは言えず，その影響力が遮断されている場合には当たらないと考えております。

先ほど，故意の点，錯誤の点について御指摘がございましたけれども，影響力の利用というところにつきましては，当然これについても行為者において認識，故意がないといけないということでございますけれども，要は「影響力を利用して性交等をした」について，故意があると言えるためには行為者におきましてその18歳未満の者に対する監護者の影響力が一般的に存在することを基礎付ける事実の認識，また，その影響力が遮断されていない状況で性交等を行った事実の認識というところが必要であると考えられます。したがいまして，これらの認識に欠けるという場合には，故意犯である以上はこの罪は成立しないということになるのではないかと考えております。

○今井委員　私も中村幹事の御説明に賛成するところです。前提といたしまして，今日の冒頭，角田委員から改めて実情についての御説明を頂きました。齋藤幹事からも同じような御説明があったわけですけれども，この要綱（骨子）第３の罪が念頭に置いている典型的な事例といたしましては，先ほど角田委員もおっしゃったように，例えば幼少期から親が性交を子供に対して繰り返すということで，そういう18歳未満の者としては特定の行為がなされた段階では，自分がどういうふうな被害に遭っているのかを認識できないような場合も多く含まれている。そういった根の深い事例をも視野に入れて，立案しようとしているものだと思います。

そうしますと，この要綱（骨子）ですと，影響力を利用してという文言が使われておりまして，これですと直近の被害者に向けられた特定の行為の立証が必要になるようにも読めるわけでありますけれども，その影響力が遮断されているか否かということがこの犯罪を否定する大きな要素であるという御説明があり，私もそれに賛成するものであります。そして，そのことをもう少し的確に表現するならば，「影響力があることに乗じて」というふうな，他の表現ぶりの方が適切ではないかと思ったところですので，意見として申し上げたところです。

○小西委員 暗闇の中で判別されないということが，影響力の遮断の典型例として出てくることが，ちょっと私はどうかと思っております。というのは，多くの例えば性的虐待の例で，夜，暗闇で真っ暗にした中で性交が行われるというケースがあるんですね。だけれども，もちろん目では誰だか分からないけれども，実際すぐ分かりますよ。それは人間の認識は視覚だけではないので，触覚も聴覚も体感もあるわけなので，当然誰だかは分かるわけですね。というようなケースが結構あり，更に小さい時からの繰返しがあってここに至って，そのケースが事件化される，その事例が事件化されるということになるとすると，真っ先にこの暗闇の例が出てきてしまうのが，ちょっともう少し適切なものに変えていただけないかなと思います。自分が持っているケースで，たくさんそういうケースが思い当ります。父親は夜誰か別の人が忍び込んできたのだろうと言ったりするのだけれども，実際にはそうではないというケースが複数あります。ですので，それはちょっと考えていただけないかなというのが私の気持ちです。

それから，実はこの問題に該当するケースを私は持っておりまして，御本人がどうして抵抗できないか，この会議で話していいと言われたので，聞いたまま今日持ってきたのですね。なのでちょっとどういうことが行われているか，具体的に１分ぐらい御紹介させていただいてもいいですか。

この人は，実父からの性的な虐待の被害者で，18歳でようやくそこから逃れた人です。当初は全て自分が悪いから，父を自分が誘ったから，こういうことが起きたとしか考えられていませんでした。２年たってようようちょっと話せるようになってきているのですけれども，「何か抵抗するとかやめるとかいうことを考えなかったのか」と質問した，「そんなの全く無理。怖いからそういうこと自体を考えないようにしていた。被害を受けていた当時は，自分はその記憶を切り離していて，日常生活は何もないように過ごしていた。だから嫌だとも思っていなかった。夜になったり，家に戻ったりすると多少思い出したけれども，それでも考えないようにし，昼間はその虐待について意識さえしていなかった。性行為について意識さえしていなかった。」と言っています。

「子供にとって親は全てだから，言うことを聞かないといけないと思っていた。親が性交することが普通だと親が言えば，自分は普通だと思う。他の家でもみんなやっていることだけれども，言わないだけなのだと親に言われて，自分もだからそうかと思っていた。そういう環境でしか育っていないので，それは普通だと思っていた。」ということです。

最初がいつから始まったのか覚えていない。中学の時も高校の時もあったけれども，それより前からあったかもしれない。記憶が出てこないのですね。親は，性的虐待にこんな理屈をつけていました。「性行為に慣れていないと痛いから，将来の練習としてやるのだ」と言われた。本人は屁理屈だと思ったが「そうなんだ」と父に言うしかなかった。高校の時，人を助けたくてリハビリの職に就きたいと思い，そのことを家族に話したことがあったが，父と二人きりになった時に，風俗嬢みたいなことをやることを父が提案してきた。「そういう職について，対象者の家を訪問する時もあるだろうが，別料金でやると喜ばれるのではないか」と父は言ったそうです。そういう性的処理の練習をしているのだ，好きな人相手に気持ちよくなってもらうテクニックの練習だと言われた，と言っています。本人にこのことについて聞くと，今は複雑な気持ちで，２年たった今でも，「父は自分の欲望を正当化していた」とは思うところまでは来ましたけれども，なかなか本当に自分は悪くないと思えない状況です。「父が悪くて，自分が被害者だと納得しにくい，言い換えれば心理的な納得がなかなかできないのです。もしかして自分が悪いのじゃないかという気持ちからなかなか逃れられません。虐待から逃れて２年でここまで言えるのは，むしろ治療としては順調だと思います。実情を語れるようになったこと，御本人が話してもいいということ，そのものが治療の成果です。

こういう形で本人は嫌とも言わず，むしろ良いことかもしれないと思い，そういうことをしたのは自分の責任だと思い，行われているというのが性的虐待の典型例です。ちょっと御紹介したいと思ってお話ししました。

○森委員　今，小西委員の方から具体的な被害者の声の御紹介がありましたけれども，私も検察官として実務の現場でこのような事案を経験してきた立場から，若干申し上げたいと思います。

以前にも申し上げましたけれども，実の親，あるいは養親などが，子に対して性的行為を繰り返し日常的に行っているという事案では，暴行も脅迫もなく，抗拒不能という状態もない，そういった状況の中で性交等が行われているという事案がよくございます。そのような事案の中には，被害者が普通こういうことはやるものだと思っていて，それでもできるだけやられたくないので，お父さんの機嫌をとるためにプレゼントをねだったり，あるいはどこかに連れていってくれと言って外にお父さんを連れ出して，そのときに積極的に腕を組んで歩いたりしたというような事案もありました。

それからまた，姉妹がいて，最初は姉の方が被害に遭っていて，父親が妹の方にも手を出そうとしたので，その姉が妹をかばうために積極的に自分が父親に働き掛けて，自分が性行為の相手をしていたという，非常に痛ましい事案もございました。現実にそのような事案があることを考えますと，先ほど事務当局の説明にもありましたように，監護者の側から必ずしも積極的な働き掛けがなくても，影響力の下で行ったと見るべき事案というのはたくさんあると思っております。

先ほど今井委員の方から，「乗じて」という表現の方が適切ではないかというような御意見がありましたけれども，私もその御意見を伺いまして，その方がしっくりするなという感想を抱いたところです。

○中村幹事　先ほど小西委員から，影響力が遮断されている事例として挙げました暗闇で行われた例につきまして再考を要するのではないかという御指摘を頂きましたけれども，これは確かに御指摘として受け止めたいと思います。ただ，ここで申し上げているのはどういうことかと申し上げますと，影響力が遮断されているかどうかというのは，つまりは影響力とは無関係に性交等が行われたかどうかということであると。その一つの典型的な例として，18歳未満の者の側が，その行為者が監護者であることを認識していなかった。それが影響力とは無関係，つまり影響力は遮断されているということの一つのパターンであろうと考えた次第でございます。その上で，暗闇の中，相手方を判別できない状態という，一種机上の事例というのを考えてみた次第でありまして，それを御紹介したというところでございます。

〇加藤幹事　事務当局の想像力の欠如を露呈してしまったというところでありまして，恐縮なのですが，中村幹事が申し上げたように，暗闇の例は暗ければ犯罪が成立しないと言っているわけではなく，それによって相手方が監護者であることを認識できないという，そういう例ですので，先ほど小西委員から御指摘いただいたように，例えば挙動とか，それから見えなくても声が聞こえればその声ですとか，そういうものから判別できていれば，この例には当たらないというところでございます。

〇小西委員　それは承知しております。よく分かります。

〇佐伯委員　要綱（骨子）第３の罪というのは監護権の影響力がある状況下でなされた18歳未満の者の意思決定は，外見上，自由なもののように見えても自由な意思決定ということはできないと法的に判断するということだろうと理解しております。そうすると，先ほど来，御意見がありましたように，影響力を利用したという文言はちょっと強すぎる。他にどんな文言が適切かというのは難しいのですけれども，「乗じて」というのも候補だと思いますが，「利用した」というのはちょっと強すぎるように私も思います。

それからそのように，法的に規範的に判断するという観点から考えますと，先ほど来，問題になっております現に監護する者の範囲につきましても，法的な監護権に限られないということは確かにそうなのですけれども，先ほどからの御議論を伺っていますと，限られないというところにちょっと力点が強いのかなという印象を受けまして，やはり法的な監護権に基づいた影響力であるということは，監護権者の範囲を判断する際には，非常に重要な要素ではないかと思います。

それから最後は，要綱（骨子）第３の規定が補充規定であるということの意味についてですが，先ほど事務当局から刑法第177条，第178条に当たる場合には，それのみが成立するという御説明があったのですけれども，私は第177条ないし第178条に当たり得る場合であったとしても，要綱（骨子）第３の罪で処罰することは可能であると考えます。

〇加藤幹事　ただいまの佐伯委員の御指摘の中にもございましたが，要綱（骨子）第３の書き方については，これまで御説明してきたような具体的な内容を表現するものとして，「利用して」という文言を要綱に用いていたものでございます。しかし，ただいま，別の表現を検討するべきではないかという御指摘がございましたので，この点につきましては更に事務当局においても，十分に検討させていただきたいと存じます。

○辻委員　１点，事務当局の方から補足させていただきます。

ただいま，佐伯委員の方から，要綱（骨子）第１の罪と要綱（骨子）第３の罪の関係について御指摘がございましたが，第１の罪のみが成立すると申し上げた趣旨は，意味としては佐伯委員のおっしゃるものと同様の意味であると考えておりまして，実体法の関係の罪数の整理としては第１の罪のみが成立するという場合があろうかと思いますが，訴訟法的な観点を加味して，この要綱（骨子）第３の罪だけで処罰できるかといいますと，それは可能であると事務当局としても考えているというところでございます。

○齋藤幹事　宮田委員がおっしゃったように，現在の家族の関係というのは多様だと感じております。例えば両親と同居していても，日中，両親は仕事でおらず，実質的には祖父母が面倒を見ているとか，おじ・おばが面倒を見ているとか，若しくは家族の中のほかの者が面倒を見ているというような家庭はありまして，その中で祖父・孫間の性的虐待ですとか，親族間の性的虐待ということが行われているという事例も経験しております。従いまして，これまで説明のございましたように，監護という観点につきまして，実質的な状況について，個々に判断していただけるということがとても重要なのではないかと考えております。

また，自由な意思決定ということに関してですけれども，これはもう既に幾つも御意見が出ているものではございますが，私も臨床の中で出会った事例には，養父から大変言葉巧みに，自分たちが恋愛関係であると思い込まされる，若しくはこれを断ると，母親若しくはこの今の暮らしに影響が及ぶのだということを言葉巧みに刷り込まれるなどし，性的な関係に持ち込まれ，性的虐待が継続され，そして加害者が逮捕されて安全な状況になって初めて，自分の傷に気付いて，本当にその後，大変苦しむという事例も幾つもありました。そういったことを考えますと，やはり影響力が行使されている段階で，自由な意思決定というのが大変難しいということを考えてはおりますので，今，御説明のあったことが個々に本当に判断されることを願っております。

○橋爪幹事　要綱（骨子）に賛成する方向で２点申し上げたいと存じます。

既に議論がございましたように，本罪は，精神的に未成熟な18歳未満の者が，現に監護する者の影響力を受けて，性交等をすることについての意思決定に至った類型をカバーする規定ですので，18歳未満の者の意思決定は自由な意思決定とは言い難いという観点，つまり意思決定過程に瑕疵が生じていることが処罰の根拠をなすと考えるべきかと存じます。そして，このように考えますと，やはり監護する者の概念については，意思決定に重大な影響を及ぼしうる者という観点から，ある程度限定的に捉える必要があると思うのです。したがって，基本的には，法的な監護権が認められるような事情を前提としながら，場合によっては更に限定するような理解もあり得るように考えております。そうしますと，例えば教師や，あるいはスポーツのコーチなどが，仮に18歳未満の者に一定の精神的影響を与える関係があるとしましても，それだけで，これを監護する者に含めることは難しいと思います。

もう１点でございますが，このように行為者が監護する者という地位にあることが処罰の根拠として重要であると考えますと，本罪につきましては，本来ならば被害者を保護しなければいけない者，すなわち，被害者を保護し，監護すべき立場にある者が，その立場や機会を濫用して，本来ならば保護すべき者の性的自由を侵害するという意味において，悪質性が高いと考えられます。このように行為者に対する非難可能性が高いことを併せ考えますと，やはりこの類型については，通常の強姦罪，強制わいせつ罪と同一の法定刑で処罰すべきであると考えております。

○塩見委員　余計な一言かもしれませんが，先ほどからお話を聞いていますと，被監護者の側が，妹を救うためとか，そういう本心ではないのだけれども，表面的にはむしろ監護者に迎合するような態度を取っているような場合があるというお話だったのですけれども，先ほどちょっと故意を問題にしましたのは，そうすると監護者の側から，被監護者の同意がある，向こうから求めてきたと認識していたという主張が出やすくなってくるのではないかと思ったからです。先ほど，遮断の認識があれば，やはり故意が否定されるという御趣旨の御回答もありました。具体的に何か提案があるわけではないのですけれども，やはり立法化された際に認定をどうするのかという点は慎重でないと，本来処罰対象に入れるべき行為が，故意の観点で落ちてしまうということになりかねないのではないかと，ちょっと思いましたので，一言申し述べさせていただきました。

〇加藤幹事　ただいまの塩見委員の御指摘について，承って検討いたしたいと存じますが，１点，先ほど中村幹事からお答えした趣旨ですけれども，18歳未満の者の側から監護者等に対して性交を求めることがあったとしても，それはその行為自体が監護関係による影響力を受けていると考えられる方が一般的であろうと考えられるので，18歳未満の者の側から求める行為があっただけでは，影響力が遮断されたことにならないという理解をしております。したがいまして，18歳未満の者の側から求めてきたという認識があるだけでは，故意を欠くことにもならないと考えているという点を確認させていただきます。

〇宮田委員　他人の類型のことで一つ確認です。今，橋爪先生のおっしゃったスポーツ等の指導者の例ですけれども，親がスポーツのコーチに子供を託すような場合があります。あるいは学校の寮などに契約をして入れる場合もあります。そのように，親権者からの委託を受けて子供を預かっている全くの他人は，同居して生活の面倒を見ている場合に，この類型には，含め得るのか得ないのかというところでございます。先ほどの他人の類型はどこまでか，というところにも関係してまいるかと思います。

〇中村幹事 「現に監護する者」に当たるか否かにつきましては，正に個別の事案の具体的な事実関係によって判断されるものですので，先ほど来，申し上げているような要素から，今のようなケースについても当たるかどうかというのを判断していくということになると思うのですけれども，いわゆる単なる教師と生徒とか，単なるコーチと教え子というだけであるならば，通常は，その現に監護する者には当たらないということになると思いますけれども，更にそれが言わば親代わりになっているような場合には，その関係性というのが親子関係と同視し得るような場合にまで至っているということであれば，「現に監護する者」に当たるということもないわけではないのではないかとは考えております。

〇武内幹事　質問に当たりますけれども，イメージの整理をさせてください。そうしますと，現に監護する者と被監護者との間では，具体的な局面において，例えば抗拒不能状態にある時と，抗拒不能でない時というのは，それぞれ存在し得る。他方，現に監護する者と被監護者の間における影響力というのは，基本的には常に存在する，すなわち常態的に存在するものである。ただ，例外的にその影響力と無関係に性交が行われる場合も考えられ，そのようなケースを，影響力の遮断という用語で説明されていた。このように理解しましたけれども，大筋において間違いないでしょうか。

○中村幹事　基本的に，今御指摘になったようなところで，間違いはないものと考えております。この「現に監護する者」に当たるということであれば，その18歳未満の者に対する一般的な影響力があるものと考えておりますので，そのような影響力が一般的に存在する下において性交等が行われたということであれば，通常はその影響力を利用したと言えるのだろうけれども，ただ例外的に影響力とは無関係に行われた場合がないとは言えないだろうと。そのような場合を遮断という言葉で先ほど来，申し上げているとおりでありまして，そういう場合は影響力を利用したとは言えないということでございます。

○武内幹事　そうしますと，故意の要素，すなわち主観的な認識の対象としても，自らが現に監護する者であることを認識していれば，一般的には当該性交が影響力を利用ないしは影響力の存在するところで行われたものであるということの認識を伴うという理解でおおむねよろしいでしょうか。

○中村幹事　現に監護する者であることによる影響力を利用して性交等をしたということでございますから，もちろん故意犯でありますので，いずれについても認識が必要となるということでありますけれども，現に監護する者であるという点については，現に監護する者であることを基礎付ける事実の認識があれば，この現に監護する者であるという要件についての故意があるということになります。

また，その影響力を利用して性交等をしたという点でございますけれども，先ほど来申し上げていますとおり，この影響力を利用して性交等をしたという意味ですけれども，18歳未満の者に対する監護者の影響力が一般的に存在しており，かつ，その影響力が遮断されていない状況で性交等を行ったという意味であると御説明申し上げてきているところでございますけれども，故意については，今申し上げたとおり，監護者の影響力が一般的に存在するということを基礎付ける事実の認識，また，その影響力が遮断されていない状況で性交等を行った事実，この認識が必要であるということになってまいります。

○山口部会長　今回は２巡目で，１巡目の時にも大分御議論いただきました。今日もいろいろな観点から御議論を頂きましたが，この辺りでまとめさせていただいてもよろしゅうございましょうか。

「影響力を利用して」の要件につきましては，18歳未満の者に対する監護者の影響力が一般的に存在し，かつ，その影響力が遮断されていない状況で，性交等又はわいせつな行為を行った時には，影響力を利用したと言えるというのが基本的な事務当局の御説明であったわけでございますけれども，これに対しては立証責任の事実上の転換になるのではないか，あるいは処罰範囲が広がっていってしまうのではないかというような趣旨の御疑問をお述べになる御意見もございましたけれども，多数の方は事務当局のような説明でよいのではないかという御意見であったと理解させていただきました。

なお，そのような理解を前提とした場合に，「影響力を利用して」という文言につきましては，更に検討が必要だという御意見もございまして，先ほど事務当局からもそれに関して御発言がございましたけれども，事務当局において更に御検討をお願いしたいと思います。

要綱（骨子）第３につきましては，大体この辺りで終わらせていただきたいと思いますが，よろしゅうございましょうか。ありがとうございました。」

平成28年６月16日開催刑事法（性犯罪関係）部会第７回会議は，要綱（骨子）第３について以下のように総括する。[26]

「次に，修正の２点目として，要綱（骨子）第３の罪の修正案について説明します。

第５回の会議において，事務当局から要綱（骨子）第３の罪の「影響力を利用して」という文言の意義につき，「18歳未満の者に対する監護者の影響力が一般的に存在し，かつ，その影響力が遮断されていない状況で，性交等を行ったことをいう」旨の考え方を説明いたしましたところ，複数の委員か，「影響力を利用して」という表現では，被害者に向けられた具体的な利用行為が必要であるようにも読めるため，文言を工夫した方がよいのではないかとの御指摘を頂いていました。

そこで，事務当局において検討しましたところ，要綱（骨子）修正案第３のとおり，「現に監護する者であることによる影響力があることに乗じて」と修正するのが適切であると考えるに至ったものです。

なお，この修正は，従前の要綱（骨子）第３で示そうとしていたことを，より適切な表現に修正したものでございますので，第５回会議で申し上げた考え方や意味内容を変更するものではなく，「18歳未満の者を現に監護する者であることによる影響力があることに乗じて性交等をした」とは，「18歳未満の者に対する監護者の影響力が一般的に存在し，かつ，その影響力が遮断されていない状況で，性交等を行った」ことをいうものです。

このほか，要綱（骨子）修正案第３の２において，冒頭に「18歳未満の者に対し，その者を現に監護する者であることによる」としておりますのは，要綱（骨子）第１の修正に合わせて，構文を整理したものです。」

平成28年６月16日開催刑事法（性犯罪関係）部会第７回会議は，要綱（骨子）修正案を要綱（骨子）として採択した[27)]。

平成28年９月12日開催法制審議会第177回会議は，諮問第101号についての刑事法（性犯罪関係）部会の要綱案を原案通り採択した[28)]。

３　刑事立法作業においては，新設規定の立案に際しては当該構成要件を必要とする社会的要請が前提である。社会的要請は，当該行為の社会的影響及び被害者の実態等をも考慮されねばならない。

児童期性的虐待を刑事制裁の対象とする立法作業においては，被害者支援にあたっている専門家の提案と実情分析や裁判実務に関与している法律家の見解は児童期性的虐待実態把握に不可欠である[29)]。

刑事法（性犯罪関係）部会での論議においては，精神科医小西聖子委員及び臨床心理士齋藤　梓幹事の臨床経験，検察官森　悦子幹事の実務経験に基づく見解表明は示唆に富むものである。

児童期性的虐待は，裁判実務においては実父ないし義父による強姦行為に強姦罪を適用する事案は非常に少ない。

強姦罪事案としては，実父による前橋地裁平成15年３月27日判決，養父によるさいたま地裁平成14年１月15日判決，東京地裁平成15年６月20日判決及び神戸地裁平成21年12月10日判決等がある[30)]。児童福祉法事案としては，実父による東京家裁平成12年７月17日判決，養父による東京高裁平成22年８月３日判決等がある[31)]。

刑法第179条監護者わいせつ罪及び監護者性交等罪は，今後の法運用の実務や解釈において刑事法（性犯罪関係）部会での論議が参考となる。

刑事法（性犯罪関係）部会の審議は，「性犯罪の罰則に関する検討会」での論点整理をベースに論議が進められており，「性犯罪の罰則に関する検討会」の構成員10名が刑事法（性犯罪関係）部会委員として参加している事実からも明白である。

結　語

1　ドイツは，性犯罪規定の改正により児童期性的虐待に対する多様な構成要件を設定する[32)]。

第174条は，保護を委ねられている者に対する性的虐待に関する規定であり，一定の身分にあり支配性を有する者の行為を対象とする。

第174条１項３号は，「行為者の血縁上若しくは法律上の直系卑属，又は，行為者の法律上の配偶者，行為者と内縁関係にある者，若しくは，行為者が共に婚姻関係若しくは内縁関係類似の生活を営んでいる者の直系卑属で，18歳未満の者に対して性的行為を行い，又は，この者に自己に対する性的行為を行わせた者は，３月以上５年以下の自由刑に処する。」と規定する。第174条１項３号は，主体を監護者とするわが国の刑法第179条監護者わいせつ罪及び監護者性交等罪よりも射程距離を広くとっている。

ドイツ刑法174条１項１号２号及び２項は，より広範な「教育上，職業教育上，世話上，職務上若しくは労働上の関係と結びついた従属性」に基づく主体を対象とする性的虐待を刑事制裁の対象とする。同条１項１号及び２号は，「一 教育，職業教育若しくは生活上の世話が行為者に委ねられている16歳未満の者に対して　二 教育，職業教育若しくは生活上の世話が行為者に委ねられ，若しくは，職務上若しくは労働上の関係の枠内で部下に当たる18歳未満の者に対して，教育上，職業教育上，世話上，職務上若しくは労働上の関係と結びついた従属性を濫用して性的行為を行い，又は，この者に自己に対する性的行為を行わせた者は，３月以上５年以下の自由刑に処する。」と規定する。同条２項は，「そのための特定の施設において，18歳未満の者から，教育，職業教育若しくは生活上の世話を委ねられている者で，以下の者は，３月以上５年以下の自由刑に処する。一 その施設において，教育，職業教育若しくは生活上の世話に従事するという法律関係にある16歳未満の者に対して性的行為を行い，又は，この者に対する性的行為を自己に行わせた者，又は 二 被害者の地位を利用して，その施設において，教育，職業教育若しくは生活上の世話に従事するという法律関係にある18歳未満の者に対して性的行為を行い，又は，この者に自己に対する性的行為を行わせた者」と規定する。

ドイツの性犯罪規定は，性的虐待の実相に配慮した構成要件として規定されている。

2　児童期性的虐待は，一定の身分を有する者による行為を刑事制裁の対象とする構成要件の新設が不可欠である。

筆者は，わが国の刑事立法の経緯を踏まえて法制史的知見をも視野に入れ，児童期性的虐待防止と被害児の回復の一助として，児童期性的虐待に関する構成要件新設の立法提言を夙に行ってきた[33]。

【提言１】　強姦罪（刑法177条）及び強制わいせつ罪（刑法176条）について，児童（14歳未満として現行法より１歳年齢を引き上げる）を客体とする構成要件を新設すること。

α条①　14歳未満の女子を姦淫した者は，３年以上の有期懲役に処する。

　②　14歳未満の男女に対し，わいせつな行為をした者は，６月以上10年以上の懲役に処する。

【提言２】　一定の身分を有する者の性的虐待に対し構成要件を新設すること。

β条①　養育の任にある親族乃至生活を共にする者又は教育，指導の任にある者が，自己の養育又は教育，指導する18歳未満の女子を姦淫した者は，３年以上の有期懲役に処する。

② 養育の任にある親族乃至生活を共にする者又は教育，指導の任にある者が，自己の養育又は教育，指導する18歳未満の男女に対し，わいせつな行為をした者は，６月以上10年以上の懲役に処する。

γ条① 業務，雇用その他の関係に基づき自己が保護し又は監督する18歳未満の女子を姦淫した者は，３年以上の有期懲役に処する。

② 業務，雇用その他の関係に基づき自己が保護し又は監督する18歳未満の男女に対し，わいせつな行為をした者は，６月以上10年以上の懲役に処する。

【提言２】は，ドイツ刑法174条１項及び２項に比し主体は限定的であるが，裁判実務で児童期性的虐待の事例として生起している教師と児童・生徒及び運動部顧問と選手の従属的関係を視野に入れての提言である。

3 本稿は，児童期性的虐待について最高裁平成29年11月29日大法廷判決を契機に検討を加えたものである。本最高裁大法廷判決は，強制わいせつ罪の成立要件に性的意図を必要とする最高裁昭和45年１月29日第１法廷判決変更して不要説を採用した。

本事案の児童期性的虐待の具体的行為態様は，実父が７歳の娘を全裸にして勃起した陰茎を触らせ，口にくわえさせ，娘の陰部を触り，さらに射精した精液を顔に付けている。更に，わいせつ行為中のＡの姿態や，全裸又は半裸の状態で陰部又は胸部を露出した姿態をスマートフォンで撮影し児童ポルノを作成している[34]。

東京家裁平成12年７月17日判決は，実父による同様な児童期性的虐待事案である[35]。被害児は，実父を強姦罪で訴追することを求めたが証拠物としての精液の存在がなく，児童福祉法34条１項６号の証拠物として実父の保存していたポラロイド写真が犯罪事実を証明した。

今日ではスマートフォンの普及により Childhood Sexual Abuse は，先に挙げた神戸地裁平成21年12月10日判決及び本最高裁平成29年11月29日大法廷判決同様に児童買春，児童ポルノに係る行為等の規制及び処罰並びに児童の保護等に関する法律違反として児童ポルノ作成罪にも問われている。

1）　裁判所時報1688号１頁以下参照。
2）　刑集24巻１号１頁以下参照。
3）　団藤重光『刑法綱要 各論［第３版］』491頁注（３）参照。この経緯について，佐伯仁志『刑法総論の考え方・楽しみ方』，有斐閣，2013年，111頁注32)参照。
4）　刑集24巻１号１頁以下参照。
5）　刑集24巻１号12頁以下参照。
6）　刑集24巻１号14頁以下参照。
7）　最高裁昭和45年１月29日第一小法廷判決の系譜の近時の事案として，養父による児童期性的虐待事案である大分地裁平成25年６月４日刑事部判決は，強制わいせつ罪の成立には性的意図を必要とする（LEX/DB【文献番号】25445758)。大分地裁平成25年６月４日刑事部判決の詳細について，拙稿「近時の裁判実務における児童虐待事案の刑事法的一考察(4)」，武蔵野法学８号（2018年）１頁以下，特に29頁以下参照（本書290頁以下所収)。
8）　佐伯仁志「強制猥褻罪における猥褻概念」，判タ708号66頁参照。
9）　橋爪 隆「強制わいせつ罪における主観的要素」，別冊ジュリスト143号31頁参照。
10)　M. E. Mayer, Der Allgemeine Teil des deutschen Strafrechts, S. 104, Mezger, Die subjektiven Unrechtselemente, GS. 89, S. 207ff. Mezger-Blei, Strafrecht I 14 Aufl., S. 100.
11)　平野龍一『犯罪論の諸問題(下)』，有斐閣，1982年，310頁参照。
12)　団藤重光『刑法綱要 各論［第３版］』491頁，平野龍一『刑法概説』180頁，山口厚『刑法総論［第２版］』108頁，山中敬一『刑法各論［第３版］』166頁，佐伯仁志『刑法総論の考え方・楽しみ方』，111頁参照。
13)　同旨，佐伯仁志「強制猥褻罪における猥褻概念」，判タ708号65頁，橋爪 隆「強制わいせつ罪における主観的要素」，別冊ジュリスト143号30頁，丹羽正夫「強制わいせつ罪における主観的要素」，刑法判例百選Ⅱ〔第６版〕33頁参照。
14)　LEX/DB【文献番号】25447965。
15)　高刑69巻２号１頁以下参照。
16)　性犯罪の罰則に関する検討会の構成員は，座長：山口 厚・早稲田大学教授，委員：井田 良・慶應義塾大学教授，小木曽 綾・中央大学教授，北川佳世子・早稲田大学教授，木村光江・首都大学東京教授，工藤陽代・警察庁刑事局刑事企画課付，齋藤 梓・臨床心理士・目白大学助教・被害者支援都民センター相談員，佐伯仁志・東京大学教授，田中素子・最高検察庁検事，田邉三保子・東京地方裁判所部総括判事，角田由紀子・弁護士（第２東京弁護士会)，宮田桂子・弁護士（第１東京弁護士会）の男女同数の12氏であり，いずれも在京メンバーである。
17)　性犯罪の罰則の在り方に関する論点（案）(http://www.moj.go.jp/content/001128042.pdf)。
18)　「性犯罪の罰則に関する検討会 取りまとめ報告書【案】」(http://www.moj.go.jp/content/001154848.pdf)。
19)　「性犯罪の罰則に関する検討会 取りまとめ報告書」，21頁以下参照。

20) 法制審議会第175回会議議事録参照（http://www.moj.go.jp/content/001163730.pdf)。
21) 刑事法（性犯罪関係）部会の構成員は，部会長：山口 厚・早稲田大学教授，委員：井田 良・中央大学教授，今井猛嘉・法政大学教授，小木曽 綾・中央大学教授，北川佳世子・早稲田大学教授，木村光江・首都大学東京教授，小西聖子・武蔵野大学教授，佐伯仁志・東京大学教授，塩見 淳・京都大学教授，田邉三保子・名古屋高等裁判所判事，辻 裕教・法務省大臣官房審議官，角田由紀子・弁護士（第二東京弁護士会所属)，林 眞琴・法務省刑事局，平木正洋・最高裁判所事務総局刑事局長，三浦正充・警察庁刑事局長，宮田桂子・弁護士（第一東京弁護士会所属)，森 悦子・最高検察庁検事，幹事：池田公博・神戸大学教授，岡本 章・内閣法制局参事官，加藤 俊・法務省刑事局刑事法制管理官，鎌田徹郎・警察庁刑事局捜査第一課長，齋藤 梓・目白大学専任講師・公益社団法人被害者支援都民センター臨床心理士，武内大徳・弁護士（神奈川県弁護士会所属)，隄 良行・法務省刑事局刑事法制企画官，橋爪 隆・東京大学教授，福島直之・最高裁判所事務総局刑事局第一課長，松下 裕・法務省刑事局刑事課長の27氏であり性犯罪の罰則に関する検討会の10氏が重複しており女性は８人である（http://www.moj.go.jp/content/001184600.pdf)。構成委員氏名は，平成28年５月25日開催第５回会議現在のものである。公務員の委員及び幹事は移動があるので，第１回開催時の氏名も不可欠である。
22) 諮問第101号要綱（骨子）参照（http://www.moj.go.jp/content/001162242.pdf)。
23) 平成27年12月16開催刑事法（性犯罪関係）部会第３回議事録２頁以下参照（http://www.moj.go.jp/content/001173701.pdf)。
24) 平成27年12月16開催刑事法（性犯罪関係）部会第３回議事録６頁以下参照（http://www.moj.go.jp/content/001173701.pdf)。
25) 平成28年３月25日開催刑事法（性犯罪関係）部会第５回議事録６頁以下参照（http://www.moj.go.jp/content/001183730.pdf)。
26) 平成28年６月16日開催刑事法（性犯罪関係）部会第７回議事録３頁以下参照（http://www.moj.go.jp/content/001199101.pdf)。
27) 要綱（骨子）修正案参照（http://www.moj.go.jp/content/001185581.pdf)。
28) 法制審議会第177回会議議事録参照（http://www.moj.go.jp/content/001234833.pdf)。
29) 刑事法（性犯罪関係）部会第３回会議議事録８頁以下及び刑事法（性犯罪関係）部会第５回会議議事録15頁以下参照。
30) 拙著『児童虐待Ⅱ 問題解決への刑事法的アプローチ［増刷版]』，成文堂，2011年，129頁以下，131頁以下，132頁以下及び337頁以下参照。
31) 拙著『児童虐待Ⅱ 問題解決への刑事法的アプローチ［増刷版]』，127頁以下及び334頁以下参照。
32) 法制審議会刑事法（性犯罪関係）部会第１回会議配布資料 11-6「ドイツ性犯罪

関連条文和訳（仮訳）」参照（http://www.moj.go.jp/content/001162259.pdf）。同仮訳は，平成27年１月21日施行の刑法改正を反映した訳文である。

33)　拙稿「児童虐待への刑事法的介入」（吉田恒雄編『児童虐待への介入―その制度と法〔増補版〕』，尚学社，1999年，拙著『児童虐待 その現況と刑事法的介入』，成文堂，2000年，257頁参照。

34)　神戸地裁平成28年３月18日第２刑事部判決参照（LEX/DB【文献番号】25447965）。

35)　本判決は，公刊集未登載である。拙著『児童虐待Ⅱ 問題解決への刑事法的アプローチ［増刷版］』，127頁以下参照。なお，被害児の narrative について，拙著『児童虐待 その現況と刑事法的介入』，161頁参照。

結　語

1　爆発的に増大する児童虐待の誘因は，親権者の抱えるストレスが最も弱い存在である児童にダイレクトに向けられているのが一因である。児童を大切に家族で育むという意識の希薄化は，被虐待児の生育する家族において顕著である。親権者が，親権者としての責務を果たし得ぬままに親権者となっていることが児童虐待事案の各類型に共通である。

社会は，連帯してそのような成育環境にある児童を見守り虐待の防止に努めなくてはならない。

子どもの権利条約は，明確に締約国に児童虐待の防止等に関する法律は国及び地方公共団体に対し児童虐待の防止等を責務と規定する。

子どもの権利条約第19条は，「1　締約国は，児童が父母，法定保護者又は児童を監護する他の者による監護を受けている間において，あらゆる形態の身体的若しくは精神的な暴力，傷害若しくは虐待，放置若しくは怠慢な取扱い，不当な取扱い又は搾取（性的虐待を含む。）からその児童を保護するためすべての適当な立法上，行政上，社会上及び教育上の措置をとる。2　1の保護措置には，適当な場合には，児童及び児童を監護する者のために必要な援助を与える社会的計画の作成その他の形態による防止のための効果的な手続並びに1に定める児童の不当な取扱いの事件の発見，報告，付託，調査，処置及び事後措置並びに適当な場合には司法の関与に関する効果的な手続を含むものとする。」と規定する[1]。

児童虐待の防止等に関する法律（以下，児童虐待防止法と略称する）第4条1項ないし3項は，「国及び地方公共団体は，児童虐待の予防及び早期発見，迅速かつ適切な児童虐待を受けた児童の保護及び自立の支援（児童虐待を受けた後18歳となった者に対する自立の支援を含む。第3項及び次条第2項において同じ。）並びに児童虐待を行った保護者に対する親子の再統合の促進への配慮その他の児童虐待を受けた児童が家庭（家庭における養育環境と同様の養育環境及び良好な家庭的環境を含む。）で生活するために必要な配慮をした適切な指導及び支援を行うため，関係省庁相互間その他関係機関及び民間団体の間の連携の強化，民間団体の支援，医療の提供体制の整備その他児童虐待の防止等のために必要な体制の整備に努めなければならない。2　国及び地方公共団体は，児童相談所等関係機関の職員及び学校の教職員，児童福祉施設の職員，医師，歯科医師，保健師，助産師，看護師，弁護士その他児童の福祉に職務上関係のある者が児童虐待を早期に発見し，その他児童虐待の防止に寄与することができるよう，研修等必要な措置を講ずるものとする。3　国及び地方公共団体は，児童虐待を受けた児童の保護及び自立の支援を専門的知識に基づき適切に行うことができるよう，児童相談所等関係機関の職員，学校の教職員，児童福祉施設の職員その他児童虐待を受けた児童の保護及び自立の支援の職務に携わる者の人材の確保及び資質の向上を図るため，研修等必要な措置を講ずるものとする。」と規定する[2)]。

2　刑法177条強制性交等罪は，平成29年刑法一部改正により新設され，行為の主体及び客体が両性となり性差が解消され，男児への児童期性的虐待も刑事制裁の対象となった。

わが国の男児への児童期性的虐待事例は，寛政元年５月21日の事案[3)]及び明治初期の改定律令犯姦條例第266條鶏姦規定の適用された明治９年12月３日大審院判決等がある[4)]。

カトリック教会での聖職者による男児への児童期性的虐待は，今日各国で問題が顕在化し多くの論議を巻き起こしている。フランシスコ法王は，児童期性的虐待の被害者であるダニエル・ピイッテ氏の著書の序文に「彼の証言を読んで，教会に仕える者の心にさえ悪が入り込むことを，どうか知っていただきたいと思います。いったいどうして，キリストの僕，教会の僕である司祭が，これほどの悪事に手を染めってしまうのでしょうか。いったいどうして，子供たちを神に導くため人生を捧げたはずの司祭が，子供たちを己の欲望の対象にしてしまうのでしょうか。これはまさに，子供たちは言うまでもなく，教会の営みをも破滅に至らせる「悪魔の仕業」以外の何ものでもありません。犠牲者の中には，自ら命を絶ってしまう人もいます。その死ほど心に重くのしかかるものはなく，私の良心，そして教会の良心をも責め苦しめます。このような犠牲者の家族に私は，哀悼の意を表しながら，ただひたすらゆるしを乞うだけです。」と寄稿する[5)]。

3　身体的虐待事案では，実行行為を否認する加害者への反証として被虐待児の死因特定等が重要な争点となる。死亡時画像診断 Ai.（Autopsy imaging）は，時宜を得た被虐待児の CT（Computed Tomography）や MRI（Magnetic resonance imaging）画像撮影等により客観的な検証を可能とし証拠として有効である。

裁判実務における死亡時画像診断 Ai 利用は，従前「死因究明等の推進に関する法律（平成24年法律第33号）」２条を適用して実施されてきたが，同法は２年間の時限立法であり平成26年に失効した。

死因究明等推進基本法（令和元年法律第33号）は，議員立法として提案され2019年６月６日恒久法として成立し2020年４月１日より施行される。同法３条２項は，「死因究明の推進は，高齢化の進展，子どもを取り巻く環境の変化等の社会情勢の変化を踏まえつつ，死因究明により得られた知見が疾病の予防及び治療をはじめとする公衆衛生の向上及び増進に資する情報として広く活用されることとなるよう，行われるものとする。」と規定し，３項は，「死因究明の推進は，災害，事故，犯罪，虐待その他の市民生活に危害を及ぼす事象が発生した場合における死因究明がその被害の拡大及び予防可能な死亡である場合における再発の防止その他適切な措置の実施に寄与することとなるよう，行われるものとする。」と規定し，児童虐待事案を念頭に置く。

更に，第15条は，「国及び地方公共団体は，死因究明のための死体の科学調査（死因を明らかにするため死体に対して行う病理学的検査，薬物及び毒物に係る検査，死亡時画像診断（磁気共鳴画像診断装置その他の画像による診断を行うための装置を用いて，死体の内部を撮影して死亡の原因を診断することをいう。以下この条において同じ。）その他の科学的な調査をいう。以下この条において同じ。）の有用性に鑑み，病理学的検査並びに薬物及び毒物に係る検査の実施体制の整備，死因究明に関係する者の間における死亡時画像診断を活用するための連携協力体制の整備その他の死因究明のための死体の科学調査の活用を図るために必要な施策を講ずるものとする。」とし，死亡時画像診断 Ai. 診断について死因究明のための死体の科学的診断の一つとして規定する。

死亡時画像診断 Ai. は，法制上の根拠を得たが問題は運用にあり今後とも身体的虐待事案での運用を注視し続けなければならない。

4　身体的虐待事案では，Shaken Baby Syndrome（SBS）について近時無罪判決が多く言い渡され論議を喚起している。

揺さぶられっ子症候群は，伊藤昌弘東京医科歯科大学名誉教授による Shaken Baby Syndrome（SBS）の邦訳である[6]。なお，中村紀夫東京慈恵会医科大学名誉教授は，1963年までに東大脳神経外科を受診した14才までの頭部外傷患者のうちの入院患者362名のデータを基に乳幼児に発症する軽い衝撃による硬膜下血腫として「小児の急性頭蓋内血腫の第Ⅰ型」を指摘する[7]。

SBS は，法実務において硬膜下血腫，網膜出血，脳浮腫の３主徴で判断されている。近時，2009年のアメリカ小児科学会の Shaken Baby Syndrome を「虐待による乳幼児頭部外傷 －abusive head trauma in infants and children－」とする見解[8]を参考に，乳幼児揺さぶられ症候群（SBA/AHT）として論議されている。

身体的虐待の１類型としての Shaken Baby Syndrome については，刑事裁判での無罪判決を受け Shaken Baby Syndrome 仮説に対する疑問が提示されるに至っている[9]。

5　児童虐待は，防止と被害児のサポートが最優先課題である。

児童虐待被害児は，学齢期に達しながらも就学せずその所在すら確認出来ないケースが出現した。厚生労働省は，居住実態調査をし，平成29年６月１日時点で，全国の市町村（1,741市町村。特別区を含む。）に住民票はあるが，乳幼児健診未受診等で市町村が所在等の確認が必要と判断した児童（調査対象児童，1,183人）について調査を実施した結果，⑴平成30年６月１日時点で居住実態が把握できない児童28人，⑵所在等が確認できた児童1,155人のうち，東京入国管理局に照会して出国確認できた児童500人（43.3%），関係機関等による目視・情報提供等により確認できた児童655人（56.7%）であった。[10]

被虐待児の実態調査としては，平成29年中に診察時に虐待が疑われた5,116人のうち1,781人（34.8%）が入院し，入院治療が必要でもないにも関わらず入院を余儀なくされている社会的入院人数は399人（7.8%）であり家庭に戻ることができない実態があった。

社会的入院事例における虐待類型別割合は，身体的虐待41件（31.3%），ネグレクト69件（52.7%），性的虐待３件（2.3%），心理的虐待20件（15.3%），その他30件（22.9%）である（複数回答）。[11]

友田明美教授は，脳構造や脳機能異常について MRI を用いた脳画像研究を基に「画一的とはならない介入の重要性や子ども虐待に起因する反応性愛着障害及び関連する精神疾患の発症メカニズムの理解や治療・支援法の開発が早急に望まれる。」と指摘する。[12]

児童期性的虐待の被害者へのサポートは，喫緊の重要課題である。多くの被害者が，今なお沈黙し PTSD を抱えつつ回復に長時間と経済的負担を強いられながら孤立化している。社会的サポートの必要な由縁である。[13]

6　イギリス，フランス及びドイツの性犯罪規定は，近親姦規定や信頼される立場を利用しての支配・被支配関係の下での行為について詳細に規定する。

イギリスの Sexual Offences Act 2003 は，25条で一定の親族関係にある18歳未満の児童と性的活動を行う罪として近親姦規定を，27条で親族関係を詳細に規定する。同法16条は，信頼される立場を悪用して18歳未満の児童と性的活動を行う罪を規定し，21条で信頼される立場の意義を，22条で信頼される立場の解釈を規定する。

フランス刑法は，第222-31-1条で近親姦を規定し，第222-31-2条でサンクションとして近親姦の場合の親権の剥奪等を規定する。

ドイツ刑法は，第173条で親族との性交を，第174条で保護を委ねられている者に対する性的虐待を，第174条ｃで支配・被支配関係にある相談，治療又は世話を行う関係を利用した性的虐待を，第176条で子どもに対する性的虐待を規定する。

平成29年刑法一部改正により新設された刑法179条監護者わいせつ及び監護者性交等罪は，監護者による児童期性的虐待を犯罪と規定し刑事制裁の対象とする。

筆者は，従前，改正刑法假案等を踏まえ児童虐待罪の立法化に向け提言してきた[14]。児童期性的虐待の立法化は，なお刑法179条の新設により一定程度結実した。

但し，児童虐待に対する法制度は，なお未完である。考察した判例の動向や諸外国の性犯罪規定及び性犯罪規定の３年後の見直しも視野も入れ，児童期性的虐待及び身体的虐待についての提言を行う。いずれの提言も傷害致死罪，強制わいせつ罪及び強制性交等罪と法定刑は同一であるが，当該行為が各構成要件に該当することで身体的虐待及び児童期性的虐待行為であることを明確化する。

【提言１】　傷害致死罪（刑法205条）の２項として，以下の構成要件を新設すること。

②　18歳未満の者に対し，その者を現に監護する者であることによる影響力があることに乗じて前項の罪を犯した者は，５年以上の有期懲役に処する。

【提言２】　一定の身分を有する者の児童期性的虐待に対し，構成要件を新設すること。

α条①　養育の任にある親族乃至生活を共にする者又は教育，指導の任にある者が，自己の養育又は教育，指導する18歳未満の者に対し，影響力があることに乗じてわいせつな行為をした者は，６月以上10年以上の懲役に処する。

②　養育の任にある親族乃至生活を共にする者又は教育，指導の任

にある者が，自己の養育又は教育，指導する18歳未満の者に対し，影響力があることに乗じて性交，肛門性交又は口腔性交（以下「性交等」という。）をした者は，5年以上の有期懲役に処する。

β条①　業務，雇用その他の関係に基づき自己が保護し又は監督する18歳未満の者に対し，影響力があることに乗じてわいせつな行為をした者は，6月以上10年以上の懲役に処する。

②　業務，雇用その他の関係に基づき自己が保護し又は監督する18歳未満の者に対し，影響力があることに乗じて性交，肛門性交又は口腔性交（以下「性交等」という。）をした者は，5年以上の有期懲役に処する。

7　児童虐待研究は，刑事法領域では従前活発な論議がなされてきたとは言い難い状況が継続してきた。近時，若手研究者による研究が少数ながら蓄積され，児童虐待研究のニューウエイブが誕生しつつある。[15]

児童虐待防止に向けての研究は，更に深化されねばならず，若手研究者の実りある展開を期待する由縁である。

8　社会を震撼させる児童虐待事案は，原因究明と防止対策についての十全性の検討を余儀なくさせる。関係諸機関は，その都度，検証委員会を設置し報告書を公表し，関係諸機関の緊密な連携と情報交換を繰返し提言している。

児童虐待防止の要諦は，児童虐待の懸念されるケースへの時宜を得た介入と事案分析にある。児童相談所は，児童虐待事案において重要なコントロールタワーの一つとして寄せられる虐待通報を精査し，的確なアセスメントシートを作成し被虐待児の生命への侵害が懸念される緊急ケースにおいては迅速な対応が求められ，必要に応じて警察の支援を要請しての介入が責務である。[16] また，転居に伴う移管手続に関しては，相互の児童相談所間でのデータ等の引継が重要である。[17]

社会は，Silent Victims の声なき声を聴き分ける体制の構築が急務であり，防止策の提案に留まることなく一つ一つの対策の実効的実現が責務である。[18)]

1）外務省の訳文参照（https://www.mofa.go.jp/mofaj/gaiko/jido/zenbun.html）。

2）更に，児童虐待防止法第4条4項ないし7項は，「4 国及び地方公共団体は，児童虐待の防止に資するため，児童の人権，児童虐待が児童に及ぼす影響，児童虐待に係る通告義務等について必要な広報その他の啓発活動に努めなければならない。5 国及び地方公共団体は，児童虐待を受けた児童がその心身に著しく重大な被害を受けた事例の分析を行うとともに，児童虐待の予防及び早期発見のための方策，児童虐待を受けた児童のケア並びに児童虐待を行った保護者の指導及び支援のあり方，学校の教職員及び児童福祉施設の職員が児童虐待の防止に果たすべき役割その他児童虐待の防止等のために必要な事項についての調査研究及び検証を行うものとする。6 児童の親権を行う者は，児童を心身ともに健やかに育成することについて第一義的責任を有するものであって，親権を行うに当たっては，できる限り児童の利益を尊重するよう努めなければならない。7 何人も，児童の健全な成長のために，家庭（家庭における養育環境と同様の養育環境及び良好な家庭的環境を含む。）及び近隣社会の連帯が求められていることに留意しなければならない。」と規定する。

3）拙著『児童虐待 その現況と刑事法的介入』，成文堂，2000年，185頁以下，拙著『児童虐待Ⅱ 問題解決への刑事法的アプローチ』，成文堂，2007年，15頁以下及び氏家幹人『江戸の少年』，平凡社，1994年，144頁以下参照。

4）前掲註3）拙著『児童虐待 その現況と刑事法的介入』，186頁及び霞信彦『明治初期刑事法の基礎的研究』，慶應通信，1990年，91頁以下参照。

5）児童期性的虐待の被虐待男児の告発として，ダニエル・ピイッテ『神父さま，あなたをゆるします』，フリープレス，2019年，4頁以下参照。

6）伊藤昌弘「Shaken Baby Syndrome（揺すぶられっ子症候群）」，小児科38（1997年），1589-1596頁参照。

7）中村紀夫，小林茂，平川公義，山田久，神保実「小児の頭部外傷と頭蓋内血腫の特徴－第1報　頭部外傷全般」，脳と神経17巻7号（1965年）667-676頁参照，同「小児の頭部外傷と頭蓋内血腫の特徴－第2報 急性・亜急性頭蓋内出血」，脳と神経17巻8号（1965年）785-794頁参照。

8）長嶋達也「虐待による乳幼児頭部外傷」，子どもの虹情報研修センター紀要 No.9（2011年），1-12頁

9）龍谷大学犯罪学研究センター主催「国際シンポジウム揺さぶられる司法科学 揺さぶられっ子症候群仮説の信頼性を問う」の論議は参考になる（http://www.ryukoku.ac.jp/nc/event/entry-995.html）。柳原三佳『私は虐待していない　検証 揺さぶられっ子症候群』，講談社，2019年参照。

10）厚生労働省「平成29年度『居住実態が把握できない児童』に関する調査結果」参照（https://www.mhlw.go.jp/content/11920000/000484424.pdf）。

11)　PwC コンサルティング合同会社「医療機関における被虐待児童の実態に関する調査事業報告書（平成31年３月）参照。同調査は，全国935か所の医療機関（日本小児科学会の教育研修施設，五類型病院，各都道府県の保健医療計画で小児の救急輪番に参加している病院のいずれかに該当する施設［児童虐待の入院事例のほとんどをカバーしていると推察される］）を対象にアンケート調査及びヒアリング調査を実施した。調査期間は，平成31年１月25日(金)から平成31年２月22日(金)までで有効回収率42.2％（395/935件）であった。

12)　友田明美「児童虐待の中枢神経系への影響」，臨床精神医学47巻９号（2018年）975頁以下，特に980頁参照，黒田公美「子育てと児童虐待に関わる脳内回路機構－行動神経学の視点から－」，臨床精神医学47巻９号（2018年）1021頁-1028頁参照。

13)　See, International Rescue Committee, Caring for Child Survivors of Sexual Abuse Guidelines for health and psychosocial service providers in humanitarian settings, First Edition 2012., World Health Organization, Responding to children and adolescents who have been sexually abused : WHO clinical guidelines, 2017.

14)　従前の児童虐待の刑事制裁についての提言は，前掲註３)拙著『児童虐待 その現況と刑事法的介入』，192頁以下及び拙著『児童虐待Ⅱ 問題解決への刑事法的アプローチ』，260頁以下参照。法務省は，性犯罪規定の改正に際し，検討会，審議会及び WG 等で海外の性犯罪規定を資料として提供するが，改正刑法假案等法制史的視点からのわが国の法状況にはそれ程関心は無いようである。前掲註３)拙著『児童虐待 その現況と刑事法的介入』，189頁以下参照。

15)　2019年５月26日開催第97回日本刑法学会ワークショップ「児童虐待と刑事的対応」では，深町晋也「児童虐待と親の懲戒権－刑法の視点から」，仲 真紀子「子どもの特性と司法面接－協同面接の取組－」，成瀬 剛「児童虐待に関する刑事手続上の課題－証拠法からのアプローチ」が報告された。成瀬准教授の報告は，従前児童虐待に焦点を合わせた刑事訴訟法の視点からの研究が少ないなか若手研究者による示唆的な報告である。なお，池田直人「児童虐待の処罰に関する考察」(東京大学法科大学院ローレビュー Vol. 12（2017年）24頁以下）は，身体的虐待のみを考察対象とする研究であるが若手刑法研究者の近時の論文として今後の展開が期待される。

16)　平成30年３月２日東京都目黒区内でネグレクト及び身体的虐待を受けて死亡した船戸結愛（５歳）さんの事例では，香川県児童虐待死亡事例等検証委員会は，「A 児相では，緊急受理会議又は援助方針会議において，本ケースに係るリスクアセスメントを計５回実施している。いずれのリスクアセスメントも香川県マニュアルの重症度判定基準に沿って行われており，検討経過や内容については経過記録に記載があるものの，アセスメントシート等，リスク評価に係る客観的な情報となる記録は作成していなかった。」と指摘し，改善策として「的確なリスクアセスメントの実施」と「客観的な情報となるツールの活用及び記録の徹底」を提言する。香川県児童虐待死亡事例等検証委員会「検証報告書（平成29年度発生事案）平成30年11月」11頁以下参照（http://www.pref.kagawa.lg.jp/content/etc/web/upfiles/wx1

dpp181115183354_f01.pdf）。

17）　東京都児童福祉審議会は，「ケース移管・情報提供票にアセスメントシートや，虐待の具体的な内容がわかる資料（けがの大きさ，色，部位などの状況等を客観的に確認できる写真や図等）を添付し，転居先児童相談所がアセスメントするために必要な情報を提供することが必要である。」と指摘する。東京都児童福祉審議会『児童虐待死亡ゼロを目指した支援のあり方について－平成30年度東京都児童福祉審議会児童虐待死亡事例等検証部会報告書－（平成30年３月発生事例）』（平成30年11月14日），７頁参照（http://www.fukushihoken.metro.tokyo.jp/hodo/saishin/press181114.files/30kensyozenbun.pdf）。

18）　精神科医菊池祐子氏は，地域全体で担う子育てとの視点から地域資源の活用を提案する。菊池祐子「児童虐待の対応」，臨床精神医学47巻９号（2018年）993頁以下参照。

跋　文

児童虐待研究を1990年に開始し30年の時間が行過する。当初，律令研究の泰斗利光三津夫博士は，研究テーマである児童虐待について「際物」と評された。松尾浩也先生と渥美東洋東洋先生からは，第2論文「『親による性的虐待』の被害」（被害者学研究第2号（1993年））抜刷返書において欧米での児童虐待の状況について御教授頂いた。2000年12月，筆者の児童虐待の最初のモノグラフィ『児童虐待 その現況と刑事法的介入』を公刊した際，利光博士は，「一つの論文集に結実するとは……」と絶句された。2001年1月5日，平野龍一博士は，「素晴らしい論文集を纏められました」と御電話を寄せられた。今は，尊敬する4人の碩学の辛烈な御高評を敬聴致したいと願うばかりである。

刑事法領域での研究は，多くの成果が蓄積されている。しかし，児童虐待研究は，研究者の関心を喚起するには至らず纏まった論文集もないまま今日に至っている。第1論文集『児童虐待 その現況と刑事法的介入』では，問題の重要性を自覚しつつも刑事法領域の事例が乏しいまま，精神医学領域の症例研究を参考に問題の所在を検討するに留まった。第2論文集『児童虐待Ⅱ 問題解決への刑事法的アプローチ』では，児童虐待事案の刑事判例63事例を類型別に収集し考察した。同論文集増補版では，刑事判例27事例を追加し90事例を考察した。本論文集では，2012年から2018年まで7年間の刑事判例187事例及び民事判例10事例を収集し考察の対象とした。

考察対象判例の増加は，児童虐待事案の増加を示すのみならず顕在化をも意味するものである。個々の判例は，被害児の生命を賭した「叫び」であり，児童虐待防止を考える上での貴重な資料でもある。

虐待問題は，当初社会的弱者である児童を対象とする研究であったが，30年を経過した今日では児童のみならず障害者や高齢者への虐待問題の解決が喫緊の社会的課題となっている。

社会構成員が，互いの人権を尊重し共生できる社会の構築を企図し，虐待防止に傾注することを希求する。

研究生活を傍らで見守り健康管理に配意してくれたパートナーは，本年3月19日喜壽を迎えた。彼女は，ギャラリストとして32年間 Galerie Pousse を主宰し，美術を通し文化の礎を豊潤にする活動を弛まず継続する中で，児童虐待の3冊の拙著のデザインと優れたアーティストの作品を紹介された。掲載作品は，拙著の大重なテーマにアートセラピー効果を齎すものと確信する。

作品を通して30年来の至交を得ている建畠朔弥，重松あゆみ，大坪美穂，西村陽平，FRANCESCO CLEMENTE 各氏の創作活動に敬意を表するとともに掲載の快諾を頂き感謝申し上げたい。

新たに2名の女性が加わった家族5名の存在が，程々の嗜好品の摂取により経年劣化をいっとき遅延させている筆者の執筆活動の根基である。

衷心からの壽賀と感佩を籠め本書をパートナーに捧げたい。

2019年7月16日

小日向の蝸廬の孤小な書斎にて

林　　弘　正

カバー	建畠朔弥	OUTRIGGER	45×20×(h)45cm	2018
		photo by Tadahisa SAKURAI		
口　絵	重松あゆみ	Listen-only Line	39×24×56(h)cm	2014
		photo by Kiyoshi GOTO		
	FRANCESCO CLEMENTE	YES or NO	60×91cm	1988
	大坪美穂	pneuma	291×218cm	2019
	西村陽平	1938年の鉄瓶	25×21×(h)25cm	2018

著者略歴
林　弘正（はやし　ひろまさ）
1947年　東京都台東区長者町に生れる。
1974年　中央大学法学部法律学科卒業
1983年　中央大学大学院法学研究科刑事法専攻博士課程後期単位取得満期退学
以後、中央大学法学部兼任講師、常葉学園富士短期大学教授、清和大学法学部教授、島根大学大学院法務研究科教授、武蔵野大学法学部教授を経る。
2006年　アライアント国際大学カリフォルニア臨床心理学大学院（Alliant International University/California School of Professional Psychology）臨床心理学研究科修士課程修了・臨床心理学修士（Master of Arts in Clinical Psychology）
現　在　島根大学名誉教授

主　著
『児童虐待 その現況と刑事法的介入』（成文堂、初版 2000年、改訂版 2006年）
『改正刑法假案成立過程の研究』（成文堂、2003年）
『児童虐待Ⅱ 問題解決への刑事法的アプローチ』（成文堂、初版 2007年、増補版 2011年）
『相当な理由に基づく違法性の錯誤』（成文堂、2012年）
『裁判員裁判の臨床的研究』（成文堂、2015年）
『先端医療と刑事法の交錯』（成文堂、2018年）
『法学－法制史家のみた』（利光三津夫・林 弘正 共著）（成文堂、初版 1994年、追補版 2010年）

児童虐待の司法判断

2019年９月10日　初版第１刷発行

著　者　林　弘正
発行者　阿部成一

〒162-0041　東京都新宿区早稲田鶴巻町514番地
発行所　株式会社　成文堂
電話 03(3203)9201(代)　Fax 03(3203)9206
http://www.seibundoh.co.jp

製版・印刷　藤原印刷　　製本　弘伸製本
☆乱丁・落丁本はおとりかえいたします☆　検印省略

ISBN978-4-7923-5282-0 C3032
定価（本体12000円＋税）